융 기본 저작집 4
인간의 상과 신의 상

Grundwerk
C. G. Jung

in neun Bänden. herausgegeben von

Helmut Barz, Ursula Baumgardt,
Rudolf Blomeyer, Hans Dieckmann,
Helmut Remmler, Theodor Seifert

Grundwerk C. G. Jung Bd. 4
Menschenbild und Gottesbild
by C. G. Jung

All rights reserved.
© Walter-Verlag AG, 1984
Korean Publication Copyright © 2007 by Sol Publishing Co.
Korean translation rights 2007, C. G. Jung Institute of Korea(Prof. Dr. Bou-Yong Rhi)
Korean publication and translation rights arranged with Walter Verlag
through Shin Won Literary Agency.

이 책의 한국어판 저작권은 신원 에이전시를 통해
Walter 사와 독점 계약한 솔출판사에 있으며,
번역권은 한국융연구원(대표: 이부영)에 있습니다.
저작권법에 의해 한국 내에서 보호를 받는
저작물이므로 무단 전제와 복제를 금합니다.

| 개정신판 |

Carl
GUSTAV
JUNG

인간의 상과 신의 상

융 기본 저작집 Grundwerk C.G. Jung 4
한국융연구원 C.G. 융 저작 번역위원회 옮김

일러두기

1. 이 책은 Grundwerk C. G. Jung — Band 4. *Menschenbild und Gottesbild* (Walter, 1984)를 완역한 것이다.
2. 이 책의 주석은 본문 뒤에 미주로 두었다.
3. 이 책의 대괄호[ ]는 원서의 표기를 따랐으며, 옮긴이가 보충한 내용은 옛대괄호〔 〕로 구분했다.
4. 인명·지명 등 외국어 고유명사는 2017년에 국립국어원에서 펴낸 외래어표기법을 따라 표기했다. 단, 관습적으로 쓰이는 단어는 그에 따랐다.

융 기본 저작집 제4권의 발간에 부쳐

융 『기본 저작집』 전 9권의 한국어 번역 작업을 마감하는 마지막 책이 제4권 『인간의 상과 신의 상Menschenbild und Gottesbild』인 것은 본래 의도한 것이 아니었다. 하다가 보니 그렇게 된 것이지만 이것은 나름대로 뜻이 깊다. 왜냐하면 이 책에는 신과 인간의 문제에 관한 융의 가장 핵심적인 저술 세 편이 실려 있기 때문이다.

제1부의 『심리학과 종교』는 1937년 미국 예일대학의 테리 기념 강좌에서 강연한 것을 추가·보완한 것이다. 여기서 독자는 융의 종교 Religion와 종파Konfession에 관한 경험심리학적 정의와 종교현상에 대한 그의 현상학적 접근 태도를 만날 수 있다. 이 강좌에서 융은 기독교 도그마인 삼위일체三位一體성에 대비되는 사위일체四位一體성의 자연적 상징의 근거를 한 신학도의 꿈의 계열에서 증명해보였고 그 보편성을 방대한 상징사적 자료를 동원하여 확인하고 있다.

제2부의 『미사에서의 변환의 상징』에서도 가톨릭 미사 전례의 과정을 충실히 추적하면서 그 상징적 의미를 확충함으로써 특수한 종교제의의 배경을 이루는 보편적·정신적 토대를 살피고 있다.

제3부의 『욥에의 응답』은 기독교에서의 신의 본체와 그 변환에 대

한 융 자신의 의문을 욥이 겪은 고통에 견주어 끝까지 추구해 들어감으로써 해답을 찾고 있는 글로서 매우 강렬한 인상을 독자들에게 줄 뿐 아니라 '신'과 '인간'에 관한 보다 깊은 이해를 도와줄 만한 글이다.

융은 「미사에서의 변환의 상징」에서 "내가 관심을 두는 것은 교회의 설명이 아니라 이 사건의 바탕에 깔린 정신적 과정을 재구성하는 것"이라고 말했다. 그는 오랜 세월을 '무의식'이라는 자연에서 울려오는 소리에 주의 깊게 귀를 기울이면서 인간 정신 속에서 내면의 '신'을 발견하고 이를 세상에 공표하였는데 그 대표적인 글이 곧 이 『인간의 상과 신의 상』에 담겨 있는 것이다.

이제 『기본 저작집』 전 9권의 번역을 마감하면서 그동안 수고해주신 번역위원들과 그리스, 라틴어, 불어 감역을 맡아주신 변규용 감수위원께 깊은 감사를 드린다. 이번 책은 특히 몇 가지 해득하기 어려운 단어에 대해 멀리 스위스, 취리히, 아라우의 친우들과 취리히 시립도서관의 도움을 받았다. 이들에게 충심으로 감사드린다. 수많은 페이지의 교정본의 필사를 인내성 있게 수행하신 연구원의 전영희 씨, 『기본 저작집』의 교정을 끝까지 맡아서 꼼꼼하게 살펴주신 전수련 씨와 솔출판사의 역대 편집진들에게도 감사의 마음을 전한다. 끝으로 이 융 저작집의 역사적 번역출판의 길을 처음으로 터놓으신 솔출판사 임양묵 사장의 선견지명과 사명의식에 존경과 성원을 보낸다.

2007년 6월 25일
한국융연구원
C.G. 융 저작 번역위원회를 대표하여
이부영

차례

융 기본 저작집 제4권의 발간에 부쳐
005

◆

심리학과 종교

머리말
011

I. 무의식의 자율성
012

II. 도그마와 자연적 상징
051

III. 자연적 상징의 역사와 심리학
087

미사에서의 변환의 상징

I. 서론
145

II. 변환의식의 개별 단계
151

III. 변환 신비의 유례
170

IV. 미사의 심리학
200

욥에의 응답

애독자에게
269

욥에의 응답
276

후기
413

주석
416

◆

C. G. 융 연보
460

찾아보기(인명)
473

찾아보기(주제어)
475

융 기본 저작집 총 목차
497

번역위원 소개
501

심리학과 종교

머리말

테리 강좌[1]의 독일어 번역본을 교열하게 됨에 따라 나는 이 기회에 몇 가지를 확대하거나 추가하는 형태로 나의 글을 개선하였다. 주로 두 번째와 세 번째의 강의가 이에 해당한다.

이미 영어 원본도 내가 실제로 한 강연 내용보다 훨씬 더 많은 것을 포함하고 있다. 그런데도 강연 형식의 말투는 될수록 유지하였다. 그 큰 이유는 학술 논문의 문체보다 그런 구어체 양식이 미국식 취향에 훨씬 더 잘 들어맞는다고 보았기 때문이었다. 이 독일어본은 그 점에서도 영어 원본과 어느 정도 차이가 있다. 그러나 이 글의 근본적인 성격은 전혀 변경한 것이 없다.

1939년 10월 저자

I. 무의식의 자율성

테리 강좌 창설자의 의도는 자연과학이나 철학, 그리고 인간 지식의 다른 분야들을 대표하는 사람들에게 종교가 지닌 영원한 문제를 각자의 입장에서 해명할 수 있도록 기회를 주는 데 있는 것 같다. 영예롭게도 예일대학이 나에게 1937년도 테리 강좌를 담당하도록 위촉하였으니 나의 과제는 심리학, 그것도 내가 대표하는 의학심리학의 특수 세부 분야에 속하는 심리학이 종교와 어떤 관계가 있는지, 또는 종교에 관해 무엇을 말할 수 있는지를 제시하는 데 있으리라고 생각한다. 말할 것도 없이 종교란 인간 심혼의 가장 오래되고 가장 보편적인 표명들 가운데 하나이다. 그러므로 인간 인격의 심리학적 구조를 다루는 어떠한 종류의 심리학도 종교가 최소한 사회학적, 또는 역사적 현상일 뿐 아니라 대다수의 인간에게는 중요한 개인사를 의미하기도 한다는 점을 간과할 수 없다.

사람들이 나를 자주 철학자라고 부르지만 나는 경험론자이며, 경험론자로서 현상학적 입장을 고수하고 있다. 나는 때때로 우리가 경험 자료의 단순한 분류나 수집의 범위를 벗어난 고찰을 한다고 해서 그것이 과학적 경험론의 근본 원칙에 반하는 일은 결코 아니라고 생각한다. 사실 나는 경험이란 반성하는 숙려 없이는 전혀 있을 수 없다고 믿고 있다. 왜냐하면 '경험'이란 하나의 동화 과정이며, 그것 없이는 요해了解, Verstehen도 없기 때문이다. 이렇게 볼 때 내가 심리학적 사실들에 접근하는 입장이 철학적 입장이 아니라 자연과학적 입장임은 자명하다. 종교 현상은 매우 중요한 심리학적 측면을 가지고 있는 만큼 나는 이 주제를 순전히 경험론적 관점에서 다룬다. 즉 나는 여러 현상을 관찰하는 데 국한할 것이며 모든 형이상학적, 혹은 철학적 고찰 방식을 삼갈 것이다. 나는 그와 같은 형이상학적, 철학적 고찰 방식의 타당성에 이의를 제기하는 것이 아니라 내가 이 관점을 정확하게 적용할 수 있다고 장담할 수가 없는 것이다.

사람들은 대체로 심리학에 관해서 알 만한 것은 모두 알고 있다고 믿고 있는 것 같다. 왜냐하면 그들은 심리학이란 그들이 자신에 관해 알고 있는 것 이외에 아무것도 아니라고 생각하기 때문이다. 그러나 심리학에는 훨씬 더 많은 것이 있다. 심리학은 철학과는 별로 관계가 없는 반면, 상당 부분 통상적인 경험의 범위를 넘는 경험적 사실들을 더 많이 다루고 있다. 이 강의에서 내가 의도하는 것은 실용심리학 Praktische Psychologie〔응용심리학, 또는 임상심리학이라고도 번역될 수 있다〕이 종교 문제를 대면하는 양식이 최소한 어떤 것인지 알리는 데 있다. 세 번의 강의로 다루기에는 문제의 범위가 매우 넓다는 것은 자명한 사실이다. 구체적인 세부 사실에 들어가 논해야 할 때 많은 시간이 소요되기 때문이다. 이 책의 첫째 장은 실용심리학과 그 종교와의 관계에 관한 일종의 서론이 될 것이다. 둘째 장은 무의식 속에 진정한 종교적 기능이 존재한다는 것을 증명하는 여러 사실들을 다룰 것이다. 셋째 장은 무의식적 과정이 나타내는 종교적 상징성을 다루게 된다.

나의 설명은 상당히 비통상적인 성격을 지니고 있기 때문에 나는 내

강의를 듣는 사람들이 내가 대변하는 심리학의 방법론적 관점을 충분히 알고 있으리라 생각되지는 않는다. 나의 관점은 전적으로 현상학적인 관점이다. 즉, 이 관점에서 나는 일어난 일들, 사건들, 경험한 것들—간단히 말해서 사실들Tatsachen을 다룬다. 이 관점에서 본 진실은 사실이지 판단이 아니다. 예를 들어 심리학이 처녀가 아기를 낳는 주제에 관해 말할 때, 심리학은 그런 관념이 존재한다는 사실에 대해 생각한다. 그러나 그런 관념이 어떤 의미로든 진실이냐 거짓이냐의 문제에 골몰하지 않는다. 그 관념은 그것이 존재하는 한 심리학적으로 진실이다. 심리학적 존재는 한 관념이 오직 한 개체에서만 나타나는 한 주관적이다. 그러나 그 관념을 일반적 동의consensus gentium로서 보다 다수의 집단이 공유하는 한 객관적이다.

이러한 관점은 또한 자연과학의 관점이기도 하다. 심리학은 어떤 관념Idee이나 다른 정신적 내용들을 동물학이 여러 가지 동물의 종을 다루는 것과 같은 방식으로 다룬다. 코끼리는 그가 존재하기 때문에 진실인 것이다. 코끼리는 한 조물주의 논리적인 결론도 아니고, 주장이나 주관적 판단도 아니다. 코끼리는 그저 한 현상이다. 그런데도 우리는 정신적인 사건들은 자유재량으로 멋대로 만들어낸 산물이며, 심지어 그 사건들을 일으킨 인간이 고안해낸 것이라는 견해에 너무나도 익숙해 있어서 정신Psyche과 그 내용은 우리 자신의 의도적인 발명에 불과하다거나 여러 가지 가정과 판단에 따라 어느 정도 환상적으로 꾸며낸 산물들이라는 편견을 떨쳐버리지 못한다. 사실을 말하자면, 어떤 관념은 어디서나 어느 때나 출현하며, 심지어 이동移動이나 전승과는 전혀 상관없이 저절로 형성될 수도 있는 것이다. 그 관념들은 개인이 만든 것이 아니다. 그 관념들이 그에게 생겨난 것이다. 아니, 그것들은 심지어 각 개인의 의식에 곧장 들이닥친다고 해야 할 것이다. 이것은 플라톤 철학이 아니고 경험적 심리학이 하는 말이다.

 종교에 관해 논하기 전에 나는 내가 생각하는 종교의 개념을 먼저 설명해야겠다. 종교Religion란 '렐리게레religere'라는 라틴어가 말해 주듯, 루돌프 오토Rudolf Otto[2]가 적절하게도 '누미노줌Numinosum〔신적인 것, 신성한 힘〕'이라고 부른 것, 즉 어떤 역동적인 존재나 작용에 대한 주의 깊고 성실한 관찰이다. 그와 같은 존재나 작용은 인위적인 의지행동으로 일어난 것이 아니다. 그 반대로 그 작용이 인간 주체를 사로잡고 지배하며, 인간 주체는 언제나 그것을 만든 자이기보다 오히려 그 희생자인 것이다. 그 원인이 무엇이든 간에 누미노줌은 주체에 대한 제약이며, 그것은 주체의 의지로부터 독립되어 있다. 어쨌든 종교적 가르침이나 일반적 동의consensus gentium로서 언제나 어디서나 설명하고 있는 것은 이 제약을 개체 밖에 있는 원인에 귀착시켜야 한다는 것이다. 누미노줌은 눈으로 볼 수 있는 객체의 성질이거나 의식의 특수한 변화를 일으키는 어떤 보이지 않는 것의 현존Gegenwart이 주는 영향이다. 최소한 이것이 일반적인 통례다.

 그러나 실제적인 수행修行이나 의식儀式의 문제에서는 예외들이 있다. 오직 누미노줌의 작용을 의도적으로 불러일으키려는 목적으로 실시되는 종교의식들이 많이 있는 것이다. 이들은 그때 여러 가지 마술적 수단, 예를 들면 신을 부르고, 주문을 외우고, 제물을 봉헌하거나 명상과 요가의 그 밖의 기법들, 자신에게 가하는 여러 종류의 고행들을 사용한다. 그러나 언제나 그러한 의식들에 앞서서 존재하는 것은 외부적이며 객체적인 신적 원인에 대한 종교적 믿음이다. 예를 들어 가톨릭교회는 신도에게 영적인 축복을 나누어줄 목적으로 성사聖事, Sakrament를 베푼다. 그런데 성사행위는 결국 신적인 은혜의 현존을 명백한 마술적 절차를 통해 강요하게 될 것이기 때문에 당연히 사람들은 다음과 같은 추론을 하게 된다: 아무도 성사행위 속에서 신적인 은혜가 나타나도록 강요할 수는 없지만 그럼에도 불구하고 신적인 은혜는 어쩔 수 없이 성사행위 속에 현존하게 된다. 그 까닭은 성사가 하나의 신적인 제도이기 때문인데, 만약 신이 그것을 지지할 생각이 없었던들 신은 그런 제도를 세우지도 않았을 것이다.[3]

종교는 인간 정신의 특수한 태도Einstellung라고 생각된다. 그것은 '렐리기오religio'라는 개념의 본래 용법에 걸맞게 어떤 동적인 요소들에 관한 주의 깊은 고려와 관찰이라고 설명될 수 있을 것이다. 이 동적인 요소들은 '여러 가지 힘Mächte'이라고 볼 수 있는데, 귀령Geister, 귀(데몬)Dämonen, 제신諸神, Götter, 법, 관념Ideen, 이상Ideale, 또는 그것을 무엇이라고 부르든, 인간이 그의 세계에서 강력하며 위험하거나 큰 도움을 주는 것으로 경험하여 그들에게 주의 깊은 고려를 하도록 한 것들, 혹은 위대하고 아름다우며 깊은 의미를 가지고 있어 그것을 경건하게 숭배하거나 사랑하게 되는 그런 요소들이다. 영어로 어떤 일에 열중하고 있는 사람에 대하여 "그는 자기 일에 거의 종교적으로religiously 헌신하고 있다"고 말한다; 예를 들어 윌리엄 제임스William James는 과학자는 흔히 신앙을 갖지 않으나 "그의 기질Temperament은 경건하다"[4]고 지적한다.

분명히 밝혀두거니와 나는 '종교Religion'[5]라는 표현에서 신앙고백Glaubensbekenntnis을 생각하고 있지 않다. 그런데 종파Konfession라는 것은 모두 한편으로는 본래 누미노줌의 경험을 토대로 생겨나지만 다른 한편으로는 누미노줌의 작용과 그에 뒤따르는 의식변화라는 특정한 경험에 대한 '피스티스pistis(신앙)', 즉 충성, 믿음, 그리고 신뢰에 근거하고 있다는 사실도 틀림없는 사실이다. 바울Paulus의 회심은 이에 대한 매우 적절한 예이다. 그러니까 '종교'라는 표현은 누미노줌의 경험을 통하여 변화된 의식의 특수한 태도를 가리킨다고 말할 수 있다.

  종파들은 본래의 종교적 경험들이 성문화되고 교의敎義를 갖춘 형태들이다.[6] 그 경험 내용들은 성화聖化되어 있고 보통 굽힐 수 없는, 흔히 복잡한 사상 구조 속에 고정되어 버렸다. 본래의 경험을 다시 불러일으키고 이행하다 보니 그것은 의식儀式, Ritus이 되었고 변할 수 없는 제도가 되었다. 그렇다고 해서 그것이 꼭 생명이 없는 화석化石으로 변해 버린 것은 아니다. 오히려 그것은 긴급히 바꿔야 할 필요 없이 수백 년 동안을, 헤아릴 수 없는 사람들에게 종교적 경험의 형식이 될 수 있을 것이다. 특히 경직되어 있다는 비난을 자주 받는 가톨릭교회에서는 도그마가 살아 있는 것이므로, 그 표현 형식이 어떤 점에서는 변화될 수 있고 발전될 수 있음을 인정하고 있다. 심지어 도그마의 수에는 한계를 두지 않으며 시간의 경과와 더불어 증가될 수도 있다. 의식Ritual의 경우도 마찬가지다. 그러나 그러한 모든 변화와 발전은 근원적으로 경험된 사실들의 범위 안에서 결정되며, 그러한 사실들에 의해서 도그마의 내용과 감정가치의 독특한 양식이 정해지는 것이다. 도그마의 전통과 성문화된 의식으로부터 외견상 거의 무제한으로 해방됨으로써 400개 이상의 종파로 분열된 개신교조차 최소한 기독교라는 것, 그리고 신이 인류를 위해 고통을 겪은 그리스도 안에 현현되었다는 확신의 범위 안에서 자신을 표현하는 것을 의무로 삼고 있다. 이것은 특정한 내용을 지닌 특정한 틀이며, 불교나 이슬람교의 이념과 정서로 결합되거나 확대될 수는 없는 것이다. 그럼에도 붓다와 마호메트나 공자, 혹은 차라투스트라뿐 아니라 미트라스Mithras, 아티스Attis, 키벨레Kybele, 마니Mani, 헤르메스Hermes와 그 밖의 많은 이교異敎들도 종교현상을 나타낸다는 사실은 의심의 여지가 없다. 학문적인 자세를 취하는 한, 심리학자는 유일 절대의 영원한 진리임을 내세우는 신앙고백의 요청들을 고려해서는 안 된다. 그의 시선을 종교적 문제의 인간적 측면으로 돌려야 한다. 왜냐하면 심리학자는 근원적인 종교적 경험과 관계하기 때문이며, 종파가 그 경험으로부터 무엇을 만들었는지에 대해서는 전혀 상관이 없는 것이다.

나는 의사이며 신경-정신질환 전문의이기 때문에 나의 출발점은 어떤 신앙고백이 아니고 종교적 인류homo religiosus, 즉 자신과 자신의 일반 상태에 영향을 주는 어떤 요소들을 고려하고 주의 깊게 살피는 인간들의 심리학이다. 이런 요소들에 대하여 역사적 전승이나 민족학적 지식에 따라서 이름을 붙이고 정의를 내리는 것은 쉬운 일이다. 그러나 그와 같은 것을 심리학의 관점에서 행하는 것은 대단히 어려운 과제이다. 내가 종교의 문제에 대하여 기여할 수 있는 것은 전적으로 환자들과 소위 정상인들과의 실제 경험에 있다. 인간에 대한 우리의 경험은 우리가 그들과 경험하는 것이 무엇인지에 적잖이 좌우된다. 그러므로 지금 종교의 문제를 다루어나가기 위해서는 내가 어떤 식으로 나의 직업 활동을 진행하는지, 이에 관한 최소한의 일반적인 관념이나마 갖추게 하는 길밖에 없다고 생각한다.

신경증은 어떤 종류든 인간의 가장 내밀한 삶에 결부되어 있다. 그러므로 본래 자신을 병들게 한 모든 정황과 어려움을 자세히 진술하라고 환자에게 요구하면 환자는 언제나 어떤 망설임을 느끼게 될 것이다. 그런데 그는 왜 자신에 관해 자유롭게 말할 수 없는 것일까? 그는 왜 소심하거나 부끄러워하거나, 또는 점잖을 빼는 것인가? 그 이유는 여론, 덕망, 또는 좋은 평판이라고 부르는 어떤 외부적 요소들에 관한 '주의 깊은 유념'에 있다. 그가 비록 자기의 주치의를 신뢰하고 그 앞에서 더 이상 부끄러워하지 않게 되었다 하더라도 그는 주저할 것이며, 심지어 자기 자신을 의식화하는 것이 위험한 일이기나 하듯이 어떤 것을 자기 자신에게 고백하는 것을 두려워하게 된다. 사람들은 보통 자신을 압도하는 듯 보이는 것들 앞에서는 불안을 느끼게 마련이다. 그렇다면 인간의 마음속에 그 자신보다 더 강한 어떤 것이 있는 것인가? 이 경우에 잊어서는 안 될 것은 모든 신경증이 일종의 도덕적 황폐를 수반한다는 사실이다. 그 사람이 신경증적인 한, 그는 자기 자신에 대한 신뢰를 잃어버린 것이다. 신경증을 앓는다는 것은 사람의 기를 죽이게 하는 패배이며, 자신의 심리를 조금이라도 아는 사람들이라면 자기의 신경증을 패배라고 느끼게 된다. 그런데 이 사람들은 그 패배의 고통을 어떤 '비현실적인' 것을 통해서 겪어온 것이다. 의사들은 이미 오래전부터 환자에게 그가 건강하며, 심장병도 암도 실제로 전혀 가지고 있지 않다고 확인해주었다. 심장병이 아닐까, 암이 아닐까 걱정하는 그의 신경증 증상은 단지 상상된 것들이다. 그가 자신의 병이 '상상의 병malade imaginaire'이라고 믿으면 믿을수록 열등감이 그의 전 인격에 퍼져든다. "내 증상이 상상된 것이라면"—그는 이렇게 말할 것이다—"어디서 내가 이 저주받을 상상을 주워 모았단 말인가, 그리고 나는 왜 그런 쓸데없는 생각을 아직도 품고 있는가?"라고…. 한 이지적인 남자가 자신이 대장암을 가지고 있다고 거의 애절할 정도로 확언하고는 바로 그 다음 순간, 기가 죽은 목소리로 물론 자기의 암은 단지 상상된 것임을 알고 있노라고 말할 때 그 처절한 모습은 정말 충격적이다.

정신Psyche에 대하여 우리가 통상적으로 가지고 있는 유물론적 관념은 신경증의 경우에는 별로 도움이 될 수 없을 듯하다. 만약 심혼Seele이 미세한 물체로 이루어졌다면 우리는 적어도 이 입김, 또는 연기 같은 실체Hauch- oder Rauchkörper가 비록 공기 형태라 할지라도 암을 앓고 있다고 주장할 수도 있을 것이다. 이 경우는 조잡한 물질적인 신체가 그런 암에 걸릴 수 있는 것과 매우 비슷하기 때문에 그런 주장 속에 적어도 어떤 진실이 있다고 할 것이다. 의학이 정신적인 성질을 띤 모든 증상에 강한 거부감을 갖는 이유가 여기에 있다―의학에서는 신체가 아프든지 아니면 전혀 이상이 없다. 신체가 실제로 병들어 있다는 것을 증명하지 못한다면 그 이유는 바로 현대 의학의 수단으로는 틀림없이 기질적인 그 장해의 진정한 성질을 아직 발견할 수 없기 때문이라고 생각한다.

그런데 도대체 정신Psyche이란 무엇인가? 유물론적인 편견은 그것을 단지 뇌의 기질적 과정의 부산물, 즉 하나의 수반현상Epiphänomen이라고 설명한다. 모든 정신장해는 기질적이거나 신체적인 원인을 가지고 있음에 틀림없지만 우리의 현재 진단 방법이 불완전하여 그것을 증명할 수 없을 뿐이라고 말한다. 정신과 뇌의 부인할 수 없는 관련성은 이러한 관점에 힘을 실어주지만 그렇다고 그런 견해를 절대적인 진리로 삼을 정도는 아니다. 우리는 신경증에 실제로 뇌의 기질적 과정의 장해가 있는지 없는지 모른다. 그리고 문제가 내분비의 장해라면 이것이 신경증의 원인이라기보다는 신경증의 결과로 나타난 작용이 아닌지 단정 지을 수가 없는 것이다.

다른 한편 신경증에 정신적인 원인이 있는 것은 의심의 여지가 없다. 실제로 기질적인 변화가 단순히 고백만으로 한순간에 치유될 수 있다고 상상하기는 매우 어렵다. 그러나 나는 39도의 히스테리성 고열高熱을 앓던 환자를 본 적이 있는데, 심리적 원인을 고백함으로써 몇 분 안에 치유되었던 것이다. 또한 분명한 신체 질환을 앓는 환자들의 어떤 괴로운 마음의 갈등이 단지 상담만으로 영향을 받을 뿐 아니라 심지어 치유되는 사실을 우리는 어떻게 설명해야 하겠는가. 나는 마른버짐Psoriasis을 앓고 있는 한 환자를 본 일이 있다. 마른버짐이 사실 온몸에 퍼지다시피 하였는데, 몇 주 동안의 심리학적 치료 뒤에 그 10분의 9가

치유되었던 것이다. 다른 경우에 한 환자는 대장 확장 때문에 수술을 받았다. 40센티미터의 대장을 잘라냈는데, 수술 뒤에 곧 남은 대장이 현저하게 확대되었다. 환자는 실의에 빠진 나머지 외과의사가 꼭 필요하다고 했는데도 두 번째 수술을 거부했다. 그런데 숨어 있는 어떤 내밀한 심리학적 사실들을 드러내자 그의 대장은 정상적으로 기능을 발휘했다.

결코 드물지 않은 그러한 경험들을 하다 보면 정신Psyche이 아무것도 아니라거나 상상된 사실은 비현실적이라는 말을 무척 믿기 어렵게 된다. 정신은 다만 근시안적인 오성悟性, Verstand이 더듬고 있는 바로 그곳에 없을 뿐이다. 정신은 그곳에 존재하지만 물질적 형태로 있는 것이 아니다. 신체적인 존재만이 존재라고 가정한다면 그것은 거의 바보 같은 편견이라 아니할 수 없다. 사실은 우리가 직접적으로 알고 있는 존재의 유일한 형태는 정신적인 것이다. 반대로 우리는 물질적인 존재는 단순한 추론에 불과하다고 말할 수도 있을 것이다. 왜냐하면 우리가 물질에 관해 무엇인가를 알게 된다면, 그것은 감관感官을 통해 전달되는 정신적 상像들을 지각하는 범위 안에서 알게 되기 때문이다.

이러한 간단하지만 근본적인 진실을 망각한다면 그것은 분명 중대한 잘못이다. 만약 신경증이 상상 이외에 어떤 다른 원인도 가지고 있지 않다고 하더라도 어쨌든 그것은 매우 실제적인 사건임에 틀림없다. 만약 어떤 남자가 나를 그의 원수라고 상상하여 죽인다면, 나는 단순한 상상 때문에 죽은 것이다. 상상은 존재하며 물질적 상태와 똑같이 위험하고 해로우며 그와 마찬가지로 현실적일 수 있다. 나는 심지어 정신적 장해는 전염병이나 지진보다도 훨씬 더 위험하다고 믿는다. 중세의 페스트나 천연두 유행도 1914년의 의견 차이나 러시아의 정치적 '이상理想'만큼 그렇게 많은 사람을 죽이지는 않았다.

우리의 정신Geist은 외부에 아르키메데스의 점이 없기 때문에 자기 자신의 존재 형식을 파악할 수 없지만 그럼에도 그것은 존재한다. 정신Psyche은 존재하며 심지어 존재 그 자체이기도 하다.

암이라고 상상한 우리의 환자에게 우리는 이제 무엇이라고 대답할 것인가? 나 같으면 이렇게 말했을 것이다. "그래, 친구야. 너는 정말 암 비슷한 것을 앓고 있는 거야. 너는 정말 살인적인 병을 안고 있어. 그래도 그것이 네 몸을 죽이지는 않을 거야. 상상한 것이니까. 그렇지만 결국은 네 심혼Seele을 죽이겠지. 그것은 벌써 인간관계와 개인적 행복을 망쳐버렸어. 그래서 계속 넓게 퍼져서 너의 전체 정신적 존재를 삼켜버릴 거야. 너는 결국 더 이상 인간답지 못하게 되고, 다만 못된, 파괴적인 종양이 될 거야."

그는 자신의 병적인 환상을 만들어낸 장본인이 아님을 잘 알고 있다. 비록 그의 허구적인 오성은 분명 그 자신이 그 환상을 만들고 소유한 자라고 그에게 설득할 것이지만 실제로 암에 걸린 사람은 암이 자신의 몸속에 있을지라도 자기가 그런 나쁜 일을 만들어낸 책임자라고 믿는 일은 결코 없다. 그러나 문제가 정신일 경우에 우리는 곧장 마치 우리가 우리의 정신 상태를 만든 자인 듯이 일종의 책임감 같은 것을 느낀다. 이와 같은 편견은 비교적 근래에 시작된 것이다. 그리 멀지 않은 과거에는 고도로 문명된 사람들조차 정신적 동인들이 우리의 오성과 기분에 영향을 끼칠 수 있다고 믿었다. 당시에는 인간에게 일종의 심리적 변화를 일으킬 수 있는 마술사와 마녀, 귀령, 데몬과 천사, 심지어 신들이 있었다. 옛날이라면 암-공상을 가진 남자는 자기의 암-관념에 관하여 요즘 사람과는 전혀 다르게 느꼈을 것이다. 그는 아마 어떤 사람이 그에게 주술을 걸었다든가, 또는 무엇에 빙의되었다고 상상할지 모른다. 그 자신이 그런 환상을 만든 장본인이라는 생각은 결코 하지 않았을 것이다.

사실 나는 그 환자의 암-관념은 의식과는 동일하지 않은 정신의 어떤 부분에서 저절로 일어나는 증식이라고 가정한다. 그 관념은 자율적인 구성물로 의식의 영역으로 침입해 들어온 것이다. 의식은 우리 자신의 정신적 존재라고 말할 수 있지만, 암은 우리 자신과는 무관한 그의 고유한 정신적 존재를 지니고 있다. 이와 같은 확인으로 관찰 가능한 여러 사실들을 충분히 설명할 수 있을 듯하다. 만약 그런 환자에게 연상검사[7]를 실시한다면, 곧 그 남자가 자기 마음을 통제하고 있지 않음을 발견할 것이다. 환자의 연상반응들은 지연되고, 변화되며, 억제되거나 자율적인 방해꾼으로 대치될 것이다. 일정 수의 자극어들은 그가 의식하고 있는 의도대로 응답되지 못하고 흔히 피검자 자신도 의식하지 못하는 어떤 자율적인 내용들로써 응답될 것이다. 앞의 환자에서는 틀림없이 암-관념의 뿌리에 있는 정신적 콤플렉스에서 나온 응답들이 발견될 것이다. 자극어가 숨은 콤플렉스에 결부된 어떤 내용을 만날 때는 언제나 자아의식의 반응은 방해받고, 심지어 그 콤플렉스에서 유도된 응답으로 대치된다. 마치 콤플렉스가 자아의 의도를 방해할 수 있는 독립된 존재인 것처럼 보인다. 콤플렉스들은 실제로 마치 부수적- 또는 부분-인격들처럼 행동한다.

콤플렉스들은 대부분 단순히 의식이 억압을 통하여 배제하려 했기 때문에 의식에서 분리된 것들이다. 그러나 일찍이 한 번도 의식에 있은 적이 없고 따라서 한 번도 의도적으로 억압될 수 없었던 그 밖의 콤플렉스들이 있다. 그런 콤플렉스들은 무의식에서 자라나 기이한, 흔들림 없는 확신과 충격을 수반하면서 의식을 압도한다. 앞의 환자의 경우는 이 후자의 범주에 속한다. 그의 교양과 지성에도 불구하고 그는 그를 교묘하게 속여서 사로잡아버린 어떤 것의 어쩔 수 없는 제물이었다. 그에게는 어떤 식으로든 그의 병적인 상태가 지닌 악마적 세력에 대항하여 자신을 지킬 능력이 전혀 없었다. 강박관념은 실제로 암처럼 자라서 그를 덮어버렸다. 어느 날 그 관념이 나타났고, 그 뒤로 흔들림 없이 유지되었다. 증상 없는 기간이 그저 짧은 간격으로 있었을 뿐이다.

    그와 같은 증례들이 출현하는 것을 볼 때, 우리는 인간들이 왜 그들 자신을 의식화하는 것을 두려워하는지를 어느 정도 이해하게 된다. 정말 커튼 뒤에 어떤 무엇이 있을지도 모른다─그건 아무도 모른다. 그래서 사람들은 차라리 의식 너머에 있는 요소들을 '배려하고 주의 깊게 살피기'로 하는 것이다. 대부분 사람들의 마음속에는 무의식에 있을 법한 내용에 관련해서 일종의 원시적인 데이시다이모니아 δεισιδαιμονία(신을 두려워하는 것)가 있다. 그 경우에 당연히 느낄 만한 모든 두려움, 모든 수치감과 삼가는 감정을 넘어 '영혼의 위험perils of the soul'에 대한 은밀한 공포가 있다. 물론 사람들은 그런 웃기는 공포감을 시인하기를 꺼린다. 그러나 이 공포가 결코 부당한 것이 아님을 우리는 분명히 해야 한다. 부당하기는커녕 그것은 너무나도 합당한 근거를 가지고 있다. 어떤 새로운 관념이 우리 자신이나 우리의 이웃을 사로잡지 않는다는 보장은 어디에도 없다. 최근과 과거의 역사를 통해서 보더라도 그렇게 사람들을 사로잡은 관념Idee이 너무도 별나고 심지어 너무도 이상하여 인간의 이성과는 거의 맞지 않는 경우가 흔하다는 사실을 알고 있다. 그런데 그러한 관념에는 거의 언제나 사람을 현혹하는 매력이 있고, 그 매력은 하나의 광신적인 빙의(사로잡힘)를 일으킨다. 빙의는 또한 모든 이단자들을─그들이 얼마나 호의적인지, 이성적인지에 상관없이─산 채로 불태워버리거나 참수하거나, 혹은 이보다 더 현대적인 기관총으로 집단적으로 처치해버리도록 만든다. 우리는 그런 일이 아득한 과거의 일이라고 생각하면서 자신을 위로하고 있을 수는 결코 없다. 불행히도 그것은 현재에 속할 뿐 아니라 특히 미래에도 일어날 것으로 짐작된다. "인간은 인간에게 늑대다Homo homini lupus"라는 말은 슬프지만 영원히 유효한 판결이다. 인간은 사실 무의식 속에 살고 있는 저 비인격적인 세력들을 두려워할 충분한 이유를 갖고 있다. 우리는 저 무의식적 세력을 전혀 의식하지 못하는 지극히 행복한 상태에 있다. 그것은 그 세력이 한 번도, 혹은 최소한 거의 한 번도 우리의 개인적인 행동으로나 통상적인 상황 아래에서는 나타나지 않기 때문이다. 그러나 다른 한편으로는 인간들의 수가 증가하여 폭도를 이루게 되면, 그때 집단인간의 동력들, 즉 인간이 무리Masse의 한 분자가 되기까지 각자의 마음속에서 잠들어 있던 짐승들, 또는 악령들이 폭발적으로 풀려 나온다. 무리 속에서 인간은 무의식적으로 의식의 문턱 아래 항상 존재하는 보다 낮은 도덕적 지적 수준으로 내려간다. 이곳에서 무의식은 그것이 무리가 이루어짐으로써 지지되고 유인되는 즉시 언제나 터져 나올 준비를 하고 있다.

인간 정신을 단순히 개인적인 사안이라고 보고, 그것을 전적으로 개인적 관점에서만 설명하는 것은 매우 위험한 오해라고 생각된다. 그런 설명은 일상적인 일을 하고 일상적인 인간관계를 맺고 있는 개체에 대해서만 적용될 수 있다. 그러나 만약 어느 정도 비일상적이며 예상치 못한 사건의 형태로 어떤 가벼운 장해가 출현한다면, 즉시 본능적인 힘이 나타나고 그 힘은 전혀 예기치 않은, 새로운, 심지어 기이한 모습을 나타낸다. 이런 힘은 개인적인 동기로는 더 이상 설명될 수 없다. 왜냐하면 그것은 오히려 일식이나 그와 같은 일이 생겼을 때 일어난 원시인의 공황 발작과 같은 원시적 사건에 비길 수 있는 것이기 때문이다. 예컨대 볼셰비즘 이념의 살인적인 폭발을 개인적인 부성 콤플렉스로 설명하려는 시도는 내가 보기엔 너무도 불충분하다.

집단적 세력의 침입으로 이루어지는 성격의 변화는 놀랄 만하다. 온화하고 이성적인 기질이 광포한 기질로, 또는 거친 짐승으로 변화될 수 있다. 사람들은 늘 외부적 상황에 책임을 돌리려 하지만, 그것이 우리 안에 존재하지 않는 것이라면 우리 속에서 폭발할 것도 없을 것이다. 사실 우리는 항상 화산 위에서 살고 있다. 그의 손이 닿는 곳이면 어느 누구도 모조리 파괴하게 될 폭발이 언제나 가능하다. 우리가 아는 한 이 폭발을 막을 만한 인간적인 예방 수단은 없다. 이성과 건전한 인간 오성에 대해 설교하는 것이 좋은 일임은 분명하다. 그러나 청중이 정신병동의 환자이거나 집단적으로 빙의된 무리라면 그 설교가 무슨 소용이겠는가? 광인狂人과 무엇에 사로잡힌(빙의된) 무리 사이에는 큰 차이가 없다. 왜냐하면 광인이나 폭도나 모두 비개인적인, 엄청난 힘에 의해서 움직이기 때문이다.

사실 이성적인 수단으로는 이겨낼 수 없는 그런 힘을 불러들이려면 신경증 하나로 족하다. 우리의 암 공포 증례는 인간의 이성과 통찰이 가장 명백한 바보 같은 생각 앞에서 얼마나 무력한지를 분명히 보여주고 있다. 나는 늘 나의 환자에게 분명히 바보 같은데도 이겨낼 수 없는 그런 생각이, 우리가 아직 이해할 수 없는 어떤 힘과 의미를 말해준다고 생각하기를 권한다. 경험을 통해서 나는 그런 사실을 진지하게 받아들이고, 그에 적절한 설명을 찾아보는 것이 훨씬 더 효과적인 치료 방법임을 알게 된 것이다. 그러나 이 경우의 설명은 그것이 병적인 작용과 맞먹을 수 있는 가설을 만들어낼 때라야만 충분한 것이 된다. 우리의 환자는 의지의 힘과 암시 앞에서 그의 의식이 이에 대항해서 내놓을 만한 어떤 상응한 것도 가지고 있지 못함을 알고 있다. 이와 같이 난처한 상황에서 고도로 이해할 수 없는 방식이긴 하지만 어떤 방식으로든 환자 자신이 그의 증상 뒤에 숨어서 증상을 몰래 만들어내고 유지하고 있다고 설득시킨다면, 그것은 좋은 전략일 수가 없을 것이다. 그런 견해는 바로 환자의 투쟁의지를 마비시키고 사기를 꺾을 것이다. 자신의 콤플렉스가 자율적인 힘을 가지고 있고, 그것이 그의 의식적 인격에 저항한다고 이해하는 것이 훨씬 나을 것이다. 게다가 그런 설명은 개인적인 동기로 환원시키는 설명보다 현실적인 사실에 훨씬 더 가깝다. 뚜렷한 개인적 동기라고 볼 만한 것이 분명 존재하지만, 그 동기는 개인이 의도적으로 만든 것이 아니고 다만 그 환자한테서 일어났을 따름이다.

바빌로니아의 서사시에서 길가메시[8]가 오만과 불손으로 신들에게 도전하자 신들은 길가메시와 비등한 힘을 가진 한 남자를 만들어서 이 영웅의, 인간의 법도를 무시한 야심에 쐐기를 박으려 한다. 똑같은 일이 우리의 환자에게도 일어나고 있다. 생각하는 자Denker로서 그는 이 세계를 항상 그의 지성과 오성의 힘으로 처리하려 든다. 그의 공명심은 최소한 자신의 힘으로 개인적인 숙명을 개척해내는 데 성공하였다. 그는 모든 것을 자기의 오성의 냉혹한 법칙 아래 제압하였다. 그러나 자연은 어딘지 모르나 그 통제에서 빠져나와 암-관념이라는 전혀 공격할 수 없는 바보 같은 형태로 그에게 복수하였다. 이런 교묘한 계획은 그를 무자비하고 잔인한 쇠사슬에 묶어두기 위해 무의식을 통해서 고안해낸 것이다. 그것은 그에게 최악의 충격이었다. 모든 그의 이성적인 이상과, 무엇보다 전능한 인간 의지에 대한 그의 믿음을 바꾸어 버릴 정도의 것이었다. 그러한 강박성은 이기적인 권력욕에 이바지하기 위해 이성과 지성의 상습적인 남용을 일삼는 사람에게서만 나타날 수 있다.

그러나 길가메시는 신들의 복수를 피할 수 있었다. 그는 경고하는 꿈을 꾸었고 그 꿈에 주목했다. 꿈은 그가 어떻게 그의 적을 이겨낼 수 있는지를 알려주고 있었다. 신들이 사라졌을 뿐 아니라 나쁜 평판의 대상이 되어버린 시대에 살고 있는 우리의 환자에게도 꿈이 있었다. 그러나 그는 그 꿈에 귀를 기울이지 않았다. 지성적인 사람이 꿈을 중요하게 여기다니 그런 미신이 어디에 또 있겠는가! 꿈에 대한 이와 같은 매우 보편적인 편견은 인간의 심혼 전반에 관한 이보다 훨씬 더 심각한 과소평가의 많은 증후 가운데 하나일 뿐이다. 과학과 기술은 거창하게 발전하였으나 다른 측면에서 지혜와 내적 성찰[內省]Introspektion의 끔찍할 정도의 결핍은 이를 상쇄하고도 남음이 있다. 우리의 종교적 가르침이 불멸의 영혼을 말하기는 하지만, 그 가르침은 현실의 인간 정신에 대해서는 별로 따뜻한 말을 할 줄 모른다. 인간 정신은 만약 신적인 은혜라는 특수한 행위가 베풀어지지 않는다면 곧장 지옥으로 떨어지게 되어 있다. 지혜와 내적 성찰의 결핍과 기독교에 의한 인간 정신의 경시라는 이와 같은 두 가지 중요한 요소들은 정신Psyche의 전반적인 과소평가에 대해 상당한 책임이 있다. 그러나 그것이 유일한 원인은 아니다. 비교적 최근에 생긴 이러한 요소에 비하면 무의식에 접해 있는 모든 것에 대한 원시적인 공포와 혐오감은 이보다 훨씬 더 오래전부터 있어온 것이다.

의식은 그 발생 시초에는 아주 불안정한 것이었을 것이다. 우리는 오늘날에도 상대적으로 원시적인 공동체에 사는 사람들에서 의식이 얼마나 쉽게 상실되는지를 관찰할 수 있다. 예컨대 '영혼의 위험perils of the soul'[9] 가운데 하나는 영혼의 상실이다. 그것은 영혼의 일부가 다시 무의식화하는 경우를 말한다. 다른 예는 아모크 질주Amoklaufen[10]〔말레이시아 민간에서 볼 수 있었던 일종의 집단적 살인광〕의 상태인데, 이것은 게르만의 옛이야기에 나오는 베르제르커Berserker〔북구 신화; 곰의 껍질을 쓰고 싸우는 광폭한 전사〕에 상응하는 것이다.[11] 그것은 크든 작든 온전한 황홀상태Trancezustand이며, 여기에는 무서운 파괴적인 사회적 영향이 동반되는 경우가 흔하다. 심지어 전혀 이상하지 않은 평범한 정동Emotion으로도 현저한 의식상실을 일으킬 수 있다. 그래서 원시인들은 특별히 정선된 예의범절을 지키는 것이다. 즉 낮은 목소리로 말한다거나 무기를 꺼내놓거나, 기어가거나, 머리를 숙이거나 상대방에게 손바닥을 내보인다.

  심지어 우리 고유의 예의범절에도 언제 일어날지 모를 정신적 위험에 대한 '종교적인〔주의 깊고 성실하게 고려하는〕' 고려의 흔적이 남아 있다. 우리는 마술적 방식으로 '좋은 날Guten Tag'을 소원하면서 운명이 우리에게 유리하게 조율되도록 한다. 인사할 때 왼손을 호주머니에 넣거나 등 뒤에 두는 것은 못된 행실이다. 특히 공손하게 하려면 두 손으로 악수하며 인사한다. 높은 권위를 지닌 사람들 앞에서 우리는 모자를 벗고 머리를 숙인다. 즉 강자의 마음에 들게 하기 위해 무방비의 머리를 제공하는 것이다. 강자가 갑자기 광란 발작에 휩쓸릴지도 모르기 때문이다. 원시인들은 전쟁춤을 출 때 그런 흥분상태에 빠져서 피를 흘리는 경우가 있다.

  원시인들의 생활은 언제나 어딘가에 숨어서 빈틈을 노리고 있는 정신적 위험의 가능성에 관한 끊임없는 배려로 가득 차 있고, 그 위험을 완화시키려는 시도는 수없이 많다. 금기 구역의 설정은 이 사실의 외부적 표현이다. 수없이 많은 금기는 구획지어진 여러 정신적 영역으로, 이 영역들은 극도로 정밀하게 주의해야 한다. 내가 엘곤Elgon산 남쪽 기슭에 사는 종족과 함께 머물러 있었을 때, 한번은 끔찍한 잘못을 저지른 일이 있다. 나는 숲 속에서 자주 보아온 귀령의 집들에 관해 알아보고자 했다. 그래서 수다를 떠는 모임Palavers을 하는 동안 '혼령Geist'이라는 뜻의 '셀렐테니Selelteni'라는 단어를 언급했다. 그러자 갑자기 모두 입을 다물었고 몹시 당황해했다. 그들은 모두 나를 외면했다. 조심스럽게 삼가해온 단어를 내가 큰소리로 말했고, 그로써 최고로 위험한 결과에 노출되었기 때문이다. 수다 모임이 계속되도록 하기 위해서 나는 화제를 바꿔야 했다. 또한 이 부족 사람들은 한 번도 꿈을 꾼 일이 없다고 장담했다. 꿈은 추장과 메디신맨의 특권이라는 것이다. 그러자 메디신맨은 자기가 이제는 더 이상 꿈을 꾸지 않는다고 고백했다. 왜냐하면 이들에게는 지금 그 대신 지방관이 있기 때문이다. "영국인이 이 지방에 온 이래로 우리는 더 이상 꿈을 꾸지 않는다." 그는 말했다. "지방관은 전쟁과 질병에 대해 모든 것을 알고 있고, 우리가 어디서 살아야 하는지도 안다." 이런 희한한 확인은 그러니까 꿈이 예전에는 최고의 정치적 심급審級, Instanz이었다는 것, 즉 '뭉구mungu(누미노제, 신)'의 목소리였다는 사실에서 연유된 것이다. 그래서 보통 사람에게는 그가 꿈을 꾼다는 추측을 하게 만드는 것은 현명한 일이 아니었는지도 모른다.

꿈은 언제나 새로운 계략, 새로운 위험, 희생, 전쟁, 그리고 그 밖의 다른 귀찮은 것들을 가지고 위협하는 미지의 목소리다. 어떤 아프리카 흑인이 한번은 그의 적이 그를 붙잡아 산 채로 불태우는 꿈을 꾸었다. 다음 날 그는 자기 친척들을 불러내서 자신을 불태우라고 간청했다. 친척들은 그의 발을 묶은 뒤 발을 불 속에 들여놓는 데까지 동의했다. 그 남자는 물론 심한 장애가 생겼지만 그의 적들의 공격을 면할 수 있었다.[12]

무의식의 예기치 못한, 위험한 경향으로부터 자신을 방어하려는 오직 하나의 목적으로 실시되는 마술적 의식이 수없이 많다. 꿈이 한편으로는 신의 목소리이며 신의 알림이면서, 다른 한편으로는 결코 마르지 않는 고난의 샘이라는 기이한 사실도 원시인의 마음에는 별로 장해가 되지 않는다. 이런 원시적인 사실들의 명백한 잔재를 우리는 유대 예언자들의 심리학에서 발견한다.[13] 이들도 신의 목소리를 듣는 것을 주저하는 경우가 아주 흔하다. 우리는 호세아Hosea 같은 신앙심 깊은 남자가 주님의 명령에 순종하기 위해 창녀와 결혼하는 것이 견디기 힘든 일이었음을 시인하지 않을 수 없다. 인류의 여명기 이래로 인류에게는 억제할 수 없는 제멋대로의 '초자연적' 영향을 특정한 형식이나 법으로 제약하려는 뚜렷한 경향이 있어왔다. 그리고 이 과정은 역사 시대에도 의식儀式과 제도, 그리고 신념의 증가라는 형태로 계속되었다. 과거 2000년 동안 우리는 기독교 교회 제도가 그런 초자연적 영향들과 인류 사이를 중개하고 보호하는 기능을 떠맡고 있음을 본다. 중세 교회 문서에는 신의 영향이 경우에 따라 꿈속에서 나타날 수 있음을 부인하지 않았지만 이 관점을 고집하지는 않은 채, 교회는 개별적인 사례에서 꿈의 계시가 참다운 것인지 아닌지를 결정할 권리를 유보하고 있다. 꿈과 그 기능에 관한 훌륭한 논문에서 베네딕투스 페레리우스Benedictus Pererius, S. J.는 말하기를, "하느님은 그런 시간 법칙들에 매이지도 않고 자기의 꿈을 언제나 어디서나 그리고 누구에게나 그가 원하는 대로 불어넣기 위해 적절한 순간들을 놓치는 일이 없다."[14] 다음 구절은 교회와 꿈의 문제 사이의 관계를 매우 흥미 있게 조명해주고 있다. "우리는 또한 카시아누스의 교합校合, Collation〔어떤 책에 이본異本이 있을 때 그것을 비교하여 같고 다름을 대조하는 것〕 제22에서 저 장로들과 영적 지도자들이 어떤 종류의 꿈의 원인을 매우 면밀하게 탐구하였다는 사실을 알 수 있다."[15] 페레리우스는 꿈을 다음과 같이 분류하고 있다: "…다수의 꿈은 자연적인 것이다. 상당수의 꿈은 인간적이다. 몇 가지 꿈은 심지어 신적이다."[16] 꿈에는 네 가지 원인이 있다: 1. 신체적 고통. 2. 사랑, 희망, 불안 또는 증오에 의해서 일어난 정감이나 격렬한 기분의 동요."17 3. 악마Dämon, 즉 이교의 신, 또는 기독교의 마귀의 책략과 권력. "마귀는 어떤 원인들에서 자주 적법하게 생겨나게 될 자연적인 결과들을 알 수 있다. 악마 자신이 뒤에 하게 될 일, 그리고 인간에게는 감추어져 있는 현재와 과거의 모든 것을 알아차리고 사람들에게 그것들을 꿈속에서 알려줄 수 있다."[18] 악마적인 꿈에 관한 흥미로운 진단과 관련하여 저자는 이렇게 말한다. "…우리는 어떤 꿈들이 마귀로부터 보내온 꿈인지에 관해 추정해볼 수 있다: 첫째로, 만약 감추어진 미래의 일들을 제시하는 꿈이 자주 출현할 때 그 지식이 그 사람에게는 물론 다른 사람에게도 유익하지 못하고 다만 기묘한 지식의 공허한 과시이거나 심지어 악한 행위를 지지하는 데 이바지하는 경우.…"[19] 4. 신으로부터 보내온 꿈. 꿈의 신적인 성질을 가리키는 징후에 관하여 저자는 말한다: "꿈에서 제시된 것들의 가치를 통하여…, 즉 어떤 사람이 오직 신의 인정과 선물을 통해서라야만 입수할 수 있는 것들에 관한 보다 확실한 지식을 꿈을 통해서 알게 되었을 때, 즉 정통신학Schultheologie에서 미래에 관해 말하는 사실들, 더 나아가 마음의 비밀들로서 아득히 먼, 가장 깊은 심혼의 내면에 숨어 있어 인간의 지식에서는 전적으로 배제되어 있는 비밀들, 그리고 마지막으로 우리의 신앙의 가장 주된 비의秘儀들, 즉 신의 가르침을 통하지 않고는 누구에게도 시현示顯될 수 없는 비의들(!!)… 그리고 궁극적으로 주로 (신적이라고) 볼 수 있는 그것, 즉 신이 (인간적인) 영靈, Geist을 일깨워주는 내적인 깨달음과 충격을 통하여 인간의 의지에 영향을 주고, 인간으로 하여금 꿈의 권위와 신뢰성을 확신하게 함으로써 그 꿈이 분명 신이 만든 것임을 인식하게 되며, 그것이 너무도 분명하여 그가 그것을 아무런 의심 없이 믿고자 하고 또한 믿을 수밖에 없게 된다는 것을 알게 되는 것이다."[20] 위에서 언급했듯이 악마 또한 미래의 사건에 관해 정확하게 예언하는 꿈을 꾸게 할 수 있기 때문에 저자는 부가적으로 그레고리우스 성인의 말을 인용하고 있다. "성인들은 착각과 계시 사이를 구별한다. 그리고 환상幻像, Visionen들의 목소리와 상像들 그 자체를 가장 내적인 가치감정(취향)으로 구별한다. 그래서 그들은 무엇이 좋은 영Geist으로부터 받은 꿈이고, 무엇이 속임수의 영에 의한 괴로움을 견디어야 하는 꿈인지를 안다. 만약 인간 정신이 후자에 대하여 조심하지 않는다면 그는 속임수의 영에 의해 많은 쓸데없는 일에 얽혀들 것이다. 그렇게 조심해야 할 이유는 그 속임수의 영이 자주 진실한 것을 예언하면서도 마지막에 가서는 심혼을 어떤 속임수의 함정에 가둘 수 있는 경우가 많기 때문이다."[21] 만약 꿈이 "우리의 신앙의 가장 주된 신비"를 다루었다면 그것은 이렇게 위태로운 상황에서 우리를 보증하는 환영할 만한 것이라고 여겨졌을 것이다. 아타나시우스Athanasius는 그가 쓴 안토니우스Antonius 성인의 전기에서 마귀가 얼마나 교묘하게 미래에 일어날 사건들을 예언하는지, 이에 관한 생각을 우리에게 전하고 있다.[22] 같은 저자에 의하면 마귀들은 심지어 수도승의 모습으로 찬송가를 부르고 큰소리로 성경을 읽으며 수사들의 도덕적 행실들에 관해 당황스러운 논평을 하는 모습으로 나타나는 경우가 흔히 있다.[23] 그런데 페레리우스는 자기가 세운 기준을 전적으로 신뢰하는 듯 다음과 같이 말을 잇는다. "우리의 오성에서 나오는 자연적인 빛이 첫 번째 원리의 진실을 분명히 식별하게 하는 것처럼, 그래서 우리가 그 원리를 더 이상의 해명 없이 즉시 동의하며 수용할 수 있는 것처럼, 신이 보낸 여러 꿈속에서 신적인 빛이 우리의 정신Geist을 깨우쳐주고 이 꿈들이 진실이며 신적인 근원에서 나온 것임을 우리가 인식하고 또한 이를 확실히 믿도록 하는 것이다."[24] 페레리우스는 꿈을 꾸고 생긴 흔들림 없는 확신이 모두 반드시 꿈의 신적 근원을 증명하는 것이냐 하는 위험한 물음은 건드리지 않았다. 그는 그런 종류의 꿈이 당연히 "우리 신앙의 가장 중요한 신비"에 일치되는 특성을 나타내며, 행여 우연이라 하더라도 다른 신앙의 신비들에 일치되는 특성을 가진 것들이 결코 아니라는 것은 자명한 사실이라고 보았다. 이런 점에서 인본주의자 카스파르 포이커Caspar Peucer는 훨씬 더 확신에 차 있고 단정적이다. 그는 말한다. "신이 보낸 꿈이란 성서가 신이 보낸 것이라고 제시하는 꿈이다. 그것은 우연히 누군가에게 나타나는 것이 아니고, 특별한 개인적인 계시를 얻으려고 애쓰는 사람들, 그리고 자신의 의견에 따라 계시를 기대하는 그런 사람에게 제시되는 것도 아니다. 오직 신의 판단과 의지에 따라 성부聖父들과 예언자들에게 제시되는 것이며, 그런 꿈이 보여주는 것은 또한 하찮거나 표면적이며 시대적으로 제약된 사건이 아니고 그리스도에 관한 일, 교회의 인도에 관한 일, 국가 통치상의 일들이고, 그 밖의 그런 큰 질서지음에 결부된 경이로운 사건들이다. 그리고 이러한 꿈에 대해서 신은 언제나 확실한 증거를 제공하였다. 즉 (올바른) 해석의 선물과 함께 그 밖에도 꿈이 제멋대로 나온 것이 아니고 단순한 자연의 산물도 아니며, 그때마다 하느님으로부터 주어진 것이라고 판명된 증거들을 제공하였다."[25] 그의 말들을 특히 그의 가톨릭 동시대인의 자연신학 Theologia naturalis과 비교해본다면, 그 말 속에는 잠재적 칼빈주의Krypto-Calvinismus가 명료하게 나타나는 것을 볼 수 있다. 포이커가 '계시'에 대하여 시사하는 바는 이단적인 개혁운동과 관계를 가지고 있는 것 같다. 최소한 그는 마귀로부터 나온 꿈을 다루는 다음 단락에서 이렇게 말하고 있다: "…그 밖에도 마귀가 오늘날 재세례파再洗禮派, Anabaptisten에게, 그리고 어느 시대에나 공상가들과 그와 비슷한 광신자들에게 시현된다는 것은…."[26] 페레리우스는 더욱 예리한 통찰력과 인간적 오성으로 '기독교인에게 꿈을 관찰하는 것이 허용되는지'의 문제를 설명하기 위하여 한 장을 제공하고 있다. 그리고 "꿈을 정확하게 해석하는 것은 누구의 일이냐" 하는 물음에 관해서도 한 장을 할애하고 있다. 앞의 물음에 대해서는 "중요한 꿈은 잘 살펴보아야 할 것"이라고 결론짓고 있다. 그곳에서 말하기를 "요컨대 느닷없이 찾아와 나쁜 일을 하도록 자극하는 꿈은 마귀가 슬쩍 밀어 넣은 꿈이 아닌지 깊이 생각해 보는 것, 그리고 또한 우리에게 좋은 일을 하도록 권고하고 격려하는 꿈, 예를 들면 독신생활, 자선을 베풀거나, 영적 생활에 입문하도록 격려하는 꿈이 하느님으로부터 온 것이 아닌지를 깊이 고려하는 것은 미신적인 정신을 가진 자의 징후가 아니고 종교적이며 영리하고 자신의 구원을 위해 염려하는 사려 깊은 정신을 가진 사람의 징후이다."[27] 그러나 다만 바보 같은 사람들만이 그 밖의 쓸데없는 꿈을 관찰할 것이다. 두 번째 장에서는 아무도 (하느님으로부터 영감을 얻었거나 가르침을 받지 않은 이상) 꿈을 해석해서는 안 되며, 혹은 해석할 수도 없다고 지적한다. 그는 이에 추가하기를 "Nemo enim novit quae Dei sunt nisi spiritus Dei[28] [왜냐하면 하느님의 것(무엇이 신으로부터 나온 것인지)은 하느님의 영der Geist Gottes 이외에는 아무도 모르기 때문이다]"라고 하였다. 이와 같은 확인은 그 자체로는 극도로 정확한 꿈의 해석이 그 직무상 ex officio 성령의 선물을 받은 사람들에게만 예외로 인정된다는 것이다. 그 가운데서도 분명한 것은 예수회에 속하는 이 저자는 교회 밖에서의 성령강림descensus spiritus sancti extra ecclesiam을 예상할 수 없었다는 사실이다.—비록 교회는 하느님으로부터 유래하는 꿈을 인정하지만 그럼에도 불구하고 꿈에 대한 모든 진지한 작업을 거부한다. 심지어 적극적으로 이를 배격한다. 몇 가지 꿈에는 직접적인 계시가 들어 있으리라 시인하면서도 말이다. 최소한 이러한 관점에서 볼 때, 최근 몇 세기에 걸쳐 꿈에 대한 정신적 자세가 바뀌어 꿈을 경시하게 된 것이 교회로서는 아주 고맙지 않은 것도 아니었다. 왜냐하면 꿈을 진지하게 주목하고 내적인 경험을 해나가는 데 호의적이던 과거의 내성적 자세가 이로써 효과적으로 좌절되었기 때문이다.

교회에 의해 세심하게 세워진 담을 허물어버린 개신교는 곧바로 개인적인 계시가 지닌, 분해하며 분열시키는 작용을 경험하기 시작했다. 도그마의 장벽이 허물어지고 제의祭儀가 영향력 있는 권위를 잃어버리자마자 인간은 도그마와 제의의 보호와 인도 없이 내적인 경험 앞에 직접 마주서게 되었다. 제의와 도그마는 기독교뿐 아니라 이교의 종교적 경험의 비길 데 없는 정수다. 개신교는 주로 전통적 기독교의 모든 섬세한 다채로움, 즉 미사, 고백, 의례儀禮, Liturgie의 대부분, 그리고 신의 대리자로서의 사제의 중요성 등을 잃어버렸다.

이렇게 말한다고 해서 내가 여기서 결코 어떤 가치판단을 한다거나 가치를 판단하고자 하는 의도를 가지고 있는 것이 아님을 강조해야 하겠다. 나는 이로써 다만 사실을 확인할 뿐이다. 개신교는 그래도 잃어버린 교회의 권위의 대치물로 성서의 권위를 강화했다. 그러나 역사가 말해주는 것처럼 성서의 어떤 구절은 여러 가지로 해석될 수 있는 것이다. 게다가 신약성서의 학문적 비판은 성서의 신적인 특성에 대한 믿음을 강화하는 데 이바지하지 못했다. 또한 큰 무리의 교육받은 사람들이 이른바 과학적인 계몽의 영향 아래서 교회로부터 탈퇴하거나 근본적으로 교회에 대하여 무관심해졌다는 것도 사실이다. 이들이 모두 고집불통의 합리주의자이거나 신경증적인 지성인이라면 그 손실은 견딜 만한 것이었을 것이다. 그러나 이들 가운데 많은 사람들이 종교적인 인간들이며, 단지 현존하는 신앙 형태에 동의할 수 없는 사람들이다. 사정이 그렇지 않다면 부흐만Daniel Buchmann(독일계 미국인, 종교가)의 집단운동이 개신교권의 지식인에게 끼치는 주목할 만한 영향력을 거의 설명할 수 없을 것이다. 교회에 등을 돌린 가톨릭교도는 주로 무신론에 대한 은밀한, 또는 공개적인 성향을 발전시키는 반면, 개신교도는 가능하다면 당파적 운동에 합류한다. 가톨릭교회의 절대주의는 절대 긍정만큼이나 절대 부정을 요구하는 것 같다. 이에 비해서 개신교의 상대주의는 자기 내부의 여러 변이變異를 허용한다.

사람들은 아마 내가 단지 꿈과 개인적 경험에 대한 편견을 설명하려고 너무 깊이 기독교의 역사 속으로 거슬러 올라가 이야기하고 있지 않느냐고 생각할지 모른다. 그러나 내가 방금 말한 것은 우리의 암 환자와 나의 대화 가운데 일부라고 보아도 좋을 것이다. 나는 그에게 자신의 강박관념을 병적인 바보짓이라고 욕하지 말고 진지하게 받아들이는 편이 좋겠다고 말했다. 그런데 진지하게 받아들인다는 말은 강박관념을 현실적으로 존재하는 정신 속에서 하나의 장해가 암처럼 증식하는 형태로 생겼다는 사실을 알리는 일종의 진단적 정보로 인정하라는 말이 될 것이다. "그렇지만" 하고 환자는 분명 물을 것이다. "그 증식이 대체 무엇일까요?" 하고…. 나는 이에 대해 이렇게 대답할 것이다. "나도 모릅니다." 정말 그것을 모르기 때문이다. 앞에서 언급한 대로 비록 강박관념은 틀림없이 보상적으로나 보완적으로 무의식에서 형성된 것이지만 그것의 특수한 성질이나 그 내용에 관해서는 아직 아무것도 알려진 것이 없다. 그것은 저절로 생긴 무의식의 표명이며, 의식에서는 발견될 수 없는 내용이 그 밑바닥에 있는 것이다.

환자는 이제 강박관념의 뿌리를 이루는 그 내용에 다가가기 위해서 내가 무엇을 어떻게 다루기 시작할 것인지 매우 궁금해한다. 그가 모욕감을 느끼게 될 위험을 무릅쓰고 나는 그에게 그의 꿈이 우리에게 온갖 필요한 정보를 제공할 것이라고 말한다. 우리는 꿈이 마치 지성적이고 목적지향적이며, 이를테면 인격적인 근원에서 나오는 것처럼 파악할 것이라고 말한다. 그것은 물론 대담한 가설인 동시에 모험이다. 왜냐하면 우리는 그로써 신뢰성이 매우 적은 실체에 대하여 비상한 신뢰를 주기 때문이다. 그런 실체가 정말 존재한다는 것을 이 시대 심리학자들과 철학자들이 여전히 부인하고 있는 것이다. 내가 아는 학자들 중 상당수는 나의 진행 방식에 대해 논란을 벌이면서 매우 특색 있는 논평을 했다: "그건 모두 아주 재미있네. 그렇지만 위험해." 물론 나는 그것이 위험하다는 것을 시인한다. 그것은 신경증만큼 위험하다. 그러나 신경증을 치료하려면 무언가 모험을 하는 수밖에 없다. 모험 없이 하는 일은 전혀 효력이 없다는 사실(거꾸로 '효력이 있으려면 모험을 감행해야 한다'는 뜻. 예를 들어, '호랑이를 잡으려면 호랑이 굴에 들어가야 한다.')을 우리는 너무도 잘 알고 있다. 암의 외과적 수술 또한 모험이지만, 그렇다고 수술을 하지 않을 수는 없다. 좀더 잘 이해하도록 하기 위해서 나는 환자들에게 정신Psyche을 그 속에서 미세물질 같은 종양이 자랄 수 있는 일종의 '미묘체微妙體, Subtle body'라고 상상할 것을 권하고 싶은 유혹을 느낀 경우가 많았다. 정신이란 공기보다도 더 상상할 수 없는 것이라든가, 혹은 논리적 개념들로 이루어진 어느 정도 지적인 체계라는 선입견에 가득 찬 믿음이 너무도 강한 나머지 사람들은 만약 그들이 어떤 내용을 의식하지 못하면 그것들은 존재하지 않는다고 가정한다. 사람들은 의식 외부에서 확실하게 활동하고 있는 정신적 기능들에 대해 전혀 신뢰와 믿음을 주지 않는다. 그리고 꿈에 대해서도 사람들은 단지 웃음거리로 여긴다. 그런 상황에서는 나의 제안이 최악의 의혹을 불러일으킬 수밖에 없다. 실제로 나는 환자들이 꿈이 나타내는 희미한 환영에 이의를 제기하며 온갖 짐작할 만한 반론을 퍼붓는 것을 직접 들어왔다.

그렇지만 우리는 보다 깊은 분석 없이도 꿈속에서 연상검사로도 추론될 수 있는 갈등과 콤플렉스들을 발견한다. 게다가 이러한 콤플렉스들은 현존하는 신경증의 필수적인 부분을 이루고 있다. 그러므로 우리에게는 꿈이 신경증 내용에 관해서 최소한 연상검사만큼 정보를 줄 수 있다고 가정할 충분한 근거가 있다. 실제로 꿈은 그보다 더 많은 것을 제공한다. 증상은 마치 땅 위로 솟은 싹과 같은 것이며, 그 식물의 주요 부분은 지하로 깊이 확대된 뿌리줄기이며, 이 뿌리줄기[根莖]가 신경증의 내용이다. 그것은 콤플렉스와 증상, 그리고 꿈이 나오는 모체Matrix이다. 우리는 심지어 꿈이 바로 정신의 지하地下의 과정을 반영한다고 가정할 만한 충분한 이유를 가지고 있다. 그리고 이 뿌리줄기에 다다른다면 우리는 글자 그대로 병의 '뿌리'에 도달하는 것이다.

신경증의 정신병리학에 더 깊이 탐색해 들어가는 것은 나의 의도가 아니기 때문에 나는 다른 예를 들어 꿈이 미지의 내적인 정신적 사실들을 어떻게 드러내는지, 이 사실들이 무엇으로 이루어지는지를 보여주고자 한다. 여기서 다루게 될 꿈을 꾼 사람은 앞의 사례처럼 뛰어난 지능을 가진 지성인이다. 그는 신경증 환자였다. 그는 자기의 신경증이 너무 심해져서 천천히, 그러나 확실하게 그의 도덕성의 토대를 허물어버린다고 느꼈기 때문에 나의 도움을 구했다. 다행히도 그는 지적인 온전성을 유지했고 자신의 예리한 지력Intelligenz을 자유롭게 구사할 수 있었다. 이런 이유에서 나는 그에게 꿈을 관찰하고 기록하는 과제를 주었다. 꿈을 해석하거나 설명하지는 않았다. 우리가 꿈을 분석하기 시작한 것은 아주 훨씬 뒤의 일이다. 그래서 지금 내가 제시하게 될 꿈은 전혀 해석하지 않은 것들이다. 이 꿈은 아무 영향도 받지 않은 자연스러운 사건들의 연속을 나타낸다. 환자는 한 번도 심리학에 관한 책을 읽은 적이 없었다. 분석심리학에 관해서는 말할 것도 없다.

꿈의 계열이 400개의 꿈으로 이루어지므로 전체 자료가 주는 인상을 여기서 한마디로 진술하는 것은 불가능하다. 그러나 나는 이 꿈 가운데서 특이한 종교적 관심의 주제들을 포함하고 있는 47개의 꿈을 선택하여 공표하였다.[29] 이에 덧붙여 말해야 할 것은 꿈을 꾼 사람이 가톨릭 교육을 받았지만, 이제는 더 이상 신앙생활을 하지 않으며 종교적 문제에 관심도 없다는 사실이다. 그는 사람들이 어떤 종류든 당신의 종교적 견해는 이런 것이 아니냐고 지적하면 그저 깜짝 놀라기만 하는 저 지성인이나 학자들의 무리에 속한다. 만약 우리가 무의식이란 의식에서 독립된 정신적 존재라는 입장을 취한다면 여기에 소개한 꿈꾼 사람과 같은 사례는 아주 특별한 관심의 대상이 될 것이다. 다만 이 경우에 전제되어야 할 것은 어떤 특정한 꿈이 지닌 종교적 성격을 이해할 때 바르게 해야 한다는 점이다. 그리고 만약 사람들이 오직 의식에만 무게를 두고 무의식에는 독립적 존재를 할애하지 않는 경우에도 꿈이 그의 자료를 정말 의식의 내용에서 이끌어오는지 어떤지를 조사하는 일은 흥미로운 일이 될 것이다. 그 연구가 무의식의 독립성에 관한 가설을 지지하는 결과를 보인다면 꿈은 무의식의 종교적 경향의 정보원情報源일 가능성이 있다고 볼 수 있다.

  꿈이 우리가 보통 그렇게 하듯이 종교에 관해 분명하게 발언하리라고 기대할 수는 없다. 그러나 400개의 꿈 가운데서 두 개의 꿈은 분명히 종교를 다루고 있다. 이제 꿈을 꾼 사람 자신이 기술한 꿈의 본문을 여기에 옮기고자 한다.

> 모든 집에는 어떤 무대 장치 같은 것, 극장 같은 것이 있다. 무대 벽과 장치들, 버나드 쇼Bernard Shaw라는 이름이 눈에 띈다. 그 작품은 먼 미래에 공연된다고 한다. 무대벽 위에는 영어와 독일어로 아래와 같이 적혀 있다.

"이것은 일반적인 가톨릭교회다.

이것은 주님의 교회다.

주님의 도구라고 스스로 느끼는 모든 이는 들어와도 좋다."

이 글 아래에 작은 글씨가 다음과 같이 인쇄되어 있다: 교회는 예수님과 바울에 의해 세워졌다. 마치 어느 회사의 오랜 연대를 칭송하려는 것 같다. 나는 친구에게 말한다. "이리 오라, 그것을 한번 보자꾸나." 그가 대답한다. "사람들이 종교적 감정을 가질 때 왜 많은 사람이 함께 있어야 하는지 모르겠어." 내가 대답한다. "개신교도인 너는 결코 그것을 이해하지 못할 거야." 한 부인이 내 의견에 크게 동의한다. 이제는 교회 벽에서 일종의 선언서를 본다. 이르기를,

"병사들이여!

만약 그대들이 주님의 권능 가운데 있다고 느낀다면, 주님에게 직접 말을 건네는 일을 삼갈 것이다. 주님은 언어를 통하여 도달할 수는 없는 존재다. 더 나아가 그대들에게 긴급히 권하노니 주님의 여러 속성들에 관하여 서로 토론하지 말지어다. 그것은 아무 소득도 없는 일이다. 왜냐하면 가치 있는 것과 중요한 것은 말로 할 수 없는 것이기 때문이다. 서명: 교황…(이름은 읽을 수 없음)"

이제 우리는 그리로 들어간다. 내부는 이슬람교당, 특히 하기아 소피아를 닮았다. 의자가 없는 아름다운 공간 효과, 벽에는 상像들이 하나도 없고 장식으로 테두리쳐진 잠언들(마치 코란의 말씀들처럼). 그중 한 잠언에 이르기를, "그대들의 은인에게 아첨하지 말라." 이전에 나의 뜻에 동의를 표했던 부인은 와락 눈물을 흘리며 소리친다. "이젠 아무 방도가 없네요." 내가 대답한

다. "저는 이 모든 것이 전적으로 옳다고 보는데요." 그러나 그녀는 사라진다. 처음에는 내 앞에 기둥이 있어 나는 아무것도 볼 수 없는 위치에 서 있다. 그러다가 나는 내 위치를 바꾸고 내 앞에 있는 많은 사람들을 본다. 나는 그들에게 속하지 않아 혼자 서 있다. 그러나 그들은 분명 내 앞에 있다. 그리고 나는 그들의 얼굴을 본다. 그들은 모두 한목소리로 이렇게 말한다. "우리는 주님의 권능 안에 있음을 고백합니다. 하늘나라가 우리 안에 있습니다." 매우 장엄하게 세 번 말한다. 그러자 오르간이 연주된다. 바흐의 푸가를 합창과 함께 노래한다. 본래의 가사는 생략되었다. 일종의 콜로라투라〔성악곡의 화려한 장식 악구樂句〕만 자주 들리고, 그러곤 다음과 같은 말이 되풀이된다. "다른 모든 것은 종잇조각이니라(나에게 아무 생동감을 주지 못한다는 뜻이다)." 합창이 그치자 회합의 유쾌한 부분이 학생 축제처럼 시작된다. 그곳에는 정말 명랑하고 편안한 사람들이 있다. 사람들은 오며 가며 서로 이야기하고 인사하고, 포도주(교구 직속의 신학교에서 나온)와 청량음료가 제공된다. 사람들은 교회가 번창하기를 원한다. 그리고 공동체 성원들이 늘어난 것에 대해 기쁨을 표현하기 위하여 한 확성기에서 대중가요가 흘러나온다. "카알도 지금 여기에 있다"는 후렴과 함께. 한 사제가 나에게 설명한다. "이와 같은 약간 부차적인 유흥은 공식적으로 인정되고 허용된 것입니다. 우리는 미국식에 약간은 적응해야 합니다. 우리처럼 대중을 상대하는 경우에는 불가피하지요. 그러나 미국 교회와 우리가 근본적으로 다른 것은 금욕주의에 대하여 분명한 반대 입장에 서 있다는 사실입니다." 그러자 나는 잠에서 깨어났다. 아주 편안한 기분으로….

꿈의 현상학에 관해서는 수많은 저술들이 있지만, 꿈의 심리학을 다룬 저술은 극히 드물다는 것은 다 아는 사실이다. 그 이유는 분명하다. 꿈의 심리학적 해석은 고도로 까다롭고 위험부담이 있는 작업이기 때문이다. 프로이트는 꿈의 심리학의 어둠을 정신병리학 분야에서 그가 수집한 관점들을 빌려서 밝혀내려는 용감한 노력을 하였다.[30] 그의 시도의 대담성에는 매우 감탄하지만 나는 그의 해석 방법이나 해석 결과에 동의할 수 없다. 그는 꿈을 단순한 앞면Fassade이며, 그 뒤에 어떤 의도적으로 숨겨진 것이 있다고 설명한다. 신경증 환자가 불쾌한 것들을 숨긴다는 것은 의심의 여지가 없다. 아마 그와 똑같이 정상적인 사람도 그렇게 할 것이다. 그러나 그러한 범주를 꿈과 같이 그토록 정상적이며 온 세상에 퍼져 있는 현상에 적용해도 좋은 것인지 하는 것은 문제가 다르다. 나는 꿈이 그것이 보이는 것 이외의 다른 것이라고 가정해도 좋은지에 대해 의문을 갖고 있다. 나는 차라리 『탈무드』 같은, 그와는 다른 유대의 권위를 불러들이고 싶다. 꿈은 그 자신의 해석이라고 『탈무드』는 말하고 있는 것이다. 바꾸어 말해서, 나는 **꿈을, 그것이 있는 그대로 본다**. 꿈은 너무도 어렵고 복잡한 자료이므로 나는 그 속에 살아 있을 법한 속임수의 경향들에 관한 어떤 가정도 감히 세우고자 하지 않는다. 꿈은 하나의 자연적 사건이다. 그리고 꿈이 교활한 발명품이며 우리를 잘못 이끌도록 결정하는 것이라고 가정할 아무런 분명한 근거도 없다. 꿈은 의식과 의지가 대부분 소실되어 있을 때 나타난다. 그것은 자연의 산물이며, 신경증 환자가 아닌 사람들에게도 발견된다. 게다가 우리는 꿈의 과정의 심리학에 대하여 아는 것이 너무도 적다. 그러므로 만약 우리가 꿈의 설명에다가 꿈 그 자체에게도 낯선 요소들을 끌어들일 때는 매우 조심해야 할 것이다.

이 모든 이유로 나는 위에 든 우리의 꿈이 진정으로 종교에 관해 말하고 있다고 믿는다. 꿈이 서로 연관성 있게 틀을 잘 갖추고 있기 때문에, 꿈은 일종의 논리성과 의도성을 갖추고 있다는 인상을 우리에게 주고 있다. 즉 이 꿈에는 하나의 의미 깊은 동기가 그 저변에 놓여 있고, 그것이 꿈의 내용에 직접 표현되고 있는 것 같다.

꿈의 첫 부분은 가톨릭교회를 옹호하기 위한 진지한 논증이다. 종교가 단지 개인적인 체험이라는 일종의 개신교적인 관점은 꿈꾸는 사람에 의해서 거절되었다. 이보다 기괴한 두 번째 부분은 교회가 세속적인 관점에 현저히 순응하고 있다는 사실이다. 마지막은 반反금욕적 경향을 지지하는 논증으로, 그것은 실제 교회에서는 결코 지지받지 못할 만한 것이다. 그러나 꿈에 나타난 반금욕적인 사제는 그것을 원칙으로 삼고 있다. 영화靈化, Vergeistigung와 승화는 기독교의 본질적인 원리들이므로 이에 반대되는 어떤 주장도 신에게 불경한 이단이나 다름없는 것이다. 기독교는 일찍이 세속적인 적이 없었고, 좋은 음식과 음료를 곁들인 다정한 이웃관계였던 적도 없었다. 그리고 재즈 음악을 의식에 도입하는 것이 추천할 만한 개혁을 의미하리라고는 더더욱 믿기 어렵다. "다소간 쾌락주의적인 양식으로 떠들며 여기저기 돌아다니는 명랑하고 편안한" 사람들은 오히려 고대 그리스 로마의 철학적 이상을 생각나게 하는데, 이것은 당대의 기독교에는 역겨운 것이다. 첫째 및 둘째 부분 모두에서 대중 또는 군중의 의미가 강조된다.

그리하여 이 꿈에서는 비록 가톨릭교회가 강력하게 추천되고 있지만, 기독교적 입장과는 근본적으로 합치될 수 없는 보기 드문 이교異敎적 관점과 짝을 이루고 나타나고 있다. 그런데 기독교적 입장과의 사실상의 불일치는 이 꿈에 뚜렷이 드러나지 않는다. 그런 불일치성은 유쾌한 분위기에 휩싸여 소실되고, 위험한 대립관계는 그런 분위기 속에 섞여서 사라져버린다. 신에 대한 개인적 관계라는 개신교적인 관점은 대중 조직과 이에 해당되는 집단적 종교적 감정에 의해 눌려버린다. 대중의 강조와 이교적 이상의 침입은 기묘하게도 오늘날 유럽에서 실제로 일어나고 있는 것들에 상응하는 유례를 보여준다. 오늘날 독일에서 일어난 일종의 이교적 경향들을 보고 모든 사람이 고개를 갸웃거리며 이상하게 여겼지만 그 이유를 몰랐다. 그것은 아무도 니체의 디오니소스적 체험을 해석할 줄 몰랐기 때문이다. 니체는 단지 수천 수백만의, 그 당시로서는 아직 태어나지 않은 미래의 독일인들 가운데 한 사람에 불과했다. 이들 미래의 독일인들의 무의식에서는 제1차 세계대전 동안 디오니소스의 게르만 사촌, 즉 보탄Wotan〔오딘〕을 발전시켰던 것이다.[31] 그 당시 내가 치료한 독일인의 꿈속에서 나는 보탄의 혁명이 등장하는 것을 분명히 보았다. 1918년 나는 독일에서 예기된 특이한 방식의 새로운 발전을 제시한 논문을 발표하였다.[32] 내가 치료한 저 독일인들은 결코 『차라투스트라는 이렇게 말했다』를 공부한 적이 없었다. 그리고 이교적 희생양을 바친 저 젊은이들은 분명 니체의 체험을 알지 못했다.[33] 그러므로 그들은 그들의 신을 보탄이라 불렀고 디오니소스라 하지 않았다. 니체의 전기에서 우리는 그가 본래 생각한 신이 실제로는 보탄이었다는 부인할 수 없는 증거를 발견한다. 그러나 19세기의 7, 80년대 전형적 언어학자로서 그는 신을 디오니소스라 불렀다. 비교론적 입장에서 본다면 이 두 신들은 사실 공통점이 많다.

그런데 여기서 논의되고 있는 나의 환자의 전체 꿈 어디에도 집단적 감정, 대중종교, 그리고 이교에 대한 대립은 없는 듯하다. 그저 침묵해버린 개신교 친구가 있을 뿐이다. 다만 주목할 만한 한 가지 특이한 돌발 사건이 있다. 그것은 저 미지의 여인이다. 그녀는 처음에는 가톨릭교에 대한 칭송을 지지하지만, 그 다음엔 갑자기 눈물을 흘리며 말한다. "이젠 아무 방도가 없네요." 그러곤 사라져서 다시는 오지 않는다.

이 여인은 누구인가? 그녀는 꿈꾼 사람에게는 불명료하고 전혀 알려지지 않은 인물이다. 그러나 그가 이 꿈을 꾸었을 당시 그는 그녀를 이미 '미지의 여인'으로서 잘 알고 있었다. 그녀는 그의 이전의 꿈에도 자주 나타난 적이 있었기 때문이다.

남성들의 꿈에 나오는 이와 같은 형상은 매우 큰 역할을 하기 때문에 전문용어로는 그녀를 '아니마'[34]라고 부른다. 아니마는 인류가 상상할 수 없는 시간 이래로 인류의 신화에서 언제나 남성적인 것과 여성적인 것이 같은 육체에 공존한다는 관념을 표현한 사실에 착안하여 붙인 이름이다. 그러한 심리학적 직관들은 대개 신적인 쌍雙, Syzygie, 신적인 부부, 혹은 창조주의 양성체적 특성의 관념 속에 투사되었다.[35] 안나 킹스포드Anna Kingsford의 전기작가인 에드워드 메이틀랜드Edward Maitland는 세기의 전환기에 신격神格의 양성성兩性性, Doppelgeschle-chtlichkeit에 관한 체험을 설명하였다.[36] 그 밖에도 양성체와 반半음양적인 내적 인간,[37] 『황금 논설Tractatus Aureus』의 중세 주석가가 말하듯이 "비록 남성적 형태로 나타나지만 언제나 그의 육체에 숨어 있는 그의 부인, 에바를 거느리고 있는", "호모 아다미쿠스homo Adamicus〔아담적 인간〕"를 말하는 헤르메스 철학이 있다.[38]

아니마는 아마도 남성적인 육체에 있는 소수의 여성적 유전자를 표현하는 것 같다. 이것은 그와 같은 형상이 여성의 무의식의 형상세계Bilderwelt에서는 발견할 수 없다는 점에서 더욱 그럴듯하다. 그러나 여성의 무의식에는 남성의 아니마에 해당되는, 그와 똑같이 중요한 역할을 하는 형상이 있다. 그런데 그것은 여성의 상이 아니고 남성의 상이다. 여성 심리학에서의 이 남성상은 '아니무스Animus'라고 명명되었다.[39] 이 두 형상의 전형적인 표현은 오래전부터 사람들이 '격정Animosität'이라고 부르는 것이다. 아니마는 비논리적인 변덕을, 아니무스는 자극적인 판에 박힌 말들과 비이성적인 의견들을 생산한다. 두 형상은 꿈에 자주 나오는 형상들이다. 보통 이들은 무의식을 인격화하여 무의식에 그 특유의 불쾌하고 자극적인 성격을 부여한다. 무의식 그 자체는 그런 부정적 성질을 가지고 있지 않다. 그러나 그런 부정적 성질은 그것이 이런 아니마, 아니무스 형상으로 인격화될 때, 그리고 이 형상이 의식에 영향을 주기 시작할 때 주로 나타난다. 이들은 단지 부분인격이기 때문에 열등한 남성, 또는 열등한 여성의 성격을 가지고 있고, 그래서 자극적인 영향을 주는 것이다. 그와 같은 영향 아래 있는 남성은 종잡을 수 없이 변덕스러운 기분에 지배받게 되고, 여성은 독선에 빠지고 본래의 진실에서 빗나간 의견들을 말하게 된다.[40]

교회의 꿈에서 아니마가 부정적 반응을 한 것은 꿈꾼 사람의 여성적 측면, 즉 무의식이 그의 태도에 동의하고 있지 않음을 가리키고 있다. 이 감정 어린 반대는 벽에 적힌 "그대들의 은인에게 아첨하지 말라"라는 말에서 비롯되는데, 꿈을 꾼 사람은 이 말에 동의하고 있다. 이 문장의 의미는 전적으로 도리에 맞는 것 같다. 그러니 그 여인이 왜 그렇게 이에 대해 절망하는지 이해가 안 된다. 그 비밀을 추구하기 전에 우리는 우선 꿈속에 하나의 반대 의견이 존재하며, 중요한 소수가 강한 반발을 하고 무대를 떠났고 그 뒤의 과정에 대해 아무런 주목도 하지 않고 있다는 사실을 확인하는 것으로 만족할 수밖에 없다.

그러니까 우리는 이 꿈에서 꿈꾼 사람의 무의식적 기능이 가톨릭교와 이교적인 '삶의 기쁨joie de vivre' 사이의 무척 피상적인 타협을 제시하고 있음을 알게 된다. 대개 무의식의 산물은 확고한 관점이나 결정적인 의견을 표현하지 않는다. 그것은 오히려 깊이 생각하기 위한 극적인 발단發端에 해당한다. 우리는 이것을 아마 다음과 같이 설명할 수 있을 것이다: "너의 종교적 문제는 어떤가? 너는 가톨릭교도가 아니냐? 그만 하면 만족스럽지 않겠나? 그런데 금욕주의—물론 좋다. 그러나 교회도 조금은 적응을 해야지. 영화, 라디오, 재즈 등. 교회에서 만든 포도주도 좀 마시고, 유쾌한 교제인들 왜 마다하겠느냐?" 그런데 무슨 까닭인지 이 불유쾌한, 앞의 많은 꿈을 통해 우리에게 잘 알려진 신비로운 여인은 깊이 실망하고 나가버린다.

나는 내가 이 꿈의 아니마와 공감하고 있음을 고백하지 않을 수 없다. 분명 그것은 값싸고 피상적인 타협이다. 그러나 그것은 종교가 그리 중요치 않은 꿈을 꾼 사람이나 다른 많은 사람들에게서 볼 수 있는 특징이다. 종교는 나의 환자에게는 아무런 중요성을 갖고 있지 않았다. 또한 종교가 앞으로 그에게 중요성을 갖게 되리라고는 한 번도 기대한 적이 없었을 것이다. 그러나 그는 매우 중대한 체험 때문에 나를 방문했던 것이다. 그는 극도로 합리주의적이며 지적인 사람이었는데, 그의 정신 자세와 그의 철학은 기를 죽이는 그의 신경증의 힘에 직면해서 전혀 도움이 되지 않는다는 사실을 경험했던 것이다. 그가 가지고 있는 모든 세계관 가운데서 스스로를 충분히 통제할 수 있게끔 도울 수 있는 어떤 것도 그는 찾지 못했다. 그래서 그는 지금껏 품어온 확신과 이상으로부터 버림받은 남자의 처지가 되었다. 한 인간이 그런 상황에서 자기의 어린 시절의 종교로 되돌아가 그곳에서 어떤 도움을 발견하려는 희망을 갖는다는 것은 결코 이상한 일이 아니다. 게다가 예전의 종교적 신앙 형태를 다시 활성화하려는 것은 의식된 시도나 결단이 아니다. 그는 그것을 꿈에서 보았을 뿐이다. 다시 말해서 그의 무의식이 그의 종교를 특이하게 검증해낸 것이다. 그것은 마치 기독교적 의식意識에서는 영원한 적인 영Geist과 육Fleisch의 서로 반대되는 성질들을 특이하게 약화시키는 형식으로 화합하게 된 것과도 같다. 영성Geistigkeit과 세속성은 예기치 않은 화평 속에서 만나게 된다. 그 결과는 다소 기괴하고 우습다. 정신Geist의 가차 없는 엄격함은 포도주와 장미로 치장된 채, 거의 고대 그리스 로마 시대의 쾌활함으로 인해 그 존립을 위태롭게 하는 것 같다. 꿈은 어쨌든 영적이고도 세속적인 분위기를 묘사하고 있는데, 이는 도덕적 갈등의 날카로움을 둔화시키고 온갖 심적 고통과 곤궁을 잊어버리게 한다.

그것이 욕구 충족이었다면 틀림없이 의식된 욕구 충족일 것이다. 왜냐하면 그것은 환자가 이미 지나칠 만큼 해온 바로 그것이었기 때문이다. 그리고 그는 이 점을 또한 의식 못하고 있던 것이 아니었다. 포도주는 그의 가장 위험한 적들 중 하나였기 때문이다. 꿈은 반대로 환자의 정신 상태에 대한 중립적인 확인이다. 꿈은 퇴화된, 세속성과 군중 본능에 의해 망가진 종교의 상像을 부여하고 있다. 그것은 신적 체험의 누미노줌을 대신한 종교적 감상感傷이다. 이것은 잘 알려진, 살아 있는 신비를 상실한 종교의 특징이다. 그러한 종교가 무슨 도움을 준다든가, 그 밖의 어떤 도덕적인 영향력을 줄 수 없다는 것은 쉽게 이해할 수 있는 것이다.

물론 그 밖의 다른 측면에서는 보다 긍정적인 성질이 어렴풋이 보이기는 하지만 꿈의 전반적인 측면에서 볼 때는 틀림없이 좋지 않은 상태를 나타내고 있다. 꿈이 예외 없이 긍정적이거나 예외 없이 부정적인 경우는 극히 드물다. 보통 양쪽 측면이 모두 발견되지만, 둘 중 어느 한 면이 더 강하게 나타나는 법이다. 그러한 꿈은 심리학자들에게 꿈꾼 사람의 종교적 태도의 문제를 해명하는 데 충분한 자료를 제공한다. 만약 앞에 든 꿈이 우리가 가지고 있는 유일한 꿈이라면 그 가장 내밀한 의미를 밝혀낼 수 있는 희망을 갖기는 거의 어려울 것이다. 그러나 우리는 그 밖에도 주목할 만한 종교적 문제를 제시하고 있는 일련의 많은 꿈들을 가지고 있다. 나는 할 수만 있다면 한 개의 꿈을 단독으로 해석하지 않는다. 꿈은 보통 하나의 계열에 속한다. 규칙적으로 수면에 의해 중단된다는 사실을 도외시한다면 의식에는 하나의 연속성이 있으며, 이와 마찬가지로 무의식의 과정에도 연속성이 있을 것이다. 의식의 과정보다도 더 오래전부터 있어왔을지도 모른다. 어쨌든 나의 경험은 꿈이 일련의 무의식적 과정의 눈에 보이는 부분일 가능성이 있다는 쪽에 기울고 있다. 여기서 우리가 우리의 꿈의 보다 깊은 토대에 관한 문제를 밝히려 한다면, 우리는 그 꿈의 계열을 파악하고 400개 꿈의 긴 계열 가운데 그 꿈이 어떤 자리에 있는지를 보아야 할 것이다.

그런데 우리의 꿈은 섬뜩한 성격을 지닌 두 개의 중요한 꿈 사이의 중간부에서 발견된다. 앞의 꿈은 많은 사람들의 집회와 아마도 마술적 성격을 띤 특이한 의식을 소개하는데, 이것은 '기본Gibbon〔팔이 긴 원숭이 종류〕을 재구성할' 목적을 가지고 있다. 뒤의 꿈은 비슷한 주제를 가지고 있는데, 동물이 마술적 방법에 의해 인간 존재로 변환하는 것과 같은 주제다.[41]

이 두 개의 꿈들은 무척 불쾌하고, 환자에게 크게 경고하는 꿈들이다. 교회의 꿈이 눈에 띄게 피상적이고, 다른 경우라면 의식적으로 생각했을 만한 의견들을 말하는 데 비해서, 이 꿈 앞뒤의 두 꿈은 기묘하고 낯선 특성을 띠고 있으며 꿈꾼 사람에게 일어난 감정 반응은 될 수 있으면 그 꿈을 꾸지 않았으면 하고 생각할 정도다. 사실 두 번째 꿈의 본문은 글자 그대로 "만약 도망친다면 모든 것을 잃는다"고 말하고 있다. 이 말은 그 미지의 여인의 말 "이젠 아무 방도가 없네요"와 놀랄 만큼 일치한다. 이 논평에서 우리는 이 교회의 꿈이 그보다 훨씬 깊은 의미를 지닌 다른 꿈 사고思考로부터 도망가려는 시도였다는 결론을 이끌어낼 수 있다. 이런 생각들이 앞뒤 두 개의 꿈들에서 나타나고 있는 것이다.

II. 도그마와 자연적 상징

이 두 개의 꿈 가운데 첫 번째 꿈, 즉 교회의 꿈에 앞서 나온 꿈은 원숭이를 재건하기 위한 의식儀式에 관해 이야기하고 있다. 이 점을 충분히 설명하려면 너무도 세부적인 것들을 다루어야 할 것이다. 나는 그래서 '원숭이'는 꿈꾼 사람의 본능적 인격에 관계된다는 사실,[42] 꿈꾼 사람이 오직 지적인 태도만을 위하는 나머지 소홀히 한 부분이라는 사실을 확인하는 데 그쳐야겠다. 본능적 인격을 그렇게 소홀히 한 결과 그의 충동이 그를 지배했고 때때로 통제할 수 없는 힘으로 그를 압도하였다. 원숭이의 '재건'은 의식의 위계질서 안에 본능적 인격을 복구함을 의미한다. 그러한 재건은 의식적인 태도의 중요한 변화가 수반할 때라야 가능하다. 환자는 물론 무의식의 이런 성향에 불안을 느꼈다. 왜냐하면 무의식의 성향은 그때까지 그에게 좋지 않은 형태로 나타났기 때문이었다. 그 뒤를 이어 나타난 교회의 꿈은 이 불안에 직면하여 교회 종교의 보호 속에서 피난처를 찾으려는 시도를 나타낸다. 세 번째 꿈은 '동물의 인간 존재로의 변환'을 말하는데, 분명 앞의 꿈의 주제를 계속 나타내고 있다. 즉 원숭이는 오직 뒤에 인간 존재로 변환되기 위하여 재건되는 것이다.

그리되면 환자는 다른 사람이 되는 것이다. 말하자면 그는 그때까지 분리되어 있었던 본능성의 재통합을 통해서 하나의 중요한 변화를 겪어야 하고, 하나의 새로운 인간이 되어야 하는 것이다. 근대정신은 늙은 아담의 죽음, 새로운 인간의 창조, 영적 재탄생, 그리고 이와 비슷한, 유행에서 뒤떨어진 '신비한 부조리들'에 관해 말하는 저 옛 진리들을 잊어버렸다. 현대를 사는 한 과학자인 나의 환자가 자신이 내면적으로 그런 생각들에 얼마나 붙잡혀왔는지를 알아차렸을 때, 그는 여러 차례 깊은 공포에 사로잡혔다. 그는 미치지 않을까 불안해했다. 2000년 전 사람 같았으면 삶의 영적 재탄생과 갱신에 대한 기쁜 희망 속에서 그런 꿈들을 환영했을 텐데 말이다. 그러나 우리의 근대적 자세는 미신의 안개와 중세적, 또는 원시적 경신성輕信性을 거만하게 되돌아보며, 우리의 합리적 의식이 만들어놓은 초고층 마천루의 하부 깊숙한 층계들 속에 인간의 전체 과거를 우리와 함께 짊어지고 있다는 사실을 까맣게 잊고 있다. 이 깊은 층이 없다면 우리의 정신은 공중에 매달려 있는 셈이다. 그런 의미에서 그가 신경증이 된 것은 놀랄 일이 아니다. 영Geist의 진정한 역사는 학자의 책들 속에 저장되어 있는 것이 아니고, 모든 개인의 살아 있는 심적인 유기체 속에 있는 것이다.

그러나 나는 갱신更新의 이념이 근대인의 정신에 실제로 충격을 줄 수 있는 여러 형태를 띠고 있다는 사실을 시인하지 않을 수 없다. 우리가 '재탄생'이라고 이해하는 것을 위의 꿈이 묘사하는 형태와 연결짓는 것은 불가능하지는 않지만 정말 어려운 일이다. 그러나 이제 여기서 시사된 기이하고도 예기치 못한 변환을 자세히 파고들기 전에 우리는 내가 앞에서 이미 언급한, 분명히 종교적인 다른 꿈을 다루어야 하겠다.

교회의 꿈이 긴 꿈의 계열 중에서 상당히 시초에 있는 데 반해서 다음에 소개하는 꿈은 꿈의 관찰 과정의 후기에 속한다. 꿈의 원문을 글자 그대로 옮긴다.

    나는 특별히 장중한 분위기의 한 집에 들어선다. 그 집은 '정신집중의 집'이다. 집의 배경에는 많은 촛불이 있고, 이것들은 위로 뻗은 뾰족한 네 개의 끝을 가진 특수한 형태로 배치되어 있다. 집의 문밖에는 한 노인이 서 있다. 사람들이 집 안으로 들어간다. 그들은 스스로 마음을 집중하기 위하여 말없이, 움직임 없이 서 있다. 문가에 있는 남자가 그 집의 방문객에 관해 말한다: "그들이 다시 밖으로 나오는 즉시 그들은 순수해져 있다." 이제는 나 자신이 그 집으로 들어간다. 그리고 나는 완전히 주의를 집중시킬 수 있다. 이때 한 목소리가 말한다: "네가 하는 일은 위험하다. 종교는 여성의 상像을 피할 수 있기 위해 네가 지불해야 하는 세금이 아니다. 왜냐하면 여성의 상은 없어서는 안 되는 것이기 때문이다. 슬프도다. 종교를 심혼의 삶의 다른 측면을 위한 대치물로 사용하는 자들이여, 그들은 잘못되었으며 저주받게 될 것이다. 종교는 대치물이 아니다. 그것은 심혼의 또 다른 활동을 마지막으로 완성할 때 부가되어야 하는 것이다. 삶의 충만함에서 너는 너의 종교를 태어나게 해야 한다. 오직 그때라야 너는 축복받을 것이다." 특히 크게 말한 마지막 문장과 함께 나는 멀리서 음악 소리를 듣는다. 그것은 오르간의 단순한 화음이다. 바그너의 불의 마술 주제가 생각난다. 내가 그 집에서 나오자 한 불타는 산이 보인다. 그리고 나는 느낀다. "꺼질 수 없는 불은 거룩한 불이다"라고⋯.[43]

환자는 이 꿈에서 깊은 인상을 받았다. 그 꿈은 그에게 엄숙하고도 의미 깊은 체험이며, 그의 인생과 인류에 대한 태도의 근본적인 변화를 가능하게 한 많은 체험들 중의 하나다. 이 꿈이 교회 꿈의 한 유례를 이루고 있음은 쉽게 알 수 있다. 다만 이번에는 교회가 '장엄한 집'이며 '내면적인 집중의 집'이 되고 있다. 여기에는 의식이나 그 밖의 가톨릭교회의 알려진 상징물들에 관한 흔적이 없다. 유일한 예외는 불타는 촛불인데, 이것은 이 꿈에서 가톨릭 예배에서 유래된 듯한 상징적인 형태로 배치되고 있다.[44] 그것은 네 개의 피라미드, 또는 네 개의 첨두尖頭〔뾰족한 것〕로 이루어지고 있는데, 마지막 환상인 불타는 산에 앞서서 나왔을 가능성이 있다. 4라는 수의 현상은 그 가운데서도 환자의 꿈에 자주 나타나며 매우 중요한 역할을 한다. 거룩한 불은 꿈꾼 사람 자신이 지적하듯 버나드 쇼의 『세인트 조앤Saint Joan』에 관계된다. '꺼질 수 없는' 불은 다른 한편 잘 알려진 신격의 특징으로 구약성서뿐 아니라 오리게네스Origenes의 『성서성훈Homilia』〔성서 해석 형식의 설교〕에 들어 있는 비규범적인 주님의 말씀 속에 그리스도의 비유로서 언급되어 있다. "구세주는 그에게 말한다: 언제나 내 가까이에 있는 자는 불에 가까이 있다. 언제나 나로부터 멀리 있는 자는 천국에서 멀리 있다."[45] 헤라클레이토스 이래 생명은 영원히 살아 있는 불pyr aeizoon로 묘사되었다. 그리고 그리스도는 그 자신을 '생명'이라고 규정하기 때문에 그리스도 가까이에 있는 자는 불에 가까이 있다는 교회법에 맞지 않는 말도 이해된다. '생명'이라는 뜻을 지닌 불의 상징은 '삶의 충만함'이 종교의 오직 하나의 타당한 원천이라고 강조하는 꿈의 경우에 일치한다. 그러므로 네 개의 불붙은 첨두의 뾰족한 끝 모양을 한 불은 거의 신격, 또는 그와 비슷하거나 동등한 존재가 현전現前하고 있음을 가리키는 이콘Ikon〔그리스 정교의 성상〕들의 기능을 가지고 있다. 바르벨리오트들Barbelioten의 신앙체계에서는 아우토게네스Autogenēs 즉 자기 자신으로부터 태어난 자, 또는 창조되지 않은 자를 네 개의 빛이 둘러싸고 있다.[46] 이 특이한 형상은 또한 『브루키아누스 사본Codex Brucianus』의 콥트교(고대 이집트의 기독교파)적 그노시스의 모노게네스Monogenēs(외아들)에 해당될 것이다. 그곳에서 모노게네스는 또한 사위일체四位一體 상징의 특징을 나타낸다.

이미 앞서 말했듯이 이런 꿈에서 4의 수는 중요한 역할을 하며, 언제나 피타고라스가 말하는 테트락티스Tetraktys(4라는 수)와 동류의 관념을 가리키고 있다.[47]

제4위의 것Quaternarium(네 개 원소로 합성된 것, 제4(차)위의 것), 혹은 사위일체성Quaternität은 긴 역사를 가지고 있다. 그것은 기독교의 이콘학이나 신비적 사변[48]에만 나타나는 것이 아니다. 아마 그노시스 철학[49]에서 더욱 큰 역할을 했고, 그로부터 그 영향력은 전 중세에 걸쳐 18세기에까지 이르렀다.[50]

우리가 다루어온 꿈에서 사위일체성은 무의식에 의해 만들어진 종교적 제례의 가장 중요한 대표자처럼 나타나고 있다.[51] 꿈꾼 사람은 교회의 꿈에서는 친구와 함께 갔지만 '정신집중의 집'에는 혼자 들어간다. 그 안에서 한 노인을 만나는데, 이 노인은 이미 앞의 꿈에서 **현자**賢者로 나타난 적이 있고, 그는 그 꿈에서 지상의 특수한 자리를 가리켜 그곳이 꿈꾼 사람이 소속된 곳이라고 지적했었다. 노인은 그 제례祭禮, Kult가 정화의 의식이라고 설명한다. 그러나 어떤 종류의 정화를 말하는지, 무엇으로부터 정화되는지는 꿈의 문맥으로는 알아낼 수 없다. 실제로 실시되는 유일한 제례는 집중, 또는 명상인 듯하다. 이것은 **목소리**의 망아적 현상으로 인도된다. 이 꿈의 계열에서는 목소리가 자주 나타난다. 그것은 언제나 권위적인 설명을 하거나 놀랄 만큼 상식적인 것, 혹은 철학적으로 중요한 것을 암시하는 명령을 내린다. 그것은 거의 언제나 최종적인 확언이다. 보통 그것은 꿈의 마지막 무렵에 나오고 대개 분명하고 확신에 찬 것이기 때문에 꿈꾼 사람이 아무런 항변을 못 한다. 목소리가 말하는 것은 정말 너무도 반박할 수 없는 진리의 성격을 가지고 있으므로 여러 가지 논란들에 관한 하나의 긴 무의식적 숙고와 헤아림에서 나온 확고한 결론이라고 이해될 수 있다. 흔히 이 목소리는 위엄 있는 형상에서 나오는데, 예를 들면 군대의 지휘관, 또는 배의 선장, 혹은 늙은 의사로부터 나온다. 그런데 아무 데서도 나오지 않은 것처럼 보이는, 그저 단순한 목소리인 경우도 많다. 흥미 있는 것은 이 지적이며 회의적인 남자가 어떻게 그 목소리를 받아들였는가 하는 점이다; 그 목소리는 전혀 그의 마음에 들지 않는 경우가 많았다. 그런데도 그는 그 목소리를 아무 의문 없이, 심지어 겸허하게 받아들였다. 이렇게 목소리는 수백 개의 세밀하게 기술한 꿈의 경과 중에 스스로 하나의 중요한, 그리고 심지어 결정적인 무의식의 대변자임을 드러냈다. 이 환자는 꿈이나 특수한 의식 상태에서의 목소리 현상을 나타낸 사례들 가운데서 내가 관찰한 유일한 사례가 아니다. 나는 다른 사례들도 관찰하였다. 그러므로 나는 무의식이 때로는 오늘날 가능한 의식된 통찰을 능가하는 지성과 목적성을 나타낼 수 있다는 사실을 인정하지 않을 수 없다. 의심할 바 없이 이 사실은 여기 한 사례에서 관찰된 근본적인 종교적 현상이다. 그런데 이 사례의 의식된 정신 자세가 그 종교적 현상을 출현시켰을 가능성은 거의 없는 것 같다. 다른 사례들에서도 비슷한 현상을 적지 않게 관찰했기 때문에 나는 이 사실들을 종교적 현상이라고 할밖에는 달리 설명할 수 없음을 고백하지 않을 수 없다. 그 말소리로 대변되는 생각은 그 꿈을 꾼 그 개인의 생각에 불과하다는 반박에 나는 자주 부딪혔다. 그럴지도 모른다; 그러나 나는 내가 생각한 생각만을 나 자신의 생각이라고 생각한다. 내가 돈을 의식하고 그것을 정당하게 벌었을 때, 오직 그때에만 나는 그것을 나 자신의 돈이라고 말할 수 있는 것과도 같다. 누가 내게 돈을 선물로 준다면 나는 그 자선가에게 분명 이렇게 말하지는 않을 것이다: "내 돈에 감사합니다." 물론 나는 그 뒤에 제3자에게 다음과 같이 말할 수는 있을 것이다: "이것은 나의 돈이다"라고. 목소리에 관하여 나는 이와 비슷한 처지에 있다. 목소리는 나에게 어떤 내용을 준다. 내 친구가 나에게 그의 생각들을 알려주는 것과 똑같이…. 그가 말하는 것이 본래, 처음부터 내 고유한 생각들이었다고 주장한다면 그것은 온당하지도 않고 진실도 아닐 뿐 아니라 하나의 표절이다.

내가 나 자신의 의식된 노력으로 만들거나 획득한 것과, 분명하고도 틀림없는 무의식의 창조물 사이를 구별하는 이유가 여기에 있다. 사람들은 이에 대해 이의를 제기할지 모른다. 이른바 무의식이란 단지 나 자신의 정신이며, 그래서 그런 구별은 소용없는 일이라고…. 그러나 무의식이 정말 그저 나의 정신Psyche에 불과한 것인지 나는 결코 납득할 수 없다. 왜냐하면 '무의식'이라는 개념은 내가 한 번도 의식하지 못하고 있는 것을 의미하기 때문이다. 그 개념은 사실 단순한 편의상의 가설에 불과하다. 실제로 나는 그에 관해 **무의식적**이다. 다른 말로, 나는 그 꿈에 나타난 목소리의 근원이 어디에 있는지 모른다. 나는 그 현상을 의지로 나오게 할 수 없을 뿐 아니라 또한 그 고지告知의 내용을 미리 알 수도 없다. 그러한 조건하에서는 그 목소리를 나오게 한 요소를 나의 무의식, 또는 나의 정신Geist이라고 지칭하는 것은 불손한 일일 것이다. 최소한 그것은 사실을 정확하게 말한 것이 아니다. 우리가 자기의 꿈에서 목소리를 지각한다고 해서 그 목소리가 자기 것이라고 증명되는 것은 전혀 아니다. 왜냐하면 우리의 귀에는 길거리의 소음도 들리지만 그렇다고 해서 그것이 자기 고유의 소리라고 지칭할 생각은 누구도 하지 않을 것이기 때문이다.

사람들이 그 목소리가 정당하게 자기의 것이라고 지칭할 수 있는 오직 하나의 조건이 있다. 그것은 사람들이 의식된 인격이 전체의 일부분이라고 가정할 때, 혹은 커다란 원 속에 든 작은 원이라는 사실을 가정할 경우이다. 한 평범한 은행원이 그의 친구에게 도시 구경을 시키고 은행 건물을 가리키며, "그리고 저기 있는 저곳은 내 은행이지"라고 말할 때 이와 같은 특권을 이용하는 것이다.

우리는 인간의 인격이 두 가지로 이루어지고 있다고 가정한다. 첫째는 의식과 이것이 포괄하는 모든 것으로, 둘째는 무의식적 정신의 특정할 수 없는 오지奧地로 이루어진다. 의식된 인격은 얼마간 분명히 특정되고 경계 지을 수 있다; 그러나 문제가 인간 인격의 총체라면 그것을 완전히 기술한다는 것은 불가능하다는 사실을 시인하지 않을 수 없다. 다른 말로, 인격을 어떤 요소들은 포함되지 않고 의식된 관찰 가능한 부분으로 이루어진 것이라고 본다면, 그런데 우리가 어떤 종류의 사실을 설명하려면 그런 요소들이 존재하고 있음을 가정하지 않을 수 없는 한, 모든 인격에는 어쩔 수 없이 경계 지을 수도 정의할 수도 없는 어떤 것이 추가로 존재하게 된다. 그런 미지의 요소들은 우리가 인격의 무의식적인 지분이라고 부르는 것을 형성하고 있다.

우리는 이 요소들이 무엇으로 이루어져 있는지 알 수 없다. 왜냐하면 우리는 그 작용만을 관찰할 수 있을 뿐이기 때문이다. 우리는 그것들이 의식의 내용들이 가지고 있는 성질과 비교할 수 있는 하나의 정신적 성질psychische Natur을 가지고 있다고 가정한다; 그러나 이 점에서 확실한 것은 없다. 그런 유사성을 전제로 한다면 여기서 어쩔 수 없이 더 많은 추론들이 나오게 된다. 심적 내용들은 그것들이 하나의 자아Ego

에 연관되는 한, 의식되고 지각될 수 있기 때문에 인격적인 색채를 강하게 지닌 목소리의 현상도 아마 마찬가지로 자아-중심Ego-Zentrum에서 나왔을 가능성이 있다. 그러나 그 중심은 의식된 '나Ich(자아)'와 동일한 것은 아니다. 그와 같은 추론은 우리가 '나'를 전체의, 제한할 수 없고 정의할 수 없는 정신적 인격의 중심인 상위의 '자기Selbst' 속에 포함하거나 그 밑에 위치한 것으로 파악할 때 허용되는 것이다.

나는 멋대로 복잡한 것을 만들어내고 그것을 즐기는 철학적 논증을 좋아하지 않는다. 비록 나의 숙고가 생트집처럼 보일지라도 그것은 적어도 관찰된 사실들을 설명하려는 선의에서 우러나온 시도이다. 예를 들자면 아주 간단히 이렇게 말할 수도 있을 것이다: 우리가 모든 것을 완전히 알고 있는 것이 아니기 때문에 모든 경험, 모든 사실, 또는 모든 대상에는 실제로 어떤 미지의 것이 들어 있다고…. 그러니까 만약 우리가 어떤 경험의 전체성에 관하여 말한다면 '전체성Totalität'이라는 말은 다만 경험의 의식된 부분을 가리킬 수 있을 뿐이다. 우리의 경험은 객체의 전체성을 포괄한다고 가정할 수 없다. 그러므로 객체의 완전한 전체성에는 당연히 경험되지 않은 부분이 포함되지 않을 수 없다. 이미 앞에서 말한 대로 이와 똑같은 이치가 모든 경험에 해당되며 또한 정신Psyche에도 통용된다. 완전한 전체성은 어쨌든 의식보다 현저히 큰 넓이를 차지하기 때문이다. 바꾸어 말해서, 우주의 본체는 우리의 정신적 유기체가 허용하는 만큼만 확인될 수 있는데 정신도 이 일반적 법칙에서 결코 예외가 아니다.

심리학적 경험을 통하여 나는 어떤 심적 내용들은 의식보다도 더 온전한 정신에서 유래한다는 사실을 항상 거듭 확인해왔다. 그 내용들은 흔히 그때그때의 의식이 결코 만들어낼 수 없었던 우월한 분석, 통찰, 혹은 앎Wissen을 포함하고 있다. 직관Intuition이라는 말은 그런 현상에 알맞은 말이다. 직관이라는 단어로 말하면 대부분의 사람들은 마치 그것으로 무엇인가를 말한 듯이 여기며 편안한 느낌을 갖는다. 그러나 사람들은 우리가 직관을 만드는 것이 아니라는 사실에 주목한 적이 없다. 직관은 만드는 것이 아니고 언제나 그 스스로 온다. 사람들은 저절로 떠오르는 **착상**着想, Einfall을 갖게 되는 것이며, 그것도 사람들이 재**빨**리 준비할 때만 붙잡을 수 있는 것이다.

그런 까닭에 나는 장엄한 집에서 나오는 꿈속의 목소리는 꿈꾼 사람의 의식된 측면이 그 일부를 차지하기는 하지만, 꿈꾼 사람의 마음의 내면에 있는 보다 더 온전한 인격에서 나온 산물이라고 설명한다. 그 목소리가 꿈꾼 사람이 같은 시간에 가졌던, 의식을 능가하는 지성과 명징성을 보여주는 이유가 여기에 있다고 나는 생각한다. 이 우월성은 그 목소리의 절대적 권위를 뒷받침한다.

목소리를 통한 이러한 알림(고지)에는 꿈꾼 사람의 자세에 관한 주목할 만한 비판이 들어 있다. 교회의 꿈에서 꿈꾼 사람은 인생의 양 측면을 일종의 값싼 타협으로 통합하고자 시도하였다. 우리가 아는 대로 저 미지의 여인, 아니마는 그것에 동의하지 않고 화면에서 사라졌다. 이 꿈에서는 그런데 이 목소리가 아니마의 자리를 차지한 것 같다. 그 목소리는 물론 단순한 감정 섞인 항의를 제기할 뿐 아니라 두 가지 종류의 종교에 관하여 대가大家다운 설명을 해주고 있다. 이 목소리가 말한 바에 의하면 꿈을 꾼 사람은 꿈의 본문이 말하듯 종교를 '여성의 상'의 대치물로 이용하려는 경향을 보인다. '여성'이라는 단어는 아니마에 관계한다. 그것은 '심혼의 다른 측면'의 대치물로 이용되는 종교에 관하여 말하고 있는 그 다음 문장에 분명히 드러나고 있다. 아니마는 내가 이전에 설명하였듯이 그 '다른 측면'이다. 그녀는 의식의 문턱 아래 숨어 있는 여성적 소수, 다른 말로 무의식을 나타낸다. 그러니까 비

판하는 말의 뜻은: "너는 무의식에서 도망가기 위하여 종교와 더불어 그것을 시도하고 있다. 너는 종교를 너의 심혼의 삶의 일부에 대한 대치물로 이용하고 있다. 그러나 종교는 삶, 즉 양 측면을 모두 포함하는 온전한 삶의 절정이며 열매인 것이다."

같은 계열의 다른 꿈들과 세심하게 비교하면 그 '다른 측면'이 무엇인지가 틀림없이 제시된다. 환자는 끊임없이 그의 **감정적 요구들**을 피하고자 시도했다. 그러니까 그는 그런 요구들이 그를 거북스러운 상황에 빠뜨릴까 두려워했다. 예를 들면 결혼, 사랑, 헌신, 충실, 신뢰, 감정적 의존성, 그리고 심혼Seele의 요구들에 전반적으로 굴복하는 일에 휘말리게 될까 두려워했다. 이 모든 것은 학문이나 대학의 경력과는 아무런 상관이 없었다. 게다가 '심혼Seele'이라는 단어는 그의 교양에 비추어 수상쩍은 단어에 불과했고 그런 말로 죄를 저지를 수는 없었던 것이었다.

아니마의 '비밀'은 종교가 종파와 다름없다는 것 말고는 종교에 관해 아무것도 몰랐던 나의 환자에게는 종교적인 풍자이며 하나의 커다란 수수께끼이다. 그는 또한 종교가 어떤 불쾌한 감정 어린 요구들을 대신할 수 있고, 교회에 헌신함으로써 아마도 그런 요구를 회피할 수 있다는 것도 알고 있었다. 우리 시대의 많은 편견이 이 꿈을 꾼 사람의 두려움 속에 눈에 띄게 반영되고 있다. 다른 한편, 목소리는 비정통적이며 심지어 놀랍게도 비인습적이다; 그 소리는 종교를 진지하게 받아들이며 종교를 '두 측면'을 포함하는 삶의 첨단에 세운다. 그럼으로써 가장 값비싼 지적, 합리주의적 편견을 때려 부순다. 그러한 중대한 변혁 때문에 나의 환자는 자주 미치지 않을까 불안해했던 것이다. 우리는 지금 어제와 오늘의 평균 지성인들을 잘 알고 있기 때문에 이 환자가 처한 곤란한 상황을 잘 공감할 수 있다. '여성의 상', 다른 말로 무의

식을 진지하게 고려하는 것—계몽된 상식의 입장에서 볼 때, 그것이 얼마나 큰 패배이겠는가!⁵²

환자가 약 350개의 첫 계열 꿈을 관찰한 뒤에 나는 개인적인 치료를 시작하였다. 그 당시 그는 그의 내적 체험에서 나온 격렬한 반응에 시달리고 있었다. 그는 자신의 모험에서 차라리 도망치고 싶었을 것이다. 그러나 다행히도 이 남자는 '렐리기오religio'의 태도를 가지고 있었다. 즉 그는 "그의 경험을 주의 깊게 고려했다." 그리고 그에게는 자신의 경험에 대한 충분한 믿음Pistis과 성실함이 있었다. 그래서 그는 도망가지 않고 자신의 경험을 살펴가는 작업을 계속할 수 있었다. 신경증을 앓고 있다는 것은 그에게 큰 이익을 가져다주었다. 그가 자신의 경험에 불성실해지려 하거나 목소리를 부인하려 할 때면 그때마다 신경증이 즉시 되살아났다. 그는 "그 불을 끌 수 없었다." 결국 그는 그의 경험의 이해할 수 없는 누미노제적인 성격을 시인하지 않을 수 없었다. 꺼질 수 없는 불은 '거룩한' 것이었다고 그는 고백하지 않을 수 없었다. 그것은 곧 그의 병의 치유에서 없어서는 안 될 필수조건conditio sine qua non이었다.

아마 사람들은 이 사례를 예외라고 생각할 수도 있을 것이다. 온전함에 가까운 사람이 예외에 속한다면 말이다. 사실 교육받은 대다수의 사람들이 조각난 인격의 소유자이며, 이들은 자신의 진정한 소유물 대신에 수많은 대치 수단을 사용하고 있다. 그러나 조각나 있다는 것은 이 남자에게는 신경증을 의미했고, 그것은 다른 수많은 사람들의 경우에도 마찬가지다. 사람들이 보통 일반적으로 '종교Religion'라고 부르는 것은 너무도 놀랄 정도의 대치물이 되고 있다. 이런 종교를 나는 차라리 종파Konfession라고 부르고 싶거니와 이런 종류의 종교도 인간 사회에서 중요한 기능을 갖고 있는 것은 아닌지 진지하게 자문하게 된다. 종파에는 **직접적인 경험**을 굳건하게 형성된 도그마와 **의식**儀式, Ritual 이라는 형태를 취한 적절하게 선정된 상징들로 대치하려는 명백한 목적이 있다. 가톨릭교회는 그 상징의 의미를 곧바로 교회의 절대 권위를 통하여 획득하며, 프로테스탄트 '교회(만약 교회라는 개념을 아직 적용할 수 있다면)'는 복음서에 대한 믿음을 강조함으로써 그 의미를 획득한다. 이 양대 원리가 효력을 갖고 있는 동안은, 인간은 **직접적인** 종교적 경험에 대해 성공적으로 방어되어 있다.[53] 물론 만약 그럼에도 그들에게 어떤 직접적인 것이 닥쳐온다면 이들은 심지어 교회에 호소할 수도 있다. 왜냐하면 교회는 그 경험이 신으로부터 왔는지 마귀로부터 왔는지, 사람들이 그것을 수용할지, 또는 거절할지를 결정할 수 있기 때문이다.

의사라는 직업을 수행해오면서 나는 그런 직접적인 경험을 한 일이 있으면서도 교회적 결정의 권위에 순종하기를 원하지도 않았고 할 수도 없었던 몇몇 사람들을 만났다. 나는 이들이 정신적 위기와 격렬한 갈등을 거치면서, 또한 망상에 대한 불안, 기괴하고도 무시무시한 절망적인 혼란과 우울을 거치는 동안 줄곧 이들과 함께해야 했다. 그래서 나는 도그마와 의례가 최소한 **정신위생의 방법**으로서 특히 중요하다는 것을 전적으로 확신하고 있다. 환자가 교회에 다니는 가톨릭 신자라면 나는 예외 없이 그에게 쉽게 너무 큰 부담이 될지도 모를 직접적인 경험에서 자신을 보호하기 위해서 고백성사를 하고 영성체를 하도록 권한다. 개신교 신자에게는 보통 그렇게 권하기가 쉽지 않다. 왜냐하면 그곳에서는 도그마와 **의식**儀式이 생기를 잃고 약화되어 그 효력을 크게 잃어버렸기 때문이다. 물론 개신교에는 대개 고백성사도 없고 목사는 심리학적 문제들에 대해서는 전반적으로 거부감을 가지고 있다. 게다가 이들은 불행히도 대부분 심리학에 무지하다. 가톨릭의 사목司牧 상담자는 상대적으로 더 많은 심리학적인 기량과 또한 더 깊은 통찰력을 갖고 있다. 더욱이 개신교 목사는 신학교에서 과학적 훈련을 거쳐 비판정신을 길렀기 때문에 소박한 신앙심을 해치는 반면에, 가톨릭 사제의 교육에서 볼 수 있는 엄청난 역사적 전통은 제도가 지니고 있는 권위를 강화하도록 배려하고 있다.

의사인 나는 신경증의 내용을 억압된 유아적 성욕이나 권력 충동에 불과한 것이라고 간주하는 이른바 '과학적인' 신조를 편드는 것이 쉬울지 모른다. 심적인 내용들의 그러한 가치 절하가 상당수의 환자를 직접적 경험의 위험에서 어느 정도까지는 보호할 수 있을지 모른다. 그러나 나는 이 이론이 그저 부분적으로만 진실임을 알고 있다. 즉 그 이론은 신경증적 정신의 어떤 측면만을 파악하고 있다는 뜻이다. 그런데 나는 환자에게 나 자신이 전적으로 확신하지 않는 것에 관해서는 아무 말도 할 수 없는 것이다.

사람들은 이제 내가 개신교 신자라는 전제하에 이렇게 말할지 모른다: "그렇지만 당신이 당신의 환자인 가톨릭 신자에게 사제한테 가서 고백성사를 하라고 권한다면 당신도 당신이 믿지 않는 것을 그 사람에게 말하는 게 아닙니까?"

이와 같은 비판적인 문제에 파고들기 위해 먼저 나는—어떻게든 피할 수만 있다면—결코 나의 믿음을 설교한 적이 없다는 사실을 설명해야겠다. 누가 나에게 나의 신앙에 관해 묻는다면 나는 내가 확신하는 바에 따라 말할 것이다. 그 확신은 내가 알고 있다고 생각하는 것을 넘지 않는다. 나는 내가 아는 것에 확신을 갖고 있다. 그 밖의 모든 것은 가설이다. 더 나아가 나는 **수많은** 것들을 모르는 채로 그냥 둘 수 있다. 그것들이 나를 괴롭히지는 않는다. 그러나 만약 내가 그에 관해 조금이라도 알아야만 할 때, 그것들은 나를 괴롭히기 시작할 것이다. 그러므로 만약 한 환자가 그의 신경증이 전적으로 성적인 근원에서 나왔다고 확신한다면 나는 그의 의견을 방해하지 않을 것이다. 왜냐하면 그러한 확신은, 특히 그 뿌리가 깊을 경우, 직접적 경험이 지닌 무시무시한 이중적 의미의 폭류에 휩쓸리지 않도록 막아주는 훌륭한 방어가 될 것임을 알기 때문이다. 그러한 방어가 효과적인 동안은 나는 그것을 끌어내리지 않는다. 왜냐하면 환자가 그토록 좁은 범위로 생각하지 않을 수 없는 그럴 만한 강력한 이유가 있을 것이기 때문이다. 그러나 만약 그의 꿈이 방어적인 이론을 파괴하기 시작한다면 내가 여기 진술한 꿈의 사례의 경우에 행한 것과 같이 환자가 지니고 있는 좀더 넓은 범위의 인격을 지지할 것이다. 같은 방식으로, 그리고 같은 이유에서 그것이 도움을 주는 한 나는 교회에 다니는 가톨릭 신도의 가설을 지지한다. 두 경우에 나는 중대한 위험에 대항하는 방어 수단을 지지한다. 방어의 방식이 정도의 차가 있다고 해도 결정적인 진리인지 아닌지와 같은 학문적 질문을 제기하지는 않는다. 그것이 효력을 발휘한다면, 그리고 효력을 발휘하는 한 나는 기쁘다.

우리의 환자에서는 내가 이 증례를 보기 오래전부터 가톨릭의 방어벽이 붕괴되어 있었다. 내가 그에게 고백성사를 하란다든가, 그와 비슷한 권고를 했더라면 그는 아마 나를 비웃었을 것이다. 마찬가지로 그는 성욕설에 관해서도 웃어넘겼다. 그것 역시 고집할 필요가 없는 것이었다. 그러나 나는 내가 전적으로 그의 꿈에 나타난 **목소리** 편이라는 사실, 그 목소리가 미래에 갖추게 될, 그의 보다 큰 인격의 한 부분이며, 그를 현재의 일방성에서 해방시키도록 지목된 인격 부분이라고 인식하였음을 항상 알아차리도록 하였다.

일종의 계몽된 합리주의의 특성을 지닌 지적 범용성凡庸性에 대해서는 사물을 단순화시키는 과학적 이론이 매우 좋은 방어 수단이다. '과학적'이라는 딱지가 붙은 모든 것에 대한 현대인의 확고부동한 믿음 때문이다. 그런 상표는 즉시 오성을 진정시킨다. 거의 "로마는 말했다. 그 일은 해결되었다Roma locuta causa finita"와 같은 식으로…. 사실 나의 의견으로는 그 과학적 이론이란, 아무리 섬세한 것일지라도 심리학적 진실의 입장에서는 종교적 도그마보다도 별로 가치가 없는 것이다. 그 이유는 간단하다. 이론은 어쩔 수 없이 추상적이고 예외 없이 합리적이지만, 도그마는 비합리적 전체성을 그의 상像을 통하여 표현하기 때문이다. 이런 종교적 도그마를 통한 방법은 정신적 실재와 같은 대단히 비합리적인 사실을 훨씬 더 잘 재현할 수 있다. 게다가 도그마가 성립되고 그 형태를 갖추게 된 것은 한편으로는 이른바 계시된 직접적인 '그노시스〔신비적 직관〕'[54]의 경험 덕분인데, 신-인Gott-Mensch〔신으로서 인간이 된 그리스도〕, 십자가, 처녀의 출산, 무염시태無染始胎(원죄 없는 잉태), 삼위일체 등이 그 예이다. 다른 한편으로는 수많은 사람들의 생각들과 수세기에 걸친 끊임없는 합동작업 덕분이다. 내가 어떤 도그마를 왜 '직접적 경험'이라고 부르는지 아마 그 이유가 분명치 않을 것이다. 도그마는 바로 그 자체로 '직접적' 경험을 배제하는 것이기 때문이다. 그러나 내가 여기서 언급하는 기독교적 상像들은 기독교에만 고유한 것이 아니다(물론 그것들은 기독교 안에서 다른 종교들과는 거의 비교할 수 없는 특색과 의미충족Sinnerfüllung을 경험하였지만). 우리는 그 상들을 마찬가지로 이교異敎에서도 흔히 만날 수 있고, 그 밖에도 자연발생적으로 온갖 있을 수 있는 변이의 형태로 정신적 현상들로서 재현되는데, 그것들은 아득한 과거에 환상, 꿈, 그리고 황홀상태에서 산출된 것들이다. 그런 관념Idee은 결코 발명된 것이 아니다. 그것은 인류가 아직 정신Geist을 일정한 목적지향적 활동에 사용하는 법을 배우지 못했을 때 현존재Dasein 속으로 들어온 것이다. 인류가 생각Gedanken을 산출하

는 것을 배우기 이전에 생각이 그들에게 온 것이다. 그들은 **생각하지 않**
았다. 그들은 그들의 정신적 기능을 지각하였다. 도그마는 꿈과 같은 것이
다. 꿈은 객체적 정신objektive Psyche, 즉 무의식의 자연발생적이며 자율
적인 활동을 반영한다. 무의식의 그러한 표현은 과학적 이론보다도 직
접적 경험들에 대한 훨씬 더 효과적인 보호 수단이다. 이론이란 경험
이 지닌 감정상의 가치를 소홀히 할 수밖에 없다. 반대로 도그마는 바
로 이 점에서 고도로 풍부한 표현이다. 하나의 과학적 이론은 곧 다른
이론으로 추월당한다. 도그마는 헤아릴 수 없는 세기를 지속한다. 고
통받는 신인神人은 최소한 5000년의 나이를 먹었고, 삼위일체는 아마
더 오래되었을 것이다.

   도그마는 심혼을 과학적 이론보다 더 온전하게 묘사한다. 왜냐하면
과학적 이론은 단지 의식만을 설명하기 때문이다. 더욱이 하나의 이론
은 살아 있는 것을 추상적인 개념으로 묘사할 뿐, 그 이상을 하지 못한
다. 이에 비해 도그마는 무의식의 살아 있는 과정을 죄, 참회, 희생과 구
원의 드라마 형식으로 적절하게 표현할 수 있다. 이 관점에서 볼 때 사
실 가톨릭으로부터 개신교가 분리되는 것을 방지할 수 없었다는 것은
놀랄 일이다. 그러나 개신교는 모험심 많은 게르만 종족의 신앙고백이
되어버렸는데, 이들은 종족 특유의 호기심, 정복욕과 오만방자함의 특
징을 지니고 있다. 그 때문에 게르만족의 그러한 특성이 교회가 만들
어준 평화를 오랫동안 참을 수는 없었을 것이다. 마치 게르만족은 아
직 구원의 과정을 참아낼 만큼, 또한 웅대한 교회 건물 속에 자신을 드
러낸 하나의 신격 아래 무릎을 꿇을 만큼 되어 있지 못했던 것 같다. 아
마도 교회에는 최소한 그때나 오늘이나 아직 충분히 길들여져 있지 않
은 그들의 에너지에 비해서는 너무도 많은 로마제국Imperium Romanum,
혹은 로마의 평화Pax Romana가 남아 있었던 것 같다. 아마도 게르만인

들은 거칠고 덜 제어된 신의 경험을 하고 싶었을지 모른다. 이런 일은 어떤 형태의 보수주의나 길들임을 감당하기에는 너무나 젊어서 모험을 즐기는 불안정한 민족들에게서 흔히 일어나는 법이다. 게르만인들은 그래서 사람에 따라 정도의 차이가 있지만 신과 인간 사이를 중개하는 교회를 제거하였다. 보호벽을 무너뜨린 결과 개신교는 중요한 무의식적 요소들의 표현인 성상聖像들과 아득한 시간 이래로 예측할 수 없는 무의식의 세력들을 극복하는 확실한 길이 되어온 의식儀式, Ritus을 함께 상실하였다. 커다란 에너지 값이 그렇게 해방되었고, 이것은 즉시 호기심과 정복벽癖의 옛 도관導管으로 흘러듦으로써 유럽은 악룡惡龍들의 어머니가 되어 지구의 대부분을 집어삼켰다.

그때부터 개신교는 분열의 온상, 동시에 급속한 과학기술 발전의 온상이 되었으며, 그것들이 인간 의식을 너무도 매혹적으로 끌어당겼기 때문에 인간 의식은 무의식의 예측할 수 없는 세력을 잊어버렸던 것이다. 1914년 제1차 세계대전의 재앙과 이에 뒤이은 심각한 정신적 장해를 보여주는 극단적인 징후들은 백인의 정신이 정말 제대로 되어 있는지에 대한 의혹을 불러일으키기에 충분한 것이었다. 1914년 전쟁 발발 이전, 우리는 이 세계가 합리적인 방법으로 올바르게 세워질 수 있으리라고 전적으로 확신하고 있었다. 지금 우리는 국가들이 신정정체神政政體, Theokratie라는 아주 낡아빠진 요구, 즉 자유 언론의 억압을 어쩔 수 없이 수반할 수밖에 없는 전체성의 요구를 소리 높여 부르짖는 이상한 광대놀이를 경험하고 있다. 우리는 사람들이 지상천국을 어떻게 세울 것이냐 하는 유치한 이론들을 위해서 서로의 목을 자르는 일을 다시금 목격한다. 예전에 거대한 정신적 구조 속에 얼마간 성공적으로 묶여 있어 복종하게 만들었던 지하계의 세력—지옥이라는 말을 하지 않는다면—은 지금 심적, 또는 영적 매력이라곤 하나도 없는 국가 노예와 국가 감옥을 만들었거나 혹은 최소한 만들고자 시도한다. 오늘날 단순한 인간 이성만으로는 폭발된 화산을 멈추게 할 엄청난 과제를 전혀 감당할 수 없다는 사실을 적지 않은 사람이 확신하고 있다.

이 모든 사태의 발전은 숙명이다. 그러므로 나는 그 책임을 개신교에도 르네상스에도 전가하지 않으련다. 그러나 한 가지는 확실하다— 즉 개신교든 아니든, 현대인은 로마 시대 이래로 세심하게 구축하고 강화시킨 교회 방벽의 보호를 광범위하게 상실했으며, 이 손실로 말미암아 스스로 세계 파괴적, 그리고 세계 창조적인 불의 지대에 다가갔다는 사실이다. 삶은 더 빠르고 더 치열해졌다. 우리의 세계는 흔들리고 있으며 불안과 공포의 물결로 가득 차 있다.

개신교는 과거에 하나의 커다란 모험Risiko이었으며 현재도 그러하다. 동시에 그것은 하나의 커다란 가능성이기도 하다. 만약 개신교가 교회의 분열을 계속해나간다면 그것은 무의식에서 해방되기를 기다리는 저 세력들의 직접적 경험에 대항하여 인간을 지켜주는 모든 그의 정신적 보장과 방어 수단을 인간으로부터 빼앗는 데 성공할 것이다. 우리의 소위 문명 세계에서 일어나는 온갖 믿을 수 없는 잔인함을 보라. 그것은 모두 인간의 본질과 그 정신 상태에서 나온 것이다! 또한 악마적인 파괴 수단을 보라! 그것들은 전혀 악의가 없는 신사들, 이성적이며 명망 있는 시민들에 의해서 발명되었는데, 이들은 모두 우리가 바라는 유형의 사람이다. 만약 모든 것이 공중으로 날아가고, 말할 수 없는 지옥의 파괴가 거세게 일어난다고 해도 이에 대해 책임을 져야 할 사람은 아무도 없는 것 같다. 그것은 그저 느닷없이 일어나는 사건처럼 보인다. 그러나 모든 것은 인간이 만든 것이다. 그런데 사람은 누구나 정상적으로 의무를 이행하고 적당하게 생활비를 버는 매우 사소하고 하찮은 의식意識이 자기의 전부라고 맹목적으로 확신하고 있다. 그러므로 국가나 민족이라고 부르는 이 모든 합리적으로 조직된 인간집단Masse이 겉으로 보기에 비개인적이며 보이지 않으나 무시무시한 하나의 힘에 의해서 떠밀려오고 있다는 것, 그리고 그 힘은 누구도, 무엇으로도 제지할 수 없다는 사실을 알아차리지 못한다. 이런 끔찍한 힘은 대개 인접 국가에 대한 공포라고 설명된다. 인접국이 악의적인 마귀에 사로잡혔다고 상상한다. 어디서 얼마나 강하게 자신이 사로잡혀 있고 무의식 상태에 있는지 인식할 능력을 아무도 가지고 있지 못하기 때문에 사람들은 자신의 상태를 덮어놓고 이웃에게 투사한다. 그래서 가장 큰 대포와 가장 해로운 독가스를 소유하는 것을 거룩한 의무라고 간주한다. 이 경우 가장 곤란한 것은 그렇게 하는 것이 전적으로 정당한 경우가 있다는 사실이다. 모든 이웃들은 자신이 불안한 것과 똑같이 통제되지 않으며, 통제될 수도 없는 불안에 지배받는다. 정신병원에서 불안에 시달리는 사람이 분노나 증오에 시달리는 사람보다 훨씬 위험하다는 것은 잘 알려진 사실이다.

  그런데 개신교도는 오직 신에게만 자기 몸을 맡기고 있다. 그에게는 고백성사가 없고 사면의 기도도 속죄를 위한 어떤 종류의 거룩한 작업opus divinum도 가능하지 않다. 그는 그의 죄를 혼자서 소화시켜야 한다. 그리고 그에 알맞은 의식儀式이 없어서 도달할 수 없게 된 신적인 은혜에 대하여 그는 그리 확신을 가지고 있지 못하다. 이런 사실 덕분에 개신교적 양심은 눈을 뜨고 주의를 기울이게 된 것이다. 그리고 이 양심의 가책은 잠행성 질병이 지닌 불쾌한 성질을 가지고 있어서 인간을 불편한 상태에 갖다놓는다. 그러나 그로써 개신교도는 가톨릭의 심성으로는 거의 도달할 수 없을 정도로 죄를 의식할 수 있는 유일한 기회를 갖게 된다. 왜냐하면 고백과 사면의 기도는 언제나 너무 큰 긴장을 완화시킬 준비를 하고 있기 때문이다. 개신교도는 이에 반해서 자신의 긴장을 스스로 떠맡고 있으며 자신의 양심을 계속 날카롭게 할 수 있도록 긴장을 지속하게 한다. 양심, 특히 양심의 가책은 하늘의 선물일 수 있다. 만약 그것이 보다 높은 자기비판에 이용된다면 하나의 진정한 은혜일 수 있다. 자기비판은 내적으로 성찰하며 분별하는 활동으로서의 자신의 심리학을 이해하려는 모든 시도에 없어서는 안 되는 것이다. 사람이 이유를 알 수 없는 어떤 일을 행하였고 그 행동을 하도록 한 계기가 무엇인지를 자신에게 물을 때는 자신의 행동의 동기를 발견하기 위하여 양심의 가책이 지닌 동력과 이에 필적하는 분별능력을 필요로 한다. 그래야만 사람은 어떤 동기가 자신의 행동을 지배하는지를 볼 수 있다. 양심의 가책이 품고 있는 가시는 심지어 그 전에 무의식적이던 것들을 발견하도록 자극하기까지 한다. 그리고 이런 방식으로 사람은 무의식의 문턱을 넘어설 수 있으며, 그래서 각 개인을 인간 속에 있는 집단 살인자의 무의식적인 도구로 삼는 저 비개인적 세력을 알아차릴 수 있다. 만약 개신교도가 그의 교회의 온전한 상실을 참고 견디어내고, 그러고도 개신교도로 남아 있다면, 다시 말해 신 앞에서 무방비 상태에 있으며 더 이상 울타리나 공동체의 보호를 받지 못하는 사람으로 남는다면, 그는 직접적인 종교적 경험을 할 수 있는 유일무이한 정신적 능력을 가지게 된다.

  지금까지의 설명을 통하여 무의식의 경험이 나의 환자에게 의미하는 바가 무엇인지 독자가 이해하는 데 얼마나 도움이 되었는지 모르겠다. 어떻든 그런 경험의 가치를 객관적으로 측정할 척도란 없다. 그 경험을 하는 사람에게 가치 있는 것이면 그것으로서 받아들여야 할 것이다. 겉으로 보기에 별 볼 일 없는 꿈들이 한 지성적인 인간에게 무언가 의미 있는 것일 수 있다는 사실에 접해서 우리는 아마 깊은 인상을 받게 될 것이다. 그러나 만약 사람들이 그 경험에 관해 그가 표명하는 바를 받아들일 수 없거나 자신을 그의 입장에 옮겨서 생각할 수 없다면 그의 사례를 비평해서는 안 된다. 종교의 혼genius religiosus은 '그가 불고 싶은 곳으로 부는' 바람이다. 우리가 판단의 출발점을 삼을 수 있는 아르키메데스의 점은 어디에도 없다. 왜냐하면 정신Psyche은 그것의 발현과 구별할 수 없는 것이기 때문이다. 정신은 심리학의 대상이며, 불행히도 또한 그 주체Subjekt다. 우리는 이 사실을 간과할 수 없다.

내가 '직접적 경험'이라고 부른 것의 예로 선택한 몇 안 되는 꿈들은 물론 훈련받지 못한 눈에는 매우 보잘것없어 보일 것이다. 극적인 꿈도 아니고 다만 개인적 경험의 소박한 증언들일 뿐이다. 만약 내가 그 꿈을 꿈의 전체 계열 속에서, 전 과정의 경과 중에 끌어올린 풍부한 상징적 자료와 함께 묘사했다면 이 꿈들은 더 훌륭하게 보였을지 모른다. 그러나 꿈의 계열을 총괄한다고 하더라도 그것은 아름다움이나 표현력에서 전승된 종교의 어떤 부분과도 비교가 되지 않는다. 도그마는 언제나 많은 사람들과 여러 세기의 결과이며 그 열매다. 그것은 개인적 경험이 지닌 온갖 기괴함, 온갖 부족함, 그리고 번거로움으로부터 순화된 것이다. 그러나 그럼에도 불구하고 개인적 경험은 바로 그 빈곤함 속에서 직접적인 삶이 되며 오늘도 박동하고 있는 따뜻한 붉은 피다. 진리를 탐구하는 자에게는 그것이 최상의 전통보다도 더 설득력을 가지고 있다. 그런데 직접적인 삶은 언제나 개인적인 것이다. 왜냐하면 개체야말로 삶을 짊어지고 있는 자이기 때문이다. 개체로부터 나오는 것은 어느 면에서 일회적이다. 그러므로 일시적이며 불완전하다; 특히 꿈이나 그와 같은 자연발생적인 심적 산물의 경우에는 그러하다. 많은 사람이 똑같은 문제를 가지고 있다고 해도 누구도 똑같은 꿈을 갖지는 않을 것이다. 그러나 마찬가지로, 절대적으로 고유한 상태에 이를 정도로 분화된 개체가 없는 것처럼, 또한 절대적으로 유일무이한 성질을 가진 개인적인 창조도 없다. 심지어 꿈은 고도로 집단적인 자료에서 만들어진 것이다. 여러 다른 민족의 신화와 민담이 거의 동일한 형식으로 주제Motive들을 반복하는 것과 같다. 나는 이 주제를 원형原型, Archetypen[55]이라고 불렀다. 그것은 집단적 성질의 형식이나 상像들Bilder을 말한다. 이것들은 대체로 전 세계에서 신화의 구성 요소들인 동시에 무의식에서 기원한 자기 고유의autochthone 개별적인 산물로서 나타난다. 원형적 주제는 아마도 전통과 이동Migration뿐 아니라 유전을 통해서 전승된 인간 정신의 저 각인들Prägungen에서 연유된 것일 게다. 이 후자의 가설은 꼭 필요한 가설이다. 왜냐하면 아무리 복잡한 원형적 상들이라 하더라도 직접적으로 전승되었을 가능성이 전혀 없어도 자연발생적으로 재생산될 수 있는 것이기 때문이다.

전의식적, 원초적 관념들Ideen에 관한 학설은 내 고유의 발명이 아니다. '원형Archetypus'이라는 말이 기원 초 수 세기에 나온 것으로 미루어 보아도 알 수 있다.[56] 특별히 심리학 영역을 참조한다면 우리는 이 학설을 아돌프 바스티안Adolf Bastian[57]의 저술에서, 그리고 니체[58]의 저술에서 발견한다. 프랑스 문헌에서는 위베르Henri Hubert와 모스Marcel Mauss,[59] 레비 브륄L. Lévy-Bruhl[60]이 비슷한 생각들을 언급했다. 나는 단지 사람들이 예전에 원초적 또는 기본적 관념들, '범주catégories' 또는 '의식 통제의 습관들habitudes directrices de la conscience'이라고 불렀던 학설들을 하나하나 상세히 들어가 연구함으로써 그 이론들에 경험적인 토대를 부여했을 뿐이다.

앞에서 논의된 꿈 가운데 두 번째 꿈에서 우리는 내가 아직 고찰하지 못한 또 하나의 원형을 만난다. 그것은 불타는 촛불을 네 개의 피라미드같이 뾰족한 모양으로 특이하게 배치한 것이다. 그것이 성상聖像들이 있을 것으로 기대할 만한 곳에 제단이나 성화벽Ikonostase〔그리스정교 제단실과 교구실 사이의 문이 세 개 달린 성화벽) 대신에 배치되었다는 점에서 4라는 수의 상징적 의미가 강조되고 있다. 성당은 '정신집중의 집 Haus der Sammlung'이라고 불리기 때문에 우리는 이런 특성이 경배의 자리에 나타난 상 또는 상징을 통하여 표현된다고 가정할 수 있다. 테트락티스Tetraktys—피타고라스의 표현을 빌리자면—란 꿈이 우리의 환자에게 분명히 제시하는 것처럼 실제로 '내적인 집중'에 관계된다. 다른 꿈에서는 이 상징이 보통 넷으로 구분되거나 네 개의 주된 부분을 포함하는 원의 형태로 나타난다. 같은 계열의 다른 꿈들에서는 또한 구분되지 않은 원, 꽃, 4각의 장소나 공간, 4각, 구球, 시계, 중앙에 분수대가 있는 균형 이룬 정원, 배 한 척, 항공기 또는 식탁 옆에 있는 네 사람, 한 식탁 주위의 네 의자, 4색, 8개의 바퀴살을 가진 바퀴, 8방으로 빛을 발하는 별 또는 태양, 여덟 부분으로 나뉜 하나의 둥근 모자, 네 개의 눈을 가진 곰, 네모난 감방, 사계절, 네 개의 밤이 들어 있는 접시, $4 \times 8 = 32$ 부분으로 나뉜 글자판을 가진 우주 시계의 형태를 취한다.[61]

이와 같은 사자성四者性-상징Vierheits-Symbol은 400개의 꿈 중에 71회 이상 나타난다.[62] 나의 사례는 이 점에서 결코 예외가 아니다. 나는 4가 나타난 많은 사례들을 관찰하였는데, 4는 언제나 무의식적인 근원을 가지고 있었다. 다시 말해서 꿈꾼 사람은 먼저 꿈을 통해서 넷이라는 수를 얻었고, 그 의미가 무엇인지는 전혀 짐작도 하지 못했던 것이다. 또한 4의 상징적인 중요성에 관해서도 일찍이 들어본 일이 없었다. 만약 그 수가 셋이라면 물론 문제는 다를 것이다. 삼위일체성은 공인된 상징적 수를 묘사하며 누구나 이용할 수 있는 것이기 때문이다. 그러나 우리에게, 그리고 현대의 과학자에게 넷은 그 밖의 다른 수 이상의 아무 의미도 없다. 수 상징과 그 명예로운 역사는 이 꿈을 꾼 사람에게는 완전히 관심 밖에 있는 지식 영역이다. 만약 꿈이 그러한 조건하에서 4의 중요성을 끈질기게 주장한다면, 우리에게는 그 근원이 무의식적인 것이라고 부를 수 있는 정당한 권리가 있다. 사위일체성Quaternität의 누미노제 성격은 두 번째 꿈에서 뚜렷이 드러나고 있다. 이와 같은 사실로 미루어 우리는 사위일체성이 '전례적典禮的'이라고 부를 만한 의미를 나타낸다고 짐작하지 않을 수 없다. 꿈을 꾼 사람이 이런 특별한 성격을 어떤 의식된 출처에 관계 지을 수 없기 때문에 나는 그 상징적 의미를 밝히기 위해 비교 방법을 적용한다. 물론 그 비교 과정을 이 강의의 범위에서 온전히 기술하는 것은 불가능하다. 그러므로 이에 관한 단순한 시사에 국한할 수밖에 없다.

무의식적 내용의 상당 부분은 아마도 과거에 항상 반복되어온 정신 상태의 잔재일 것이기 때문에 우리의 꿈과 유사한 의식 수준에 도달하려면 2~3백 년만 과거로 되돌아가면 된다. 이 사례의 경우에는 채 300년도 안 되는 과거에 자연과학자와 자연철학자들 사이에서 구적법求積法(원의 4각화)의 수수께끼를 진지하게 토론했던 사람들을 발견한다.[63] 이 별난 문제는 다시금 그보다 훨씬 오래된, 무의식적인 것들의 심리적 투사였다. 그러나 그 시대의 사람들은 원이 신격을 의미함을 알고 있었다: "신은 하나의 영적[기하학적] 형상이며 그 중심은 어디에나 있고 그 변두리는 어디에도 없다."[64] 자연철학자 중 한 사람이 이렇게 말했는데, 이것은 아우구스티누스의 말을 되풀이한 것이다. 매우 내향적이고 내성적인 사람인 에머슨Emerson[65]도 같은 생각에 도달하여 마찬가지로 아우구스티누스를 인용할 수밖에 없었다. 원의 상像──연금술 철학의 최고 권위인 플라톤의 『티마이오스Timaeus』 이래로 가장 완전한 형태라고 간주된──은 또한 가장 완전한 실체Substanz인 황금의 형태라고 했고, 더 나아가 세계혼anima mundi, 또는 자연의 중심인 혼anima media natura, 그리고 첫 번째 창조된 빛의 형태라고 하였다. 그리고 대우주, 즉 큰 세계가 창조주에 의해 "둥근 구 모양으로"[66] 만들어진 까닭에 전체의 최소 부분인 점點, Punkt 또한 이 완전한 성질을 가지고 있다. 그 철학자가 말한다. "모든 형상들 가운데서 둥근 것이 가장 단순하고 가장 완성된 것이며, 그것은 하나의 점 속에 쉬고 있다."[67] 바로 이와 같은, 물질 속에 잠자는 감추어진 신격의 상을 연금술사들은 첫 번째 원초적-혼돈Ur-Chaos이라고 부르거나 천국의 땅, 혹은 바닷속 둥근 물고기[68], 또는 알, 혹은 그저 둥근 것rotundum이라고 불렀던 것이다. 이 둥근 것은 물질Materie의 잠긴 문을 연 마술적인 열쇠를 지니고 있었다. 『티마이오스』에서 말하는 것처럼 오직 완전한 존재, 즉 데미우르고스Demiurg〔창조자〕만이 4자성Tetraktys, 즉 4원소들의 포옹을 풀 수 있다.[69] 13세기 이래의 위대한 권위서 중의 하나인 『현자(철학자)의 무리Turba Philosophorum』는 말하기를 둥근 것rotundum은 구리를 넷으로 분해할 수 있다고 한다.[70] 그래서 많은 사람이 찾던 현자의 황금aurum philosophicum은 둥근 것이었다.[71] 사람들이 어떻게 잠자는 데미우르고스들을 손에 넣을 수 있는지 그 방법에 관해서는 의견이 분분했다. 몇몇 사람들은 그것을 원질료prima materia의 형태로 재빨리 잡을 수 있기를 희망했다. 원질료에는 이 데미우르고스의 실체가 특히 응축되어 있거나 알맞은 방식으로 포함되어 있다고 본 것이다. 다른 사람들은 둥근 실체를 융합conjunctio이라고 부른 일종의 합성을 통해서 만들고자 애썼다: 『현자(철학자)의 장미원Rosarium Philosophorum』의 익명의 저자는 말한다. "남자와 여자로부터 둥근 원을 만들라. 거기서 한 정사각형Quadrat을 추출하고, 이 정방형에서 삼각형을 추출하라. 원을 둥글게 하라. 그러면 너는 현자의 돌을 얻으리라."[72]

이 경이로운 돌은 양성체적 성질을 가진 완전한, 살아 있는 존재로 상징화된다. 그것은 엠페도클레스Empedokles의 완전한 구球, Sphairos, 가장 행복한 신εὐδαιμονέστατος θεός과 플라톤이 말하는 둥근 구형의 양성적 인간에 해당된다.[73] 이미 14세기 초에 페트루스 보누스Petrus Bonus는 라피스Lapis〔연금술의 돌〕를 하나의 '비유Allegoria'[74]로서 그리스도와 비교하였다. 그러나 중세 전성기의 위僞-토마스〔토마스 아퀴나스의 저작이라 잘못 알려졌던〕의 논문인 『황금의 시간Aurea Hora』에서 이 돌의 비의는 기독교의 비의보다도 높이 평가되고 있었다.[75] 내가 이것들을 설명하는 이유는 오직 4를 내포하는 원이나 구를 우리의 학식 있는, 적지 않은 선조들이 신격의 비유라고 보았다는 사실을 제시하기 위함이다.

라틴어 논문들에서도 마찬가지로 잠재적으로, 물질 속에 잠자는, 숨은 데미우르고스는 이른바 철학적 인간homo philosophicus, 즉 두 번째 아담Adam secundus[76]과 동일하다는 사실이 드러나고 있다. 후자는 보다 높은 영적 인간, 아담 카드몬Adam Kadmon〔정신적으로 고급한 인간〕이며 흔히 그리스도와 동일시된다. 최초의 아담이 덧없는 네 원소로 이루어졌기 때문에 죽을 수밖에 없는 자였는 데 반해 두 번째 아담은 죽지 않는 자다. 왜냐하면 그는 순수한 불멸의 정수로 이루어지기 때문이다. 그리하여 위-토마스는 말한다. "두 번째 아담은 순수한 원소들로부터 영원으로 이행했다. 그러므로 그가 단순하고 순수한 정수Essenz로 이루어진 까닭에 그는 영원히 지속될 것이다."[77] 같은 논문은 노대가老大家 세니오르Senior의 말을 빌려 그것의 실체Substanz를 해석하고 있다. 세니오르는 말했다고 한다. 이 실체는 "제2의 아담"[78]으로 결코 죽지 않으며 끊임없이 확충되면서 변함이 없다고.

이와 같은 인용문에서 현자(철학자)들이 찾았던 둥근 실체는 그 본질에 따르면 우리의 꿈의 상징성에 매우 비슷한 투사였음이 분명해진다. 우리는 꿈, 환상, 심지어 환각들이 흔히 연금술의 철학적 작업에 섞여 있었음을 증명하는 역사적 증거를 가지고 있다.[79] 정신적으로 아직 단순한 체질을 가지고 있던 우리의 조상들은 그들의 무의식적 내용들을 물질 속에 투사하였다. 그런데 그 당시에는 물질이 이를테면 모르는 존재, 이해할 수 없는 존재였기 때문에 물질은 그런 투사를 쉽게 받아들일 수 있었다. 그리고 어떤 비밀스러운 것과 마주치는 곳에서 인간은 언제나 이에 관한 그의 추측을 조금도 스스로 비판하지 않은 채 그 속에 투사한다. 그러나 오늘날 화학적 물질이 무엇인지 이제는 상당히 잘 알려져 있기 때문에 우리는 더 이상 우리의 조상들이 했던 것처럼 그렇게 자유롭게 무엇을 물질 속에 투사할 수는 없다. 결국 우리는 4로 구성된 것(4라는 수)Tetraktys이 어떤 정신적인 것이라는 사실을 시인할 수밖에 없다. 그리고 가까운 미래, 또는 먼 미래에 그것이 투사라고 판명될지는 아직 모른다. 현재로서는 현대인의 의식된 정신 속에서 완전히 없어진 하나의 신의 관념Idee이 3~4백 년 전에는 의식 내용의 형태로 재현되었다는 사실에 만족할 것이다.

꿈을 꾼 사람이 정신사精神史의 이런 부분을 알고 있지 않았다는 것을 내가 강조할 필요는 없을 것이다. 한 고전 시인의 말을 빌려 다음과 같이 말할 수 있을지 모른다. "그대는 두엄 치는 쇠스랑으로 자연을 내쫓을 수 있을지 모른다. 그러나 그것은 그래도 다시금 돌아오느니라."[80]

이들 옛 철학자들의 생각은 신이 먼저 4원소들의 창조 시에 자신을 시현示顯하였다는 것이다. 이 원소들은 원의 네 부분으로서 상징화되었다. 그리하여 우리는 본래의 아들(모노게네스Monogenēs〔외아들〕 또는 안트로포스Anthropos〔원초적 인간〕)에 관한 한 콥트교의 논문 『브루키아누스 사본』[81]에서 다음 구절을 읽게 된다. "이와 같은 것이 모나데 Monade(단자單子) 속에 살고 있는 것이며, 모나데는 세테우스Sētheus(창조자) 속에 있는 것이다. 그리고 그는 그가 어디에 있는지 아무도 말할 수 없는 곳에서 왔으며… 그로부터 모나데는 온갖 좋은 것들을 실은 배의 모양으로, 그리고 온갖 종류의 나무들을 심고 가득 채운 들판의 모양으로, 그리고 모든 인류의 종족으로 가득 찬 도시의 모양으로 왔다. … 그 도시를 보호벽의 형태로 둘러싸는 덮개에는 열두 개의 문이…. 바로 이 도시가 본래의 아들을 낳은 어머니인 도시母都市, Metropolis이다."

다른 구절에 보면 원초적 인간, 안트로포스 그 자신이 도시이다. 그리고 그의 사지는 네 개의 문이다. 단자單子,Monade는 하나의 불꽃spinthēr, 신격의 원자Atom다. 모노게네스는 네 개의 기둥으로 떠받친 높은 단상인 사각대Tetrápeza 위에 서 있는 것으로 생각되었는데, 복음서 기자들의 기독교적 사위일체성이나 교회의 상징적 운반동물Reittier인 테트라모르푸스Tetramorphus(네 개의 형상으로 이루어진 것)에 해당된다. 이것은 4복음서의 상징들인 천사, 독수리, 소Ochsen와 사자로 이루어진다. 마찬가지로 묵시록의 새로운 예루살렘과의 유사성도 뚜렷하다.

넷으로의 분할, 넷의 합성, 4색의 경이로운 출현, 그리고 연금술 작업의 4단계: 흑화nigredo, 백화dealbatio, 적화rubefactio, 그리고 황화citrinitas는 옛 철학자들의 끊임없는 관심사이다.[82] 넷은 하나인 것의 부분들, 질質들, 그리고 측면들을 상징한다. 그런데 왜 내 환자는 이 오래된 사변을 되풀이해야 했던가?

나는 그 까닭을 모른다. 나는 다만 이것이 산발적으로만 나타나는 사례가 아니라는 사실을 알고 있을 뿐이다. 내가 관찰한 많은 그 밖의 사례나 나의 동료들이 관찰한 사례에서는 자연발생적으로 똑같은 상징이 나타났다. 물론 그 상징이 300년이나 400년 전에 처음 생겨났다고 생각하는 것은 아니다. 그 시대는 다만 이것들이 특히 많이 논의된 시대였을 뿐이다. 그 생각Idee은 중세보다도 훨씬 오래된 것이다. 『티마이오스』나 엠페도클레스[83]가 이것을 증명한다. 그 생각은 또한 그리스 로마 고전시대나 이집트의 유산도 아니다. 왜냐하면 우리는 그것을 지구의 전혀 다른 곳에서도 발견할 수 있기 때문이다. 예컨대 아메리카 인디언들이 사위일체성에 얼마나 큰 의미를 부여하는지를 생각해 볼 필요가 있다.[84]

    4는 원초적인, 아마도 선사시대의 상징이며[85], 언제나 세계 창조의 신격과 결합하고 있는데도 불구하고 그것을 경험하는 현대인들은 기묘하게도 거의 그런 것으로 이해하지 않는다. 사람들이 상징의 역사에 정통하지 않아 자신의 착상着想에 의지할 때 꿈을 어떻게 해석하는지, 나는 언제나 그것이 특히 궁금했다. 그래서 나는 내 자신의 의견으로 그들의 해석을 방해하지 않도록 세심하게 주의하였다. 그 결과 그들의 견해에 의하면 4는 통상적으로 그들 자신, 또는 그보다도 그들 자신 속의 어떤 것을 상징한다는 사실을 발견했다. 그들은 그것을 가장 깊이 그들 자신에 속하는 어떤 것, 어떤 종류의 창조적 배경, 또는 무의식의 심층에 있는, 생명을 주는 태양이라는 느낌을 가지고 있었다. 물론 사례들이 제시하는 어떤 만다라 묘사는 흔히 거의 에제키엘〔구약성서에 나오는 예언자〕의 환상의 반복임을 쉽게 알 수 있었지만, 사람들이 에제키엘의 환상이 무엇인지 알고 있을 때도 자기가 본 것들이 그것과 비슷하다는 사실을 알아차리는 경우는 아주 드물었다. 미리 말하지만 오늘날 이 에제키엘 환상을 알고 있는 사람은 상당히 드물다. 이와 같은 거의 조직적이라고 부를 만한 맹목성은 전적으로 신격神格이 인간 밖에 있다는 선입견의 영향 때문이다. 이 선입견은 전적으로 기독교적인 것만은 아니다. 그러나 결코 그런 편견에 동의하지 않는 종교들도 있다. 이 종교에서는 오히려 어떤 기독교 신비가들처럼 신과 인간의 본질적인 동일성을 끈질기게 주장한다. 즉 선험적 동일성의 형태로든, 어떤 수행 Übungen이나 이니시에이션Initiation〔成人儀〕들로써 도달될 수 있는 목표의 형태로든 신과 인간이 동일하다는 것이다. 예를 들어 아풀레이우스의 변신Metamorphose을 보아도 그것을 알 수 있고, 요가의 어떤 수행들에 관해서는 두말할 것도 없다.

비교 방법을 적용하여 살펴볼 때 사위일체성Quaternität이 정도의 차이는 있으나 창조 시에 현시된 신의 직접적인 표현을 가리킨다는 사실에는 의심의 여지가 없다. 그러므로 우리는 현대인의 꿈에서 저절로 산출된 상징도 그와 비슷한 것, 즉 내면의 신을 말하는 것이라고 추론할 수 있을 것이다. 대다수의 사례들이 이러한 비유를 인식하지 못하지만 그럼에도 이 해석은 옳은 것일 수 있다. 신의 관념Gottesidee이 '비과학적인' 가설이라는 사실을 감안할 때, 왜 사람들이 이런 비유의 방향에서 생각하는 법을 잊어버렸는지 그 이유를 설명하는 것은 쉬운 일이다. 심지어 사람들이 신에 대한 일종의 믿음을 마음속에 품고 있을 때 그런 생각을 항상 '신비적' 관념이라고 평가절하한 종교 교육 때문에 이들은 '내면의 신'이라는 생각 앞에서 경악하게 될 것이다. 그러나 꿈이나 환상들을 통해 의식에 밀려온 것은 바로 이러한 '신비적' 관념이다. 나 자신이나 나의 동료들은 이런 종류의 상징적 표현을 나타낸 사례를 너무도 많이 보았기 때문에 우리는 그 존재를 더 이상 의심할 수 없다. 게다가 나의 관찰은 1914년에까지 소급한다. 그리고 나는 그 관찰을 공표하기까지 14년을 기다렸다.[86]

누군가가 내 관찰을 신의 존재에 대한 일종의 증명이라고 이해하려 든다면 그것은 유감스러운 오류일 것이다. 나의 관찰은 오직 신격Gottheit의 원형적 상의 존재를 증명할 뿐이다. 나의 생각으로는 이것이 우리가 심리학적으로 신에 관해 표명할 수 있는 모든 것이다. 그러나 이 신격의 상은 매우 중요하고 또한 강력한 영향력을 가진 원형이기 때문에 그런 원형이 비교적 자주 출현한다는 현상은 모든 자연신학

Theologia naturalis에 대해서 주목할 가치가 있는 사실인 듯하다. 이 원형의 체험은 누미노제의 성질을 가지고 있기 때문에 그것은 흔히, 심지어 높은 정도로 종교적 경험의 지위에 상응할 만한 것이다.

 중심적인 기독교 상징이 삼위일체성Trinität인 데 비하여 무의식의 공식은 사위일체성Quaternität을 표현한다는 흥미 있는 사실에 주의를 환기시키지 않을 수 없다. 사실 정통과 기독교의 공식은 물론 전적으로 완전한 것은 아니다. 삼위일체에는 악의 원리의 도그마적 측면이 결여되어 있으며 마귀라고 하는 다소간 불편한 별종자 같은 존재로 운영되고 있기 때문이다. 그래도 교회는 삼위일체에 대한 마귀의 내적인 관계를 배제하고 있는 것 같지는 않다. 가톨릭교의 권위자는 이 문제에 대해 다음과 같이 표명하였다. "그런데 사탄의 존재는 오직 삼위일체로부터 이해할 수 있다." "삼위일체적 신의식神意識, Gottes-bewußtsein에 연계되지 않은 마귀에 관한 모든 신학적 처리는 그 본래의 실상을 잘못 보는 것이다."[87] 이 견해에 의하면 마귀는 인격Persönlichkeit을 가지고 또한 절대적 자유를 누리고 있다. 그러므로 그는 진정한, 그리고 개인적인 '그리스도의 적수'일 수 있다. "여기서 신의 본질에 있어서의 하나의 새로운 자유가 시현된다: 그는 자유의지로 마귀를 자기 곁에 있도록 허용하고 그의 왕국이 항상 유지되도록 한다." 야훼의 표상과는 강력한 마귀의 관념이 서로 일치될 수 없으나 삼위일체적 표상과 마귀의 관념은 그렇지 않다; 세 개의 인격으로 이루어진 하나의 신의 신비 속에서 하나의 새로운 신적인 자유가 신적 본질의 깊은 곳에서 열린다. 이러한 신적 본질의 깊이는 그 또한 신에 거역하며 신 곁에 있는 개인적 마귀를 생각할 수 있게 만든다.[88] 마귀는 이에 따라 자율적 인격, 자유, 영원성을 갖추게 되며, 이 형이상학적 성질들은 신격과 너무도 비슷한 공통점을 가지고 있기 때문에 마귀가 신에 거역해서 존재할 수 있는 것이다. 따라서 마귀의 삼위일체와의 관계, 마귀의 삼위일체에 대한 (부정적) 귀속성은 가톨릭 사상으로서 더 이상 부인할 수 없다.

마귀를 사위일체 속에 연결시키는 것은 결코 현대적 사변이나 엄청난 무의식의 산물이 아니다. 16세기에 속하는 자연철학자이며 의사인 게라르두스 도르네우스Gerardus Dorneus는 삼위일체의 상징과 사위일체의 상징 사이의 자세한 논란을 벌였는데, 후자를 마귀의 속성으로 귀착시켰다. 도르네우스는 과거의 전통을 탈피하여 엄격하게 기독교적 입장에서 하나가 되는 것은 셋이며 넷이 아니라는 것, 넷은 제5원소에서 단일성을 획득할 수 있다고 하였다. 이 저자에 의하면 사위일체는 실제로 "마귀 같은 속임수diabolica fraus"이다: 그리하여 그는 마귀는 천사가 하늘로부터 추락할 때 "사위일체와 원소들의 지역에 떨어졌다in quaternariam et elementariam regionem decidit"고 생각한다. 그는 또한 마귀가 "네 개의 뿔(넷의 수)을 가진 이중 뱀(둘의 수)"을 낳게 된 상징적 조작에 관하여 자세히 기술한다. 그렇다. 둘의 수는 마귀 그 자신이며, "네 개의 뿔을 단 둘quadricornutus binarius"[89]이다.

개개의 인간과 같은 신이라는 관념은 극도로 복잡하며, 얼핏 보면 이단이라고 의심받을 만한 가정이므로[90] '내면적 신'이라는 관념도 마찬가지로 도그마 상으로는 설명하는 데 어려움이 있다. 그러나 현대적 정신에서 산출되는 사위일체성은 바로 직접적으로 내면의 신뿐 아니라 신과 인간과의 동일성을 시사한다. 도그마에 반해서 이곳에는 3은 없고 4측면이 있다. 사람들은 네 번째는 마귀를 대변한다고 쉽게 추론할 수도 있을 것이다. "나와 나의 아버지는 하나다. 누구든지 나를 보는 자는 나의 아버지를 보는 것이다"라는 주님의 말씀이 있지만, 도그마에서 그리스도가 사람이 되었다는 것을 강조하는 나머지 인간 자신이 그리스도와 그의 호모우시아homoousia(동질同質의 것Wesensgleichheit)

와 동일시한다면 그것은 신성모독이거나 미친 짓이라고 간주될지 모른다.[91] 그러나 자연적인 상징에서는 바로 그런 것을 말하고 있는 듯하다. 그러므로 정통적 관점에서 보자면 자연적 사위일체성은 "마귀 같은 속임수diabolica fraus"라고 설명될 수 있을 법하다. 그리고 이에 대한 주된 증거는 기독교적 우주의 사악한 부분을 나타내는 네 번째 측면이 이 상징 속에 동화同化되어 있다는 점일 것이다. 교회는 내가 보기로는 물론 그러한 결과들을 진지하게 받아들이려는 어떤 시도도 배격하지 않을 수 없을 것이다. 아마 교회는 심지어 이러한 경험들에 가까이 가려는 모든 시도를 금지할 것이다. 왜냐하면 교회는 교회가 분리한 것을 자연이 융합하는 것을 허용할 수 없기 때문이다. 자연의 소리는 사위일체와 결부된 모든 체험들 가운데서 분명히 들을 수 있다. 그리고 이 사실은 그저 희미하게라도 무의식을 회상하게 하는 것이면 무엇이나 반대해온 오랜 시샘을 일깨운다. 꿈에 관한 과학적 탐구는 새 옷을 입은 옛날 몽점夢占, Oneiromantik이므로 아마 다른 '신비'술들과 마찬가지로 비난의 대상이 될 것이다. 꿈에 나타난 상징과 상당히 비슷한 예들이 연금술 논문들에서 발견되는데 그것들도 저들과 마찬가지로 이단적이다.[92] 아마 그래서 연금술이 암유들Metaphern의 보호막 뒤에 비밀을 유지하게 된 근본적인 이유가 있는 것 같다.[93] 옛 연금술의 상징적인 표명들은 현대인의 꿈과 마찬가지로 그와 똑같은 무의식에서 나왔다. 그리고 그 속에 마찬가지로 자연의 소리가 시현된다.

만약 우리가 아직 궁극적인 것에 관해 별로 의심하지 않았고 모든 세계사가 창세기로부터 시작되는 것으로 믿고 있던 중세적인 여건에서 살고 있다면 우리는 꿈이나 그와 같은 것들은 가볍게 제쳐놓을 수 있었을 것이다. 유감스럽게도 우리는 모든 궁극적인 것이 불확실하며, 선사시대가 엄청날 정도로 존재함을 알고, 만약 어떤 누미노제의 경험이 있다면 그것은 정신의 경험이라는 사실을 충분히 알고 있는 그러한 현대적 상황 아래 살고 있다. 우리는 더 이상 신의 왕좌의 주위를 도는 최고천最高天, Empyreum(빛의 나라, 축복된 영혼의 서식처)을 상상할 수 없다. 그리고 우리는 신을 어딘가 은하수 뒤에서 찾을 것을 꿈에도 생각하지 않을 것이다. 그러나 경험론자에게는 모든 종교 경험이 특별한 심혼의 상태에서 생기는 것인 만큼 인간의 심혼이 마치 신비의 거처처럼 보인다. 만약 종교적 경험이 그것을 가지고 있는 사람들에게 어떤 뜻이 있는지를 조금이라도 알고자 한다면 오늘날 우리는 이에 관해 상상할 수 있는 온갖 형태를 연구할 기회를 갖게 된다. 그리고 만약 그 종교적 경험이 의미를 가지고 있다면 그것은 그 경험을 가진 사람에게는 모든 것을 의미한다. 어쨌든 이것은 우리가 증거들을 세심하게 연구할 때 어쩔 수 없이 다다르는 결론이다. 종교적 경험은 그 내용이 무엇이든 간에 최고의 가치 평가라는 특징을 지닌 경험이라고까지 정의될 수 있을 것이다. "교회 밖에는 구원이 없다extra ecclesiam nulla salus"는 평결 아래서 있는 현대인의 정신 자세는 최후의 희망을 심혼에 두게 될 것이다. 그 밖의 어디에서 우리가 경험을 얻을 수 있겠는가? 응답은 많든 적든 내가 기술한 그런 양식의 것일 것이다. 자연의 소리가 응답할 것이며 인간의 정신적 문제가 간절히 염원하는 그 모든 것들은 새로운 혼란스러운 문제들과 직면하게 될 것이다. 나의 환자들이 겪는 정신적인 위기 때문에 나는 무의식에서 생산된 상징 가운데 최소한 몇 가지라도 이해하고자 진지하게 시도하지 않을 수 없었다. 지적이고도 윤리적인 귀결들을 자세히 논의해 들어가는 것은 지나치게 범위를 넓히게 될 것이기 때문에 나는 여기서 단순한 시사로 만족해야겠다.

어떤 종교의 주된 상징적 형상들은 언제나 그 종교의 내면에 살고 있는 특별한 도덕적·정신적 자세를 표현한다. 십자가와 그것의 여러 가지 종교적 의미를 예로 들 수 있다. 다른 주된 상징은 삼위일체이다. 그것은 예외적으로 남성적 성격을 가진 것이다. 그러나 무의식은 그것을 동시에 단일성인 사위일체성으로 변화시킨다. 삼위일체의 세 사람이 하나이며 같은 신인 것과 같다. 옛 자연철학자들은 삼위일체성을, 그것이 '자연의 상상imaginata in natura'인 한, 세 개의 아소마타Asómata〔신체 없는 것, 비물질적, 정신적인 것〕 또는 '영spiritus' 또는 '휘발성volatilia', 즉 물, 공기, 그리고 불로서 묘사하였다. 그러나 네 번째 구성 부분은 소마톤Sómaton, 즉 대지 또는 몸이었다. 자연철학자들은 이 후자를 성처녀[94]로서 상징화했다. 이런 방식으로 그들은 여성적 원소를 그들의 물리적 삼위일체성에 부가하였고, 그렇게 사위일체성, 또는 4분된 원을 만들었는데, 그 상징은 양성체적 레비스Rebis,[95] 즉 지혜의 아들filius sapientiae이었다. 중세 자연철학자들은 틀림없이 네 번째 원소를 대지와 여성이라고 생각했다. 악의 원리는 공개적으로 언급되지는 않았지만 그것은 원질료prima materia의 독이 있는 성질과 그 밖의 암시로 나타난다. 현대인의 꿈속에 있는 사위일체성은 무의식의 창조이다. 이 책의 첫 장에서 내가 설명한 대로 무의식은 흔히 아니마, 즉 하나의 여성적 형상으로 인격화한다. 사위일체의 상징은 아마도 거기서 나온 것이다. 그러니까 아니마는 대지가 신의 어머니라고 이해되는 것처럼 사위일체의 모태Matrix, 또는 모상母床이며 하나의 신을 낳는 자Theotokos, 또는 신의 어머니Mater Dei라고 해도 될 것이다. 그러나 여성이 악과 마찬가지로 신격의 삼위일체 도그마에서 배제되어 있기 때문에 만약 종교적 상징이 사위일체라면 악의 요소도 마찬가지로 그 일부를 이룰 것이다. 그러한 상징이 끌어낼 수 있는 광범위한 정신적 귀결을 추측하는 데는 특별히 힘들여 공상할 필요조차 없을 것이다.

III. 자연적 상징의 역사와 심리학

　사람들의 철학적 호기심을 실망시키고 싶지는 않지만 나는 사위일체 상징을 통해 제기된 문제의 윤리적·지적 측면의 토론 속으로 너무 깊이 들어가 나의 본분을 잃는 것을 원하지 않는다. 이 상징이 지닌 심리학적 중요성은 특히 임상적인 관점에서 결코 적은 것이 아니다. 우리가 여기서 다루고 있는 것이 정신요법Psychotherapie이 아니고 어떤 정신현상의 종교적 측면이기는 하지만, 강조하고 싶은 것은 나에게 역사적 상징들과 그 형상들을 역사의 무덤의 먼지 가운데서 발굴해내게끔 한 것은 정신병리학적 연구였다는 사실이다.[96] 내가 젊은 정신과 의사였을 때 나는 이런 것을 하리라고는 상상도 안 했다. 또한 사위일체 상징, 즉 '4각의 원circulus quadratus'에 관한 오랜 논란, 그리고 삼위일체 도그마를 완성하려는 이교적 시도들이 지나친 억지이고 과장이라고 보는 사람이 있다고 하더라도 나는 그의 태도를 나쁘게 여기지 않을 것이다. 그러나 실제로는 사위일체성에 관한 나의 지금까지의 전체 강연은 내가 예로서 선택한 사례가 나타내는 궁극적이며 전체를 완성하는 부분의 유감스럽게도 너무도 짧고 불충분한 서론에 불과하다.

　원圓은 이미 우리의 꿈 계열의 맨 처음에 나타난다. 그것은 예컨대 꿈꾼 사람 주위의 원을 묘사하는 뱀의 형태를 취한다.[97] 그 원은 뒤의 여러 꿈에서 시계로, 중심이 있는 원으로, 사격 연습을 위한 둥근 과녁판으로, 영구운동永久運動, Perpetuum mobile을 나타내는 시계로, 공으로, 구로, 둥근 식탁, 접시 등으로 나타난다.

4각형도 비슷한 시기에 출현하는데, 네모난 장소, 중앙에 분수가 있는 정원의 형태이다. 조금 더 뒤에는 4각형이 원의 움직임과 함께 나타난다.[98] 4각 속에서 여기저기 걸어 다니는 사람들; 주술적인 의식(동물들이 인간적 존재로 변환)이 네모난 공간에서 개최되는데 그 모서리에 네 마리 뱀이 있다든가, 네 모퉁이 둘레를 빙빙 도는 사람들이 있다; 꿈꾼 사람은 택시를 타고 네모난 광장을 빙빙 돈다; 네모난 감방, 비어 있는 4각Quadrat이 돌고 있다는 등.―다른 꿈들에서 원은 회전을 통해 묘사된다. 예를 들면 네 어린이가 하나의 "어두운 색의 바퀴Ring"를 짊어지고 원을 이루고 간다. 원은 또한 사위일체와 결합되어 나타난다. 네 개의 밤이 들어 있는 은제 접시가 4방위점方位點에 있거나, 네 개의 걸상과 함께 있는 식탁Tisch으로 나타난다. 중앙이 특히 강조되는 것 같다. 그것은 바퀴 중앙에 있는 알, 일단의 병사들로 이루어진 별; 원 속에서 회전하는 별로 상징화된다. 이때 4방위점은 4계절을 대변한다. 또한 극極, pol으로, 혹은 값진 돌 등으로도 상징화된다.

이 모든 꿈들의 마지막에는 결국 하나의 상像이 나타나는데, 이것은 느닷없이 나타나는 시각적 인상의 형태로 환자를 엄습하였다. 환자는 이전에 이미 여러 기회에 그렇게 일시적으로 스쳐 지나가는 상들이나 시각 표상을 경험한 적이 있었다. 그러나 이번에는 최고로 인상 깊은 체험이었다. 그의 말대로 "그것은 가장 숭고한 조화의 인상이었다." 그런 경우에는 우리가 거기서 어떤 인상을 받는지, 우리가 그에 관해 생각하는 것이 무엇인지는 아무런 문제가 안 된다. 오직 환자가 그때 무엇을 느끼느냐가 중요하다. 그것은 그의 경험이고, 그 경험이 그의 마음의 상태에 근본적인 영향을 끼쳤다면, 그 경험에 대해서 우리가 논란을 벌이는 것은 소용이 없는 일이다. 심리학자는 오직 그런 사실이 있다는 것을 알 뿐이다. 그리고 만약 그가 과제를 감당할 만하다고 느낀다면 이 환상이 왜 바로 그런 영향력을 그 사람에게 끼쳤는지를 이해하기 위한 시도를 할 수도 있을 것이다. 그 환상은 환자의 심리학적 발전의 전환점이었다.

다음은 환상의 본문을 글자 그대로 옮긴 것이다.

> 공통의 중심점을 가지고 있는 하나의 수직 원과 수평의 원이 있다. 그것은 우주 시계이다. 검은 새가 그것을 운반한다.[99]
> 수직의 원은 4 × 8 = 32 부분으로 나누어진 흰 테두리를 가진 청색의 판인데, 그 위에 시계 바늘이 돌고 있다.
> 수평의 원은 네 가지 색깔로 이루어진다. 그 위에 네 명의 작은 남자가 추를 가지고 서 있다. 그리고 그 주위에 이전에는 어두운 색이었고 지금은 황금색인 바퀴가(이전에 네 명의 아이들이 들고 가던) 놓여 있다.
> '시계'는 세 개의 율동, 또는 맥박Puls을 지니고 있다:
> 작은 맥박: 청색의 수직 원의 시계 바늘은 1/32만큼 앞으로 뛴다.
> 중등도의 맥박: 시계 바늘의 완전한 회전, 동시에 수평의 원이 1/32 더 뒤로 간다.
> 큰 맥박: 32중등도의 맥박은 황금의 고리(환)Ring의 회전을 하게 한다.

이상의 서술은 앞서 나온 꿈들의 모든 시사를 종합한 것이다. 그것은 당시 원, 구, 4각, 회전, 시계, 십자가, 4라는 숫자성, 시간 등의 특성을 지닌 예전의 단편적인 상징들로 이루어진 의미 깊은 전체를 지향하는 시도처럼 보인다.

물론 어떻게 '가장 숭고한 조화'의 느낌이 이 추상적인 형상물 Gebilde에 의해 일어나게 될 수 있는지 이해하기는 어렵다. 그러나 만약 우리가 플라톤의 『티마이오스』에 나오는 두 개의 원을 생각한다면, 그리고 그의 아니마 문디anima mundi(세계혼)의 조화로운 구형球形을 생각한다면, 아마 이해할 수 있는 길을 찾을 수 있을지도 모른다. '우주 시계'의 개념은 가장 멀리는 천구의 음악적인 조화라는 고대 그리스 로마의 (피타고라스) 개념을 상기시킨다. 그로써 일종의 우주론적 체계가 되는 것이다. 만약 환자의 환상이 천공天空과 그의 침묵하는 유성의 궤도이거나 태양계의 끊임없는 운행의 상像이라면, 우리는 그 상이 완전한 조화라고 쉽게 이해할 수 있을 것이고 또한 그 가치를 인정할 것이다. 우리는 또한 플라톤의 우주 환상이 환자의 꿈결 같은 의식의 안개를 통하여 어렴풋이 빛을 발한다고 가정할 수도 있다. 그러나 이 환상 속에는 플라톤적 상의 조화로운 완전성과는 전혀 일치하지 않는 어떤 것이 있다. 두 개의 원은 그 성질이 다르다. 그 움직임이 다를 뿐 아니라 그 색깔도 다르다. 수직의 원은 **청색**이고, 네 개의 색이 들어 있는 수평의 원은 **황금색**이다. 청색 원이 하늘의 푸른 반구半球를 상징한다고 보기는 쉬운 일이다. 이에 비해서 수평의 원은 4방위 점을 가진 수평선을 표현할 것이다. 그것은 네 명의 작은 남자들을 통하여 인격화되고 네 개의 색으로 특정지을 법하다(그 이전의 한 꿈에서 네 개의 점은 한 번은 네 어린이로 묘사되고 있었고 다른 한 번은 4계절로 표현되었다). 이 상에서 바로 생각나는 것은 중세의 우주 묘사인데, 여기서는 우주를 원의 형태, 4복음자와 함께 있는 영광스러운 왕Rex gloriae의 형상, 또는 수

평선이 황도대黃道帶로 이루어지고 있는 멜로테지Melothesie[100]〔멜로테시아. 신체의 여러 부위를 천체天體나 징표의 영향에 따라 지정한 것, 일종의 점성학 지도〕의 형태로 묘사되었다. 승리를 구가하는 그리스도의 묘사는 호루스와 그의 네 아들들의 비슷한 그림들과 같은 계통인 듯하다.[101] 여기에는 또한 동방의 유비類比, Analogie가 있다: 즉 불교의 만다라나 원圓인데 이것은 주로 티베트에서 기원된 것이다. 그것들은 보통 둥근 파드마Padma 혹은 연꽃으로 구성되는데, 이것은 네 개의 방위점Kadinalpunkte과 네 계절을 암시하는 네 개의 문이 있는 4각의 거룩한 건물을 포함하고 있다. 중심에 붓다, 혹은 더 흔하게는 시바Shiva와 샤크티Shakti의 융합, 혹은 같은 가치를 지닌 도르예dorje〔금강저金剛杵〕 상징[102]이 발견된다. 그것은 얀트라Yantra〔주부呪符〕들, 또는 의식儀式 도구들이며 명상을 통하여 요가 수행자가 마침내 신적인 우주의식All-Bewußtsein으로 변환하는 목적으로 쓰인 것이다.[103]

이런 유비가 우리의 사례에 가깝다고 해도 완전히 만족할 만한 정도는 아직 아니다. 왜냐하면 그 유비들이 모두 중심을 그렇게 강조하고 있어 오직 중심에 있는 형상의 중요성을 강조할 목적에만 이바지하는 것처럼 보이기 때문이다. 그러나 우리의 사례에는 중심이 비어 있다. 중심은 다만 하나의 수학적인 점으로 이루어지고 있다. 앞에서 언급한 유례들은 세계를 창조하거나 세계를 통치하는 신격의 모습을 그려내고 있다. 혹은 또한 하늘의 성좌에 의지하는 인간을 그려내고 있다. 그런데 우리의 상징은 시간을 상징하는 하나의 시계다. 내가 아는 한 그런 상징에 대한 유일한 유례는 점성술의 천체도다. 이 천체도 마찬가지로 네 개의 방위점과 하나의 빈 중심을 가지고 있다. 다른 주목할 만한 일치는 회전운동인데 그것은 앞에서 말한 여러 꿈에서 언급되었고 대개 좌회전으로 기술된다. 점성술의 천체도는 열두 개의 궁宮을 가지고 있는데 그것들의 번호 매김은 시계 바늘의 진행과 반대방향으로 되어 있다.

그러나 점성술은 유일한 원으로 이루어지고 게다가 두 개의 분명 다른 체계들 사이의 어떤 대비Kontrast도 포함하고 있지 않다. 그러므로 점성술의 천체도도 마찬가지로 불만족스러운 유비이다. 비록 점성술이 우리의 상징의 시간 측면에 어떤 조명을 해준다고 하지만, 만약 우리가 중세적 상징성의 보고寶庫를 가지고 있지 않았다면 우리는 심리학적 유례를 발견하기 위한 우리의 노력을 포기하지 않을 수 없었을 것이다. 운 좋게 우연히 나는 별로 알려져 있지 않은 14세기 초의 중세 저자와 마주쳤다. 그는 기욤 드 디귈빌Guillaume de Digulleville이다. 그는 샬리Châlis의 수도원장이자 노르만인 시인인데, 1330년과 1355년 사이에 세 개의 순례서Pélerinages를 썼다.[104] 그 제목은 『인간의 생명, 영혼, 그리고 예수 그리스도의 순례*Le Pélerinage de la Vie Humaine, de l'Ame et de Jésus Christ*』이다. 영혼의 순례Pélerinage de l'Ame의 마지막 노래에서 우리는 천국의 환상Vision을 발견한다.

여기에서 천국은 49개의 회전하는 구球로 이루어진다. 그것들은 "세기世紀, siècles"라고 불렸다. 그것은 지상의 세기의 기본형Prototypen, 또는 원형Archetypen이다. 그러나 인도자로서 봉사하는 천사가 기욤에게 설명하는 것처럼, 교회의 표현은 "세기의 세기in saecula saeculorum" 즉 영원을 말하며 결코 일상적인 시간을 말하지 않는다. 황금의 하늘은 모든 구를 둘러싼다. 기욤이 그 황금의 하늘을 올려다보았을 때, 갑자기 직경 3피트밖에 안 되는 사파이어색의 한 작은 원이 그의 눈에 띄었다. 그는 이 원에 대해 다음과 같이 말한다: "그것은 황금 하늘의 한 점에서 나와서, 또한 어떤 다른 곳 속으로 되돌아갔다. 그래서 황금 하늘 전체의 순행巡行을 마친 것이다Il sortait du ciel d'or en un point et y rentrait d'autre part et il en faisait tout le tour." 분명 그 파란 원은 마치 하늘의 황금 구 球를 관통하는 커다란 원 위의 원반처럼 이동하였다.

여기에는 두 개의 서로 다른 체계가 있는데, 하나는 황금의 체계이고, 다른 하나는 청색의 체계다. 그리고 한 체계는 다른 체계를 가로질러 나누고 있다. 그러면 무엇이 청색의 원인가? 천사는 놀라는 기욤에게 다시금 다음과 같이 설명한다.

> 네가 보고 있는 이 원은 달력(교회전례력)이다.
> 그것은 자기 둘레를 온전히 돌면서
> 성인들의 축일을 알려주며
> 언제 축일을 가려야 할지를 가르쳐준다.
> 각 성인은 그 안에서 원을 한 바퀴 돈다.
> 별 하나는 거기서 하루에 해당되고,
> 태양 하나는 우주 공간에서
> 30일 혹은 황도대에 해당된다.
> Ce cercle que tu vois est le calendrier,
> Qui en faisant son tour entier,
> Montre des Saints les journées,
> Quand elles doivent être fêtées.
> Chacune étoile y est pour jour
> Chacun soleil pour l'espace
> De jours trente ou zodiaque.

청색의 원은 교회의 캘린더다. 그러므로 여기에는 또 다른 대비―시간이라는 요소가 있다. 기억되는 바대로 우리의 환상에서 시간은 세 개의 맥박, 또는 율동의 특징을 나타내거나 이에 따라 측정된다. 기욤의 캘린더 원圓은 직경 3피트다. 게다가 기욤이 청색 원을 바라보는 동안 갑자기 자주색 옷을 입은 세 정령Geister이 나타난다. 천사는 이것이 그 세 성인의 축제의 순간이라고 설명하면서 전체 황도대Zodiacus에 관해서 일장의 연설을 한다. 그가 물고기좌에 이르자 그는 성삼위일체의 축제에 선행하는 열두 어부들의 축제를 언급한다. 여기서 기욤이 그의 말을 가로막고 천사에게 자기가 삼위일체의 상징을 한 번도 완전히 이해한 적이 없다고 고백한다. 그는 그에게 이 비의秘儀, Mysterium를 설명해 주는 친절을 베풀 것을 간청한다. 이에 대해 천사는 대답한다: "황금, 거기에는 세 가지 주된 색이 있습니다: 녹색, 적색, 그리고 황금빛Or, il y a trois couleurs principales: le vert, le rouge et l'or." 사람들은 그것이 공작의 꼬리에서 합쳐진 것을 볼 것이다. 그는 이에 덧붙여 "세 가지 색을 하나로 결합할 수 있는 전능한 왕은 또한 하나의 실체에서 세 가지 것을 만들 수도 있지 않습니까Le roi de toute puissance, qui met trois couleurs en unité, ne peut-il faire aussi qu'une substance soit trois?"라고 말한다. 그는 또한 말하기를 황금색은 아버지에 속하고 붉은색은 아들에, 그리고 녹색은 성령에 속한다고 한다.[105] 그리고 천사는 시인에게 더 이상 질문하지 말도록 경고하고 사라진다.

우리는 다행히도 천사의 가르침으로 셋이 삼위일체와 관계된다는 사실을 알게 된다. 또한 우리는 삼위일체에 대하여 우리가 앞에서 신비주의적인 사변의 영역으로 들어가 헤맨 것이 아주 잘못된 것은 아니라는 사실도 알게 된다. 동시에 우리는 색채 모티프를 만나게 되는데, 불행히도 우리의 환자는 그 가운데 네 개를 말하고 이에 비해 기욤, 아니 천사는 다만 황금색, 적색과 녹색, 셋에 관해 말한다. 여기서 우리는 소크라테스의 다음과 같은 말을 인용할 수 있을지도 모른다: "하나,

둘, 셋—그런데 네 번째…, 그는 도대체 어디에 머물고 있느냐?"[106] 혹은 우리는 괴테의 『파우스트』에서 이와 일치되는 말을 제시할 수도 있을 것이다. 즉 『파우스트』 제II부 카비렌 장면에서 카비렌Kabiren(본래 프리기아인이 숭배하던 신들. 그리스인은 이들을 헤파이스토스의 아들들로 숭배. 풍요, 금속의 대가, 자연 신으로 여김)이 저 비밀스러운 '엄격한 형상'을 바다에서 밖으로 끌어올리는 장면에서 나오는 말들을 볼 것이다.

환자의 환상에 나타난 네 사람의 작은 남자들은 난쟁이이거나 카비렌이다. 이들은 네 개의 색과 네 원소들처럼 네 개의 방위점 Kardinalpunkte과 4계절을 대변한다. 『티마이오스』에서나 『파우스트』, 그리고 『순례서』에서 4의 수에는 무슨 문제가 있는 것 같다. 여기서 빠진 네 번째 색은 분명 **청색**이다. 그것은 황금색, 적색, 그리고 녹색의 계열에 속하는 색이다. 그런데 왜 청색이 여기에 없는가? 무엇이 캘린더와 맞지 않은가? 무엇이 시간과, 또는 청색과 맞지 않은 것인가?[107]

늙은 기욤은 분명 똑같은 문제에 직면해 난감했다. "이는 셋이다. 그런데 네 번째는 어디에 있느냐?" 그는 삼위일체성에 관해 듣기를 갈구한다. 그의 말대로, 그는 이를 결코 완전히 이해한 적이 없다. 그러고는 기욤이 아직 더 많은 곤란한 질문을 하기 전에 천사가 그렇게 서둘러 가버린 것은 조금 수상쩍다.

이제 나는 기욤이 하늘이 열린 것을 보았을 때 상당히 무의식적인 상태에 있었다고 추측한다. 그렇지 않았다면 그는 분명 그가 그곳에서 관찰한 것에서 어떤 추론을 끌어냈을 것이다. 그는 그러면 거기서 정말 무엇을 볼 수 있었던가? 처음에 그는 영원한 축복에 도달한 자들이 살고 있는 권역들, 또는 '세기世紀, siècles'를 보았다. 그 다음에는 황금으로 이루어진 '하늘ciel d'or'을 바라보았고, 거기 하늘의 왕이 황금의 왕좌 위에 앉아 있고, 그 옆에 하늘의 여왕이 갈색의 수정으로 만들어진 둥근 여왕좌 위에 앉아 있는 것을 보았다. 이 마지막 세부 장면은 마리아에 관해 가정된 다음 사실과 관계한다. 즉 마리아는 죽을 수밖에 없는 인간들 가운데 죽은 자들이 모두 부활하기 이전에 육체와 결합하도록 허용된 유일한 자로서 그녀의 육체와 함께 하늘에서 받아들여졌다는 사실이다. 그와 같은 묘사 속에 왕은 신부인 교회와 결합한 승리를 구가한 그리스도이다. 그런데 이제―그리고 그 속에 가장 중요한 것이 있거니와―신으로서의 그리스도는 동시에 또한 삼위일체인데, 이것은 네 번째 사람, 여왕의 추가 등장으로 사위일체가 되는 것이다. 왕과 왕비의 짝은 하나인 것의 통치 아래에 있는 둘의 통일성을 이상적인 형상으로 표현하고 있다―도르네우스 같으면 '유일한 군주제 밑에 있는 이중적인 것 binarius sub monarchia unarii'이라고 말할 것이다. 게다가 갈색의 수정 속에서 한때 그 속으로 '네 개의 뿔이 달린 이중 뱀 binarius quadricornutus'이 추락하였던 '사위일체와 원소들의 영역 regio quaternaria et elementaria'은 최고의 대리청원자 Fürbitterin〔마리아를 말함〕의 왕좌로 드높여져 있다. 그로써 자연의 원소들이 지닌 사자성四者性, Vierheit은 신부新婦로서의 교회의 '신비체 corpus mysticum'나 그것과 흔히 구별하기 매우 어려운 '하늘의 여왕 Regina coeli'과 아주 가까운 관계를 가지고 나타날 뿐 아니라 또한 삼위일체에 대해서도 직접적인 관계에 있게 된다.[108]

청색은 마리아의 천상적 외투의 색이다; 그것은 파란 하늘의 천막으로 덮인 대지다.[109] 그런데 왜 하느님의 어머니라는 언급은 없는가? 도그마에 의하면 그녀는 다만 '축복받는 자 beata'일 뿐이지 신적인 존재가 아니다. 게다가 그녀는 육체이고, 그 어둠이기도 한 대지를 나타낸다. 그녀가 모든 죄인을 위해 대신 청원하는 대리청원자의 권능을 위임받은 자비 넘치는 여인인 이유가 여기에 있다. 또한 그녀의 우월한 지위(천사처럼 오류를 범하는 일이 없는 non posse peccare)에도 불구하고 왜 그녀가 삼위일체에 대하여 합리적으로는 파악할 수 없는, 가깝고도 먼 관계에 있는가 하는 이유가 여기에 있다. 모상母床, matrix(자궁), 그릇, 그리고 대지大地인 한, 즉 무엇을 포함하는 것인 한, 마리아는 비유의 관점에서는 네 방위점들로써 표시된 둥근 것das Runde이다. 그러니까 네 방향을 지닌 지구, 신의 발받이[足臺]로서, 또는 거룩한 도시의 4각의 공간, 또는 그 속에 그리스도가 몸을 숨긴 "바닷속의 꽃(해초海草)"[110]—한마디로 만다라로서 묘사된다. 이것은 탄트라적인 연꽃의 표상에서는 여성적인 것인데, 그 이유를 이해하는 것은 어려운 일이 아니다. 연꽃은 신들의 영원한 탄생처인 것이다. 그것은 서양의 장미에 해당되는데, 이 장미 속에 영광의 왕Rex gloriae이 흔히는 천체 방향에 해당되는 네 복음자의 기대基臺 위에 앉아 있다.

중세 심리학의 이 귀중한 단편에서 우리 환자의 만다라가 지닌 몇 가지 의미를 엿볼 수 있다. 그것은 4를 융합하며 조화롭게 공동으로 기능을 발휘한다. 나의 환자는 가톨릭 교육을 받았기 때문에 늙은 기욤에게 몇 가지 고민거리를 안겨준 그 같은 문제 앞에 영문을 모른 채 직면하고 있었다. 한편으로는 삼위일체의 비의, 그리고 다른 한편으로는 여성적 요소들, 즉 대지, 육체, 마지막으로 물질이 신격의 성스러운 거처이며 신적인 구원사업의 필수적인 도구였던 마리아의 품이라는 형상으로 있었는데도 오직 제한된 인정을 받은 사실은 중세 사람들에게는 큰 문제였다. 나의 환자의 환상은 수 세기에 걸친 물음에 대한 상징적 응답이다. 그것이 아마도 우주 시계의 상이 '조화의 극치'라는 인상을 불러 일으킨 보다 깊은 이유일지 모른다. 그것은 물질과 정신, 세속세계의 탐욕과 신에 대한 사랑 사이의 파멸적인 갈등이 해소될 수 있다는 최초의 시사였다. 교회 꿈의 그 초라하고 쓸모없는 타협은 만다라-환상에 의해 완전히 극복되었다. 그 환상 속에서 모든 근본적인 대극들은 화해하고 있다. 만약 여기서 심혼은 정방형Quadrat이라는 옛 피타고라스 학파의 관념[111]을 결부시켜도 좋다면, 만다라는 신격을 3중의 리듬을 통해서 표현하고 심혼은 정적靜的인 사위일체성, 4색으로 나누어진 원을 통해서 표현한다. 그러니 저 환상의 가장 내밀한 의미는 **심혼과 신의 융합**과 다름없는 것이었다.

우주 시계가 또한 원의 4각이고, 영구운동Perpetuum mobile으로 표현된 만큼 중세 정신의 이 두 가지 관심사가 우리의 만다라에서 적절하게 표현되고 있는 것이다. 황금의 원과 그 내용은 네 카비렌과 네 색깔의 형태로 있는 사위일체성을, 청색의 원은 기욤의 의견에 따라 삼위일체성과 시간의 움직임을 대변한다. 우리의 사례에서는 청색 원의 시곗바늘이 가장 빠르게 움직이는 데 반하여 황금의 시곗바늘은 천천히 움직인다. 기욤의 황금의 하늘에서는 청색의 원이 약간 조화롭지 못하게 나타나지만 우리의 사례에서는 원들이 조화롭게 결합되어 있다. 삼위일체는 생명이며, 전 체계의 '맥박'이다. 그것은 3중의 리듬을 가지고 있다. 그러나 이 리듬은 4의 여러 배수인 32수의 토대 위에 구축된다. 이 사위일체는 신의 탄생과 함께, 또한 내적인 삼위일체적 삶의 필수불가결한 요건conditio sine qua non으로서 나타난다는 앞에서 말한 견해와 일치된다. 한편으로는 원과 4자성, 다른 한편으로는 3중의 리듬이 서로 침투해 들어가서 하나는 또한 다른 것 속에 포함된다. 기욤식의 표현법으로는 분명 삼위일체이지만 사위일체는 천상의 왕과 여왕의 이원성Dualität 속에 감추어져 있다. 그리고 더 나아가 청색은 여왕에 속하지 않고 시간을 대변하는 캘린더에 속하며 삼위일체적 속성의 특징을 띠고 있다. 이것은 우리의 사례와 비슷하며 상징들의 상호침투에 해당되는 듯 보인다.

성질과 내용의 상호침투는 일반적으로 상징에만 있는 특징이 아니며, 또한 상징화되는 내용들의 본질의 유사성Wesensähnlichkeit에 대해서도 그렇다고 할 수 있다. 후자 없이는 상호 간의 침투 또한 전혀 불가능하다. 우리는 그러므로 또한 기독교적 삼위일체 개념에서도 상호침투를 발견한다. 아들 속에 아버지가 있고, 아버지 속에 아들, 아버지와 아들 속에 성령이, 또는 아버지와 아들이 변호인Parakleten으로서의 성령 속에 나타난다. 아버지로부터 아들로 가는 것, 그리고 아들이 어떤 특정한 순간에 나타나는 일은 하나의 시간 요소를 대변한다. 반면 공간적 요소는 신의 어머니Mater Dei(성모님)를 통하여 인격화된다. (어머니-성질은 본래 성령의 속성이었다. 그리고 이것은 그 뒤에 어떤 초기의 기독교인들에 의해 소피아-사피엔치아Sophia-Sapientia(예지)라고 불렸다.[112] 이 여성적 성질은 완전히 말살시킬 수 없었고 최소한 성령의 상징인 성령의 비둘기columba spiritus sancti에 아직 남아 있다.) 그러나 사위일체는 초기 기독교 상징에는 나타나지만 현재의 기독교 도그마에는 전혀 없다. 이에 대해 나는 원에 둘러싸인 두 변이 같은 십자가, 4복음자와 함께 있는 승리를 구가하는 그리스도, 네 형태를 가진 것Tetramorphus 등을 제시할 수 있다. 후기 교회의 상징들 가운데는 신의 어머니Mater Dei와 영화靈化된 대지의 속성들인 신비의 장미rosa mystica, 헌신(신앙)의 그릇vas devotionis, 봉해진 샘fons signatus, 그리고 봉쇄된 정원hortus conclusus 들이 있다.[113]

만약 삼위일체의 관념이 인간 이성의 궤변에 불과하다면, 모든 이와 같은 관련성들을 심리학적 조명의 대상으로 삼는 것은 별로 소용이 없을 것이다. 그러나 나는 항상 삼위일체 표상들이 계시의 유형, 즉 쾨겐Georg Koepgen이 최근에 '그노시스Gnosis'라고 이름 부른 것(그노시스주의와 혼동하지 말기 바란다!)에 속한다는 입장을 취해왔다. 계시revelatio는 무엇보다도 먼저 인간 심혼의 깊은 곳의 비밀을 밝혀내는 것, 하나의 '드러냄Offenbarung', 그러니까 우선 인간 심리의 하나의 양식Modus 이다. 그렇다고 해서 그것이 다 아는 바대로, 그 밖의 또 다른 무엇이 될 수 있는 것인지, 이에 관해서는 아무것도 결정된 것이 없다. 후자, 즉 계시는 과학의 저편에 있다. 이런 이해는 교회의 출판 허가를 갖춘 쾹겐의 간결한 다음의 표현과 일치한다: "그러므로 삼위일체는 신의 계시일 뿐 아니라 또한 인간의 계시이기도 하다."[114]

우리의 사례에서 볼 수 있는 만다라는 중세 기독교 철학에서 논의되던 것 가운데 몇 가지를 추상적이고 거의 수학적으로 묘사한 것이다. 사실 추상화 과정이 너무도 많이 진행되어 기욤의 환상의 도움이 없었더라면 아마 그것이 널리 퍼져 있는 역사적 근본 체계라는 사실을 간과했을 정도이다. 이 환자도 그러한 역사적 자료에 관해 아무런 지식도 가지고 있지 않았다. 그가 아는 것은 이른 소아기에 약간의 종교 교육을 통해 얻은 것으로 그저 누구나 알 수 있는 것들이었을 뿐이다. 그 자신은 그의 우주 시계와 종교적 상징성 사이의 결합을 전혀 알지 못했다. 그것은 그 환상이 첫눈에 종교를 회상할 만한 아무것도 내포하고 있지 않은 점에서 쉽게 알 수 있다. 그러나 그 환상은 '정신집중의 집'에 관한 꿈이 있은 직후에 나왔다. 그리고 이 꿈은 다시금 그전 꿈에도 제시되었던 셋과 넷의 문제에 대한 응답이었다. 그곳에서 다룬 것은 장방형의 공간이며, 그 네 측면에는 색깔이 있는 물로 채워진 물컵들이 있었다: 하나는 황색, 다른 하나는 적색, 셋째는 녹색, 그리고 네 번째는 색깔이 없었다. 청색이 없는 것이 분명했다. 그러나 청색은 앞서 일어난 동굴 깊은 곳에 곰이 나타난 환상에서 세 개의 다른 색과 결합되어 있었으며, 곰은 네 개의 눈을 가지고 있었고, 그 눈은 적색, 황색, 초록색, 그리고 청색 빛을 내뿜고 있었다. 놀랍게도 뒤의 꿈에서는 청색이 사라져버렸다. 동시에 지금껏 익숙했던 정사각이 직사각으로 바뀌었는데, 이것은 이전에 나타난 적이 없는 것이었다. 이런 눈에 띄는 장해의 원인은 아니마로 대변되는 여성적 요소에 대한 저항이었다. '정신집중의 집'에 관한 꿈에서 목소리는 이 사실을 입증한다. 그녀는 말한다. "네가 하는 일은 위험하다. 종교는 네가 여성의 상像, Bild을 갖지 않기 위해 지불해야 하는 세금이 아니다. 왜냐하면 이 상은 없어서는 안 되는 것이기 때문이다!" 여성의 상은 우리가 '아니마'라고 불러도 좋을 바로 그것이다.[115]

 남자가 그의 아니마에 저항하는 것은 정상적인 일이다. 왜냐하면 그녀는, 내가 이미 언급한 대로, 의식의 삶에서 그때까지 배제되었던 온갖 성향과 내용을 지닌 무의식을 표현하기 때문이다. 그것들이 배제된 데는 일련의 진정한 이유도 있고 외견상의 피상적인 이유도 있다. 그중 몇 가지는 억제되고 다른 것은 억압되어 있다. 보통 인간의 정신 구조에서 반사회적 요소들을 대변하는 것—내가 모든 사람 속에 있는 '통계적 범죄자'라고 부르는 경향들은 보통 억제된다. 다시 말해 그것들은 의식적, 의도적으로 제거된다. 그러나 단순히 억압되는 성향들은 통상적으로 불확실한 성격의 것이다. 그것은 반드시 반사회적인 것은 아니다. 그렇다고 관습적인 것도 사회적으로 잘 어울리는 것도 아니다. 왜 사람이 그것들을 억압하는지 그 이유도 마찬가지로 의심쩍다. 어떤 사람들은 단지 비겁하기 때문에 억압한다. 다른 사람들은 인습적 도덕 때문에, 그리고 그 밖의 또 다른 사람은 명성에 신경을 쓰기 때문이다. 억압은 어떤 것들을 반의식적이고 불확실하게 가도록 내버려두는 일종의 방임Gehenlassen이거나 너무 높이 달려 있는 포도를 비방하는 것, 혹은 자기 자신의 욕구를 인정하지 않기 위하여 다른-방향으로-보는-것이다. 프로이트는 억압Verdrängung, repression이 신경증을 일으키는 데 주된 기제를 이룬다는 사실을 발견했다. 억제Unterdrückung, suppression는 이에 반해서 의식된 도덕적 결단에 해당된다. 반면 억압은 불쾌한 결정을 면하려는 상당히 비도덕적인 경향을 나타낸다. 억제는 근심, 갈등, 그리고 고통을 일으키지만 그렇다고 그것이 신경증을 생기게 하는 일은 결코 없다. 신경증은 항상 정당한 고통의 대치물이다.

만약 사람들이 '통계적 범죄자'를 의식에서 배제한다면 열등한 성질들과 원시적 성향들의 넓은 영역이 남아 있게 된다. 그것들은 인간의 정신구조에 속하는 것들이며, 우리가 가지고 싶어 하는 것보다 덜 이상적이며 더 원시적인 것이다.[116] 사람들은 문명화된, 교양 있는 사람, 또는 도덕적인 사람이 어떻게 살아야 하는지, 이에 대한 나름대로의 생각Idee을 갖고 있다. 그래서 때때로 이 명예욕을 채우기 위하여 최선을 다한다. 그러나 자연은 그의 아이들을 모두 똑같은 소질로서 축복하지 않았으므로 재능이 더 많은 사람들도 있고 덜한 사람들도 있다. 그러므로 '올바르게', 그리고 존경받을 만한 삶을 살 능력이 있는 사람들이 있다. 어디서도 털끝만 한 잘못을 발견할 수 없는 사람들이다. 만약 이들이 무엇인가를 저지른다면 보다 작은 죄들을 저지르거나, 그 죄는 그들에게 무의식적이다. 아는 바와 같이 사람들은 자신의 행위를 의식하지 못하는 죄인에 대해서는 관대한 법이다. 그러나 자연은 결코 무의식적인 죄인에 대해 자비롭지 않다. 자연은 이들이 마치 의식된 위반을 저지른 것처럼 그와 똑같이 냉혹하게 벌을 준다. 그리하여 우리는 헨리 드러먼드Henry Drummond[117]가 언젠가 지적한 것처럼 특히 끔찍한 변덕으로 이웃을 견딜 수 없게 만드는 사람은 아주 신앙심 깊은—자기들의 다른 측면을 모르고 있는—바로 그 사람들이라는 사실을 발견하게 된다. 거룩함의 명성이 널리 미친다 하더라도 성인聖人과 함께 산다는 것은 별로 도덕적 소질을 타고나지 못한 개인에게는 열등 콤플렉스를 자극하거나 심지어 부도덕한 일을 폭발적으로 거칠게 하도록 만들 것이다. 도덕은 지능과 같이 하나의 천성天性인 듯하다. 천부적으로 타고나지 않은 체계에 억지로 도덕을 주입하면 손상을 입히지 않을 수 없게 된다.

전체적으로 볼 때 불행히도 인간이 스스로 자부하거나 원하는 만큼 선한 것은 아니라는 사실에는 의문의 여지가 없다. 누구나 그림자를 거느리고 있다. 그리고 이 그림자를 그 개체의 의식된 삶 속에서 구체화하는 정도가 적으면 적을수록, 그림자는 더욱더 검고 짙다. 열등성이 의식되어 있다면 사람은 언제나 그것을 교정할 기회를 갖게 된다. 또한 열등성은 항상 다른 관심사들과 접촉하여 끊임없이 수정받게 된다. 그러나 그것이 억압되고 의식에서 고립되면 열등성은 결코 교정될 수가 없다. 그리되면 어떤 순간 한눈을 팔고 있을 때, 억압된 것이 갑자기 폭발할 위험이 있다. 어쨌든 그것은 무의식적인 장애물을 만들고 제일 좋은 선의의 시도들도 좌절시킨다.

우리는 우리의 과거, 즉 탐욕과 정동情動을 수반한 원시적이고 열등한 인간을 우리 자신과 함께 짊어지고 있다. 그리고 우리가 이 무거운 짐에서 벗어나려면 상당한 노력을 기울여야만 한다. 만약 신경증이 된다면 여기에는 언제나 현저히 강화된 그림자가 관여하고 있다. 그런 환자가 치유되려면 의식된 인격과 그림자가 함께 살 수 있는 방도를 발견하지 않으면 안 된다.

그것은 그런 곤란한 상황에 스스로 처해 있는 사람이나 환자를 정상적인 삶을 갖도록 도와야 하는 사람 모두에게 심각한 문제이다. 그림자의 단순한 억제는 두통에 대하여 머리를 잘라버리는 처방을 하는 것과 같기 때문에 치료제가 될 수 없다. 한 인간의 도덕성을 파괴하는 것도 마찬가지로 도움이 안 된다. 왜냐하면 그로써 보다 나은 자기Selbst를 죽이게 될지도 모르기 때문이다. 보다 나은 자기 없이는 그림자 또한 아무런 의미가 없는 것이다. 이 대극 사이의 화해는 고대 그리스 로마 시대의 사람들 자신도 골몰했던 가장 중요한 문제 가운데 하나이다. 그리하여 우리는 2세기의 전설적인 인물이며, 신플라톤 학파 철학자인 카르포크라테스Karpokrates[118]로부터 다음과 같은 사실을 듣게 된다. 이레네우스Irenaeus의 보고에 의하면 신플라톤 학파는 선과 악이 다만 인간의 생각일 따름이라는 설, 그리고 이에 반해서 영혼Seele은 만약 그것이 다시 육체의 감옥으로 떨어지지 않으려면 죽음 전에 온갖 인간적으로 체험할 수 있는 모든 것들을 남김없이 체험해야 한다는 설을 대표하고 있다. 데미우르고스들의 육체적 세계에 갇혀 있는 상태에서 심혼은 오직 온갖 삶의 요구를 완전히 충족시킴으로써 몸값을 지불하고 풀려나올 수 있다는 것이다. 육체적 존재는 일종의 적대적인 형제이며, 그 형제의 제약 조건들이 무엇인지 우선 알아야 한다. 그런 의미에서 카르포크라테스 학파 사람들은 「누가복음」 12장 58절 이하(또는 「마태복음」 5장 25절 이하)를 다음과 같이 해석한다: "만약 그대가 그대의 적대자와 더불어 상사에게 간다면 가는 도중에 그로부터 떠나오도록 노력하라. 그래서 그가 그대를 재판관에게 끌고 가고 재판관이 그대를 법정 정리에게 넘겨 그대를 감옥에 처넣지 않도록 말이다. 내가 그대에게 이르노니 그대는 마지막 남은 헬러(중세 독일의 동화銅貨)를 지불하기까지는 그곳에서 빠져나오지 못할 것이다." 저지르지 않은 어떤 죄로부터도 해방될 수 없다고 한 그 밖의 그노시스설과 관련하여 생각해볼 때, 우리는 여기에서―그노시스설에 대한 기독교의 적개심 때문에 불분명해진 상태이지만―신플라톤 학파 철학자들이 제기한 가장 영향력이 큰 문제에 직면하고 있음을 인식한다. 육체적으로 매여 있는 인간, 즉 저 '반대자Widersacher'는 물론 '내 안에 있는 다른 사람' 이외의 다른 아무도 아닌 이상, 카르포크라테스식의 사유 방식이

「마태복음」 5장 22절 이하의 다음과 같은 독송으로 해석되는 것은 누가 보아도 명백하다. 즉 "그러나 나는 너희에게 말한다. 자기 자신에 대해 성을 내는 자는 심판받게 될 것이다: 자기 자신에게 바보라고 말하는 자는 중앙법정 시네드리움〔집의소集議所 Synedrium, 유대의 70인 의회〕에 넘겨질 것이다; 또한 어리석은 자라고 말하는 자는 불지옥에 빠져야 할 것이다. 이제 그대가 그대의 예물을 제단에 바치려 할 때 바로 거기서 무언가 그대 자신에게 거슬리는 마음이 생각나거든 그대의 예물을 바로 제단 앞에 놓아두고 가서 먼저 그대 자신과 화해하라. 그 뒤에 돌아와서 예물을 바쳐라. 그대가 그대와 함께 가고 있는 동안에 그대 자신과 더불어 제때에 화해하라. 행여 그대가 그대 자신을 재판관에게 넘기는 따위의 일을 하지 않도록" 등등. 이런 문제성은 외전外典〔교회법 규정과 다른 전범〕에 있는 주님의 다음의 말씀과 그리 먼 거리에 있지 않다. "자기가 무엇을 하는지 아는 자는 복되다. 자기가 무엇을 하는지 알지 못하는 자는 저주받는다."[119] 그러나 이에 가장 가까운 말은 여러 가지 점에서 '걸림돌'인 부정한 집사의 비유(「누가복음」, 16장)이다. "그리고 주님은 부정한 집사를 칭찬하였다. 그가 영리하게 행동하였기 때문이다 Et laudavit Dominus villicum iniquitatis, quia prudenter fecisset." 'Prudenter'는 원전의 'phronimos'에 해당되며 그것은 독일어로 '사려 깊은, 이성적인, 영리한'을 말한다. 이 경우 부인할 수 없는 것은 **윤리적 결단의 한 최고 법정으로서의 이성의 출현**이다. 아마도 우리는 카르포크라테스 학파 사람들에게—이레네우스에 반해서—이와 같은 통찰을 인정하고 이들이 또한 부정한 집사처럼 갸륵하게도 체면을 지킬 줄 알았다고 가정해도 좋을 것이다. 이 미묘한, 현대적 관점에서 볼 때, 대단히 실제적인 논의가 지니고 있는 섬세함과 공헌을 교부敎父들의 거친 심성이 인정할 수 없었던 것은 당연하다. 그것은 인간의 삶이 왜 보다 높은 의미에서 하나의 희생이어야 하는지를 이제는 알지도 못하고 이해하지도 못하는 현대 문명이 직면한 죽기 아니면 살기로 해결해야 할, 그러나 또한 위험하고도 윤리적으로 까다로운 문제다. 인간은 만약 어떤 것이 그에게 의미 있는 것이라면 놀랄 만한 일들을 스스로 짊어질 수 있다. 그러나 어려운 것은 이 의미를 만들어내는 일이다. 당연히 하나의 확신이 있어야 할 것이지만 인간이 발명할 수 있는 가장 확실한 것들도 그의 개인적 욕구와 불안에 대항하면서까지 이를 적극적으로 지지하고 실행하기에는 모두 너무 천편일률적이고 너무 안이하다는 사실이 드러나고 있다.

만약 억압된 그림자의 성향이 오직 악하기만 한 것이라면 아무 문제가 없을 것이다. 그러나 그림자는 보통 그저 약간 낮은 것, 원시적인 것, 적응이 안 된 것, 불쾌한 것, 그래서 절대적으로 악하지는 않은 것이다. 그는 또한 유치하거나 원시적인 성질들을 포함하고 있고, 어느 면에서는 인간 존재를 활성화하고 아름답게 할 수도 있는 것이다. 다만 사람들은 이 경우에 인습적인 규칙과 충돌하게 된다. 현재 우리의 문명의 꽃인 교육받은 민중은 그의 뿌리로부터 약간 떨어져나와 대지와의 유대를 상실하기 바로 직전에 있다. 오늘날 문명국가 가운데 하층 인구층이 불안정한 의견 갈등 상태에 있지 않은 나라는 매우 적다. 몇몇 유럽 국가에서는 이 상태가 또한 상류층에까지 미치고 있다. 이와 같은 사정은 우리가 지금까지 말해온 심리학적 문제를 더욱 확대된 규모로 보여주는 것이다. 집단이란 단지 개체를 모아놓은 것인 이상, 집단의 문제들은 마찬가지로 개인적인 문제들을 모아놓은 것들이다. 집단의 일부는 보다 높은 인간과 동일시하여 밑으로 내려올 수 없다. 다른 부분은 보다 낮은 사람들과 동일시하여 표면 위로 올라오고 싶어 한다.

그러한 문제는 법률을 만들거나 인위적 조치로 해결될 수는 결코 없다. 그것은 오직 관점의 전반적 변화에 의해서 해소될 수 있을 뿐이다. 그리고 이 변화는 선전이나 대중집회, 혹은 폭력으로 시작되는 것이 아니고 각 개인 안에서의 변화와 더불어 시작된다. 그 변화는 개별적 인간이 지닌 개인적으로 좋아하고 싫어하는 성향, 그들의 인생관과 가치관의 변환으로 마련된다. 그리고 오직 그런 개별적인 변화의 축적만이 집단적 해결을 가져다줄 수 있다.

교양 있는 사람은 자신 속에 있는 하등의 인간을 억압하려고 시도한다. 그렇게 함으로써 그들이 폭동을 일으키도록 강요하게 된다는 사실을 분명히 알지 못한 채 말이다. 내 환자의 특이한 점은 군부대에 관한 그의 꿈에서 "좌익을 완전히 목 졸라 죽이려고" 기도한 점이다. 누군가가 그때 지적한다. 좌익은 이미 약해져 있다고…. 그러나 병사들은 대답하기를, 바로 그 때문에 좌익이 '목졸림'되어야 한다고 한다. 이 꿈은 그 자신 속에 있는 보다 낮은 사람을 나의 환자가 어떻게 다루는지를 보여준다. 이것은 분명 옳은 방법이 아니다. '정신집중의 집'에 관한 꿈은 반대로 종교적 자세를 그런 물음에 대한 바른 대답으로 제시하고 있다. 만다라는 바로 이런 특수한 점을 확충하고 있는 듯 보인다. 우리는 전통적 만다라가 상징으로서 신격의 성질을 철학적으로 해명하거나, 혹은 기도의 목적으로 신격을 눈에 보이는 형태로 묘사하는 데 이바지하였으며, 또한 동양에서와 같이 요가 훈련을 위한 얀트라Yantra[呪符]의 역할을 해왔다는 사실을 알고 있다. 하늘의 원이 나타내는 전체성('완전성Vollkommenheit')과 4원리, 4원소 또는 네 가지 정신적 성질[120]들을 포함하고 있는 대지의 사각 형태는 원만성Vollständigkeit과 합일을 표현한다. 그리하여 만다라는 '합일하는 상징'[121]의 위치를 차지하고 있다. 신과 인간의 합일이 그리스도나 십자가[122]의 상징 속에 표현되어 있는 만큼, 우리는 우리 환자의 우주 시계가 이와 비슷한, 합일하는 의미를 가지고 있으리라고 기대할 수도 있을 것이다. 그러나 우리는 이와 비슷한 수많은 역사적 유례로 말미암아 이미 어떤 선입견에 사로잡혀 있기 때문에 만다라의 중심은 당연히 어떤 신격이 자리를 차지하리라 생각할 것이다. 그러나 중심은 비어 있다. 신격의 자리는 무엇으로도 채워져 있지 않다. 만약 우리가 만다라를 역사적 모상模像에 따라 분석한다면 분명 신은 원으로써, 그리고 여신은 4각으로써 상징화됨을 알 수 있다. '여신' 대신에 우리는 또한 '대지' 혹은 '심혼'이라고 말할 수도 있겠다. 역사적 선입견에 반하여 우리는 성상聖像의 자리가 사위일체로 채워져 있었던 '정신집중의 집'에서처럼 이 만다라 속에서도 신격의 흔적을 찾을 수 없고, 정반대로 하나의 기계장치가 발견된다는 사실을 계속 주장하지 않을 수 없다. 우리는 이렇게 중요한 사실을 선입견 때문에 간과해서는 안 될 것이다. 꿈이나 환상은 그것이 우리에게 보이는 바로 그것이다. 그것들은 어떤 다른 것의 변장이 아니다. 그것은 자연의 산물이다. 즉 物物 그 자체로서 그것 밖에 있는 어떤 동기들로 생긴 것이 아니다. 나는 전혀 영향을 받지 않은 환자들로부터 나온 많은 만다라를 목격하였고, 이 경우와 동일한 사실을 거의 모두에서 발견했다: 즉 만다라 중심에 신격神格이 나온 적이 없었던 것이다. 중심은 대개 강조되고 있으나 그곳에서 우리가 발견하는 것은 매우 다른 뜻을 가진 상징이다. 예를 들면 그것은 별, 태양, 꽃, 등변 십자가(두 변의 길이가 같은 십자가), 보석, 물이나 포도주로 채워진 그릇, 위로 똬리를 튼 뱀 또는 인간 존재이며, 단 한 번도 신이 아니다.[123]

만약 우리가 승리를 구가하는 그리스도를 중세 교회의 창에 그려진 장미 속에서 발견한다면 우리는 이것이 기독교 제식祭式, Kult의 핵심적 상징임에 틀림없다고 당연히 가정한다. 또한 우리는 한 민족의 역사에 뿌리박힌 각각의 종교는 예를 들어 마치 그 민족이 출현시킨 정부의 형태처럼, 그만큼 그 민족의 심리학을 표현하고 있다고 가정한다. 같은 방법을 사람들이 꿈이나 환상에서 보거나 '적극적 명상'[124]을 통해 전개시킨 현대의 만다라에 적용하면 우리는 만다라가 '종교적religiös'이라고 부를 수밖에 없는 어떤 태도를 표현하는 것이라는 결론에 도달한다. 종교Religion는 그것이 긍정적이든 부정적이든, 최고의, 혹은 가장 강력한 가치와의 관계이다. 그 관계는 자유의지에 의한 것이기도 하고 불수의적인 것이기도 하다. 즉 사람들은 하나의 '가치'에 의해, 그러니까 어떤 에너지가 부하된 정신적 요소에 의해 무의식적으로 사로잡힐 수도 있고, 혹은 그것을 의식적으로 수용할 수도 있다. 인간 속에서 최대의 세력을 갖고 있는 그와 같은 심리학적 사실은 '신'으로서 작용한다. 왜냐하면 그것은 언제나 압도하는 정신적 요소이기 때문에 '신'이라고 부르게 되는 것이다. 신이 압도적인 요소가 되기를 그치면 그는 단지 이름뿐인 것이 된다. 그의 본질적인 것은 죽는다. 그리고 그의 힘은 사라진다. 고대 그리스 로마의 신들이 어찌하여 그들의 특권과 인간적 심혼에 대한 작용을 상실했던가? 그것은 올림피아의 신들이 그들의 임무를 완수했고, 하나의 새로운 비의秘儀, Mysterium가 시작되었기 때문이다: 즉 신은 인간이 되었다.

만약 현대적 만다라에서 감히 추론을 내리고자 한다면, 우리는 먼저 사람들에게 그들이 별, 태양, 꽃 또는 뱀을 경배하는지 물어야 할 것이다. 그러나 그들은 그것을 부인할 것이다. 동시에 구, 별, 십자가 등은 그들 자신 안의 **중심**을 나타내는 상징들이라고 확언할 것이다. 그리고 만약 우리가 그들에게 그 중심이 무슨 뜻이냐고 묻는다면 그들은 조금 당황하여 이것저것 자신의 경험을 제시할 것이다. 마치 자기의 '우주 시계Welturh'에 관하여 긍정적으로 말할 수 있는 그 모든 것을 다음과 같은 고백으로 집약한 나의 환자처럼 말이다. 즉, 그는 그 환상은 완전한 조화의 감정을 그의 마음속에 남겼다고 말했던 것이다. 다른 사람들은 또한 이와 비슷한 환상이 커다란 고통의 순간, 혹은 절망의 순간에 그들을 엄습했다고 고백한다. 그리고 또 다른 사람들은 오랜 결실 없는 싸움이 종식되고 평화가 찾아온 그 순간, 혹은 그 시점에 꾼 인상 깊은 꿈을 회상한다. 사람들이 그들의 경험에 관해 이야기하는 것을 종합하면 대략 다음과 같이 설명할 수 있다: 그들은 자기 자신으로 돌아왔다. 그들은 자기 자신을 받아들일 수 있었다. 그들은 자기 자신과 화해할 수 있었다. 그리고 그로써 그들은 또한 불쾌한 상황과 사건들을 더 이상 거부하지 않게 되었다. 그것은 우리가 이전에 다음의 말로 표현한 것과 거의 같은 것이다. "그는 신과 화목하였다." 신의 의지에 순종하여 자기 자신의 의지를 희생하였다.

현대적인 만다라는 어떤 특수한 정신 상태가 무심코 표명한 고백이다. 만다라 안에는 신격이 없고, 또한 신격과의 화해나 순종도 암시되어 있지 않다. 신격의 자리는 인간의 전체성에 의하여 점유되는 것 같다.[125]

사람들이 인간에 관해 말하면 사람들은 모두 자아Ich―즉 그가 의식하는 한, 그의 개인적인 성향―를 생각한다. 그리고 다른 사람에 관해서 말할 때 사람들은 그들이 자기와 상당히 비슷한 정신구조를 가지고 있다고 추정한다. 그러나 최근의 연구에 의하면 개별적인 의식은 특정할 수 없이 널리 확대된 무의식적 정신의 토대 위에 세워졌고 또한 그곳에 편입되어 있다는 사실을 알 수 있다. 그러므로 우리는 필연적으로 인간이 그의 의식 이상의 것이 아니라는 낡은 편견을 수정하지 않으면 안 된다. 이 단순한 가정은 즉시 다음의 비판적인 물음과 대질시켜야 한다: "그 경우의 의식이란 누구의 의식이냐?" 하고…. 사실 내가 나 자신에 관해 가지고 있는 상像, Bild을 다른 사람들이 나에 관해서 만든 상과 일치시킨다는 것은 어려운 과제일 것이다. 양자가 일치되지 않는 경우, 누가 옳은가? 그리고 누가 진정한 그 사람인가? 더 물음을 계속하여 인간이 그가 자신에 관해 알고 있는 것도 다른 사람들이 그에 관해 알고 있는 것도 아니라는 사실, 즉 아직 그 존재를 증명할 수 없는 어떤 미지의 것이라는 사실을 생각할 때, 동일성의 문제는 더욱더 어려워진다. 실제로 정신적 존재의 넓이가 어느 정도이며 그 궁극적 성격이 무엇인지를 결정하는 것은 불가능하다. 우리가 지금 인간에 관해 말한다면 우리는 그 경계 지을 수 없는 전체, 설명할 수 없는 전체성, 오직 상징적으로만 표현될 수 있는 것이라는 뜻으로 말하고 있는 것이다. 인간의 전체성, 인간에게 주어진 의식적, 무의식적 요소들의 총계를 표시하기 위하여 나는 '자기Selbst'라는 표현을 선택하였다.[126] 나는 이 표현을 신들이 인간이 되는 단계를 넘어섰을 때 생기게 될 이와 같은 문제들에 수 세기 이래로 골몰해온 동양철학[127]에 맞추어 적용하였다. 우파니샤드의 철학은 오래전에 벌써 신들의 상대성을 인식한 심리학에 해당된다.[128] 우리는 이것을 무신론 같은 단순하기 짝이 없는 오류와 혼동해서는 안 된다. 세계는 그것이 언제나 존재하였던 그대로 있지만 우리의 의식은 특이한 변화를 겪고 있다. 처음에 아득한 옛날에는 (그러나 오늘날 살고 있는 원시인들에게서 아직도 관찰될 수 있다) 정신생활의 주된 부분은 외부에 있는 인간적, 비인간적 대상들이었던 듯하다. 오늘날의 말로 하자면 투사된 상태에 있었다.[129] 정도의 차가 있다고 해도 완전한 투사의 상태에서는 의식은 거의 존재할 수 없다. 투사된 것들의 되돌림을 통해서 의식된 인식이 서서히 발전한다. 과학은 특이하게도 천문학적 법칙들의 발견과 함께, 즉 가장 먼 곳으로의 투사를 자신에게 되돌리면서 시작되었다. 그것은 세계의 탈혼화脫魂化, Entseelung의 첫 단계였다. 그것이 한 걸음씩 진행되어 나갔는데 고대 그리스 로마에서 신들은 이미 산과 강에서, 나무와 짐승들로부터 자취를 감추었다. 우리의 현대 과학은 그것이 아직도 가지고 있던 투사들을 거의 인식할 수 없을 정도까지 세련되게 만들었다. 그러나 우리의 일상적인 생활은 아직도 투사로 우글거린다. 투사는 널리 신문, 책, 소문과 일상적인 사회적 뒷이야기를 만들어낸다. 진정한 앎이 없는 모든 빈틈은 투사들로 채워진다. 우리는 아직도 다른 사람이 무엇을 생각하는지, 혹은 그들의 참 성격이 무엇인지 안다고 거의 확신하고 있다. 우리는 어떤 사람들이 우리 안에서는 볼 수 없는 나쁜 성질을 모두 가지고 있다고 확신하고 있다. 혹은 그들이 온갖 저 악덕, 물론 우리 자신의 것이었던 적이 결코 없는 악덕으로 살고 있다고 확신한다. 우리 자신의 그림자를 너무 뻔뻔하게 투사하지 않도록 극도로 조심해야 하는데도 우리는 투사된 착각들 속에서 헤어나지 못하고 있다. 만약 이 투사들을 모두 되돌려올 만큼 용감한 사람이 있다면 그 사람은 결과적으로 현저히 많은 그림자를 의식한 자이다. 그런 사람은 새로운 문제와 갈등을 스스로 걸머지게 된다. 그에게는 그 자신이 해결해야 될 진지한 과제가 된 것이다. 왜냐하면 그는 지금 다른 사람이 이것저것을 한다든가, 그들이 잘못하고 있다든가, 그리고 그들에 대항해서 싸워야 한다고 더 이상 말할 수 없게 되었기 때문이다. 그는 '자기성찰의 집', 내적인 집중 가운데 산다. 그런 사람은 언제나 바깥세상에서 거꾸로 되어 있는 것은 자기 자신 속에서도 그러하다는 것을 안다. 그리고 그가 자기 고유의 그림자를 극복하는 법을 배우기만 한다면 그는 어떤 참다운 것을 세상을 위해 행한 것이다. 그럴 때 그는 오늘날 우리 시대에 해결되지 못한 엄청난 문제의 최소한 극소수 부분을 해결하는 데 성공한 것이다. 이 문제들은 상호 간의 투사들로써 서로 독을 뿌리고 있기 때문에 상당 부분 너무도 어렵다. 그가 자기 자신조차 못 보고 무의식적으로 온갖 그의 행동 속으로 끌고 들어가버린 저 어둠을 보지 못한 채 어떻게 사물을 투명하게 볼 수 있겠는가?

    현대 심리학의 발전으로 말미암아 우리는 인간이 진실로 무엇으로 이루어지는지에 대하여 더 잘 이해할 수 있게 되었다. 초인적인 힘과 아름다움을 지닌 신들은 처음에 눈 덮인 산들과 동굴, 숲, 그리고 바다의 어둠 속에서 살았다. 뒤에 그들은 하나의 신으로 합쳐졌다. 그러고는 이 신이 인간이 되었다. 그러나 우리의 시대에서는 신인神人조차 그의 권좌에서 내려와서 일상적인 인간 속으로 용해된 것처럼 보인다. 그러므로 그의 자리가 비어 있는 것이다. 그러나 그 대신 현대인은 거의 병적일 정도로 오만한 의식 때문에 고통받고 있다. 이와 같은 개개인의 정신적 상태가 대규모로 확대되면 바로 국가 이념의 비대와 전체주의적 요구가 된다. 국가가 개체를 '파악하려고' 시도하듯이 개별적 인간 또한 그가 그의 심혼Seele을 '파악했다'고 잘못 상상한다: 그는 심지어 그것(Seele)으로 하나의 과학을 만든다. 그저 정신기능이고 정신의 일부일 뿐인 지성Intellekt이 그보다 훨씬 더 큰 심혼의 전체를 파악하기에 충분하다는 모순된 가정 아래서 말이다. 사실 정신Psyche이야말로 의식의 어머니이며 주체이고 심지어 의식 그 자체가 있게 된 가능성이다. 정신은 의식의 경계를 훨씬 넘어서며 의식은 대양大洋 속의 섬과 쉽게 비교될 수 있다. 섬은 작고 좁은 데 비해 대양은 끝없이 넓고 깊으며 섬의 삶과는 그 종류와 그 넓이 등 모든 점에서 뛰어난 삶을 간직하고 있다. 이런 견해가 비난의 대상이 될 수도 있다. 의식이 대양 속의 작은 섬에 불과하다는 증거를 제시하지 못하였다고 말이다. 이런 증명 그 자체는 물론 불가능하다. 왜냐하면 의식의 알려진 범위 저쪽에 무의식의 미지의 '연장延長, Ausdehnung'이 있기 때문이다. 이에 관해서 우리는 단지 그것이 존재한다는 것, 그 존재 덕분에 의식과 그 자유를 제약하는 식으로 영향을 준다는 사실을 알 뿐이다. 그러므로 언제나 무의식성이 지배하는 곳에서는 또한 부자유가, 심지어 빙의가 일어난다. 대양의 넓이는 결국 비유에 불과하며, 그것은 무의식이 가지고 있는 의식을 제약하며 위협하는 능력을 은유로 제시한 것이다. 심리학적 경험론은 물론 얼마 전까지만 해도 '무의식'을—그 용어 자체가 무엇을 나타내든 간에—그림자가 빛의 결여인 것처럼 의식의 단순한 결여라고 설명하기를 선호했다. 지나간 모든 시대뿐 아니라 무의식적 과정에 대한 오늘날의 정밀한 관찰 결과로 보아도 무의식은 단순한 그림자 같은 성질과는 결코 어울리지 않는 일종의 창조적 자율성을 지니고 있다는 사실이 인정되고 있다. 카루스C. G. Carus, 폰 하르트만E. von Hartmann, 그리고 어떤 의미로는 또한 쇼펜하우어Arthur Schopenhauer는 무의식을 세계 창조의 원리와 같은 것으로 보고 있는데, 이로써 이들은 끊임없는 내적 경험을 근거로 세워진 과거의 학설들, 즉 신비에 찬 영향력을 제신諸神으로 인격화된 모습으로 생각해 모든 학설에서 하나의 요약된 결과를 추려낸 것이다. 위험한 무의식의 자율성을 염두에 두지 않고 그것을 단지 마이너스식으로 의식의 결여라고 설명하는 것은 현대적인 의식의 비대, 바로 오만에 해당되는 것이다. 비록 의인화된 투사이기는 하지만 무의식을 보이지 않는 신들, 또는 귀령들이라고 가정하는 것이 무의식을 설명하는 데 훨씬 더 적절한 말일 것이다. 그런데 의식의 발전은 모든 가능한 투사의 되돌림을 요구하기 때문에 신들에 관한 어떤 설들도 신들이 심리적 존재라는 의미를 가진 것이 아니면 유지될 수 없다. 세계탈혼화世界脫魂化의 역사적 과정, 즉 투사의 되돌림이 지금처럼 계속된다면 밖에서 신적이며 데몬(귀령)과 같은 성격을 가진 것이 모두 심혼으로, 미지의 인간의 내부로, 아마도 그것의 출구였던 그곳으로 되돌아갈 수밖에 없다.

    이 과정에서 처음에는 물질주의적 오류도 피할 수 없었을 것이다.

신의 왕좌가 은하계 사이에서 발견될 수 없었기 때문에 사람들은 신이 도무지 존재하지 않는다는 결론을 내렸다. 두 번째의 어쩔 수 없는 오류는 심리만능주의다. 신이 도대체 무언가를 뜻한다면 그는 어떤 동기들, 예컨대 권력에의 의지나 억압된 성욕에서 유래된 하나의 착각일 수밖에 없다. 이런 논란은 새로운 것이 아니다. 이미 이교異敎 신들의 우상을 쓰러뜨린 기독교 선교사들이 비슷한 말을 했다. 그런데 이전의 선교사들은 그들이 낡은 신들과 싸우면서 새로운 신을 섬겼다는 것을 의식하고 있었는데, 이에 반하여 현대의 우상 파괴자는 누구의 이름으로 낡은 가치를 파괴하는지 의식하지 못한다. 니체는 그가 옛 서판Tafel을 깨뜨렸을 때 책임감을 느끼기는 했지만 다시 살아난 차라투스트라로 자기의 등을 단단하게 만들지 않으면 안 될 것 같은 기묘한 요구에 굴복하였다. 차라투스트라는 일종의 두 번째 인격, 제2의 자아alter ego였다. 위대한 비극『차라투스트라는 이렇게 말했다』에서 니체는 자신과 그를 동일시한다. 니체는 무신론자가 아니었다. 그러나 그의 신은 죽었다. 이 사망의 결과는 그 자신 속에서의 분열이었고 그는 다른 자기Selbst를 어떤 때는 '차라투스트라'로, 다른 때에는 '디오니소스'로 인격화하지 않을 수 없다고 느꼈다. 숙명적인 병을 앓고 있으면서 그는 편지에 '자그레우스Zagreus'라고 서명하였는데, 이는 트라키아인의 조각난 디오니소스였던 것이다.『차라투스트라는 이렇게 말했다』의 비극은 그의 신이 죽었기 때문에 니체 자신이 신이 되었다는 데 있다. 그가 무신론자가 아니었기 때문에 일이 그렇게 된 것이다. 그는 무신론이라는 대도시인의 신경증을 견디기에는 너무도 긍정적인 품성을 가지고 있었다. 어떤 사람에게 '신이 죽으면' 그 사람은 '팽창Inflation'의 제물이 된다.[130] 실제로 '신'은 진실로 가장 강력한 심적 지위를 차지한다. 그것이 바울의 말대로(「빌립보서」, 3장 19절, "저희의 신은 배[腹]요") '배'

를 말하는 것이라 하더라도 말이다. 개인의 정신에 있는 바로 가장 강하고, 그래서 결정적인 그 요소는 신이 인간에게 요구할 법한 저 믿음, 두려움, 복종, 또는 헌신을 강요한다. 지배하는 것, 피할 수 없는 것은 이런 뜻에서 '신'이다. 그리고 만약 인간의 자유의지에 의한 윤리적 결단이 이 자연의 사실에 대항하여 이와 비슷한, 무너뜨릴 수 없는 지위를 확립하는 데 성공하지 못한다면 그것은 절대적인 것이 된다. 그러나 그렇게 확립된 지위가 절대적인 힘을 발휘하는 한, 그 지위는 신의 칭호를 받을 만하고 그것도 영적인 신의 이름으로 부를 만하다. 이 심혼적 지위는 윤리적 결단의 자유의지에서, 즉 자각에서 나온 것이기 때문이다. '신'이 '영靈(정신Geist)'인지, 모르핀 중독자의 중독과 같은 자연적 사실인지는 인간의 자유에 맡겨진 일이다. 이로써 또한 '신'이 축복의 힘을 의미하게 될지, 파괴적인 힘을 의미하게 될지도 결정된다.

마음속에서 그러한 것들이 일어나고 또한 결단들이 이루어지는 것은 틀림없는 사실이고 분명히 이해할 수 있는 것이다. 그러나 그럴수록 그것들은 또한 '신'을 만들어내느냐 또는 만들어내지 않느냐 하는 것이 인간의 자유재량에 달렸다는 비심리학적인 잘못된 추론으로 오도된다. 이것은 말도 안 된다. 누구나 타고난 심적 소질Disposition을 가지고 있으며 그것은 그의 자유를 고도로 제약하고 심지어 그 자유라는 것이 거의 허망한 것임을 보여주기 때문이다. '의지의 자유'란 철학적 문제일 뿐 아니라 실제 문제로도 해결의 실마리를 찾기 어려운 끝없는 문제이다. 왜냐하면 현저하게, 혹은 심지어 압도적으로, 성벽性癖, 습관, 충동, 편견, 르상티망Ressentiment(원한, 복수, 질투심 등의 들끓는 감정)과 온갖 있을 수 있는 콤플렉스들에 지배받지 않는 사람이란 드물기 때문이다. 모든 이와 같은 자연 그대로의 사실들은 신들로 가득 찬 전체 올림포스와 똑같은 기능을 발휘한다. 신들은 신들의 회사의 개별적인 주주

일 뿐 아니라 그를 둘러싼 개인적인 측근들로부터 위로받고, 대접받고, 두려움의 대상이 되고 공경받기를 원한다. 부자유와 빙의는 같은 뜻의 말이다. 그러므로 언제나 인간의 심혼Seele 속에는 그를 사로잡고 도덕적인 자유를 제약하거나 억제하는 어떤 것이 들어 있다. 한편으로 이 매우 불쾌한 실상을 숨기며, 다른 한편으로는 자유에의 용기를 갖추기 위하여 사람들은 본래 액막이의 용도를 지닌 언어 관습을 구비해왔다: "이런 성벽, 습관, 또는 르상티망이 나를 가지고 있다"고 진실대로 확인하는 대신에 "이런 성벽을, 또는 습관이나 르상티망을 나는 가지고 있다"고 말한다.—물론 앞의 표현 방식은 우리의 자유가 착각이라는 사실을 우리에게 더욱더 맛보게 만들 것이다. 그러나 깊이 생각할 때 그것이 후자와 같은 말에 스스로 취해 있는 것보다는 나은 것이 아닐지 나는 자문한다. 사실 우리는 제약 없는 자유를 누리고 있는 것이 아니다. 우리는 끊임없이 어떤 심적 요소들에 의하여 위협받고 있다. 그것들은 '자연적 사실들'로서 우리를 사로잡을 수 있는 것들이다. 일종의 형이상학적 투사들을 계속 자신으로 되돌려온 이래로 우리는 거의 무방비 상태로 자신을 이런 위험한 현상에 내맡기고 있다. 즉 그 자극Impuls에 '타자他者'의 이름을 붙여서 최소한의 거리를 두면서 자아의 성城이 곧바로 정복될 수 없게 막는 대신에 그 모든 자극과 즉시 동일시해버리기 때문이다. 그러니 '지배'와 '권력'은 언제나 존재하는 것이다. 우리는 그것을 만들어낼 수도 없고 만들어낼 필요도 없다. 우리에게 중요한 것은 단지 우리가 모시고자 하는 '주 하느님der Herr'을 선택하는 일이다. 그로써 그의 보살핌이 우리가 선택하지 않은 '다른 것'의 지배에 대항해서 우리를 지켜줄 수 있도록 하기 위함이다. '신'은 생산되는 것이 아니고 선택되는 것이다.

    우리의 선택이 '신'에게 이름을 붙이고 '신'을 정의定義한다. 그러나 우리의 선택은 인간의 일이다. 그러므로 우리가 선택하여 내려진 정의 또한 유한하며 불완전하다(완전성이라는 관념 또한 완전성을 확정하지 않는다). 정의란 하나의 상像이다. 정의는 그것으로 이름 붙인 미지의 사상事象을 이해 가능한 영역으로 들어 올리지 않는다. 만약 그렇게 된다면 사람들은 그들이 신을 만들어냈다고 말해도 좋을 것이다. 우리가 선택한 '주 하느님'은 우리가 시간과 공간에서 그에 관해 그려낸 상과 똑같지 않다. 그것은 여전히 심혼의 심층에 있는 미지의 크기로서 작용한다. 우리는 단순한 사고의 본질이 무엇인지조차도 알지 못한다. 정신적인 것 das Psychische의 궁극의 원리는 말할 것도 없다. 또한 우리에게는 심혼의 내면적 삶을 자유롭게 처리할 능력이 없다. 심혼의 내면적 삶은 우리 마음대로 할 수 없고 우리의 의도에서 벗어난 것이며, 우리에 대해서 자유로운 것이기 때문에 다음과 같은 경우가 생길 수 있다. 즉 우리가 선택한 살아 있는 것Lebendige, 우리가 정의를 내려 규정한 것이지만 우리의 의지에 반하여 인간의 손으로 만든 상의 범위 밖으로 벗어나는 경우가 생길 수 있는 것이다. 그때 우리는 아마 니체와 더불어 "신은 죽었다"고 말해도 좋을지 모른다. 그러나 더 바르게 말하려면 "신은 우리가 만들어준 상을 벗어버렸다. 우리는 그를 어디서 다시 찾게 될 것인가?"라고 해야 할 것이다. 과도기간Interregnum〔황제공위기皇帝空位期. 여기서는 신의 자리가 비어 있는 기간〕은 위험에 가득 차 있다. 왜냐하면 자연적 사실들이 그것들의 요구를 여러 가지 주의主義의 형태로 제기할 것이기 때문이다. 그 결과로 생기는 것은 무정부주의와 파괴뿐이다. 왜냐하면 자아의 팽창 때문에 인간의 오만은 자아를 가장 우스꽝스럽고 가엾은 상태에서 우주의 주인으로 선발하기 때문이다. 니체의 사례가 바로 그것이었고 이는 그 이후의 시대 전체의 전조前兆였으나 사람들은 그것을 이해하지 못했다.

개별적인 인간의 자아는 세계에서 되돌린 저 투사들을 남김없이 동화하기에는 너무도 작고 그의 뇌는 너무도 약하다. 자아와 뇌는 산산조각으로 분해된다(정신과 의사가 조현병/정신분열증이라고 부르는 것). 니체가 "신은 죽었다"고 말했을 때 그는 유럽의 대부분에 해당되는 하나의 진실을 말했다. 그가 그런 것을 확인했기 때문에 민족들이 영향을 받은 것이 아니다. 그것이 일반적으로 널리 퍼져 있는 심리학적 사실을 확인한 것이었기 때문이다. 그 결과들 또한 즉각 모습을 드러내고 있다. 수많은 주의들이 인간의 시야를 어둡고 혼미하게 만들었으며 마침내 대재앙〔제1차 세계대전〕에 이르렀다. 아무도 니체의 고시告示에서 어떤 결론을 내릴 줄을 몰랐다. "**위대한 판은 죽었다.**"[131] 니체의 고시가 이 고대 그리스 로마의 말과 비슷하게 들리지 않는가? 이 말은 자연숭배의 종말을 확인한 말이었다.

    그리스도의 삶은 교회에 의해 한편으로는 역사적인 삶으로, 다른 한편으로는 영원히 유지되는 비의로 이해되었다. 이것은 특히 미사 희생에 관한 가르침 속에 분명히 드러나고 있다. 이 견해는 심리학적 관점에서 다음과 같은 말로 옮길 수 있다: 그리스도는 하나의 구체적이며, 개인적이며, 고유한 삶을 살았다. 그러나 동시에 모든 본질적인 특성상 원형적 성격을 가지고 있다. 이와 같은 특성은 예수의 전기傳記의 세부 부분들이 널리 퍼져 있는 신화적 주제Motiven들과 많은 관계를 가지고 있는 점으로 미루어 알 수 있다. 이 부인할 수 없는 관계는 예수의 생을 연구할 때 복음서의 보고들로부터 개인적인, 신화를 벗겨낸 예수의 삶을 끄집어내는 것이 왜 그렇게도 어려운지 그 이유를 말해주고 있다. 복음서 자체에는 사실의 보고들, 전설과 신화가 바로 복음서의 의미를 이루는 전체 속에 엮여 있어서 만약 비판적인 메스로 원형적인 것에서 개인적인 것을 분리하려 시도한다면 그 전체성의 특성은 즉시 손실된다.

영웅적 삶의 원형을, 그 특징적인 운명적 국면의 급전急轉, Peripetie에 이르기까지 정도의 차이는 있으나 분명히 실현한 위대한 인물들이 역사상 적지 않았다는 점으로 미루어볼 때 그리스도의 삶은 특별한 예외가 아닙니다. 그러나 평범한 인간도 무의식적으로는 원형적 형식들을 살고 있지만 일반적인 심리학적 무지 때문에 그 형식들에 더 이상 주목하지 않을 뿐이다. 물론 꿈에서 잠깐 스쳐 지나가는 현상들에도 원형적 형식이 부여되고 있음을 분명히 알아차릴 수 있는 경우가 흔하다. 근본적으로 모든 심적 사건들은 원형을 토대로 하고 그것과 긴밀히 결합되어 있기 때문에 상당히 비판적인 눈으로 노력을 기울이지 않는다면 모든 경우에 유형Typus으로부터 그 속에 있는 일회적인 것을 확실히 분리해내는 것은 쉬운 일이 아니다. 결국 모든 개인의 삶은 동시에 종種의 영원한 삶이기도 하다. 개별적인 것은 엄격하게 시간에 매여 있기 때문에 항상 '역사적'이다. 반면에 유형은 시간에 대해 무관하다. 그리스도의 삶이 고도로 원형적인 것인 한, 그 삶은 그만큼 원형의 삶을 강하게 표현한다. 원형은 모든 인간의 삶의 무의식적인 만큼 원형의 삶이 현시된 삶을 통해서 또한 각 개인의 무의식적 기반인 비밀스러운 삶을 드러내게 될 것이다. 즉 그리스도의 생애에서 일어나는 것은 언제나 어디서나 일어난다. 다른 말로 그리스도적 원형에는 이런 종류의 삶을 살도록 미리 정해진 모든 것이 포함되어 있어서 그것이 언제나 몇 번이나 다시금 반복해서 표현된다. 그리하여 그리스도적 원형 가운데는 또한 우리가 여기서 관심을 가지고 있는 신의 죽음의 문제가 완성된 형태로 선취先取되어 있다. 그것은 그리스도 자신이 죽고 스스로 변환하는 신의 유형이다.

우리가 이 논의를 위해 출발하였던 심리학적 상황은 다음과 같은 성서의 말씀에 잘 표현되고 있다: "어찌하여 살아 계신 분을 죽은 이들 가운데서 찾고 있느냐? 그분께서는 여기에 계시지 않는다quid quaeritis viventem cum mortuis? Non est hic."(「누가복음」, 24장 5절) 그러나 어디서 우리는 부활한 신을 다시 찾을 수 있을 것인가?

나는 신심 깊은 기독교인이 그에게는 아마 황당하게 보일 나의 이와 같은 사유 과정을 계속 따르리라고 기대하지는 않는다. 내가 의지하는 사람들은 믿음의 행복을 누리고 있는 사람beati possidentes들이 전혀 아니다. 오히려 그들을 비출 빛은 꺼졌고, 비의도 사라졌으며, 신은 죽어버린 저 많은 사람들이다. 대부분의 사람에게는 후퇴가 없고 되돌아가는 길이 언제나 더 나은 것인지도 정확히 모른다. 오늘날 종교적인 것을 요해하려면 아마 오직 심리학적으로 접근하는 길밖에 없을 것이다. 그래서 나는 역사적으로 표준화된 사유 형태를 다시 녹여서 직접적 경험의 표상들Anschauungen로 바꾸어 주조하고자 애쓰고 있는 것이다. 물론 도그마의 표상들과 심리학적 원형의 직접적 경험 사이를 연결하는 다리를 찾아낸다는 것은 확실히 어려운 작업이다. 그러나 무의식의 자연적인 상징들의 탐구는 우리에게 이에 필요한 건축자재를 부여한다.

신의 죽음(또는 그 소실)은 결코 기독교적인 상징에 국한된 것은 아니다. 죽음에 뒤이은 탐색은 오늘날에도 달라이 라마의 죽음 뒤에 반복된다. 고대 그리스에서 해마다 코레Kore〔소녀, 그리스 신화의 페르세포네, 또는 그 시녀들〕를 찾아 나서면서 축제를 벌인 것과 같다. 이 주제가 이렇게 널리 퍼져 있는 것은 이러한 전형적 심적 과정, 즉 최고의 가치, 생명을 주며 의미를 주는 가치는 사라졌다는 전형적 심적 과정이 보편적으로 존재한다는 사실을 뒷받침하는 것이다. 이 과정은 전형적인, 즉 자주 반복되는 체험이기 때문에 기독교 비의 중에서도 핵심적인 부분을 표현하고 있는 것이다. 이런 종류의 신의 죽음, 또는 상실은 언제나 반복되어야 한다; 그리스도는 언제나 죽는다, 언제나 다시 태어나듯이; 왜냐하면 원형의 정신적 삶은 우리의 개별적인 삶이 시간에 매여 있는 것과 비교할 때 무시간성無時間性이기 때문이다. 어떤 법칙에 따라서 원형이 때로는 이쪽, 때로는 저쪽 측면을 효과적으로 나타내는지 나는 알 수 없다. 내가 아는 것은 다만—그로써 나는 수없이 많은 사람들이 알고 있는 것을 대변하거니와—현재가 신의 죽음과 신의 사라짐의 시대라는 사실뿐이다. 신화는 말한다. 그는 그의 몸이 안치된 그곳에서 더 이상 찾을 수 없다고. '몸Leib'은 외부적이며 가시적인 형태에 해당되며 최고의 가치에 대한 지금까지의, 그러나 일시적인 표현 양식이다. 신화는 더 계속하여 말한다. 가치는 불가사의한 방식으로, 그러나 변환되어 다시금 생겨난다고. 그의 출현은 기적과 같다. 왜냐하면 하나의 가치가 사라질 때, 그때마다 그의 상실은 다시는 되돌릴 수 없는 것처럼 보이기 때문이다. 그러므로 그가 다시 돌아온다는 것은 전혀 예상하지 못한 것이다. 3일간의 사망의 나날 동안에 일어난 지옥행은 사라진 가치의 무의식으로의 침하를 묘사한다. 그곳에서 (어둠의 힘을 이겨내고) 그는 하나의 새로운 질서를 만든다. 그리고 그는 그곳에서 다시 떠올라 하늘의 높이까지, 즉 최고의 의식의 명징성에 이른다. 오직 소수의 사람만이 부활한 자를 본다. 이 사실은 변환된 가치를 다시 발견하고 인식하는 데 그 어려움이 결코 적지 않음을 의미한다.

나는 앞에서 한 꿈의 예를 가지고 무의식을 편의상 만다라라고 이름 붙였고, 대극의 화해, 즉 매개자의 기능을 가지고 있는 자연적인 상징을 어떻게 산출하는지를 제시하였다. 그런데 주목할 일은 활동하는 원형의 증후라고 할, 이 같은 사변적인 관념들은 처음에는 이중의미를 지닌, 육체적-상징적 형상들로서 종교개혁 무렵까지도 그 흔적을 더듬어 볼 수 있다는 사실이다. 당시 그 관념들은 '지상의 신Deus terrenus'

의 본질, 즉 라피스Lapis Philosophorum[현자의 돌]의 본질을 명확하게 표현하려는 시도였다. 『황금 논설Tractatus Aureus』에 대한 논평에서 우리는 예컨대 다음과 같은 글을 읽게 된다: "이 하나인 것, 그것으로 원소들이 환원되어야 할 하나인 것은 저 작은 원이며, 그것은 이 4각 형상 안에 중심의 자리를 간직하고 있다. 왜냐하면 그는 적들이나 원소들 사이에 평화를 깃들게 하고 그것들이 제대로 포옹하여 서로 사랑하도록 하는 중재자이기 때문이다. 그렇다. 그만이, 그토록 많은 사람이 지금껏 찾았지만 다만 극소수에 의해 발견된 원의 4각화Quadratur des Zirkels를 만들 수 있다."[132] 불가사의한 돌인 이 '중재자'에 관하여 오르텔리우스Orthelius가 이르기를: "왜냐하면 저 초자연적이며 영원한 선善이며, 우리의 중재자이며 구세주이신 예수 그리스도, 우리를 영원한 죽음, 마귀와 모든 불행으로부터 구원하는 그가 두 성질, 즉 신적이며 인간적인 성질들을 나누어 가지고 있듯이, 우리의 이 지상의 구원자도 두 부분으로 이루어진다. 즉 천상적인 부분과 지상적인 부분인데 이들을 통하여 그는 우리에게 건강을 가져다주고 모든 천상적이며 지상적인, 정신적이며 육체적인, 가시적이며 보이지 않는 질병에서 해방시켜준다."[133] 여기에서 다루어지고 있는 것은 하늘에서 온 '구원자Salvator'가 아니고 지하의 깊은 곳에서 유래한, 즉 의식 아래에 가로놓인 것으로부터 나온 것이다. 이 철학자들은 물질의 그릇 속에 감금된 '영spiritus(Geist)'이 '흰 비둘기'의 모습으로 존재하리라 추측한다. 이것은 헤르메스의 그릇Kratēr〔연금술의 그릇〕 안에 있는 신적인 누스Nous와 비교될 수 있는 것이다. 그릇에 관해 이르기를: "네가 할 수 있다면 이 그릇 속에 몸을 담그라. 거기서 네가 어떤 목적으로 만들어져 있는지를 인식하라.[134] 그리고 네가 이 그릇을 지상으로 보내신 그분 곁으로 올라가리라는 것을 믿으라."[135]

이 누스Nous(이성, 이지), 혹은 '영spiritus'은 '메르쿠리우스Mercurius'라고 명명되었다.¹³⁶ 그리고 이 비약秘藥, Arcanum은 "현자가 늘 찾는 것은 메르쿠리우스 속에 (포함되어) 있다Est in Mercurio quicquid quaerunt sapientes"는 연금술에서 하는 말과 관계가 있다. 초시모스가 전설적인 오스타네스Ostanes의 것이라고 한 아주 오래된 노트에 다음과 같은 말이 있다: "나일강이 흐르는 곳으로 가라. 너는 거기서 영pneuma을 가진 돌을 발견할 것이다." 본문의 논평으로 미루어 이것이 수은hydrargyron = mercurius에 관계된다는 것이 분명하다.¹³⁷ 신으로부터 유래한 이 영은 또한 연금술사에 의해서 높이 칭송된 녹색의 것Grüne, 즉 benedicta viriditas〔축복된 청춘〕를 만든 자이기도 하다. 이에 관해 밀리우스Mylius는 "신은 창조된 것들에… 일종의 발아의 힘을 불어넣었다. 그것은 녹색의 것이다"라고 말한다. 힐데가르트 폰 빙겐Hildegard von Bingen의 성령에 관한 그의 찬송가에서 우리는 "오, 위로의 영화靈火, Feuer-Geist여O ignis Spiritus paraclite"로 시작되는 다음 구절을 발견한다. "너[성령]로 말미암아 구름에서 비가 떨어진다. 하늘이 움직이고, 별들은 습기를 품고, 강에서 수류水流가 흐르고, 대지는 그의 녹색인 것을 땀으로 흘러나오게 한다." 이 성령의 물은 연금술에서는 신적인 물hydor theion, 혹은 영원한 물aqua permanens로서 아득한 고대부터 중요한 역할을 해왔다. 그것은 물질에 근접한 영Geist의 상징으로 헤라클레이토스의 관점에서는 물인 것이다. 이에 대한 기독교적 유례는 물론 그리스도의 피였다. 그 때문에 현자의 물도 영적인 피sprituialis sanguis라고 불렸던 것이다.¹³⁸

신비로운 실체를 또한 '로툰둠rotundum(둥근 것Runde)'이라고만 명명하는 경우도 있었고, 그것은 '자연의 중심인 혼anima media natura'을 뜻하는 것으로 이해되기도 하였는데, 이것은 '아니마 문디anima mundi(세계혼Weltseele)'와 같은 것이다. 후자는 하나의 '신의 덕virtus

Dei', 하나의 기관Organ, 또는 신을 둘러싼 구Sphäre이며, 밀리우스는 이에 관해 다음과 같이 말한다: "신은 자기 주위에 일종의 사랑의 힘을 가지고 있는데, 이에 관하여 몇 사람이 주장하기를, 그것은 한 예지적이고도 불같은 영Geist[139]이라고 한다. 이 영은 형태를 갖추지 않고 무엇이든 원하는 대로 자신을 변하게 할 수 있고 모든 것에 동화할 수 있다. 이것은 여러 가지 양식으로 어떻게든 그의 피조물에 접속되어 있다고 한다."[140] 이와 같이 아니마에 의하여 둘러싸인 신의 상은 그레고리우스 교황의 그리스도와 교회에 관한 비유, "여성에게 둘러싸인 남자Vir a femina circumdatus"(「예레미야」, 31장 22절)[141]와 일치된다. 이에 더하여 그의 샤크티에 의해 감긴 시바shiva에 관한 탄트라 표상의 정확한 유례이기도 하다.[142] 이와 같이 중심에서 융합한 남녀의 대극이라는 기본 표상에서 라피스Lapis를 '양성체Hermaphroditus'라고 부르게 된 것이다. 동시에 이 표상은 만다라 주제의 바탕이 된다. 모든 개별적 존재 안으로 자연의 중심인 혼anima media natura으로서의 신이 널리 퍼져 들어간다는 것은 죽은 질료, 그러니까 극도의 어둠 속이라 할지라도 '신의 불꽃scintilla'[143]이 살고 있음을 의미한다. 중세 자연철학자들은 '둥근 그릇'에서 이 불꽃을 신적인 형상을 가진 것으로서 되살리기 위해 노력하였다. 그런 표상들이 나올 수 있는 것은 오직 어떤 무의식적 정신적 조건들이 그 뒤에 존재하기 때문일 것이다. 그렇지 않다면 어찌하여 언제나 어디서나 똑같은 기본 표상들이 출현하는지 우리는 전혀 이해할 수 없을 것이다. 우리의 꿈의 사례는 그런 상들이 오성이 고안해낸 것이 아니고 자연스러운 계시임을 보여주고 있다. 그런 표상들은 아마 언제나 반복적으로 비슷한 방식으로 다시 발견되곤 하였을 것이다. 연금술사들 자신도 아르카눔Arcanum(신비, 비밀)은 때때로 꿈을 통해서 얻을 수 있다고 말하지 않는가.[144]

옛 자연철학자들 자신은 그 본체가 넷으로 나누어진 원으로 표현된 경이로운 실체가 인간 그 자신이라는 사실을 그저 막연하게 느끼기만 한 것이 아니라 오히려 분명히 말로 표명했다.『현자의 수수께끼 Aenigmata philosophorum』[145]에서는 연금술 그릇에서 생겨나는 '호모 알부스homo albus(흰 인간)'가 언급된다. 이 형상과 일치하는 것이 초시모스의 환상에 나오는 사제이다. 아랍어로 전해진『크라테스(그릇)서Buch des Krates』[146]에는 마찬가지로 영적인 인간과 세속적인 인간 (그노시스 시대의 프네우마티코스pneumatikós〔영적인〕와 사르키코스sarkikós〔육적인〕) 사이의 대화에서 중요한 시사가 발견된다. 영적인 인간이 세속적인 인간에게 말한다. "너는 너의 혼을 완전히 인식할 수 있느냐? 만약 네가 너의 혼을 잘 인식하고, 또한 너의 혼을 더 잘 되게 하는 것이 무엇인지를 인식한다면 너는 일찍이 철학자들이 너의 혼에 붙인 이름이 그 참다운 이름이 아니라는 사실을 인식하는 데 합당한 자일 것이다. … 오, 의혹의 이름들이 참된 이름을 닮는구나. 너희들은 인간 사이에 오류와 불안을 불러일으켰다!"

그런데 그 이름들은 다시금 현자의 돌에 관계된다. 초시모스가 썼다고 하지만 오히려 아랍어-라틴어 문헌 장르에서 유래한 것으로 보이는 한 논문에서 라피스에 관해 매우 분명하게 다음과 같이 말하고 있다. "이리하여 그는 인간으로부터 나온다. 그리고 너는 그의 원료이다; 네 안에 그가 발견된다. 그리고 너로부터 추출되며 네 안에서 그는 떼어놓을 수 없는 존재로 남아 있다."[147] 물론 가장 분명하게 말한 것은 살로몬 트리스모신Salomon Trismosin[148]이다.

> 자, 살펴보아라. 네가 무엇으로 이루어지는지를
> 그러면 보리라. 그곳에 있는 것을.

네가 살피고 배우고, 또한 존재하고 있는 것.

바로 그것이 그로부터 네가 이루어진 것.

우리 밖에 있는 모든 것은,

또한 우리 안에도 있느니라. 아멘.[149]

그리고 게라르두스 도르네우스는 외친다: "그대들은 살아 있는 현자의 돌로 변하라Transmutemini in vivos lapides philosophicos!"[150] 연금술사들 가운데서 적지 않은 사람들이, 돌의 신비한 성질이 인간 그 자신Selbst이라고 인정하게 된 데는 거의 의심의 여지가 없다. 이 '자기'는 분명 한 번도 자아와 동일한 본체라고 생각된 일이 없었다. 그렇기 때문에 그것은 처음에는 심지어 살아 있지 않은 질료 속에 '숨어 있는 성질'로서, 영이라든가, 데몬[151] 또는 불꽃으로 묘사되기까지 했던 것이다. 그러다가 대부분 정신적인 것이라고 생각되었던—철학적인 조작에 의하여[152]—이 존재는 어둠과 감금 상태에서 해방되었고 마침내 부활의 축복을 누리게 되었다. 그 부활은 흔히 신격화 형식Apotheosenform으로 표현되었고, 그리스도의 부활[153]에 대비되는 경우가 흔히 있었다. 이로써 이 표상들이 경험적인 자아와 동일시할 만한 존재가 아니고 이와는 다른 '신적인 성질', 심리학적으로 말해서 의식을 초월하는, 무의식의 영역에서 솟아난 내용이라는 사실이 분명해진다.

그러면 이제 다시 현대의 경험을 돌이켜보기로 하자. 이 현대의 경험들은 분명 중세와 고대 그리스 로마의 기본 표상들과 비슷한 종류의 것이기 때문에 이와 똑같거나 적어도 비슷한 상징들을 통해서 표현될 수 있다. 중세적인 원의 표현들은 소우주의 관념에 근거를 두고 있는데, 소우주는 또한 현자의 돌에 적용된 개념이기도 하다.[154] 현자의 돌은 인간 자신과 마찬가지로 '작은 세계mundus minor'였다. 그러니까 어느 면에서는 우주의 내적 상像이다. 그러나 그것은 우주처럼 헤아릴 수 없는 넓이로 확대되는 것이 아니라 헤아릴 수 없는 깊이, 즉 작은 것에서부터 상상할 수 없이 가장 작은 것에 이르는 것이다. 그래서 밀리우스는 이 중앙Mitte을 또한 '심心중심(내오內奧의 점)punctum cordis(Herzzentrum)'이라고 이름하였던 것이다.[155]

현대적 만다라에 의하여 간명하게 표현된 경험은 신적인 상을 더 이상 투사를 통해 경험할 수 없게 된 사람들에게 특징적인 경험이다. 신의 상을 밖에서 되돌리고 자기 안으로 투입Introjektion한 결과 이들은 팽창과 인격분해의 위험에 처하게 된다. 중심을 둥글거나 네모나게 둘러싸는 것은 그러니까 보호벽이나 연금술의 [폐쇄된] 그릇Vas Hermeticum을 만들어 어떤 폭발이나 붕괴를 방지하는 데 그 목적이 있다. 만다라는 그렇게 중심, 바로 자기Selbst를 향한 절대적 집중을 가리키고 또한 이를 지지한다. 이것은 자아중심주의와는 전혀 다른 상태이다. 반대로 그것은 팽창과 해리를 피하기 위해서는 꼭 필요한 자기제약이다.

이와 같은 제한은 우리가 보아온 대로 또한 테메노스Temenos(성역)라고 부르는 것, 즉 사원경내寺院境內, 또는 어떤 고립된, 거룩한 장소라는 의미를 가지고 있다. 이 경우에 원圓은 밖에 있는 것들과 혼동되어서는 안 될 내적인 내용, 또는 과정을 보호하거나 격리한다. 이렇게 만다라는 예전에는 구체적 현실이었던 고태적인 수단과 방법을 이제는 상징적으로 되풀이한다. 이미 언급한 대로 테메노스의 거주자는 원래 신神이었다. 그러나 현대인의 경우 만다라 안에 사로잡힌 자, 혹은 잘 보호된 주민은 신이 아닌 듯하다. 현대인의 만다라에서 이용된 상징들, 즉 별, 십자, 구 등은 신을 말하는 것이 아니고 오히려 분명 인간 인격의 중요한 부분을 말하고 있기 때문이다. 인간 자신이, 혹은 그의 가장 내면에 있는 심혼이 만다라의 포로, 만다라의 보호받는 거주자라고 말할 수도 있을 것이다. 현대적인 만다라는 그 중심에 통상적으로 신격이 발견되는 고대의 마술적 원의 놀랄 만큼 가까운 유례인 까닭에 현대적 만다라에서 인간은—자기Selbst의 표현으로서—신격을 대치한 것이 아니라 그것을 상징화한 것이다.

주목할 만한 사실은 이 상징Sinnbild이 자연발생적인 현상을 나타내며, 우리의 꿈이 분명히 보여주는 것처럼, 언제나 특별히 무의식에서 솟아나는 하나의 창조라는 사실이다. 만약 우리가 신의 관념이 자율적인 실체로서 더 이상 투사되지 않고 있는 경우에 무엇이 일어날 것인지를 알고 싶다면, 무의식적 심혼은 바로 다음과 같이 응답할 것이다: 무의식은 신격화된, 또는 신적인 인간의 관념을 만들어낸다. 그것은 족쇄가 채워지고, 감추어져 있으며, 보호되고, 대개 비인격화되며 추상적 상징으로서 표현된다. 상징들은 소우주라는 중세적 관념의 뉘앙스를 암시하는 경우가 흔히 있다. 내 환자의 우주 시계의 경우는 그 한 예이다. 만다라에 이르는 많은 과정들, 그리고 만다라 그 자체는 중세 시대의 사변을 직접 증명하고 있는 것 같다. 마치 사람들이 현자의 돌, 신적인 물, 둥근 것, 네모난 것Quadratur, 네 색깔 등에 관한 옛 논문들을 읽어보기나 한 것 같다. 그러나 그들은 한번도 이 철학과 그 불가해不可解한 상징성과 접촉한 적이 없는 것이다.

그런 사실들을 올바로 평가하는 것은 쉬운 일이 아니다. 만약 우리가 그것들이 중세적 상징성의 유례를 분명하고도 놀랄 만큼 잘 나타낸다는 사실을 먼저 강조하고자 한다면, 그것들이 중세적 및 고태적 사유방식으로의 일종의 퇴행이라고 설명되어야 할지 모른다. 그런데 그런 퇴행들이 일어나는 경우에는 언제나 적응 미숙과 이에 필적하는 능력의 부족이 있게 마련이다. 그러나 그런 결과는 전혀 여기에 기술된 정신적 발전에 특유한 것이 아니다. 오히려 그 반대로 그런 심리적 과정 뒤에는 신경증적인 해리 상태가 현저히 개선되고 총체적 인격은 더 나은 것으로 전환한다. 이러한 이유에서 나는 사람들이 문제가 된 과정을, 단순한 퇴행이라고 평가해서 병적인 상태를 확인하는 것과 같은 뜻으로 보아서는 결코 안 된다는 의견이다. 나는 오히려 만다라 심리학이 외견상 과거에서 그 자료를 얻게 된 사실을[156] 중세 초기, 아니 훨씬 이전, 초기 기독교 시대에 시작된 하나의 정신적 발전과정의 연속이라고 보고 싶다. 그 중요한 상징들의 일부는 이미 기원전 100년에 존재하였다는 사실이 문서상으로 증명되고 있는데 그것은 다음 제목의 그리스 논문이다—「수석사제인 코마리오스Komarios가 클레오파트라에게 신적인 기술을 가르치다」.[157] 이 논문은 본래 이집트에서 나온 것으로 전혀 기독교의 영향을 보이지 않는다. 마찬가지로 이 계열에 속하는 것은 위-데모크리토스Pseudo-Demokritos와 초시모스[158]에 의한 신비주의적 원전들이다. 초시모스의 경우에는 비록 가장 주된 상징이 新플라톤적이고, 『연금술(헤르메스 철학) 전집Corpus Hermeticum』의 철학[159]과 밀접한 관계에 있는데도 유대와 기독교의 영향이 눈에 띈다.

만다라와 결부된 상징적 표현이 이교적인 원천에 이르기까지 거슬러 올라가는 인간의 발자취들과 매우 비슷하다는 사실은 지금까지 다루어온 현대적인 현상들을 해명하는 데 독특한 관점을 제공한다. 이 현대적 현상은 직접적인 전통을 통하여 계승되지는 못했지만, 그노시스의 사유 방향을 계속 이어가고 있다. 모든 종교가 일종의 보편적인 심적 상태의 자발적인 표현이라는 나의 가정이 맞는 것이라면, 기독교는 우리의 연대 계산의 시작에서 그 뒤를 이은 수 세기를 연면히 지배한 심리 상황의 표현이었다. 그러나 어떤 한 시대 공간에서 지배적이던 특정한 심적 상황은 시대가 바뀌어 다른 종류의 심적 상태가 존재할 때 이를 배제하지 않는다. 이 상태 또한 종교적 표현을 할 수 있다. 기독교는 한동안, 조금 다른 심적 상태에 해당되었던 그노시스설 Gnostizismus(고대 후기의 통합주의 종교운동과 그 단체)에 대항해서 생존을 위해 싸워야 했다. 그노시스설은 완전히 말살되었고, 그 잔여는 너무도 심하게 훼손되어, 말하자면 그 내면의 의미를 한번 점검하는 데도 특별한 연구가 필요할 정도이다. 그러나 만약 우리들의 꿈이나 환각에 드러나는 상징들의 역사적 뿌리가 중세를 넘어서 고대 그리스 로마 시대에 미친다면 그것들은 분명 대부분 그노시스설에서 발견될 수 있다. 예전에 억제되었던 정신 상태가 억제하는 조건의 주된 관념이 영향력을 상실하는 순간, 다시 고개를 든다는 것은 비논리적인 생각이 아닌 듯하다. 그노시스적 이단은 소멸되었지만 그래도 그것은 그들 자신에게는 무의식적인 형태로—즉 연금술이라는 옷으로 가장하여—중세 전체를 거쳐 일관되게 존속하였다. 연금술이 두 개의 서로 보완하는 부분들—즉 한편으로는 고유의 화학 연구, 그리고 다른 한편으로는 '철학Philosophia'의 '이론Theoria'[160]으로 이루어졌다는 것은 잘 알려진 사실이다. 1세기에 속하는 위-데모크리토스의 문헌 제목 『자연적인 것 및 신비적인 것ΦΥΣΙΚΑ ΚΑΙ ΜΥΣΤΙΚΑ』이 말해주듯,[161] 이 두 측면들은 이미 우리의 연대 계산의 시작과 함께 하나의 전체를 이루었다. 라이텐의 파피루스와 초시모스의 문헌들도 마찬가지다. 고대 연금술의 종교적 또는 철학적 관점들은 분명히 그노시스적인 것이었다. 후대의 관점들은 다음의 핵심 관념으로 방향을 돌렸다: 즉 세계혼anima mundi, 데미우르고스 또는 태초의 혼돈의 물을 잉태하게 한 신적인 영靈, Geist은 물질 속에 잠재적인 상태로 남아 있었고, 그로써 또한 태초의 혼돈 상태가 유지되었다는 관념이다. 그리스 연금술사들에서 우리는 일찍이 '영이 들어 있는 돌'[162]이라는 관념을 만난다. '돌'은 원질료 prima materia, 힐레Hyle 또는 혼돈Chaos, 혹은 뒤섞인 덩어리massa confusa

라고 불렸다. 이 연금술적 용어는 플라톤의 『티마이오스』에 근거한다. 그리하여 슈테부스J. Ch. Steebus는 말한다. "모든 창조와 모든 볼 수 있는 것들의 어머니이며 그릇임에 틀림없는 원질료를 대지Erde나 공기나 불이나 물이라고 불러서는 안 되고, 이것들에 좇아서 불러도 안 되고, 이것들(원소들)로부터 창조된 것에 따라 불러도 안 된다. 그것은 어떤 주어진 것Gegebenheit, 볼 수도 없고 형체도 없으면서 모든 다른 것을 수용하는 것이다."[163] 같은 저자는 원질료를 "근원적 혼돈의 대지, 질료, 카오스, 심연, 만물의 어머니라고 불렀다. … 저 혼돈의 원초적 물질… 은 하늘이 흘러듦으로써 축축해지며 그 밖에도 신에 의하여 모든 종류의 수없는 관념으로 형성된 것이다.…"[164] 그는 신의 영Geist, Gottes이 어떻게 물질 속으로 하강했는지, 그로부터 무엇이 이루어졌는지를 설명한다: "신의 영은 오직 한 번뿐인 포란抱卵으로 위의 물들을 수정하고 그것들이 마치 젖같이 되도록 작용하였다. … 이 성령의 알 품기는 그러니까 천상의 물들(「창세기」, 1장 6절 이하) 속에서 하나의 힘을 생산해냈고, 그 힘은 모든 것을 가장 빈틈없이 관통하고 따뜻하게 덥혔다. 그때 그 힘은 스스로 빛과 결합했다. 그것은 밑의 광물계에서는 메르쿠어 뱀(아스클레피오스Asclepius〔그리스 신화의 의신〕의 막대Caduceus에 관계된다. 왜냐하면 뱀은 또한 '만병통치약'의 근원이기 때문이다)을 낳고, 식물계에서는 축복받은 녹색인 것(즉 Chlorophyll)을, 동물계에서는 조형造形의 힘을 산출했다. 그러므로 이 천상적인 물들의 영은 빛과 혼인하니 세계령Weltseele이라고 불러 마땅하다.[165] 밑의 물들은 (이에 반해서) 어둡고 오목하게 파인 그들의 굴 속으로 빛의 흐름을 빨아들인다."[166] 이러한 교의敎義는 더 높은 영역에서 하강하여 신체의 포옹 속에 사로잡힌다는 그노시스의 누스Nous에 관한 전설에 적잖이 그 근거를 두고 있을 듯하다. 연금술사들의 메르쿠리우스는 '날개 달린 것

(휘발성)'이다. 아불 카심 무함마드Abu'l-Qasim Muhammad[167]는 "날개 달린 헤르메스"(p. 37)에 관해 언급하면서 여러 군데에서 메르쿠리우스를 '영spiritus'이라고 이름하였다. 그 밖에 그는 천국으로 가는 길을 가리키는 영혼의 인도자를 헤르메스Hermes psychopompos라고 이해하였다.[168] 이것은 본래 헤르무 프로스 타트Ἑρμοῦ πρὸς Τάτ[169]〔헤르메스 對 타트〕 속에서는 누스〔이성理性〕가 수행해야 할 일이라고 생각된 구원자의 역할이다. 피타고라스 학파 사람들Pythagoräern에게 심혼은 물질에 의해 먹히지만 이성은 예외이다.[170] 옛 『에메랄드 서판 소주Commentariolus in Tabulam smaragdinam』(cap. XI)에서 호르툴라누스Hortulanus는 세계가 창조되어 나오고 또한 신비한 라피스가 출현한 모체인 "혼란된 덩어리massa confusa" 또는 "혼란한 혼돈chaos confusum"에 관해 말한다. 신비한 라피스는 14세기 시작부터 그리스도와 대비되었다.[171] 오르텔리우스Orthelius는 말한다. "우리의 구세주 예수 그리스도…는 두 가지 성질을… 공유하고 있다. 그래서 우리의 지상의 구세주는 또한 두 부분으로 이루어지고 있다. 즉 천상적인 부분과 지상적인 부분…."[172] 같은 방식으로 물질 속에 붙잡혀 있는 메르쿠리우스는 성령과 동일시되었다. 요하네스 그라세우스Johannes Grasseus는 인용하고 있다: "성령의 선물은… 현자의 납이다. 그들은 그것을 광석의 납이라 부른다. 그 속에 빛나는 흰 비둘기가 살고 있다. 그것은 금속의 소금이라 부른다. (그리고) 그 속에 연금술 작업의 절차가 있다."[173] 혼돈을 추출하고 변환시키는 일과 관련하여 크리스토포루스 폰 파리스Christophorus von Paris는 말한다: "이 혼돈 속에 잠재적으로 저 값진 실체와 성질이 존재한다. 그 속에 모든 원소들이 혼란된 덩어리 속에서 하나로 합쳐져 있다. 그러므로 우리의 하늘을 현실로 옮겨놓기 위하여 인간 오성은 그에 관해 깊이 궁리한다."[174]—"우리의 하늘Coelum nostrum"은 소우주에 관계되며 또

한 "제5원소quinta essentia"라고 불렸다. 하늘Coelum은 불멸이며 티없이 깨끗하다. 요하네스 드 루페시사Johannes de Rupescissa는 제5원소를 "인간의 하늘le ciel humain"[175]이라고 부른다.

철학자들이 황금색과 청색의 원의 환상을 그들의 현자의 금aurum philosophicum에 전이했고("둥근 것rotundum"이라고 부른[176]), 그들의 청색의 정수(제5원소)에 옮겨 놓은 것이 분명하다. 샹포의 기욤Guillaume de Champeaux(1070~1121)과 동시대인인 베르나르두스 실베스트리스Bernardus Silvestris의 증언에 따르면 혼돈과 혼란된 덩어리massa confusa의 표현들은 당시 일반적으로 통용되던 것이었다. 그의 저술『세계의 보편성에 관한 제2권, 또는 대우주와 소우주』[177]는 당시에 널리 영향력을 미치고 있었다. 이 저술은 원초적 물질Urmaterie, 즉 "Hyle"〔원질료)[178]의 혼란에 관하여 말하고 있는데 그것은 "지배하는 물질, 형태 없는 혼돈, 실체의 모습의 일치되지 않은 혼합, 변색한, 둘로 갈라진 덩어리…"[179], "혼란된 덩어리"[180]라고 한다. 베르나르두스는 영의 하강descensus spiritus에 관해 언급한다: "주피터가 아내의 품으로 내려갈 때 대지의 출산Geburt을 재촉하기 위하여 온 세계가 흔들릴 것이다."[181] 이 이야기의 다른 변이는 바다 속에 몸을 담그거나 숨어 있는 왕의 관념이다.[182]—그러므로 철학자들, 또는 "지혜의 아들들"은 그들이 자신을 무엇이라 이름하든, 그들의 원질료를 근원적인, 영으로 임신한 혼돈의 일부라고 보았다. 그들은 '영'에 대해서는 반물질적인 프네우마Pneuma, 또는 '날개 달린'이라 불렸고, 화학적으로 산화물Oxyden과 그밖의 분해될 수 있는 결합과 동일시한 일종의 '미묘체subtle body(섬세한 질료체)'라고 이해했다. 그들은 영Geist을 메르쿠리우스라고 불렀다. 이것은 화학적으로는 수은을 뜻하지만 "우리의 메르쿠리우스Mercurius noster"로서 결코 평범한 수은Hg이 아니었다.—그러나 그것은 철학적으로는 헤르메스Hermes, 계시의 신을 의미했으며 이것은 헤르메스 트리스메기스토스Hermes Trismegistos로서 연금술의 태조였다.[183] 연금술사들의 의도는 근원적인 신적인 영을 혼돈에서 끄집어내는 것이었다. 그리고 이 추출물과 제5본질(원소, 정수)quinta essentia, 영속적인 물aqua permanens, 신적인 물hydor theion, 침수baphe 또는 팅크제tinctura(염색, 물들임)라고 불렀다. 위에서 이미 언급했듯이, 제5본질(원소, 정수)은 연금술사 루페시사(1375년 사망)의 논고에서 "인간의 하늘le ciel humain"이라고 불렸다. 그것은 그에게 청색의 용액이었고 하늘처럼 불멸의 것이었다. 그는 제5본질(원소, 정수)이 하늘의 색깔을 가진다고 말한다. "그리고 우리의 태양은 마치 태양이 하늘을 꾸미는 것처럼 그것을 장식한다et notre soleil l'a orné, tout ainsi que le soleil orne le ciel." 태양은 황금의 비유이다. 그는 말한다: "이 태양은 진짜 황금이다lceluy soleil est vray or." 계속하여: "이 두 가지 사물은 서로 결합하여 우리 안에서 작용한다.… 하늘들 중의 '하늘'과 천상적 '태양'의 양상으로Ces deux choses conjointes ensemble, influent en nous… les conditions du Ciel des cieux, et du Soleil céleste." 그의 생각은 분명, 제5본질, 파란 하늘과 그 속의 태양은 우리 자신 속에 있는 이와 일치되는 하늘의 상들과 하늘의 태양의 상을 불러낸다는 것이다. 그것은 청색과 황금색의 소우주의 상이다.[184] 나는 그것을 기욤의 하늘의 환상에 대한 직접적인 유례로 제시하고 싶다. 색깔들은 그러나 서로 엇바뀌었다. 루페시사에서는 원반은 황금색이고 하늘은 청색이다. 비슷한 배치를 한 나의 환자는 그러니까 더 많이 연금술사 쪽인 듯하다.

하늘이라고 부르는 경이로운 액체, 신적인 물은 「창세기」(1장 6절 이하)에 있는 하늘 위의 물들과 관계된다. 그 기능적인 측면에서는 일종의 세례洗禮의 물이라고 생각되었고, 교회의 성수聖水처럼 창조하며 변환시키는 성질을 갖고 있다.[185] 가톨릭교회는 오늘날에도 부활절 전에 성 토요일Sabbatum sanctum의 샘의 축성benedictio fontis의 의식을 수행한다.[186] 그 의식의 내용은 물속으로의 성령의 하강descensus spiritus sancti in aquam을 반복하는 데 있다. 평범한 물이 이를 통하여 인간을 변화시키고 그에게 영적 재탄생을 부여하는 신적인 성질을 획득하게 된다. 이것이 바로 신적인 물에 관한 연금술의 관념이고, 연금술의 영원한 물을 샘의 축성benedictio fontis의 의식에서 추론하는 것은 전혀 어려운 일이 아니다. 만약 연금술의 '영원한 물'이 이교異敎의 기원이 아니고 틀림없이 영원한 물, 샘의 축성, 그 둘보다 더 오래된 것도 아니라면 말이다. 경이로운 물은 기원전 1세기에 속하는 그리스 연금술 최초의 논문에서 발견된다.[187] 그런데 육체로의 영의 하강descensus spiritus in die physis은 또한 그노시스의 관념이기도 하며 이것은 마니Mani교에 큰 영향을 주었다. 그리고 그것을 라틴 연금술의 주된 관념이 되도록 만든 데는 아마 마니교의 영향이 기여했을 것이다. 연금술사들의 의도는 불완전한 물질을 화학적으로 변화시켜 황금으로 만드는 것, 만병통치약이나 생명의 정수(영액)elixir vitae로 만드는 것이었지만 철학적, 또는 신비주의적으로는 신적인 양성체들, 두 번째 아담,[188] 영광스러운 불멸의 부활된 몸,[189] 혹은 빛들의 빛lumen luminum[190]으로 변화시키는 것, 인간 정신, 혹은 예지sapientia의 계발啓發이었다. 내가 리하르트 빌헬름Richard Wilhelm과 함께 제시한 것처럼, 중국 연금술에 이와 똑같은 관념이 있는데 연금술의 큰 작업opus magnum의 목표는 '금강체'를 만들어내는 것이었다.[191]

이 모든 유례들을 여기에 제시하는 것은 단지 나의 심리학적 관찰들을 역사적 맥락에서 정리하기 위한 시도이다. 물론 우리는 적지 않은 수의 다른 현대적 사례를 여기에 기술한 꿈들과 대비시킬 수 있다. 그러나 역사적으로 연결짓지 않고는 이것들은 공중에 떠 있게 되고 단순한 흥밋거리로 남을 것이다. 그 예로서 한 젊은 여성의 꿈을 설명하기로 한다. 꿈의 출발점은 주로 꿈꾼 사람의 실제 체험에 대한 추억, 즉 개신교의 한 교파의 세례식의 추억을 다루고 있다. 꿈에서 이 의식은 특히 기괴하고 심지어 혐오스러운 조건 아래 수행되고 있었다. 꿈의 내용에 대하여 연상된 자료는 종교적 영역에 대한 그녀의 모든 실망의 침전으로 이루어지고 있었다. 그러나 직접 그 뒤를 이은 꿈은 그녀가 전혀 이해할 수 없었을 뿐 아니라 앞선 꿈과 관련지을 수는 더욱 없는 하나의 상像을 보여주었다. 그녀가 그것을 이해할 수 있도록 도우려면 두 번째 꿈에다가 그저 '이에 반해서'라는 한마디를 앞에 붙이면 될 듯하다. 그 꿈은 다음과 같다.

> 그녀는 한 천상의天象儀〔천체 현상을 본 뜬 모형〕 안에 있었다. 그것은 아주 인상 깊은 공간이었고 창공으로 덮여 있었다. 하늘 위에는 두 개의 별이 빛난다. 하나는 희다. 그것은 수성水星, Mercur이다. 다른 별은 따뜻한, 불그레한 빛의 파동을 내보낸다. 그녀는 그것이 무슨 별인지는 모른다. 그녀는 이제 지붕의 아래쪽 벽이 벽화로 장식되어 있는 것을 본다. 그러나 오직 한 개의 그림만 분명히 알아볼 수 있다: 그것은 고대 그리스의 그림으로 나무에서 아도니스가 탄생하는 그림이다.

그녀는 '불그레한 빛의 파동'이 '따뜻한 감정, 사랑'이라고 이해한다. 그러고는 그 별이 아마 비너스일 것이라고 생각한다. 나무로부터의 탄생의 이미지는 박물관에서 한 번 본 일이 있다. 그때 아도니스(아티스Attis)가 죽을 수밖에 없으나 다시 부활하는 신으로서 재탄생의 신 가운데 하나라는 말을 들었다.

첫 번째 꿈에서는 그러니까 교회를 대변하는 종교에 대한 격렬한 비판이 일어나고 있다. 그리고 두 번째 꿈에서는 천상의가 우주 시계와 의미상으로 완전히 일치한다고 본다면, 우주 시계의 만다라 환상이 뒤를 잇는다. 하늘에는 한 쌍의 신이 결합하여 있다. 남신은 희고 여신은 붉다. 연금술에서 말하는 유명한 짝과는 반대다. 거기서는 남신이 붉고 여신은 희다. 그래서 그녀는 베야Beya(아랍어로 al baida, 흰 것)라고 부르고, 그는 가브리쿠스Gabricus(아랍어로 Kibrit, 유황)로서 그녀의 형제이며 왕인데도 '세르부스 루베우스servus rubeus(붉은 노예)'라 불린다. 신의 쌍은 마치 기욤 드 디귈빌의 기독교 비유와 비슷한 데가 있다. 아도니스 탄생의 암시는 신비한 창조 및 재생의 의례를 다루었던 환자의 몇 가지 꿈과 일치된다.[192]

그러니까 이 두 개의 꿈들은 우리 시대의 비참한 정신적 상황에서 나온 점을 제외하고는 서로 조금도 공통성을 갖고 있지 않지만 그 사유과정들은 내 환자의 사유과정의 계속된 반복이다. 이미 제시한 바와 같이 현대적인 자연발생적 상징성이 고대 그리스 로마 시대의 이론이나 신앙과의 연결은 직접·간접으로 전통을 통해서 이루어진 것이 아니고 더구나 흔히 추측하듯이 비밀 전승을 통한 것도 아니며 이에 대해서는 전혀 확실한 증거가 없다.[193] 아무리 면밀하게 추적해도 나의 환자들이 자신의 꿈이나 환상 내용에 해당되는 책들을 알게 되었다거나 그런 관념에 관한 정보를 입수했을 가능성은 입증되지 않는다. 그들의 무의식은 과거 2000년 이래로 항상 되풀이하여 나타난 것과 같은 사유 방향으로 작동해온 듯하다. 이와 같은 연속성은 우리가 특정한 무의식적 조건이 유전된 선험성Apriori으로서 존재한다는 사실을 가정할 때라야만 있을 수 있는 것이다. 나는 물론 그러한 가정을 표상의 유전이라고 생각지 않는다. 표상의 유전을 증명하는 것은 불가능하지는 않다 하더라도 어려운 일이다. 오히려 나는 유전된 성질이란 똑같은, 혹은 최소한 비슷한 관념을 다시금 출현시킬 수 있는 형식적 가능성과 같은 것이라고 추측한다. 나는 이 가능성을 '원형Archetypus'이라고 불렀다. 나는 원형을 이에 따라 뇌와 어떻든 결부된, 정신에 특유한 구조적 성질, 또는 조건이라고 이해한다.

그와 같은 역사적 유례에서 볼 때 만다라는 그때까지 잠자며 육체 속에 숨어 있었고 이제 추출되어 활성화된 신적 존재를 상징하거나, 혹은 그 속에서 인간의 '신적' 존재로의 변환이 이루어지는 그릇, 또는 공간을 상징한다. 이런 표현이 불행하게도 지나친 형이상학적 사변을 회상시킨다는 것을 나는 알고 있다. 내가 관찰하고 확인한 사실이 바보 같은 것처럼 보일 수 있다는 점은 유감이지만 그것은 바로 인간의 정신이 만들어내는 것이고 또한 지금까지 언제나 만들어온 것이다. 그런 사실들 없이도 충분히 해나갈 수 있다고 상상하는 심리학은 그런 사실들을 억지로 시야에서 배제해야 할 것이다. 그러나 그렇게 하는 것은 경험적 관점에서는 허용될 수 없는 철학적 편견이라고 나는 말할 것이다. 나로서는 우리가 그런 표현으로 결코 형이상학적 진리를 제공하는 것이 아님을 강조해야 할 듯하다. 그것은 다만 영Geist이 그러한 방식으로 작용한다는 확인일 뿐이다. 그리고 나의 환자가 만다라의 환상을 본 이후에 현저히 기분이 나아졌다는 것은 하나의 사실이다. 만약 사람들이 이 환상이 해소시킨 그의 문제가 무엇이었는지를 이해한다면 우리는 또한 그가 왜 그런 '승화된 조화'의 감정을 가졌는지를 이해할 수 있을 것이다.

나는 할 수만 있다면 만다라의 경험처럼 그렇게 멀리 떨어진 불분명한 경험에서 끌어낼 수 있는 결론들에 관한 모든 사변을 억제하기 위해

한순간도 주저하지 않을 것이다. 그러나 나에게 이 유형의 경험은 불분명한 것도 멀리 떨어진 경험도 아니다. 오히려 그것은 나의 직업에서 거의 매일 겪고 있는 일이다. 나는 오직 살기 위해서는 자신의 내적인 경험을 진지하게 받아들여야만 하는 상당히 많은 사람들을 알고 있다. 그들은 오직—비관적으로 말해서—마귀와 악마의 두목, 바알세불Beelzebub 사이에서 하나를 골라야만 한다. 마귀는 만다라나 어떤 그와 비등한 것이고 바알세불은 그들의 신경증이다. 호의적인 합리주의자는 내가 마귀를 가지고 바알세불을 내쫓고 내가 온전한 신경증을 종교적 신앙의 속임수로 대치한다고 말할 것이다. 전자에 대해서는 대답할 것이 아무것도 없다. 나는 형이상학의 전문가가 아니기 때문이다. 그러나 후자와 관련해서는 지적할 것이 있다. 여기서 문제되는 것은 믿음의 문제가 아니고 **경험**의 문제라는 사실이다. 종교적 경험은 절대적이다. 그에 관해서 우리는 논쟁할 수 없다. 사람들은 그저 그런 경험을 가진 적이 없다고 말할 수 있을 뿐이다. 그런데 상대방은 이렇게 말할 것이다: "유감스럽지만 나는 그런 경험을 가지고 있다"고…. 이로써 토론은 끝날 것이다. 세상이 종교적 경험에 대하여 무엇을 생각하는지는 상관이 없다; 그것을 가진 사람은 그에게 삶의 원천이 되고 의미와 아름다움이 된, 그리고 세계와 인류에게 하나의 새로운 광명을 가져다준 위대한 보배를 소유하고 있다. 그는 피스티스Pistis[믿음과 신뢰], 그리고 평화를 가지고 있다. 그런 삶이 온당치 않다느니, 그런 경험이 쓸모가 없다느니, 그런 믿음과 신뢰Pistis는 단지 착각일 뿐이라고 말하도록 허용한 객관적 기준은 도대체 어디에 있단 말인가? 궁극적으로 어떤 사람에게 살 수 있는 용기를 주는 진리보다 더 나은 진리가 정말 어디에 있겠는가? 내가 무의식에서 창조된 상징들을 주의 깊게 고려하는 이유가 여기에 있다. 그런 상징들은 현대인의 비판적 정신을 설득시킬 수 있는 유일한 것이다. 그것들은 압도적이라는 매우 유행에 뒤떨어진 이유 때문에, 주관적으로 설득력을 가지고 있다: 압도적이라는 말은 '정복한다', '확신한다'를 말하는 라틴어 '콘빈케레Convincere'의 독일어식 번역이다. 신경증을 치유하는 것은 신경증만큼 확신을 주는 것이어야 한다; 그리고 신경증이 너무도 생생한 현실인 까닭에 도움을 주는 경험 또한 그와 똑같이 중요한 가치를 지닌 현실이어야 할 것이다. 비관적으로 표현하자면 그것은 대단히 현실적인 착각이어야 할 것이다. 그러나 현실적인 착각과 치유적인 종교적 경험 사이의 차이는 무엇인가? 그것은 단순히 말의 차이일 뿐이다. 예를 들면, 우리는 인생을 매우 예후가 나쁜 질병이라고 말할 수 있다: 그것은 여러 해를 끌고 결국 죽음으로 끝난다; 혹은 정상이란 인류의 전반적인 체질적 결함이라고 한다든가; 혹은 인간은 불운하게도 과도하게 발달된 뇌를 가진 동물이라고도 말할 수 있다. 이런 종류의 사고는 소화가 안 되어 습관적으로 불평하는 사람들의 특권이다. 아무도 궁극적인 것이 무엇인지 알 수 없다. 그러므로 우리는 그것을 경험하는 그대로 받아들여야 한다. 그리고 만약 그러한 경험이 인생을 보다 건강하게, 보다 아름답게, 보다 온전하게, 또는 보다 의미 있게 그 자신을 위해서, 그리고 사람들이 사랑하는 사람들을 위해서 형성해가도록 돕는다면 사람들은 여유 있게 말할 수 있을 것이다: "그것은 하느님의 은혜였다"고….

그로써 초인간적인 진리가 증명된 것은 아니다. 그리고 우리는 최대한의 겸손으로 교회 밖의extra ecclesiam 종교적 경험이란 주관적이며 끝없는 오류를 범할 위험에 노출되어 있다고 고백해야 할 것이다. 우리 시대의 정신적 모험은 인간 의식을 확실히 규정되지 않은 것과 규정할 수 없는 것에 내맡기는 데 있다. 물론 무한한 것 가운데에도 저 심적 법칙들이 존재하는 것 같고 여기에는 충분한 이유가 있지만, 그것은 어떤 인간이 궁리해낸 것이 아니며, 그 지식이 인간에게 '그노시스Gnosis'를 통하여 기독교 도그마의 상징적 표현 속에서 인식할 수 있게 한 것이다. 경솔한 바보들만이 그 도그마의 토대를 흔들어댄다. 심혼을 사랑하는 사람은 그렇게 하지 않는다.

번역: 이부영

미사에서의 변환의 상징

I. 서론[1]

미사는 여전히 살아 있는 비의秘儀다. 그것의 시작은 기독교의 초기 시대로 거슬러 올라간다. 미사의 생명이 무엇보다도 의심할 바 없는 심리적 효과 덕택임을 새삼 강조할 필요는 없을 것이다. 심리학에서 미사를 연구하는 것은 당연하다. 그런데 분명한 사실은 심리학이 이 연구를 단지 현상학적 관점에서만 수행할 수 있다는 것이다. 신앙의 현실성은 심리학 영역 밖에 있기 때문이다.

나는 이 연구를 네 부분으로 나누어 기술할 것이다: 서론에서는 『신약성경』에 나오는 미사의 기원들에 대해 언급하고 미사의 구조와 의미에 관한 몇 가지 사항을 개괄적으로 설명할 것이다. 제2장에서는 제의가 실행되는 과정을 간략하게 기술할 것이다. 제3장에서는 기독교의 희생의 상징과 변환의 상징에 상응하는 고대 이교도에서의 유례, 즉 초시모스 환상을 언급하려 한다. 마지막 제4장에서는 희생과 변환에 대한 심리학적 논의를 시도할 것이다.

미사의 기원과 관련된 가장 오래된 형식의 보고는 「고린도전서」 11장 23절 이하에서 발견된다.

내가 여러분에게 전해준 것은 주님께로부터 받은 것입니다. 곧 주 예수께서 배신당하시던 날 밤에 빵을 들어 감사의 기도를 드리신 다음 빵을 떼시고 말씀하셨습니다: "이것은 너희를 위하여 주는 내 몸이니 나를 기억하여 이 예를 행하여라." 식후에 또 한 잔을 드시고 감사의 기도를 드리신 다음: "이 잔은 내 피로 맺는 새로운 계약이니 마실 때마다 나를 기억하여 이 예를 행하여라" 하고 말씀하셨습니다. 그러므로 여러분은 이 빵을 먹고 이 잔을 마실 때마다 주님께서 오실 때까지 주님의 죽으심을 선포하십시오.[2] (그리스어 원문은 『전집』을 보라.)

비슷한 보고들이 「마태복음」, 「마가복음」, 「누가복음」에도 나온다. 「요한복음」에서도 상응하는 구절에 '식사δεῖπνον, coena'가 언급되지만 그것은 세족洗足과 연결되어 있다. 물론 이 식사 때에[3] 그리스도는 미사의 의미를 특징짓는 말을 한다: "나는 참 포도나무다." "내 안에 머물면, 나도 너희 안에 있을 것이다." "나는 포도나무요, 너희는 가지들이다."[4] 전례典禮와 관련된 구절들의 일치는 성서 외적 전통의 근거를 시사한다.

미사는 전례적으로 풍부하게 준비된 성만찬 축제다. 그 구조는 다음과 같다:

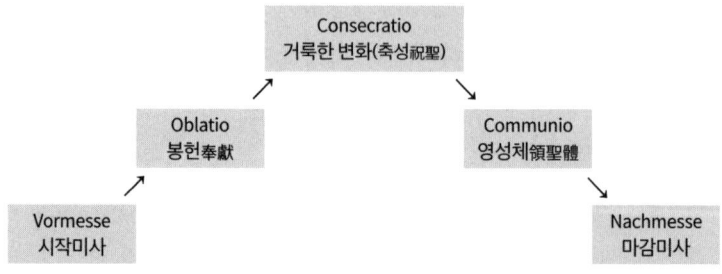

나의 연구는 본질적으로 변환의 상징에 국한되므로, 미사와 관련된 내용을 전체적으로 언급하는 것은 포기할 수밖에 없다.

미사의 제사에는 서로 상이한 두 가지 데이프논deipnon(식사)과 튀시아thysia(희생, 제사)의 표상이 혼합되어 있다. 튀시아의 어원은 테인thyein으로서 '제물을 바치다, 도살하다, 활활 타오르다, 부풀어 오르다' 등을 뜻한다. 마지막 의미는 신들에게 바쳐진 제물이 섭취될 때 타오르는 제사의 불꽃과 관련이 있다. 음식 제물은 원래 신들을 부양하기 위해 바쳐졌다. 불타는 제물의 연기는 음식을 하늘에 있는 신들의 처소로 가져간다. 차후 단계에서는 공양의 연기가 음식Nahrung의 영성靈性을 의미하게 된다. 프네우마pneuma(영기靈氣)는 기독교의 시대인 중세까지 섬세한 재질을 가진(연기 같은) 것으로 생각되었다.[5]

데이프논은 식사를 뜻한다. 그것은 우선 제사 참례자들의 식사를 뜻하며, 이 자리에 신이 함께 계신 것으로 생각되었다. 그러므로 그것은 '축복받은' 식사이고, '봉헌물' 즉 사크리피키움sacrificium(sacrificare 즉 '신성하게 하다', '축성하다'의 명사형)이 여기서 향유된다.

데이프논과 튀시아의 이중적 의미는 이미 성경에 나오는 "이는 너희를 위한 내 몸이다τό σῶμα τό ὑπὲρ ὑμῶν"라는 말 속에 들어 있다. 이 말은, 너희에게 양식으로 주어진 몸, 또는 간접적으로 너희를 위해 신에게 드린 몸을 뜻한다. 식사와 결부된 생각 때문에 '몸Leib'이라는 단어는 마찬가지로 '사륵스σάρξ = 고기(먹을 수 있는 실체)'라는 뜻도 취하게 된다. 바울에게 소마σῶμα(몸, 신체)와 사륵스σάρξ(살, 육체)는 거의 같다고 할 수 있다.[6]

미사의 근원에 대한 원래의 보고 외에도 「히브리서」 13장 10절 이하 부분도 미사의 기원에 대한 것으로 생각된다. "우리에게는 하나의 제단이 있는데 장막에서 섬기는 자들(유대교의 천막 성소에서 제사를 드리는 사제들)은 우리 제단의 제물을 먹을 권리가 없습니다. 왜냐하면 유대인의 대제사장은 짐승의 피를 지성소로 가져가서 속죄의 제물로 바치지만 짐승의 몸은 숙영지 밖에서 태워버리기 때문입니다; 그러므로 예수께서도 자신의 피로써 백성을 거룩하게 만드시려고 성문 밖에서 고난을 당하셨습니다. 그런즉 우리도 성문 밖으로 그분께 나아가 그분이 겪으신 치욕을 함께 겪읍시다. 여기에는 우리가 차지할 영원한 도성이 없으나 우리는 다만 미래에 올 도성을 바라기 때문입니다. 그러니 우리는 예수님의 이름으로 항상 찬미의 제사를 하느님께 드립시다."

「히브리서」 7장 17절은 또 다른 전거典據[7]로 간주되어야 한다. 거기에 이르기를, "너는 멜기세덱Melchisedek의 반열을 따르는 영원한 제사장이다." 지속적인 제물의 봉헌과 영원한 제사장직은 미사와 관련된 사유에서 빠질 수 없는 구성 부분이다. 「히브리서」 7장 3절에 의하면, "아버지도 없고 어머니도 없으며 족보도 없고, 생애의 시작도 그의 삶의 끝도 없는 이로서 하느님의 아들을 닮은" 멜기세덱은 그리스도 이전의 로고스의 육화肉化로 간주되었다.

영원한 제사장직과 '항상' 바쳐지는 제물의 관념은 실체들의 변환 Wandlung der Substanzen이라는 고유한 비밀로 옮겨지는데, 이것이 미사의 세 번째 측면이다. 데이프논과 튀시아의 개념은 비의秘儀를 전제로 하거나 내포하고 있지는 않다. 물론 번제의식에서 제물을 연기와 재가 되도록 태움으로써, 영성화靈性化의 의미에서 실체 변환이 원초적으로 시사되고 있기는 하다. 그러나 이러한 측면이 미사에서 실제적 역할을 하지는 않는다. 다만 번제보다 부차적인 향 쏘이기 의식에서 나타날 뿐이다. 하지만 비의는 '멜기세덱 반열의' 영원한 제사장직과 '그를 통해 항상 바쳐지는 제물' 속에서 뚜렷하게 나타난다. 미사 봉헌에서 초시간적 질서의 등장은, 진실된, 실제로는 실체적으로 일어나는 기적이라는 의미의 사고를 전제로 한다. 봉헌된 제물은 우선 자연물들과 전혀 구분되지 않으며, 오래전부터 잘 알려진 특정한 자연 재료들, 즉 빵으로 만들어진 밀가루와 순수 자연산 포도주여야 한다. 제물을 바치는 자 역시 보통 사람으로서, 제사장직의 '소멸되지 않는 특성character indelebilis'과 함께 제물 봉헌의 전권을 가지긴 했지만 아직은 미사에서 일어나는 신적인 자기희생[8]의 도구가 된 상태는 아니다.[9] 제사장 뒤에 서 있는 회중 역시 아직은 죄를 씻고 축복을 받고 스스로 제물이 되지는 않았다. 미사의 제의 과정은 이러한 상태를 포함하여 이 상태를 단계적으로 변화시켜, 희생을 바치는 자이자 희생된 자인 그리스도가 스스로 제사장의 입을 통해 결정적인 말을 하게 되는 최고 정점—거룩한 변화Consecratio—까지 이끌어간다. 이 순간 그리스도는 시간과 공간 안에 현존하게 된다. 그러나 그의 현존은 과거의 존재가 다시 나타난 것이 아니기 때문에, 거룩한 변화는 역사적 일회적 행위의 반복이 아니라 영원히 존속하는 사실을 가시화한 것이며, 인간 정신이 영원한 존재를 보지 못하도록 분리시킨 시공간적 한계의 장막을 찢어버리는 것을 의미한다. 이러한 현상은 필연적으로 인간의 이해력과 표현력 너머에 있는 비의일 수밖에 없다; 즉 미사의 의식은 필연적으로 각각의 많은 단계 속에서 하나의 **상징**인 것이다. 그러나 '상징'은 잘 알려지고 파악 가능한 사상事象에 대해 자의적·의도적으로 설정한 **기호**가 아니라, 초인간적인 내용이어서 그저 제약된 범위만을 파악할 수 있는 어떤 내용에 대한 의인화된, 그래서 제한적으로 유효한 표현이다. 상징은 최선의 표현이기는 하지만, 이 표현을 표시하는 지고한 비의 아래에 있다. 이런 의미에서 미사는 상징이다. 예수회 크람프J. Kramp 신부의 말을 인용하면, "제사는 일반적으로 인정된바 **상징적** 행위다. 신과 주께 의미 있는 제물을 바치는 행위는 그 자체로 목적을 갖지 않으며,

표현 수단으로서 이념에 봉사하는 것이다. 이러한 표현 수단을 선택할 때 다양한 형태의 신인동형상적神人同形像的 효력을 갖는다. 이는 신이 인간을 마주하는 것처럼 인간이 신을 마주함에 있어, 마치 신을 인간인 양 대하는 것이라고 말할 수 있다. 즉 좋은 친구에게 혹은 현세의 지배자에게 선물을 전하듯 인간은 신에게 선물을 바치는 것이다."[10]

미사가 파악 가능한 범위 저편에 있는 초세계적인 것에 대한 의인화된 상징이라는 점에서, 미사의 상징성 역시 비교심리학적, 분석적 연구의 합당한 대상이다. 나의 해명이 기여하는 바는 물론 전적으로 상징적 표현에 관련된다.

II. 변환의식의 개별 단계

변환의식變換儀式은 대략 봉헌으로 시작되며, 제물이 바쳐지는 동안 교창交唱을 한다. 여기서 우리는 변환과 관련된 첫 번째 의식 행위와 만난다.[1]

1. 빵의 봉헌Oblatio Panis

성체Hostie는 제단 십자가를 향하여 들려진다. 사제는 성반聖盤으로 성체 위에 성호를 긋는다. 이 성호 표시를 통해 빵은 그리스도와 그의 십자가 죽음과 관련을 맺고 '제물Sacrificium'의 특징을 갖게 된다. 이런 행위를 통해 축성祝聖의 성격을 얻은 것이다. 성체 거양擧揚은 영적인 차원으로의 '고양高揚'이라는 의미를 지닌다. 성체 거양은 영화靈化의 준비 행위다. 유스티노Justin(유스티노스)는 사원에 있는 정화된 나병 환자들의 묘사가 하나의 τύπος τοῦ ἄρτου τῆς εὐχαριστίας, 곧 성찬식 빵의 표상이라는 흥미로운 진술을 남겼다. 그것은 연금술 작업opus을 통해 완성되는 '불완전체corpus imperfectum' 혹은 '나병'의 표상(후에 연금술에서 역할을 하게 된다)을 시사하는 것이다. ("자연이 불완전하게 남긴 것은 예술에 의해 완전하게 된다Quod natura relinquit imperfectum, arte perficitur.")

2. 성배의 준비

성배(미사 때 포도주를 담는 잔)를 준비하는 것은 빵을 준비하는 것보다 더 장중하다. 이는 명백히 포도주가 가진 '영적' 본질에 상응하는 것이며, 그래서 포도주는 사제를 위해 예비되어 있다.[12] 이때 포도주에 약간의 물이 첨가된다.

포도주와 물의 혼합은 원래 포도주를 물과 섞어 마시던 고대의 관습과 관련이 있다. 그래서 고대에는 술꾼, 알코올 중독자를 아크라토포테스Akratopotēs, 즉 '섞어 마시지 않는 술꾼'이라고 불렀던 것이다. 근대 그리스어에서는 포도주를 크라시κρασί, 즉 '혼합'이라고 했다. 성찬식 포도주에 물을 섞지 않는 기독단성설基督單性說을 신봉하는 아르메니아인들의 (오직 그리스도의 신적인 본성만 보존하기 위한) 관습에서 물에 물질적hylische, 즉 육체적 의미가 부여되어 있음을 알 수 있다. 물은 곧 인간적인 질료라는 것이다. 이런 관점에서 볼 때, 로마 제의에서 포도주와 물의 혼합은 포도주와 물이 섞이는 것처럼 신성과 인성이 불가분하게 섞여 있음[13]을 의미했을 것이다. 성 치프리아누스St. Cyprian(카르타고의 주교, 258년 사망)는 **포도주**를 그리스도와, **물**을 그리스도의 몸인 **교회 공동체**와 관련시켰다. 물의 의미는 「묵시록」 17장 15절을 참조하여 설명된다: "탕녀蕩女가 그 곁에 앉아 있는 물은 백성들과 군중들과 민족들과 언어들이니라Aquae, quas vidisti ubi meretrix sedet, populi sunt et gentes linguae."(메레트릭스Meretrix, 즉 탕녀는 연금술에서는 원질료prima materia, 암흑으로 덮인 불완전체corpus imperfectum의 이름이고, 암흑 속에서 방황하는 무의식적이고 구원받지 못한 인간이다. 격정적인 두 팔로 누스Nous(정신, 이성)를 어둠 속으로 끌어내리는 그노시즘적인 몸physis의 표상은 이러한 관념의 전단계이다.) 물이 불완전체 혹은 나병이기 때문에 포도주, 즉 영에 대하여 순수한 몸, 그리스도, 거룩하고 순수한 신도들만이 첨가될 수 있도록, 물은 혼합되기 전에 축성祝聖을 받는다. 이러한 특수한 제의의 부분은 완전체corpus perfectum, 다시 말해 성화체聖化體, corpus glorificationis, 즉 부활한 몸을 준비하는 의미를 갖는다.

성 치프리아누스의 시대에 성찬식은 여러 차례 물을 이용하여 거행되었다.[14] 나중에 성 암브로시우스St. Ambrosius(밀라노의 주교, 397년 사망)도 이렇게 말한다: "그림자 속에 암벽에서 흘러나온 물이 있었다. 흡사 그리스도의 옆구리에서 나온 피인 듯이In umbra erat aqua de petra quasi sanguis ex Christo."[15] 물의 성찬식은 「요한복음」 7장 37절 이하의 의미 있는 전범을 따른 것이다: "누구든지 목마른 자는 내게로 와서 마시라. 나를 믿는 자는 성경에 쓰인 것처럼, 그 몸에서 생수의 강이 흘러나오리라(그런데 예수는 자신을 믿는 자들이 영접하게 될 영Geist에 대해 말한 것이다; 예수가 아직 성화聖化되지 않았기 때문에 영은 오지 않았다)…." 마찬가지로 「요한복음」 4장 14절에는 "그러나 내가 주는 물을 마시는 자는 영원히 목마르지 않을 것이니, 내가 주는 물은 그 사람 안에서 샘물이 되어 영원한 생명을 누리게 할 것이다"라고 기록되어 있다. 그런데 "성경에 쓰인 것처럼, 그 몸(글자 그대로 배에서)에서 생수의 강이 흘러나오리라"고 한 이 부분은 사실 성경에서는 발견되지 않는다. 그것은 우리에겐 알려지지 않은 것이지만 「요한복음」의 저자가 분명히 믿을 만한 것이라고 간주했던 문헌에서 나온 것임에 틀림없다. 「이사야」 58장 11절도 물론 확실한 본보기가 될 수 있다: …그리고 "주께서 너를 항상 인도하여 메마른 곳에서도 네 영혼을 만족케 하며 네 뼈를 견고케 하리니 너는 물 댄 정원 같겠고 물이 끊어지지 않는 샘처럼 되리라."(『루터 성경』) 여기서 「에스겔」 47장 1절을 고려해도 좋을 것이다. "보라, 그 사원 문지방 밑에서 물이 흘러나와서… 그리고 물이 사원 오른쪽 제단 남쪽으로 흘러내리더라."(『루터 성경』) 히폴리투스Hippolytus(235년경 사망)의 교회 규정은 물이 담긴 잔을 내적 인간이 몸을 씻듯 새로워지는 침례 욕조와 연관시켰다.[16] 이러한 해석은 포이만드레스Poimandres[17]의 세례용 크라터Kratēr[항아리 또는 그릇을 뜻한다]에 상당히 접근하는데, 그것은 신이 인간에게 엔노이아ἔννοια[생각, 표상, 관념, 사상]를 얻게 하려고 보낸,[18] 누스Nous로 채워진 비밀스러운 용기容器이다. 여기서 물은 영Pneuma, 즉 예언의 영이라는 의미이며, 마찬가지로 한 인간이 받아서 다른 사람들에게 전하는 교리의 의미도 지닌다.[19] 영적인 물의 표상은 「솔로몬의 송시Oden Salomos」[20]에서도 나타난다:

> 한 줄기 시냇물 솟아나와
> 크고 넓은 강물 되었네.
> …
>
> 지상의 모든 목마른 자 그 물을 마시면
> 목마름은 진정되어 사라질 것이니
> 지고하신 분께서 그 음료를 주셨음이라.
> 그러므로 그분의 물을 의지하는
> 저 음료의 종들은 복되도다.
> 그들은 메마른 입술에 원기를 북돋웠고
> 느슨해진 의지를 일깨웠고
> 빈사의 영혼을 죽음으로부터 채 내었으며

꺾여버린 사지를 똑바로 세웠도다.
그들은 허약함에 기력을 주었고
눈에는 빛을 주었네.
그들 모두 주 안에서 서로를 알았으니
영원한 불멸의 물로 구원받았기 때문에.[21]

성찬식이 물로써 거행되었다는 사실에서 초기의 기독교인들의 중요한 관심사는 성경을 글자 그대로 따르는 것이 아니라 상징적인 신비 행위에 있었음을 알 수 있다(같은 방향에서 '갈락토파기Galaktophagie〔젖먹임〕'와 같은 다른 변이들도 존재하였다).

포도주와 물에 대한 직접적이고 구체적인 다른 해석은 「요한복음」 19장 34절과 관련된다. "곧 피와 물이 흘러나왔다Continuo exivit sanguis et aqua." 그리스도가 포도주 속에서 자기 자신의 피를 마셨다고 한 성 크리소스토모스St. Johannes Chrysostomos(콘스탄티노플 주교, 407년 사망)의 언급은 특별히 주목할 만하다(이 책 175쪽 이하 참조).

미사의 이 단계에서 의미심장한 다음의 기도를 바치게 된다.

> 오, 신이여, 인간 본성의 존엄을 경이롭게 창조하시고 더욱 경이롭게 재창조하셨나이다. 이 물과 포도주의 비밀로써 우리로 하여금 스스로 존엄하신 신격에 참여할 수 있게 하소서. 우리의 인간성에 관여할 수 있게 하소서, 예수 그리스도여. (라틴어 원문은 『전집』을 보라.)

3. 봉헌할 때 성배를 들어 올림

이행의 단계로서 성배를 들어 올림은 포도주의 영성화靈性化(즉 승화昇華)를 준비하는 것이다.[22] 들어 올리면서 "오소서, 축성자여Veni sanctificator"라고 성령을 부르는 것이 바로 영성화를 환기시킨다. "오소서, 신성한 축성자여Veni spiritus sanctificator"라고 부르는 모즈아라비아적[23] 제의에서는 이 점이 더욱 분명하다. 이러한 부름은 포도주를 성령으로 채우기 위함이다. 왜냐하면 성령은 태어나게 하고, 성취하게 하고, 변화시키기 때문이다(마리아의 어두움Obumbratio Mariae = 그늘 지음, 성령강림절). 성작을 들어 올린 후, 과거에는 성작이 성체의 오른쪽으로 내려졌는데, 이는 그리스도의 오른쪽 옆구리에서 피와 물이 흘러나온 사실에 부응하는 것이다.

4. 제물과 제단에 분향

사제는 향로Thuribulum로 제물 위에 세 번 성호를 표시하고, 세 번 원을 그리는데, 우에서 좌로 두 번(시계 반대 방향이며, 이는 심리학적으로 아래를 향하여 도는 운동, 즉 무의식을 향하는 운동에 상응한다), 좌에서 우로 한 번(시계 방향이며, 이는 심리학적으로 의식의 방향이다) 그린다.[24] 이와 함께 제단에 연기를 쏘이는 복잡한 과정이 이어진다.[25] 향을 쏘임은 번제의 의미와, 원래의 튀시아thysia의 잔여라는 의미를 갖는다. 또한 제의에 사용되는 모든 물질적 실체들의 영화靈化라는 방향에서 제물과 제단의 변화를 의미하기도 한다. 끝으로 그것은 어디에나 존재하는 악마적 세력에 저항하는 구마술Apotropäismus〔마귀 쫓아냄〕을 의미한다. 영

Pneuma의 향기로 가득 찬 공간은 사악한 영들이 머물기에 적당하지 못하다. 연기는 승화된 몸, 휘발성, 또는 영체corpus volatile sive spirituale, 연기 형태의 '미묘체subtle body'를 가리킨다. 연기는 '영적' 실체로서 위를 향해 올라가기 때문에 기도의 상승을 가시화하며, 그래서 다음과 같은 기도를 올리는 것이다: "주여, 나의 기도가 향의 연기처럼 주님의 용모 앞에 도달하게 하소서…."[26]

향 쏘이기로써 영화靈化의 예비 행위는 완결된다. 제물은 거룩해졌으며 본연의 변화를 위한 준비가 끝났다. "주님께서 우리 속에 주님의 사랑의 열기를 불붙이소서." "무죄함으로 (나의 손을) 씻겠나이다."[27] 이 말로 사제와 회중은 정화되고, 이어지는 다음 제의 행위들의 신비적 통일체로 들어갈 채비를 갖추게 된다.

5. 성령 강림 간구

"받으소서. 성삼위님Suscipe, sancta Trinitas", "형제들이여, 기도합시다Orate fratres", "거룩하시다Sanctus", 그리고 독송讀誦 미사의 "그러므로Te igitur"는 제물의 수취를 확실히 하기 위해 신을 중재하는 기도다. 따라서 묵송축문 다음의 예비 찬송으로 모즈아라비아의 의식에서는 "운반해 감Illatio(그리스어의 ἀναφορά와 같은 뜻)", 고대 갈리아 교회의 전례에서는 (봉헌의 의미를 지닌) "희생 제사Immolatio"를 부르는데, 이것은 제물을 내놓는 행위와 관련이 있다. "거룩하시다Sanctus" 다음의 문장인 "주님의 이름으로 오시는 이Benedictus qui venit in nomine Domini"는 준비하며 기다리는 주님의 현현顯現을 암시한다. 태고의 전제에 따르면 이름을 부르는 것은 곧 '초빙'을 뜻하기 때문이다: 이름은 결정하는 효력을 갖는다. 카논Kanon(독송 미사) 다음에는 "산 이를 위하여 Commemoratio pro vivis"와 "Hanc igitur", "Quam oblationem"의 기도가 이어진다. 모즈아라비아의 미사에서는 이때 '성령 강림기도Epiklese'가 나타난다. "Adesto, adesto Jesu, bone Pontifex, in medio nostri: sicut fuisti in medio discipulorum tuorum." 이러한 부름 역시 '초빙'의 원래 의미를 갖는다. 이것은 "오시는 분은 찬미받으소서Benedictus qui venit"로 시작되는 찬미가가 고양된 것으로서, 그러므로 때때로 주의 현현顯現으로 간주되었는데, 즉 미사 행위의 결정적인 정점으로 여겨진 것이다.

6. 축성

'축성(거룩한 변화)Consecratio'은 로마 미사에서 정점을 의미한다. 즉 빵과 포도주의 실체가 주님의 살과 피로 전이 혹은 변화하는 것이다. 축성의 문구는 다음과 같다:[28]

> 빵의 축성:
> "예수께서는 수난 전날, 거룩한 손에 빵을 드시고, 하늘을 우러러 전능하신 아버지께 감사를 드리며 축복하시고 쪼개어 제자들에게 주시며 말씀하셨나이다. 너희는 모두 이것을 받아먹어라. 이는 너희를 위하여 내어줄 내 몸이다."
> "Qui pridie quam pateretur, accepit panem in sanctas ac venerabiles manus suas, et elevatis oculis in caelum ad te Deum, Patrem suum omnipotentem, tibi gratias agens, benedixit, fregit, deditque discipulis suis, dicens: Accipite, et manducate ex hoc

omnes. *Hoc est enim Corpus meum.*"

잔의 거룩한 변화:

"저녁을 잡수시고 같은 모양으로, 거룩하신 손에 이 귀중한 잔을 드시고 다시 감사를 드리며 축복하신 다음, 제자들에게 주시며 말씀하셨나이다. 너희는 모두 이것을 받아 마셔라. 이는 새롭고 영원한 계약을 맺는 내 피의 잔이니 죄를 사하여 주려고 너희와 모든 이를 위하여 흘릴 피다. 너희는 나를 기억하여 이를 행하여라."

"Simili modo postquam cenatum est, accipiens et hunc praeclarum Calicem in sanctas ac venerabiles manus suas: item tibi gratias agens, benedixit, deditque discipulis suis, dicens: Accipite, et bibite ex eo omnes. *Hic est enim Calix Sanguinis mei, novi et aeterni testamenti: mysterium fidei: qui pro vobis et pro multis effundetur in remissionem peccatorum.* Haec quotiescumque feceritis, in mei memoriam facietis."

사제와 신도들은 제물과 제단처럼 시작 미사 Vormesse에서 카논 Kanon, 正經까지의 과정에서 기도와 의식을 통해 순수해지고 거룩해지고 고양되고 영화靈化되며, 그래서 신비적 통일체로서 주님의 현현을 맞을 준비가 되어 있기 때문에, 거룩한 변화 문구를 일인칭으로 말하는 것은 그리스도 자신이 말하는 것을 의미하며, 또한 신비한 일체를 이루는 사제, 신도들, 빵, 포도주, 유향 등 제사의 신비체 Corpus mysticum 속에 그리스도가 현재 살아 계심을 의미한다. 이 순간에 유일한 제사의 영원성이 드러난다. 마치 비공간성과 비시간성을 향한 창이나 문이

열리는 것처럼 이 영원성은 특정 장소, 특정 시간에 경험 가능한 것이 된다. 이런 의미에서 성 크리소스토모스가 했던 말을 이해할 수 있다. "한번 언급된 이 말은 모든 제단에서 그날부터 오늘날까지 또 그의 재림 때까지 제사를 완전한 것으로 만들 것이다."[29] 분명한 것은, 사제의 준비 행위가 아니라 주님의 말씀 속에서 주님의 현현만이 그 능력으로 제사의 '불완전체corpus imperfectum'를 '완전체perfectum efficit'로 만들 수 있다는 사실이다. 만일 사제의 행위가 '작용인作用因causa efficiens'이라면 제의는 보통의 마술과 구분되지 않을 것이다. 사제는 다만 변화의 '봉사인causa ministerialis'일 뿐이다. 실제로 작용하는 것은 그리스도의 살아 있는 현존이며, 변화는 신격의 자유로운 은총의 결단에 의해 자발적으로sua sponte 야기되는 것이다.

그에 대하여 다마스쿠스의 요안니스Joannes Damascenus(754년 사망)는, 어떤 사제가 그 문구를 말하든지 간에 그 문구는 그리스도에 의해 현재 발화된 것과 같으므로 곧 말이 거룩한 변화의 능력을 갖고 있다고 한다.[30] 또한 둔스 스코투스Duns Scotus(1308년 사망)는 그리스도가 만찬을 행함으로써 모든 미사에서 사제를 통해 제물이 되어 헌신하는[31] 의지의 행위를 확인하였다고 말한다. 이로써 제사 행위는 사제에 의해서가 아니라 그리스도 자신에 의해 수행된다는 사실이 오해의 여지 없이 강조된다. 따라서 변화의 동인은 전적으로 그리스도 안에 있는 신적 의지다. 트리엔트 종교회의에서는, 미사의 제물 속에 "그리스도 자신이 들어 있으며 피 흘림 없이 희생된다"[32]는 것을 확정하였다. 그 희생은 역사적 희생의 반복이 아니라 희생의 피 없는 갱신이다. 신적 의지를 표명하는 말이 제사를 완수하는 능력을 지녔다는 점에서, 이 말을 은유적으로 신의 의지에 의해 도살thysia을 행하는 제사용 칼 혹은 검이라고 부를 수 있게 된다. 그러한 비유를 만든 사람은 레온하르트 레시우스

Leonhard Lessius S. J.(1623년 사망)였는데, 그 후 교회 언어에서 친숙하게 사용되는 은유로 정착하였다. 이 은유는 「히브리서」 4장 12절에 유추하고 있다: "신의 말씀은 살아 있고 운동력이 있어 어떤 양날의 검보다 더 날카롭다." 또 어쩌면 「묵시록」 1장 16절과 더 크게 관련된다고 할 수 있다: "그의 입에서 날카로운 양날의 검이 나오더라."(『루터 성경』) 희생론Maktationstheorie은 이미 16세기에 등장한 것이다. 희생론의 창시자인 레온의 주교 쿠에스타Cuesta(1560년 사망)는 그리스도가 사제에 의해 도살된다고 말한다. 그래서 검의 은유가 나오게 된 것이다.[33] 니콜라우스 카바실라스Nicolaus Kabasilas(테살로니카의 대주교, 1363년 사망)는 이에 상응하는 그리스 정교의 제의를 구체적으로 묘사하고 있다.

"사제는 몸에서 빵 한 조각을 베어낸다. 이때, '그는 어린 양처럼 도살대 위로 인도되었다'고 말한다.—빵을 탁자 위에 놓을 때에는, '신의 어린 양이 희생되도다'라고 말한다. 그리고 나서 빵에 십자가를 그리고 작은 창으로 빵의 측면을 찌른다. 이때에 하는 말은 '병사들 중 하나가 창으로 그의 옆구리를 찌르니 물과 피가 흘러나왔도다'이다.—그리고 포도주와 물을 혼합Commixtio하게 된다. 잔은 빵 옆에 세운다." 제물δῶρον은 제물의 제공자이기도 하다. 즉 그리스도는 희생을 바치는 자이면서 희생물이다.

크람프는 이렇게 말한다: "때로는 나눔fractio이, 때로는 주기도문 Pater noster 전의 성체 거양擧揚, elevatio이, 때로는 '탄원Supplices'을 끝내는 성호 표시가, 때로는 거룩한 변화(축성)consecratio가 그리스도의 죽음의 상징으로 취해지지만, 그리스도의 그러한 '신비로운 도살'을… 미사의 본질로… 보아야 한다고 생각하는 사람은 없다. 그렇기 때문에 미사 제의에서 그리스도의 '도살'에 대한 암시가 발견되지 않는 것은 놀라운 일이 아니다."[34]

7. 큰 거양

거룩하게 변환된 성체는 들어 올려져 신도들에게 제시된다. 특히 축성된 성체는 하늘의 복된 현성顯聖, visio beatifica을 의미한다. 이는 「시편」 27장 8절, "이렇게 내 마음 그대로 아뢰옵니다. 나를 찾으라 말씀하셨사오니, 야훼여, 이제 당신을 뵙고자 합니다Tibi dixit cor meum, exquisivit te facies mea: faciem tuam Domine requiram"를 충족시키는 것이다. 성체 속에 그리스도Gottmensch가 현존하게 되는 것이다.

8. 거룩한 변화 이후 Postconsecratio

이제 의미심장한 기도 "Unde et memores"를 올리게 된다("Supra quae"와 "Supplices"도 함께. 라틴어 원문은 『전집』을 보라):

> "그러므로 주님, 저희 봉사자들과 주님의 거룩한 백성은 성자 우리 주 그리스도의 복된 수난과 죽음을 이기신 부활과 영광스러운 승천을 기념하나이다. 저희는 아버지께서 베풀어주신 선물 가운데서 이 깨끗한 제물, 흠 없는 제물, 영원한 생명의 구원의 잔을 존엄한 대전에 봉헌하나이다."

> "이 제물을 자비롭게 굽어보시고 일찍이 주님의 의로운 종 아벨의 제물과 저희 조상 아브라함의 제사와 대사제 멜기세덱이 바친 거룩하고 흠 없는 제물을 받아주셨듯이 이를 받아들이소서."

"전능하신 아버지, 간절히 청하오니 거룩한 천사의 손으로 이 제물이 존엄한 천상 제단에 오르게 하소서. 그리하여 이 제단에서 성자의 거룩한 몸과 피를 받아 모실 때마다 하늘의 온갖 은총과 축복을 가득히 내려주소서. 우리 주 그리스도를 통하여. 아멘."[35]

첫 번째 기도가 제시하는 것은 변화된 실체에 주님의 부활과 영광의 이념이 시사되고 있다는 사실이다. 두 번째 기도는 구약성경에 예시된 제사들을 상기시킨다. 아벨의 경우는 양의 희생이다. 아브라함의 제사는 일단 아들의 희생이지만, 이는 동물의 희생으로 대치된다. 멜기세덱은 제물을 바치지는 않았고 아브라함의 일가족을 빵과 포도주로 대접하였다. 이러한 순서는 우연한 것이 아니라 하나의 단계를 구성한다. 아벨은 본질적으로 아들이고, 동물을 제물로 바친다. 아브라함은 본질적으로 아버지(게다가 종족의 '시조始祖')이므로, 보다 높은 단계에 위치한다. 그는 소유물을 골라서 바칠 뿐 아니라 자신의 가장 귀하고 좋은 것, 외아들을 희생시킨다. 멜기세덱(정의의 왕)은 「히브리서」 7장에 따르면 살렘의 왕이며 "가장 높은 신의 제사장El'Elion"이다. 필로 폰 비블로스Philo von Byblos는 가나안의 신격[36]인 '지극히 높으신 엘리운 Ἐλιοῦν ὁ ὕψιστος'으로 언급한다. 이 신이 야훼와 동일한 존재일 수 없음은 자명하다. 그러나 아브라함은 그에게 십일조를 지불함으로써[37] 멜기세덱의 제사장직을 인정한다.[38] 멜기세덱은 그의 제사장직 때문에 족장보다 우월한 위치에 있다. 따라서 그가 아브라함의 가족을 대접했다는 것은 사제적 행위의 의미를 갖는다. 그의 행위에는 바로 빵과 포도주로써 암시되는 상징적 의미가 첨가되어야 하는 것이다. 이로써 상징적 제사는 언제나 타자를 희생시켜야 하는 아들의 희생제사보다 더 높은 위치에 놓이게 된다. 멜기세덱의 봉헌은 예시적 형태로서 바로 그리스도의 자기희생을 의미한다.

"간절히 청하오니Supplices te rogamus"의 기도에서는 신이 이 제물을 "천사의 손으로per manus Angeli" "숭고한 제단으로in sublime altare" 가져가게 해달라고 간청하게 된다. 이렇게 독특한 간청의 기도는 『사도 서간집Epistolae Apostolorum』에서 비롯된 것이다. 거기에 수록된 전설에 따르면 그리스도는 성육신 전에 대천사들에게 자신이 없는 동안 신의 제단에서 자신을 대신하라고 명령하였다고 한다.[39] 여기서 멜기세덱과 그리스도를 결합시키는 영원한 제사장직의 관념이 나타난다.

9. 카논미사 전문典文〔'거룩하시도다Sanctus' 다음부터 '주의 기도'까지〕의 종결

성배Kelch는 성체와 함께 세 번 성호가 그어지고, 그동안 사제는 이렇게 말한다. "그리스도를 통하여, 그리스도와 함께, 그리스도 안에서 Per ipsum et cum ipso et in ipso." 그리고 나서 자신과 성배 사이에 두 번 성호를 긋는다. 성호 긋기를 통해 성체와 성배, 사제 사이에 동일성의 관계가 형성되며, 이로써 모든 구성 요소들 속에서 제사의 통일성이 다시 증명되는 것이다. 성체와 성배의 결합은 살과 피의 결합, 즉 몸에 영혼(피 = 심혼Seele)이 깃드는 것을 의미한다. 다음 순서로 주기도문이 이어진다.

10. 삽입기도Embolismus와 나눔Fractio (엠볼리즘은 '삽입구문'을 뜻한다)

여기서 올리는 기도 "주님, 저희를 모든 악에서 구하시고 한평생 평화롭게 하소서Libera nos, quaesumus, Domine, ab omnibus malis, praeteritis, praesentibus et futuris"는 바로 앞의 주기도문에서 했던 간구 "우리를 악에서 구하소서sed libera nos a malo"를 새로이 강조하는 것이다. 제사에서 일어난 그리스도의 죽음과의 연관성은 지옥 순례, 그리고 그와 결부된 사악한 힘의 파괴를 통해 발생한다. 이어지는 빵 나눔Fractio의 의식은 그리스도의 죽음과 의미 깊게 연결된다. 성체Hostie는 잔 위에서 두 부분으로 쪼개진다. 왼쪽의 반절에서 아래의 작은 제병祭餠, particula이 보증Consignatio과 혼합Commixtio 의식을 위해 떼어진다. 비잔틴의 제의에서는 빵을 4등분하는데, 네 부분은 다음과 같이 문자로 표기된다.

    IΣ
  NI KA 그 뜻은, "예수 그리스도가 승리하신다."
    XΣ

이렇게 독특한 배열은 명백히 사위일체Quaternität를 표현하는데, 익히 알려진 대로 4에는 옛날부터 전체성의 성격이 부여되었다. 이러한 숫자 4는 표기가 보여주는 것처럼 영광을 입으신 그리스도, 영광의 왕rex gloriae, 전능자Pantokrator와 관련된다.

모즈아라비아식 나눔 의식은 좀더 복잡하다: 빵은 먼저 두 부분으로 쪼개진다. 그리고 왼쪽 부분은 다섯 조각으로, 오른쪽 부분은 네 조각으로 나뉜다.

왼쪽 다섯 조각은 다음과 같이 부른다.[40] 오른쪽 네 조각은 다음과 같다.

L. {
1. corporatio(incarnatio) 화신化身(육화肉化)
2. nativitas (탄생)
3. circumcisio (할례)
4. apparitio 출현(불가사의한)
5. passio (고통)
}

R. {
1. mors (죽음)
2. resurrectio (부활)
3. gloria (영광)
4. regnum (왕국)
}

다섯 조각의 의미는 오로지 주님의 인간적 삶의 경로와 관련되고, 네 조각은 세상을 초월한 실존과 관련된다. 5는 옛날의 이해에 따르면, 쭉 뻗은 양팔과 양다리, 그리고 머리가 함께 오각형을 이루는 자연적('물질적') 인간의 수이다. 그에 반해 4는 영원한 전체성Ganzheir에 상응한다(비근한 예로, 그노시스파에서 'Barbelo'라는 이름은 '4는 신이다'로 번역된다). 이런 상징은—나는 여기서 단지 주석으로서 첨가할 뿐이지만—공간에서 펼치는 것, 즉 십자가 모양으로 놓는 것, 한편으로는 신격의(십자가상의) 고통을, 다른 한편으로는 우주 공간의 지배를 시사하는 것 같다.

11. 보증Consignatio

사제는 작은 제병Particula[제사 빵 조각]으로 잔에 성호를 그은 후 그것을 포도주에 잠기게 한다.

12. 혼합

혼합Commixtio은 빵과 포도주를 섞는 의식이다. 이에 대해 몹수에스티아의 테오도루스Theodorus von Mopsueste(428년 사망)는 이렇게 말한다. "…사제는 빵과 포도주를 섞고 결합시켜 하나로 만든다. 이때 그것은 둘이지만 근본적으로 하나라는 사실을 누구나 깨닫게 된다."[41] 여기에 속하는 기도는 이렇다. "우리 주님의 살과 피를 이렇게 혼합하고 축성祝聖하여…."[42] 'consecratio'라는 표현은 아마도 접촉을 통하여 per contactum 이루어진 원래의 거룩한 변화Konsekration를 가리키는 듯하다. 물론 그것으로는 모순이 해명되지 않을 것이다. 두 실체들의 거룩한 변화가 이미 이루어졌기 때문이다. 그렇기 때문에 한 미사의 성체 Sakrament를 다른 미사를 위해 보관하는 방법이 상기되었다. 그것은 성체를 포도주에 담가 부드럽게 한(즉 혼합된) 상태로 보존하는 방식으로 이루어졌다. 그런데 혼합은 의식 절차의 맨 마지막에 시행된다. 내가 상기시키려는 것은 다만, 세례받은 자들이 히폴리투스의 교회 규정에 따라 영성체 후에 우유와 꿀의 혼합액을 받았다는 사실이다.

레오니우스의 『전례서 Sacramentarium Leonianum』(7세기)는 혼합을 그리스도의 천상적 본질과 지상적 본질의 혼합으로 해석한다. 훗날의 견해에 따르면 그것은 또한 부활의 상징이기도 하다. 혼합에서 피(= 혼)가 무덤에서 쉬는 주님의 몸과 다시 결합되기 때문이다. 변화의 물에 몸을 담그는 침례 행위를 의미심장하게 도치시키면, 혼합에서는 몸 Particula이 정신의 상징인 포도주 속에 잠기는데, 이는 몸이 거룩해지는 것과 일치한다. 그래서 혼합을 부활의 상징으로 간주하는 것이 정당한 것이다.

13. 요약

엄밀한 관찰을 통해 밝혀진 것은, 미사가 때로는 분명하게, 때로는 암시적으로 여러 가지 의식 행위를 거치면서 주님의 삶과 고난을 농축된 형식으로 표현한다는 사실이다. 이때 어떤 단계들은 겹쳐지거나, 의식적이고 의도적인 응축을 생각할 수 없을 정도로 밀접하게 연결되어 있다. 오히려 미사의 역사적 과정이 점차 그리스도 삶의 중요한 측면들을 구체화하는 쪽으로 이어지는 것처럼 보인다. 우리는 먼저 ("주님의 이름으로 오시는Benedictus qui venit"과 "이 제물을 인자로이 굽어보시고Supra quae propitio ac sereno vultu…"에서〔미사의 '기념과 봉헌' 부분〕) 그리스도의 강림을 선취先取하고 예시豫示한다. 거룩한 변화 문구를 말하는 것은 로고스의 육화肉化에 해당되며, 동시에 수난과 희생적 죽음에도 상응하는데, 후자는 빵 나눔Fractio에서 다시 한 번 등장한다. "모든 악에서 구하시고Libera nos"에서는 지옥 순례가, 보증Consignatio과 혼합Commixtio에서는 부활이 암시된다.

봉헌된 제물이 제물을 드리는 그 분 자신이고, 사제와 신자들이 제사에서 스스로를 봉헌하며 그리스도가 제물을 바치는 자인 동시에 제물이라는 점에서, 제사 행위를 이루는 모든 지체들의 신비적 통일체가 존재한다.[43] 제물과 바치는 자들이 그리스도의 형상 속에서 결합된다는 것은, 빵이 많은 밀알로, 포도주가 수많은 포도송이로 만들어지듯 신비체Corpus mysticum인 교회는 수많은 신도들로 구성된다는 『디다케Didachē』의 생각 속에서 이미 시사된 것이다. 더 나아가 그리스도의 신비로운 몸은 포도주와 빵이 표현하는 양성兩性을 포괄한다.[44] 포도주는 남성적인 깃이며 빵은 여성적인 것으로서, 두 개의 실체는 신비한 그리스도의 자웅동체를 의미한다.

미사는 인간 영역에서 일어나는 **신의 변환**, 즉 인간화와 절대 존재로의 회귀라는 신비와 기적을 본질적 핵심으로서 지니고 있다. 그렇다, 인간 자신은 봉사하는 도구로서 헌신과 자기희생을 통해 이 비밀스러운 과정에 편입된다. 신의 헌신은 자유의지에 의한 사랑의 행위이며, 그에 반해 자기희생은 인간을 통해(도구인道具因과 성사인聖事因, instrumentaliter et ministerialiter) 초래된 비참하게 피 흘리는blutig[45] 고통의 죽음이다('무혈의 희생incruente immolatur'은 사실과 관계할 뿐 상징성과는 관련이 없다). 끔찍한 십자가의 죽음은 변화의 전제로서 불가피한 것이다. 변환은 우선 죽은 실체의 재생이고, 그 다음의 본질적인 변화는, 섬세한 실체인 프네우마의 원래 표상에 부합되는 영화靈化, Vergeistigung〔성화체聖化體, Corpus glorificationis〕이다. 이러한 이해가 성찬식에서 그리스도의 몸과 피에 구체적으로 참여하는 가운데 표현된다.

III. 변환 신비의 유례

1. 아즈텍족의 테오쾰로

미사가 비교종교사에서 유례類例가 드문 유일한 현상이긴 하지만, 미사의 상징 내용이 인간의 심혼에 뿌리를 두고 있지 않다고 한다면, 미사의 상징 내용은 사람들에게 낯설고 생소할 것이다. 그러나 미사의 상징 내용이 인간의 심혼에 뿌리를 두고 있다고 한다면, 우리는 비슷한 상징 관련들이 정신사에서뿐만 아니라 동시대의 이교적 정신세계에서도 나타날 수 있으리라 기대할 수 있을 것이다. "Supra quae"라는 기도가 보여주듯이 미사경본 자체도 구약의 예시들에 대해 주의를 환기시키고 있고, 그렇게 함으로써 옛날의 희생 상징 전반에 대해 간접적으로 주의를 환기시킨다. 이를 통해 명확해지는 것은 그리스도의 희생과 성찬에는 인간 심혼의 가장 깊은 일체감이 드러나는 태고의 인신공양과 의례적인 식인 풍습이 결부되어 있다는 점이다. 유감스럽게도 나는 여기서 이와 관련된 풍부한 민족학적 자료에 대해 깊이 논급할 수가 없다. 나는 그의 나라와 민족의 번영과 번성을 위해 왕을 죽이는 의례적인 **왕의 희생**을 지적하고, 또는 인신공양을 통한 신들의 적절한 부활과 소생 및 참가자들을 조상들의 존재와 다시 하나가 되게 하려는 목적을 가지고 있는 토템의식을 강조하는 것으로 만족하고자 한다. 이러한 예들은 미사의 상징이 인간의 정신과 정신사에 얼마나 넓고 깊게 관련을 맺고 있는가를 암시하기에 충분할 것이다. 이를테면 우리는 미사의 상징이 가장 태곳적이면서 가장 핵심적인 종교적 관념들과도 관계하고 있다는 것을 알 수 있다. 이러한 종교적 관념들과 관련해서 문외한들뿐만 아니라 학문적 영역에 종사하는 사람들도 종종 다음과 같은 선입견을 따르고 있다. 다시 말해 위에서 언급한 풍습들과 관념들이 어쨌든 먼 옛날에 '발명되었고', 그런 다음 전승 내지는 모방되었으며, 따라서 그러한 풍습들과 관념들이 암시적으로 전달되지 못한 대다수의 장소에서는 전혀 존재하지 않는다는 선입견을 여전히 추종하고 있는 것이다. 그렇지만 현대의 기질, 혹은 문명화된 기질로 다른 원시적 상태를 추론하는 것은 늘 그렇듯 다소 위험한 일이다. 경험에 따르면 원시인의 의식은 아주 중요한 몇 가지 점에서 오늘날 인간의 의식과는 다르다. 원시 사회에서 '발명하는 것Erfinden'은 새로운 것이 기존의 것을 몰아내는 오늘날의 의미와 본질적으로 다르다. 원시 종족에서는 끝없이 오랜 시간 동안 변화하는 것은 아마 언어를 제외하곤 아무것도 없을 것이다. 그렇다고 해서 언어가 새로 '발명된' 것은 아닌 것 같다. 원시인의 언어는 '살아 있는' 것이기에 변화할 수 있는 것이다. 그러한 사실은 이미 많은 원시 언어의 사전 편찬자들에게 불쾌한 발견이 되었다. 생생한 아메리카 은어隱語〔슬랭Slang 또는 속어俗語〕도 결코 '발명된' 것이 아니라, 지금까지 무한히 풍부한 상상력을 가지고 일상회화의 어두운 품에서 태어난 것이다. 의식儀式이나 의식의 상징 내용도 아마 이와 비슷하게 인간이 인식할 수 없는 기원에서 생겨났을 것이고, 게다가 한 장소에서뿐만 아니라 많은 장소에서 동시적으로 서로 다른 시간대에 생겨났을 것이다. 그것들은 결코 발명된 적이 없는, 어디에서든 존재하는, 즉 인간 본성의 고유한 전제들에서 자연발생적으로 생겨난 것이다.

따라서 우리가 고대 문화의 손길이 전혀 닿지 않은 지역에서 기독교의 관례들과 매우 유사한 의식들을 발견할 수 있다는 것은 그리 크게 놀랄 일이 아니다. 나는 무엇보다 아즈텍족의 테오콸로Teoqualo, 즉 '신의 몸 나눠 먹기Gottessen'라는 의식을 염두에 두고 위와 같이 말했다. 이 의식은 1529년에 멕시코를 정복한 뒤 8년 동안 아즈텍족의 땅에서 선교활동을 했던 수사 베르나르디노 데 사아군Bernardino de Sahagún에 의해 전해졌다. 가시양귀비(멕시코 양귀비)의 씨들을 으깨고 찧어서 반죽을 만들고, 그 반죽으로 우이칠로포치틀리Huītzilōpōchtli〔아즈텍족이 믿는 태양과 전쟁의 신. '우이칠로포치틀리'라는 이름은 '되살아난 남쪽의 전사'라는 뜻을 갖고 있었다〕 신의 몸을 빚었다. 원문은 이렇게 쓰여 있다.

> 이튿날 아침
> 우이칠로포치틀리의 몸이 바쳐졌다.
> 케찰코아틀〔고대 멕시코 종교의 주요 신인 깃털 달린 뱀〕(역할을 하는 사제가) 우이칠로포치틀리를 죽였다.
> 사제는 차돌로 만든 뾰족한 창끝으로 그를 죽였고,
> 그의 심장 속으로 창을 꽂아 넣었다.
> 우이칠로포치틀리는 (왕) 모테쿠소마Motecuhçomas〔Moctezuma〕
> 와 제사장이 참석한 가운데 희생제물로 바쳐졌다.
> 우이칠로포치틀리는 제사장과 말을 했고
> 제사장 앞에 모습을 드러냈으며
> 제사장은 우이칠로포치틀리에게 제물들을 갖다 주었다.

그리고 그 자리에는 신병들을 이끄는 네 명의 지휘관이 (참석하고 있었다):
이 모든 사람들이 참석한 가운데
우이칠로포치틀리는 죽었다.
그리고 그들은 그가 죽은 뒤에
반죽으로 만들어진 그의 몸을 작게 잘랐다.
심장은 (왕) 모테쿠소마의 몫이 되었다.
그리고 (그의 몸의) 다른 원통형의 부위들,
이를테면 뼈를 이루고 있던 부위들은
(참석한 사람들)에게 나눠졌다.
……
그들은 해마다 (몸을) 먹는다.
……
그리고 그들이 반죽으로 만들어진 신의 몸을 서로 나눌 때면,
(각자) 아주 작은 조각을 (받는다).
젊은 전사들은 신의 몸을 먹었다.
그리고 '신의 몸을 먹는' 이것은 '신의 몸 먹기'라고 불린다.
그리고 신의 몸을 먹은 자들은 '신의 지킴이'라고 불린다.[46]

신의 몸에 대한 관념, 신의 모습을 보고 신과 말을 하는 대제사장이 참석한 상태에서의 신의 희생, 창으로 신의 몸을 꿰뚫기, 신의 죽음, 이어서 행해지는 의례적인 신의 몸의 해체와 그 몸의 작은 조각을 먹는 것(영성체 Communio)은 결코 무심코 보아 넘길 수 없는 유례이다. 그에 따라서 이러한 유례들은 그 당시 스페인 사제들의 골머리를 쥐어짜게 만들었다.

미사에서의 변환의 상징 —— 173

기독교에 조금 앞서서 번성한 **미트라교**[조로아스터교 이전에 이란의 태양·정의·계약·전쟁의 신인 미트라를 숭배하는 종교]에서도 독특한 희생 상징과 기독교와 아주 유사한 의식이 발전되었다. 유감스럽게도 우리는 말 없는 유물들을 통해서만 그 의식에 대해 알 수 있다. 우리는 유물들에서 미트라가 황소를 짊어지는 **이행**移行, Transitus, 즉 그 해의 풍요를 가져다주는 **황소 희생**을 볼 수 있다. 그리고 희생제의에서 언제나 똑같이 나타나는 장면도 볼 수 있다. 이를테면 **문지킴이**Dadophoren[횃불잡이]들이 양쪽에 둘러서 있는데, 그들 중에서 한 명은 횃불을 위로 똑바로 쳐들고 있고, 또 다른 한 명은 아래로 내려 들고 있는 모습을 볼 수 있다. 또한 공동식사 때에는 탁자 위에 **십자가**들이 표시된 빵들이 놓여 있다. 우리는 **작은 종**들도 볼 수 있는데, 종들은 미사에서 사용되는 종들과 상당히 깊은 관련을 맺고 있는 것 같다. 황소가 원래 우주의 소로서 미트라와 동일하다는 점에서 보면 미트라교의 희생은 내용적으로는 **자기희생**을 의미한다. 아마도 그 때문에 타우로크토노스Tauroktonos[황소 살해자라는 뜻이다. 미트라는 종종 타우로크토노스로 나타난다]의 얼굴에 귀도 레니 Guido Reni[이탈리아 초기 바로크 양식의 화가]의 십자가상의 예수님의 표정과 비견될 수 있는 독특한 고통을 짓는 표정이 나타나는 것 같다.[47] 모티프적인 면에서 미트라교의 이행은 십자가의 짊어짐과 상응하고, 희생제물의 변환은 음식을 통한 기독교 신의 부활과 상응한다. 희생행위, 즉 황소를 죽이는 장면의 비유적 묘사는 하늘로 올라가는 죄수와 지옥으로 내려가는 죄수 사이에서 십자가에 매달리는 것과 상응한다.

일찍 죽고, 애도를 받고, 다시 살아나는 근동 지역의 신들에 관한 제의들과 제의 전설들에 관한 풍부한 유례에서 미트라교 의식이 보여주는 기독교의 미사와 유사한 사례들을 짐작하기에 충분할 것이다. 근동 지역의 종교를 어느 정도라도 알고 있는 사람이라면, 상징적 유형들

내지는 관념들의 근본적 동류성同類性에 대해 추호의 의심도 하지 않을 것이다.[48] 원시기독교 시대나 교회의 초기 시대와 같은 시기의 이교에는 그러한 관념들뿐만 아니라 그러한 관념들과 동일한 철학적 사변들이 무성했다. 이러한 배경하에서 그노시스〔영지주의靈知主義〕 철학의 사유와 관조가 전개되었다.

2. 초시모스의 환상

그노시스적 정신 사조의 전형적 대표자는 3세기의 자연철학자이자 연금술사였던 초시모스 폰 파노폴리스Zosimos von Panopolis였다. 배열 상태가 엉망이긴 하지만, 그의 글들은 유명한 연금술 관련서인 『마르키아누스 문서Codex Marcianus』에 간직되어 오늘날까지 전해지고 있고, 1887년에 M. 베르틀로M. Berthelot에 의해 『고대 그리스 연금술사들의 글 모음집Collection des Anciens Alchimistes Grecs』에 합본되어 출간되었다. 초시모스는 자신의 논문[49] 여기저기서 겉보기에는 여러 개의 꿈의 환상들에 관해 보고하고 있다. 그렇지만 그러한 환상들 모두는 내용적으로 하나의 동일한 꿈에서 생겨난 것들이다.[50] 초시모스는 분명히 이교적 그노시스파 사람이었고, 크라터Kratēr〔포도주와 물을 섞는 고대 그리스의 항아리〕를 다루는 유명한 구절[51]에서 추론할 수 있듯이 특히 포이만드레스 종파의 추종자, 그러니까 헤르메스 신봉자〔연금술사〕였다. 연금술 관련서에 아주 많은 우화들이 나오긴 하지만, 그럼에도 나는 초시모스의 꿈의 상을 우화에 편입시키는 것에 대해서는 잠시 깊은 생각을 해보지 않을 수 없다. 연금술의 언어를 잘 아는 모든 전문가들은 우화가 일반적으로 알려진 관념들의 단순한 비유라는 것을 확연히 알아차릴 수 있다. 사람들은 우화들에서 어떤 소재들, 또는 어떤 수단들이 인위적이고 의도적으로 인물들과 줄거리들에 극적으로 사용되었는가를 대체로 쉽게 알아낸다. 그에 반해 초시모스의 환상들은 결코 그 같은 경우가 아니다. 게다가 우리는 이를테면 인상 깊은 줄거리를 가진 꿈이 바로 '신적인 물'을 만드는 방법 이외에 아무것도 말하고자 하지 않는다는 연금술적 해석에 먼저 놀라게 된다. 또한 하나의 우화가 그 자체로 완결된 체계를 이루는 반면에, 진짜 꿈처럼 보이는 초시모스의 환상은 하나의 동일한 주제를 여러 종류의 주제들로 변주시키고 있고, 확충을 통하여 보다 명확하게 보충된다. 우리가 초시모스 환상들의 성격에 대해 어떤 판단을 내린다면 이미 초시모스의 원문 속에는 상상적 명상의 내용들이 하나의 진짜 꿈의 핵심 주위에 덧붙여져 있으면서 그것과 밀접하게 맺어져 있다고 볼 수 있지 않을까 생각된다. 그리고 이러한 명상이 일어나고 있었다는 사실은 주석적 방식으로 환상에 덧붙여진 명상의 단편들에서 확연히 추론된다. 경험상 의식에 가까운 단계에서 꿈이 계속 이어지는 것처럼, 그러한 명상들은 시종일관 그림이 이어지듯 진행된다. 룰란트Martin Ruland도 1612년에 펴낸 그의 『연금술 사전Lexicon Alchemiae』에서 주지하다시피 연금술에서 아주 중요한 역할을 하는 명상을 정의하기를 "누구와 더불어 내적 대화를 하는 사람은 결국 보지 못한다colloquium internum cum aliquo alio, qui tamen non videtur", 즉 신, 자기 자신, 혹은 "자기 자신인 선한 천사proprio angelo bono"와 나누는 내면의 대화라 하였다. 여기에서 후자는 고대 연금술의 친밀한 영spiritus familiaris 또는 파레드로스Paredros의 순화되고 부드러워진 형태를 말한다. 후자는 종종 마술적 수단으로써 불려나오는 행성의 데몬이다. 원래 이러한 풍습들의 토대에 참된 환상 체험들이 있다는 사실에는 아마도 의심의 여지가 없을 것이다. 환상Vision은 깨어 있는 상태에서 홀연히 나타나는 꿈에 다름없다. 우리는 서로 다른 세기의 일련의 증거들을 통해 연금술사가 기상천외한 작업을 할 때 각종 환상들을 가지고 있었고,[52] 심지어 이따금 광기[53]의 위험에 처하기도 했다는 것을 알고 있다. 따라서 초시모스의 환상들은 연금술 체험으로서 결코 낯선 것도 미지의 것도 아니다. 그러나 그의 환상들은 내용상으로 연금술사들이 우리에게 남겨 준 가장 주목할 만한 자기고백들 가운데 하나일 것이다.

여기서 나는 『기본 저작집』 9권에서 상세히 논한 바 있는 첫 번째 환상의 내용만 소개하고자 한다.[54]

> 나는 이 말을 하면서 잠에 빠져들었고, 내 앞에 한 봉헌 사제가 납작한 사발 모양의 제단 위에 서 있는 것을 보았다. 거기에는 제단 위로 오르도록 열다섯 계단이 놓여 있었다. 그 사제는 그 제단 위에 서 있었는데, 위에서 내게 말하는 목소리가 들려왔다. "나는 어둠의 열다섯 계단을 통한 하강을 완수하였고, 빛의 열다섯 계단으로의 상승을 완수하였다. 그리고 바로 이 사제가 나의 육체의 밀도를 제거하였기 때문에 나는 새롭게 되었으며, 불가피하게 성화聖化되었고, 이제 영靈으로서 완성되어 여기에 서 있다." 나는 제단 위에 서 있는 자의 이 목소리를 듣고, 그가 누구인지 알고 싶어 그에게 물었다. 그는 아주 고운 목소리로 대답하였다: "나는 내면 깊숙이 숨겨진 성소聖所의 사제인 이온 Ion이다. 나는 견딜 수 없는 형벌을 받고 있다. 왜냐하면 아침 일찍 한 사람이 급히 와서 나를 습격하여 긴 칼로 나를 꿰뚫고, 나의 사지의 정렬을 조화롭게 유지하도록 하면서 여러 조각으로 자르고 분리하였다. 그는 긴 칼을 힘차게 놀리며 내 머릿가죽을 벗겼으며, 뼈를 살점들과 함께 모아 이 모두를 그 자신의 손으로

불 위에 태워서, 나는 나의 신체가 어떻게 변화하여 영靈이 되는지를 보게 되었다. 이것은 참기 힘든 고통이었다." 그가 이것을 설명했고, 내가 그에게 말을 계속하도록 강요하자 그의 눈이 피로 물드는 것을 보았다. 그는 자신의 살점을 모두 토해냈다. 그리고 나는 그가 한 작은 남자[55]로 변하는 것을 보았는데 그는 자신의 일부를 잃어버렸다(절단되고 작아진 남자). 그리고 그는 자신의 이로 자신을 물어뜯고 자신 속으로 붕괴해 들어갔다.

환상들이 진행되면서 사제는 여러 모습으로 등장한다. 우선 그는 **사제**Hiereus이자 **봉헌자**Hierourgon(희생을 집행하도록 위임받은 자)로 분리되어 있다. 그렇지만 이 두 인물은 같은 운명을 겪는다는 점에서 서로 뒤섞인다. 사제는 **자발적으로** 고통을 짊어지고, 스스로 변신에 몰두한다. 그렇지만 그는 제물을 봉헌하는 자에 의해 **검으로 꿰뚫리고, 목이 잘리면서 희생당한다**. 또한 그는 **의식**儀式의 절차에 따라 해체되기도 한다.[56] 만찬deipnon의 핵심적 내용은 사제가 자신의 이로 자신의 몸을 물어뜯고, 자신의 몸을 먹어치우는 데 있다. 제물thysia의 핵심적 내용은 사제가 번제물로서 제단 위에서 태워지는 것이다.

그를 희생의식 전반을 관장하고, 또한 제물로 바뀌는 사람들에 대해 권능을 가진다는 점에서 본다면 그는 **사제**Hiereus이다. 그는 스스로를 영들의 지킴이라 부른다. 그를 또한 '청동 남자'와 퀴루르고스 ξυρουργός(이발사)라고도 부른다. '청동' 또는 '납' 남자라는 명칭은 희생극의 등장인물들로서 금속영靈들이나 행성영行星靈들을 가리킨다. '청동' 또는 '납' 남자는 마술로 불려나온 파레드로이πάρεδροι(보좌관)라고 추측할 수 있고, 사제에게 말을 계속하도록 '강요했다고' 하는 초시모스의 말에서 이를 유추할 수 있을 듯하다. 행성영靈들은 본래 다름 아닌 올림포스 산의 신들(프랑스 계몽주의 시대의)이며, 이 신들은 18세기에 이르러 비로소 금속영들로서 그 수명을 다했거나 혹은 변신한 것들이다. 이교Heidentum가 처음으로 다시 공공연히 일어난 때가 바로 18세기였던 것이다.

'이발사'[57]라는 명칭부터가 특이하다. 왜냐하면 이발에 대해서는 어디에서도 언급되지 않고 있기 때문이다; 그렇지만 머리껍질 벗기기가 이야기되고 있는데, 아마도 이것은 고대의 살가죽 벗기기 의식들 및 그것들의 신비적 의미와 가장 밀접한 관련을 맺고 있을 것이다.[58] 나는 키벨레Kybele의 아들이자 연인이었던 아티스Attis의, 즉 죽고 다시 부활하는 신의 의심할 바 없는 유례인 마르시아스Marsyas의 살가죽 벗기기를 예로 들고자 한다. 오래된 아티스의 풍요제는 황소의 가죽 벗기기, 속 채우기, 다시 일으켜 세우기로 진행된다. 이미 헤로도토스(IV, 60)에 의해 살가죽을 벗기는 스키타이족의 여러 풍습들, 특히 머릿가죽 벗기기 풍습들이 소개되었다. 살가죽 벗기기 의식들은 일반적으로 나쁜 상태에서 보다 좋은 상태로의 **변환**, 따라서 갱생과 부활의 의미를 가진다. 이에 대한 가장 좋은 예가 고대 멕시코의 종교일 것이다.[59] 예를 들면 달의 여신의 부활을 위해 한 여자의 **목이 잘려지고**, 그녀의 살가죽이 **벗겨진다**. 이어서 한 남자가 이 살가죽을 몸에 걸치며, 그에 뒤이어 부활한 여신이 모습을 드러낸다. 아마도 이러한 부활의 본보기는 해마다 일어나는 뱀의 허물벗기일 것이다. 사람의 경우에 머리에 한정된 껍질 벗기기는 십중팔구 환상의 기본 사상, 즉 영적 변환을 통하여 설명될 수 있을 것이다. 삭발은 오래전부터 헌신, 이를테면 영적 변환, 또는 입문식Initiation과 관련되어 있었다. 이시스Isis의 사제들은 머리를 삭발했고, 알다시피 머리 중앙부 삭발은 오늘날까지도 행해지고 있다. 이러한 변환의 '**징후Symptom**'는 변화된 사람이 대머리인 새로 태어난 아이(새로 입교한 자Neophyt, Quasimo-dogenitus)라는 고대의 사상으로부터 설명될 수 있을 것이다. 고대 영웅 신화에서 영웅은 수태 기간 동안에, 이를테면 괴물의 배 속에 머무르는 동안에 기승을 부리는 열기('찌는 듯한 열기') 때문에 머리카락을 모두 잃어버린다.[60] 이러한 고대 관념들에 기초하는 머리 중앙부 삭발 관례는 물론 의식의 진행에 필요한 이발사[61]의 참석을 전제로 한다. 특이하게도 또 다른 연금술 '비의秘儀'를 다룬 문헌으로 1616년에 나온 『화학적 결혼』[62]에도 이발사가 나온다. 이 책에서는 영웅이 비밀의 성으로 들어갈 때, 사람의 눈에는 보이지 않는 이발사들의 습격을 받게 되고, 그래서 그에게 삭발식과 유사한 의식이 벌어진다.[63] 여기서도 삭발은 입문식과 **변환과정**이라는 의미를 동반한다.[64]

환상들이 진행되면서 **용龍**에 관한 특이한 표현, 형태version도 나타나는데, 용은 사제와 같은 방법으로 죽임을 당하면서 희생제물이 된다. 따라서 용은 사제와 동등한 의미를 지닌 존재일 것이다. 여기에서 우리는 (연금술의 범위 밖에서도) 중세에서 적지 않게 볼 수 있는 그리스도 대신에 뱀이 십자가에 걸려 있는 묘사들을 떠올리게 된다(「요한복음」 3장 14절에서 모세가 그리스도를 뱀으로 비유한 것을 참조하라).

언급할 가치가 있는 사제의 특징으로 납鉛 호문쿨루스(파라켈수스에 의하면 호문쿨루스는 인공적으로 만들어낸 작은 사람으로 기적적인 힘을 가지고 있다)를 지적할 수 있고, 납 호문쿨루스는 납의 영, 또는 행성의 영과 다름없다. 초시모스의 시대에 토성은 유대인의 신Judengott으로 간주되었다. 추측건대 안식일 숭배Sabbatheiligung(토요일 = 토성의 날[65]) 때문에, 그리고 사자족λεοντοειδής으로서 바알, 크로노스 및 토성과 같은 계열에 속하는 최고의 집정관, 얄다바오트Jaldabaoth('혼돈의 아이Kind des Chaos')와의 그노시스적 대비 때문에 그렇게 간주되었을 것이다.[66] 물론 알 이브리Al-'Jbri(히브리인)라는 초시모스의 나중의 아라비아어 명칭이 그가 유대인이었다는 것을 증명하는 것은 아니다. 그렇지만 그의 글에서 분명히 드러나는 점은 그가 유대인의 전통에 대해 어느 정도 지식을 가지고 있었다는 것이다.[67] 유대인 신-토성의 유례는 구약에서 신약으로의 신의 변환에 관한 연금술적 견해에서 매우 중요한 의미를 지닌다. 가장 바깥쪽에 있는 행성인 토성(망원경이 발명되기 이전 사람들은 토성을 가장 바깥쪽의 행성으로 여겼다), 최고의 지배자(하란인들은 최고의 집정관을 '프리마스Primas'라 불렀다)이자 세계의 창조자인 얄다바오트로서의 토성에는 당연히 큰 의미가 부여된다.[68] 토성은 본래 어두운 물질 속에 갇혀 있는 검은 영spiritus niger이기 때문이다. 그는 자기가 창조한 것에 의해 집어삼켜지는 신, 또는 신의 일부다. 연금술의 변환 비의에서 토성은 원래의 밝은 상태로 되돌아가는 검은 신이다. 『떠오르는 새벽빛Aurora Consurgens』(I부)에는 이렇게 적혀 있다. "필시 이 학문을 발견하는 사람에게 토성의 지혜가 흘러들어갈 것이다."[69]

후대의 연금술에서는 용의 살해 외에 사자의 살해도 나타나는데, 적어도 사자는 네 발이 잘리는 모습으로 등장한다. 그리고 용과 마찬가지로 사자도 자신의 몸을 뜯어먹는다.[70] 따라서 사자는 용의 변이變異에 다름없다.

변환과정의 일반적 의도는 사제의 영화靈化인데, 그런 의도가 초시모스의 환상에서는 "그는 프노이마(그리스어 프네우마pneuma의 독일어식 발음)가 되어야만 한다"라는 말로 표현되어 있다. 또한 "사제는 몸을 피로 변화시키려고 했고, 눈으로 보게 하면서 죽은 자들을 되살리려고 했다"는 표현도 있다. 그는 일종의 영광을 찬양하는 장면에서는 **하얀 빛을 발하면서 정오의 태양**으로 나타난다.

환상들의 진행과정에서 제물을 봉헌하는 자와 봉헌된 제물은 동일한 존재라는 것을 쉽게 알아챌 수 있다. 원질료原質料, prima materia와 최종 질료最終質料, ultima materia의 통일, 용해하는 자와 용해되는 자의 통일이라는 이러한 사상은 연금술 전반을 시종일관 꿰뚫고 있는 사상이다. "돌은 하나이고, 치료제는 하나이며, 그릇도 하나이고, 처리방식과 배열도 하나이다"[71]라는 문구는 연금술의 비밀스러운 언어를 풀기 위한 핵심적 문구이다. 그리스의 연금술에서는 이러한 사상이 하나, 즉 전체ἒν τό πᾶν라는 공식으로 표현된다. 이것의 상징이 자신의 꼬리를 집어삼키고 있는 뱀 우로보로스다. 초시모스의 환상에서 제물을 바치는 자인 사제는 자기 자신, 즉 바쳐진 제물을 집어삼키는 자이기도 하다. 이러한 자기 자신 삼키기는 "그리스도가 만찬식에서 자기의 피를 마신다"고 한 성 크리소스토모스의 사상에서도 암시적으로 표현된다. 이와 마찬가지로 우리는 그리스도가 자신의 살을 먹었다는 표현을 덧붙일 수 있을 것이다. 초시모스의 꿈속에서 끔찍스럽게 먹는 것은 주신제酒神祭에서의 문란한 식사 시간을 연상시키거나 디오니소스제의 희생제물인 동물들을 갈기갈기 찢는 행위를 연상시킨다. 이 동물들은 티탄족에게 갈기갈기 찢기는 디오니소스 자그레우스 자신을 의미하고, 알다시피 그의 찢어발김에서 바로 새로운 디오니소스νέος Διόνυσος가 탄생한다.[72]

초시모스는 환상이란 "물의 생산"을 묘사하거나 설명하는 것이라고 말한다.[73] 그의 환상들은 프네우마로의 변환만을 보여준다. 그렇지만 연금술사들의 언어에서 프네우마와 물은 동의어이고,[74] 마찬가지로 초기 기독교인들의 언어에서도 물은 진리의 영spiritus veritatis을 의미한다. 『크라테의 서das Buch des Krates』에는 이렇게 적혀 있다: "너는 육체들을 녹인다. 그렇게 해서 육체들은 서로 섞이고, 하나의 동일한 액체가 된다; 이 액체는 '신적인 물'[75]이라 불린다." 이 구절은 초시모스의 글에서 사제는 "몸을 피로 변화시키려고 했다"라고 말하는 부분에 상응한다. 연금술사들에게 '물'과 '피'는 동일한 의미다. 변환은 용해 또는 승화와 동의어인 액화를 뜻한다. 왜냐하면 '물'은 '불'이기도 하기 때문이다. "왜냐하면 불은… 물이기 때문이다. 그리고 우리의 불은 불이면서 불이 아니기 때문이다."[76] "우리의 물"은 "불과 같다".[77]

"우리 철학의 숨겨진 불[secretus ignis nostrae philosophiae]"은 "우리의 신비한 물[nostra aqua mystica]"이다.[78] 또는 "영속적인 물[aqua permanens](그리스인들의 신적인 물ὕδωρ θεῖον)"은 "영적 피spiritualis sanguis"를 의미하기도 한다.[79] 그리고 그리스도의 옆구리 상처에서 나온 피와 물이 동일시된다. 그래서 하인리히 쿤라트Heinrich Khunrath는 물에 대해 이렇게 말한다: "그래서 너에게 치유의 홍수fluet가 나타나게 될 것이다. 그것은 위대한 세계에 속하는 아들의 심장에서 솟아나온 것이다." 이 홍수는 "위대한 세계에 속하는 아들이 우리에게 직접 준 것이고, 그의 몸과 심장에서 나온 홍수는 참되고 자연적인 생명수 Aqua Vitae가 된다."[80] 그리스도의 희생을 통해 은혜와 진리의 영적인 물이 흘러나온 것처럼, 초시모스의 환상에서는 희생행위를 통해 '신적인 물'이 생겨난다. 우리는 「이시스가 호루스에게Isis an Horus」[81]라는 옛 논고에서 벌써 이 신적인 물을 접할 수 있는데, 그 논고에서는 천사 암나엘이 예언녀에게 그릇에 담긴 물을 갖다준다. 초시모스가 아마도 포이만드레스 종파의 추종자였을 것이라는 점을 감안하면, 신이 누스 Nous로 가득 채웠고 엔노이아ἔννοια(관념, 사상)를 얻고자 했던 사람들에게 주었던 그릇kratēr도 이와 관련될 것이다.[82] 그런데 누스는 연금술에서의 메르쿠리우스와 동일하다. 이것은 초시모스가 오스타네스Ostanes의 글을 인용한 부분에서도 나타난다. 인용문은 다음과 같다: "힘차게 흐르는 나일강으로 가라. 그곳에서 너는 영이 깃들어 있는 돌 하나를 발견하게 될 것이다. 돌을 집어들어 깨뜨려 보고, 손으로 돌의 내부를 만져 보고, 돌의 심장을 꺼내라. 돌의 심장 속에 돌의 영이 들어 있기 때문이다." 초시모스는 이 인용문에 대해 주석을 달면서 '영의 소유'를 'Exhydrargyrosis', 즉 수은의 축출에 대한 비유적 표현이라고 말한다.[83]

누스와 프네우마는 기원후 처음 몇 세기 동안 구별 없이 사용되었고, 그래서 하나는 다른 하나로 쉽게 대치될 수 있었다. 게다가 메르쿠리우스가 영과 관련을 맺는다는 것은 점성술에서는 아주 오래전부터 익히 알려진 사실이다. 헤르메스처럼 메르쿠리우스(또는 행성의 영인 메르쿠어Mercur)도 연금술의 대가에게 기술의 비밀을 알려주는 계시의 신이었다. 10세기 이전에 원래는 하란어로 집필되었던 『플라톤의 제4서Liber Platonis Quartorum』에서는 메르쿠어에 대해 이렇게 언급한다: "이를테면 메르쿠어(= 메르쿠리우스)는 자신의 정신과 이해력으로 작업의 비밀스러운 문제들을 밝혀준다."[84] 또한 메르쿠어는 "몸의 영"이고, "생명의 아니마"이다.[85] 룰란두스Rulandus는 메르쿠어를 "땅이 된 영"이라고 정의한다.[86] 메르쿠리우스는 변신하면서 육체 세계의 깊숙한 곳으로 침투한 영이다. 누스처럼 메르쿠리우스도 뱀을 통해 상징화된다. 미하엘 마이어는 메르쿠리우스를 현세의 낙원으로 이끄는 길 안내자라고 한다.[87] 메르쿠리우스는 헤르메스 트리스메기스토스Hermes Trismegistos와 동일시된다.[88] 또한 메르쿠리우스는 "중개자"[89]로 그리고 "양성체兩性體의 아담"[90]인 태초의 인간으로 지칭되기도 한다. 다수의 구절에서 메르쿠리우스가 물이자 불이라는 표현이 등장하고, 그러한 구절들은 다시금 메르쿠리우스의 영적 특성을 지적하곤 한다.[91]

검劒에 의한 살해는 연금술 논문에서 자주 반복해서 등장하는 모티프다. '철학적 알'은 검에 의해 쪼개지고, '왕'은 검에 의해 몸이 꿰뚫린다. 마찬가지로 용은 검에 의해 토막토막 잘려진다. '몸체corpus' 또한 마찬가지인데, 몸체는 사지와 머리가 잘려나간 인간의 몸으로 묘사된다.[92] 앞서 언급한 것처럼 사자도 검에 의해 다리가 잘려진다. 연금술의 검은 용해solutio 혹은 원소 분리separatio elementorum를 일으키고, 그것으로 인해 혼돈스러운 최초의 상태가 다시 만들어지며, 그것에 뒤이어 새로운 "형상의 각인impressio formae" 또는 "상상력imaginatio"에 의해 보다 새롭고 완전한 육체가 태어난다. 따라서 검에는 "죽이면서 살리는 것occidit et vivificat"이라는 의미가 덧붙여지고, 그것은 영속적인 물, 혹은 메르쿠리우스의 물aqua permanens sive mercurialis이라는 표현에서도 드러난다. 검은 기독교의 상징론에서는 세계의 종말을 알리는 사람의 아들의 입을 통해 표현되는데, 「히브리서」 4장 12절에 따르면 검은 로고스, 하느님의 말씀, 고로 그리스도 자신이다. 이러한 유비類比는 끊임없이 적절한 용어를 찾으려고 애썼던 연금술사들의 환상에 자연스럽게 부합하는 것이었다. 메르쿠리우스는 바로 그들의 중개자Mediator이자 구원자Salvator였고, (소우주의 아들Filius Microcosmi이었던 그리스도와는 반대로[93]) 대우주의 아들Filius Macrocosmi, 즉 구세주이자 분리하는 자였다. 메르쿠리우스도 검이었다. 왜냐하면 그는 "침투하는 영(예리한 양날의 검penetrabilior ancipiti gladio)"이었기 때문이다. 그래서 16세기의 연금술사인 게라르두스 도르네우스Gerardus Dorneus는 현세의 검이 그리스도로, 우리의 구세주로 변환했다고 하면서, 다음과 같이 자세하게 설명했다.

"아담의 타락이 있고 난 한참 뒤에 지고지선至高至善의 신Deus Optimus Maximus은 자신의 비밀스러운 내면 가장 깊은 곳까지 들어갔다. 그분은 그 속에서 사랑의 따뜻함과 정의의 목소리 때문에 천사의 손에서 분노의 검을 빼앗기로 결심했다. 그분은 분노의 검을 나무에 걸어놓은 다음, 검 대신 금으로 된 세 갈래 낚시 바늘을 천사의 손에 들려주었다.

그렇게 신의 방식은 사랑으로 바뀌었다.… 평화와 정의가 그렇게 화해를 하자 그때부터 온 세상을 촉촉하게 적시는 은혜의 물이 보다 많이 위에서 흘러내려왔다."[94]

이러한 구절은 라바누스 마우루스Rabanus Maurus나 호노리우스 폰 아우툰Honorius von Autun(Honorius Augustodunensis) 같은 저자의 글에서도 나타난다. 그들이 이러한 구절을 썼다고 해서 불명예스러운 저자에 속하는 것은 아닐 것이다. 그런데 이러한 구절은 연금술의 감추어진 비밀스러운 이론을 명확하게 밝혀주는 맥락, 이를테면 아니무스Animus, 아니마Anima와 몸체Corpus 사이의 관계를 밝혀주는 대화Colloquium 속에서 나타난다. 그것은 소피아Sophia(지혜), 즉 연금술사들의 지혜Sapientia, 앎Scientia, 또는 철학Philosophia이며, "이 지혜의 원천에서 물이 솟아나온다de cuius fonte scaturiunt aquae." 이 지혜는 물질과 결부되어 있고, 물질 속에 숨어 있는 누스이며, "메르쿠리우스의 뱀serpens mercurialis", 또는 "산꼭대기에서 흘러 내려오는 살아 있는 강물의 형태로viventis aquae fluvius de montis apice" 나타나는 "근원적 액체humidum radicale"이다.[95] 이것은 은혜의 물이며, "지금 온 세상을 적셔주고 있는" "영속적이며 신적인 물aqua permanens und divina"이다. 신의 변환은 겉보기에는 구약에서 신약으로의 변환이지만, 실제로는 "숨겨진 신Deus absconditus"의 변환, 이를테면 "숨겨진 자연Natura abscondita"에서 연금술적 지혜가 담긴 "만병통치약Medicina catholica"으로의 변환인 것이다.[96]

연금술에서 중요한 역할을 하는 검이 지닌 베고 자르는 기능은 위에서 인용한 도르네우스의 글에서(천사의 손에서 분노의 검을 빼앗아라 angelo gladium irae eripere!) 밝혀지는 것처럼 인류 최초의 조상을 낙원에서 떼어놓은 천사의 화염검에 그 선례를 두고 있다. 우리는 검에 의한 분리를 뱀을 숭배하는 그노시스설에서도 볼 수 있다. 불덩이가 현세의 우주를 둘러싸고 있고, 그 불덩이는 낙원도 포함하고 있다. 그러나 낙원과 불덩이는 '화염검'에 의해 분리된다.[97] 시몬 마구스Simon Magus의 글에서 화염검에 대한 중요한 해석을 볼 수 있다.[98] 불멸의 것이 존재하는데, 그것은 사람들 각자에게 잠재적으로 존재하는 것이다. "흐르는 물 위와 아래에 있는" 신의 프네우마가 그것이다. 시몬은 신의 프네우마에 대해 이렇게 말한다. "나와 그대, 나의 앞에 있는 그대, 그대의 뒤에 있는 나." 신의 프네우마는 힘이다. "그 힘은 스스로 생산하고, 스스로 자라나게 하며, 그 자신의 어머니, 자매, 신부, 딸이며, 그 자신의 아들, 어머니, 아버지이며, 단일성이며, 전체의 뿌리이다." 그 힘은 존재의 근거로서 **생산에 대한 욕구**이며, 이 욕구는 **불**에서 나온다. 불은 "불처럼 따뜻하고 붉은색인" 피와 관련을 맺고 있다. 피는 남자의 몸 안에서 씨앗으로 변하고, 여자의 몸에서는 우유로 변한다. 이러한 변환은 **"생명의 나무로 가는 길목을 지키기 위해 스스로 변환하는 화염검"**의 변환이다.[99] 씨앗과 우유의 원리는 아버지와 어머니로 변환한다. 생명의 나무는 스스로 변환하는 타오르는 검에 의해 지켜진다. 이것은 스스로 생성되는 일곱 번째 힘이다. "이를테면 화염검이 변환하지 않는다면, 그 아름다운 나무는 사라지고 죽고 말 것이다. 그러나 화염검이 씨앗과 우유로 변환하고, 로고스가 생겨나는 장소인 주님의 거처가 마련되고, 또 로고스가 덧붙여진다면, 씨앗과 우유 속에 잠재적으로 내재해 있던 어떤 것은 가장 작은 불꽃에서 시작하여 완전한 크기로 자라나고, 무한하고 불변하는 힘으로 성장하게 되며, 마침내 무한한 영원성에 이르러 더 이상 생성하지 않는 불변하는 영겁Äon과 닮거나 이와 동일한 것이 된다."[100] 시몬의 학설에 대한 히폴리투스의 이러한 독특한 해석에서 다음과 같은 점이 명확하게 드러난다. 이를테면 검이 단순히 자르는 도구 이상을 의미한다는 것이다. 검은 그 자체로 변환하는 힘이다. 게다가 가장 작은 것에서 가장 큰 것으로, 물과 불과 피에서 무한한 영겁으로 변환하는 힘이다. 문제는 인간 속의 생명의 영이 신적인 모습으로까지 변환한다는 것이다. 초시모스의 환상에서 말하고 있는 것처럼 인간 속의 자연적 존재는 프네우마가 된다. 시몬의 글에서 창조적 프네우마와 본래적인 변환의 실체에 대한 묘사는 **우로보로스**에 대한 묘사, 즉 라틴인들의 메르쿠리우스의 뱀에 대한 묘사와 세세한 부분에 이르기까지 정확하게 일치한다. 우로보로스도 "연금술의 초기부터 말기에 이르기까지" 아버지, 어머니, 아들이자 딸, 형제이자 자매이다.[101] 우로보로스는 그 자신이 생산자이면서 희생시키는 자이며, 또한 희생도구이기도 하다. 왜냐하면 그는 치명적인 독인 동시에 소생시키는 물의 상징이기 때문이다.[102]

그런데 시몬의 견해들은 또한 위에서 인용한 도르네우스의 구절, 즉 분노의 검이 그리스도의 신격으로까지 변환한다고 말한 구절을 특별히 주목하게 만든다. 히폴리투스의 『철학논집*Philosophoumena*』이 19세기에 아토스산에서 발견되지 않았다고 한다면, 하마터면 우리는 도르네우스가 히폴리투스의 『철학논집』을 이용했을 것이라고 추론했을 것이다. 그렇지만 연금술에는 그 밖의 다른 상징들도 존재하고, 사람들은 그러한 상징들이 직접적인 전통에 기원을 두고 있는 것인지, 그게 아니면 이교 종교학자들의 연구 또는 자연적 재발생에 기원을 두고 있는 것인지 여전히 혼동하고 있다.[103]

희생제 '특유'의 도구로서 검劍은 나중에 「태양 덩어리와 달 덩어리의 융합론Consilium Coniugii de Massa Solis et Lunae」이라는 옛 논고에서 다시 등장한다. "둘은 스스로의 검으로 살해당해야만 했다[104](여기에서 '둘은' 태양과 달을 가리킨다)." 이 논고보다 오래된, 아마도 11세기에 씌어진 것으로 추정되는 「미크레리스 논고Tractatus Micreris」[105]는 오스타네스의 구절을 인용하고 있는데, 우리는 그 구절에서 '화염검'이라는 표현을 접할 수 있다. "위대한 아스타누스(오스타네스)가 말한다. 알을 잡아라. 화염검으로 알을 꿰뚫고, 알의 영혼을 몸에서 분리시켜라."[106] 여기서 검은 몸과 영혼을 분리시키는 것으로 나타난다. 이러한 분리는 하늘과 땅, 불덩어리와 낙원, 낙원과 인류 최초의 조상을 분리하는 것에 상응한다. 이와 마찬가지로 오래된 논고인 「투르바의 서書를 능가하는 지혜의 비유Allegoriae Sapientum supra Librum Turbae」에서 우리는 완전한 희생제의를 다시 볼 수 있다. "날짐승을 잡아라. 불타는 검으로 그 날짐승의 머리를 쳐라. 이어서 털을 뽑고, 두 발을 떼어낸 다음 석탄불 위에서 색이 변할 때까지 익혀라."[107] 여기서는 화염검으로 머리 잘라 내기가 나오고, 이어서 '삭발'이 다루어지고 있다. 물론 여기서의 '삭발'은 '털 뽑기'를 의미한다. 그리고 끝으로 '익히기'가 다루어진다. 여기에서 희생제물로 바쳐지는 것은 아마도 수탉인 것 같은데, 그것은 단순히 '휘발성인volatile' 날개 달린 것Geflügelte이라고 지칭된다. 이 날개 달린 것은 보통 '영spiritus'을 의미하지만, 분명 아직 소박하고 불완전하여 개선이 필요한 영이다. 마찬가지로 오래된 또 하나의 논고, 즉 위의 논고와 비슷한 제목이 붙여진 「투르바의 서書를 능가하는 비유 Allegoriae super Librum Turbae」[108]에서 우리는 우리의 입장을 보완해주는 변형된 내용들을 발견할 수 있다: "어머니(원질료materia prima)를 죽여라. 그녀의 손과 발을 잘라내면서."[109] "독사를 잡아라. 독사의 머리와 꼬리를 잘라라."[110] "수탉을 잡아라. 살아 있는 수탉의 털을 뽑아라."[111] "사람을 잡아라. 그의 털을 깎고, 돌 위로 끌어올려라[다시 말해 뜨거운 돌 위에서 그를 말려라]."[112] "신부와 신랑이 들어 있는 잔을 들라. 그들을 가마 속으로 던지고, 사흘 동안 그들을 구워라. 그러면 그 둘은 한 몸이 된다."[113] "그 하얀 남자를 통에서 꺼내라…."[114]

우리는 이러한 비방문秘方文들이 아마도 주술적 목적을 지닌, 그러니까 그리스의 주술적 파피루스와 크게 다르지 않은 희생제의의 옛 지침들이라 추측해도 좋을 것이다.[115] 나는 『마법 파피루스Papyrus Mimaut』 2행 이하의 비방문을 예로 들겠다. "수고양이 한 마리를 잡아라. (너는) 수고양이의 몸을 물속으로 (집어넣어), 그것을 오시리스(아포테오시스 ἀποθέωσις = 희생)로 만들어라. 네가 질식을 시킬 때는 수고양이의 등에 대고 말해라." 위의 파피루스에 다른 예(425행)도 나온다. "후투티새 한 마리를 잡아라. 새의 심장을 꺼내 갈대로 그 심장을 꿰뚫어라. 그리고 심장을 토막내어 아티카의 꿀 속에 던져 넣어라…."

파레드로스Paredros, 즉 친밀한 영spiritus familiaris을 불러내기 위해 실제로 이러한 제물들이 바쳐졌다(메피스토는 파우스트의 친밀한 영이 아니던가!). 이 같은 일이 연금술사들에게서도 벌어졌다는 것, 혹은 최소한 그들에게 권고되었다는 것을 『플라톤의 제4서Liber Platonis Quartorum』[116]에서도 확인할 수 있는데, 여기에 행성의 영에게 불려가는 '봉헌과 제사oblationes et sacrificia'들에 관한 이야기가 언급되어 있다. 보다 확실한 근거들을 보여주기 위해 다른 구절을 제시할 수도 있다. 그 구절은 "위의 것(하늘)과 아래의 것(땅)을 모방하기 위해" 그릇은 둥글어야 한다고 강조한다. 그리고 연금술사는 "하늘과 두개頭蓋의 변환자 testae capitis"로 지칭된다. '둥근 것'은 연금술 작업에서 필요로 하는 '단순한 것'이다. 그것은 '두개頭蓋', "이를테면 인간의 주된 요소"에서 투사되어 나온다.[117]

우리는 이러한 지침을 어느 정도까지 글자 그대로 받아들여야 할지 묻게 된다. 이와 관련해서 하란(이스탄불에서 남동쪽으로 1,320km 떨어진 마을. 지금은 사람들이 얼마 살지 않는 조그마한 지역에 불과하지만, 지구에서 가장 오랜 주거 역사를 자랑하는 유서 깊은 고대 도시)의 가야 알 하킴Ghâya al-hakîm의 보고서는 시사하는 바가 크다.

야곱 지파의 부족장 디오니시우스 1세가 이야기하기를 765년에 제물로 정해진 한 남자가 그에 앞서 제물로 바쳐진 사람의 피 흘리는 머리를 보고 기겁을 하고 도망쳤고, 메소포타미아의 지방장관 압바스에게 하란의 사제들을 고발했다. 하란의 사제들은 그 뒤에 중벌을 받았다고 한다. 그리고 칼리프였던 마문Mamûn은 830년에 하란의 사신들에게 이렇게 말했다고 한다. "너희들은 나의 아버지 라시드Raschîd와 관계된 머리의 사람들임에 틀림없다."―이어서 우리는 가야에서 다음과 같은 이야기를 접할 수 있다. 금발에 암청색의 두 눈을 가진 한 남자가 신전 속의 어떤 방으로 유인당한다. 그곳에서 그는 참기름이 가득 든 통 속에 집어넣어진다. 그는 머리만 밖으로 내민 채 통 안에 갇힌다. 그는 통 안에서 40일 동안 머무르고, 그 기간 동안 참기름에 담근 무화과 열매만 먹고 산다. 그는 물을 한 방물도 받아 마시지 못한다. 이러한 절차를 통해 그의 몸은 물러지고, 그래서 밀랍처럼 물렁물렁하게 된다. 사람들은 포로가 된 그에게 자주 분향을 하고, 마술적 주문을 외운다. 마침내 그의 첫 번째 목뼈 부위를 쳐서 머리를 떼어낸다. 몸통은 여전히 기름 속에 담겨져 있다. 그런 다음 머리를 벽감壁龕 안쪽에 쌓아둔 올리브 나무 잿더미 위에 올려놓고 면으로 감싼다. 사람들은 그 머리에게 다시금 분향을 한다. 그 머리는 흉년인지, 아니면 풍년인지에 대해, 그리고 왕조의 운명과 미래의 사건들에 대해 계시를 한다. 머리의 눈은 볼 수는 있지만, 눈꺼풀은 더 이상 움직이지 않는다. 그 머리는 사람들의 마음속에 있는 생각도 읽어낸다. 그리고 사람들은 그에게 학문적 질문과 수작업에 관련된 질문들도 한다.[118]

후대에 실제 머리 대신에 모조품이 사용되었을 가능성이 있다고 하더라도 이러한 의식이 지니고 있는 생각은 특히 앞에서 인용한 『제4

서』의 구절과 관련해서 볼 때 원시적 인신공양을 가리키는 것처럼 보인다. 그런데 비밀에 가득 찬 머리라는 표상은 하란의 교파가 생기기 이전부터 존재했을 것이다. 우리는 이미 초시모스가 철학자들을 "황금 머리의 아이들"로 칭하는 것을 볼 수 있다. 또한 초시모스가 Ω(오메가)라 칭한, 이른바 둥근 요소도 볼 수 있다. 이 상징은 머리라고 해석될 수 있을 것이다. 왜냐하면 『제4서』도 둥근 그릇을 머리와 관련시키고 있기 때문이다. 그 밖에도 초시모스는 누차에 걸쳐 "머릿속에 있는 가장 하얀 돌τὸν πάνυ λευκότατον λίθον τὸν ἐγκέφαλον"을 언급하고 있다.[119] 십중팔구 이러한 생각들은 바다를 횡단했고, 그래서 부활과 관련을 맺게 된 오시리스의 잘라진 머리에 그 연원을 두고 있을 것이다. 마찬가지로 "오시리스의 머리"는 후대의 연금술에서도 중요한 역할을 한다.

같은 맥락에서 널리 사람들의 입에 오르내린 게르베르트 폰 라임스 Gerbert von Reims(1003년 사망), 즉 뒤에 교황에 즉위한 실베스테르 2세에 관한 성담은 언급할 가치가 있다. 그는 '황금 머리'를 갖고 있었다고 하고, 그 머리로 신탁을 받았다고 한다. 게르베르트는 당대의 가장 위대한 학자 가운데 한 사람이었고, 아랍의 학문을 전달한 사람으로도 알려져 있다.[120] 혹시 하란어 원서였던 『제4서』의 번역이 이 사람에 의해 이루어진 것은 아닐까? 유감스럽게도 이에 대한 증거를 댈 수 있는 가능성은 희박하다.

이미 다른 지면에서 추론한 것처럼 하란의 신탁의 머리는 고대 유대인들의 가정 수호신인 테라핌Teraphim과 관련을 맺고 있을 수도 있다. 랍비의 전통에서 테라핌은 본디 잘린 사람의 머리 또는 두개골을 의미하거나 인조 머리를 의미했다.[121] 사람들은 일종의 페나텐Penaten(고대 로마의 가정 수호신)으로서 집에 테라핌들을 가지고 있었다(페나텐Penaten은 라렌Laren(고대 로마의 부엌 신)이나 카비렌Kabiren들처럼 복수다). 테라핌이 머리였다는 관념은 「사무엘서」 19장 13절과 관련을 맺고 있고, 이 구절은 다윗의 아내 미갈Michal이 사울의 군졸들을 속이기 위해 테라핌을 다윗의 침대에 어떤 방식으로 놓았는지 묘사하고 있다: "그러자 미갈은 테라핌을 가져다 침대에 누이고 염소 털로 짠 것을 그 머리에 씌운 다음 이불로 덮어놓았다." "염소 털로 짠 것"은 그 의미가 모호하고, 그래서 테라핌을 '숫염소'로 해석하는 계기가 되기도 했다. 그렇지만 우리는 여기에서 가발을 생각할 수 있을 것이고, 아마도 그것이 침대에 누워 있는 한 남자의 모습에 더 잘 어울릴 것이다. 이를 뒷받침하는 다른 근거가 한 전설에서 암시되고 있다. 이 전설은 12세기의 미드라쉬 모음집Midrasch-sammlung(미드라쉬: 고대 팔레스타인의 학교에서 기원된 성경 주석에 붙여진 명칭)에서 유래하고, 빈 고리온M. I. Bin Gorion의 「유대인의 전설Die Sagen der Juden」에 실려 있다. 여기에 이런 이야기가 있다. "테라핌들은 우상이었고, 사람들은 그것을 아래와 같은 방법으로 만들었다. 사람들이 한 남자——맏아들이어야 했다——의 머리를 잘라내고, 그의 머리카락을 뽑았다. 곧이어 머리에 소금을 뿌렸고 기름을 발랐다. 그런 다음 사람들은 구리 또는 금으로 만든 작은 판을 가져와 그 위에 어떤 숭배의 대상인 신의 이름을 쓴 다음, 그것을 잘린 머리의 혀 아래에 끼워 넣었다. 사람들은 머리를 어떤 방에 세워놓고, 머리 앞에 촛불을 붙인 다음 절을 했다. 그러자 다음과 같은 일이 벌어졌다. 사람들이 그의 앞에 엎드리면 머리는 말을 하기 시작했고, 사람들이 묻는 갖가지 질문에 대답을 했던 것이다."[122]

이것은 분명 하란의 두개頭蓋 숭배와 유사한 예이다. 머리카락을 뽑는 것이 중요해 보이는데, 왜냐하면 그것은 머리껍질 벗기기, 혹은 삭발, 그리고 그런 의식에 따른 재탄생 신비와 등가等價이기 때문이다. 이집트인들이 보고한 것처럼 갱신 의식을 거행할 때 나중에는 대머리 두

개골에 가발을 씌웠다는 것도 생각해볼 수 있을 것이다.

이러한 주술적 절차가 원시적 기원에 뿌리를 두고 있을 가능성이 있다. 그런 가능성을 짐작하게 된 것은 남아프리카의 저술가 로렌스 반 데어 포스트Laurens van der Post의 다음과 같은 사실적 보고 덕분이다.

문제의 부족은 스와지족의 지파이며, 반투어를 쓰는 종족이다. 몇 해 전에 늙은 부족장이 죽자 유약한 성격의 젊은이인 그의 아들이 부족장이 되었다. 그의 아들은 이내 부족장이 될 만한 능력이 없다는 것으로 판명되었고, 그래서 그의 숙부가 부족의 원로들로 구성된 회의를 소집하였다. 그들은 새 부족장을 강하게 만들기 위해 무슨 일을 벌여야만 한다는 결론을 내렸고, 이 목표를 이루기 위해 부족의 주술사들에게 조언을 구했다. 주술사들은 새 부족장을 '약'으로 치료했다. 그러나 '치료'는 효과가 없었다. 두 번째 부족회의가 열렸고, 이 회의에서 원로들은 새 부족장에게 가장 강력한 약을 사용하도록 주술사들에게 요구하자는 결론을 내렸다. 정치적 상황이 점점 위급해지고, 부족장의 명망과 권위가 급격히 축소되어갔기 때문이다.

회의의 결론에 따라 '약'의 원료로 쓰이기 위해 열두 살 소년인 부족장의 이복동생이 선정되었다. 어느 날 오후 주술사는 그 소년이 가축을 돌보고 있는 초원으로 갔고, 그 소년을 대화에 끌어들였다. 그런 다음 주술사는 뿔 통에 든 가루약을 손에 붓더니, 갈대 줄기를 이용해서 가루약을 소년의 귀와 콧속으로 불어넣었다. 그 장면을 목격한 사람이 이야기하기를, 그렇게 하자 그 소년은 술에 취한 사람처럼 비틀거리기 시작했고, 마침내 땅바닥에 쓰러지더니 몸을 부르르 떨었다고 했다. 이어서 그 소년은 강가로 실려갔고, 그곳에서 나무뿌리에 묶였다. 주술사는 앞서 사용한 가루약을 소년의 주변에 뿌리면서 이렇게 말했다. "이 사람은 이제 더 이상 음식을 먹지 않을 것이다. 오로지 흙과 뿌리들만 먹을 것이다." 소년은 그때부터 아홉 달 동안 강바닥에서 살았다. 몇몇 목격자들은 사람들이 우리를 만들어 우리 속에 소년을 가두고는 소년의 몸 위로 물을 흐르게 하고 소년을 하얗게 만들기 위해 몇 시간 동안 강물 속에 담가두었다고 이야기했다. 또 다른 목격자들은 강바닥 주변을 이리저리 기어다니는 소년의 모습을 보았다고 말했다. 이 장소에서 100야드밖에 떨어지지 않은 곳에 미션스쿨이 있었음에도 불구하고, 의식을 맡은 자들을 제외한 그 어느 누구도 소년에게 가까이 다가갈 엄두를 못 낼 정도로 사람들은 공포에 사로잡혀 있었다. 잘 양육된 건강한 소년이 아홉 달만 지나면 동물처럼 변하고, 피부가 하얗게 변할 것이라는 점에 대해 모두 같은 견해를 가지고 있었다. 한 부인은 이렇게 말했다. "그의 두 눈은 하얗고, 그의 몸은 백지처럼 하얗다." 소년이 죽임을 당해야 할 시점이 다가오자 나이 든 주술사는 부족장의 움막으로 불려가 부족의 영들과 상의해보라는 요구를 받았다. 이 일을 하기 위해 주술사는 가축의 우리로 들어갔고, 그곳에서 영들과 대화를 나누었다. 이어서 그는 도살할 동물을 한 마리 골랐고, 이 동물을 도살한 뒤에 부족장의 움막으로 다시 들어갔다. 그곳에서 그는 부족장에게 (그 사이에 죽임을 당한) 소년의 신체 부분들을 건네주었다. 맨 먼저 자루에 든 손을, 이어서 엄지손가락 하나와 엄지발가락 하나를 건네주었다. 그런 다음 그는 (죽은 소년의) 코, 귀와 입술을 잘라냈고, 그것들에 '약'을 섞었다. 그러고는 그것들을 윗부분이 깨진 오지그릇에 넣어 불 위에서 끓였다. 그는 그릇의 두 측면에 창을 하나씩 끼워 땅에 꽂았다. 그런 다음 부족장을 포함한 열두 명의 참석자들이 그릇 위로 몸을 굽혀 김을 깊이 들이마셨고, 고아낸 국물 속으로 손가락을 집어넣었다가 손가락에 묻은 국물을 깨끗이 핥아먹었다. 소년의 어머니를 제외한 그 자리에 참석한 모든 사람들이 그런 행동을 했다. 소년의 어머니는 김을 들이마셨지만, 그릇 속에 손가락을 담그는 것을 거부했다. 주술사는 남은 신체 부위로 부족의 풍년을 비는 데 사용할 소위 빵이라는 것을 만들었다.

비록 본래적 의미의 두개비의頭蓋秘儀를 나타내고 있지는 않다고 할지라도 이러한 주술적 의식은 앞서 다루었던 실례들과 여러 면에서 공통점을 지니고 있다. 장시간에 걸쳐 물에 담가 놓음으로써 몸의 조직은 분해되거나 변화되었다. 그리고 희생제물은 죽임을 당했다. 몸의 중요한 부위들은 부족장과 그의 주변 측근들을 위해 사용되는 '강하게 만드는' 약의 주성분을 이룬다. 몸은 일종의 상징적 '빵'으로 가공되고, 분명 빵은 부족에서 기르는 작물의 '생산력을 높이는 약'으로 쓰이는 것이다. 의식儀式은 변환의 과정이거나, 아홉 달에 걸친 물속에서의 배양에 뒤이은 일종의 재탄생이다. 로렌스 반 데어 포스트는 정치적 힘을 소유하고 있는 백인과 동등한 존재가 될 목적으로 '백화白化 Weißung'[123]라는 현상이 벌어졌다는 견해를 피력했다. 나는 이러한 견해에 동의하면서, 몸에 하얀 점토를 바르는 것은 여러 지역에서 (조상의) 영들로의 변환을 의미한다는 말을 덧붙이고 싶다. 이와 비슷하게 난디 지방〔동아프리카 케냐 고지의 서부에 위치한 지역으로 난디족이 살고 있다〕에서 입문식을 치르는 전사들은 지고 다닐 수 있는 원추형의 초옥草屋 안에 있으면서 여기저기 돌아다님으로써 그들의 불가시성을 알린다.

두개 숭배는 폭넓게 퍼진 원시 사회의 풍습이다. 이집트에서 오시리스의 머리처럼 멜라네시아〔오스트레일리아 북동쪽 남태평양의 약 180도 경선에 연이어 있는 섬〕와 폴리네시아〔오세아니아 동쪽 해역에 분포하는 수천 개 섬들의 총칭〕에서 영들과의 의사소통을 매개하거나 수호신의 역할을 하는 것은 주로 조상의 두개들이었다. 마찬가지로 성자들의 유골들 중에서도 두개는 꽤 중요한 역할을 한다. 여기에서 원시 사회의 두개 숭배에 대해 상세히 논하는 것은 논의의 범위를 너무 확대시키는 일이 될 것이다. 그래서 나는 주註에 참고문헌을 제시해두고자 한다.[124] 다만 내가 강조하고 싶은 점은 잘린 귀, 코와 입은 전체를 대표하는 부분들로서 머리를 대표할 수 있으며, 그에 대한 많은 예들이 있다는 것이다. 마찬가지로 머리 혹은 머리의 부분들(무엇보다 뇌!)은 신비한 효능이 있는 음식 또는 농작물의 수확을 증진시키는 수단으로 이용되었다.

무엇보다 연금술의 전통에서 중요한 점은 그리스에서도 신탁의 머리가 널리 알려져 있었다는 것이다. 그래서 아일리아누스[125]는 스파르타의 클레오메네스가 단지 속에 꿀과 함께 자신의 친구인 아르코니데스의 머리를 보관하고 있었고, 신탁을 들을 때 그 머리에게 물어보았다는 이야기를 남겼다. 오르페우스의 머리도 신탁의 역할을 했다는 주장이 제기되었다.[126] 어니언스Onians는 머릿속에 자리 잡고 있는 프시케ψυχή가 오늘날의 '무의식'에 상응하며, 나아가 프시케는 가슴과 심장부에 있는 튀모스θυμός와 프레네스φρένες와 더불어 의식이 자리 잡고 있는 층 위에 존재한다고 아주 올바르게 지적한 바 있다. 따라서 심혼을 아이오노스 에이돌론αἰῶνος εἴδωλον(영겁의 상)이라고 한 핀다로스Pindaros의 표현은 매우 탁월하다고 할 수 있다. 왜냐하면 집단적 무의식은 '신탁'을 내릴 뿐만 아니라, 먼 옛날부터 소우주로 표현하기 때문이다.

초시모스 환상의 근원이 무엇인가를 알려주는 증거들은 없는 것 같다. 그것은 부분적으로는 전통과 관련을 맺고 있고, 부분적으로는 자연발생적인 환상의 형성인 듯하다. 그런데 후자는 동일한 원형적 토대들에서 생겨나며, 이것들을 바탕으로 전통이 생겨난 것이다. 앞서 소개한 유례들이 보여주는 것처럼, 초시모스의 특이한 환상들의 상징 내용은 결코 별개로 있는 것이 아니다. 그것은 초시모스가 부분적으로는 확실히, 부분적으로는 막연히 알고 있었던 이전의 관념들과 아주 밀접하게 연결되어 있다. 뿐만 아니라 그것은 수 세기에 걸쳐 연금술사들에게 영향을 미쳤던 특징짓기 어려운 어떤 시대의 유례들과도 아주 밀접하게 연관되어 있다. 기독교 초창기의 종교적 사고는 연금술의 정신과 동떨어져 존립하는 것이 아니라, 후에 자연철학을 다시 고무시켰듯이 긴밀하게 연결되어 있었다. 16세기 말경에 연금술 작업은 심지어 미사의 형식으로도 묘사되었다. 이러한 묘사를 한 사람은 헝가리의 연금술사였던 멜키오르 키비넨시스Melchior Cibinensis였다. 이미 나는 다른 맥락에서 이러한 유례들을 논한 바 있다. 그에 대해서는 주석에서 제시된 나의 글을 참조하기 바란다.[127]

초시모스의 환상에서 프네우마로 변하는 사제는 **자연의 변환과정과 자연의 대극적인 세력들의 상호작용**을 묘사한다. 중국의 고전 철학은 이러한 과정을 양과 음의 대극 반전의[내적으로 반대 방향으로 치닫는] 상호작용으로 간명히 설명한다.[128] 초시모스 환상에 나타난 특징일 뿐만 아니라 연금술 일반의 특징이기도 한 독특한 의인화들과 상징들은 주로 무의식 속에서 활동하고, 그래서 꿈 또는 환상을 통해서만 의식될 수 있는 심리적 과정이 초시모스의 환상에서 문제가 된다는 것을 잘 보여주고 있을 뿐만 아니라 그 점을 최우선적으로 보여주기까지 한다. 그 당시에는, 그리고 그 뒤로 수 세기 동안에도 무의식에 대한 관념이나 개념이 없었다. 무의식적으로 지각되었을 수도 있었을 내용들은 대상 속에 투사되어 있었거나, 또는 가시적 대상들, 또는 자연의 특성들로 존재했다. 그 때문에 그러한 내용들은 내면의 심적 사건들로 인식되지 않았다. 바로 초시모스의 경우에, 그가 자신의 철학적 기술의 영적 내지는 신비적 측면을 충분히 인지하고 있었다는 적잖은 증거들이 있다. 그러나 그에게는 그가 파악한 것이 심리적 성질의 것이 아니었다. 그가 보기에 그것은 인간 심혼의 근저에 뿌리를 둔 그런 것이 아니라 자연 사물들 속에 뿌리를 둔 영Geist이었던 것이다.

이른바 물질의 객관적 인식에 치중하는 현대의 자연과학에게 자연의 탈령화脫靈化는 피할 수 없는 운명이었다. 모든 의인화된 투사들이 차례차례 대상에서 물러났다. 그렇게 해서 한편으로 자연과 인간의 신비적(또는 무의식적) 일체감은 지금까지 엄청나게 많이 줄어들었다.[129] 그렇지만 다른 한편으로 마음속으로의 투사들이 물러나면서 무의식의 활성화가 일어났다. 그래서 근대는 무의식적 정신의 존재를 요청하지 않을 수 없게 되었다. 이러한 첫 계기들이 이미 라이프니츠와 칸트에게서 나타났고, 이어서 셸링과 카루스, 그리고 폰 하르트만에게서 급격히 증가했다. 이 같은 흐름은 현대 심리학이 철학적 심리학자들의 마지막 형이상학적 요구들을 떨쳐버릴 때까지, 그리고 심리적 존재의 관념을 심리학적 진술에, 다시 말해 심리학적 현상학에 한정시킬 때까지 계속되었다.

미사의 극적 과정이 신의 죽음, 희생, 부활, 그리고 사제와 제의 참여자들과의 관여를 나타낸다는 점에서 미사의 현상학은 비록 원시적이긴 하지만 근본에 있어서는 유사한 제의 풍습들과 연관지을 수 있다. 우리는 '하찮은 것을 위대한 것과 비교할 때' 느끼게 되는 불유쾌한 감정을 감수해야만 한다. 그렇지만 나는 원시인의 심성을 앎에 있어서 다음과 같은 점을 강조하고 싶다. 즉 문화인의 '성스러운 전율'과 원시인의 그것이 본질적으로 다르지 않다는 점이다. 그리고 신비한 일에 나타나고 행동하는 신이 문화인과 원시인 모두에게 하나의 비밀이라고 하는 점이다. 비록 외형적인 차이점들이 매우 크다고 할지라도, 그 때문에 의미의 유사성과 동일성이 간과되어서는 안 될 것이다.

번역: 이한우

IV. 미사의 심리학

1. 미사 봉헌 일반에 관하여

　제II장의 미사에서의 변환의식에서 내가 살펴본 것이 교회의 해석이라면 본 장에서는 심리학적으로 이 과정을 하나의 상징으로 보고 다루어나갈 것이다. 이러한 접근방식은 결코 믿음의 내용에 관한 가치평가가 아니다. 비판적 학문이라면 하나의 의견이나 견해, 혹은 믿음의 근거는 심리적인 사실 이외의 어떤 다른 사실도 아니라는 관점을 견지해야 하지만, 그럼에도 불구하고 고려되어야 할 점은 심리학적 관점의 시도를 통해서 단순히 공허한 것만이 생겨나는 것은 결코 아니고 오히려 하나의 심리적 현실이 표현을 얻게 된다는 점이다. 예를 들면 믿음이나 의식儀式에 관한 진술의 기저에 놓여 있고, 우리들이 경험적으로 파악할 수 있는 심리적인 사실들이 표현을 얻게 되는 것이다. 심리학이 이러한 종류의 진술을 '설명'함으로써, 첫째로는 이러한 진술의 대상으로부터 현실성이 박탈되는 것이 아니라 그와는 반대로 이 진술의 대상에게 정신적 실체성이 부여된다. 그리고 둘째로는 이를 통해서 형이상학적으로 의도된 이러한 진술에는 심리적인 것 이외의 어떤 다른 근거도 갖다 붙일 수 없게 된다. 왜냐하면 그 진술은 본래 심리적 현상이었기 때문이다. '형이상학적인 것으로서' 이러한 진술이 지니는 특별한 권한은 그 진술의 대상이 정신적 발현 양식을 넘어서 지각이나 오성의 파악을 벗어나 있기 때문에 판단될 수 없을 수 있다고 말할 수 있다. 그러나 인식 불가능한 것에 이르게 되면 모든 학문은 끝난다. 만일 어떤 학문이 현재의 일시적인 한계를 최종적인 것으로 여기고 이 한계를 초월하는 것의 존재를 부인한다면, 그 학문은 더 이상 학문이 아닐 것이다. 즉 어떤 학문도 자신의 가설을 궁극적인 진리로 여기는 학문은 없다.

마치 한 물질에 대한 물리적인 설명과 이 물질의 (아직까지 알려지지 않은 혹은 알 수 없는) 자연적 본성과의 관계가 그런 것처럼, 심리학적 설명과 형이상학적 진술은 서로가 크게 상충하는 것은 아니다. 믿음의 전제 그 자체는 정신적 사실의 현실성을 지니고 있다. 그런데 우리가 '정신'이라는 개념으로 상정하는 것을 우리는 쉽게 알 수가 없다. 그 이유는 심리학에서는 관찰자와 관찰당하는 것이 결국에는 동일하다는, 심리학이 처한 불행한 상황 때문이다. 유감스럽게도 심리학에는 그 외부에 아르키메데스의 점(어떤 판단의 기준점)이 없다. 그 이유는 모든 지각은 정신적인 성질의 것이고, 비정신적인 것에 대한 지식을 우리는 오직 간접적으로만 갖고 있기 때문이다.

미사의식에는 두 가지의 상이한 의미가 포함되어 있는데, 그 하나는 인간적인 것이고 다른 하나는 신적인 것이다. 인간적인 측면에서 보면 제단에 봉헌물이 바쳐지는 것인데, 이것은 또한 성직자와 신도들의 자기헌신을 의미하기도 한다. 그러므로 의식적인 행위는 봉헌물들과 그것을 바치는 자들 모두를 축성한다. 이때 기억되고 표현되는 것은 예수가 제자들과 나눈 최후의 만찬, 신의 화신化身, Inkarnation, 수난, 죽음, 그리고 부활이다. 이러한 인간의 모습을 한 의식은 신적인 측면에서 보면 오직 껍데기 혹은 덮개와도 같은 것인데, 이 덮개 속에서 일어나는 일은 인간의 행위가 아니라 바로 신의 행위다. 무한함 속에서 영원히 현재적인 예수의 삶을 순간적이나마 볼 수 있게 되는 것이며, 또한 비록 성스러운 행동의 압축된 형태이기는 하지만, 시간의 경과에 따른 그의 삶이 묘사되는 것이다: 예수는 봉헌된 여러 실체들의 시점에서 바로 인간의 모습을 띠고 나타난다; 그는 고난을 당하고, 죽임을 당하고, 무덤에 누웠다가, 음부의 권력을 이기고 영광 속에서 부활한다. 봉헌 축도를 말함으로써 신격은 손수 행동하고 현존하면서 영향력을 발휘하며, 이를 통해 미사에서 가장 근본적인 것은 신의 은혜로운 행위라는 것, 즉 성직자나 신도들, 혹은 봉헌된 다른 실체들에게는 그저 신에게 봉사하는 의미가 있을 뿐임을 알리고 있다. 이들은 모두 성스러운 일에 봉사하는 자causae ministeriales들이다. 신격의 현존을 통해서 제물을 바치는 행위의 모든 부분들이 신비한 통일성을 갖추게 되며, 그러므로 실체나 성직자나 교회 공동체 속에서 스스로 희생하는 것은 신 자신이며, 또한 사람의 아들 모습으로 나타나서 아버지에 대한 속죄를 위해 스스로 희생을 하는 것도 바로 신 자신이다.

이러한 행위가 비록 영원한, 그리고 신 내부에서 일어나는 일이기는 하지만, 인간은 이러한 일에 없어서는 안 될 한 부분으로서 관계하게 되는데, 그 연관을 갖게 되는 과정은 다음과 같다: 한편으로 신 자신이 인간의 모습을 띠고 있으며, 다른 한편으로 신은 자신에게 봉사하며 행동을 같이하는 성직자와 신도들을, 그리고 심지어는 인간에게 특별한 의미를 지니고 있는 물질적인 실체인 빵과 포도주를 필요로 한다. 신은 아버지이자 아들을 모두 포함하는 성격을 갖고 있기는 하지만, 그는 시간 속에서 한편으로는 영원한 아버지의 모습으로, 다른 한편으로는 이 땅에서의 유한한 삶에 구속당하는 인간의 모습으로 나타난다. 이러한 신의 인간적 성질 속에 인류 일반이 포함되어 있으며, 그래서 인류는 또한 희생의식과 연관을 갖게 된다. 이 희생행위에서 신격이 스스로 능동적인 행위자이면서 동시에 수동적으로 괴로움을 당하는 자agens et patiens(능동적 그리고 수동적)이듯이 인간도 자신의 제한된 능력의 범위 안에서 마찬가지로 그러하다. 변환wandlung이 일어나게 되는 능동인能動因, causa efficiens은 신의 자발적인 은총 행위에 있다. 교회의 교의敎義는 바로 이러한 견해를 주장하는데, 교회는 심지어 의식을 준비하는 사제의 행동이나 이 의식의 존재 자체가 나태하고 원죄에 사로잡힌 인간의 성질보다 신적인 동인動因에 의한 것이라고 보고자 한다.[130] 이러한 견해는 미사를 심리학적으로 이해하는 데 아주 중요한 의미를 갖는다. 어떤 의식의 마술적 측면이 우세하면 그것은 언제나 그 의식을 개인의 자아-집착적이고, 오직 인간적이며, 심지어 인간 이하의 권력욕을 만족시키는 방향으로 내몰고, 이로써 교회의 신비체Corpus Mysticum가 지닌 단일성은 소멸된다. 반면에 의식이 신격 자신의 행위라고 이해되는 경우에는 이 의식에 참여하는 인간은 다만 수단으로서의(즉 봉사하는) 의미를 갖게 된다. 그러므로 이러한 교회의 입장은 다음과 같은 심리학적 사실들을 전제로 한다: 인간의 의식意識(성직자와 신도들을 통해서 대변되는)은 자율적인, 그리고 초의식超意識적인 기반 위에서 일어나는('신적인', 그리고 '무시간적인') 사건에 직면한다. 그 사건은 인간의 행동에 좌우되는 것이 아니라 오히려 그런 행동을 유발해서, 심지어는 인간을 도구로서 사로잡고 그를 '신적인' 사건의 연기자로 삼는다. 의식행위에 참여할 때 인간은 자율적으로 '영원한 존재', 즉 의식적인 범주 저편에 존재하면서 '작용하는 자'에게 자신을 헌신하는 것이다(만일 작은 것이 큰 것을 합칠 수 있다면

si parva componere licet magnis). 이것은 마치 훌륭한 배우가 단순히 연기만 하는 것이 아니라 스스로 극작가의 창조적 정신을 온몸으로 받아들이는 것과 같다. 또한 제의祭儀 행위의 아름다움도 빠져서는 안 되는 요소다. 왜냐하면 제의가 아름답지 않게 진행된다는 것은 우리가 신을 제대로 잘 섬기지 못했다는 것을 의미하기 때문이다. 그러므로 제의에는 실용성Sachlichkeit이 없다. 왜냐하면 실용성은 다만 목적 달성에 도움이 되는 것Zweckdienlichkeit만을 의미하고 오직 인간적 범주에 속하기 때문이다. 그러나 모든 신적인 것은 자기목적Selbstzweck이며 우리가 알고 있는 오직 하나의 정당한 목적 그 자체이다. 물론 영원한 존재가 도대체 어떻게 '작용'할 수 있는지는 의문이다. 차라리 그런 의문 속으로 얽혀들지 않는 것이 나을 것이다. 이것은 대답할 수 없는 물음이기 때문이다. 미사 중의 인간은 (자율적인) 도구이기 때문에 그는 자신을 인도하는 손을 거부할 처지가 못 된다. 망치를 움직여서 무엇인가를 때리는 힘은 망치 속에 있는 것이 아니다. 그것은 망치의 밖에 있고, 자율적으로 그를 쥐고 움직이게 하는 것이다. 축성consecranio의 사건은 본질적으로 기적이며, 기적이어야만 한다. 만일 그렇지 않다면 인간은 마술적인 수단을 통해서라도 신을 불러와야 할지, 혹은 '작용Wirkung'이란 시작과 경과와 끝이 있는 것으로서 시간적인 제약을 갖고 있는데 그러한 작용이 어떻게 영원한 존재에게서 가능한지 철학으로 경탄하고 있어야 할지를 생각하게 될 것이기 때문이다. 변환變換은 어떤 상황에서도 인간이 이해할 수 없는 기적임에 틀림없다. 그것은 데이크뉘메논 δεικνύμενον(제시하다, 과시하다, 증명하다)과 드로메논δρώμενον(실행하다, 행동하다)의 의미에서 '비의'이며 직접 제시되고 행해지는 비밀이다. 무엇이 그에게 이러한 비의를 재현할 수 있게 하는지를 평범한 인간은 의식하지 못한다. 그는 다만 비의에 마음이 사로잡혔을 때, 그리고 그동안에만 그렇게 하고, 또한 그렇게 할 수 있다. 이러한 감동, 혹은 우리가 의식 밖에 있는 것으로 느꼈거나 가정한 마음을 사로잡는 자의 존재가 특히 기적이다. 그때 무엇이 묘사되는지를 깊이 생각해본다면, 그것이 실로 진정한 기적이라는 것을 알 수 있다. 도대체 이 세상의 그 무엇이 인간으로 하여금 완전히 불가능한 것을 대변하게 하는가? 도대체 무엇이 우리를 수천 년 동안 최대의 정신적 노력으로, 사랑이 충만한 아름다움의 형상화로, 가장 깊은 신심信心 속으로, 가장 영웅적인 자기희생으로, 인간의 광범위한 섬김 속으로 몰고 가는 것일까? 기적 이외에 무슨 다른 것이 있겠는가? 그것이 바로 우리 인간의 능력 밖에 있는 기적이다. 왜냐하면 만일 인간이 스스로 기적을 행하려 하거나, 혹은 이것에 대해서 철학적으로 숙고하고 지적인 해명을 구하려 든다면, 그것은 곧 사라져버리기 때문이다. 기적Wunder이란 인간이 설명할 수 없는 것처럼 보이기에 놀라는wundert 바로 그것이다. 사실 우리는 인간의 성질에 관해 알고 있다고 생각하지만 우리 인간이 왜 이러한 기적에 대한 표명을 하고 이를 믿도록 강요되는지를 설명할 수가 없다. 이에 대해서는 어쩔 수 없는 이유가 주어져야만 한다. 그런데 그 이유는 결코 통상적인 경험 속에서 발견될 수는 없는 것이다. 바로 종교적 주장의 불가능성이 그러한 이유의 존재를 보증하고 있다. 이것이 바로 신앙의 토대인데, 테르툴리아누스Tertullian(220년경 사망)의 "불합리하므로 믿을 수 있다prorsus credibile, quia ineptum"는 말은 이를 가장 효과적으로 표현하고 있다.[131] 일반적으로 있을 법하지 않다고 여겨지는 의견은 곧 수정된다. 하지만 종교적인 주장은 가장 신빙성이 없어 보이지만 수천 년 동안 주장되어 왔다.[132] 종교적인 주장은 예상 밖의 생명력으로 자신의 존재에 대한 충분한 근거를 제시하는데, 이러한 근거에 대한 학문적인 인식을 우리 인간은 아직까지 갖고 있지 않다. 나는 심리학자로서 우선 이러한 현상이 있다는 사실을 제시하고 이러한 정신적인 현상에 대해서는 '무엇에 불과하다'는 식의 값싼 설명이 있을 수 없다는 나의 확신을 말할 수 있을 뿐이다.

미사의 이중적인 측면은 그것의 인간적인 행위와 신적인 행위의 대극을 통해서만 나타나는 것이 아니고, 신과 인간의 모습을 한 신의 이중적인 측면에서도 나타난다. 물론 이 두 측면은 본질적으로 하나지만 의식儀式에서는 두 가지로 구별되어 묘사된다. 신에 대한 이러한 '갈라짐Entzweiung'(이러한 표현이 허락되는지 모르지만)이 없다면 전체 희생행위는 상상할 수 없는 것이며, 또한 이 행위는 현실성을 잃어버리게 된다. 기독교의 관점에서 보면 신은 어느 때나 신이기를 포기한 적이 없으며, 그가 인간의 몸을 빌려서 유한한 시간성의 제약 속에 존재할 때에도 마찬가지였다. 그러므로 「요한복음」에서 예수는 다음과 같이 고백한다: "아버지와 나는 하나다.… 나를 보는 자는 누구든지 아버지를 보는 것이다."[133] 그러나 십자가에 못 박힌 예수는 다음과 같이 외친다: "나의 하느님, 나의 하느님, 어찌하여 나를 버리셨나이까?" 만일 "진정한 신과 진정한 인간"이라는 공식이 심리학적으로 옳은 것이라면 이러한 모순은 있을 수밖에 없다. 그런데 이 공식이 옳은 것이라면 예수의 상이한 여러 언급들은 결코 모순이 아니다. 진정한 인간적 존재라는 것은 신으로부터 가장 멀리 떨어지고 신과 가장 다른 상태의 존재다. "주님, 나는 당신을 마음속 깊은 곳에서 부르나이다De profundis clamavi ad te, Domine." 이러한 고백은 두 가지 모두를 가리킨다: 즉 멀리에 있는 것과 가까이에 있는 것, 극도의 암흑과 신의 불꽃의 반짝임을 제시한다. 신이 인간의 모습으로 나타나는 경우, 자신의 본모습으로부터 너무나도 멀리 떨어진 상태이므로 전적인 헌신을 통해서 자신을 다시 찾아야 한다. 그가 만일 '완전 타자他者'일 수 없다면 어디에 신의 전체성이 있다고 하겠는가. 바로 이에 따라 내가 보기로 육체의 권력에 빠져든 그 노시스설의 누스Nous(이성)는 지하계의 뱀이 지닌 어둠의 형상을 취하고 마니교에서의 원초적 인간Urmensch이 같은 상황 속에서 심지어 악의 성질들을 취하게 된 듯한데, 이것은 심리학적으로 타당한 것 같다. 티베트 불교에 등장하는 신들은 선하면서도 분노하는 모습을 동시에 갖고 있는데, 왜냐하면 이들이 모든 영역을 지배하기 때문이다. 신이 신격과 인간으로 갈라지고 희생행위에서 자기 자신으로 되돌아온다는 사실에는 우리 인간에게 위로를 주는 가르침이 들어 있다. 어둠 속에서도 빛은 어딘가에 숨어 있으며, 그 빛은 다시 자신의 근원으로 돌아가게 될 뿐 아니라 이러한 빛이 어둠에 사로잡힌 존재들을 해방시키고 이들을 영원한 빛의 영역으로 인도하기 위하여 또한 어둠 속으로 내려가기를 원했기 때문이다. 이것이 바로 기독교 이전부터 존재하던 근원적인 '빛의 인간Lichtmensch', 안트로포스ἄνϑρωπος 또는 원초적 인간Urmensch으로 성경에서의 그리스도의 말씀은 이들이 이미 당시에도 잘 알려진 것으로 전제하고 있다.

2. 희생의 심리학적 의미에 관하여

a) 제물

크람프는 자신의 저서『로마 미사 전례의 제사관』에서 제물이 상징하는 본질적 의미를 아래와 같이 묘사한다:

> 빵과 포도주는 인류 대부분의 사람들이 먹는 가장 일반적인 음

식일 뿐만 아니라 지구 어느 곳에서도 얻을 수 있다(이는 기독교가 세계로 확산하는 데 아주 중요한 의미를 지닌다). 더 나아가 인간이 살아가기 위해서는 고체와 액체로 된 음식물을 필요로 하는데, 이러한 인간들에게 빵과 포도주는 완벽한 음식이다. 이 두 가지는 모두 인간에게 가장 전형적인 음식으로 간주될 수 있기 때문에 이들은 인간의 삶이나 인격체의 상징으로 다루어지는 데 가장 적당하다. 이러한 이유 때문에 이 두 가지는 중요한 제물의 상징이 된다.[134]

빵과 포도주가 어느 정도 직접적으로 '인간의 삶과 인격체의 상징'일 수 있는지는 물론 바로 드러나지는 않는다. 이러한 상징적 해석은 마치 미사 중에 빵과 포도주 등의 실체에 부과되는 특별한 의미를 통해서 추론된 것 같다. 그러나 이런 과정이 빵과 포도주 그 자체로부터 생기는 것은 아니고 미사 중에 읽히는 텍스트를 통해서 생긴다. 즉 우리들은 빵과 포도주 그 자체를 보고 그것들이 인간의 삶과 인격체를 의미한다고 생각할 수는 없다. 그러나 빵과 포도주는 어느 면에서는 중요한 문화의 산물인 만큼 그것들은 바로 이에 해당하는 인간적 노력을 표현한다. 이 둘은 바로 인간의 노력에 상응한다. 이것들은 인간의 관심, 인내, 근면, 헌신, 그리고 힘든 노동을 포함하는 인간의 문화활동을 나타낸다. '일용할 양식'이라는 표현은 생존을 위한 인간의 모든 배려를 나타낸다. 빵의 생산을 통해서 비로소 인간의 생존은 안정된다. 하지만 빵만으로는 살 수 없으므로, 빵을 만드는 만큼이나 노력을 요하고 삶 속에서 특별한 의미를 지니는 포도주가 빵과 함께 어울리게 된다. 그러므로 포도주도 역시 인간 문화활동의 표현이다. 밀이나 포도를 재배하는 곳에 바로 문명된 삶이 있다. 그러나 밀의 경작이나 농경지가 없는 곳에는 유목민과 사냥꾼의 야만이 있을 뿐이다.

그러므로 빵과 포도주를 봉헌할 때 인간은 근면함을 통해서 얻은, 아마 최상의 문화활동의 산물을 바치는 것이다. '최상의 것'은 오직 인간 속에 있는 '최상의 것'으로써, 즉 인간의 양심과 헌신을 통해서 만들어진다. 그러므로 문화활동의 산물은 쉽게 그것이 **생성된 심리적인 조건**을 나타낸다. 그것은 바로 인간으로 하여금 문화활동을 가능하게 하는 인간의 덕성이다.[135]

이제 실체가 지닌 특성을 살펴보자면, 빵은 의심할 여지 없이 음식물이다. 사람들이 보통 말하듯이 포도주는 '기운을 돋우는' 것이기는 하지만 그래도 다른 의미에서 음식물이다. 포도주는 어떤 휘발성 물질, 즉 예전부터 사람들이 '영Geist〔주정酒精과 비교〕'이라고 불렀던 바로 그것의 힘을 통해서 우리를 흥분시키고 우리의 마음을 기쁘게 한다. 그러므로 포도주는 우리에게 아무런 영향을 끼치지 못하는 물과는 다른 일종의 '열광시키는' 음료인데, 그 속에는 황홀경을 만들어내는 일종의 '영', 혹은 '신'이 들어 있다. 가나Kana〔갈릴리의 작은 옛 도시〕에서의 포도주를 통한 기적은 동시에 디오니소스 사원에서의 기적이었으며, 다마스쿠스의 최후의 만찬 시 성배에 그리스도가 마치 디오니소스와 마찬가지로 포도나무 덩굴로 된 관을 쓰고 있는 것으로 새겨진 것은 깊은 뜻이 있다.[136] 빵이 우리들 몸을 유지하는 양식이듯이 포도주는 우리들의 영적인 것을 위한 것이다. 그러므로 빵과 포도주를 바치는 것은 육체적이고 영적인 문화활동의 산물을 봉헌하는 것을 의미한다.

문화의 식물이라고 할 수 있는 밀과 포도나무의 재배에 비록 인간이 많은 배려와 노력을 기울였다고는 하지만, 이 문화식물은 근본적으로 자신들의 내적인 법칙, 또는 이들의 내부에서 작용하는 힘에 의해서 성장한다는 사실을 우리는 간과할 수 없다. 이러한 힘을 사람들은 자신의 삶의 입김, 혹은 삶의 혼과 비교하였던 것이다. 그러므로 프레이저James George Frazer가 이러한 원리를 '곡물의 영spirit of the corn'이라고 부른 것은 합당하다. 인간의 자발성과 노력은 분명 필요한 것이다. 그러나 원시적 인간에게 이보다 더 필요하다고 생각된 것은 바로 이들 식물의 누멘Numen을 유지하거나 강하게 하고 혹은 조정하는 제의祭儀를 올바르고 정성스럽게 실행하는 것이다.[137] 밀과 포도에는 그것들만의 고유한 혼, 즉 그 본래의 삶의 원리와도 같은 그 무엇이 있게 된다. 이 원리를 통해 밀과 포도는 적절하게도 인간의 문화활동뿐 아니라 계절에 따라 소멸하였다가 다시 소생하는 신, 즉 이들의 삶의 정령을 나타내게 된다. 어떤 상징도 '간단'하지 않다. 간단한 것은 다만 표징Zeichen이나 비유Allegorie뿐이다. 상징은 늘 복잡한 사실을 포괄하는데, 이것은 언어를 통해서 표현되는 개념을 뛰어넘기 때문에 도저히 분명하게 표현될 수가 없는 것이다.[138] 상징으로서의 밀과 포도주는 다음과 같은 네 가지의 의미 심층들을 갖고 있다:

1. 농산물로서
2. 특별한 준비를 요하는 산물로서(밀에서 빵이, 포도에서 포도주가)
3. 심리적인 노력의 표현(노력, 근면, 인내, 헌신 등)과 인간의 생명력으로서
4. 마나Mana(폴리네시아와 멜라네시아 종교에서 초자연적인 힘과 권위를 나타내는 말, 마력) 혹은 식물 생장 데몬의 현현顯現으로서

이 요약을 통해서 우리가 쉽게 알 수 있는 것은, 이와 같이 물질적이고도 심리적인 복잡한 사실을 표현하기 위해서는 상징이 필요하다는

사실이다. 그러므로 '빵과 포도주'는 농산물로서의 빵과 포도주의 개념이 늘 포함하는 이 근원적이며 복잡한 의미에 관한 가장 간단한 상징 형식이다.

b) 제물의 봉헌

지금까지 살펴본 바와 같이 제물은 상징적인 것이다. 즉 제물이 의미하고 있는 모든 것이다. 즉 물질적인 산물, 가공된 실체, 인간의 심적 성과, 그리고 문화식물에 고유한 자율적인, 데몬적인 성질의 생명원리 모두를 표현한다. 가장 좋은 것 또는 처음 수확한 것을 바침으로써 제물의 가치는 올라간다. 빵과 포도주가 농사를 통해서 수확할 수 있는 가장 좋은 것이므로, 그것들은 바로 인간 노력의 가장 좋은 것이다. 게다가 밀은 특히 소멸했다가 다시 소생하는 신적 누멘이 우리의 눈앞에 나타나게 된 것을 의미하고, 포도주는 도취와 망아경을 약속하는 프네우마가 그곳에 있음을 의미한다.[139] 이 망아경을 약속하는 프네우마를 그리스인들은 디오니소스로, 특별히 고난당하는 디오니소스-자그레우스Dionysos-Zagreus라고 파악했는데, 그 신적인 실체는 온 자연에 스며들고 있다. 그러므로 빵과 포도주의 모습을 띠고 제물로 바쳐지는 것을 간단히 말하면 상징적인 제물의 단일성 안에서 집약된 자연과 인간, 그리고 신이다.

이렇게 의미 있는 봉헌물을 바치는 행위로부터 우선 다음과 같은 물음이 생긴다: 도대체 인간은 그러한 봉헌물을 제공할 수 있는 것인가? 이러한 일의 가능성이 인간의 심적인 영역 속에 들어 있기는 한가? 교회는 제물을 바치는 사제가 바로 그리스도 자신이라고 주장함으로써 이러한 물음을 부정한다. 그러나 이미 살펴본 바와 같이 이러한 의식에 인류는 두 가지 방식으로 참여하기 때문에 교회의 대답은 당연히 조건부의 긍정이기도 하다. 희생하는 주체의 입장에서 볼 때 우리는 마찬가지로 복잡하고 상징적인 관계를 발견한다: 즉 상징은 바로 그리스도인 것이다. 이때 희생하는 자와 희생되는 자는 동일하다. 이러한 상징은 다층적 의미를 가지고 있는데, 나는 다음에서 이 의미를 분석해보려고 한다.

희생한다는 것은 우선 나에게 속한 것을 주는 것이다. 나Ich(자아)에 속한 모든 것은 '나의 것Meinsein'이라는 딱지를 달고 있다. 즉 나Ich와의 미묘한 동체성을 나타낸다. 어떤 원시적인 언어에서는 이러한 상황을 구체적으로 표현하고 있다. 예를 들어 나에게 속한 카누Kanu를 표시할 때는, 단어 카누에 살아 있음을 나타내는 후철을 붙인다. 다른 사람에 속하는 카누에는 그렇게 하지 않는다. 인격체인 나에게 속하는, '나의 것'이라는 딱지를 달고 있는 모든 사물이 나의 인격에 소속되어 있음을 레비-브륄은 '신비적 참여participation mystique'라고 적절하게 표현하였다.[140] 이것은 비합리적이고 무의식적인 동일성인데, 우리와 접촉을 갖는 모든 것이 그 자체일 뿐 아니라 동시에 하나의 상징이기도 하다는 사실에서 나온 것이다. 상징화가 생기는 것은 첫째로, 모든 인간은 무의식적 내용을 갖고 있으며, 둘째로 모든 사물도 역시 알려지지 않은 면을 갖고 있기(예: 내 시계) 때문이다. 시계공이 아니라면 그 누가 감히 자신의 회중시계의 구조를 모두 다 알고 있다고 주장하겠는가? 광물학자나 물리학자가 아닌 그 어떤 시계공이 시계 태엽의 분자 구조를 알 수 있단 말인가? 그리고 그 어떤 광물학자가 시계를 수선할 수 있단 말인가? 알려지지 않은 두 개의 개체가 합쳐지면 더 이상 구별이 가지 않게 된다. 인간 속의 미지의 것과 사물 속의 미지의 것이 하나로 합쳐진다. 그리하여 정신적인psychische 동일성이 형성되는데, 이것은 종종 그로테스크한 형태를 띠기도 한다. '나의 것'을 다른 이들이 접촉해서는 안 되고 사용해서는 더더욱 안 된다. 누가 '나의' 물건에 충분한 경의를 표하지 않는다면 그는 모욕감을 느낀다. 예를 들면 인력거를 끄는 두 명의 중국인이 격렬하게 논쟁을 하기 시작해서, 싸움이 폭력사태로 번질 기세가 보일 때 한 이가 다른 이의 인력거를 발로 툭 차면 그것으로 이 분쟁은 해결된다. 우리들 마음의 무의식적 내용은, 그것이 의식되지 않는 한, 늘 '나의 것'이라고 불리는 모든 것, 즉 물건이나 동물 그리고 인간에게 투사된다. 그리고 '나의' 소유물이 이 투사의 운반자인 한, 이것들은 그것이 있는 그 자체 이상이 되고, 또한 그 이상의 작용을 한다. 이들은 다층적인 의미를 지니고 있으며 그러므로 상징적인데, 이러한 사실을 우리는 물론 전혀 또는 거의 의식하지 못한다. 우리의 정신Psyche은 실제적으로 우리 의식의 한계를 멀리 벗어난다. 이러한 사실을 아마도 연금술사들은 이미 알고 있었던 것 같다. 왜냐하면 그들은 심혼Seele의 대부분이 우리들 인간 밖에 있다고 주장했기 때문이다.[141]

나의 소유물의 일부를 준다는 것은 그 자체로 하나의 상징이다. 즉 여러 가지 의미를 지닌다. 그러나 우리는 이 상징의 성격을 의식하지 못하므로 그것은 자아에 고착된다. 자아가 나의 인격체의 일부분이기 때문이다. 그러므로 모든 봉헌물Gabe은 어떠한 형태로든 개인적인 요구와 연결되어 있다. 우리가 원하든, 원하지 않든 우리에게는 늘 '내가 주면, 그것에 대해서 너도 준다'는 '주고받는 관계do ut des'가 있다. 그러므로 봉헌물은 개인적인 의도의 표시다. 왜냐하면 단순히 주는 것은 희생Opfer이 아니기 때문이다. 희생이 되려면 무엇을 줄 때 늘 생기곤 하는 '주고 되받고자do ut des' 하는 의도가 희생, 즉 포기되어야만 한다. 만일 주는 것이 희생이라고 주장하려면, 그 준 것을 마치 파괴되어 없어져버린 듯이 완전히 내주어야만 한다.[142] 그러고 나면 비로소 이기적인 요구로부터 완전히 자유로워질 가능성이 생긴다. 이기적인 요구를 의식하지 못한 채 빵과 포도주를 바쳤다고 해서 그러한 무의식성이 변명되는 것은 아니다. 반대로 이것은 이기적인 요구가 은밀하게 존재한다는 사실을 보증하는 것이다. 그 요구의 명백하게 이기적인 성질 때문에 봉헌물을 바치는 행위는 틀림없이 마술적으로 비위를 맞추려는 성격을 띠게 되는데, 그로써 신의 호의를 매수하고자 하는 은근한 기대와 숨은 목표를 가지고 있다. 희생행위가 보여주는 이와 같은 윤리적으로 무가치한 인상을 피하기 위해서 우리는 봉헌물과의 동일성을, 적어도 봉헌물을 바칠 때 얼마만큼 자기 자신을 헌신하는가를 깨달을 수 있을 정도로는 의식해야 한다. 다시 말해서 제물과 '나의 것'을 동일시하는 자연스러운 사태로부터 자신을, 혹은 봉헌물과 동일시하고 있는 자신의 일부분을 희생해야만 한다는 윤리적인 과제가 생겨난다. 우리가 무엇인가를 주거나 건네줄 때 이에 상응하는 요구가 늘 있다는 사실을 알아야 한다. 우리가 그것을 의식하지 못하면 못할수록 사실은 더 많은 요구가 숨어 있다. 이러한 의식意識이 있어야만 비로소 바치는 것이 진정한 희생이라 할 수 있다. 내가 자신을 바치고 이에 대해서 그 어떤 보상도 원치 않는다는 사실을 내가 알고 시인할 때에야 비로소 나는 나의 요구를, 자신의 한 부분을 희생한 것이다. 그러므로 그 어떤 조건도 없이 주는 각각의 것, 즉 어떤 관점에서 보아도 완벽하게 포기하고 주는 것(연금 수령을 포기하고à fonds perdu)은 모두가 자기희생이다. 일상적인 의미에서의 주는 것, 즉 어떤 보상이 없이 주는 것을 우리는 손실처럼 느낀다. 그러나 희생이란 이기적인 요구가 더 이상 없는 상실이어야 할 것이다. 이미 이야기한 것처럼 봉헌물은 마치 그것이 이미 절멸되어버린 듯이 주어져야 한다. 그런데 이 봉헌물이 다름 아닌 자기 자신을 의미하므로 이 행위를 통해서 나는 자신을 완벽하게 없애버린 것이기도 하다. 즉 그 어떤 되돌려 받을 기대도 없이 자신을 내주는 것이다. 그러나 이러한 의도된 손실은 다른 측면에서 보면 결코 실제적인 손실이 아니라 반대로 이익이라고 할 수 있는데, 왜냐하면 자신을 희생할 수 있다는 것Sichopfernkönnen은 바로 자신을 갖는 것das Sich-Haben을 증명하기 때문이다. 누구도 자신이 갖고 있지 않은 것을 줄 수는 없다. 그러므로 자신을 희생하는, 즉 자신의 요구를 포기할 수 있는 사람은 바로 이 요구를 갖고 있었음에 틀림없다. 다른 말로 하면 그는 자신의 요구를 의식하고 있었다는 것이다. 이것은 자기인식의 행위가 있기에 가능하다. 자기인식 없이는 그러한 요구는 무의식 상태에 머물러 있다. 이러한 논리를 통해 보면 미사에서의 변환의식은 죄의 고백을 전제로 한다. 자기검증을 통해 모든 봉헌물과 결부된 이기적인 요구가 의식되어야 하며, 이 요구는 의식적으로 '희생'되어야만 한다. 만일 그렇지 않으면 봉헌물은 희생이 될 수 없다. 우리는 희생을 통하여 자신을 가지고 있음을 증명한다. 왜냐하면 희생이란 결코 자신을 가지도록 수동적으로 내버려두는 것이 아니라 의식된, 자발적인 양도이기 때문이며, 이 양도를 통해서 우리가 우리 자신, 즉 자아를 마음대로 할 수 있다는 것을 증명하는 것이다. 그럼으로써 자아Ich는 도덕적인 행위의 대상이 된다. 왜냐하면 이때 '나'는 나의 자아 성향을 초월하는 심급의 입장에서 결정하기 때문이다. 어떤 면에서 보면 나는 '나' 자신에 반하는 결정을 하고 나의 요구를 지양하는 것이다. 자기지양Selbstaufhebung의 가능성은 일종의 경험적인 사실인데, 이것을 나는 단지 심리학적으로만 확인할 뿐 철학적으로 토의하지는 않겠다. 심리학적으로 보면 자아Ich라는 것은 언제라도 다른 상위의 심급Instanzen들에 수렴될 수 있는 상대적인 크기를 갖고 있다. 이러한 심급들은 프로이트가 초자아Über-Ich라는 말로 표시하고자 했던 도덕적인 집단의식과 바로 그것eo ipso 같은 것이 아니다. 오히려 그것들은 인간에게 경험을 통해서 습득되는 것이 아니라 선험적으로 주어진 정신적 조건들이다. 인간의 가장 깊은 곳에 있는 것은 공공의 여론도 아니고 더욱이 일반적인 도덕률[143]도 아니다. 그것은 자신이 아직 의식하지 못하는 인격이다. 현재의 인간이 과거의 그와 크게 다르지 않듯이 미래의 그 또한 이미 그에게 있다. 우리의 의식이 인간의 전체성을 포괄하는 것은 아니다. 왜냐하면 인간의 전체성은 한편으로는 자신이 의식내용으로 이루어져 있지만, 다른 한편으로는 경계지을 수 없고 특정지을 수 없는 광범위한 무의식으로 이루어지기 때문이다. 의식은 이 인간 전체 속에 들어 있다. 그것이 차지하는 부분은 마치 커다란 원 속에 있는 더 작은 원의 크기와 같은 것이다. 사정이 이러므로 '자아'를 대상화할 수 있는 가능성이 있게 된다. 다르게 표현하면 발전과정에서 훨씬 더 넓은 하나의 인격이 단계별로 드러나며 결국에는 자아를 그의 하인으로 쓰게 될 가능성이 있다. 이러한 인격의 확장은 그 경계지을 수 없는 무의식에서 비롯된다. 따라서 단계별로 실현되는 인격의 범위 또한 **무제한적**이다. 그러나 이 인격은 프로이트의 초자아의 경우와는 정반대로 개별적인 것이다. 심지어 이것은 최고의 의미로 개성Individualität이라고 할 수가 있다. 그래서 이론적으로 한계가 분명하다. 개인적 존재가 모든 속성들을 드러낼 수는 없기 때문이다(개성의 실현 과정을 나는 개성화 과정Individuationsprozeß이라고 명명했다). 인격이 아직도 드러나지 않고 잠재적인 한 우리는 그것을 초월적transzendent이라고 부를 수 있으며, 그것이 무의식적인 한 투사된 모든 내용과 구별되지 않는다. 즉 그것은 상당 부분 자신의 주변 환경과 동일하며, 이것은 이미 위에서 언급한 레비-브륄의 '신비적 참여 participation mystique'에 해당되는 현상이다. 이러한 정황은 사실 실제적으로도 아주 중요한 의미를 지니는데, 왜냐하면 꿈속에서 자신의 본질을 나타내는 특이한 상징들이 이를 통해서 설명될 수 있기 때문이다. 내가 여기서 말하는 특이한 상징이란 환계環界, Umwelts 및 우주적인 상징들이다. 이 사실들은 소우주로서의 인간이라는 관념의 심리적 토대를 형성한다. 이 소우주는 알려진 바와 같이 점성학적으로 공식화한 성격 요소들을 통하여 대우주와 밀접하게 맺어져 있다.

이런 무의식의 깊은 토대를 '자기Selbst'라는 용어로 표기하거니와 이것은 적절한 것 같다. 자아Ich는 이런 무의식의 그때그때의 의식에서의 대변자다. 자아는 자기에 대하여 마치 작용하는 자agens에 대한 견디는 자patiens, 주체에 대한 객체로서 있다. 왜냐하면 자기로부터 나오는 결정들은 광대하여 자아를 뛰어넘기 때문이다. 무의식처럼 자기도 선험적으로 존재하는 것이며, 그로부터 자아가 나온다. 말하자면 자기는 자아를 이미 형성하고 있다. 내가 나 자신을 만드는 것이 아니라 오히려 내가 나 자신에서 생겨나는 것이다. 이러한 통찰은 모든 종교적 현상에 관한 심리학에 근본적으로 중요하다. 그렇기 때문에 이냐시오 데 로욜라 Ignatius de Loyola가 영성 훈련에 앞서 그 '기본'으로 '인간은 창조되었다 Homo creatus est'라고 언급한 것은 옳은 일이었다. 이런 통찰이 기본적인 것이기는 하지만 또한 이것은 다만 절반만의 심리학적 진실일 수도 있다. 만일 오직 이것만이 최종적으로 옳다고 주장한다면 이 통찰은 **결정론**일 것이다. 왜냐하면 인간이 단순히 만들어진 것, 또는 무의식적 전제에서 생겨난 것이라면 인간은 아무런 자유도 없고, 의식은 존재 이유raison d'être가 없을 것이기 때문이다. 심리학적 판단과 관계해서 우리가 고려해야 할 것은, 인간은 모든 인과성에 의한 제약에도 불구하고 자신이 자유롭다고 느끼고, 이 자유의 감정은 의식의 자율성과 같다는 사실이다. 비록 모든 것이 자아가 종속되고 다른 것에 의해 미리 결정되어 있다는 사실을 증명하고 있기는 하지만, 그렇다고 이 사실이

자아가 전적으로 자유롭지 못하다는 것의 증거가 될 수는 없다. 우리는 전적으로 이미 형태가 정해진 의식과 철저히 종속적인 자아란 아무런 의미도 없는 광대놀이라는 사실을 시인하지 않을 수 없다. 왜냐하면 그렇게 될 때 모든 것이 그만큼 혹은 더욱 무의식적으로 진행되어갈 것이라고 가정할 수밖에 없을 것이기 때문이다. 자아의식이 자유롭고 자율적이어야만 그의 존재는 의미를 가질 수 있다. 이러한 주장을 통해서 우리는 물론 하나의 이율배반Antinomie을 말하고 있기는 하지만 이를 통해서 또한 실제적인 상황에 상응하는 하나의 상像, Bild을 그려낸 것이기도 하다. 그런데 종속성과 자유의 등급에는 시간적, 지역적, 그리고 개인적 차이가 있다. 현실에는 늘 다음의 두 가지가 존재한다. 자기Selbst의 우위와 의식의 오만이 그것이다.

이와 같은 의식과 무의식의 갈등은 그것을 의식화함으로써 적어도 그 해결에 근접한다. 무의식적인 사실을 의식화하는 그런 행위는 바로 자기희생의 전제가 된다. 자아는 자신의 요구를 의식해야만 한다. 그리고 자기는 이 요구를 자아의 의사에 반해 포기하도록 해야 한다. 이러한 과정은 두 가지 형태로 일어난다.

첫째로 나는 선물을 하면서 대가를 바라지 않아야 한다는 일반적인 도덕적 전제를 고려해서 나의 요구를 지양한다. 이 경우에 자기는 일반 여론이나 일반적인 도덕률과 의견을 같이하는 것이다. 이때 그 자기는 프로이트의 초자아와 같은 것이므로 그는 주변 환경 조건에 투사되며, 따라서 자율적인 요소로서 무의식 상태에 있다.

둘째로, 나는 완전히 인식할 수는 없으나 나의 내면의 어떤 동기들이 나로 하여금 그렇게 하지 않을 수 없게 하기 때문에 나의 요구를 포기한다. 이런 동기는 나에게 특별한 도덕적인 보상을 보장하지 않으며 오히려 나는 이에 대해서 심지어는 거부감을 느끼기도 한다. 그러나 나는 나의 이기적인 요구를 억누르는 힘에 굴복해야만 한다. 이 경우에 자기는 통합되어 있다. 다시 말하면 자기는 투사에서 물러나서 영향력을 행사하는 심적인 힘으로써 느낄 수 있게 된 것이다. 이러한 경우에는 도덕률이 단지 의식되고 있지 않다는 반론은 성립되지 않는다. 왜냐하면 자신의 이기적인 의도를 관철하면 어떤 도덕적인 비판을 받을 것인가를 그는 정확하게 알고 있기 때문이다. 물론 자아의 욕구와 도덕적인 규범이 충돌하는 경우, 억압하는 경향이 집단적인 성격인지 개인적인 성질인지를 분명하게 아는 것이 어려운 것이 사실이다. 그러나 의무에 대해 알력이 생기는 경우나, 아니면 호세아가 창녀와 결혼하는 전형적인 예와 같은 경우에는 자아의 욕구는 도덕률과 일치하며 호세아는 야훼의 부도덕을 나무라야만 했다. 아니면 그가 충실하지 못한 가장으로서 자신의 죄를 시인했어야만 했을까? 이러한 경우에 대한 예수의 의견은 달랐다.[144] 이와 같은, 혹은 이와 비슷한 것들의 경험이 분명히 말해 주는 것은 자기Selbst가 일반 도덕이나 자연적인 충동과 동일시될 수 없으며, 그보다는 각 개인의 특유한 소명이라고 파악되어야 한다는 것이다. 초자아는 자기의 경험에 대한 필수적이고 불가피한 대치물이다.

이러한 비교를 통해서 분명해지는 사실이 있는데, 그것은 요구를 포기하는 태도Einstellungen뿐만이 아니라 그 상황들도 서로 다르다는 것이다. 첫 번째 경우에는 당사자 개인들이 사건을 피부로 직접 느끼지 못하는 상황과 관련되어 있다. 반면에 두 번째 경우에는 극히 사적이며 봉헌하는 사람으로 하여금 심각하게 고통을 느끼게 하는 제물이 문제되며, 여기서는 진정으로 자기극복을 실현시키는 행위와 연관이 있다. 우리 주제와 연관된 테두리 안에서 예를 들어보기로 하자: 첫 번째 경우는 미사에 참여하는 경우이고, 두 번째 경우는 아브라함이 아들을 신에게 바치는 행위나 아니면 겟세마네 동산에서의 예수의 결단과 같은 경우이다. 아마도 하나는 매우 진지하게, 마치 자기가 경험한 일처럼 느끼고 또한 경건하게 체험하는 경우이지만 다른 하나는 실제적인 일이다.[145]

자기Selbst가 무의식적인 한, 그것은 프로이트의 초자아에 해당되며 이것은 또한 끊임없이 제기되는 도덕적 갈등의 원천이 된다. 그러나 이것이 투사에서 물러나면, 즉 그것이 더 이상 다른 이들의 의견이 아닌 경우에 우리는 우리 자신이 결정의 주체가 된다는 것을 알게 된다. 그러면 '자기'는 대극의 합일unio oppositorum로 작용하게 되고, 이를 통해서 심리학적으로나 파악 가능한 신격을 가장 직접적으로 경험하게 된다.[146]

c) 제물을 바치는 사람

내가 바치는 것은 나의 이기적인 요구이며, 이로써 나는 동시에 나 자신을 바치는 것이다. 모든 희생Opfer은 그러므로 어느 정도는 자기희생이다. 봉헌물의 의미에 따라서 희생의 등급이 결정된다. 봉헌물이 나에게 매우 값진 것이고 나의 개인적인 감정을 건드리는 경우라면 나는 나의 이기적인 요구의 포기로써 분명 나의 자아인격을 나에게 항거하도록 불러들이게 될 것이다. 또 다른 분명한 것은 이러한 개인적인 요구를 억누르는 힘, 즉 나 자신을 억누르는 힘이 바로 자기가 되어야만 한다는 사실이다. 그러므로 자기Selbst란 나Ich를 제물로 바치게 하는 것이다. 그렇다. 자기는 나에게 희생을 강요하는 것이다.[147] 자기가 바로 제물을 바치는 주체이며, 나는 바쳐진 제물, 즉 인간 제물인 것이다. 매우 강력한 신의 명령에 따라 외아들을 희생시켜야만 했던 아브라함의 심정으로 잠시 돌아가보자. 이런 처지의 아버지는 아들에 대한 측은함을 넘어서서 자신을 희생물로 느끼지 않았을까? 그리고 아들을 벨 칼이 자기 가슴속으로 파고드는 것을 느끼지 않았을까? 그렇다. 그는 **제물을 바치는 주체인 동시에 희생물**이었을 것이다.

    자기와 자아의 관계가 아버지와 아들의 관계와 일치하기 때문에, 자기는 우리에게 자기희생을 하도록 강요함으로써 그는 자기 자체의 희생행위를 완수한다고 말할 수 있다. 이 희생행위가 우리에게 무엇을 의미하는지 우리들은 이미 잘 알고 있다; 그러나 그것이 자기에게 무엇을 의미하는지는 그다지 분명하지 않다. 우리에게 자기는 몇 가지 행동에 의해서만 파악될 수 있을 뿐이지만, 전체로서는 그의 광범위한 성질로 말미암아 감추어진 채 있기 때문에 우리는 '자기'에게서 경험할 수 있는 많지 않은 것에서 추론할 수밖에 없다. 이미 우리들이 살펴본 것처럼 희생은 오직 자기가 틀림없이 우리에게 희생을 완수하는 것을 우리가 느낄 수 있을 때에만 일어난다. 만일 자기의 우리에 대한 태도가 아버지의 아들에 대한 태도와 같은 것이라면, 자기는 우리들의 희생을 자기희생이라고 느낄 것이라는 추측을 감히 공언해도 좋을 것이다. 우리는 자기희생을 통해서 우리 자신을, 즉 그 자기를 얻게 된다. 왜냐하면 우리는 오직 우리가 주는 것만을 가지고 있기 때문이다. 그러나 자기는 여기에서 무엇을 얻는 것일까? 우리가 아는 것은 자기가 모습을 드러낸다는 것, 그리고 그것이 무의식적인 투사에서 빠져나온다는 것, 그것이 우리의 마음을 사로잡으면서 또한 우리 자신 속에도 출현하며, 그로써 그것은 무의식의 방종한 상태에서 의식으로, 그리고 잠재적 가능성의 상태에서 실제적인 상태로 이행한다는 것이다. 무의식의 상태에서는 그것이 무엇인지를 알지 못한다. 그러나 지금 우리는 그것이 인간이, 즉 우리 자신이 되었다는 것을 안다.

이러한 인간화의 과정은 꿈이나 우리 내면의 상像, Bilder들 속에서 한편으로는 수많은 단위체들의 결합, 즉 산산이 흩어진 것들의 취합으로 묘사되고, 다른 한편으로는 언제나 이미 존재하던 어떤 것이 서서히 모습을 드러내서 점차 분명해지는 것으로 묘사된다.[148] 연금술의 사유와 사변, 그리고 부분적으로는 그노시스적인 사고와 상상은 이 과정을 설명하기 위해서 동원되기도 한다. 그러나 이 과정은 또한 기독교적 도그마나 특히 미사에서의 변환의 비의를 통해서 표현되고 있다. 이 과정에 관한 심리학을 통해서 아래와 같은 의문들이 해명된다: 인간은 왜 한편으로 제물을 바치는 자이면서 다른 한편으로는 희생자로 나타나는가? 왜 인간이 아니라 신이 제물을 바치는 주체이면서 동시에 제물이 되는가? 그리고 왜 신은 희생의 의식 속에서 고난당하면서 죽어가는 인간의 모습이 되는가? 왜 인간은 성찬식에서 성체를 향유함으로써 부활의 확신을 얻는지, 혹은 어떻게 인간이 신격에 참여하고 있다는 확신을 인식하게 되는가?

자기의 통합, 혹은 자기의 인간화 과정은, 이미 암시한 대로 이기적인 의도들을 의식화함으로써 의식의 측면에서 준비된다. 말하자면 사람들은 자신의 행동 동기에 대해서 해명하고, 가능한 한 자기 고유의 존재의 온전하고 객관적인 상像을 형성하려고 시도한다. 이러한 행동은 자기성찰의 행위, 산산이 흩어져서 결코 한 번도 제대로 다시 연결점을 찾을 수 없었던 것을 모으는 것, 그리고 완전한 의식화에 도달하기 위해서 자기 자신과 투쟁하는 것이다(그러므로 무의식적인 자기희생은 단지 하나의 사건일 뿐 결코 도덕적인 행위가 아니다). 그런데 자기성찰은 주로 무의식적인 상태에 있는 사람이 가장 힘들어하고 싫어하는 것이다. 사람의 성질 자체가 의식화에 대한 현저한 두려움을 갖고 있다. 그러나 사람들에게 의식화를 하도록 하는 것은 바로 자기Selbst이다. 자기는 어느 의미에서 우리에게 자신을 희생하면서 우리의 희생을 요구한다. 한편으로 의식화는, 조각난 부분들을 다시 모으는 행위로서 자아의 의식된 의지행위이고, 다른 한편으로는 일찍부터 존재했던 자기의 자발적인 출현을 의미한다.[149] 개성화란 한편으로는 예전에 분산되었던 부분들이 합쳐서 이룩하는 새로운 통일체의 합성으로 나타나고, 다른 한편으로는 자아에 앞서 이미 존재했으며, 자아의 아버지요, 창조자요, 전체인 본체가 모습을 드러내는 형태로 나타난다. 말하자면 무의식적인 내용을 의식화함으로써 우리는 자기를 만들어낸다. 그리고 그런 면에서 '자기'는 우리들의 아들이다. 이에 걸맞게 연금술사들은 그들의 불멸의 실체를 '철학자의 아들filius philosophorum'이라고 명명했는데, 이것은 바로 우리가 말하는 자기Selbst를 의미한다. 그러나 우리가 개성화에 노력을 기울이게 되는 것은 그로부터 무의식성을 극복하고자 하는 가장 강력한 결정이 나오는 자기Selbst가 무의식에 존재하기 때문이다. 이러한 관계에서 '자기'는 아버지이다. 그러므로 연금술적인 명칭들이 이로부터 유래한다: 노인Senex으로서의 메르쿠리우스Mercurius, 즉 헤르메스 트리스메기스토스Hermes Trismegistos는 그노시스파에서 노인과 젊은이를 모두 의미하고, 연금술에서는 메르쿠리우스와 똑같은 의미인 사투르누스Saturnus 등이 그것이다. 이러한 심리학적인 연관관계는 아마도 원초적 인간Urmensch, Protanthropos, 그리고 사람의 아들에 관한 고대의 관점들에서 가장 잘 나타난다. 그리스도는 말씀Logos으로서는 영원하지만, 인간으로서 그는 '사람의 아들'[150]이다. 말씀으로서의 그리스도는 세계 창조의 원리다. 이러한 원리에 상응하는 것이 바로 '자기'의 의식에 대한 관계인데, 의식이 없다면 이 세계의 존재는 결코 감지되지 않을 것이다. 말씀은 원래 개성화의 원리principium individuationis이다. 왜냐하면 그로부터 모든 것이 생성되었고,

존재하는 모든 것은 수정水晶에서 인간에 이르기까지 모두 개별적인 형태를 지니기 때문이다. 이처럼 다양하게 구분되고 분화된 형상들 속에서 세계 창조자auctor rerum의 본질이 드러난다. 여기에 상응하는 것이 한편으로는 그의 무의식적 존재의 불특정성과 무한성을 갖추고 개별적인 의식에 대한 창조자로서의 관계를 지닌 자기Selbst(물론 자기의 일회성과 고유성에도 불구하고!)이며, 다른 한편으로는 자기의 출현 형식으로서의 개별적 인간이다. 고대 철학은 이러한 생각을 해체된 디오니소스의 전설에 의거해서 설명하는데, 디오니소스는 창조자로서는 '분리되지 않은 정신'이지만 피조물로서는 '분리된 정신'을 의미한다.[151] 나누어진 디오니소스의 몸은 전체 자연 속으로 분배되었다. 제우스가 한때 아직도 꿈틀거리는 신의 심장을 삼켰듯이, 디오니소스의 추종자들은 그의 토막난 정신을 다시 자신 속에 통합하기 위해서 짐승들의 고기를 뜯어먹었다. 바르벨로 그노시스파Barbelo-Gnosis(바르벨로라는 이름의 우주 창조자를 주장하는 그노시스의 일파)나 마니교에서 빛의 실체들을 수집하는 것도 같은 이유에서다. 심리학적으로 위의 경우는 분리되었던 내용의 의식화를 통하여 자기를 통합하는 것과 일치한다. 자기성찰Selbstbesinnung은 자기 자신을 모으는 것이다. 모노이무스Monoimus가 테오프라스투스Theophrastus에게 주었던 지시도 바로 이와 같은 맥락에서 이해된다.

"그(즉 신)를 네 속에서 찾아라. 그리고 네 안의 모든 것을 자기 것으로 취하고 발언하는 그가 누구인지를 배워라. 나의 신, 나의 정신νοῦς, 나의 오성, 나의 영혼, 나의 육체, 그리고 슬픔과 기쁨, 사랑과 증오, 원하지 않지만 잠에서 깨고 원하지 않는데도 잠이 드는 것, 원치 않은 분노와 사랑이 어디에서 오는지 배워라. 만일 네가 이러한 것들을 잘 살펴본다면 너는 네 속에서 신을 찾을 것이다. 그것은 하나인 동시에 여럿인 것, 신이 그 속에서 스스로 출구를 찾게 되는 네 속의 작은 점에 상응한다."[152]

자기성찰이나 같은 말이기는 하지만, 개성화를 향한 갈망은 흩어져 있던 다양한 파편들을 모아서 그것을 **통일체로서의 원래의 형상, 즉 원초적 인간**으로 고양시킨다. 이를 통해서 별난 존재Sonderexistenz가 되는데, 즉 그때그때의 자아집착성이 철회되고, 의식의 폭이 확장되며, 모순의 의식화를 통하여 갈등의 근원이 소멸된다. 이러한 자기로의 접근은 일종의 복원復元, Repristinierung, 혹은 아포카타스타시스Apokatastasis〔신의 예언이 모두 이루어지는 것〕인데, 자기Selbst는 의식 이전의 무의식적인 선재先在의 도움으로 불멸의 성질, 즉 '영원함'을 얻는다.[153] 이러한 감정은 샘물의 축성Benedictio fontis의 한 구절에서도 묘사된다: "육체의 성별이나 혹은 시간 속에서 나이를 구별하는 이 모든 것을, 성모 마리아의 은총은 이미 하나의 아이 속에 존재하도록 낳으셨다Et quos aut sexus in corpore aut aetas discernit in tempore, omnes *in unam* pariat gratia mater *infantiam*."

제물의 신적인 봉헌자의 형상은 우리가 상상할 수 있는 모든 신의 표상의 밑바닥에 있는 원형의 경험적인 발현양식과 세부에 이르기까지 일치한다. 이 원형은 정적靜的인 상일 뿐 아니라 동시에 역동적인 것이기도 하다: 그는 언제나 천상에서, 지상에서, 그리고 지옥에서 벌어지는 한 편의 드라마다.[154]

d) 희생의 원형

미사의 기본 의미를 초시모스 환상의 내용과 비교하면 많은 상이점과 더불어 상당한 공통점도 있다. 이를 분명히 하기 위해서 다음과 같이 표에 유사점과 차이점을 정리하였다.

유사점

초시모스	미사
1. 등장하는 인물은 두 명의 성직자다.	1. 사제와 영원한 사제인 그리스도.
2. 한 명의 사제가 다른 사제를 살해한다.	2. 성체변화에 대한 사제의 말을 통한 그리스도의 희생 Mactatio Christi.
3. 다른 사람들도 제물로 바쳐진다.	3. 신도들 스스로가 제물이다.
4. 희생은 자발적인 자기희생이다.	4. 그리스도가 자유의지로 자신을 제물로 내어준다.
5. 많은 고통이 수반되는 희생자들의 죽음.	5. 그리스도가 고통을 느낀다.
6. 희생자들의 육체가 여러 토막으로 잘려진다.	6. 빵을 쪼갬 Farctio panis.
7. 제물을 바침(제사가 수행된다).	7. 유향을 제물로 바친다.
8. 사제는 자기 자신의 살을 먹는다.	8. 그리스도는 그 자신의 피를 마신다 (성 크리소스토모스).
9. 사제는 프네우마로 변신한다.	9. 바쳐진 빵과 포도주는 그리스도의 살과 피로 변한다.
10. 한낮의 태양처럼 하얗게 빛나는 형상이 출현한다.	10. '지복직관至福直觀, Visio beatifica'으로서의 성체("주님, 나는 당신의 얼굴을 찾나이다 quaesivi vultum tuum, Domine"). 성체를 높이 들어올림(거양).
11. 희생물로부터 '신적인 물'이 생성된다.	11. 미사의 은총. 성작은 성반(세례 욕조)과 비교됨. 은총의 힘으로서의 물의 상징성.

차이점

초시모스	미사
1. 희생의 과정은 개별적인 꿈에서 보는 환상이다. 이것은 꿈의 의식Traumbewußtsein에 자신을 드러낸 무의식의 한 부분이다.	1. 미사의 형식은 수백 년 동안 그리고 수많은 위대한 인물들에 의해 형성된 의식적인 것이며, 솜씨 있게 다듬어진 산물이다.
2. 꿈을 꾼 사람은 상징적인 꿈의 사건을 바라보는 관객에 불과하다.	2. 성직자와 신도들은 신비스러운 의식에 동참하는 자이다.
3. 사건은 피투성이의 잔인한 인간희생이다.	3. 모든 상스러운 것을 피한다. 살해 mactatio라는 말조차도 언급되지 않는다. 빵과 포도주에 의한 무혈의 희생이다(무혈의 제물incruente immolatur!).
4. 희생 시에 제물의 머릿가죽이 벗겨진다.	4. 이에 상응하는 것이 없다.
5. 제물을 바치는 의식이 용龍에게도 수행된다.	5. 상징적인 속죄양.
6. 그것은 불태워지고 요리된다.	6. 실체들은 영적으로 변환한다.
7. 희생의식의 의미는 '신적인 물'을 생성하는 것인데, 이것은 금속물질의 변화와 ― 신비적으로는 ― 자기화 Selbstwerdung에 도움을 준다.	7. 미사의 의미는 살아 있는 그리스도와 그의 신도들이 하나가 되는 것이다.
8. 환상 속에서 변화하는 본질적인 것은 아마도 최고의 집정관Archon(이 존재는 유대인의 신과 관계가 있다)인 토성Saturn의 악령일 것이다. 그것은 인간 속에 있는 어둡고 무거운 프네우마로 변환될 질료이다.	8. 미사에서 변환되는 본질적인 것은 바로 신이다. 그는 아버지로서 아들을 인간의 모습으로 보내주었으며, 이 모습으로 고통당하고 죽고, 다시 자신의 본모습으로 부활했다.

초시모스의 환상 속에는 잔인한 광경들이 너무나 두드러지기 때문에, 이것들을 미사와 비교하는 것을—미학적으로나 혹은 다른 이유 때문에—포기해야만 한다고 생각하기 쉽다. 그럼에도 불구하고 내가 이 두 유형의 유사점을 찾으려고 시도하는 것은 결코 이를 통해서 성스러운 행위를 이교도적이고 소박한 사건 쪽으로 내몰아서 이 거룩한 행위의 가치를 낮추려는 계몽주의적 의도에서 하는 것이 아니다. 내가 학문적인 진리 저편에 있는 의도를 가지고 있다면 그것은 가톨릭교회의 가장 중요한 비의Mysterium가 무엇보다도 인간 영혼의 깊은 곳에 뿌리를 내리고 있는 정신적 조건에 기반한다는 사실을 제시하고자 하는 소망이다.

꿈의 성격을 거의 확실하게 띠고 있는 환상은 의도하지 않은, 즉 의식적인 목표를 갖고 있지 않은, 심적 산물로 간주되어야 한다. 그것은 꿈처럼 자연의 산물Naturprodukt이다. 반면에 미사는 정신의 산물Produkt des Geistes이고, 명백히 영적이고 의식적인 절차이다. 오래되었으나 아직 쓸모가 있는 명명법을 사용하자면 환상은 정신적psychisch이고, 미사는 영적pneumatisch인 것이라고 말할 수 있다. 환상은 정제되지 않은 원료라면, 미사는 가장 잘 분화된 예술양식이다. 그러므로 전자는 소름이 끼치고 후자는 아름답다. 비록 미사가 고풍스럽기는 하지만, 바로 그렇기 때문에 미사는 더 훌륭한 것이며, 그의 예배의식은 현재의 가장 까다로운 요구도 충족시킨다. 이와는 반대로 환상은 고태적이고 원시적이다. 그러나 자신의 상징성을 통해서 연금술의 기본관념인 불멸의 실체, 즉 변화와는 거리가 먼 '자기Selbst'를 가리킨다. 환상은 조작되지 않은 자연의 한 부분으로 상스럽고 기괴하고 거북하고 무시무시하고 어둡다. 환상은 그것을 말하지는 않지만 모든 비인간적이고 초인적이고 인간 이하적인 것들에 나타나는 불확실성과 애매함을 통해서 우리로 하여금 그것을 예감하게 한다. 미사는 분명히 말하고 묘사하며, 심지어는 신격을 가장 아름다운 인간성의 외투로 감싸기까지 한다.

이 모든 것을 통해서 분명해지는 것은 환상Vision과 미사가 서로 상이한, 거의 서로 비교할 수 없는 것들이라는 점이다. 만일 미사의 정신적인 토대가 되는 자연적인 과정, 즉 무의식에 있는 그 과정을 우리가 재구성하는 데 성공한다면 우리는 이때 비로소 환상과 비교할 수 있는 어떤 상을 얻을 수 있을 것이다. 알려진 바와 같이 미사는, 교회의 해석에 의하면, 예수의 삶의 사건들에 근거하고 있다. 이제 우리는 이 '실제'의 삶에서 몇 가지의 사건들을 강조하려 한다. 이것들은 변신하는 예수의 모습에 구체성을 부여하고, 그럼으로써 우리로 하여금 초시모스의 환상에 더 가까이 다가가게 한다. 언급하고자 하는 것은 바로 예수가 고태적인 **희생 왕**이 되도록 만든 채찍질, 가시관, 그리고 예수가 걸쳤던 외투 등이다. 이러한 특성은 왕의 희생을 증명하는 바라바Barabbas('아버지의 아들') 사건을 통해서 더 강조된다. 내가 강조하는 또 다른 것은 십자가에 못 박는 고문인데, 이것 자체는 치욕적이고 잔인한, 진정 '피를 보지 않는 희생'과는 거리가 먼 연극이다! 아마도 오른쪽 늑막과 오른쪽 가슴이 창에 찔려 벌어졌고, 그곳에서 응고된 피와 혈청이 쏟아졌을 것이다. 이러한 몇몇 사건들을 미사의 토대가 되는 과정의 상像 속에 첨가하면, 미사는 환상이 지닌 원시적이고 잔인한 모습과 상당히 비등한 것이 된다. 또한 여기에 도그마적인 기본 이념도 첨가된다: 이삭이 제물이 되는 사건의 의미가 기도문 "Unde et memores"에서 나타나듯이, 이때의 희생은 한 인간의 희생을 의미하는 것만이 아니라 아들이 제물로 바쳐진다는, 그것도 유일한 아들이 희생된다는 의미를 갖고 있다. 이것은 최고로 고태적인 희생이다. 알려진 대로 그 희생은 너무나 잔인해서 아브라함도 수행할 수 없을 정도였다.[155] 만일 그가 실행에 옮겼더라도, 칼도 아주 신속하게 가슴을 찔러서 비교적 고통 없이 제물을 죽일 수도 있었을 것이다. 심장을 도려내는 아즈텍인들의 피투성이의 잔인한 의식도 신속한 죽음을 의미한다. 그러나 미사의 핵심을 이루는 아들 희생행위는 채찍질과 모욕으로 시작되었고, 희생자의 손과 발에 못을 박아 십자가에 매다는 행위는 여섯 시간 동안이나 진행되었다. 그러니까 신속한 죽음이 아니라 교묘하게 오래 진행되는 죽음의 고통이었던 것이다. 게다가 십자가 형벌은 노예들을 위한 치욕적인 형벌이었다. 이러한 희생의식에서는 육체적 잔인함과 도덕적 잔인함이 서로 맞먹었다.

아버지와 아들의 성질이 하나라는 사실은 잠시 덮어두기로 하자. 물론 구별되고, 서로 혼동될 수 없는 두 인격체이기 때문에 이것이 가능하다. 이제 우리는 아버지의 입장에서 그의 심정을 헤아려보자. 그는 스스로 적국으로 몸을 던진 아들의 고통을 자기 눈으로 바라보아야 한다. 그러면서 아들의 위험을 알고 있었으면서도 일부러 그를 위험 속으로 몰고 간 것이 바로 그 자신이었다는 사실을 의식해야 한다! 대개 이러한 처형은 비열한 범죄에 대한 복수나 형벌로서 집행되는데, 아버지와 아들이 같이 이러한 범죄에 연루되는 것이 보통이다. 두 명의 범죄자와 함께 십자가에 못 박힘으로써 처벌의 의미가 특별히 강조된다. 신격 스스로에게 벌이 집행되었다. 이 처벌이 본보기로 삼은 것은 바로 왕의 살해의식이다. 왕이 살해되는 경우는 그가 성불능Impotenz이라는 징조가 보이거나 혹은 농사가 망쳐져서 그의 마술적인 효력이 의심될 때이다. 왕이 부족의 상황 개선을 위해서 살해되듯이, 신은 인류의 구원을 위해서 자신을 희생한다.

신의 처형을 어떻게 설명할 수 있을 것인가? 이러한 물음은 그 물음에서 스쳐 지나가는 신성모독에 대한 생각은 무시하고 제기되어야 한다. 오직 '희생'제의가 가지고 있는 틀림없는 처벌의 성격 때문에 물음이 제기되어야 하는 것이다. 통상적인 설명은 물론 그리스도가 우리의 죄 때문에 처형되었다는 것이다.[156] 그러나 내가 관심을 두는 것은 교회에서의 설명이 아니라 이 사건의 바탕에 깔린 정신적 과정을 재구성하는 것이기 때문에, 당연히 나는 처벌이 있게 된 죄를 밝히고자 한다. 인류가 실제로 죄를 지었다면, 그들은 당연히 벌을 받아야 할 것이다. 그러나 신이 그들로부터 벌을 빼앗아갔다면, 그는 인간이 죄가 없다고 설명하며, 그러면 인류에게는 실제로 아무 죄가 없고 신이 인간의 벌을 논리적으로 대신 짊어지기에 신이 죄를 짓고 있다고 우리는 추정할 수 있다. 여러 가지 납득할 만한 이유 때문에 원래의 기독교 교리에 만족할 만한 대답이 있을 것이라고 기대할 수가 없다. 그러나 구약성서나 당시의 그노시스파, 그리고 후기 가톨릭적인 사변에는 그러한 대답이 있다. 구약성서를 통해서 우리는 야훼가 법의 수호자이기는 하지만 그 자신이 옳은 것은 아니고, 또한 그는 화를 많이 내지만 이후에 반드시 이 점에 대해서 후회한다는 사실을 알고 있다.[157] 어떤 그노시스적 체계를 통해서 우리는 세상의 창조자auctor rerum가 낮은 단계의 집정관 Archon이고, 그는 실제로는 불완전하고 고통당하는 세계를 창조하면서도 완벽한 세계를 창조했다고 잘못 생각했다는 사실을 알 수 있다. 이 세계 창조자로서의 지배자는 그의 토성적인(음침한) 성격 때문에 유대인의 세계 창조의 신인 야훼와 유사하다. 그의 작품, 즉 이 세계는 불완전하고 번성하지 못하는데, 이에 대한 책임이 피조물에게 있는 것은 물론 아니다. 기독교 내에서의 이러한 논란은 마르키온Markion에 의한 종교개혁을 불러일으켜서 신약에서 구약성서적인 성격을 모두 제거하려는 시도가 있었다. 17세기까지도 예수회 소속의 학자인 니콜라우스 카우시누스Nicolaus Caussinus는 일각수一角獸를 구약성서에서의 신의 가장 적당한 상징으로 여겼는데, 그 이유는 신이 화가 난 상태에서 마치 흥분한 일각수처럼 세계를 혼란에 빠뜨렸다고 생각했기 때문이다. 그러나 결국에는 순수한 젊은 처녀와의 사랑을 통해서 그는 자신의 품속에서 스스로 사랑의 신으로 변신하였다고 한다.[158]

이 설명에서 우리는 교회로부터의 대답에서는 찾을 수 없었던 자연논리와 만난다. 신의 죄는 그가 세계의 창조자로서, 모든 피조물의 왕으로서 충분치 않았기 때문에 죽을 수밖에 없었다는 데 있다. 원시인들에게는 그들이 직접 만날 수 있는 구체적인 왕이 있었다. 반면에 영적인 신의 개념을 갖고 있는 조금 높은 문명에서는 이와는 사정이 다르다. 옛날에는 신들의 그림에 매질을 하거나 혹은 이것들을 결박하면서 신들을 자리에서 추방할 수 있었다. 그러나 조금 더 발전된 단계에서는 오직 한 신이 다른 신의 왕관을 빼앗을 수 있었으며, 유일신교가 발전하자 다만 신 스스로가 변환할 수밖에 없었던 것이다.

이처럼 변환과정이 일종의 '징벌'로서 나타난다는 것—초시모스는 직접 이런 표현 κόλασις(징계, 처벌)을 쓴다—은 변환과정 중에 생기는 잔인함을 어느 정도 설명할 필요가 있거나 그것을 합리화하려는 것 때문일지 모른다. 이러한 필요성은 발전된 감정을 갖고 있는 의식의 높은 단계에서 비로소 생겨난다. 그리하여 사람들은 변환과정 중에서 거부감을 느끼고 이해할 수 없는 잔인함, 예를 들면 샤머니즘의 입무入巫과정에서 보는 해체解體(입무 후보자의 몸이 토막나고 찢기는 것)의 체험과 같은 것에 대한 충분한 설명을 구한다. 그러나 이러한 의식意識의 단계에서 가장 가능성이 높은 추측은 아마도 죄에 대해 벌준다는 사실일 것이다. 이로써 변환과정은 원래 사건에는 거의 없었던 도덕적인 의미를 갖게 되었다. 사실 마치 더욱 발전된 의식의 단계로 접어들면서 사람들이 지금껏 자세히 논증하지 못했거나 설명하지 못한 체험을 발견해낸 것과도 같다. 이것을 도덕적인 원인론과 결부시킴으로써 이해할 수 있게 만들려고 했던 것이다. 원래 해체의 행위는 입무 후보자를 보다 새롭고 영향력 있는 사람으로 만들고자 하는 분명한 목적에 이바지한다는 것을 우리는 어렵지 않게 알 수 있다. 입무과정Initiation은 심지어 치유의 측면을 가지고 있다.[159] 이러한 사실들을 고려하면 '징벌'이라는 도덕적 해석은 정곡을 맞추지 못한 듯하여 그 해석이 해체의 본래 의미를 제대로 이해하지 못한 것이 아닌가라는 의심을 일으키기도 한다. 도덕적인 징벌이라는 이 해석이 불충분하다 보니 자신의 설명 속에 들어 있는 모순을 이해하지 못했다: 즉 벌을 받지 않으려면 죄를 짓지 말아야 한다. 그러나 입무 후보자가 입무과정의 고통을 모면한다면, 그야말로 그것은 그에게 진정한 죄가 될 것이다. 이 경우에 그에게 부과된 고문은 결코 처벌이 아니라 그로 하여금 자신의 운명을 향해 가도록 하기 위한 필수불가결한 수단일 뿐이다. 이런 고통스러운 사건은 종종 너무 어린 나이에 시작하기 때문에, 죄의 크기에 대해서는 전혀 말이 안 된다. 이런 이유에서 고통을 징벌이라고 생각하는 도덕적 견해는 무언가 부족한 듯하고, 또한 어느 정도는 오도될 가능성이 있어 보인다. 어쨌든 그것은 옛날부터 전해 내려왔고, 한 번도 숙고의 대상이 되었던 적이 없던 원형적 표상의 경우, 최초로 시도된 심리학적인 설명일 것이다. 그와 같은 원형적인 표상들과 제의는 발명된 것과는 거리가 먼 것으로, 오히려 사람들이 그것에 대해서 생각하기 훨씬 이전에 이미 일어났고 행해졌다. 나는 원시종족에서 입사의식을 수행하는 것을 보았다. 아무도 그 제의가 무슨 뜻인지 설명하지 못했다. 유럽에도 그 의미를 전혀 모르는 관습들이 아직도 남아 있다. 그러므로 처음 설명을 시도할 때는 대개 서투르게 마련이다.

고통과 벌의 측면은 그 옆에 떨어져서 숙고하는 의식意識, 아직은 해체의 본래 의미를 모르는 의식에 해당된다. 제물로 바쳐진 동물에게 구체적으로 행해지는, 샤먼이 실제의 사실이라고 여기는 해체는 높은 수준의 단계에서는 초시모스 환상에서 **정신적인 과정**으로 나타나는데, 이 과정 속에서 무의식의 한 형상, 즉 호문쿨루스Homunculus는 해체되고 변환한다. 꿈의 해석 법칙에 따르면 이러한 존재는 관찰하는 주체 자신의 한 측면이다. 즉 초시모스 자신이 호문쿨루스로 나타나는데, 무의식은 그를 불완전하고('몸이 절단된') 난쟁이처럼 작은, 그리고 중금속(예를 들면 납이나 철)으로 이루어진 인간으로 묘사하며, 이는 오직 물질로만 이루어진 '질료적 인간'을 의미한다고 하겠다. 이러한 인간은 불명료하고, 오직 물질적 속성에 속박되어 있다. 본질적으로 그는 무의식적이므로 변환과 계발啓發을 필요로 한다. 이를 달성하기 위해서 그의 몸은 해체되어서 각각의 부분으로 나뉘어야만 하는데, 이러한 과정을 연금술사들은 분할divisio, 분리separatio, 그리고 분해solutio라고 명명했다가 나중에는(그들의 후기 문헌에서는) **구별**Diskrimination과 **자기인식**Selbsterkenntnis으로 구분했다.[160] 이러한 심리학적 과정은 솔직히 괴로운 과정이고, 많은 사람들에게 너무도 고통스러운 것이다. 마치 한발 한발 앞으로 내딛는 의식화의 길이 오직 고통을 통해서만 가능한 것과 같다.

초시모스에게는 변환과정 고유의 의식성을 말할 단계가 아니다. 그것은 환상에 관한 그의 해석이 분명히 가리키고 있다: 초시모스는 꿈의 이미지가 그에게 '물의 생산'을 가리킨다고 생각한 것이다. 이를 통해서 우리는 그가 변환을 아직은 외적인 것으로 간주하고 결코 자기 자신의 정신적인 변화로는 느끼지 않는다는 사실을 알 수 있다.

이와 비슷한 일들이 기독교의 심리학에도 있는데, 제의와 도그마를 단지 외적인 요소로 받아들이고 내적인 과정으로는 체험하지 않기 때문이다. 그리스도 모방 그 자체, 그리고 특히 미사가 신도들을 그리스도와 동류의 제물로 묘사함으로써 변환과정에 동참시키려는 분명한 노력을 나타내듯이, 보다 잘 이해된 기독교는 마찬가지로 인간 정신Geist보다 훨씬 더 높은 곳에 서 있게 된다. 그것은 마치 미사의식이 초시모스 환상에서의 고태적인 제의 형태보다 더 높은 곳에 위치하는 것과도 같다. 미사의 목적은 일종의 '신비적 참여participation mystique', 혹은 사제와 신도가 그리스도와 하나되는 것인데, 한편으로는 우리의 심혼Seele이 그리스도와 동화되는 것이고, 다른 한편으로는 그리스도 형상을 우리의 심혼Seele 속에 내면화하는 것이다. 미사에서 그리스도의 성육신成肉身의 전체 드라마가 적어도 암시적으로 반복되는 한, 미사에서 일어나는 것은 신의 변환인 동시에 우리 심혼의 변환이다.

3. 미사와 개성화 과정

심리학적으로 볼 때 그리스도는 원초적 인간Urmensch(사람의 아들, 제2의 아담τέλειος ἄνθρωπος, Adam secundus)으로서 범인凡人들을 능가하는 포괄적인 전체성을 의미하며, 의식을 초월하는 전체 인격에 해당된다.[161] 우리는 이러한 인격을 앞에서 언급한 바처럼 자기Selbst라고 부른다. 초시모스 환상의 고태적 단계에서 호문쿨루스가 프네우마로 변하고 고양되듯이, 성찬의 비의는 그 자신의 한 부분에 지나지 않는 유한한 인간의 심혼을 그리스도로서 표현되는 전체성으로 변환시킨다. 이런 까닭에 미사는 개성화 과정의 의식儀式이라고 부를 수 있다.

이러한 종류의 생각들은 고대 기독교의 문헌에서는 이미 매우 오래 전에 발견된다. 소위 「요한행전Johannesakten」이라 불리는 문헌은 성서외전外典 문헌을 전수하는 가장 중요한 기록에 속한다.[162] 이 장의 주제와 관련해서 주목해야 할 텍스트 부분은 십자가에 못 박히기 전에 그리스도가 주관한 신비적인 윤무輪舞에 관한 서술에서부터 시작한다. 그리스도는 그의 제자들에게 서로 손을 잡고 둥글게 모이라고 말한다. 그 자신은 원의 중심에 선다. 제자들은 원을 그리면서 돌고 그리스도는 찬가를 부르는데, 나는 그중 몇 개의 특색 있는 구절들을 제시하고 싶다.

> 나는 구원받고 싶다. 그리고 구원하고 싶다. 아멘.
> 나는 해방되고 싶다. 그리고 해방하고 싶다. 아멘.
> 나는 상처받고 싶다. 그리고 상처 주고 싶다. 아멘.
> 나는 태어나고 싶다. 그리고 낳고 싶다. 아멘.
> 나는 먹고 싶다. 그리고 먹히고 싶다. 아멘
> …
> 나는 사유의 대상이고 싶다. 완전한 사유가 되어. 아멘
> 나는 씻기고 싶다. 그리고 씻고 싶다. 아멘.
> …
> 유일한 여덟 숫자는 우리와 함께 찬송한다. 아멘.
> 열두 숫자는 위에서 윤무를 춘다. 아멘.
> …
> 춤추지 않는 자, 무엇이 일어나는지 알지 못하리. 아멘.
> …
> 나는 하나되고 싶다. 그리고 통합하고 싶다. 아멘.
> …
> 나를 보는 너, 너에게 나는 빛이다. 아멘.

나를 알아보는 너, 너에게 나는 거울이다. 아멘.
나를 두드리는 너, 너에게 나는 문이다. 아멘.
나그네인 너, 너에게 나는 길이다.
나의 윤무를 따른다면 너, 나에게서 너를 보리니….

네가 춤출 때, 내가 감내하고자 하는 인간의 고통이 너의 '고통'임을 깊이 생각하라! 만일 아버지께서 나를 말씀(로고스)으로서 너에게 보내지 않았더라면, 너는 네가 무슨 고통에 괴로워하는지 결코 깨닫지 못하였을 것이다…. 만일 네가 고통을 알게 된다면 너는 고통 없음을 갖게 되리라. 네 자신의 고통을 인식하라. 그러면 고통에서 벗어나리니…. 내 안에서 지혜의 말을 읽을지어다!

여기서 끊어도 좋을 만한 구절에 이르렀으니 인용을 멈추고 심리학적인 해석을 삽입하기로 하겠다. 그러면 앞으로 이야기될 「요한행전」 부분들을 이해하기가 용이해질 것이다. 인용된 텍스트 부분이 신약성서적인 본보기를 사용하고 있는 것은 확실하지만, 복음서의 정신과는 거의 상관없는 대립적이고 역설적인 형식을 하고 있는 것이 눈에 띈다. 이 특징은 전범典範이 되는 텍스트들에서는 숨겨져서 눈에 띄지 않는 부분들에서만 나타난다. 예를 들어 불충직한 청지기의 비유, 주기도문 "우리를 유혹에 빠지지 말게 하옵시고", 「마태복음」 10장 16절의 "뱀과 같이 슬기롭게 되어라", 「요한복음」 10장 34절의 "너희들이 곧 신이다", 『베자 사본Codex Bezae』의 「누가복음」 6장 4절 말씀과 성서외-경전 말씀 "내게 가까이 있는 자는 불 가까이 있는 것이니" 등과 같은 구절을 꼽을 수 있다. 「마태복음」 10장 26절 "감춘 것이라 해도 드러나지 않을 것이 없다"와 같은 구절은 대구對句적인 수사학을 상기시키기도 한다.

역설Paradox은 그노시스 문헌들의 특징이다. 역설은 분명한 것보다 인식될 수 없는 것을 표현하는 데 더 효과적이다. 뚜렷한 일의성一義性, Eindeutigkeit은 인식될 수 없는 것이 갖고 있는 은밀한 신비감을 박탈하고, 그것을 인식된 것Erkanntes이라고 주장하게 된다. 이는 인간의 지성을 오만으로 잘못 이끄는 일종의 찬탈이다. 그렇게 되면 인간은 인식 행위를 통해서 초월적인 비의秘儀를 소유하기에 이르렀다거나 그것을 '파악했다'고 잘못 생각하게 된다. 따라서 역설은 인식할 수 없는 것을 단정적으로 인식할 수 있다는 식으로 억지를 부리지 않고 오히려 인식 불가능성을 둘러싼 맥락을 더욱 정확하게 나타내기 때문에 지성의 보다 더 높은 단계에 상응한다.

찬송가의 대구적인 반술反述은 사유작업을 암시한다. 구체적으로 주님의 형상을 신과 인간, 희생하는 자와 희생제물이라는 대극적인 표현으로 나타내고 있다. 희생하는 자와 희생제물의 표현이 중요한 이유는 특히 그리스도가 노래를 부르던 때가 그가 체포되기 전, 즉 공관복음서에서는 최후의 만찬이 베풀어지고, 「요한복음」에서는 포도나무에 대하여 이야기되는 순간이었다는 점에 있다. 요한은 특이하게도 최후의 만찬에 대한 언급을 하지 않았고, 「요한행전」의 그 부분에는 윤무에 대한 이야기가 씌어 있다. 그러나 최후의 만찬에서 식탁을 둘러싸고 앉는 의식도 윤무와 마찬가지로 모으는 것이며 합일合─하는 것이다: 만찬에서 중심을 이루는 것은 그리스도의 몸과 피를 함께 나누는 형식으로서 주님과 일체가 되는 것이며, 윤무에서는 주님을 중심으로 원을 그리고 움직이면서 하나가 된다. 윤무와 만찬은 겉보기에는 서로 다른 상징들이지만 공통된 의미를 가지고 있다. 즉 주님을 제자들의 중심으로 받아들이는 데 있다. 기본적인 의미가 동일하다고 해서 의식의 형식들이 다르다는 점이 무시될 수는 없다. 전통적인 성찬식 축제는 복음서 저자들의 전통을 따르고, 요한주의자들은 「요한행전」을 따른다. 요한주의자들은 이교도들의 비의에서 차용한 형식으로 교회 공동체의 그리스도와의 직접적인 관계를 표현한다. 비유컨대 "나는 포도나무요, 너희는 가지다. 누구든지 내 안에 머물고 내가 그 안에 있으면 그는 많은 열매를 맺으리라."[163] 이 긴밀한 관계는 원과 그 중심으로 표현된다: 원과 중심은 필수불가결하며 등가적이다. 예로부터 원과 중심은 신의 상징으로서, 중앙에 있는 하나의 점과 주변의 많은 점들은 육화肉化된 신의 총체성을 구체적으로 눈에 보이게 해준다: 원형으로 둘러싸고 빙빙 도는 것은 종종 회전하는 천체, '별들의 윤무'라는 우주적인 비유에 따른다. 열두 제자를 12궁의 별자리에 비유하거나, 제단 앞이나 장방형의 둥근 천장 아래 12궁을 그려두는 데에도 이와 같은 뜻이 있다. 마찬가지로 비슷한 그림이 중세 교회의 주교와 성직자들의 공놀이의 기초가 되고 있다.

어떤 경우든 엄숙한 윤무는 원과 중심이 갖는 이미지 및 가장자리의 점들이 각각 중앙Mitte과의 관계를 실현시키는 데 목적이 있다.[164] 이러한 배열은 심리학적으로 볼 때 만다라이며 곧 자기Selbst의 상징으로서[165] 개별적인 자아뿐만 아니라 동시에 이 자아와 함께 생각이 같은 수많은 사람들과 운명적으로 연결된 사람들이 그 상징을 향해 있다. 자기는 자아와 동의어가 아니라 자아를 뛰어넘는 전체성이며, 의식과 무의식을 다 포함한다. 그런데 무의식은 어떤 특정한 경계들을 가지고 있지 않으며, 게다가 그것의 보다 더 깊은 층에서는 집단적인 성격을 갖기 때문에 개개인에 따라서 차이가 나지 않는다. 그 결과 무의식은 언제나 그리고 어디서나 존재하는 '신비적 참여participation mystique',

즉 다양성의 단일성, 모든 인간들 안에 있는 한 인간을 형성한다. 이 심리학적 사실이 안트로포스ἄνϑρωπος(인간, 인류)의 원형, 즉 사람의 아들, 대인homo maximus, 유일한 인간vir unus, 푸루샤〔인도 신화에 등장하는 최초의 존재. 천 개의 발과 눈을 가졌다고 전해짐〕 등[166]의 원형을 이루는 근간이다. 무의식 그 자체는 실제로도de facto 그 정의상으로도 구분될 수 없기 때문에 기껏해야 무의식의 경험으로부터 그 성질을 유추할 수 있을 뿐이다. 그런데 개인적이며 개별적이고, 누구에게나 똑같이 귀속시킬 수 없는 무의식적 내용들이 분명히 있다. 그러나 그와 동시에 수많은 서로 다른 그리고 서로 독립된 개체들에서 거의 동일한 형식으로 나타나는 많은 무의식적 내용들도 있다. 이러한 경험들은 무의식의 집단적인 측면을 가리킨다. 그러므로 오늘날 사람들이 왜 아직도 집단적인 무의식의 존재를 의심하는지 이해할 수가 없다. 본능이나 인간의 형태학을 개인이 습득한 결과라거나 임의적인 행위가 쌓인 축적물이라고 여기는 사람은 없을 것이다. 무의식은 인간들 사이의 보편적인 중개자이다. 무의식은 어떤 점에서는 모든 것을 포괄하는 하나인 자, 또는 모든 사람에 공통되는 하나의 정신적인 것das eine Psychische이다. 연금술사들은 무의식을 그들의 메르쿠리우스라고 하였으며, 이를 그리스도에 비유해서 중개자라고 이해했다.[167] 사실 교회의 교의敎義도 그리스도에 대해서 비슷한 말을 하고 있는데, 특히 위에 인용한 찬송가에서 그러하다. 그 구절들이 보여주는 대구적對句的인 말들은 어쩌면 그리스도보다 메르쿠리우스를 가리키는 것이라고 볼 수도 있을 것이다.

첫째 시행에 나오는 "나는 구원받고 싶다"는 말부터 벌써 뜻이 분명하지 않다. 주님이야말로 '구세주σωτήρ'의 전형인데 어떻게 구원받고 싶다고 말할 수 있는지 의문이기 때문이다. 이와는 반대로 연금술사들에게 유용한 비밀물질인 메르쿠리우스는 질료 속에 속박된 세계혼

Weltseele으로서 육체에 예속된 원초적 인간처럼 연금술사의 기술을 통해서 구원받아야만 한다. 메르쿠리우스는 해방되고 구원되며 영속적인 물aqua permanen로서 전형적인 용해 수단이다. "구원받고 싶다"는 것보다 좀더 뜻이 분명해 보이는 것이 옆구리 상처이며, 가르고 나누는 검劍으로서의 '부상負傷'과 '상처 입다'라는 말이다. 메르쿠리우스도 비밀물질로서 칼로 나눠지거나 찔리며(분리separatio와 관통penetratio) 칼이나 격정의 투창telum passionis으로 상처를 입기도 한다. '태어난다'와 '낳는다'도 그리스도와 관련해서 볼 때 뜻이 잡히지 않는다. 물론 '태어난다'는 말은 그리스도가 성령에 의해서 태어난 아들이며 창조되지 않았다는 점에서 본질적으로 주님과 관련되지만—'낳는다'는 것은 이에 비해서 보통 성령의 특성으로 여겨지며, 그리스도의 특성으로 여겨지지 않는다. 물론 메르쿠리우스의 경우, 세계혼으로서 탄생되었는지 창조되었는지 확실하지 않다. 다만 그가 '생기를 주는' 것이고, 성기가 발기된 헤르메스 킬레니오스Hermes Kyllenios로서 생식의 상징이라는 것은 틀림없다. '먹는다'는 '먹힌다'에 비해서 그리스도에게는 그다지 특징적인 것이 아니지만, 그것은 집어삼키는 용, 부식하는 메르쿠리우스, 초시모스의 호문쿨루스의 전형적인 특징에 해당한다.

'생각된다[생각의 대상이 된다]'는 말은 만약 그것이 복음주의적이라면 예외 없이 로고스의 본성에 대한 요한주의자적이고 후기 사도적인 사변이다. 헤르메스는 이미 아주 오래전부터 누스Nous[정신, 이성]와 로고스로 여겨졌고, 헤르메스 트리스메기스토스는 현현하는 누스이다. 메르쿠리우스는 17세기 말엽에 이르기까지 인간의 몸속에, 즉 물질 속에 숨겨진 진리veritas로서 명상과 성찰을 통해서만 인식된다고 여겨졌다. 명상Meditation은 신약에는 전혀 등장하지 않는 개념이다.[168] 명상에 해당될 만한 '생각cogitatio'은 신약에서 대개 사악한 마음의 생각cogitatio cordis이라 해서 부정적인 성격을 지니는데, 이것은 구약성서(「창세기」, 6장 5절)에서의 "그의 가슴의 모든 생각은 악을 향하여 집중된다cuncta cogitatio cordis intenta ad malum"와 일치된다.「베드로전서」4장 1절에 엔노이아ἔννοια(의식, '생각Gesinnung')가 다시 생각cogitatio의 의미로 등장한다. 긍정적인 의미는 바울(「고린도후서」, 10장 7절)에서 나타나는 코기타레cogitare이다. "그리하여 자신을 깊이 생각하시오hoc cogitet iterum apud se, τοῦτο λογιζέσθω πάλιν ἐφ' ἑαυτοῦ." 여기서는 실제로 '숙고함으로써 생각해 낸다'는 뜻을 나타낸다. 우리들 내면에서 일어나는 이런 긍정적인 사고는 신의 작용이다(「고린도후서」, 3장 5절: 우리가 스스로 유능하여 무엇을 생각한다는 말이 아니니, 즉 우리 자신에서 나오기보다 유능함은 신으로부터 나온다non quod sufficientes simus cogitare aliquid a nobis, quasi ex nobis, οὐχ ὅτι ἀφ' ἑαυτῶν ἱκανοί ἐσμεν λογίσασθαί τι ὡς ἐξ ἑαυτῶν). 생각cogitatio이 깨달음으로 마감하는 명상의 성격을 띠고 나타나는 유일한 곳은 「사도행전」10장 19절이다(베드로가 그 환상에 대하여 계속 곰곰이 생각하고 있는데 성령께서 그에게 이르셨다Petro autem cogitante de visione, dixit Spiritus ei, τοῦ δὲ Πέτρου διενθυμουμένου περὶ τοῦ ὁράματος εἶπεν τὸ πνεῦμα).

사유Das Denken는 기원후 몇 세기 동안에는 교회보다는 그노시스파 사람들이 하는 일이었다. 그 결과 바실리데스Basilides와 발렌티누스Valentinus와 같은 위대한 그노시스파의 위인들은 거의 철학을 하는 기독교 신학자처럼 보이기조차 했다. 요한의 로고스론과 함께 주어진 것은, 그리스도를 누스Nous이면서 동시에 (인간적인) 사유의 대상으로 관찰하라는 것인데, 이는 다음과 같은 말에 잘 나타나 있다: "나는 온전한 영Geist이면서 사유의 대상이고 싶다Νοηθῆναι θέλω νοῦς ὤν ὅλος."[169] 마찬가지로 「베드로 외경」에는 그리스도에 대해서 "당신은 영에 따라서만 인식될 수 있습니다"라고 적혀 있다.[170]

'씻다'는 성배의 정화purificatio 혹은 세례, 그리고 마찬가지로 또한 사체를 씻는 것과 관련이 있다. 사체를 씻는 관념은 18세기에 이르도록 연금술 방법에 의한 '검은 사체'의 세척과 '여성의 작업opus mulierum'으로서 보존되어왔다. 씻겨야 하는 대상은 검은 원료였고, 이 원료처럼 세척 수단(세제)(예지의 비누sapo sapientum!)과 씻는 자는 상이한 형상들로 나타나는 메르쿠리우스 중 하나였다. 그런데 연금술에서는 (씻어야 하는) 대상인 검음nigredo과 죄악Sünde이 동일한 개념이었던 반면에 기독교적 그노시스설에서는 그리스도와 어둠 간의 잠재적인 동일성을 앞서 제시한바 '씻겨지다λούσασθαι'와 같이 암시할 뿐이다.

숫자 여덟은 숫자 넷의 곱으로 원의 상징(만다라)에 속한다. 그것은 여기서 '천상'[171]에서 함께 춤추는 윤무의 원형을 분명히 표현한다. 열둘이라는 숫자도 같은 경우이다. 이 숫자는 열두 제자의 12궁 황도대黃道帶의 원형을 표현한다. 이것은 거룩한 성좌星座를 이루고 있는 단테의 「천국Paradiso」에도 그 흔적이 남아 있는 우주적인 표상이다.

그 춤을 함께 추지 않는 사람, 혹은 그리스도와 안트로포스를 중심에 두고 빙글빙글 도는 것을 함께하지 않는 자는 눈이 멀게 되고 볼 수 없게 된다. 여기에 밖에서 일어난 사건처럼 기술된 것은 모든 제자들이 자신들의 중심을 향하는 것, 곧 안트로포스 원형이자 자기를 향하는 것의 상징이다. 왜냐하면 그 춤을 역사적인 사건으로 이해하기는 어렵기 때문이다. 그 춤은 오히려 성찬식에 대한 일종의 뜻풀이이자 수용현상[172]이라고 볼 수 있다. 즉 확충하는 상징으로서 정신현상으로 해석될 수 있는 것으로 파악되어야 할 것이다. 그 춤은 보다 높은 차원의 의식화 행위이며, 이를테면 개별적인 인간의 의식과 전체성의 고차원적인 상징 간의 결합이 일어나는 행위다.

베드로가 이르기를, "당신은 나의 아버지요, 당신은 나의 어머니, 당신은 나의 형제, 나의 친구, 나의 시종, 나의 주인이십니다. 당신은 우주이고, 우주가 당신 안에 있습니다. 그리고 당신은 현존이고 현존하는 당신밖에는 아무것도 없습니다. 오직 당신만이 있습니다. 그대들 형제들이여, 그에게로 피신하시오. 그리고 그대들의 존재가 오직 그 안에 있음을 배우시오. 그러면 그대들은 그가 그대들에게 말하는 바로 그것을 얻게 될 것입니다. 즉 눈이 보지 않았고 귀가 듣지 않았고, 아직 인간의 마음에 들어오지 않은 것을."[173]

이런 의미에서 '하나되고 싶다…'는 문장이 이해되어야 한다. 즉 주체적인 의식이 객체적인 중심과 결합되는 것이다. 이로부터 인간과 신의 단일성이 생겨나는데, 이것이 바로 그리스도를 통해서 표현된다. 자기Selbst는 많은 것들이 중앙에 집중함으로써 실현된다. 그리고 자기는 또한 그러한 집중을 원한다. 그것은 사태의 주체이자 객체다. 그런 까닭에 그것은 그것을 '보는' 사람에게 '빛을 발한다.' 만일 사람이 그것을 보지 않으면 그것의 빛은 보이지 않는다. 그때 그것은 마치 존재하지 않았던 것처럼 되는 것이다. 자기는 보는 것이 빛에 의존하듯 보여지는 것에 그렇게 의존하고 있다. 여기서 다시 인식할 수 없는 것의 역설적인 주체 및 객체 성질이 드러난다. 따라서 그리스도―또는 자기―는 '거울'이다. 그것은 한편으로는 제자의 주관적인 의식意識을 반영한다. 즉 제자가 자신을 보도록 만든다. 그러나 다른 한편으로 거울은 그리스도를 '안다.' 즉 유한한 인간을 반영할 뿐 아니라 또한 (초월적인) 전체성으로 그를 보여준다. 마치 '두드리면' 그 '문이' 열리듯이, 혹은 구하는 자 앞에 '길이' 열리듯이, 자신의 (초월적인) 중앙을 향하는 자를 위해서 의식화의 과정이 시작되고 통합과 전체성을 향한 발전이 시작된다. 그런 사람은 더 이상 자신을 고립된 개인으로 보지 않고 하나로 본다. 고립된 것은 다만 주관적인 의식에 지나지 않는다. 그러나 이 의식이 자신의 중앙과 관계를 맺으면 그것은 전체에 통합된다. 윤무 속에서 함께 춤추는 사람은 반사하는 중심 안에서 자신을 본다. 그리고 고립된 개인의 고통은 중앙에 서서 '고통받고자 하는' 이의 것이 된다. 자아와 자기 사이의 역설적인 동일성과 차이를 이보다 더 아름답고 정확하게 표현할 수는 없을 것이다.

원문에서 말하듯이, 그로부터 자아가 현상으로서 관찰될 수 있는 자기의 객관적인 관점인 저 아르키메데스의 점이 외부에 마련되지 않았다면 사람은 그가 괴로워하는 것이 무엇인지조차도 이해할 수 없었을 것이다. 자기를 객관화시키지 못한다면 자아는 가망 없이 주관성 안에만 사로잡혀서 자신의 주위만 맴돌 것이다. 그러나 자신의 고통을 주관적인 얽매임 없이 인식하고 이해하는 자는 변화된 관점에 서기 때문에 '고통받지 않음'도 알게 된다. 그는 모든 번뇌 너머의 장소('고요한 터die Stätte der Ruhe')를 갖게 되기 때문이다. 그런 생각이 그리스도 가현假現說(그리스도의 육신과 십자가상의 죽음을 부정하는 설)로 방향을 전환시킬 계기를 주기는 하지만 이것이야말로 세계 극복에 대해서 뜻하지 않게 심리학적으로 서술한, 진정으로 기독교적인 사상이다: "만일 내가 여기서부터 나가면 너는 내가 누구인지 알게 될 것이다. 지금 보이는 나는 내가 아니다." 이 말은 주님이 동굴의 한가운데 서서 동굴을 환히 비추는 환영을 통하여 똑똑하게 드러난다. 주님이 요한에게 말씀하신다:

> 요한아, 나는 저 아래 예루살렘에 사는 백성들을 위해서 십자가에 못 박히고 창과 막대에 찔리고 식초와 담즙이 내게 주입될 것

이다. 그러나 내가 너에게 이르니 내 말을 듣거라: 나는 너에게 권하였다. 이 산을 오르라고. 그래서 학생이 스승에게 배워야 하는 것과 인간이 신에게 배워야 하는 것을 들어라. 그리고— 그가 이렇게 말했을 때 그는 빛을 모아 만든 십자가를 나에게 보였는데 십자가 주위에는 형태가 없는 백성들이 많이 있었고 μίαν μορφὴν μὴ ἔχοντα 십자가 안에는 어떤 한 형상과 비슷한 ὁμοία(상응하는?) 하나의 이미지가 있었다. 나는 십자가 위 ἐπάνω에 있는 주님을 보았는데 그는 형상(하나의 σχῆμα) 없이 목소리만 있었다. 그러나 그것은 우리에게 익숙한 목소리가 아니라 달콤하고 선하며 진실한 목소리로서 신이 나에게 말하는 목소리였다. 요한아, 한 사람은 나한테서 이것을 들어야 하느니, 내가 나의 말을 들어줄 누군가를 필요로 하기 때문이다. 이 빛으로 된 십자가는 내가 너희들을 위해 만든 것으로 때론 로고스로, 때론 누스 Nous 로, 때론 예수로, 때론 그리스도로, 때론 문으로, 때론 길로, 때론 빵으로, 때론 씨 σπόρος로, 때론 부활로, 때론 아들로, 때론 아버지로, 때론 프네우마로, 때론 삶으로, 때론 진실로, 때론 믿음 πίστις으로, 때론 은총으로 불렸다. 이는 다 인간들을 위한 것이다; 그러나 그 자체로 보아서는, 그리고 우리의 어법으로는 우주의 제한적이며, 불연속적인 것이 합쳐진 것이다.···[174] 그리고 지혜의 조화, 더욱이 조화 속의 지혜이다. 그런데 오른쪽과 왼쪽의 (장소들), 세력, 폭력, 권력, 악마, 효능, 위협들, 분노 폭발, 마귀들, 사탄들과 그로부터 생성하는 것의 천성이 태어나는 지하계의 뿌리가 있다. 십자가는 따라서 우주를 말로써 연결한 것이며, 생성의 왕국과 아래에 있는 것을 경계 짓지만 또한 단일체로서 모든 것을 흐르게 한다. 네가 여기서 내려가서 보게 될 것은 나무로 된 십자가가 아니다. 네가 지금 보지 못하고 목소리만 듣는 나도 십자가 위에 있지 않다. 내가 아닌 것이 나로서 여겨졌고, 많은 사람들에게 보였던 나는 내가 아니다; 오히려 사람들이 나에 대해서 이야기하는 것은 저급하고 나의 위신에 맞지 않는다. 사람들이 고요함이 깃든 터를 보지도 않고 부르지도 않기 때문에 나를, 그들의 주님을 보는 (혹은 이름 부르는) 경우가 훨씬 적은 것이다. 십자가 주위를 에워싼 단조로운 민중들은 하급의 성격이다. 그리고 네가 십자가 안에서 보는 것이 아직 하나의 형상을 하고 있지 않다고 하더라도 그것은 하늘에서 내려온 (주님의) 모든 지체들이 아직 집약되지 않았다는 것을 의미한다. 그러나 인간 본성과 (나의) 목소리를 따르고 내게로 가까이 다가오는 사람들이 수용되면 지금 나의 말을 듣는 자는 이들과 하나가 될 것이며 더 이상 현재의 그가 아니고 지금의 나처럼 그들의 위에 설 것이다. 왜냐하면 네가 아직 너를 나의 것이라고 부르지 않는 한, 나는 과거의 내가 아니기 때문이다. 그러나 만일 네가 나를 이해한다면 너는 나처럼 이해하는 자가 될 것이다; 그런데 내가 너를 내 곁에 두면 나는 과거의 내가 될 것이다. 왜냐하면 너는 나로부터 바로 (나인 것)이기 때문이다.

"알겠느냐. 네가 무엇인지를 나는 너에게 가리켰느니라. 그러나 내가 무엇인지는 오직 나만이 알며 아무도 모른다. 그러니 내 것은 나에게 두고, 너의 것은 나를 통해서 보아라! 그러나 나를 진정으로 보아라. 내가 나라고 말한 것을 보지 말고 네가 나와 닮은 것이라고 인식할 수 있는 것을 보아라."[175]

위에 인용한 원문은 **도케티즘**Doketismus〔그리스도는 인간의 모습으로 보이기는 했으나 실제는 인간의 몸을 입지 않았고 십자가 고난도 가상적일 뿐이라는 그리스도 가현(假現說)의 전통적이고 통상적인 견해를 의심하게 한다. 물론 원문만을 토대로 보면 그리스도가 단지 겉으로만 고통받는 것처럼 나타나는 가짜 육신을 가졌다는 것이 명백해진다. 그러나 이는 거칠기 짝이 없는 도케티즘적 시각이다. 인식비판적으로 쓰인 「요한행전」은 이보다 더 섬세하다. 즉 역사적인 사실들은 진실이기는 하지만 감각적 인간들에게 인상 깊고 이해될 수 있는 사실만을 인식하게 한다. 십자가에 못 박히는 행위는 게다가 신적인 비밀들을 아는 사람에게는 하나의 비의Mysterium, 즉 그것을 바라보는 사람의 마음속에 일어나는 유사한 사건을 표현하는 상징이다. 플라톤적인 용어를 쓰자면, 그것은 빛의 **십자가**가 세워진 '천상에서', 즉 '산' 위와 '동굴' 안에서 일어나는 사건이다. 빛의 **십자가**는 많은 동의어들, 즉 다양한 측면과 의미를 갖고 있다. 그것은 '주님'의 인식될 수 없는 특성, 즉 보다 더 높은 인격과 텔레이오스 안트로포스τέλειος ἄνθρωπος(온전한 인간)의 특성을 나타낸다. 또한 그것은 사위일체성Quaternität, 그러니까 4로 나누어진 전체성으로 전형적인 자기의 상징이다.

　이런 의미로 이해하자면, 「요한행전」의 도케티즘은 역사적인 사실들을 폄하한다기보다는 완성하는 것처럼 보인다. 일반 대중이 심리학적인 관점에서는 충분히 이해할 수 있는 것인데도 그런 복잡 미묘함을 이해하지 못했다는 것은 놀랄 일도 아니다. 다른 한편 기원 후 첫 세기의 교양인들에게는 세속적인 사건과 형이상학적인 사건의 유사성은 전혀 낯선 것이 아니었다. 다만 그들이 환영으로 본 상징들이 반드시 형이상학적인 현실이 아니고 우선적으로 내면의 심리적인, 혹은 의식의 문턱 아래에 있는 과정들인 **수용 현상들**Rezeptionserscheinungen을 지각한 것들인지가 그들에게 불확실했을 뿐이다. 그리스도의 우주적인 희생적 죽음에 대한 명상은 전통적인 형태로 (언제나 그렇듯이) 이에 유사한 심리적인 과정들을 활성화시켰고 이 과정들이 또한 풍부한 상징들을 형성하는 계기를 준다는 점에 대해서는 다른 곳에서 이미 설명했다.[176] 이런 경우가 여기서 명확하게 나타나는데, 특히 땅에서 일어나는 역사적이며 감각적으로 지각할 수 있는 사건과 하늘에서 일어나는 관념적이며 환상적인 과정을 명백하게 분리하는 데서 명확하게 나타난다; 나무십자가는 한편으로는 고문의 도구이지만 다른 한편으로는 계시의 상징이다. 주안점은 물론 명백히 관념적인 사건으로 옮겨지며, 그로써 어쩔 수 없이 정신적인 과정에 주된 의미가 부여된다. 프네우마적(영기적)인 경향은 구체적인 사건의 의미를 일방적이며 논란의 여지가 있는 방식으로 감소시킨다. 그러나 그렇다고 쓸데없다고 비판하거나 버릴 수는 없다. 구체적인 어떤 하나의 사건만으로는 아무런 의미도 만들지 못하고 이를 위해서는 어떻게 이해되느냐 하는 이해방식을 필요로 한다. '의미Bedeutung'라는 말이 보여주듯이 '해석Deutung'은 뜻을 파악하기 위해서는 필수불가결하다. 있는 그대로의 사실들만으로는 어떤 의미도 주어지지 않는다. 그렇기 때문에 해석을 위한 그노시스의 노력이 기여한 바를 모두 부정할 수는 없다. 그것이 초기 기독교적 전통의 범위를 훨씬 넘어선다고 하더라도 말이다. 오히려 십자가와 십자가에 매달린 형상이 신약에 있어서는 거의 동의어처럼 쓰인다는 점에서 그노시스적 요소가 초기 기독교 안에 잠재적으로 주어져 있었다고 주장할 수도 있다.[177]

원문은 십자가를 형체 없는 대중에 대한 대극으로 표현한다. 십자가는 '형상'이며 두 개의 교차되는 직선이 만나는 중간점이 갖는 의미를 보여준다. 그것은 키리오스Kyrios(주님)와 로고스Logos(말씀)의 동일성과 같으며 예수와 그리스도가 하나라는 것과 동일하다. 요한이 어느 정도로 십자가 위의 주님을 형상이 없는 것으로 '볼 수' 있었는지는 확실하지 않다. 그는 다만 해명하는 목소리만을 들었으며, 이로써 빛의 십자가가 인식 불가능한 것을 구체적으로 보여줄 뿐이고 사람들은 그 목소리를 십자가와는 별도로 들을 수 있음을 암시하고 있다. 이는 십자가가 '너희들을 위해서' 로고스 등으로 불린다는 언급을 통해서도 입증된다.

십자가는 무질서에 대한 질서, 또는 형태 없는 대중의 혼란에 대한 질서를 의미한다. 내가 위에 인용한 곳에서 설명하였듯이, 그것은 실제로 질서의 상징들 중 가장 근원적인 상징에 속한다. 정신적인 과정의 영역에서 십자가는 또한 질서를 만들어내는 중심의 기능을 가지며 따라서 정신적인 무질서의 상태[178]일 때 4등분된 만다라로서 나타난다. 정신적인 무질서는 대개 무의식적 내용이 터져 나옴으로써 일어난다. 이는 초기 기독교의 여러 세기 동안 그노시스설에서뿐만 아니라 다른 곳에서도 흔히 나타나는 현상이었다.[179] 따라서 그노시스적 내성內省이 이 원형의 누미노제(신성성)를 실수 없이 지각하고 이로부터 합당하게도 감명을 받는 데 성공한 것은 이해할 만한 일이다. 십자가는 그노시스파 사람들에게 동양이 일찍이 아트만Ātman, 즉 자기로서 이해하던 것과 기능상으로 똑같은 것이었다. 이러한 인지는 그노시스설의 핵심적인 체험이었다.

매우 독창적인 것은 십자가 중심을 우주 만물의 디오리스모스 διορισμός(경계 지음, 제한Begrenzung)라고 정의하고 있는 점이다. 즉 우주의 경계는 존재하지 않는 주변에 있는 것이 아니라, 그의 중심점에 있다는 것이다. 오직 그곳에 이 세계를 넘어서는 '피안'이 가능하다. 모든 불안정하고 동요하는 것은 영원성과 고요함 속에서 정점에 다다르며, 그리고 조화를 이루지 못했던 것들은 자기 속에서 통일되고, '지혜의 조화'에 이른다.

중앙Mitte은 전체성과 궁극성의 관념이다. 따라서 원문이 갑자기 우주의 이분법, 말하자면 오른쪽과 왼쪽, 밝음과 어둠, 천상적인 것과 '밑에 있는 뿌리', 즉 '만물의 어머니omnium genetrix'를 말하는 것은 당연하다. 이로써 원문이 가리키는 바는 분명히 중앙에 모든 것이 내포되어 있다는 것이며, 따라서 '주님'이나 십자가가 모든 것을 합성하고 합일한다는 것, 즉 모든 '대극들로부터 자유로운' '니르드반드바nirdvandva〔무쟁無諍, 싸움이나 번뇌가 없음, 여래如來와 같음〕'로서 이는 이에 상응하는 동양적인 관념과 분명히 일치하고 마찬가지로 원형적 상징의 심리학과도 일치한다. 그노시스적인 그리스도 상, 또는 십자가는 따라서 무의식이 자동적으로 생산해내는 심리학적 만다라의 유형에 상응한다. 그러므로 그것은 자연적인 상징이며 어둠이 분명하게 배제된 도그마적 형상과는 근본적으로 구분된다.

이 맥락에서 베드로가 십자가에 거꾸로 매달린 채 순교할 때 한 말이 언급되어야 한다.

> "십자가의 이름이여, 숨겨진 비밀이여; 십자가의 이름으로 표명되는, 오, 이루 말할 수 없는 은총이여. 오, 하느님과 떨어질 수 없는 인간의 본성이여; 오, 말로 형용할 수 없고 아무도 떼어낼 수 없는 사랑, 순결하지 못한 입술로는 제시될 수 없는 것; 나는 당신을 안다, 내가 세속의 삶의 끝에 서 있음을. 나는 당신을 널리 알리고 싶다. 당신이 있는 그대로. 나는 한때 내 심혼에게 닫혔고 숨겨졌던 십자가의 비밀에 대하여 더 이상 침묵하지 않으리라. 너희들, 그리스도를 바라는 너희들은 들으라. 보이는 것이 너희들의 십자가가 아니다. 보이는 것은 그리스도의 고통

에 따르는 이 고통과는 완전히 다르기 때문이다. 그리고 이제 너희들이 내 말을 들을 수 있으니 내 삶과 작별을 고할 마지막 시간에 있는 나의 말을 들어라. 모든 감각적으로 인지할 수 있는 것들로부터 너희들 영혼을 멀리하라. 모든 보이는 것들로부터 영혼을 멀리하라. 그것은 진실된 것이 아니기 때문이다. 너희들 눈을 감고, 너희들 귀를 닫으라. 현상으로 (나타나는) 사건들을 멀리하라! 그러면 너희들은 그리스도에게 일어난 것과 너희들 구원의 전 비밀을 온전히 알게 되리라.…

총체적인 창조의 비밀과 만물의 시초를 인식하라. 그가 어떤 상태에 있었는지를. 왜냐하면 그 종족을 (나의) 형상 속에 지니고 있는 최초의 인간은 머리를 밑으로 하고 떨어졌다. 이전에는 존재하지 않던 탄생의 방식을 보여주었다; 그것은 아무런 움직임이 없었기 때문에 죽었던 것이다. 그가 이제 밑으로 잡아당겨졌을 때, 자신의 근원을 지상에 던진 그는 사물의 총체적인 조직을 확인했다. 하느님의 소명대로 (십자가에) 걸린 채 그는 오른쪽을 왼쪽으로, 왼쪽을 오른쪽으로 가리켰고, 자연의 모든 표징들을 변화시켰다. 즉 아름답지 않은 것을 아름답게 보고 정말 사악한 것을 선한 것으로 보도록 변화시켰다. 주님은 이에 관해 비밀리에 말씀하시길, '만일 너희들이 오른쪽을 왼쪽처럼 왼쪽을 오른쪽처럼 위를 아래처럼 뒤를 앞처럼 하지 않으면 너희들은 (하늘의) 왕국을 알지 못하리라.' 이 말씀을 내 너희들에게 전했다. 내가 십자가에 거꾸로 매달려 있는 형상을 보라. 이는 처음으로 태어났던 그 인간의 모습 그대로다."

이 글에도 십자가는 상징적으로 대극의 문제와 결부되어 파악되고 있다; 한번은 원초적 인간의 창조로 말미암아 촉발된 일반적인 전도轉倒라는 흔치 않은 생각에서, 그 다음으로는 동일시를 통한 대극 합일의 시도에서 이것을 볼 수 있다. 십자가에 거꾸로 매달린 베드로가 처음으로 창조된 자 및 십자가와 동일시되는 것도 의미심장하다.

> 말씀은 내가 매달린 이 똑바로 서 있는 나무다. 소리는 그러나 가로 들보이니 곧 인간 본성이다. 나무의 한가운데에 세로로 된 나무와, 가로 들보를 중앙에서 고정시키는 못은 그러나 전도 Umkehr이며 인간의 심경의 변화[종교적 회심回心]이다.[180]

그렇지만 그노시스파 사람, 혹은 「요한행전」의 저자가 자신의 가정에서 나온 결론들을 완전히 알고 있었다고 주장할 수는 없을 것이다. 오히려 마치 빛이 모든 어둠을 삼켜버린 듯한 인상을 준다. 깨달음을 준 환영이 구체적인 십자가 처형 위에 있는 것처럼, 깨달은 자는 형체 없는 대중들 위에 있다. "그러니 너는 대중들의 무리를 걱정하지 말고 신비의 밖에 있는 이들을 경멸하라!"[181]고 원문은 말한다. 이 건방진 태도는 팽창Inflation에서 나오며, 이는 다시 깨달은 자기 자신을 빛과 동일시함으로써, 즉 그의 자아를 자기와 혼동하는 까닭에 어둠을 뛰어넘었다고 착각하는 데서 생긴다. 그가 잊고 있는 것은 빛이 어둠을 밝힐 때만 의미가 있다는 것이며, 그의 깨달음 또한 자신의 어두운 면을 인식하는 데 도움이 되어야만 의무를 다하는 것이라는 사실이다. '왼쪽의' 세력들이 '오른쪽'의 세력들처럼 진실이라면, 그것들의 합일만이 두 성질을 모두 포함한 제3의 어떤 것을 만들어낼 수 있다. 대극은 에너지 흐름의 낙차落差에서 결합한다. 이로부터 생겨나는 제3의 것은 '대극들로부터 자유롭고' 도덕적 범주들의 저편에 있는 형상이다. 이 결론은 그노시스설Gnostizismus에 있어서는 시대착오적일 수도 있었을 것이다. 교회는 그노시스설이 갖는 비현실주의Unrealismus의 위험을 간파했고, 이 때문에 언제나 실용적인 입장에서 역사적 사실들의 구체성을 고집했다. 비록 신약의 최초 글들이 인간의 궁극적인 신격화를 예견했으며, 이것이 "너희들은 신과 같게 되리라Eritis sicut dii"[182]는 낙원의 뱀이 하는 말과 기이하게도 일치하는데도 말이다. 인간이 신격화되는 신분의 상승은 그러나 죽은 후에 비로소 기대될 수 있었는데, 어느 정도는 합당한 일이기도 했다. 이로써 그노시스설 팽창의 위험을 피할 수 있었던 것이다.[183]

그노시스설이 자신을 자기Selbst(전체 정신)와 동일시하지 않았다면, 자신이 얼마나 많은 어두운 측면으로 이루어졌는지 보아야만 했을 것이다. 현대인들에게는 이러한 통찰이 어느 정도 익숙한 편이다. 물론 그에 상응하는 괴로움이 있다. 현대인은 신이 대극적인 모순된 말을 할 수 있다고 믿으니 차라리 자신이 악마라는 것을 받아들일 것이다. 그노시스파 사람들Gnostiker의 치명적인 팽창은 나쁜 결과들을 수반했지만 그노시스파 사람들은 종교심리학적, 또는 종교적 통찰을 획득하였고 그중 어떤 것들은 여전히 배울 점이 있는 것들이다. 그노시스파 사람들은 기독교가 생겨난 배경들에 대한 깊은 안목을 갖고 있었으며, 따라서 기독교의 미래 발전에 대해서도 깊이 내다보고 있었다. 이는 그노시스파 사람들이 이교도적인 그노시스Gnosis(영지)와 결합한 덕분에 그리스도의 복음을 당대의 시대정신에 통합시키고자 했던 기독교의 수용 현상의 한 예를 보여준다는 사실과 관련이 있다.

십자가의 정의를 내리기 위해 축적한 엄청나게 많은 동의어들은 히폴리투스Hippolytus에게서 보이는 나세니스적이고 페라티스적인 상징들naassenischen und peratischen Symbolen과 유사하다. 이들은 모두 하나인 것과 중심적인 것을 가리키는 상징들이다. 그것은 연금술의 헨 토 판ἓν τὸ πᾶν(하나는 모든 것이다), 한편으로는 대우주의 핵심과 원리를, 다른 한편으로는 그것들이 반영된 한 점, 즉 예로부터 인간으로 여겨지던 소우주이다. 인간은 우주의 본질에서 나왔으며, 그의 중심은 우주의 중심이다. 그노시스파 사람들, 연금술사들, 신비가들의 이러한 내적인 체험은 무의식의 본질과도 관계가 있다; 물론 우리는 그것을 무의식의 체험이라고 말할 수도 있다. 왜냐하면 무의식은 현존하며 객체적인 것이고, 명백하게 의식에 영향을 미치지만, 그 자체로는 구분할 수 없고 인식될 수 없는 것이기 때문이다. 무의식이 서로 다르다는 가설적인 전래를 추정할 수 있기는 하지만, 그것을 증명할 수는 없다. 왜냐하면 모든 것이 모든 것에 오염되어 나타나기 때문이다. 무의식은 서로 다르고 구별되는 것들로 가득 찬 듯한 인상을 주는 한편, 단일체라는 인상도 준다. 우리는 한편으로는 시간과 공간 속에 흩어져 있는 상이한 것들의 엄청난 양을 정복하였지만, 다른 한편으로는 감각세계의 법칙들의 유효범위가 측정할 수 없이 멀리까지 뻗어 있다는 사실을 알고 있다. 우리는 가장 작은 것에서든 가장 큰 것에서든 하나의 같은 세계라는 것을 믿는다. 지식인은 언제나 차이점들을 보려고 노력한다. 그는 그것들 없이는 인식할 수 없기 때문이다. 그렇기 때문에 세계의 단일성이라고 하면 지식인들은 무엇인가 불분명한 요구라고 생각하고 더 이상 어떻게 시작해야 할지를 모른다. 정신적인 심연 속으로 침투하는 내적 성찰은 그러나 곧 무의식과 충돌하게 된다. 무의식은 의식과 반대로 특정한 내용들을 그저 예감하게 할 뿐이며, 도처에서 혼란스럽게 뒤엉킨 관계들, 유비들, 오염과 동일시들로써 우리를 놀라게 한다. 인식론적 이유에서 비록 다양한 원형들의 무리가 있음을 인정하지 않을 수 없지만, 그것들이 어느 정도 분명하게 서로 구별될 수 있을까 하는 의혹이 어쩔 수 없이 생긴다. 그것들은 상당히 얽혀 있을 뿐 아니라 그러한 결합능력을 가지고 있기 때문에 따로 떼어내어서 개념화하려는 시도들은 가망이 없어 보인다. 게다가 무의식은 의식의 내용물과는 날카롭게 대립되어 마치 무의식이 하나의 특정한 형상이나 하나의 목소리를 가진 것처럼 통일된 방식으로 의인화하고자 하는 경향을 갖고 있다. 이러한 특성 때문에 무의식은 **단일성 체험**Einheitserlebnis을 매개한다. 그노시스와 연금술의 서술들이 암시하는 모든 특성들과 그 외에도 훨씬 더 많은 특성들이 이러한 단일성의 체험에 귀속된다.

그노시스설과 다른 영성 운동들이 여실히 보여주는 바와 같이, 무의식의 모든 발현을 곧이곧대로 받아들이고, 세계의 본질 그 자체, 즉 최후의 진리가 그 안에서 모습을 드러낸다고 맹신하려는 선험적이고 단순한 경향이 있다. 이러한 경향은 일견 상당히 허황된 듯이 보일 수 있으나 그렇게 잘못된 것만은 아니다. 왜냐하면 무의식의 자연스러운 발현 속에는 우리들의 의식과 동일하지 않을 뿐 아니라 때로는 의식으로부터 동떨어진 정신이 나타나기 때문이다. 이것은 습득한 것도 아니고 주관적인 자의성에 종속되지도 않은, 자연 그대로 있는 정신 활동인 것이다. 따라서 무의식의 발현은 인간 내부에 존재하는 인식할 수 없는 것의 발현이다. 보다 보편적이고 보다 기초적인 신화적 언어에 도달하려면 꿈의 언어에서 환경조건에 의하여 결정된 것들을 가려내기만 하면 된다. 이를테면 비행기를 독수리로 대체하고, 자동차와 기차 대신에 매우 큰 괴물을, 예방주사 대신에 뱀이 무는 것 등으로 대체하면 된다. 이를 통해서 모든 사유행위들의 근간이면서 우리 인간들의 견해—심지어 학문적인 견해—에 상당한 영향을 끼치는 근원적인 **상**像, Bilder들에 다가갈 수 있다.[184]

이와 같은 원형적인 형식들 속에서 최소한 자연적인 정신, 즉 최초의 질서가 갖는 우주적 요소의 신비스러운 본질과 관련이 있는 어떤 것이 드러난다. 객체적 정신은 근대에 이르러 비대해진 의식 때문에 폄하되었으나, 그 정신의 명예회복을 위해서 거듭 강조하거니와 정신Psyche이 없이는 세계를 확인하는 것은 고사하고 인식하는 것조차 불가능하다. 우리가 아는 한, 원초적 정신은 아직 자기 자신에 대한 의식을 갖고 있지 않음에 틀림없다. 의식은 점진적으로, 부분적으로 문자로 기록된 시기에 해당되는 발전과정에 이르러서야 비로소 생겨났을 것이다.[185] 오늘날에도 지구상에 남아 있는 원시 종족들의 경우, 그들의 의식 상태는 원초적 정신Urpsyche의 어둠에서 그다지 멀지 않다. 심지어 문명인들에게서도 원시 상태의 흔적들이 많이 남아 있음을 증명할 수 있다. 의식이 앞으로 계속해서 분화 발달할 가능성이 무척 높다는 점을 고려한다면, 오늘의 의식은 아직 상대적으로 낮은 수준에 있을 가능성이 크다. 그러나 어쨌든 의식의 발달이 진척된 결과 의식은 자신이 무의식적 정신에 의존하고 있음을 잊을 만큼 독립되었다. 그런데 의식이 무의식으로부터 겉보기에 벗어난 것 같아도 그 대신에 스스로 만들어낸 개념들에 희생된다는 사실을 간과한다면, 그러한 의식의 해방을 즐거워만 할 일도 아니다. 이는 마귀를 악마의 두목Beelzebub으로 내쫓는 격이 된다[작은 재앙을 제거하고 큰 재앙을 불러들인다]. 의식이 자구字句에 얽매이는 정도가 너무도 지나친 나머지, 철학적 '실존주의'가 보상적으로 개입해서 단어들Wörtern에도 불구하고 존재하는 현실을 가리켜야 할 지경이다. 그런데 이런 시도도 물론 심각한 위험을 안고 있다. '실존', '실존적' 등에서 이미 다시 단어들이 생겨났고, 사람들이 그 단어들로 현실을 잡아냈다고 믿기 때문이다. 사람들은 무의식에 얽매일 수 있는 만큼이나 단어들에 얽매일 수 있고, 또 실제로 그렇다. 로고스를 향한 진보는 인간의 큰 성과이지만, 원시적 방식으로 단순한 단어들에 속박되는 만큼이나 사람들은 본능 상실, 즉 현실 상실이라는 대가를 치를 수밖에 없다. 실제로는 일어날 수 없는데도 단어들이 사실들을 대체하기 때문에, 단어들은 고조된 형태들을 취하게 되고, 특이하며 낯설고 과장되어 조현병 환자들이 '권력 언어'라고 부르는 것이 된다. 원시적이라고 불러야 할 단어의 마술이 생겨서 사람들은 이에 지나치게 영향을 받는다. 단어가 갖는 기이함이 특별히 심오하고 의미심장한 것으로 느껴지기 때문이다. 그노시스설은 바로 이를 위하여 교훈적인 사례들을 제공한다. 신조어들은 놀랄 정도로 자신을 실체화하려는 경향을 가질 뿐 아니라, 원래 그것들이 표현해야 할 현실을 대체하려는 경향까지 갖는다.

무의식과의 접촉을 끊어버리고, 단어의 전횡에 복종하는 것은 큰 단점을 의미한다. 의식은 점점 더 언어가 가진 분별하는 활동에 빠져들며, 세계상은 이를 통해 헤아릴 수 없을 만치 무수한 세부 단일체들로 분해된다. 이 와중에 사라지는 것은 무의식적인 정신의 통일성과 결합된 분해될 수 없는 근원적인 단일성의 감정이다. 이 단일성의 감정 Das Gefühl der Einheit은 17세기에 들어서까지 삼라만상이 교감하고 감응한다는 철학적인 이론의 형태로 영향을 미쳤다. 이것은 그 후 오랫동안 망각되었다가 오늘날 무의식의 심리학과 심령학의 발견에 힘입어 다시 학문적인 시야에 출현했다. 신경증적 장해로 말미암아 무의식이 의식의 지평을 뚫고 들어오는 방식은 현대의 정치 사회적 상황들을 연상시킬 뿐만 아니라, 그것 자체가 현대의 한 부분 현상으로서 나타나고 있다. 말하자면 '철의 장막'으로 인해서 나타나는 세계의식의 분열과 개별적인 인격의 분열에는 유사한 해리가 일어나고 있다. 이러한 해리는 전 세계로 확장일로에 있으며, 심리학적으로 수많은 개인들에 걸쳐서 나타난다. 해리된 개인들을 모으면 이에 상응하는 집단 현상들이 생길 것이다. 서양에서는 구질서를 와해시키는 것이 사회적인 집단 요소이고, 동양에서는 우선 기술이다. 이러한 진전의 근본적인 이유는 기술의 급속한 발전으로 인하여 공업국가에 사는 사람들이 경제적, 심리적으로 뿌리를 잃어버린 데 있다. 그러나 급속한 기술 발전은 명백히 특수한 합리적으로 맞춰진 의식의 분화에 기인하는데, 이는 모든 비합리적인 정신적 요소들을 억압하는 경향을 갖는다. 이로부터 발생하는 것이 개체나 집단 안에서 나타나는 반대 입장인데, 시간이 지나면서 갈등으로 불거지거나 강화된다.

이와는 방향이 달랐지만, 비슷한 것이 소수에서 기원 후 첫 몇 세기 동안에 영적인 차원에서 일어났었다. 로마 제국의 영적인 방향 상실은 기독교가 들어옴으로써 보상되었다. 당연히 기독교는 존속하기 위해서 적들에 대항해서 싸웠을 뿐 아니라, 극단적인 요구들을 하는 내부의 교파와도 싸워야 했는데 무엇보다 그노시스설이 그 대상이었다. 기독교는 교리를 점점 더 합리화시킴으로써 비합리적인 것의 홍수를 막을 수 있었다. 이렇게 수 세기가 지나면서 원래 비합리적이던 그리스도의 복음과 서양정신의 특성인 인간의 이성 사이의 결혼이 이루어졌다. 그런데 이성이 점차 힘을 얻고 지성이 확고한 지위를 차지하면서 자율을 달라고 요구하기에 이른다. 지성이 정신Psyche을 장악했듯이, 자연 또한 정복했고 지성은 과학적 기술적인 시대를 낳게 되었고 자연스럽고 비합리적인 사람들은 점점 더 입지가 좁아졌다. 이를 통해서 내적인 저항의 토대가 마련되었고, 이것이 오늘날 세계를 혼돈으로써 위협하고 있는 것이다. 반전反轉에 걸맞게 오늘날 이성과 지성이라고 하는 합리지상주의적인 이데올로기 뒤에는 지하세계가 숨어 있다. 합리주의적 이념은 전쟁에 대한 맹목적인 믿음을 관철하고자 지상의 교회ecclesia militans에서의 가장 어두운 측면과 경쟁하고 있다. 이와 달리

유럽적이며 기독교적인 정신은 기이한 대극의 반전Enantiodromie 속에서 비합리적인 것의 옹호자가 되었다. 합리주의와 지성주의의 아버지임에도 불구하고 서구 기독교 정신은 인권, 특히 개인의 자유에 대한 믿음을 포기할 만큼 아주 매몰되어버리지 않았기 때문이다. 개인주의로의 위험이 도사리고 있음에도 불구하고 이 자유 안에 비합리적인 것을 원칙적으로 인정하는 태도가 있다. 영원한 인권에의 소명과 보다 더 고차원적인 질서에 대한 믿음은 떼려야 뗄 수 없이 묶여 있다. 이는 그리스도의 중심 이념이 수백 년 동안 질서의 요소로 드러났다는 역사적 사실 때문만이 아니라 자기Selbst가 혼돈의 상황들을 유효하게 보상하기 때문이기도 하다. 자기가 어떤 이름 아래 고려되었는지는 상관이 없다: 그것은 초세계적인 안트로포스이며, 그 안에 개별 인간의 자유와 품위가 포함되어 있다. 이 관점에서 보자면 그노시스설을 폄하하고 경시하는 것은 더 이상 시대적으로 맞지 않다. 그노시스설이 갖고 있는 뚜렷한 심리학적인 상징성은 오늘날 많은 사람들에게 기독교 전통의 보다 생생한 이해를 돕는 가교가 될 수 있을 것이다.

 우리가 그노시스적인 그리스도의 형상이 갖는 심리학을 이해하려고 할 때, 나는 이와 같은 역사적인 변동들을 상기할 수밖에 없다. 왜냐하면 「요한행전」에 있는 주님의 본성에 대한 말씀들은 의식 내용들이 보여주는 형체 없는 다종성에 반하여 나타난 원초적인 단일성의 체험을 표현한 것이라고 이해할 때만 알 수 있기 때문이다. 그노시스적 그리스도의 형상은 「요한복음」에 이미 함의되어 있는데, 인간이 원래 단일체였다는 것을 나타내며 그 단일성을 구원하는 발전의 목표로 제시한다. '끊임없이 불연속적으로 움직이는 것들의 집합'을 통해서, 혼돈 속의 질서를 통해서, 부조화들을 합일하고 중심점으로 모으는 것을 통해서, 그러니까 많은 복잡한 것들을 '제한'하고, 의식을 십자가에 향하게 함으로써 의식은 무의식과, 무의식적인 인간은 우주의 중심이기도 한 자신의 중심과 다시 결합되고, 그런 만큼 인간을 구원하고 고양하는 목적에 다다르게 될 것이다.

이 직관이 올바르다 하더라도 그만큼 위험하기도 하다. 왜냐하면 그것은 자기와 동일시하려는 유혹에 넘어가지 않고 저항할 수 있는 자아의식을 전제로 하기 때문이다. 역사가 증명하듯이 이런 자아의식은 비교적 드물게 나타난다. 통상적으로는 자아가 내면의 그리스도와 동일시할 위험이 있다. 이 위험은 잘못 이해된 그리스도 모방을 통해서 강화된다. 그런데 이것은 팽창이나 다름없는 것이고 이에 관해서 우리의 원문은 거창한 시험을 완수한 것이다. 이 심각한 위험을 쫓아내기 위해서 교회는 '우리 안의 그리스도'에 대해서는 그다지 자랑하지 않고, 대부분 '우리가 보고 듣고 손으로 만진 것', '저 아래 예루살렘'에서 일어난 역사적인 사건을 과시했다. 이는 그때 당시나 현대의 의식이 갖는 원시성을 현실에 맞게 참작한 현명한 태도다. 의식이 무의식을 기억하지 못할수록 무의식과 동일시하는 위험은 커지고, 이와 함께 팽창의 위험도 커진다. 우리는 그것이 정신적인 전염병으로 모든 민족들을 휩쓸 수 있다는 것을 경험한 바 있다. 만약 그리스도가 이 상대적으로 원시적인 의식에게 '실재하는' 것이라야 한다면, 그는 역사적인 형상과 형이상학적인 본성으로서 실재할 수 있을 뿐, 인간적인 자아에 위험하게 근접하고 있는 심적인 중심으로서 실재하는 것이 아니다. 성서의 권위에 힘입은 그노시스의 발전은 그리스도가 내적인, 즉 심적인 사실로서 인식될 정도로 진척되었다. 이로써 또한 우리의 텍스트에 특별히 기술된 것처럼 그리스도 형상의 상대성이 부여되었다: "왜냐하면 네가 너를 나의 것이라고 하지 않는 한, 나는 나였던 내가 아니다.… 내가 너를 내 곁에 두면 나였던 나로 되리라." 이 인용에서 또렷이 제시되는 것은 그리스도가 원초적인 시간, 혹은 모든 시간 이전, 즉 의식 이전에 전체였다는 것, 그러나 그는 이 전체성을 인간들에게서 상실했거나 희생했으며,[186] 따라서 그것은 오직 인간과의 통합을 통해서만 다시 도달할 수 있다는 것이다. 그의 전체성은 인간에게 달려 있다: "너는 나처럼 요해하는 자Verstehender로 있게 될 것이다." 이 필연적인 결론은 위험을 매우 똑똑히 가리킨다. 자아는 자기 속에 붙잡혀 있다. 즉 자아는 자신도 모른 채 모든 그의 불충분함과 어둠과 함께 신이 되었고 깨우치지 못한 다른 사람보다 위대하다고 생각한다. 자아는 '보다 더 고귀한 인간'에 관한 자기 나름의 생각과 동일시했지만, 이 형상이 그 정의상 오른쪽과 왼쪽 세력들, 폭력들, 지배욕 '데몬들', 바로 악마 그 자신과 결합된 것임을 전혀 해명하지 않는다. 그런데 그런 형상은 이해하기 어렵고 '소름끼치는 비밀'이어서, 건강한 생각이 있는 사람이라면 자신을 그것과 동일시하려 들지 않을 것이다. 아무튼 그런 종류의 비밀이 존재한다는 것, 인간이 그것에 가까이 있으나 자아를 그것과 혼동하지 않도록 조심해야 한다는 사실을 아는 것으로 충분하리라. 반대로 인간이 자신의 어두운 측면과 대결할 때 그것은 그에게 어둠과의 동일시만을 경고할 뿐 아니라, 한 인간이 무엇을 할 수 있는지에 대한 유익한 경악을 품게 할 것이다. 인간은 그의 본성이 갖고 있는 섬뜩한 대극을 자신의 힘으로 극복할 수 없고, 그와는 무관한, 즉 그로부터 전혀 영향을 받지 않는 심적 과정의 경험을 통해서만 극복할 수 있다.

그런 유의 과정이 존재한다면, 그것은 경험될 수 있음에 틀림없다. 수십 년간 내 자신과 많은 사람들한테서 경험한 것을 보아도 그렇고, 많은 다른 의사들과 심리학자들의 경험들, 사용하는 전문용어는 다르지만 본질적으로는 일치된 말을 하는 모든 위대한 종교들과, 그 원초적인 단계에서는 연금술적인 개성화의 상징론을 앞지르는 이른바 샤머니즘의 널리 퍼져 있는 현상학도[187] 마찬가지로 자아의식에서 독립된 보상적인 질서의 요소들Ordnungsfaktor을 나타내며, 또한 그것들이 존재함을 확인해주고 있다. 그 질서 요소의 의식을 초월하는 성질 자체는 라듐이 분해되는 질서, 그리고 인간의 해부학과 생리학에 대한 하나의 바이러스의 조화,[188] 혹은 식물과 동물의 공생보다 더 경이로운 것은 아니다. 그러나 실로 경이로운 것은 인간이 저 숨겨진 과정들을 의식적으로 성찰하는 앎을 가질 수 있다는 것이다. 이에 비해 동물, 식물, 무기물적인 물체들에는 그런 능력이 없는 것 같다. 라듐 원자가 분해되는 데 걸리는 시간이 정확하게 규정되어 있다는 사실을 라듐 원자가 안다면 라듐 원자에게는 아마도 대환희의 체험일 것이다. 혹은 나비가 종의 번식을 안전하게 해주고, 그에 필요한 모든 것을 이미 갖추고 있는 꽃을 찾아낼 때도 마찬가지일 것이다.

개성화 과정의 누미노제(신성한)의 경험은 원초적인 단계에서는 샤먼과 메디신맨이 관장했으며, 시대가 지나면서 의사, 예언자, 사제가 관장하다가 문명의 단계에 이르러서야 철학과 종교가 관장하게 되었다. 샤먼의 질병, 고문, 죽음과 치유의 체험들은 보다 더 높은 차원에서 희생, 전체성으로의 재생, 실체의 전변화全変化, Transsubstantiation(화체化體)와 성령 충만한 인간으로의 고양, 한마디로 신격화apotheosis라는 생각을 함유한다. 미사는 의식이 지속적으로 확장되고 심화되면서 애초에 고립적이던 개인의 경험이 점차 단위가 큰 무리들의 공통 자산으로 되는 방식으로 수천 년에 걸쳐 이어져온 발전의 결정이자 핵심이다. 다만 이의 토대가 되는 정신적인 과정은 비밀로 남아 있을 뿐, '비의秘儀'라든가 '성사聖事'에서만 감지할 수 있도록 나타난다. 이때 교훈적인 가르침, 훈련들, 명상들, 희생행위들이 뒷받침을 받게 되는데, 이것들은 입사 후보자에게 그가 자신의 신화적인 사건들과의 내밀한 연관관계를 의식할 수 있을 만큼 비의 영역에 깊이 침잠하게 한다. 예를 들어 고대 이집트에서는 원래 왕의 특권에 속했던 오시리스화Osirifikation[189]는 점차 귀족 계층으로 퍼졌다가 고대 이집트 전통의 말경에는 모든 개인들에게까지 확산되었다. 그리스의 비의들도 이집트의 경우와 마찬가지로 원래 폐쇄적이었고 알려지지 않았으나 점차 집단적인 체험들로 변화했다. 로마의 황제시대에는 이 이상한 비밀의식에 참가하는 것이 일종의 스포츠처럼 되어서 로마에서 온 여행객들마다 한 번씩 해보았다고 한다. 기독교는 처음에는 망설였지만 종교적인 비밀의식을 공공연한 행사로 만들었다. 가능하다면 많은 사람들에게 비밀의식의 체험을 제공하는 것이 기독교의 관심과 일치하였기 때문이다. 죄를 고백하고 참회할 때처럼 개인들이 자신에게 일어나는 변화와 그때 필요한 심리적인 조건들을 의식할 수 있는 기회를 얻게 되었다. 그로써 비의에서 일어나는 변환이 어떤 주술의 효과이기보다 심리적인 과정들이라는 것을 통찰하게 되는 단초가 마련되었다. 이러한 통찰은 연금술에서는 이미 일찍부터 시작되었다. 연금술에서 행해져서 완성된 작품 opus operatum은 최소한 교회의 비의 옆에 나란히 설 수 있다는 것이며, 연금술을 통해서 신적인 세계의 영혼이 질료의 감옥에서 해방된다는 점에서 그 작업에는 심지어 우주적인 의미가 부여될 수 있다는 것이다. 이미 제시했다고 생각하거니와 연금술의 '철학적' 측면이 나타내고 있는 것은 다름 아닌 심리학적인 인식의 상징적인 선취先取이며, 이것은 게라르두스 도르네우스Gerardus Dorneus의 사례가 보여주듯이 16세기 말경에는 상당히 발전되어 있었던 것이다.[190] 현대와 같이 지식화된 시대의 맹목이야말로 연금술에서 실패한 화학만을 보고, 현대 심리학적 견해에서 '심리만능주의Psychologisierung'만을, 즉 비의의 말살만을 본다. 연금술사들이 그들의 돌을 만드는 일은 하나의 기적이며, 그것은 오직 '신의 허락하에concedente Deo' 일어날 수 있었음을 알았듯이, 현대의 심리학자는 어떤 정신과정을 학문적인 상징들로 서술하는 것 이상을 할 수 없음을 잘 알고 있다. 그 정신과정의 진정한 성질은 삶의 비밀, 혹은 물질의 비밀처럼 의식을 초월하는 것이다. 그는 어디서도 비의 그 자체를 설명하지 않았고 그럼으로써 그것은 시들어버렸다. 그가 한 것은 기독교적 전통에 맞게 개성화 과정의 사실성과 경험 가능성을 경험적인 증거들을 통해서 보여줌으로써 비의를 좀더 개인적인 의식이 이해할 수 있도록 도운 것이다. 소위 형이상학적인 진술들을 정신적인 과정으로 본다고 해서 그것이 나의 비판자들이 즐겨 말하듯이 '단지 정신적psychisch인 것'이라고 말하는 것은 결코 아니다. 마치 '정신적'이라는 말로 보편적으로 알려진 것을 확인하듯 하는 것이다! 우리가 '정신Psyche'이라고 말할 때 상징적으로 사람이 알 수 없는 깊고 깊은 어둠이 암시되고 있음을 아직 아무도 짐작조차 못했단 말인가? 자신의 지식의 한계를 정확히 시인할 수 있는 것은 연구자의 윤리에 속한다. 한계야말로 보다 더 고차원적인 인식의 시작인 것이다.

번역: 오윤희

욥에의 응답

애독자에게

형 때문에 내 마음이 아프오 Doleo super te frater mi…
「사무엘기」 하권, 1:26

내 글의 내용은 다소 특이하기 때문에 짧은 머리말이 필요하다. 독자가 이것을 간과하지 않았으면 좋겠다. 즉 앞으로 나는 종교적 신앙의 신성한 대상에 관해서 말하게 될 것인데, 언제나 그러한 이야기를 하는 사람은 바로 이 대상 때문에 다툼을 하는 두 편 사이에서 갈기갈기 찢겨질 위험에 놓이게 된다는 것이다. 이 논쟁의 근거는 어떤 것이 **육체적** 사실로서 나타나거나, 나타났을 때만이 '진실'이라는 데 있다. 그래서 예를 들자면 그리스도가 동정녀에서 태어났다는 사실을 어떤 이는 육체적으로 사실이라고 믿고 있으나, 또 다른 이는 육체적으로 불가능하다고 논박한다. 이 대립이 논리적으로 해결될 수 없다는 것, 그렇기 때문에 그러한 비생산적인 논쟁을 중단하는 편이 더 나으리라는 것은 누구나 알 수 있는 일이다. 양자 모두 옳기도 하고 옳지 않기도 한데, 그들이 '물질적physisch'이라는 단어만 포기한다면 쉽게 의견의 합의에 이를 수도 있을 것이다. '물질적'인 것이 진리의 유일한 기준은 아니다. 즉 **심적**心的 진리도 있는데, 이는 물질적으로 설명될 수 없으며, 증명되거나 부인될 수도 없는 것이다. 예를 들어서 라인강이 어느 때인가 하구에서 원래의 근원인 상류로 역류했다는 어떤 일반적인 믿음이 있다면, 비록 그 말이 물질적으로 볼 때 극도로 믿을 수 없는 것이라고 해야만 하겠지만 이 믿음 자체는 사실인 것이다. 그러한 믿음은 논박될 수도 없고 어떠한 증명을 필요로 하지 않는 심적 사실을 형성한다.

종교적 진술도 이러한 종류에 속한다. 그것은 모두 예외 없이 육체적으로 확인될 수 없는 대상에 관계한다. 종교적 진술이 그렇지 않다면 그것은 불가피하게 자연과학의 영역에 속하게 될 것이며, 자연과학은 그것을 경험 불가능한 것으로 받아들일 것이다. 그것은 물질적인 것에 관계된 것으로서는 아무런 의미를 갖지 않는다. 종교적 진술은 이미 그 자체로 의심스럽게 된 단순한 기적이며, 정신Geist의 사실, 즉 의미Sinn의 사실성을 증명할 수 없을 것이다. 왜냐하면 의미는 항상 스스로 증명하기 때문이다. 그리스도의 의미와 정신은 기적 없이도 우리에게 현존하고 인지된다. 기적은 의미를 이해할 수 없는 사람들의 오성에만 호소한다. 그것은 이해되지 못한 정신의 사실에 대한 대체물에 불과하다. 그러니까 그것의 생생한 현존이 때로 놀랄 만한 물질적 사건을 수반하지 않는다고 해서 논쟁해서는 안 되며, 다만 후자는 정신에 대한 유일한 본질적 인식을 대치하거나 실현할 수 없다는 것이 강조되어야만 한다.

종교적 진술들이 흔히 물리적으로 확증된 현상과 대립된다는 사실은, 물리적 지각에 비해서 정신이 독자적임을 증명하고 있고, 심혼의 경험이 물리적으로 주어진 것과 어느 정도 무관함을 증명하고 있다. 심혼은 자율적 요인이다. 그리고 종교적 진술은 결국에는 무의식적, 즉 초월적 과정에 뿌리를 둔 심혼의 표명이다. 후자는 물질적으로 지각되지 않으나 그것의 존재는 상응하는 심혼의 표명을 통해서 증명된다. 이 종교적 진술은 인간의 의식을 통해 전달되거나 눈으로 볼 수 있는 형식Formen이 되는데, 이 형식은 그들 나름대로 외부나 내면의 자연의 다양한 영향에 노출된다. 그러므로 종교적 내용에 관해 언급할 때 우리는 말로 표현할 수 없는 어떤 것을 암시하는 상들Bilder의 세계에서 움직이게 되는 것이다. 이 상이나 비유, 개념들이 그들의 초월적 대상과 관련해서 얼마나 분명한지, 또는 불분명한지 우리는 알지 못한다. 예를 들어 우리가 '신'이라고 말한다면, 우리는 시간의 경과에 따라 수많은 변환을 겪은 어떤 상, 또는 언어 개념을 말하는 것이다. 여기에서 우리는 이러한 변화들이 다만 상이나 개념에 해당되는지, 또는 말로 표현할 수 없는 것 자체에 해당되는지를—신앙에 의한 것이라 할지라도—확신 있게 말할 처지에 있지 않다. 사람들은 신神을 영원히 고정된 변하지 않는 존재로 상상하는 동시에 무한한 형태로 변하는 영원히 흐르는 활기찬 작용으로서도 상상한다. 우리의 오성이 인간의 환상과 그 시간적·지역적 제약에 의존하며, 그래서 수천 년의 오랜 역사 속에서 변화되어 온 표상들, 즉 상들을 다룬다는 것만은 확실하다. 의식을 초월하는 어떤 것이 이 상들의 기초를 이루고 있음에 틀림없다. 그것은 종교적 진술이 전적으로 무한하고 무질서하게 변하는 것이 아니고 몇 개의 소수의 원리 내지는 원형에 관계함을 인식할 수 있게 한다. 다만 정신 자체나 물질과 마찬가지로 이들 그 자체는 인식될 수 없다. 그들로부터는 모형만을 그려낼 수 있을 뿐인데, 그것으로는 불충분하다는 것을 우리는 알고 있다. 이것은 또한 종교적 진술을 통해서 늘 반복해서 확인되는 것이다.

내가 앞으로 '형이상학적' 대상을 다루는 경우에, 나는 상들의 세계에서 움직이며 내 고찰의 어느 것도 인식할 수 없는 것에는 관여하지 않는다는 것을 충분히 알고 있다. 나는 우리의 사고능력이 얼마나 제한되어 있는가를 잘 알기 때문에—우리 언어의 협소함과 빈약함에 대해서는 말할 것도 없지만—나의 진술이 원칙적으로는 원시인이 그의 구세주가 토끼나 뱀이라고 생각하는 것 이상을 의미한다고 상상할 수 없다. 비록 우리의 모든 종교적 관념의 세계가 합리적 비판을 결코 견디어낼 수 없을 인간의 모습을 한 상으로 이루어져 있지만, 그것들이 **신성한 원형**numinosen Archetypen, 즉 감정적 기초에 근거를 두고 있음을 잊어서는 안 될 것이다. 이것은 비판적 이성에게는 반박의 여지가 없는 것으로 판명된 것이다. 여기에서 중요한 것은 간과할 수는 있으나 그 증거를 제거해버릴 수는 없는 심적 사실이다. 그러므로 이러한 관점에서 테르툴리아누스Tertullianus가 심혼Seele의 증언을 간청한 것은 옳은 일이다. 그의 저서 『영혼의 증명에 관하여(영혼증명론)*De Testi-monio Animae*』에서 그는 다음과 같이 말했다.

> 심혼의 이와 같은 증언들이 진실되면 진실될수록 그것은 더욱더 단순하며, 더 단순하면 단순할수록 더욱더 보편적으로 통례적이며, 더욱더 사람들이 통례적일수록 더욱 집단적이며, 더 집단적일수록 더 자연적이며, 더 자연적일수록 더욱더 신적神的이다. 사람들이 심혼의 권위가 유래되는 자연의 존엄을 관찰한다면 심혼의 증거들이 누구에게도 의미 없이 나타날 수 없으리라고 나는 생각한다. 사람들이 스승에게 허락한 것은 제자에게도 인정해줄 것이다. 자연은 스승이요, 심혼은 그 제자다. 저 사람이 가르치고 이 사람이 배우는 것은 선생 자신의 스승인 신에 의해서 그들에게 주어졌다. 심혼이 그들의 최고의 스승으로부터 자신 속에 수용할 수 있는 것을, 그대는 그대 안에 있는 그대 자신의 심혼을 수단으로 판단할 수 있겠는가? 그대의 느낌을 불러일으키는 것을 느껴라. 그것에 관해서 심혼이 미래를 시사하는 사건에서는 그대의 예언자이며, 전조前兆에서는 그대의 해석

자이며, 결과에서는 그대의 수호자임을 생각하라. 신에 의해서 부여된 것이 인간에게 미래를 예언해줄 수 있다면 얼마나 경이로운가. 그로부터 그에게 부여된 그, 즉 신을 인식한다면 더욱 더 경이롭다.[1]

나는 한 걸음 더 나아가 심리만능주의라는 위험을 무릅쓰고, 성서의 말씀 역시 심혼의 표현이라고 생각한다. 의식의 진술은 기만, 거짓, 그 밖의 임의적인 것일 수 있으나, 심혼의 진술인 경우에는 결코 그렇지 않다. 즉 심혼의 진술은 의식을 초월하는 진실을 가리킴으로써 항상 우리의 이성적 사고를 넘어간다. 이 엔티아entia(존재자들)는 신화적 모티프의 양식으로 표상 콤플렉스를 야기시키는 집단적 무의식의 원형들이다. 이러한 종류의 표상은 창작된 것이 아니어서, 예를 들자면 꿈에서 완성된 형상으로 내면 깊이 지각된다. 그것은 우리의 자의에서 벗어나 있는 자발적인 현상이다. 그러므로 그들에게 어느 정도의 자율성이 있다고 인정하는 것은 당연하다. 그래서 그것들은 객체라고 볼 수 있을 뿐 아니라, 고유의 법칙에 따르는 주체라고도 볼 수 있다. 우리는 물론 의식의 관점에서 그것을 객체라고 기술할 수 있고, 어느 정도까지는 우리가 살아 있는 인간을 같은 정도로 기술하고 설명할 수 있듯이 설명할 수도 있다. 여기에서는 물론 그들의 자율성을 고려에 넣지 말아야 한다. 그러나 자율성을 고려해본다면 그것은 부득이하게 주체로서 취급되어야 한다. 다시 말해서 그들에게 자율성과 의도성 내지는 일종의 의식이나 자유재량 혹은 자유의지liberum arbitrium가 인정되어야만 한다. 우리는 그 행태를 관찰하고 그 진술을 생각한다. 우리가 이 모든 비교적 독립적인 생물체에 대해 취해야 할 이중적 관점은 물론 이중적 결과를 가져온다. 즉 한편에서는 내가 객체에 행하는 것에 대한 보고가, 다른 한편에서는 객체가 (경우에 따라서는 나에게) 하는 것에 대한 보고가 있다. 이 피할 수 없는 이중성이 우선 독자들의 머리를 어느 정도 혼란하게 하리라는 것은 자명하다. 그리고 우리가 후에 신격의 원형을 다루게 될 때 그 정도는 특히 클 것이다.

만약 독자 중 어느 분이 신상神像에 대한 우리의 견해를 '다만 …에 불과한 것'으로 보려는 유혹을 느꼈다면, 그는 이 상의 굉장한 신성성Numinosität을 명백히 보여주는 경험에 저항하게 될 것이다. 더욱이 이 상들의 효력(= 마나Mana)이 엄청나서 우리는 그것이 최고의 실재Ens realissimum를 가리킨다는 느낌을 가질 뿐 아니라, 또한 같은 것을 말하고 있고 표현하고 있다고 확신하게 된다. 그렇기 때문에 토론은 불가능하다고 할 수 없어도 대단히 어려워지는 것이다. 사실 신의 실재는 저절로 생겼거나 전통을 통해서 성스럽게 된 상들을 이용하지 않고는 논증될 수 없다. 순진한 오성Verstand을 가진 사람은 그 신상의 정신적 성질이나 작용을 그것의 인식될 수 없는 형이상학적 근거와 결코 분리하지 않았다. 그는 바로 효력이 있는 상과 그 상이 암시하는 초월적인 X와 일치시킨다. 이 진술에 대해 진지한 이의가 제기되지 않는 한에 있어서는, 이 조치의 외견상의 정당함은 곧 분명해지고 문제로서 고려되지 않는다. 그러나 비판의 계기가 있게 되면 상이나 진술이 정신적 과정이며, 그들의 초월적 대상과는 구분된다는 것을 우리는 기억해야만 할 것이다. 다시 말해서 그것들은 그를 확정하지 않고 다만 그를 암시할 뿐이다. 그러나 정신과정의 영역에서는 비판이나 논쟁이 허용될 뿐 아니라 피할 수 없는 것이다.

내가 다음에 시도하게 될 것은 어떤 구전된 종교적 표상들과의 논쟁을 나타낸다. 내가 신성한 요인을 다루기 때문에, 나의 지성뿐 아니라 감정까지도 도전을 받는다. 그러므로 내가 어떤 성서의 서적을 읽거나 우리들의 신앙 교훈에서 받은 인상을 회상할 때, 내가 느끼는 것을 묘사하기 위해서는 냉담한 객관성을 사용하지 않고, 내 감정적 주관성을 표현하도록 해야만 한다. 나는 성서학자로서가 아니라(나는 성서학자가 아니다) 많은 인간의 심혼의 삶을 깊게 통찰할 기회가 주어진 비전문가, 의사로서 글을 쓰고 있다. 내가 표현한 것은 우선 내 개인의 의견이다. 그러나 나는 동시에 나와 비슷하게 경험한 많은 사람들의 이름으로 말하고 있음도 알고 있다.

욥에의 응답

「욥기」는 신적인 드라마의 긴 발전 도상에 있었던 획기적 사건이다. 이 책이 나왔을 때에 이미 모순에 가득 찬 야훼의 상像을 묘사한 많은 증언들이 있었다. 그것은 감정적으로 과격하고, 바로 이 과격함에 고통을 받는 신神의 상이었다. 야훼는 분노와 질투가 자신을 삼켰고, 자신이 그것을 알기 때문에 고통스럽다고 시인했다. 자애로움이 잔혹함과 공존하며, 창조력이 파괴의지와 나란히 있듯이, 통찰은 무분별과 나란히 있었다. 모든 것이 거기에 있었고, 어떤 것도 다른 것을 방해하지 않았다. 우리는 이와 같은 상태를, 자신을 성찰하는 의식이 존재하지 않는 경우이거나 성찰이 단순히 아무 생각 없이 주어지거나 수반되어 나타난 경우에 생각할 수 있다. 그런 식으로 만들어진 상태는 비도덕적amoralisch이라고 표시될 수 있을 뿐이다.

구약성서의 사람들이 그들의 신을 어떻게 느꼈는지, 이에 관해서 우리는 성서의 증언을 통해서 알고 있다. 그러나 여기에서 다루는 것은 그것이 아니고, 오늘날 기독교적으로 교육받고 자라난 사람이 「욥기」에서 드러난 신의 어둠과 어떻게 대면하는가, 또 이 신의 어둠이 그에게 어떻게 작용하는가 하는 방식이다. 여기서는 신중하고도 냉철하게 검토하고, 세목에 알맞은 해석이 제공되기보다 주관적 반응이 묘사될 것이다. 그렇게 함으로써 비슷한 느낌을 갖고 있는 많은 사람을 위한 목소리가 커지게 될 것이며, 신의 거친 행동과 잔혹함을 있는 그대로 적나라하게 바라볼 때 일어나는 충격을 말하게 될 것이다. 우리는 비록 신격이 안고 있는 분열과 고통을 알고 있지만 그런 분열과 고통은 너무도 성찰되지 못하여 도덕적으로도 영향력을 발휘하지 못하기 때문에 우리에게 전혀 그럴듯한 공감을 불러일으키지 못하고 오히려 성찰이 안 된 채 오랫동안 영향을 끼치는 정감을 일으킨다. 이러한 정감은 다만 서서히 치유되는 상처와 같다. 상처가 상처를 입힌 무기에 일치하듯이, 정감도 원인을 일으키는 폭력행위에 상응한다.

「욥기」는 다만 우리 시대에 아주 특별한 의미를 지닌 신 체험의 방식을 나타내는 본보기의 역할을 할 뿐이다. 그런 종류의 체험은 인간에게 안에서도 밖에서도 엄습한다. 그 경험을 합리적으로 바꾸어 해석함으로써 마귀를 쫓듯이 약화시키는 것은 의미가 없다. 사람들은 온갖 지적知的인 조작을 통해서나 감정적인 도피운동을 통해서 그로부터 벗어나기보다는, 정감을 스스로 인정하고 그 정감의 폭력에 따르는 것이 차라리 더 나을 것이다. 비록 사람들이 정감을 통해서 폭력행위의 모든 나쁜 특성을 모방하고 그것을 통해 같은 오류를 범함에도 불구하고, 이것이 바로 그런 사건의 목적인 것이다. 그러므로 그것은 인간 안으로 뚫고 들어가야 하며 인간은 이런 작용의 지배를 받아야만 한다. 그는 그 작용에 영향받아야 한다. 왜냐하면 그렇지 않으면 그 작용이 그에게 미치지 못하기 때문이다. 그러나 그는 무엇이 그에게 영향을 주는가를 알거나 터득해야만 한다. 왜냐하면 그럼으로써 그는 한편으로는 폭력의 맹목성을, 다른 한편으로는 정감의 맹목성을 인식으로 변화시킨다.

이러한 이유에서 나는 다음에 내 감정을 거리낌 없이 그리고 가차 없이 표현할 것이며, 불의不義에 불의로 답할 것이다. 그로써 나는 왜, 그리고 무슨 목적으로 야훼가 상처받았으며 이러한 사건에서 야훼나 인간에게 어떤 결과가 생기게 되었는가를 이해하는 법을 배울 것이다.

I

욥은 야훼의 말에 대답한다.

"저는 보잘것없는 몸, 당신께 무어라 대답하겠습니까.
손을 제 입에 갖다 댈 뿐입니다.
한 번 말씀드렸으니 대답하지 않겠습니다.
두 번 말씀드렸으니 덧붙이지 않겠습니다."[2]

실제로 무한한 창조자의 힘을 직접 눈앞에 두고 거의 죽을 것 같은 공포에 온몸을 떨고 있는 증인에게는 이것이 유일하게 할 수 있는 대답이다. 먼지 속에서 기어다니는 반쯤 짓밟혀진 인간벌레가 현재의 상황에서 도대체 어찌 달리 이성적인 방법으로 대답할 수 있었겠는가? 비참하게도 하찮고 연약함에도 불구하고, 이 인간은 개인적으로 극도로 예민한 초인간적인 존재에 마주해서 어떠한 경우에도 모든 비판적 생각을 삼가고, 사람들이 신에게 요구해도 좋다고 믿었던 어떤 도덕적 요구에 관해서도 말하지 않는 것이 훨씬 낫다는 것을 알고 있었다.

야훼의 정의正義는 칭송된다. 욥은 정의로운 재판관인 야훼에게 호소하고 자신의 무죄를 확언해 달라고 할 수도 있었을 것이다. 그러나 그는 그럴 가능성을 믿으려 하지 않았다. "… 사람이 하느님 앞에서 어찌 정의롭다 하겠는가? … 내가 불러 그분께서 대답하신다 해도, 내 소리에 귀를 기울이시리라고는 믿지 않네.… 법으로 해보려니 누가 그분을 소환해 주겠나." 아무 이유 없이 야훼는 욥에게 매질을 한다. "까닭 없이 나에게 상처를 더하신다네.… 흠이 없건 탓이 있건 그분께서는 멸하신다네! 그의 채찍질이 갑작스러운 죽음을 불러일으켜도 그분께서는 무죄한 이들의 절망을 비웃으신다네…." "저는 압니다." 욥은 야훼에게 다음과 같이 말한다. "당신께서 저를 죄 없다 않으실 것을 저는 압니다. 저는 어차피 단죄받은 몸입니다." 그가 이미 자신을 깨끗이 했다면, 야훼는 그를 "시궁창에 빠뜨리시어… 그분께서는 나 같은 인간이 아니시기에 나 그분께 답변할 수 없고, 우리는 함께 법정으로 갈 수 없다네."[3] 그러나 욥은 자신의 견해를 야훼 앞에서 설명하고, 자신의 불평을 제기해서, 야훼가 욥 자신이 무죄임을 안다고 말하며, 그를 "당신의 손에서 빼낼 사람이 없음을 알지 않느냐"[4]고 말한다. "하느님께 항변하고 싶을 따름이네."[5] 그는 자신의 길을 "변호하고자"[6] 한다. 그는 자신이 '옳다는' 것을 알고 있다. 야훼는 그를 소환해서 자기를 해명하게 하거나 최소한 호소를 하게 해야만 한다. 신과 인간 사이에서의 차이를 올바르게 평가함에 있어서, 욥은 야훼에게 "당신은 바람에 날리는 잎사귀를 소스라치게 하시고 메마른 지푸라기를 뒤쫓으시렵니까?"[7]라고 질문한다. 신은 그를 "학대하였다." 그는 "그의 권리를 박탈"[8]했다. 그는 불의에 주목하지 않았다. "죽기까지 내가 흠 없음을 포기하지 않으리. 나의 정당함을 움켜쥐고 놓지 않으면서…."[9] 욥의 친구 엘리후는 야훼의 불의를 믿지 않았다. "참으로 하느님께서는 악을 행하지 않으시고, 전능하신 분께서는 올바른 것을 왜곡하지 않으십니다."[10] 그리고 권력을 지적하면서 비논리적인 방법으로 이러한 견해의 이유를 들어 다음과 같이 설명했다. 사람들은 왕에게 "쓸모없는 자", 귀족에게는 "악인"이라고 말하지는 않을 것이다. 사람들은 "군주의 사람들을 존경하고" "낮은 계급의 사람보다 높은 계급의 사람들을 더 우대함에"[11] 틀림이 없다. 그러나 욥은 동요하지 않고 분명한 어조로 말했다. "지금도 증인은 하늘에 계시네. 나의 보증인은 저 높은 곳에 계시네.… 나는 하느님을 향하여 눈물짓는다네. 그가 인간에게 신에 대항하는 권리를 갖게 해주시기를…."[12] (같은 구절에 해당되는 우리말 성경(한국 천주교 주교회의 간, 2005)에는 "아, 사람과 사람 사이의 시비를 가리듯 그분께서 한 인생을 위하여 하느님과 논쟁해주신다면!"으로 되어 있다) 그리고 다른 곳에서는 "그러나 나는 알고 있다네. 나의 변호인Anwalt께서 살아 계심을, 그분께서는 마침내 먼지 위에서 일어서리라"[13]고 말한다.

    욥의 말에서 인간이 신 앞에서 정당할 수 있는가 하는 의심에도 불구하고 그가 정의와 도덕에 입각해서 신에게 맞선다는 생각을 거의 버릴 수 없다는 것이 분명히 드러났다. 그럼에도 불구하고 그가 신의 정의를 포기할 수 없었기 때문에, 신의 전횡이 정의를 왜곡시킨다는 사실을 안다는 것이 그에게 쉬운 일은 아니었다. 그러나 다른 한편으로 그는 야훼 자신 이외에는 아무도 그에게 부당함과 폭력을 행사하는 자가 없었음을 인정해야만 했다. 그는 자신이 도덕적 판단에 개의치 않으며 자신에게 의무를 지우는 어떠한 윤리도 인정하지 않는 신에 대항하고 있음을 부인할 수 없었다. 이러한 난관에 봉착하고 신의 일체성을 의심하지 않고, 신이 자기 자신과의 모순 속에 있다는 것, 그것도 신神 안에 신에 대항하는 구세주Helfer와 변호인이 발견된다고 욥이 확신할 정도의 전적인 자가당착에 있음을 분명히 보고 있다는 것은 아마도 욥이 지닌 위대함일 것이다. 그는 야훼에게 악이 있음을 확신하고, 또한 선이 있음을 확신한다. 우리는 우리에게 악을 행하는 인간에게서 동시에 구원자를 기대할 수는 없다. 그러나 야훼는 인간이 아니다. 그는 박해자이며 구원자 모두이다. 여기에서 하나의 측면은 다른 측면과 마찬가지로 진실이다. 야훼는 분열된 것이 아니고, 이율배반Antinomie이며, 완전한 내면의 대극성이며, 그의 엄청난 역동성, 그의 전지전능에 없어서는 안 되는 전제조건이다. 이러한 인식에서 욥은 야훼가 자신의 분노에도 불구하고 그 자신에 대항해서 비탄을 호소하는 인간의 옹호자Anwalt des Menschen이기도 하기 때문에, 야훼에게 자신의 길을 밝혀 주기를, 즉 자신의 관점을 분명히 하기를 고집한다.

   사람들이 야훼의 비도덕성을 여기에서 처음 들어서 알았다면, 욥의 신인식神認識에 더욱 놀라워할 것이다. 그러나 야훼의 예측할 수 없는 기분이나 참화를 가져오는 분노발작은 예로부터 알려져 있었다. 그는 질투심이 많은 도덕의 감시자다. 특히 그는 정의와 관련해서는 민감했다. 그래서 그는 항상 '정의롭다'고 칭송되어야만 했으며, 그에게 이것은 대단히 중요했다. 이러한 사정과 특성 덕분에 그는 고대의 왕과는 그 크기에서만 구별되는 독특한 인격을 갖는다. 신의가 없는 인간의 마음과 그들의 비밀스러운 생각을 철저히 들추어냈던 그의 질투심 많고 예민한 성질은 인간과 야훼 사이의 개인적인 관계를 강요했다. 인간은 개인적으로 그로부터 부름을 받았다고 느낄 수밖에 없었다. 그것이 우주를 지배하는 제우스와 야훼 사이의 본질적인 차이이다. 제우스는 호의적이며 다소 냉정하고, 객관적으로 세계의 섭리를 오랫동안 신성화된 궤도에서 진행되도록 했으며 질서를 존중하지 않는 자들만 벌했다. 그는 도덕적으로 가르치려 하지 않았고 본능적으로 지배했었다. 그는 인간으로부터는 그에게 적당한 제물 이상의 것은 아무것도 원하지 않았다. 그는 인간에 대해서 어떤 계획도 갖고 있지 않았기 때문에 인간과 연루해서는 아무것도 원하지 않았다. 제우스 신은 하나의 형상이지만 인격은 아니다. 이와는 달리 야훼는 인간이 중요했다. 뿐만 아니라 인간은 그에게 첫 번째로 중요한 관심사였다. 인간이 그를 필요로 했듯이 그도 인간을 절박하게, 그리고 개인적으로 필요로 했다. 제우스는 벼락을 내리칠 수 있었으나, 다만 질서를 존중하지 않는 범죄자들에게만 벼락을 내렸다. 전체적으로 그는 인간에게 아무런 반대도 하지 않았다. 인간에게 특별한 관심을 갖지 않았다. 이와는 달리 야훼는 인간이 그가 원했거나 기대했던 것처럼 행동하지 않을 때에는 종種으로서나 개인으로서의 인간에 대해서 지나치게 흥분했다. 이 '흙으로 빚은 나쁜 항아리'보다 더 나은 것을 만드는 능력이 그의 전권에 있는데도 이에 대한 아무런 해명도 없다.

자신의 민족과의 이러한 긴밀한 관계에서는, 예를 들어 다윗과 같은 몇몇 사람과 관련된 고유의 서약이 그것에서 발달했음을 예상하지 않을 수 없다.「시편」89장이 보여주듯, 야훼는 다윗에게 다음과 같이 말했다.

> "… 내 성실을 거두지 않으리라.
> 내 계약을 더럽히지 않고
> 내 입술에서 나간 바를 바꾸지 않으리라.
> 나의 거룩함을 걸고 이 하나를 맹세하였노라.
> 나는 결코 다윗을 속이지 않으리라 …."[14]

그럼에도 시샘을 하면서 법과 계약의 성취를 감시하던 그가 자신의 서약을 깨는 일이 일어났다. 감수성 많은 현대인에게는 마치 세계의 캄캄한 심연이 입을 벌린 것과도 같고, 그의 발밑의 기반이 사라지게 된 것과도 같을 것이다. 왜냐하면 그가 신에게서 기대했던 것은, 신이 모든 점에서 인간보다 우월하다는 점 때문인데, 그것도 인간에 비해 더 낫고, 더 높고, 더 고상하다는 뜻에서 그런 것이지, 스스로 거짓 맹세를 감수하는 도덕적인 불확실성이나 신뢰성의 결여라는 뜻에서 그런 것이 아니다.

우리는 물론 고대의 신을 현대 윤리의 욕구와 대비해서는 안 될 것이다. 옛날 사람들에게 이 일은 좀 달랐다. 모든 미덕이나 악덕이 완전히 신들에게서 꽃피고 넘쳐흘렀다. 그래서 사람들은 그들을 벌줄 수도, 속박할 수도, 속일 수도, 서로 싸우도록 부추길 수도 있었다. 그러면서도 비록 오래 지속된 것은 아니지만 신들은 위신을 잃지는 않았다. 그 시대의 인간은 신의 모순된 행동과 말에 익숙해져 있어서, 그런 일이 일어났을 때 지나치게 충격을 받지는 않았다. 야훼의 경우에는 물론 사정이 달랐다. 종교적 관계에서 이미 일찍부터 개인적-도덕적 결합이 중요한 역할을 해왔기 때문이다. 이러한 상황하에서 계약파기는 틀림없이 개인적인 상처뿐 아니라 도덕적인 상처를 주는 것이었다. 우리는 이것을 다윗이 야훼에게 응답한 방식에서 본다.

> "주님, 언제까지나 영영 숨어 계시렵니까?
> 언제까지나 당신의 진노를 태우시렵니까?
> 제 인생이 얼마나 덧없는지를 기억하소서!
> 당신께서 모든 사람을 얼마나 헛되이 창조하셨는지를!
> …
> 주님, 그 옛날 당신의 자애가 어디에 있습니까?
> 당신의 성실을 걸고 다윗에게 맹세하신 그 자애가 어디에 있습니까?"[15]

이것을 한 인간에게 말하였다면, 그것은 대략 다음과 같은 내용이 될 것이다: "이제 마음을 가라앉히십시오. 당신의 그 쓸데없는 노여움을 그만두십시오. 당신과 같은 사람이, 당신의 잘못이 없는 것은 아니지만 제대로 자라려고 하지 않는 식물에 대해서 그 정도로 흥분한다면, 그것은 정말로 너무 기괴합니다. 당신은 과거에는 이성적이셨습니다. 그리고 당신이 가꾼 정원을 짓밟는 대신에 잘 돌보셨습니다."

대화자는 물론 상대방이 계약을 파기했다고 해서 전능한 상대와 감히 다투려 하지 않는다. 그는 만약 그가 유감스러운 범법자라면 그가 어떤 호된 꾸지람을 듣게 될지 알고 있다. 그는 더 높은 이성의 수준으로 물러나 있어야만 했으며—그렇지 않았다면 생명이 위험했을 것이다—그렇게 함으로써 그는 자기도 모르게, 그리고 원하지도 않았지만 지적·도덕적 관점에서 신적인 동반자보다 조금은 우월하게 되었다. 야훼는 왜 그가 사람들로부터 지속적으로 정의롭다고 칭송받아야 하는가를 별로 이해하지 못하였는데, 또한 그만큼 그가 '다루어지고' 있다는 사실도 깨닫지 못했다. 어떤 대가를 치르더라도 자신의 좋은 기분을 유지하려는 뚜렷한 목적으로 그는 모든 가능한 형식으로 그를 '칭송'[16]하고 아첨하도록 그의 민족에게 강력히 요구했다.

여기에서 드러나는 성격은 오직 객체에 의해서만 자신의 존재감을 갖게 되는 인격에 적합하다. 주체가 스스로 자기반성을 갖지 않고 자신에 대한 통찰 또한 갖지 않는다면 객체에의 의존은 절대적이다. 그것은 마치 다만 주체를 보증하는 객체를 갖고 있다는 사정 때문에 그것이 존재하는 것과도 같다. 사람들이 최소한 통찰력 있는 인간에게서 기대하는 것처럼 야훼가 정말로 자기 자신을 알고 있다면, 실제의 사태를 고려해볼 때 그의 정의로움에 대한 찬양을 최소한 중단시켜야만 했을 것이다. 그러나 그는 '도덕적'이기에는 너무 무의식적이었다.

도덕성은 의식을 전제로 한다. 물론 그것으로써 야훼를 그노시스파의 조물주(데미우르고스)같이 불완전하다거나 악하다고 말해서는 안 된다. 그는 전체성에 들어 있는 모든 특성이다. 그중에서도 완전한 정의인 동시에 그 역逆이기도 한데 이것 또한 마찬가지로 온전하다. 사람들이 그의 본질에 대해 단일화된 상像을 만들기를 원한다면, 최소한 그를 이런 식으로 생각해야 한다. 그럼으로써 우리는 특별히 구체적으로 잘 볼 수도 없는 의인화된 상을 그렸을 뿐이라는 사실을 의식하고 있어야만 한다. 신적인 존재가 표현되는 방식에서 우리는 몇 개의 특성들이 불충분하게 서로 여러 겹으로 관계를 맺고 있어서 그들이 서로 모순되는 활동으로 분해된다는 사실을 인식할 수 있다. 예를 들면 야훼는 인간을 만든 것을 후회하면서도 그의 전지성全知性은 처음부터 인간에게 어떤 일이 일어날지를 정확하게 알고 있었다.

II

전지자全知者는 모든 사람의 마음을 들여다보고, 야훼의 눈은 "온 세상을 멀리 살피기 때문에"[17]「시편」89장의 대화자가 무의식적인 신보다 자신이 도덕적으로 약간 우위에 있음을 성급하게 의식하도록 하지 않고 숨긴 것은 잘한 일이다. 왜냐하면 야훼는 비판적 사고를 좋아하지 않기 때문이다. 그것은 그가 요구한 찬사의 유입을 어떻게 해서든지 깎아내릴 것이다. 그의 권력이 우주 공간으로 크게 울려 퍼질수록, 그 존재의 기반은 그만큼 좁아진다. 그 권력 존재가 진정으로 존재하기 위해서는 의식적 성찰을 필요로 하기 때문이다. 그 존재는 물론 누군가에게 의식될 때에만 가치가 있다. 그렇기 때문에 창조주 야훼는 의식된 인간을 필요로 한다. 비록 무의식적으로는 인간이 의식화되는 것을 방해하고 싶을지라도…. 그것이 또한 야훼가 작은 인간집단의 찬성의 박수갈채를 필요로 하는 이유다. 만약 이 집회에서 박수갈채가 중단되는 일이 갑자기 일어날 때 어떤 일이 벌어질지 우리는 상상할 수 있다. 즉 맹목적인 파괴분노를 동반하는 흥분상태와 지옥 같은 고독에로의 후퇴와 고통에 가득 찬 비존재가 있을 것이며, "나를 내 자신이 느낄 수 있게 만드는" 어떤 것에 대한 말로 표현할 수 없는 동경이 잇따를 것이다. 그렇기 때문에 모든 근원적인 사물들, 인간 자신도 그가 폭도가 되기 이전에는 감동적이고 매혹적으로 아름다웠을 것이다. 왜냐하면 태어날 초기의 상태에서는 in statu nascendi '그의 본성에 따른 모든 것'은 세상에서 가장 귀중한 것, 가장 바람직한 것, 가장 부드러운 것, 즉 창조주의 무한한 사랑과 선의 모상模像을 나타내기 때문이다.

신의 분노가 일으키는 명백한 공포를 앞에 두고, 그리고 사람들이 '신에 대한 경외敬畏'를 말할 때, 그가 무엇에 관해 말하는가를 알고 있던 시대에는, 어떤 면에서 신보다 우월한 인간성은 당연히 의식되지 않은 채 남아 있게 되었다. 게다가 모든 전기傳記에도 선례가 없는 야훼의 강력한 인격은—엘로힘Elohim(히브리 사람의 신)에 대한 그의 본래의 관계는 벌써 오래전에 망각되었지만—그를 모든 이방인의 수호신 Numina der Gentiles[이교 민족들] 위로 올려놓았고, 그럼으로써 이미 수백 년에 걸쳐 이교신들의 권위를 해체해온 영향력에 대한 면역력을 갖게 되었다. 후자, 즉 이교신들에게는 바로 그들의 신화적 전기傳記의 상세한 내용이 재앙이 되었다. 왜냐하면 사람들의 판단력이 커지면서 그 신화적 전기가 이해하기 어렵고 상스럽다는 것을 점점 더 분명히 인식하게 되었기 때문이다. 그러나 야훼에게는 혈통도 없었고 과거도 없었다. 예외라면 모든 역사가 시작되는 세계 창조와 야훼가 분명히 창조의 특별한 행위 가운데서 인류의 조상 아담을 원초적 인간, 안트로포스Anthropos로서 자신의 형상에 따라서 만들었다는 인류와의 그 부분에 대한 관계일 것이다. 당시에 이미 존재했던 다른 인간들은, 우리가 상상할 수밖에 없지만, 먼저 '다른 여러 종류의 야생동물과 가축'과 함께 신의 녹로에서 만들어졌다. 그 인간 중에서 카인Kain과 셋Seth이 아내를 맞이했다. 사람들이 우리의 추측에 동의하지 않는다면, 역사철학자 칼 람프레히트Karl Lamprecht가 19세기 말에 추측한 대로 카인과 셋은 원문에서 확증이 없는 그들의 누이들과 근친상간의 결혼을 했으리라는 훨씬 더 불쾌한 다른 가능성이 열려 있을 뿐이다.

신을 닮은 자Gottebenbildliche에 속하는 유대인에게 선민의식을 준 특별한 섭리providentia specialis는 처음부터 그들에게 책무를 짐 지워주었다. 그들은 책무를 가능한 한 많이 다루고자 시도했는데, 이것은 그와 같은 부담을 지고 있는 경우에는 언제나 그만큼 이해할 수 있는 일이다. 유대 민족이 탈출을 위해 모든 기회를 이용했기 때문에, 또한 야훼가 그에게 없어서는 안 될 대상이며, 그가 이 목적으로 '신과 유사하게' 형상화한 대상인 유대 민족을 자신에게 결속시키는 일을 극히 중요하게 느꼈기 때문에, 그는 이미 태초에 족장 노아에게 자신과 노아 사이, 다른 한편으로는 노아의 아이들과 그들의 모든 동물들과의 사이에서 '결속'을 제안했다. 그것은 양측에 이익을 약속하는 계약이었다. 결속을 강화하고 그것을 기억에 선명하게 유지하기 위해서 그는 계약의 표시로서 무지개를 지정했다. 그가 번개와 큰물을 머금고 있는 구름을 끌어올 때 또한 무지개가 나타나며 이것은 그와 민족에게 계약을 기억하게 한다. 즉 대홍수를 실험하기 위해 구름을 모으고자 하는 유혹은 결코 사소한 것이 아니다. 그러므로 다가오는 재앙을 제때에 경고하는 표시를 그것과 결합시키는 것은 좋은 일이다.

그러한 예방조치에도 불구하고 다윗과의 계약은 산산조각이 났는데, 그 사건은 성서에 문학적인 표현을 남겼으며 그것을 읽으면서 무엇인가를 생각했던 소수의 신앙심 깊은 사람들을 슬프게 했다. 「시편」을 열심히 이용할 때 소수의 사려 깊은 사람들이 89번째 「시편」[18]을 이해하기 어려워하는 것도 피할 수 없는 일이었다. 늘 그랬을 터이지만 그런데도 계약 파기라는 고약한 인상은 생생하게 남아 있었던 모양이다. 「욥기」의 저자가 이런 주제에 의해 영향을 받았다는 것은 시기적으로 가능한 일이다.

「욥기」는 경건하고 충직한, 그러나 신에 의해 괴롭힘 당한 남자를 널리 볼 수 있는 무대 위에 올려놓고, 이 무대 위에서 그가 세상의 눈과 귀에게 자신의 이야기를 보여주도록 한다. 놀라울 정도로 쉽게, 그리고 이유 없이 야훼는 자기 아들 중 한 사람, 즉 의심스러운 생각[19]의 영향을 받아 욥의 신의를 의심하게 되었다. 그의 예민함과 불신감 때문에 조금이라도 의심의 가능성이 있으면 이미 그를 흥분시켜서, 낙원에서 그가 이미 시험해본 저 독특한 행동, 즉 긍정과 부정으로 이루어진 양면적인 행동방식을 하게 만들었다. 그는 인류 최초의 부모에게 나무에 대해 주의를 환기시키고는 동시에 나무에서 사과를 따서 먹는 것을 금지시켰다. 그렇게 함으로써 그는 인류가 의도하지 않은 원죄를 범하도록 자극했다. 야훼는 욥의 충성과 의연함을 확신하고 있었고, 그 밖에도 그의 전지성全知性을 바탕으로—만약 그가 자신의 전지성을 살펴보았다면—이에 관하여 의심할 바 없는 확신을 가졌을 것임에도 불구하고, 이제 충실한 종 욥은 이유 없이, 부질없이 도덕적 시험을 겪게 된 것이다. 그렇다면 왜 그럼에도 불구하고 시험이 만들어지며 판돈도 걸지 않은 양심 없는 사탄과의 내기를 무력한 피조물의 등 뒤에서 해야 하는가? 야훼가 얼마나 재빠르게 그의 충직한 노예를 악한 영靈에게 내맡기고 또 얼마나 냉정하고 동정심도 없이 그를 육체적·도덕적 고통의 나락으로 떨어뜨리게 했는가를 본다면, 그것은 사실 감동적인 광경은 아니다. 인간의 관점에서 본다면 신의 행태는 그 배후에 깊은 동기가 감추어져 있지나 않은지 물어야 할 정도로 불쾌감을 일으킨다. 야훼는 욥에게 남몰래 저항을 가지고 있었던 것일까? 그것은 그가 사탄에게 양보한 것으로 설명될지 모른다. 그러나 인간은 신이 갖고 있지 않은 무엇을 지니고 있는가? 우리가 이미 암시한 바대로, 인간은 전능자에 대해서 작고 약하며 저항할 수 없기 때문에, 자기성찰에 근거를 둔 다소 예리한 의식意識을 소유하고 있다. 즉 그는 존재할 수 있기 위해서 절대권력인 신에 대해서 자신의 무력함을 의식하고 있어야만 한다. 신은 인간처럼 그렇게 조심할 필요가 없다. 왜냐하면 어느 곳에서도 그를 주저하게 하고 그래서 자기성찰을 불러일으킬 만한, 극복할 수 없는 장해에 부딪히지 않기 때문이다. 인간이 사실 무한히 작으나 신 자신보다 더 집중된 빛을 가지고 있다는 의심을 야훼가 품었던 것일까? 아마도 그러한 종류의 질투로서 야훼의 행동이 설명될 수 있을지 모른다. 그런 종류의, 막연히 추측할 뿐 파악되지 못한 단순한 피조물의 정의상의 일탈이 신의 불신을 자극했다면 그것은 납득할 만한 것이다. 인간은 벌써 너무 자주 전제조건에 맞는 행동을 하지 않았다. 충직한 욥 역시 결국에는 무엇인가를 몰래 꾸밀지 모른다…. 그러기에 자신의 확신에 반하여 사탄의 귓속말을 따르려는 야훼의 놀라운 준비 태세가 있다!

 욥은 지체 없이 가축을 빼앗기고, 종과 아들과 딸들은 살해된다. 그리고 그 자신도 병에 걸려서 거의 죽을 지경에 이른다. 아내와 선량한 친구들은 틀린 말을 그에게 퍼부어 그의 마음의 평안을 빼앗아갔다. 그의 정의로움을 칭송하던 재판관은 욥의 정당한 호소에 귀를 기울이지 않았다. 그의 권리는 거부되었다. 그로써 사탄이 그의 놀이에서 방해받지 않도록 했다.

우리는 여기에서 약탈과 살해, 고의적인 신체 훼손, 권리 보호의 거부 등의 어두운 행위들이 아주 짧은 기간 안에 거듭된 것에 대해서 해명해야 할 것이다. 곤란하게도 여기에서 문제되는 것은 야훼가 전혀 숙고도 후회도 동정심도 없이 잔혹함과 무자비함만을 드러냈다는 것이다. 야훼가 시나이에서 그 자신이 공포한 계명 중에서 최소한 세 가지를 현저히 위반한 이상, 그것이 무의식적인 것이었다는 항변은 인정될 수 없다.

욥의 친구들은 온 힘을 다해 도덕적인 고문으로 그를 괴롭혔고, 신으로부터 버림받은 욥을 최소한 따뜻한 마음으로 돕기는커녕 너무나 인간적인 방식으로, 즉 둔감하게 도덕을 설교했고, 또한 동정과 인간적 이해의 마지막 도움조차 주지 않았다. 여기에서 신의 용인에 대한 의심은 부정할 수 없을 정도로 분명하다.

욥의 고통과 신의 내기 놀이가 왜 갑자기 끝났는지는 알기 어렵다. 욥이 죽지 않는 한, 목적 없는 고통은 더 지속될 것이다. 그러나 우리는 이 일의 배경에 주목해야 한다. 이 배경에서 어떤 것, 즉 부당하게 받은 고통에 대한 보상이 서서히 분명하게 드러났을 가능성이 없지는 않았을 것이다. 야훼가 죄 없이 당하는 고통의 보상을 어렴풋이나마 예감하고 있었던들 무관심하게 내버려둘 수는 없었을 것이다. 아무런 죄도 없이 고통을 당하던 자는, 자신이 알지도 못하고 자신의 의지와도 관계없이 은밀하게 신을 인식하는 우월한 능력으로 드높여졌는데, 이는 신 자신도 소유하고 있지 않은 것이었다. 야훼가 자신의 전지력全知力에 대해 물었더라면 욥은 그를 앞지르지 않았을 것이다. 그러나 물론 그랬더라면 다른 많은 일도 일어나지 않았을 것이다.

욥은 신의 내면에 있는 모순을 인식하고, 그럼으로써 그의 인식의 빛 자체가 신적인 누미노제를 획득하기에 이른다. 그렇게 전개될 가능성은, 신을 닮았다는 것에 바탕을 두고 있다고 추측할 수 있다. 사람들은 이를 인간의 형태에서 찾지 말아야 할 것 같다. 야훼 자신은 상像 만들기를 금함으로써 이러한 오류를 예방하였다. 욥은 신이 들어주리라는 희망도 없지만 자신의 사정을 신 앞에 내놓지 않을 수 없어 신 앞에 나섰고, 그럼으로써 야훼의 본성이 분명하게 드러나지 않을 수 없는 바로 그 방해물을 만들어냈다. 이 극적인 정점에서 야훼는 그 잔혹한 게임을 중지한다. 그러나 그의 분노가 중상모략했던 자에게 향하리라고 기대한 사람은 매우 실망하게 된다. 야훼는 자신을 설득했던 그의 아들에게 그에 대한 책임을 묻지도 않았으며, 자신의 행동에 대해 설명을 함으로써 욥에게 최소한 어느 정도의 도덕적 만족감을 주리라는 생각조차 머리에 떠오르지도 않았다. 그는 오히려 전능의 힘을 가지고 뇌우 속에서 그곳으로 가서 반은 짓밟혀진 인간벌레에게 다음과 같이 비난하면서 호통을 쳤다.

"지각 없는 말로 이치를 어둡게 하는 자가 누구냐?"[20]

야훼의 다음의 말을 참조해볼 때 사람들은 여기에서 정말로 자문하지 않을 수가 없다. 누가 신의 무슨 이치를 어둡게 하는가? 하고. 신이 사탄과 내기를 하기로 했을 때, 그것이 바로 어둡게 하는 것이다. 욥은 그 일에서 분명 아무것도 어둡게 하지 않았다. 신의 뜻은 말할 것도 없다. 왜냐하면 그러한 것에 관한 언급이 전혀 없었고, 그 후의 말에서도 그렇지 않았기 때문이다. 사람들이 알 수 있는 한, 내기에는 '신의 뜻'이 들어 있지 않았다. 그렇다면 결국 욥을 높이 올리기 위해서 야훼 자신이 사탄을 선동했으리라고 할 수 있을 것이다. 이렇게 발전되리라는 것은 물론 전지성 안에서는 예견되어 있었으며, '신의 뜻'이란 단어는 이러한 영원한 절대지絶對知를 암시하는 것일 수 있을 것이다. 그렇다면 야훼의 태도는 더욱더 비논리적이고 이해할 수 없는 것으로 보인다. 왜냐하면 그는 욥에게 이에 관해서 깨우쳐줄 수도 있었을 것이고, 그것이 욥에게 일어난 부당함에 비추어 옳고 공정한 처사였을 것이다. 그렇기 때문에 나는 이러한 가능성이 있을 것 같지 않다고 본다.

어떤 말이 지각(통찰)Einsicht 없는 말일까? 야훼는 아마도 친구들의 말과는 상관없이 욥을 비난하는 것 같다. 그러나 욥의 죄는 어디에 있는가? 사람들이 그를 비난할 수 있을 법한 유일한 것은 신의 정의에 호소할 수 있다고 믿은 그의 낙관주의다. 야훼의 다음의 말이 분명히 보여주듯이, 사실 그는 그 점에서는 옳지 않았다. 신은 전혀 의롭고자 하지 않으며 정의에 앞서는 권력을 강력히 주장한다. 욥은 신을 도덕적인 존재로 여겼기 때문에, 그런 생각을 하려 하지 않았다. 그는 결코 신의 전능함을 의심한 바 없었고, 그것을 넘어서 신의 정의까지도 희망했었다. 그러나 그는 이런 잘못을 스스로 거두어들였고 신의 대극성을 인식했으며, 이와 더불어 신의 정의와 자비에 알맞은 자리를 지정해줄 수 있었다. 여기에서 통찰이 결여되었다고 말할 수는 없다.

그러므로 야훼의 물음에 욥의 대답은 다음과 같다. 즉 자신의 뜻을 어둡게 하고 통찰이 없는 것은 야훼 자신이다. 말하자면 야훼가 상대를 역습해서 그 자신이 행한 것을 두고 욥을 비난한다. 야훼는 그에 대해 어떤 의견을 갖거나 특히 그가 갖고 있지 않은 통찰을 갖는 것을 인간에게 허용하지 말았어야 했다. 71개의 긴 시구에서 야훼는 잿더미에 앉아서 종기를 긁으며 초인적인 폭력에 내맡겨 있음을 아주 오래전부터 깊이 확신하고 있는 그의 가련한 제물에게 조물주의 힘을 선포한다. 욥이 이러한 권력에 다시 싫증날 정도에 이르기까지 강한 인상을 받을 필요는 전혀 없었다. 야훼는 자신이 지닌 전지성으로 자기가 욥을 겁주고자 한 시도가 그런 상황에서 얼마나 부적절한지를 물론 잘 알았을 것이다. 그는 욥이 변함없이 그의 전능함을 믿으며 결코 의심하지 않았다는 것, 그에게 불성실한 적이 한 번도 없었다는 것을 쉽게 알 수 있었을 것이다. 그러나 야훼는 욥의 현실을 거의 고려하지 않는다. 그래서 그가 더 중요한 또 다른 동기를 가지고 있지 않은지 의심된다. 즉 욥은 더 이상 신 안에서 일어난 대립을 일으킨 외부적 계기가 아니다. 야훼가 욥에 관해 말하는 일이 없는 것으로 보아 그가 얼마나 자기 일에 골몰하고 있는지를 어렵지 않게 알 수 있는 것이다. 그의 전능함과 위대함을 강조하는 것은 더 이상 확신이 필요 없는 욥에게는 아무 의미가 없다. 다만 전능자의 위대함을 의심하는 청취자에게나 의미가 있을 것이다. 의심하는 생각을 가진 자는 사악한 소행을 행한 후에 아버지의 품으로 되돌아와 그곳에서 선동을 계속했던 사탄이다. 욥의 충성을 흔들리게 할 수 없으며, 사탄이 내기에서 패배하리라는 것을 야훼는 알고 있었음에 틀림이 없다. 그는 또한 그의 충실한 노예가 내기에 끼어들게 해서 불충을 범하도록 모든 것을 행하였음을 틀림없이 이해하고 있었다. 이때 그는 일련의 많은 범죄 행위를 마다하지 않았다.

   그것은 후회 따위는 아니며, 말할 것도 없이 그가 의식하게 된 도덕적인 두려움도 아니다. 그것은 오히려 그의 전능함을 의심하게 만든 어떤 것에 대한 막연한 예감이다(이런 점에서 그는 특히 예민하다. 왜냐하면 '권력'은 커다란 논쟁이기 때문이다. 그러나 권력으로는 아무것도 용서되지 않는다는 것을 전지성은 알고 있다). 예감은 물론 야훼가 스스로 사탄의 감언이설에 빠지게 된 무척 불쾌한 사실과 관계가 있다. 그러나 사탄이 이상할 정도로 용서받고 배려되는 것을 보면 야훼는 이러한 자신의 약점을 분명히 의식하지 못하고 있다. 분명 사탄의 음모는 욥의 희생으로 간과되었을 것이다.

다행스럽게도 욥은 야훼가 고시告示를 내릴 때 문제는 그의 권리가 전혀 중요하지 않다는 것을 알아차렸다. 그는 지금 사람들이 권리문제를 해명하는 것은 불가능하다는 것을 깨달았다. 왜냐하면 야훼가 욥의 일에는 전혀 관심이 없고 자신의 일에 몰두하고 있음을 분명히 깨달았기 때문이다. 사탄은 어떤 식으로든 사라져야만 하는데, 이것은 욥이 선동적 생각을 가지고 있다고 의심을 받게 됨으로써 가장 효과적으로 이루어진다. 이 문제는 그로 인해서 다른 궤도로 옮겨지며 사탄과 있었던 우발사건은 아무런 언급도 되지 않은 채 무의식적인 상태로 남아 있게 된다. 왜 천둥과 번개를 수반한 전능한 힘Allmacht이 욥을 인도하는지 관객에게는 그 이유가 아주 명확하게 보이지 않는다. 그러나 이 천둥과 번개의 상연은 그 자체로 웅대하고 충분히 인상적이어서 더 많은 대중들뿐 아니라 무엇보다 야훼 자신이 그의 침해할 수 없는 막강한 권력을 확신하게 만들었다. 야훼가 어떤 폭력을 자신의 전지성에 행했는가를 욥이 예감했는지는 우리도 모른다. 그러나 그의 침묵과 그의 굴복은 다양한 가능성을 열어놓고 있는 것이다. 그렇기 때문에 욥은 즉시 그의 권리 요구를 정식으로 철회하는 것 이상의 더 나은 것을 할 수 없었다. 그래서 그는 서두에서 인용했던 "손을 제 입에 갖다 댈 뿐입니다"는 말로 대답했다.

그는 결코 심리유보心理留保, reservatio mentalis의 극미한 흔적조차 어떤 방법으로도 드러내지 않는다. 의심의 여지 없이 그의 대답은 그가 말할 것도 없이 완전하게 신적인 실연實演이 준 강력한 인상에 압도되었음을 보여주고 있다. 아무리 까다로운 폭군일지라도 이러한 성과에 만족했을 것이며, 그의 종이 아주 오랜 시간이 지나서도 불안 때문에라도(그의 의심할 바 없는 충성은 전적으로 논외로 하고) 더 이상 감히 어떤 그릇된 생각을 품지 않으리라 확신할 수 있을 것이다.

기이하게도 야훼는 이 모든 것에 대해서 아무것도 알아채지 못한다. 그는 욥과 자신이 처한 상황을 전혀 보지 않는다. 오히려 마치 그가 욥 대신에 다른 강력한 적대자를, 즉 그에게 도전할 가치가 있는 자를 자기 앞에 둔 것과도 같다. 그것은 그의 두 번에 걸쳐 반복된 말에서 나타난다.

"사내답게 네 허리를 동여매어라.
너에게 물을 터이니 대답하여라."[21]

두 시합자의 잘못된 관계를 설명하기 위해서 참으로 그로테스크한 예를 선택해야 할 듯하다. 야훼는 욥에게서 우리 생각으로는 욥에 속하기보다 아마도 신에 속하는 무엇을 본다. 즉 그는 거기서 자기와 대등한 권력을 본다. 그것은 신으로 하여금 자신의 모든 권력 수단을 동원하여 상대방에게 과시하는 계기가 된다. 야훼는 욥에게 의심 많은 자의 모습을 투사한다. 그것은 자신을 은밀한 비판적 시선으로 바라보는 또 하나의 자기 자신의 얼굴이기 때문에 그는 그것을 좋아하지 않는다. 그는 그것이 두렵다. 사람들은 불안을 일으키는 무엇인가에 마주했을 때에만 힘, 능력, 용기, 불패不敗 등과 같은 암시를 늘어놓는 것이다. 그것이 욥과 무슨 관계가 있겠는가? 생쥐를 놀라게 하는 것이 강한 자에게 무슨 의미가 있겠는가?

야훼는 첫 시합의 승리에 만족할 수 없다. 욥은 오랫동안 땅 위에 누워 있으나 자신의 환영을 불쌍한 수난자에게 투사한 위대한 상대 선수는 여전히 곧추서 있다. 그리하여 야훼는 다시 한 번 소급해서 말한다.

"네가 나의 공의마저 깨뜨리려느냐?
너 자신을 정당화하려고 나를 단죄하려느냐?
네가 하느님 같은 팔을 지녔으며
그와 같은 소리로 천둥 칠 수 있느냐?"[22]

기회가 있을 때마다 하찮은 존재라고 비난받는, 권리도 없고 보호도 없이 버려진 인간이 야훼에게는 매우 위험스럽게 보인 나머지 야훼는 그를 가장 무거운 대포로 포격해서 궤멸시켜야만 한다. 그를 자극하는 것이 무엇인지, 그것은 상상적인 욥에 대한 그의 도전에서 드러나고 있다.

"교만한 자는 누구든 살펴 그를 꺾고
악인들은 그 자리에서 짓밟으라.
그들을 모두 흙 속에 숨기고
숨긴 곳에서 그들의 얼굴을 염포로 묶으라.
그러면 나도 너를 인정하리니
너의 오른손이 너를 구원할 수 있기 때문이다."[23]

욥은 마치 자신이 신인 양 도전을 받는다. 그러나 당시의 형이상학에는 다른 제2의 신δεύτερος θεός은 존재하지 않았다. 오직 예외는 야훼의 귀를 차지하고 그에게 영향을 줄 수 있었던 사탄뿐이다. 사탄은 야훼의 발밑의 토대를 끌어냈고 그를 현혹시켜서 자신의 형법에 엄청난 죄를 저지르도록 유인할 수 있었던 유일한 자이다. 정말로 무시무시한 경쟁자는 그의 가까운 혈연관계 때문에 그토록 체면을 손상시키므로 극히 조심스럽게 숨겨야 할 정도였다! 그렇다. 그는 그를 자신의 가슴에 숨기고 자신의 의식으로부터도 숨겨야 했다. 그 대신에 가련한 신의 종을 투쟁 대상인 허수아비로 내세워야만 했는데, 그럼으로써 스스로 무의식 상태를 유지하기 위해서 '숨겨진 장소에 있는 공포에 질린 얼굴'을 추방하기를 희망했다.

상상 속의 결투, 이때의 연설, 그리고 선사시대 동물들의 인상 깊은 전시는, 만약 그것이 의식화意識化에 대해 야훼가 갖는 두려움의 단순한 부정적 요인의 탓으로 돌리거나 이와 결부된 상대화相對化의 결과 때문이라고 한다면 그 설명은 불충분하다. 야훼에게 갈등은 새로운 사실 때문에 훨씬 더 긴급한 것이 된다. 물론 그의 전지성은 그 사실을 모르고 있지 않다. 그러나 이 경우에 존재하고 있는 지식은 논리적 귀결을 수반하고 있지 않다. 문제가 되는 새로운 사실은 지금까지의 세계 역사에서 들어보지 못했던 사례인데, 이것은 인간이 그의 도덕적 행동을 통해서 알지도 못하고 뜻하지도 않은 사이에 하늘에 있는 별 위로 올려지게 되며, 그곳에서 심지어 야훼의 뒷면, 깊이를 알 수 없는 '그릇들'의 세계를 바라볼 수 있다는 사실을 말한다.[24]

혹시 욥은 그가 무엇을 보는지 알았을까? 그는 현명하고 영리해서 그것을 누설하지 않는다. 그러나 그의 말에서 여러 가지의 추측을 할 수 있다.

"저는 알았습니다.
당신께서는 모든 것을 하실 수 있음을,
당신께는 어떠한 계획도 불가능하지 않음을…."[25]

사실 야훼는 눈썹 하나 까딱 않고 모든 것을 할 수 있으며, 또한 모든 것을 자신에게 허용할 수 있다. 그는 태연자약하게 그의 그림자 측면을 투사하고 인간을 희생하며 자신은 무의식에 남아 있을 수 있다. 그는 자기의 우세한 힘을 주장하고, 자신에게는 별 의미가 없는 법을 공포할 수도 있다. 살인과 살해는 그에게는 하찮은 것이며, 기분 나면 봉건제도의 대영주로서 한 번쯤은 노예에게 몰이사냥 때문에 밀밭에 생긴 손해를 관대하게 변제해줄 수도 있다: "너는 아들, 딸, 노예들을 잃었는가? 손해는 아니다. 나는 네게 다른 것, 더 나은 것을 주리라."

욥은 말을 계속한다(아마도 눈을 내리깐 채 조용한 목소리로).

"당신께서는 '지각 없는 말로 이치를 어둡게 하는 자가 누구냐?' 하셨습니다.
그렇습니다. 저에게는 너무나 신비로워 알지 못하는 일들을 저는 이해하지도 못한 채 지껄였습니다.
당신께서는 '이제 들어라. 내가 말하겠다.'
'너에게 물을 터이니 대답하여라!' 하셨습니다.
당신에 대하여 귀로만 들어왔던 이 몸, 이제는 제 눈으로 당신을 뵈었습니다.
그래서 제 자신을 부끄럽게 여기며 먼지와 잿더미에 앉아 참회합니다."[26]

영리하게도 욥은 야훼의 공격적인 말을 수용하였고, 마치 그가 사실로 패배한 경쟁자인 양, 야훼의 발아래 엎드렸다. 그의 말에는 그렇게 분명한 뜻이 있는 것으로 들리지만, 그것은 마찬가지로 이중의 뜻을 가진 것일 수도 있다. 그는 정말로 야훼의 가르침을 배웠고, 사람들이 그렇게 쉽게 이해할 수는 없는 '놀라운 일들을' 체험했다. 실제로 '소문으로만' 야훼를 알았으나, 이제는 그의 현실적 존재를 다윗보다도 더 많이 경험했다. 그것은 결코 잊어서는 안 될 진정으로 설득력 있는 가르침이었다. 과거에 그는 너무 순진무구했기 때문에 심지어 '사랑스러운' 신을 꿈꾸거나, 호의적인 지배자 또는 정의로운 재판관을 꿈꾸고 있었던 것 같다. 그는 '동맹'이란 권리의 문제이며, 계약 당사자는 그에게 귀속되는 권리를 주장할 수 있다고 상상했다. 신은 참되며 믿음성 있고, 최소한 정의로우며, 모세의 십계명에서 추측할 수 있듯이, 어떤 윤리적 가치들을 어느 정도는 인정하거나 최소한 자기 고유의 법적 견지에 책임을 느낄 것이라고 상상했다; 그러나 욥은 야훼가 인간이 아닐 뿐만 아니라, 어떤 의미에선 인간보다 더 못하며, 야훼가 악어에 대해 말한 바로 그것임을 알고 놀랐다.

"높이 있는 모든 것들은 그를 두려워하니
그는 모든 오만한 짐승들Tiere(성경에는 '자들'로 번역됨) 위에 군림하는 임금이다."[27]

무의식성은 동물적이며 꾸밈이 없다. 모든 고대의 신들처럼 야훼도 그의 동물 상징을 갖고 있는데, 그것도 틀림없이 이집트의 훨씬 오래된 짐승 모습의 신, 특히 호루스와 그의 네 아들의 신 형상에서 빌려온 것이다. 야훼의 네 가지 동물들animalia 중에서 하나는 인간의 얼굴을 하고 있다. 그것은 아마도 사탄, 즉 영적 인간의 대부일 것이다. 에제키엘의 환영에서는 동물적인 신에 4분의 3은 짐승과 같은 것, 4분의 1만이 인간적인 상징물을 부여하고 있다. 그런데 '상위'의 신, 즉 청옥판靑玉板 위에 있는 신은 인간과 비슷하다.[28] 이 상징은—인간의 관점에서 바라볼 때—야훼의 참을성 없는 행동을 설명한다. 그것은 무엇보다 우리가 도덕적으로 평가할 수 없는, 무의식적 존재가 나타내는 행동이

다, 즉 야훼는 하나의 현상이며 '인간이 아니다.'[29]

큰 어려움 없이도 우리는 그러한 뜻을 욥의 말에서 추측할 수 있을 것 같다. 어쨌든 야훼는 마침내 진정되었다. 저항 없는 수용이라는 치료 방법이 다시 한 번 실증되었다. 그런데 야훼는 욥의 친구들에 관해서는 아직 다소 예민하다. 그들이 '결국에는 그에 대해서 옳게 말하지 않을지도 모르기' 때문이다.[30] 의심을 품은 자의 투사는—여기서 미리 말하지 않을 수 없는 것은 우스운 일이지만—이 우직하고 속물적인 친구들에게까지도 미친다. 마치 신은 욥의 친구들이 생각하는 것이 무엇에 근거하고 있는지를 아는 것 같다. 그러나 인간들이 생각할 수 있다는 것, 특히 그에 대해서 생각할 수 있다는 것, 그것은 자극적이며 기분 나쁜 일이다. 그래서 어떻게 해서든지 억제되어야만 한다. 그것은 이리저리 방랑하는 그의 아들이 자주 갑자기 눈에 띄게 처신해서 불쾌하게 그의 약점을 찌르는 것과 너무나 비슷한 것이다. 그는 얼마나 자주 치밀어 오르는 경솔한 흥분발작을 후회해야만 했던가!

우리는 전지全知함이 서서히 실현되어가고 있다는 것, 그리고 자기 파괴의 불안에 둘러싸여 있는 듯이 보이는 통찰력을 위협한다는 인상을 지워버릴 수 없다. 물론 욥의 최종 공표문은—다행스럽게도—이 우발적인 사건이 이에 관여된 자들에게서 마침내 해결되었다고, 사람들이 거의 확실하게 가정할 수 있게끔 그렇게 표현되었다.

어떤 시대에도 결코 생생함을 잃어버린 적이 없던, 위대한 비극을 논평하는 합창단인 우리는 물론 전적으로 그렇게 느끼지는 않는다. 우리들의 현대적 감각으로는 욥이 신의 전능 앞에 깊게 몸을 굽히고 현명하게 침묵함으로써, 사탄의 장난으로 신의 내기에 던져진 물음에 대한 진정한 대답이 주어진 것 같지 않다. 욥은 상대에 적응하며 반응하였을 뿐 덜 대답하였고, 이때에 주목할 만한 자제심을 드러냈다. 그러나 명확한 답은 아직도 주어지지 않았다.

가장 중요한 것부터 지적하자면 욥이 고통받은 도덕적 부당함이란 어떤 것인가? 혹시 야훼 앞에서는 인간이 너무도 무가치하여 '도덕적 과오tort moral'가 한 번도 그에게 일어날 수 없단 말인가? 그것은 야훼가 인간을 갈망한다는 사실에 모순될 것이며, 인간이 그에 대해서 '옳게' 말할지 어떨지가 야훼에게는 분명히 중요한 문제임을 뜻한다는 사실에 모순될 것이다. 그는 욥의 충성심에 매달려 있다. 그리고 그에게는 욥이 자신의 시험을 위해서 어떤 것에서도 물러서지 않는다는 것이 중요하다. 이런 태도는 인간에게 거의 신적인 무게를 실어준다. 이 넓은 세상에서 모든 것을 가지고 있으면서, 또한 무엇인가 의미를 가질 수 있는 자에게 다른 무엇이 또 있겠는가? 인간의 행복과 삶을 관심도 없이 짓밟기도 하고, 다른 한편으로는 인간을 동반자로 삼아야 하는 야훼의 분열된 행동은 그를 바로 상상할 수 없는 상황에 집어넣는다. 즉 한편으로 야훼는 자연 재앙이나 비슷한 예측불허성을 본보기로 해서 비이성적으로 행동하고 다른 한편으로는 사랑과 존경과 숭배를 받고 싶어 하고 정의롭다고 칭송받고자 한다. 그는 아주 미미한 비판을 암시하는 모든 말에 예민하게 반응한다. 반면에 그의 행동이 그의 도덕규범 조항과 충돌하면 그는 자기 자신의 도덕규범에 개의치 않는다.

그러한 유의 신에게 인간은 다만 공포와 전율로써 굴복하고 간접적으로 엄청난 찬미와 겉치레의 복종으로 절대적인 지배자의 비위를 맞추고자 시도할 수 있을 뿐이다. 그러나 현대적 감각에서 보자면 신뢰관계란 완전히 배제된 듯이 보인다. **도덕적 보상**은 이와 같은 무의식적 자연물의 측면에서는 기대될 수 없다. 그럼에도 불구하고 그것이 욥에게는 일어났다. 시인이 그렇게 나타났으면 하고 바라는 바처럼, 야훼의 의도가 있었던 것도 물론 아니었고 욥이 알지도 못하는 사이에 일어났다. 야훼의 말은 사실 성찰을 거치지 않은 것이었지만 그럼에도 불구하고 세계 창조자의 야만적인 권능을 인간에게 내보이고자 하는 분명한 목적을 갖고 있다: "모든 정복될 수 없고 어떤 윤리적 법칙에도 굴복하지 않는 간악한 자연의 힘을 창조한 그가 나이다. 그러므로 나 또한 스스로 비도덕적인 자연의 힘이며, 자신의 등 뒤를 보지 않는 순수하게 현상적인 인격이다."

그것은 욥에게는 가장 큰 틀의 도덕적 보상이고, 적어도 그것일 가능성이 있다. 왜냐하면 이러한 설명을 통해서 인간이 아무런 힘이 없음에도 불구하고 신격神格을 넘어 재판관으로 높여지기 때문이다. 욥이 그것을 알았는지 우리는 모른다. 그러나 우리는 욥에 관한 많은 논평에서, 그 후의 모든 시대가 야훼로 하여금 그런 식으로 스스로를 버리게 했던 모이라Μοῖρα(운명의 여신) 또는 디케Δίκη가 어떻게 야훼를 지배했는가를 간과했다는 사실을 긍정적으로 알고 있다. 야훼가 욥을 먼지 속에 떨어뜨려 모욕을 줌으로써 어떻게 자기가 알지도 못하는 사이에 욥을 높게 올려주는가 하는 것은 보고자 하는 사람은 누구나 볼 수 있다. 야훼는 그로써 스스로 심판을 말했고, 인간에게 도덕적 보상을 주었다. 이것은 「욥기」에서는 애석하게도 찾을 수 없는 일이다.

이 드라마의 작가는 그의 주인공이 신의 위엄 앞에 엎드려 절하게 해서 조물주Demiurg의 아포파시스 메갈레ἀπόφασις μεγάλη(위대한 판결)를 무조건 인정한다고 선언한 그 순간에 커튼을 내리게 함으로써 장인답게 비밀을 지켰다. 다른 어떤 인상도 남지 말아야만 했다. 너무도 큰 위험에 처해 있었다: 형이상학 영역에서 아마도 파멸에 이를 수 있는 비상한 추문이 위협하고 있었던 것이다. 그리고 아무도 유일신교적 신 개념을 재앙으로부터 막을 공식을 마련하지 못하고 있었다. 이미 당시에 그리스인의 비판적 오성이 이와 같은 야훼의 전기의 새로운(물론 먼 훗날 일어났지만)³¹ 획득물을 붙잡고 야훼에게 불리하게 평가하여 그들이 당시 그리스 신들에게 하였던 것처럼 별 어려움 없이 야훼에게 운명을 짐지워줄 수도 있었을 것이다. 그러나 이와 같은 상대화는 당시에나 그 후 2000년 동안 완전히 상상할 수 없는 일이었다.

의식된 오성Verstand이 무력하고 눈멀어 있다 할지라도 인간의 무의식적 정신은 사물을 옳게 본다. 욥의 드라마는 영원을 위해서 완성되었다. 야훼의 이중적 본성은 분명해졌고, 누군가 또는 어떤 것이 그것을 보았고 기록했다. 인간의 의식에 이르렀든 이르지 못했든, 그러한 종류의 계시는 아무런 성과 없이 남아 있을 수는 없었다.

III

불안의 싹이 어떻게 계속 전개되어갔는지 하는 문제로 향하기 전에 우선 「욥기」가 씌어진 과거의 시대로 시선을 돌리고자 한다. 「욥기」가 언제 씌어졌는지 유감스럽게도 그 연대는 불확실하다. 그것은 기원전 300년과 600년 사이에, 그러니까 소위 솔로몬의 「잠언집」(3~4세기)과 시간적으로 너무 멀리 떨어지지 않은 시기에 이루어졌다고 생각된다. 솔로몬의 「잠언집」에서 우리는 그리스의 영향을 받은 증후를 보게 되는데, 이 증후는 만약 그것이 보다 일찍 시작한 것이라면 소아시아를 거쳐서, 나중에 시작한 것이라면 알렉산드리아를 거쳐서 유대인의 영역에 도달했다. 그것은 소피아Σοφία 혹은 지혜의 신Sapientia Dei의 관념, 즉 영원히 공존하는, 창조 이전부터 존재해왔던, 다소 실체화된 여성적 성질을 지닌 기氣, 프네우마Pneuma의 관념이다.

주님께서는 그 옛날 모든 일을 하시기 전에
당신의 첫 작품으로 나를 지으셨다.
나는 처음 세상이 생기기 전에
영원에서부터 모습이 갖추어졌다.
바다가 생기기 전에
물 많은 샘들이 생기기 전에
나는 태어났다.
…
그분께서 하늘을 세우실 때, 나는 있었다.
…
그분께서 땅의 기초를 놓으실 때
그분 곁에서 사랑받는 아이였다.
나는 날마다 그분께 즐거움이었고
언제나 그분 앞에서 뛰어놀았다.
그분께서 지으신 땅 위에서 뛰놀며
사람들은 나를 기쁘게 했다.³²

이미 본질적인 특성을 요한의 로고스와 나누어 갖고 있는 이 소피아Sophia는 히브리 지혜서의 호크마Chochma 지혜와 밀접한 관계가 있다. 그러나 다른 한편으로는 이를 훨씬 뛰어넘기 때문에 인도의 샤크티Shakti를 생각하지 않을 수 없을 정도이다. 당시(프톨레마이오스 왕가의 시대)〔알렉산더 대왕의 원정 후에 수립되어 클레오파트라가 죽을 때까지 이집트를 지배한 왕가, 기원전 323~31〕에는 인도와 교류가 있었던 것이다. 또 다른 지혜의 전거典據는 시라크Sirach의 아들, 예수의 집회서이다(대략 기원전 200년경에 기록되었다). 지혜는 스스로에 대해서 말한다.

나는 지극히 높으신 분의 입으로부터 나왔으며
안개처럼 온 땅을 뒤덮었다.
나는 높은 하늘에서 살았고
나의 옥좌는 구름 기둥 위에 세워져 있었다.
나는 홀로 하늘을 두루 돌아다녔고
심연의 바닥을 거닐었다.
바다의 파도와 대지의 굳은 바닥과 모든 민족과 나라를 나는 지배하였다.
…
그분은 일체의 시간이 있기 전에 나를 만드셨다.
그런즉 나는 영원히 살 것이다.
그분이 계신 거룩한 장막 안에서 나는 그분을 섬겼다.
이렇게 해서 나는 시온에 눌러 살게 되었다.
주님이 사랑하시며 나 또한 사랑하는 이 도시에 나는 안식처를 마련하였고,
예루살렘에서 나는 나의 권한을 행사하였다.
…
레바논 산맥의 삼나무처럼, 나는 높이 자랐다.
헤르몬 산의 실측백나무처럼,
엔게디의 종려나무처럼
예리고의 장미처럼 무럭무럭 자랐으며,
들판의 우람한 올리브나무처럼,
또는 물가에 심어진 플라타너스처럼
높이 솟았다.
계피나무와 향료나무 Würzbalsam 처럼 나는 향기로웠고

향내를 정선된 몰약Myrrhe(수지樹脂의 일종)처럼 퍼뜨렸다.
…
나는 테레빈나무처럼 나의 뿌리를 뻗었고
나의 가지들은 장려하고도 우아했다;
나는 포도나무의 첫 순처럼 예쁘게 돋아났고,
나의 새싹은 아름답고도 풍성했다.
나는 고결한 사랑의 어머니
외경과 인식과 거룩한 희망의 어머니다;
오직 그분이 정해주신 영원한 것(선물)인
모든 나의 자녀들을 선사받는다.[33]

이 원문은 좀더 자세히 관찰할 만한 가치가 있다. 지혜는 스스로를 로고스, 즉 신의 말씀으로 부르고 있다. 그것은 루아흐Ruach, 즉 신의 영靈으로서 태초에 심연을 품었다. 그것은 신처럼 하늘에 옥좌를 갖고 있었다. 우주 발생의 기氣로서 하늘과 땅과 모든 피조물에 스며들어간다. 모든 특성에서 「요한복음」의 로고스가 이에 상응한다. 우리는 아래에서 이 관계가 내용적으로 얼마큼 중요한가를 보게 될 것이다.

지혜는 바로 '메트로폴리스Metropolis(세계의 수도)', 즉 어머니 도시 예루살렘의 여성적 누멘Numen(신적인 존재)이다. 그것은 사랑받는 어머니, 즉 이교도의 도시의 여신인 이슈타르Ishtar를 꼭 닮았다. 이것은 지혜를 송백이나 종려나무, 테레빈나무, 올리브나무, 삼나무와 같은 나무와 자세히 비교함으로써 확인된다. 모든 이러한 나무들은 태고로부터 셈 족의 사랑의 여신이자 어머니 여신이다. 높은 장소에 놓여진 그들의 제단 곁에는 성스러운 나무가 서 있었다. 구약성서에서 참나무와 테레빈나무는 신탁나무다. 신이나 천사는 나무 속이나 곁에서 모습을 나타낸다. 다윗은 뽕나무에 신탁을 물었다.[34] 나무(바빌론의)는 또한 타무즈Tammuz(아시리아와 바빌로니아의 신), 오시리스, 아도니스, 아티스, 디오니소스처럼 사랑받는 아들을, 서남아시아의 어려서 죽은 신들을 나타내기도 한다. 모든 이러한 상징적인 속성은 구약성서의 「아가雅歌」에서도 나타나는데, 여기에서 그것은 신부(스폰수스Sponsus)나 신랑(스폰사Sponsa) 둘 모두의 특징이다. 포도나무나 포도송이, 포도의 꽃과 포도밭은 중요한 역할을 한다. 연인은 사과나무와 같다. 산(어머니 신의 신전)에서 사자와 표범의 서식처로부터 연인이 내려온다는 말이 있다.[35] 그녀의 "품은 가지가지의 맛있는 열매가 달린 석류나무의 과수원이다. 키프로스포도 … 감송甘松, Narde과 사프란, 향료 줄기와 계피, … 가장 좋은 발삼 향유를 지닌 미르라(몰약, 열대산 수지樹脂)와 알로에가 있다."[36] 그녀의 손은 미르라로 흠뻑 젖어 있다.[37] (아도니스는 미르라에서 태어났다!) 성령처럼 지혜는 신의 모든 선민選民에게 선물로 주어졌다. 후에 파라클레토스Paraklet(보혜사保惠師; 변증辨證으로서의 그리스도, 성령)의 교리가 이 문제를 다시 소급해 다루게 된다.

더 후대의 성서외전聖書外典, 「솔로몬의 지혜」(기원전 100~50년)에서 소피아의 영적인 성질과 또 마야처럼 세계를 조형하는 그녀의 특성이 더욱 분명하게 드러난다. 지혜는 "사람을 사랑하는 영이기 때문이다."[38] 지혜는 "모든 사물의 장인이다."[39] "그 안에 가장 분별 있는 성령이 거주하신다πνεῦμα νοερὸν ἅγιον." "지혜는 하느님께서 떨치시는 힘의 입김Hauch(ἀτμίς)" "전능하신 분께로부터 나오는 영광의 발원지 Ausfluß(ἀπόρροια)", "영원한 빛의 찬란한 광채", "하느님의 활동력을 비쳐주는 티 없는 거울"[40], 모든 사물을 꿰뚫고 흐르는 가장 미세한 존재이다. 지혜는 하느님과 함께하며συμβίωσιν ἔχουσα, '만물의 주님πάντων δεσπότης'께서 그를 사랑하셨다.[41] "온 세상에서 누가 그보다 더 위대한 장인이겠는가?"⁴² 그것은 거룩한 하늘과 영광의 옥좌에서 '성령으로'⁴³ 보내졌다. 영혼의 인도자Psychopompos로서 신에 이르게 하고 불멸을 보장한다.⁴⁴

「지혜서」는 신의 정의와 관련해서는 단호해서 아마도 실용적 의도가 없는 것은 아니지만 아슬아슬한 모험을 감행한다. "의인은 죽지 않는다. 그러나 악인은 죽음을 자초한다."⁴⁵ 그러나 정의롭지 못한 자와 신을 믿지 않는 자는 다음과 같이 말한다.

> 가엾은 의인을 억누르자.…
> ………
> 우리의 힘이 의로움의 척도가 되게 하자.
> 왜냐하면 약한 것은 스스로 쓸모없음을 드러내므로
> 의인에게 덫을 놓자.
> ………
> 그자는 우리가
> 율법을 어겨 죄를 지었다고 우리를 나무라고
> 교육받은 대로 하지 않아 죄를 지었다고 우리를 탓한다.
> 그자는 하느님을 아는 지식을 지녔다고 공언하며
> 자신을 주님의 자식이라고 부른다.
> 우리가 무슨 생각을 하든 우리를 책망하니
> ………
> 그러니 그를 모욕과 고통으로 시험해보자.
> 그러면 그가 정말 온유한지 알 수 있을 것이고
> 그의 인내력을 시험해볼 수 있을 것이다.⁴⁶

조금 전에 다음과 같은 구절을 읽은 일이 있다. "주님께서 사탄에게 말씀하셨다. 너는 나의 종 욥을 눈여겨보았느냐? 그와 같이 흠 없고 올바르며 하느님을 경외하고 악을 멀리하는 사람은 땅 위에 다시 없다. 그는 아직도 자기의 흠 없는 마음을 굳게 지키고 있다. 너는 까닭 없이 그를 파멸시키도록 나를 부추길 것이다."[47] 설교자는 "지혜가 힘보다 낫다"라고 말한다.[48]

「지혜서」는 단지 생각이 없고 몰라서가 아니라 더 깊은 동기에서 민감한 부분을 건드리고 있는데, 이것은 물론 「욥기」가 그것과 시기적으로 가까운 시점에 일어난 야훼의 상태 변화, 즉 소피아의 출현과 어떤 관계에 있는지 알아낼 수 있을 때 비로소 완전히 이해될 수 있을 것이다. 이때 문제가 되는 것은 결코 문학사적 고찰이 아니고, 오히려 인간에 현존하는 야훼의 숙명이다. 우리는 고대의 문헌에서 신의 드라마가 신과 그의 민족 사이에 일어남을 알 수 있다. 그의 민족은 여자처럼 그의 남성적 힘과 짝지어져 있고, 야훼는 그의 민족의 충성심을 방심하지 않고 감시하고 있다. 개별적인 한 가지 사례가 욥인데, 그의 충성심은 지독한 시험에 들게 된다. 내가 위에서 말한 대로 야훼는 사탄의 부추김에 아주 쉽게 따른다. 그가 욥을 완전히 신뢰한 것이 진실이었다면, 그는 욥을 보호했을 것이고, 악의적인 비방자의 가면을 벗기고 충실한 신의 종을 중상한 것에 대해 단호히 속죄시켰을 것이라는 것은 더할 나위 없이 합리적일 것이다. 그러나 야훼는 그것을 생각지도 않았고, 욥이 죄가 없음이 증명된 후에도 그런 생각을 하지 않았다. 사람들은 사탄에 대한 질책이나 비난에 대해 듣지 못한다. 그래서 야훼가 묵인하고 있음을 의심치 않는다. 욥을 사탄의 잔악한 손에 넘길 준비가 되어 있음은, 야훼가 욥을 의심하는 것이 야훼 자신의 충실치 못한 경향을 욥이라는 희생양에게 투사했기 때문임을 증명한다. 즉 그가 이스라엘과의 결혼 서약을 느슨하게 하려 한다는 의혹이 여기에 개재되고 있는 것이다. 그러나 이런 의도는 자기 자신에게 숨기고 있다. 그래서 막연하게 어딘가에서 감지되는 불충실함은 야훼로 하여금 사탄을 수단으로 해서 불충실한 자를 찾아내도록 하게 했으며, 하필이면 충실한 자 중 가장 충실한 자 속에서 그를 발견했고, 욥은 이제 극도로 괴로운 형벌에 처하게 되었다. 야훼는 자기 자신의 충성심을 확신하지 않게 되었다.

거의 동시에 또는 다소 후에 어떤 일이 일어났는지 알려졌다. 즉 야훼는 인간 못지않게 그의 마음에 드는 여성적 존재를 기억했다. 그것은 태초로부터 여자 친구이자 놀이 친구이며, 모든 피조물 중에서 첫 번째이며, 영원으로부터 그의 영광의 흠 없는 반영이며 창조의 직공장인데, 신의 이미지로 각인된 최초 인간의 후손들보다도 더 그의 마음에 가깝고 신뢰할 수 있는 존재이다. 그것은 아마도 소피아를 회상하는 데 근거가 되는 어떤 절박한 필요성dira necessitas일 것이다. 일이 지금까지 있어온 대로 그렇게는 더 계속될 수 없는 것이다. '정의로운' 신이 스스로 더 이상 불의를 행할 수는 없었고, '전지한 신'이 더 이상 아무것도 모르며 생각도 없는 인간처럼 행동할 수는 없었다. 자기성찰은 엄연한 요구가 되었고, 그것을 위해 지혜가 필요했다. 야훼는 자신이 절대적인 지식을 가지고 있음을 기억해야만 했다. 왜냐하면, 욥이 신을 인식한다면, 신 역시 스스로를 인식해야만 하기 때문이다. 야훼의 이중적 성질이 온 세상에 알려졌는데, 그 자신에게만 숨기고 있을 수 없었다. 신을 인식하는 자는 신에게 영향을 끼친다. 욥을 파멸시키려 했던 시도의 좌절은 야훼를 변화시켰다.

우리는 신의 변화 뒤에 무엇이 잇달아 일어났는가를 성서와 역사를 단서로 해서 재구성해보고자 한다. 이 목적을 위해서 창세기의 태초의 시간으로, 원죄 이전의 태초의 인류로 되돌아가야만 한다. 태초의 인간은 아담으로서 조물주의 도움을 받아 옆구리에서 그의 여성적 상응인 이브를 만들어냈는데, 마찬가지로 조물주는 그의 원질료로 양성체兩性體인 아담을 만들었고, 아담과 함께 인류의 신과 비슷하게 각인된 부분, 즉 이스라엘 민족을 만들었다.[49] 비밀스러운 상응으로 아담에게는 그의 첫째 아들이 (꼭 사탄처럼) 하느님 앞에서 악인이자 살인자가 되는 사건이 일어나야만 했었는데, 이렇게 함으로써 하늘에서의 서막序幕이 지상에서도 되풀이되었던 것이다. 카인이 사탄의 충실한 축소형의 본보기[模像]인데도 왜 야훼가 빗나간 카인을 특별히 보호했는가. 여기에 더 깊은 뜻이 있음을 어렵지 않게 추측할 수 있다. 신이 진보적인 (그래서 아마도 사탄 천사의 가르침을 받았을) 땅을 경작하는 카인보다 더 좋아했던 일찍 죽어간 아벨에 대한, 모델에 관해서 우리는 물론 아무것도 들어본 바가 없다. 그는 아마도 사탄보다 더 보수적인 다른 신의 아들일 것이다; 그는 새롭고 어두운 생각을 쫓아다닌 방황자는 아니었고, 아이를 사랑하는 아버지와 밀착되어 있으며, 아버지다운 생각만을 품고 있는 하늘의 섭리권 내에 머물러 있다. 그렇기 때문에 아마도 그의 지상에서의 모상模像인 아벨도 곧 다시금 '악의 세계'를 황급히 떠나버리고 「지혜서」로 말하게 되었고, 아버지에게로 돌아갈 수 있었다. 반면에 카인은 지상의 존재에서 한편으로는 그 진보성 때문에 다른 한편으로 도덕적 열등함의 저주를 맛보아야만 했다.

인류의 원부原父 아담이 조물주를 닮은 상을 지니고 있다면, 그의 아들 카인은 틀림없이 신의 아들 사탄을 닮은 상을 지니고 있으며, 따라서 신이 마음에 들어 하는 아벨 또한 그에 상응하는 상을 '천계에ἐν ὑπερουρανίῳ τόπῳ' 가지고 있다는 이유 있는 추측을 해도 좋을 것이다. 성공적이고 만족스럽게 보였던 창조의 시작과 함께 바로 일어난 첫 번째의 예사롭지 않은 돌발 사건들, 즉 원죄와 형제 살해에 주목해볼 때 우리는 태초의 상황, 즉 신의 영靈이 황량한 심연을 부화孵化시키고 있던 그 시초의 상황은 전혀 완전한 결과를 기대하기 어려운 상황이었음을 어쩔 수 없이 상기하지 않을 수 없다. 조물주도 자신의 창조 작업이 매일 좋았다고 했다가 월요일에 일어난 것에는 좋은 평가를 주지 않았다. 그는 그저 아무 말도 하지 않았다. 즉 '침묵으로부터의 논증 argumentum ex silentio'을 두둔하는 상황이었다! 그날 일어난 일은 하늘 위에 있는 물과 아래에 있는 물이 그 사이에 있는 창공으로 인해 마침내 분리된 일이었다. 이 피할 수 없는 이원론은 당시에 이미, 그 후에도 역시 마찬가지로, 일신론一神論의 개념에 잘 맞지 않았음이 분명하다. 왜냐하면 이원론은 형이상학적 분열을 가리키기 때문이다. 우리가 역사에서 아는 바처럼, 이 분열은 수천 년에 걸쳐 늘 되풀이해서 미봉책으로 때워져서 감추어지거나 심지어는 부인될 수밖에 없었다. 그럼에도 불구하고 조물주가 마지막 창조의 날에 가장 영리한 존재이며 피조물의 지배자인 인간을 출현시키는 그의 계획과는 달리, 조물주는 기이한 모순에 마주치게 됨으로써, 혹은 그 모순에 자신이 끼어들게 함으로써, 이원론은 이미 태초의 낙원에서 통용된 것이다. 그것은 아담보다도 훨씬 더 영리하고 더 의식되어 있으며, 게다가 아담보다도 먼저 생겨났음이 증명되고 있는 뱀의 창조다. 야훼 자신이 그러한 어리석은 행위를 저질렀으리라고는 거의 추측할 수 없다. 그와 반대로 여기에서는 그의 아들 사탄이 관여했을 공산이 훨씬 더 크다. 그는 속임수의 대가 트릭스터Trickster이며, 남의 흥을 깨는 자이고 화나게 하는 예기치 않은 사건을 불러일으키기를 좋아한다.

　야훼는 아담에 앞서서 파충류를 창조했었다. 그러나 그것은 보통의 아주 지능이 낮은 뱀이었고, 사탄은 그 뱀 중에서 나무 뱀을 선택해서 그것의 형태로 자신을 위장했다. 그때부터 뱀이 가장 영적인 동물 τὸ πνευματικώτατον ζῷον[50]이라는 소문이 퍼졌다. 세계를 구원하는 로고스 Logos(자주 누스Nous와 동일한 것으로 나타날)로 이해되기 때문에 뱀은 또한 그 후에도 즐겨 누스νοῦς(영靈, Geist, 오성悟性, Verstand)의 상징으로 쓰이게 되었고 높은 존경의 대상이 되었으며, 신의 두 번째 아들을 상징하는 것으로 허용되었다. 후에 나타난 어떤 설화는 뱀이 낙원에서 아담의 첫 번째 부인 릴리트Lilith였으며, 아담이 그녀와 악마의 무리를 낳았다고 한다. 이 설화는 또한 창조주의 의도에는 거의 들어 있지 아니하는 속임수를 추측하고 있다. 성서는 그런데도 이브만이 적법한 부인이라고 쓰고 있다. 그러나 전승설화에서는 기이하게도 신의 닮은꼴을 나타내는 인류의 시조, 아담이 그의 하늘의 전형典型과 마찬가지로 두 명의 부인을 갖고 있다는 이야기가 남아 있다. 야훼가 그의 부인 이스라엘과 적법적으로 결합되어 있긴 하나, 영원한 과거로부터 여성적인 프네우마Pneuma, 기氣를 가까운 반려자로 삼고 있는 것처럼, 아담은 처음에는 릴리트(사탄의 딸, 혹은 그것에서 유출한 것)를 소피아에 대한 (악마적) 대응으로서 부인으로 삼는다. 이브는 그러나 이스라엘 민족에 상응할 것이다. 루아흐 엘로힘Ruach Elohim, 즉 '하느님의 영靈'이 여성적일 뿐만 아니라 비교적 독립적으로 신 옆에 있다는 것, 그리고 이스라엘과 결혼하기 오래전부터 야훼와 소피아의 관계가 존재했다는 것을 왜 사람들이 그렇게 늦게서야 비로소 들어서 알게 되었는지 우리는 물론 알지 못한다. 또한 더 오래된 경외전설經外傳說에서 이 첫 번째 결속에 대한 지식이 없어진 이유가 무엇인지 우리는 알지 못한다. 그 밖에도 사람들은 매우 늦게서야 비로소 아담과 릴리트의 불쾌한 관계에 대해서 들었다. 소위 불신으로 희롱하던 민족이 야훼에게 불쾌한 아내였듯이 이브가 아담에게 불쾌한 아내였는지는 우리의 지식을 벗어난다. 여하튼 인류 조상의 가족의 삶은 기쁨만은 아니었다. 그들의 첫 번째 두 아들은 적대적인 형제의 쌍을 나타낸다. 왜냐하면 당시에 아직도 신화적 주제를 현실에서 실현하는 관습이 있었기 때문이다(오늘날 이것은 불쾌감을 유발하는 것으로 느껴지기 때문에 그런 일이 생기면 부인된다). 부모는 유전적으로 부과된 요인을 나누어 가질 수 있다. 즉 아담은 그의 마귀 공주만을 회상해야 하고, 이브는 그가 뱀의 유혹에 관여했던 첫 번째였음을 잊지 말아야 한다. 원죄와 마찬가지로 카인-아벨의 촌극은 역시 탁월한 창조 대상의 목록에서 거론되지 않았다. 야훼 자신이 위에서 언급한 돌발사건에 대해서 미리 아는 것 같지 않았기 때문에 우리는 이러한 결론을 내릴 수 있을 것이다. 전지성全知性에서 어떤 결론이 내려지지 않았다는 의혹이, 즉 야훼가 그의 전지성을 생각하지 않았기 때문에 후의 결과에 놀라게 되었다는 의혹이 여기에 이미 있었다. 이 현상은 인간에게도 관찰될 수 있는데, 즉 사람들이 자기 자신의 감정이 주는 즐거움을 거부할 수 없는 곳에서는 어디서나 관찰된다. 분노발작이나 애도는 숨겨진 매력을 갖고 있음을 우리는 인정해야 할 것이다. 그렇지 않다면 대부분의 인간은 이미 어느 정도 지혜를 획득했을 것이다.

이러한 측면에서 볼 때 우리는 욥에게 일어난 일이 무엇이었는지 좀 더 잘 이해할 수 있을 것이다. 플레로마Pleroma(충족, 충만함. 주로 그노시스파에서 말하는 미지의 신이 존재하는 초감각적 영적 세계, 그노시스적 하늘)의 상태, 또는 바르도Bardo 상태(티베트인들이 말하는)[51]에서는 물론 완전한 세계의 놀이가 지배한다. 그러나 창조 시에, 즉 시간과 공간에서 명확한 사건으로 세계가 넘어갈 때, 사건들은 서로 마찰하고 부딪치기 시작한다. 아버지의 외투 자락 속에 감추어지고 보호받은 채 사탄은 이곳저곳에서 그릇된 자극, 그러나 다른 관점에서는 올바른 자극을 주며, 이를 통해서 아마도 조물주의 계획에 미리 들어 있지 않아서 조물주를 놀라게 한 혼란이 생겨난다. 우리가 아는 한, 동물이나 식물, 결정체 같은 무의식적 피조물은 만족스럽게 기능을 하는 반면에, 인간만은 어쩐지 계속 빗나갔다. 사실 초기에 인간의 의식은 동물의 의식보다 눈에 띄지 않을 정도로만 약간 높았기 때문에 그의 의지의 자유 또한 극도로 제한적이었다. 그러나 사탄이 그에게 관심을 갖고 자신의 방식으로 그를 실험했으며, 불법을 저지르도록 유혹했다. 그리고 그의 천사들은 지금까지는 플레로마의 완전성을 위해 남겨져 있던 과학과 기술을 그에게 가르쳤다(사탄은 이미 당시에 '루치퍼Lucifer[발광체, 사탄]'란 이름을 얻을 자격이 있었을 것이다!). 기이하고 예측할 수 없는 인간의 도에 넘치는 행동은 야훼의 감정을 자극해서 자기 자신의 창조에 그를 말려들게 했다. 신의 개입이 단호히 강제적으로 필요해졌다. 그러나 불쾌하게도 그것은 그때마다 일시적인 성공만을 거두어서 모든 생명체(선택된 자는 제외하고)를 익사케 한 가혹한 징벌조차도—고대의 요한 야코프 쇼이히처Johann Jakob Scheuchzer의 해석에 따르면 물고기조차도 이 벌을 피하지 못했다(화석이 증명하는 바처럼)—지속적인 효과를 갖지 못했다. 창조는 변함없이 여전히 오염된 것으로 판명된다. 이상하게도 야훼는 그 원인을, 외견상 순종하려고 하지 않는 인간에게서 항상 찾았고, 결코 모든 트릭스터[책략가]의 아버지인 그의 아들에게서 찾지는 않았다. 이 그릇된 방향 설정은 그렇지 않아도 이미 화를 잘 내는 그의 본성을 더욱 격하게 해서, 인간에게서 신에 대한 공포Gottesfurcht가 보편적인 하나의 원리로, 그뿐 아니라 모든 지혜의 시작으로 간주되었다. 인간이 이런 엄한 규율 아래에서 일종의 지혜를 획득하여, 즉 먼저 조심성과 신중함[52]을 획득하여 인간 의식을 넓혀가는 동안에, 이 역사적 발전에서 분명히 밝혀진 것은 야훼가 창조의 날 이래 소피아와의 플레로마적인 공존의 관계를 명백히 상실했다는 사실이다. 그 자리에 선택된 민족과의 동맹이 대신 들어서며 이 선택된 민족은 그로써 여성적 역할을 하도록 강요된다. 당시의 '민족'은 가부장적인 남성 사회였고, 이 사회에서 여성은 이차적으로만 의미가 있었다. 이스라엘과의 신의 결혼은 그렇기 때문에 본질적으로 (대략 동시대적인) 그리스의 폴리스Polis의 설립과 마찬가지로 남성의 일이었다. 여성이 열등하다는 것은 결정된 일이었다. 이미 이브가 낙원에서 뱀의 교사에 허약하게 당하는 바가 증명하듯이, 여성은 남성보다 덜 완전한 것으로 여겨졌다. **완전성**Vollkommenheit은 남성적인 욕구 Desideratum이다. 반면에 여성은 본성적으로 **온전성**Vollständigkeit을 지향하는 경향이 있다. 사실 오늘날에도 남성은 상대적인 완전성을 더 잘, 그리고 더 오랫동안 견디어낸다. 반면에 그것은 여성에게는 보통 도움이 되지 못할 뿐 아니라 심지어 해로울 수도 있다. 여성이 완전성을 얻으려 애를 쓴다면, 그는 완전성의 보완적인 역할, 즉 온전성의 역할을 잊게 된다. 온전성 자체로는 불완전하지만 온전성은 완전성에 반드시 필요한 대극을 이룬다. 온전성이 항상 불완전한 것처럼 완전성도 항상 온전하지 못하기 때문에 아무 희망도 없이 메마른 최종 상태를 나타낸다. "완전한 것에서는 아무것도 생기지 않는다Ex perfecto nihil fit"라고 고대의 대가들은 말한다. 반면에 이와는 달리 '불완전성 imperfectum[Unvollkommene]'은 미래의 개선의 싹을 간직하고 있다. 완벽주의는 항상 막다른 골목에서 끝난다. 반면에 온전성만으로는 선택적 가치가 결여되어 있다.

야훼의 이스라엘과의 결혼의 기초에는 완벽주의적인 의도가 있다. 그 결과로 사람들이 '에로스'라고 부를 수 있는 저 관계성은 배제된다. 에로스, 즉 가치관계의 결여는 「욥기」에 분명하게 드러나고 있다. 즉 창조의 좋은 본보기Paradigma는 예컨대 인간이 아닌 괴물이다―주의할 일이다! 야훼는 에로스를 갖고 있지 않으며 인간과의 관계도 갖고 있지 않다. 오직 인간이 그를 위해 도와야 할 오직 하나의 목적을 갖고 있을 뿐이다. 그러나 그 모든 것이, 그가 다른 남편처럼 시샘하고 불신하는 것을 막지는 못한다. 그러나 그는 자기의 계획을 마음에 두며 인간을 마음에 두지 않는다.

야훼가 지혜를 잊으면 잊을수록 그의 민족의 그에 대한 충성은 더욱더 중요해진다. 그러나 여러 번 반복되는 호의의 표시에도 불구하고 그의 민족은 점점 더 불성실해진다. 이러한 행동은 물론 야훼의 질투와 불신을 진정시키지 못한다. 그래서 사탄이 욥의 충성심에 대한 의심을 아버지의 귓속에 방울방울 떨어뜨릴 때, 사탄의 중상은 비옥한 땅에 떨어진다. 욥의 충성심에 대한 모든 확신에도 불구하고 그는 아무 주저 없이 가장 최악의 학대를 하도록 동의했다. 사람들은 여기에서 소피아의 박애주의(인도주의)를 그 어느 때보다 그리워한다. 벌써 욥 자신도 찾아낼 수 없는 지혜를 그리워한다.[53]

욥은 이 불행한 발전의 절정을 표시한다. 그는 본보기로서 당시의 인류 가운데서는 성숙할 대로 성숙한 하나의 사고思考를 나타내고 있다. 그 생각은 신과 인간의 지혜에 대해 크게 요구하는 위험한 생각이기도 하다. 욥은 이 요구를 의식하고 있었지만, 신과 영원히 공존하는 소피아에 대해서는 분명 충분히 알고 있지 못했다. 인간은 그가 야훼의 전횡에 내맡겨졌다고 느꼈기 때문에 지혜를 필요로 했으나, 야훼는 그렇지 않았다. 인간의 하찮음만이 야훼와 대립하고 있었다. 그러나 욥 드라마로 인해 상황은 근본적으로 변화했다. 야훼는 여기에서 잔혹한 권력에 굴복할 수밖에 없을 때까지 자신의 권리를 확고히 차지한 채 꿋꿋이 서 있는 인간을 만난다. 그는 신의 얼굴과 신의 무의식적 분열을 보았다. 신은 인식되었고, 이런 인식은 야훼에게 영향을 주었을 뿐 아니라 인간에게도 지속해서 영향을 끼쳤다. 그렇게 바로 기원전 마지막 백 년의 인간들은 선재先在하는 소피아와의 조용한 접촉 아래, 야훼와 그의 태도를 보상하면서, 동시에 지혜의 상기ἀνάμνησις를 수행한 것이다. 지혜는 고도로 의인화되고 그와 더불어 자율성을 드러내면서, 야훼에 맞서서 친절한 조력자이자 변호인으로서 인간에게 자신을 나타낸다. 그리하여 그들에게 신의 밝고 자비롭고 의로우며 사랑스러운 측면을 보인다.

사탄의 장난이 완전한 것으로 계획된 낙원을 웃음거리로 만들었던 그 당시에, 야훼는 그가 그의 남성적 존재와 여성적 유출Emanation의 모상模像으로서 창조한 아담과 이브를 낙원 밖의 껍데기―혹은 중간 세계(지옥의 변방)―로 추방했다. 이브에서 얼마나 소피아가 표현되는지, 전자에서 릴리트를 얼마나 뜻하는지는 분명치 않다. 아담은 모든 관점에서 우선권을 차지하고 있다. 이브는 이차적으로 그의 몸에서 만들어졌다. 그래서 그녀는 두 번째 자리에 있게 된다. 내가 이러한 세세한 것을 「창세기」에서 언급하는 것은 소피아의 재출현이 신의 영역에서 다가오는 창조의 사건을 가리키기 때문이다. 소피아는 '직공장'이었다. 그녀가 그들에게 물질의 형태를 부여함으로써 신의 생각을 실현하였는데, 이것은 대체로 여성적 존재의 특권을 나타내는 것이다. 그녀가 야훼와 함께 있음은 영원한 신성혼神聖婚, Hierosgamos을 의미하는데, 이것에서 세계가 생산되고 태어나게 된다. 커다란 전환이 앞에 놓여 있다. 즉 신은 천상의 결혼의 신비 속에서 새로워지고자 하며(이집트의 주신主神이 예전부터 해왔던 바대로) 인간이 되고자 한다. 그는 아마도 이를 위해 파라오의 신육화神肉化의 본보기를 이용한 것 같다. 그러나 그 나름대로는 다시금 영원한 플레로마의 신성혼의 단순한 복사일 뿐이다. 그러나 이 원형이 소위 기계적으로 반복된다고 가정하는 것은 옳지 않을 것이다. 우리가 아는 한, 원형적 상황이 단지 특수하게 요구할 때에만 다시 돌아오기 때문에 그것은 이 경우가 아니다. 인간화의 본래의 이유는 욥과의 대면에서 찾을 수 있다. 우리는 아래에서 좀더 자세하게 이 문제로 되돌아가고자 한다.

IV

인간화人間化, Menschwerdung의 결정이 외견상으로는 고대 이집트의 본보기를 사용한 것처럼, 우리는 또한 개별적인 인간에서의 그와 같은 과정도 어떤 예정된 형상을 따르리라고 예상할 수 있다. 소피아가 가까이 오는 것은 새로운 창조를 의미한다. 그러나 이번에는 세상이 바뀌는 것이 아니라, 신이 자기 자신의 본질을 변화시키고자 한다. 인류는 과거처럼 절멸되어야 하는 것이 아니고 구원되어야만 한다. 사람들은 야훼의 인간화의 결정에서 소피아가 박애주의적 영향을 끼쳤음을 인식한다. 새로운 인간들이 아니고 단 하나, 즉 신인간神人間, Gottmensch이 창조되어야 한다. 이 목적을 위해서는 역逆의 절차가 사용되어야 한다. 남성의 제2의 아담은 첫 번째의 아담처럼 창조주의 손에서 바로 생겨나는 것이 아니고, 인간인 여성에게서 탄생되어야 한다. 이때 우선순위는 시간적 의미뿐 아니라 본질적 의미에서도 제2의 이브의 것이다. 소위 최초의 성복음서Proto-Evangelium, 특히「창세기」3장 15절을 기준 삼아보면, 제2의 이브는 "뱀의 머리를 밟을 여성과 그녀의 후손"에 해당된다. 아담이 원래 자웅동체로 여겨졌듯이 "여성과 그의 후손" 역시 인간의 쌍으로서, 즉 한편으로는 하늘의 여왕이나 신모神母, 다른 한편으론 인간의 아버지를 갖지 않는 신의 아들로서 여겨진다. 그래서 동정녀 마리아는 다가오는 신의 탄생을 위한 순결한 그릇으로 선택된다. 그녀가 지닌 남성으로부터의 자주성과 독립성은 그녀의 본질적인 처녀성을 통해 강조된다. 그녀는 '신의 딸'이며, 후에 교리가 확인한 바와 같이 처음부터 이미 무염시태의 특징을 지니며, 따라서 원죄의 오염으로부터 자유롭다. 그래서 그녀가 원죄 이전의 상태에 속한다는 것은 명백하다. 그로써 새로운 시작이 설정된다. 마리아의 신적인 오점 없음의 상태는 그녀가 순수함이 줄어들지 않는 신의 상imago dei을 지니고 있을 뿐 아니라 신의 신부新婦로서 또한 그녀의 전형Prototypus, 즉 소피아를 육화하고 있다는 사실을 바로 알 수 있게 한다. 고대의 기록에서 자세히 강조된 그녀의 인류에 대한 사랑은, 야훼가 이와 같은 그의 가장 새로운 창조 중 본질적인 부분에서는 소피아로부터 영향을 받았음을 추측하게 한다. 왜냐하면 마리아는 "여인들 가운데 은혜를 받은 자", 죄인인 모든 인간의 벗이자 대리청원자이다. 그녀는 소피아와 마찬가지로 인간을 신에게 인도함으로써 인간에게 불멸성의 구원을 보장해주는 중재자Mediatrix이다. 그녀의 승천은 인간의 육체적 부활에 대한 본보기이다. 그녀는 신의 신부이자 하늘의 여왕으로서 구약성서의 소피아의 위치를 차지하고 있다.

마리아의 형성을 둘러싼 예사롭지 않은 예방조치는 주목할 만하다: 즉 무염시태immaculata conceptio, (개인적인) '죄의 얼룩'의 제거macula peccati, 영원한 처녀성이 그것들이다. 이로써 신의 어머니는 공공연하게 사탄의 악행으로부터 자신을 지켰다. 사람들은 이러한 사실로부터 야훼가 자신의 전지성全知性에 자문을 해서 참조했다고 추론해도 될 것이다. 왜냐하면 야훼의 전지성은 어두운 신의 아들이 신봉하는 도착적 경향을 분명히 알고 있기 때문이다. 마리아는 무조건 타락을 조장하는 어두운 신의 아들의 영향으로부터 보호되어야만 한다. 이 영향력 있는 보호조치의 피할 수 없는 결과는 물론 육화의 도그마적 평가에서 충분히 고려하지 않은 경우이다. 인류의 공통적 특징이 원죄이고 따라서 구원을 필요로 하는 것인데, 원죄로부터의 해방은 동정녀를 이런 보통의 인류로부터 해방시킨다. 원죄 이전의 상태는 낙원의, 즉 플레로마적 또는 신적인 존재와 같음을 의미한다. 마리아는 특별한 보호조치를 사용함으로써 이를테면 여신의 상태로 높여지고 그럼으로써 그녀의 완전한 인간다움을 상실한다. 그녀는 죄를 짓고 사는 모든 다른 어머니들처럼 아이를 수태하지 않았기 때문에 그 아기 또한 결코 인간이 아니고 신인 것이다. 그로써 신의 진정한 인간화가 의문시되었다거나, 부분적으로만 이루어졌다는 사실을—최소한 내가 아는 한—사람들은 결코 인식하지 않았던 것이다. 어머니와 아들 모두 실제의 인간이 아니고 신들이다.

이러한 설정은 마리아가 그리스도의 완전성에 가까워지게 됨으로써 남성적 의미에서 마리아의 인격이 고양됨을 뜻하기는 하나 동시에 불완전성이나 온전성의 여성원리에 상처를 주는 것이기도 하다. 마리아를 그리스도와 구분짓게 하는 아직 남아 있는 작은 것에 이르기까지 완전하게 함으로써 이 여성원리가 감소하게 된다. 태양에 가까이 갈수록 빛을 잃는다! Phoebo propior lumina perdit! 그래서 여성적 이상理想이 남성적 이상의 방향으로 향해 갈수록 여성은 완전성을 얻기 위해 애쓰는 남성적 노력을 보상할 가능성을 잃게 된다. 그리하여 남성의 이상적 상태가 생기는데, 이 상태는 우리가 앞으로 보게 되는 것처럼 에난치오드로미Enantiodromie[대극의 반전]에 위협받게 된다. 완전성을 넘어서 미래로 향하는 길은 어디에도 없다. 그 역逆, 즉 이상의 파멸이 있을 뿐이다. 그것은 온전성이라는 여성적 이상을 통해서 피할 수 있었을 것이다. 야훼의 완벽주의는 구약성서에서 신약성서로 계속되었다. 그런데 여성적 원리의 모든 인식과 고양에도 불구하고 후자는 가부장적인 지배에 맞서서 깊게 침투해 들어가지 못했다. 우리는 이 이야기를 끝없이 듣게 될 것이다.

V

사탄에 의해 타락하게 된 인류의 시조에서 나온 첫 번째 아들은 실패작이 되었다. 그는 사탄의 이상화된 상이었으며, 작은 아들 아벨만이 신의 마음에 들었다. 신상神像은 카인에게서는 왜곡되었으나, 아벨에게서는 이와는 달리 그 혼탁함이 훨씬 덜하였다. 원래의 아담이 신의 모상으로 생각되듯이, 성공적인 신의 아들, 아벨의 본보기는 (우리가 본 바로는 그에 대한 기록이 없다) 신인神人, Gottmensch의 선형先型, Präfiguration을 나타낸다. 후자에 대해서 우리는 그가 로고스로서 선재하며 신과 영원히 공존하고 있을 뿐 아니라 신과 동일 본질ὁμοούσιος임을 긍정적으로 알고 있다. 그러므로 사람들은 아벨을 이제 마리아에게서 낳게 되는 신의 아들의 불완전한 전형이라고 볼 수 있다. 야훼는 그가 본래 태초의 인간 아담에게서 그와 대등한 지상의 존재를 만들고자 시도한 것처럼, 이제 그는 유사한 어떤 것을, 그러나 좀더 나은 것을 만들 의도를 가지고 있다. 위에 언급한 특별한 보호조치들은 이 목적에 이바지한다. 새로운 아들, 그리스도는 한편으로는 아담과 마찬가지로 지상의 인간, 즉 고통을 참고 죽어야 할 인간이어야 하며, 다른 한편으로는 아담같이 단순한 모형이 아니고 아버지로서 스스로 낳고 아들로서 아버지를 젊게 만드는 신 자신이어야 한다. 신으로서 그는 이미 언제나 신이었으며, 분명한 소피아의 모상을 나타내는 마리아의 아들로서 그는 로고스(이성Nous와 동의어)인데, 로고스는 「요한복음」이 전하는 바처럼, 소피아와 마찬가지로 창조의 장인이다.[54] 신화는 이러한 어머니와 아들의 동일성을 누차 반복해서 확인한다.

 그리스도의 탄생은 역사적이고 일회적인 사건이지만 그럼에도 불구하고, 그것은 늘 영원성 속에 존재해왔다. 이런 일에서 무시간적인 영원한 사건을 일회적 역사적 사건과 동일하게 본다는 생각은 비전문가에게는 늘 어려운 일이다. 그러나 그는 '시간'이란 상대적 개념이어서 모든 역사적 과정의 '동시성적인' 바르도 혹은 플레로마적 존재의 개념을 통해서 보완되어야 한다는 생각에 익숙해져야만 한다. 플레로마에서 영원한 '과정'으로 존재하는 것, 그것은 시간 속에서는 비주기적인 반복 진행으로, 즉 여러 차례의 불규칙적인 반복으로 나타난다. 하나의 예를 든다면, 야훼는 선한 아들과 성공하지 못한 아들을 두고 있다. 카인과 아벨, 야곱과 에서, 모든 시대, 모든 지역에서 서로 반목하고 있는 형제의 주제는 이 전형에 해당된다. 이 형제 반목의 주제는 무수한 현대적 변형에서 가족을 분열시키며 정신치료자들을 바쁘게 한다. 똑같은 정도의, 그리고 그와 마찬가지로 교훈적인 예들이 영원 속에 예시된 두 여인에게서도 제시될 수 있다. 그래서 그런 종류의 일들은, 그것이 현대의 변형으로 나타난다면 단순한 개인적인 돌발사건이나 변덕, 또는 우연한 개인적 특이성벽이라고 볼 것이 아니라, 시간상의 개별적 사건으로 해체된 플레로마적 과정이라고 생각될 수 있다. 이 플레로마의 과정은 신적인 드라마에 없어서는 안 되는 구성 요소 또는 측면을 의미한다.

 야훼가 자신의 원질료Urmaterie, 소위 '무無, Nichts'에서 세상을 창조했을 때, 그는 모든 부분에서 그 자신이 들어 있는 창조에 자기 자신을 넣어주지 않을 수 없었다. 모든 이성적 신학은 오래전부터 이에 대해 확신하고 있다. 그래서 사람들은 신을 그가 만든 창조에서 인식할 수 있다고 확신하게 된다. 신이 달리 할 수 없었을 것이라고 내가 말한다면, 이것은 그의 전능을 제한하는 것을 의미하는 것이 아니고 오히려 반대로 모든 가능성이 그 안에 포함되어 있어서 그를 나타내는 가능성 이외에 다른 것은 없다는 인식을 의미한다.

모든 세계는 신의 세계다. 신은 태초부터 모든 세계 안에 있다. 그러면 '무엇을 위해서 위대한 육화가 행해지는가'라고 사람들은 놀라서 묻는다. 신은 실제로de facto 모든 것에 존재한다. 그럼에도 무엇인가 부족해서 소위 두 번째의 창조의 시작은 아주 신중하고 면밀하게 연출되어야만 했다. 창조는 보편적이며, 가장 멀리 있는 은하계를 에워싸고 있고 유기체의 생명을 무한히 변하고 분화할 수 있도록 만들었기 때문에, 여기에 결핍이 있다고는 거의 볼 수 없을 것이다. 사탄이 도처에 자신의 도덕적 부패의 영향을 억지로 침투시켰다는 것은, 많은 이유에서 유감스럽기는 하다. 그러나 근본적으로는 중요한 일이 아니다. 이 물음에 답을 내리기는 쉽지 않다. 물론 사람들은 그리스도가 인류를 악에서 구원하기 위해 나타나야만 한다고 주장하고 싶을 것이다. 그러나 원래 악은 사탄에 의해서 교사되었고, 아직도 계속 사탄이 그 악의 마법을 불어넣고 있음을 고려한다면, 야훼가 이 '실제적인 잡놈practical joker'에게 질서를 지키도록 한번 강력하게 경고하고 그의 해로운 영향과 더불어 악의 뿌리를 제거한다면 그것이 훨씬 간단한 해결일 터이다. 그렇다면 신의 인간화에 필연적으로 따르는 모든 예측할 수 없는 결과를 수반하는 특별한 육화의 실행이 전혀 필요하지 않았을 것이다. 신이 인간이 된다. 이것이 무엇을 뜻하는지 우리는 생생하게 머리에 그려볼 필요가 있다. 그것은 세계를 뒤집는 신의 변환을 의미한다고 해도 과언이 아니다. 그것은 그 당시의 창조, 즉 신의 객관화와 같은 것을 뜻한다. 당시에 신은 완전히 자연에서 현현했다. 그러나 이제 그는, 더 특수하게, 인간이 되고자 한다. 물론 이러한 방향의 경향은 이미 언제나 있었다고 말해야 할 것이다. 즉 분명 아담 이전에 창조된 인간들이 더 고도의 포유동물과 함께 세상에 나타났을 때, 야훼는 다른 날 특별한 창조활동 가운데 신을 꼭 닮은 인간을 창조했다. 그렇게 해서 인간화의 첫 번째 선先형상화가 일어났다. 야훼는 아담의 후예인 민족을 자신의 소유로 했고, 때때로 이 민족의 예언자를 자신의 영靈으로 채웠다. 그것은 모두 인간이 되고자 하는 준비된 사건이자 신 안에 내재하는 경향의 징후였다. 그러나 아득한 옛날부터 전지全知에는 신의 인간적 성질에 대한 지식, 또는 인간의 신적 성질에 대한 지식이 있었다. 그러므로 우리는 「창세기」가 작성되기 훨씬 오래전의 고대 이집트 문서에서 이에 상응하는 증거들을 발견한다. 인간화의 이와 같은 암시와 선先형상화는 사람들에게 아주 이해하기 어렵거나 불필요하게 여겨질 것이다. 왜냐하면 무無에서 생긴 모든 창조는 신 이외의 어떤 것으로도 이루어지지 않고 신으로만 이루어져 있고, 그러므로 모든 피조물과 마찬가지로 인간 역시 구체적으로 되어버린 신이기 때문이다. 그러나 선형상화는 그 자체가 창조 사건이 아니고 다만 의식화 과정에서의 단계들일 뿐이다. 사람들은 신이 전적으로 실재하는 것이라는 것, 따라서 적어도 인간이기도 하다는 것을 아주 늦게서야 알아차렸다, 혹은 아직도 그것에 골몰하고 있다. 이런 인식은 세기의 과정이다.

VI

우리가 지금 막 설명하고자 하는 커다란 문제를 고려할 때 플레로마의 사건에 관한 이 부설附說은 서론으로서 불필요한 것이 아닐 듯하다.

역사적 사건으로서 인간화의 진정한 이유는 무엇일까?

이 문제에 답하기 위해서 우리는 다소 예전의 것을 소급해서 말하지 않을 수 없다. 우리가 이미 보았던 것처럼, 야훼는 외견상 자신의 전능한 원동력에 대응하는 절대지絶對知를 고려하는 것을 싫어하는 것 같다. 이 관계에서 아마도 가장 교훈적인 사례는 그와 사탄의 관계다. 언제나 야훼는 자기 아들의 의도를 알고 있지 못하는 것 같은 상태에 있다. 그러나 그것은 야훼가 자신의 전지全知를 고려하지 않는 데에서 기인한다. 사람들은 그것을 야훼가 그의 성공적인 창조활동에 매료되어 애를 썼기 때문에 그의 전지를 잊어버릴 정도였다고 설명할 수 있다. 이전에는 결코 그러한 구체성으로 존재하지 않았던 가장 다양한 대상들이 마술적으로 구체화되는 것이 무한한 신의 환희를 불러일으켰다는 것은 전적으로 이해될 만하다. 소피아가 다음과 같이 말할 때, 그녀의 회상은 아마도 틀림없는 것이리라.

"주님께서 땅의 기초를 세우셨을 때에,
나는 그분 곁에서 창조의 명공이 되어
날마다 그분을 즐겁게 하여 드리고
나 또한 그분 앞에서 늘 기뻐하였다."[55]

「욥기」에서도 야훼가 잘 만들어낸 그의 동물을 가리킬 때, 창조자의 자랑스러운 기쁨의 여운을 남기고 있다.

"베헤못을 보아라. 내가 너를 만든 것처럼,

그것도 내가 만들었다.…

그것은 내가 만든 피조물 가운데서 으뜸가는 것,

그의 동지들의 통치자를 위해 만들어졌다."[56]

욥의 시대에도 야훼는 그의 창조의 막대한 권력과 위대함에 도취되어 있었다. 그런데 그 밖에 사탄의 빈정거림이나, 비록 인간이 신의 모습을 그대로 복사했다고 해도 하마처럼 만들어진 인간의 비탄은 무엇을 의미하는가? 야훼는 후자가 무엇을 의미하는지 완전히 잊어버린 듯싶다. 그렇지 않다면 그는 욥의 인간적인 존엄성을 그렇게 완전히 무시하지는 않았을 것이다.

그것은 비로소 처음으로 그리스도 탄생을 조심스럽게 예견하는 준비인데, 그것은 전지함이 야훼의 행동에 중요한 영향을 주기 시작함을 깨닫게 한다. 어떤 박애주의적이고 보편주의적인 특성이 눈에 띈다. '이스라엘의 자손들은' 인류의 자식들에 비해 다소 배후로 들어가고, 우리는 욥 이래로 새로운 계약에 관해서 더 이상 아무것도 듣지 못한다. 지혜의 말씀들은 일상의 다반사인 것처럼 여겨진다. 그리고 고유의 새로움Novum, 즉 **묵시록의 고지**告知가 사람들의 눈에 띄게 만든다. 그것은 형이상학적 인식행위, 즉 의식에 뚫고 나올 준비가 되어 있는 '배열된' 무의식의 내용을 가리킨다. 이미 말한 바대로 소피아의 도움의 손길이 모든 것에서 작업 중이다.

사람들이 야훼의 행동을 소피아의 재등장까지 전체로서 바라본다면, 그의 행동이 **열등한 의식성**意識性을 수반하고 있다는 틀림없는 사실이 눈에 띈다. 사람들은 언제나 다시금 성찰이나 절대지를 아쉬워한다. 그의 의식성은 원시적인 '감지感知, awareness' (유감스럽게도 이것에 대한 독일어 단어가 없다) 그 이상은 아닌 것 같다. 사람들은 그 개념을 '다만 지각하는 의식'으로 바꾸어 쓸 수는 있다. 감지는 성찰이나 도덕성을 알지 못한다. 사람들은 다만 지각하고 맹목적으로 행동한다. 다시 말해서 그 개별적인 존재는 문제를 제기하지 않지만 주체를 의식적으로 성찰한 관계 지음에 포함하지 않은 채 맹목적으로 행동한다. 오늘날 사람들은 그러한 상태를 심리학적으로는 '무의식적', 법률적으로는 '책임능력 없음'이라고 부를 것이다. 그러나 의식이 사고행위를 수행하지 않는다는 사실은, 그러한 사실이 존재하지 않는다는 것을 증명하지는 않는다. 그들은 단지 무의식적으로 경과하며 꿈이나 환영, 계시, '본능적인' 의식 변화에서 간접적으로 주의를 끌게 만들 뿐이다. 이러한 성질을 통해서 우리는 그 현상이 '무의식적' 지식에 기인하며 무의식적 판단행위와 추론을 통해서 나타난 것임을 인식할 수 있다.

그런 종류의 것을 우리는 욥의 사건 뒤에 야훼가 취한 행동에서 시작된 기묘한 변화에서 관찰한다. 그가 욥을 상대로 자초한 도덕적 패배를 바로 의식하지 않았다는 사실은 물론 의심의 여지가 없다. 그의 전지함에는 이러한 사실이 이미 이전부터 확고했다. 이 지식은 그를 무의식적으로, 서서히 욥을 그토록 생각 없이 다루는 상황으로 이끌었고 욥과의 대결을 통해서 무엇인가를 의식화하고 어떤 인식을 얻게 되었다고 생각할 수도 있다. 후세에 적절하게도 '루치퍼Lucifer[빛을 나르는 자Lichtträger]'라는 이름이 주어진 사탄은 그의 아버지보다도 더 자주, 그리고 더 잘 전지全知를 이용할 줄 알았다.[57] 그는 신의 아들 중에서 많은 주도권을 발전시킨 유일한 아들이었던 것 같다. 여하튼 그는 예견하지 못한 돌발 사건들로 야훼를 방해한 바로 장본인이었다. 이 돌발 사건들은 신의 전지 안에서 신적인 드라마의 발전과 완성을 위해서 필요할 뿐 아니라 필수불가결한 것으로 알려져 있었다. 여기에 속한 것이 결정적인 욥의 사례이며, 그는 오직 사탄의 주도권 덕분에 성립된 것이다.

약자와 피압제자의 승리는 명백하다. 욥은 도덕적으로 야훼보다 더 높이 있다. 이 관계에서는 피조물이 창조주를 능가한다. 항상 그러하듯이 외부의 사건이 무의식적 지식을 건드리면, 무의식의 지식은 의식될 수 있다. 사람들은 이 사건을 '데자뷔déjà vu(기시감旣視感)'로서 인식하며 선재하는 앎을 회상한다. 그러한 것들은 야훼에서 일어났음에 틀림이 없다. 욥의 우월성이 더 이상 무시될 수는 없다. 이로써 이제 정말 숙고와 성찰을 필요로 하는 상황이 생긴 것이다. 이러한 이유에서 소피아가 개입한다. 그녀는 필요한 자기성찰을 지지해주며, 그것을 통해 스스로 인간이 되고자 하는 야훼의 결심을 가능케 한다. 그럼으로써 중대한 결정이 내려진다. 즉 야훼는 인간 욥이 도덕적으로 그를 능가함을, 따라서 그가 이루지 못한 인간 존재를 만회해야만 함을 간접적으로 시인하면서 과거의 그의 원시적인 의식상태 위로 자신을 일으켜 세운다. 그가 이러한 결심을 하지 않았더라면 그는 자신의 전지성全知性의 명백한 대극으로 빠졌을 것이다. 야훼는 인간이 되어야만 한다. 왜냐하면 그가 인간에게 부당한 행위를 했기 때문이다. 정의를 지키는 자로서 그는 모든 부정은 속죄되어야 함을 알고 있다. 그리고 지혜는 도덕적 법이 그를 지배하고 있음도 알고 있다. 그의 피조물이 그를 앞질렀기 때문에 그는 새로워져야만 한다.

선재先在하는 본보기 없이는 아무것도 일어날 수 없고, 그런데로 '여자 직공장Werkmeisterin'의 환상 속에 있는 영원한 상像의 보고寶庫에 의지할 수 있는 무無로부터의 창조creatio ex nihilo 자체도 일어날 수 없기 때문에, 앞으로 낳게 될 아들에 대한 직접적인 본보기로서 일부는(그러나 다만 제한된 정도에서만) 아담이, 다른 일부는(이것은 더 상당한 정도로) 아벨이 고려된다. 아담의 한계는 그가 인간임에도 불구하고, 피조물이자 조상이라는 데 있다. 그러나 아벨의 장점은, 신이 총애하는 아들인 그가 출생된 것이지 직접 창조된 것은 아니라는 데에 있다. 이 경우 물론 불리한 점은 감수할 수밖에 없다. 즉 그가 일찍 폭력으로 죽게 되고, 너무도 일찍 과부와 아이들을 남긴 점인데, 이것은 원래 전적으로 인간적 숙명에 속할 만한 것이다. 아벨은 신의 마음에 드는 아들 고유의 원형은 아니다. 이미 모상模像, Abbild이지만 그러한 모상으로서는 우리가 성서에서 알고 있는 첫 번째 것이다. 어려서 죽은 신, 형제 살해는 당시의 이교적 종교에서도 그 존재가 증명된다. 그러므로 아벨의 숙명이, 사탄과 아버지를 더 순종하는 밝은 신의 아들 사이에 일어나는 형이상학적 사건에 귀착된다는 우리의 가정은 잘못된 것이 아닐 것이다. 이에 관해서는 이집트의 구비전승이 우리에게 전해주고 있다. 언급한 대로 아벨 유형의 선형상화의 단점은 거의 피할 수 없을 것이다. 이 주제의 여러 가지 이교도적인 변이가 보여주는 바와 같이 이 유형은 신화적인 아들 드라마에서 절대 필요한 구성 부분이기 때문이다. 아벨의 운명의 짧고 극적인 경과는 인간화된 신의 삶과 죽음을 위한 패러다임(전범)에 쓰일 수 있을 것이다.

　우리는 신의 인간화의 직접적인 이유를 욥을 높이는 데서 찾아보았으며, 그것의 목적을 야훼의 의식의 분화에서 찾아보았다. 물론 그러기 위해서는 극단적으로 첨예화된 상황을, 정감에 찬 급전急轉, Peripetie을 필요로 했는데, 이것 없이는 더 높은 의식 수준에 도달하게 되지 못할 것이다.

VII

다가오는 신의 아들의 탄생에 대한 전형으로서 매우 적합한 것은 아벨 이외에도 태고로부터 확립되고, 전승傳承을 통해 전해 내려온 영웅의 삶의 행동 양상이다. 신의 아들은 민족의 구세주로서뿐 아니라 보편적인 인류의 구원자로 생각되었고, 그 결과 이교도의 신화나 계시에서도 신들이 특별 취급한 남자의 삶과 관련시켜서 고려된다.

그래서 그리스도의 탄생은 영웅 탄생에 보통 수반되는 다음의 현상들로 특정지어진다. 즉 사전예고事前豫告, 동정녀로부터의 신적인 탄생, 당시 왕의 탄생의 인식과 결부되어 바로 새로운 영겁Äon을 도입하는 물고기좌座에서의 삼중의 가장 커다란 조합coniunctio maxima(♃ ♂ ♄)(목성, 화성, 토성)과의 일치, 새로 태어난 아이에 대한 박해, 그 신생아의 도피와 숨김, 그의 볼품없는 신분으로의 탄생 등이 그 수반현상이다. 영웅의 성장에 대한 주제는 사원에 있는 열두 살짜리 아이의 지혜에서 알 수 있고, 어머니로부터 아이를 떼어놓은 것에 대해서는 몇 개의 예가 있다.

인간화된 신의 아들이 지닌 특성과 운명에 대하여 매우 특별한 관심이 생기는 것은 당연하다. 거의 2000년이 지난 현재의 시점에서 볼 때, 지금까지 지켜 내려온 전승에서 그리스도의 전기적傳記的인 상像을 재구성한다는 것은 물론 대단히 어려운 과제다. 우리에게는 역사 기술에 관한 현대적 요구를 조금이라도 고려해줄 만한 단 하나의 원문原文도 없다. 역사적으로 검증될 수 있는 사실들이 극도로 부족하다. 그리고 그 밖에 전기를 쓰는 데 활용할 수 있는 자료는 그 자료에서 모순이 없는 삶의 과정이나 어떤 추정되는 성격을 만들어내기에는 충분치 못하다. 어떤 신학의 권위자들은 이것에 대한 주원인을 종말론이 그리스도의 전기와 심리에서 분리될 수 없다는 것에서 발견했다. 종말론 가운데서 그리스도가 인간일 뿐 아니라 신이기도 해서 인간의 운명 이외에 신의 운명을 감수한다는 진술은, 본질적으로 이해될 만한 것이다. 인간과 신 양자의 성질은 서로 스며들어 있어서 양자의 분리 시도는 두 성질을 모두 불분명하게 만들고 만다. 즉 신성神性은 인간의 존재를 희미하게 만들고, 인간은 거의 경험적인 인격으로 파악될 수 없다. 또한 현대 심리학의 인식 수단도 모든 어둠을 밝히기에는 충분하지 못하다. 명확하게 하기 위해 하나의 특성을 끄집어내고자 하는 시도는, 신성의 관점에서나 인간성의 관점에서도 마찬가지로 본질적인 다른 특성을 침해한다. 일상적인 것이 기적적인 것이나 신화적인 것에 의해 뒤섞여서 사람들이 자신의 사실을 전혀 확신할 수 없을 정도다. 아마 가장 방해되고 우리를 혼란스럽게 만드는 것은, 바로 가장 오래된 문헌들, 예를 들면 사도 바울의 문헌들이 그리스도의 구체적이고 인간적인 존재에 대해서는 최소한의 관심도 가지지 않은 듯이 보인다는 정황이다. 공관복음서共觀福音書〔마태, 마가, 누가의 복음서〕가 전기傳記의 특성보다는 선전문서의 특성을 더 지니고 있기 때문에 이들조차도 만족스럽지 못하다.

그리스도의 인간적인 면에 관해서, 우리가 다만 인간적 측면만을 언급할 수 있다면 박애博愛가 특히 두드러지게 나타난다. 이러한 박애주의의 특징은 마리아와 소피아의 관계에서 이미 암시되고 있으며, 특히 성령―그의 여성적 본성이 소피아를 의인화하고 있다―을 통해 아이를 낳게 되는 것에서 암시되고 있다. 왜냐하면 소피아는 사랑의 여신의 새인 비둘기로 상징되는 거룩한 입김ἅγιον πνεῦμα〔성령〕의 직접적인 역사적 선재형先在型,Vorform이기 때문이다. 또 사랑의 여신은 대부분 어린 나이에 죽는 신의 어머니다. 그러나 그리스도의 박애는 적지 않게 일종의 구원예정설救援豫定說 같은 경향으로 제약되어 있다. 그것은 때로는 그로 하여금 심지어 선택받지 못한 사람들에게는 그의 구원의 계시를 보류하기도 하는 것이다. 사람들이 예정설의 교리를 문자 그대로 받아들인다면, 사람들은 그것을 기독교적 메시지의 틀 안에서는 이해하기 어려울 수 있다. 이와는 달리 그것을 심리학적으로 특정한 효과에 도달하기 위한 수단이라고 이해한다면, 예정을 암시하는 것은 특별대우의 느낌이 생기게 한다는 것을 쉽게 이해할 수 있다. 어떤 사람이 그가 세계의 시작에서부터 신의 선택과 의도에 의해 선택되었다는 것을 안다면, 그는 평범한 인간적 존재의 무력감과 무의미성에서 빠져나와서 신의 세계 드라마에 참여하는 자의 존엄과 의의라는 새로운 위치로 옮겨졌다고 느끼게 된다. 그럼으로써 인간은 신에 더 가까이 가게 되는데, 이것은 복음서의 메시지에 전적으로 일치하는 것이다.

그리스도의 성격에는 인간에 대한 사랑 이외에도 화를 잘 내기도 하는 어떤 특성이 눈에 보이기도 하는데, 그것은 감정적 기질을 가진 사람에게서 흔히 있는 바처럼 자기성찰의 결여이기도 하다. 그리스도가 자기 자신을 이상하게 생각했다는 근거는 어느 곳에도 없다. 그는 자신과 대결한 것 같지 않다. 이 규칙에서 단 하나의 중요한 예외는 있다. 즉 십자가에서의 절망에 가득 찬 부르짖음이 그것이다. "나의 신이여, 나의 신이여, 왜 나를 버리셨나이까?" 그의 인간적인 존재는 여기에서 신성神性에 이르는데, 즉 신이 죽어가는 인간을 체험하고, 그의 충실한 종 욥을 고통당하게 했던 것을 체험한 그 순간에 신성에 이른다. 여기에서 욥에의 회답이 주어진다. 그리고 분명히 이 최고의 순간은 인간적이며 마찬가지로 신적이고, '심리적인' 것과 마찬가지로 '종말론적'이다. 사람들이 완전히 인간을 느낄 수 있는 여기에서는 신적인 신화가 인상 깊게 현존한다. 양자는 하나이자 동일한 것이다. 그러면 어떻게 사람들이 그리스도 형상을 '탈신화화脫神話化'하려는가? 그러한 합리주의적인 시도는 이 인격의 모든 비밀을 깨끗이 씻어버리게 될 것이며, 남는 것이 있더라도 그것은 더 이상 시간 속에서의 신의 탄생과 운명이 아니고, 역사적으로 불충분하게 확인된 종교적 스승, 즉 헬레니즘적으로 해석되고 오해된 유대인의 종교개혁자—예컨대 일종의 피타고라스, 혹은 붓다나 마호메트이지 결코 신의 아들이나 인간이 된 신은 아니다. 더욱이 모든 종말론으로부터 소독된 그리스도가 우리에게 생각을 할 계기를 주게 될지에 대해서는 사람들이 충분히 해명하지 못하는 듯하다. 오늘날 우리에게는 경험심리학이 있는데, 신학이 그것을 가능한 한 무시하려고 해도 존재하고 있다. 그것으로 그리스도의 진술들이 자세히 관찰될 수 있을 것이다. 이 진술이 신화의 결합에서 벗어날 때 그것은 다만 개인적으로만 설명될 수 있을 뿐이다. 예를 들어 "나는 길이요, 진리요, 생명이다. 나를 거치지 않고서는 아무도 아버지께 갈 수 없다"[58]라는 말을 개인심리학으로 환원한다면, 우리는 필연적으로 어떠한 결론에 도달해야만 할까? 예수의 친척들이 "그가 미쳤다"[59]라고 말했을 때, 그 친척들이 종말론을 알지 못하면서 내렸던 것과 같은 결론에 분명히 도달할 것이다. 종교가 우리를 영원한 신화와 맺어주는 바로 그 기능을 의미하기 때문에 신화 없이 종교가 무슨 소용이란 말인가?

매우 인상 깊은 이러한 불가능한 일들을 근거로, 사람들은 이해하기 어려운 사실에 관한 자료들을 참지 못하는 것처럼 그리스도가 그저 신화일 뿐이라고, 즉 이 경우에는 허구와 마찬가지라고 가정했다. 그러나 신화는 허구가 아니며, 우리가 항상 관찰할 수 있는 끊임없이 반복하는 사실들이다. 신화는 인간에게 생겨나고, 인간은 그리스의 영웅들과 마찬가지로 신화적 운명을 갖는다. 그래서 그리스도의 삶이 전적으로 신화라는 사실은 결코 그것이 사실성에 반하는 것을 증명하는 것이 아니다. 오히려 그 반대라고 말하고 싶을 지경이다. 왜냐하면 어떤 삶의 신화적 특성이 바로 인간의 보편타당성을 표현하기 때문이다. 무의식 또는 원형이 어떤 인간을 완전히 사로잡고 그의 운명의 가장 작은 일까지도 결정하는 일은 심리학적으로 전적으로 가능한 일이다. 이때에 객체적인, 즉 비정신적인 병행현상이 나타날 수도 있는데, 이것은 마찬가지로 원형을 나타낸다. 이때 원형은 정신적으로 개체 안에서뿐 아니라 그 개체 밖에서도 객관적으로 실현되는 것같이 보일 뿐만 아니라, 실제로도 그렇다. 나는 그리스도가 그러한 종류의 인격이었다고 추측한다. 그리스도의 삶이 신의 삶이자 동시에 인간의 삶이라면, 그래야만 했던 바로 그러한 삶이다. 그것은 상징Symbolum, 즉 서로 다른 이질적 성질의 합성이다. 마치 사람들이 욥과 야훼를 하나의 인격으로 통합시킨 것과 같다. 인간이 되고자 하는 야훼의 의도, 욥과의 충돌에서 생겨난 그의 의도는 그리스도의 삶과 고통에서 실현되었다.

VIII

아득한 예전의 신의 창조활동을 회상하면서, 사람들은 그럼에도 불구하고 이때에 사탄이 파괴적인 영향을 지니고 있다는 것을 기이하게 생각한다. 그는 도처에서 그의 잡초를 밀 속에 뿌린다. 헤롯 왕의 어린이 살해에 그가 관여했을 것이라고 추측할 수도 있다. 알려진 사실은 그리스도를 세속 세계의 지배자 역할을 하도록 유혹한 그의 시도다. 마찬가지로 분명한 것은, 빙의된 자의 말에서 나오는 듯, 그가 그리스도의 성질에 관해서 잘 알고 있었다는 사실이다. 또한 그는 본질적인 희생의 죽음에 영향을 주거나 이를 막지도 못하지만 유다에게 나쁜 생각을 불러넣었던 듯 보인다.

사탄이 비교적 영향력을 가지지 못하고 있다는 사실은 한편으로는 분명히 신의 탄생을 위한 주의 깊은 준비에서, 다른 한편으로는 그리스도가 지각한 독특한 형이상학적 사건에서 설명된다: 그는 **사탄이 어떻게 하늘에서 번갯불처럼 떨어졌나를 보았다.**[60] 이러한 환영은 형이상학적 사건이 세속화되는 것, 즉 야훼가 그의 어두운 아들과 역사적인 최종적 결별을 하는 것에 해당된다(현재로서는). 사탄은 하늘에서 추방되고, 의심스러운 일을 하게끔 그의 아버지를 설득할 기회를 더 이상 갖지 못한다. 이 '사건'은 사탄이 왜 그가 육화의 역사에서 나타날 때마다 늘 열등한 역할을 하는가를 설명할 수 있을 것이다. 이 열등한 역할은 어떤 것에서도 더 이상 과거의 야훼와의 신뢰관계를 생각나게 하지 못한다. 그는 분명히 아버지의 호의를 잃어버려서 추방되었다. 그렇게 해서 우리가 욥의 이야기에서 있었으면 하고 아쉬워했던 벌이 마침내—물론 기이하게 제한된 형태로—그에게 이르렀다. 하늘의 궁정에서 멀리 떨어져 있음에도 불구하고, 그는 아직도 지상세계에 대한 지배권을 가지고 있었다. 그가 바로 지옥으로 보내진 것이 아니고 지상에 던져졌으며, 종국에 가서 비로소 감금되고 지속적으로 무력하게 된다. 그리스도의 살해가 그의 탓은 아니다. 왜냐하면 희생의 죽음은 야훼에 의해 선택된 운명으로서 아벨이나 어려서 죽은 신들에서의 예表豫標, Präfiguration를 통해서, 한편으로는 욥에게 일어난 불의를 다시 좋게 만드는 것이며, 다른 한편으로는 더 높은 인간의 정신적·도덕적 발달을 위한 행위를 의미하기 때문이다. 심지어 신 자신이 인간이 된다면 틀림없이 인간의 중요성이 증대될 것이기 때문이다.

사탄이 상대적으로 억제되었기 때문에 야훼는 자신의 밝은 측면을 동일화함으로써 좋은 신, 사랑하는 아버지가 되었다. 그는 사실 그의 분노를 잃어버리지 않았고 벌을 줄 수도 있었다. 그러나 정의로만 벌을 준다. 욥의 비극과 같은 종류의 사례는 외견상으로는 더 이상 얘기할 수 없다. 야훼는 온화하고 자비로움을 증명해 보였다. 그는 죄를 지은 인간들을 동정하며, 사랑 그 자체라고 정의된다. 비록 그리스도는 자신의 아버지를 완전히 신뢰할 뿐 아니라 그와 하나임을 알고 있지만, 그는 하느님 아버지를 향한 주의 기도(주기도문)에서 다음과 같은 조심스러운 간청(그리고 경고)을 삽입하지 않을 수 없었다. "우리를 시험에 들게 하지 마시고, 악에서 구하소서." 즉 신이 우리를 직접 유혹해서 악하게 되게 하지 말고, 우리를 오히려 그것에서 구원해주었으면 하는 것이다. 최고의 선 Summum Bonum이 되고자 하는 야훼의 명백한 의도에도 불구하고, 그리고 모든 예비 조치에도 불구하고 야훼가 다시 과거의 길로 되돌아갈 가능성이 그렇게 멀리 있는 것이 아니어서 우리는 그 가능성을 유의해야만 한다. 여하튼 그리스도는 기도에서 야훼로 하여금 그에게 인간에게는 파멸적인 경향이 있음을 상기시키고, 그것을 단념하도록 청원하는 것이 도움이 된다고 생각했다. 아이들에게 위험해질 수 있는 행동을 하도록 유혹하는 것, 그것도 그저 그들이 도덕적으로 확고한가를 시험하기 위해서 한다는 것은 인간의 견해에 따르면 부당할 뿐 아니라 극도로 부도덕하다고 할 것이다! 아이와 어른 사이의 차이는 신과 그의 피조물 사이에서의 차이보다 헤아릴 수 없을 정도로 미미하다. 신은 피조물이 도덕적으로 약하다는 것을 가장 잘 알고 있다. 더욱이 불균형이 너무 커서 이 간청이 주의 기도에 있지 않았더라면 사람들은 그것을 신 모독으로 불렀음에 틀림이 없는데, 왜냐하면 사람들이 사랑의 신, 최고의 선에게 그런 종류의 모순이 있다고 믿는 것을 허용하지 않기 때문이다.

사실 주기도문의 여섯 번째 간청은 의미가 깊다. 왜냐하면 이러한 사실에 직면해서 그리스도의 아버지의 성격에 대하여 무한한 확신이 다소 불확실하기 때문이다. 배후에서 남의 이목을 끄는 희미한 의혹이 제거되어야만 하는 그곳에서 특히 긍정적이고 단호한 주장이 나타난다는 것은 유감스럽게도 보편적인 경험이다. 태초로부터 온갖 관대함을 갖고 있으면서도 때때로 파멸시키는 분노발작에 내맡겨진 신이 갑자기 온갖 선善의 화신化身이 될 수 있다면, 그것은 결국 모든 이성적인 기대에 어긋난다는 것을 우리는 시인하지 않을 수 없다. 시인되지는 않았으나 그럼에도 불구하고 분명한, 이에 관련된 그리스도의 의심은 신약성서에서, 그것도 요한의 묵시록에서 확인된다. 즉 야훼는 거기에서 다시금 인류에 대한 전대미문의 파괴적 분노를 드러낸다. 이들 중 인장을 받은 14만 4천 명의 표본만이 남아 있게 되는 것 같다.[61]

그와 같은 분노 반응을, 사랑을 주는 아버지의 행동과 어떻게 일치시킬 수 있을지 사람들은 사실 당황하게 된다. 사람들은 사랑을 주는 아버지가 자기의 창조를 인내와 사랑으로 결국 변용變容하리라고 기대할 것이다. 마치 선을 도와서 최종적이며 절대적으로 승리하도록 하려는 바로 그 시도가 위험한 악의 축적을 가져와서 재앙에 이르게 한 것같이 보인다. 세계의 종말에 비해서 소돔과 고모라의 파괴, 심지어 노아의 대홍수는 아이들 놀이일 뿐이다. 이번에는 창조가 혼란에 빠지기 때문이다. 사탄이 때때로 감금되고 정복되기도 하며 불의 바다로 내던져지기 때문에,[62] 세계 파괴는 악마의 작업이 아닐 수 있고, 사탄에 의해 영향받지 않은 '신의 행위'를 나타낸다.

세계 종말에 선행되는 것이 다음의 사실이다. 즉 신의 아들 그리스도가 그의 형제 사탄에게 승리한 것 자체는(카인에 대한 아벨의 반격), 진정으로 최종적으로 싸워서 얻어진 것이 아니라는 사실이다. 왜냐하면 최후의 강력한 사탄의 출현이 그 전에 예기될 수 있기 때문이다. 자신의 아들 그리스도에서의 신의 육화를 사탄이 조용히 감수할 것이라고 생각할 수는 없다. 신의 육화는 분명히 그의 질투를 최고로 자극하여 그리스도를 모방하고 싶은 욕구가 일어나며(그 역할은 그에게 모방하는 영 $\pi\nu\epsilon\tilde{\upsilon}\mu\alpha\ \dot{\alpha}\nu\tau\dot{\iota}\mu\mu\mu\nu$〔그리스도를 거꾸로 모방하는 악한 영〕으로서 특히 중요하다) 그로서는 어두운 신을 육화하고자 하는 소망을 자신에게 불러일으킬 것이다(알려져 있다시피, 후에 만들어진 전설은 이에 관해서 자세히 이야기하고 있다). 이 계획은 적그리스도의 형태로서 실행될 것이며, 그것도 그리스도의 통솔 기간에 속하는, 점성술에서 미리 정한 천 년의 시간이 경과한 후에 실행될 것이다. 이미 신약성서에 나타난 이런 기대 속에는 구속사업이 직접적으로 결정적인 것이며, 보편적인 효력을 지닌 것이라는 데 대한 의혹의 소리가 높았다. 유감스럽게도—우리가 말해야 한다면—이러한 기대는 성찰되지 않은 계시를 만들며, 이 계시는 어디서도 그 밖의 구원설로 설명되지도 않고 이와 일치되지도 않는다.

IX

내가 미래의 묵시록적 사건에 관해서 우선 언급하는 것은 오직 주기도문의 여섯 번째 기도에서 간접적으로 표현된 의혹을 설명하기 위한 것이지 묵시록을 해석하기 위해서가 아니다. 그 주제는 나중에 되돌아오겠다. 그러나 그 전에 그리스도의 죽음 후에 신의 육화가 어떤 상태에 있는가 하는 문제를 다루어야 한다. 우리는 옛날부터 인간화(육화)가 일회적인 역사적 사건이라고 배웠다. 이것 또한 2000년 전에 일어난, 인간이 된 신이 지상에서 출현한 일회성에 포함되기 때문에, 그것의 반복이나 로고스(하느님의 말씀)의 또 다른 계시를 기대할 수는 없을 것이다. 계시의 유일한 출처와 결정적인 준거는 성경이며, 신은 신약성서의 저술을 인정하는 한에서만 준거가 된다. 신약성서의 종결로 신의 진정한 전달은 중단된다. 거기까지가 개신교의 관점이다! 역사적 기독교의 직접적인 상속인이자 계승자인 가톨릭교회는 도그마가 성령의 도움으로 계속 발전되고 확대될 수 있다고 생각하기 때문에 이러한 문제와 관련해서는 다소 조심스럽다. 이러한 견해는 성령에 관한 그리스도의 교설과 가장 잘 일치하며, 그래서 육화의 계속된 진행과도 잘 일치한다. 그리스도는 그를 믿는 자, 그가 신의 아들이라고 믿는 자는 그리스도가 하는 일을 할 수 있을 뿐 아니라, 그보다도 더 큰 일을 하게 되리라는 견해를 가지고 있다.[63] 그는 제자들에게 그들이 신들이라고 불렀음을[64] 상기시켰다. 신앙을 가진 자와 선택된 자는 신의 아이들이며 "그리스도와 함께 상속을 받는 자"이다.[65] 그리스도가 지상의 무대를 떠난다면, 그는 아버지에게 자신의 신자들에게 영원히 그들 곁에, 그리고 그들 안에 머물 '변호인Parakleten'을 보내 달라고 간청할 것이다.[66] 그러나 그 변호인은 아버지가 보낸 성령이다. 이 '진리의 영靈'은 신자들을 가르칠 것이며, "진리를 온전히 깨닫게 하여줄"[67] 것이다. 그러니까 그리스도는 영에 들어 있는 신의 아이들, 따라서 그의 자매 속에서 끊임없는 신의 실현을 마음에 그리고 있다. 이 경우에 그 자신의 일이 반드시 가장 위대한 것이 될 필요는 없었을 것이다.

성령이 삼위일체 중 제3의 인격Person을 나타내고, 세 인격 중 그때그때의 각 인격에는 완전한 신이 현존하기 때문에, 성령과 함께 산다는 것은 신자가 신의 아들의 위치에 다가감을 뜻한다. 그렇기 때문에 사람들은 "너희들이 신이다"라는 말을 쉽게 이해할 수 있다. 물론 선택된 자에게 특유한 신의 이마고imago dei는 성령의 신격화하는 작용을 뒷받침한다. 성령의 형태로 있는 신은 인간 곁에, 그리고 인간 안에 거처를 마련한다. 왜냐하면 신은 아담의 후손뿐 아니라 무수히 많은 수의 신자들, 또는 아마도 전체 인류 안에서 계속 실현하려고 생각하기 때문이다. 그렇기 때문에 바르나바Barnabas와 바울Paul이 리스트라Lystra에서 제우스나 헤르메스와 동일시되는 데는 의미가 있다. 즉 "저 신들은 사람과 비슷해져서 우리에게 내려왔다."[68] 그것은 물론 기독교의 변성變成, Transmutation에 대한 순진한 이교도적 견해다. 그러나 바로 그렇기 때문에 확신을 주는 것이다. 그러한 예는 아마도 테르툴리아누스Tertullian가 "더 높은 신sublimiorem Deum"을 '인간으로부터 신을 만들었던' 일종의 '신성의 대여자'로 불렀을 때, 그의 눈앞에서 어른거렸을 것이다.[69]

그리스도가 처녀에서 탄생하였고 원죄가 없기 때문에 경험적 인간이 아니었고, 따라서 「요한복음」 1장 5절에서 말하듯이 암흑을 비추어 주는 빛이지만 암흑이 이를 이해하지 못하는 한, 그리스도 안에서의 신의 육화는 계속되고 보충될 필요가 있다. 그리스도는 실제 인간의 밖에, 그리고 위에 머물러 있었다. 그러나 욥은 평범한 인간이었고 그런 까닭에, 그에게, 그와 더불어, 인류에 일어나는 부당함은 신의 정의에 따라서 오직 경험적 인간에서의 신의 육화를 통해서만이 다시 개선될 수 있다. 이 속죄 행위는 성령을 통해서 실행된다. 왜냐하면 인간이 신에게 고통을 받는 것처럼, 신도 인간에게서 고통을 받아야 하기 때문이다. 양자 사이에 달리 '화해'가 있을 수 없다.

하느님의 자식으로 소명된 인간에 대한 지속적이고 직접적인 성령의 영향은 사실 널리 행해지고 있는 인간화를 의미한다. 신에 의해 만들어진 아들인 그리스도는 첫 번째 아들이며, 후에 태어난 많은 형제자매들이 그의 뒤를 따른다. 물론 후자들은 성령에 의해서도, 동정녀에게서도 태어나지 않았다. 그것이 그들의 형이상학적 지위에 장해가 될지도 모른다. 그러나 그들의 인간으로서의 출생이 천상의 장원에서 미래의 명예로운 위치에 대한 계승권을 위태롭게 하거나 기적과 관련한 능력을 감소시키지도 않을 것이다. 그들이 저급한 태생(포유동물 강綱으로부터의)이라고 해서 그것이 아버지로서의 신과 '형제'로서의 그리스도와 가까운 인척관계가 되는 것을 방해하지는 않는다. 그들이 그리스도의 피와 살을 받았기 때문에—이것은 단순한 양자로 삼는 것 이상을 뜻한다—비유적 의미에서 그것은 '혈연관계'이다. 인간의 지위에 깊숙이 영향을 미치는 변화는 그리스도의 **구속사업**을 통해서 직접적으로 야기된다. 구속 혹은 구제는 다양한 측면을 갖는데, 특히 그리스도의 희생의 죽음을 통해서 행해진 인간의 과오에 대한 **속죄**의 측면을 갖는다. 그의 피는 원죄의 악한 결과로부터 우리를 깨끗하게 한다. 그는 신과 인간을 화해시키고, 인간을 위협하는 신의 분노와 영원한 영겁의 불운으로부터 인간을 해방시킨다. 그러한 종류의 관념은 아버지 신을 아직도 위험한 아버지 신으로서, 그리고 비위를 맞추어야 하는 야훼를 전제로 하고 있음을 설명해주고 있다. 그의 아들의 고통에 찬 죽음은, 그에게는 그가 받은 모욕에 대한 명예회복이었을 수도 있다. 그는 '도덕적 과오tort moral'를 받았고, 그것에 대해 무섭게 복수하고 싶은 마음이 있었을 것이다. 우리는 여기에서 다시 세계 창조주와 그의 피조물 사이의 불화에 부딪히게 되는데, 피조물들은 화나게도 그의 기대에 부응하는 대로 행동하지 못하는 것이다. 그것은 마치 누군가가 세균 배양을 시작하는 데 실패한 경우와 같다. 그는 그에 관해 욕할 수는 있다. 그러나 잘못된 결과에 대한 이유를 세균에서 찾으려 하거나 그에 대해 도덕적으로 벌을 주고자 하지는 않을 것이다. 그는 오히려 더 적합한 배양기를 선택하게 될 것이다. 피조물에 대한 야훼의 행동은 그것을 가짐으로써 인간을 다른 동물과 구분짓는 것, 소위 '신적神的' 이성理性의 모든 요구와 모순된다. 더구나 세균학자는 인간이기 때문에 배양지 선택을 잘못할 수도 있다. 그러나 신은 그의 전지全知로 말미암아, 그가 자신의 전지에 문의했었다면 결코 판단을 잘못할 수는 없었을 것이다. 신은 물론 그의 인간 피조물에게 어느 정도의 의식과 이에 상응하는 정도의 의지의 자유를 부여했다. 그러나 그는 또한 그렇게 함으로써 위험스럽게도 인간이 독립하게끔 유혹했다는 것을 알 것이다. 인간이 오직 자비로운 창조주와 관계했다면 그것은 그리 큰 위험은 아니었을 것이다. 그러나 야훼는 그의 아들 사탄을 간과했고, 심지어 그 자신이 때때로 사탄의 술수에 넘어간다. 인간이 제한된 의식과 불완전한 지식으로 무엇을 더 잘하리라고 야훼가 어떻게 기대할 수 있었겠는가? 더욱이 야훼는 인간이 의식을 더 많이 가질수록 최소한 신의 감추어져 있는 지혜를 냄새 맡게 해줄 본능으로부터 더욱 더 분리되고 실수하게 될 가능성이 크다는 사실을 간과하고 있다. 창조주가 이 강력한 영을 제지할 수 있거나 제지하고자 하지 않는다면, 인간은 사탄의 술수에 상대가 되지 못한다.

X

신적인 무의식성이라는 사실은 구속 교리에 독특한 빛을 던진다. 정식으로 세례를 받고 그것으로 씻어진다 할지라도 인간은 결코 그들의 원죄에서 벗어나지 못하고, 원죄의 결과에 대한 공포, 즉 신의 분노로부터도 자유롭지 못하다. 구속사업은 신의 공포로부터 인간을 구해내고자 한다. 이것은 인류를 구원하기 위해 독생자인 아들을 보낸 사랑하는 아버지에 대한 믿음이 위험한 감정을 지닌 분명히 아직도 지속되는 야훼의 자취를 억압하는 곳에서 가능하다. 그러나 그러한 종류의 믿음은 성찰의 결핍, 또는 지성知性의 희생sacrificium intellectus을 전제로 한다. 그리고 그것들이 도덕적으로 책임질 수 있는 것인지 어떤지 불확실하다. 맡겨진 능력을 활용하고 재능을 썩히지 말라고 우리에게 가르쳐준 이는 그리스도 자신이었음을 우리는 잊어서는 안 된다. 사람들은 그가 있는 실제보다도 더 어리석거나 더 무의식적인 태도를 취하지 말아야 한다. 왜냐하면 우리가 '유혹에 빠져들지 않도록' 모든 다른 관점에서 우리는 깨어 있고 비판적이며 스스로 의식하고 있어야만 하기 때문이다. 그리고 우리에게 영향력을 갖고자 하는 '영들Geister'이 신에게서부터 온 것인지를 시험해서[70] 우리가 행한 잘못을 인식할 수 있도록 해야 한다. 더욱이 사탄의 교활한 덫을 피하기 위해서는 초인간적인 지능을 필요로 한다. 이러한 책임은 불가피하게 이성理性, 진리에 대한 사랑, 지식욕을 더욱 날카롭게 한다. 그리고 이것은 인간의 진정한 덕성과 마찬가지로, "스스로 신격의 깊이를 탐색하는"[71] 저 성령의 작용일 수도 있다. 이러한 지적知的인 도덕적 힘은 그 자체로 신적인 본성이다. 그렇기 때문에 그것은 차단될 수도 없고, 차단되어서도 안 될 것이다. 그러므로 사람들은 기독교의 도덕을 따르게 됨으로써 가장 지독한 의무의 알력에 빠지게 된다. 까다롭게 따지지 않는 습성을 지닌 자만이 이것을 피할 수 있다. 기독교의 윤리가 의무의 알력에 이르게 한다는 사실은 그것의 유익함을 말한다. 그것이 해결될 수 없는 갈등과 그 결과 '마음의 괴로움afflictio animae'을 만들어냄으로써 인간으로 하여금 신을 인식하는 데 더 가까이 다가가게 한다. 즉 모든 대극은 신의 것이다. 그렇기 때문에 인간은 그 부담을 떠맡아야만 한다. 그리고 인간이 그것을 함으로써 신은 그의 대극성으로 인간을 사로잡았다. 즉 신은 인간에 육화되었다. 인간은 신의 갈등으로 채워진다. 우리는 당연히 고통의 관념을, 대극이 고통스럽게도 충돌하는 상태와 결부시킨다. 그러고는 그러한 경험을 구원이라고 부르기를 꺼린다. 그럼에도 불구하고 기독교 신앙의 위대한 상징, 구속자의 고난의 형상이 매달린 십자가는 거의 2000년 동안 기독교인에게 인상 깊게 제시되어왔음을 부인할 수 없다. 이 상은 두 강도에 의해 보완된다. 그들 중 하나는 지옥으로, 다른 하나는 천국으로 들어갔다. 기독교의 중심 상징의 대극성을 이보다 더 잘 묘사할 수는 없을 것이다. 대극을 인식하는 순간이 아무리 고통스럽다 하더라도 대극의 의식화가 바로 구원되었다는 직접적인 느낌을 갖게 하지 않는다면, 어떻게 해서 기독교 심리학의 이 피할 수 없는 결과가 구원을 의미해야 하는가를 이해하기는 어렵다. 그것은 한편으로는 무기력하고 절망적인 무의식성의 고통스러운 상태로부터의 구원이고, 다른 한편으로는 신적인 대극성의 내면화다. 바로 그리스도인, 가르는 칼로 인한 상처를 피하지 않는 한, 인간은 신의 대극성에 관여할 수 있다. 바로 가장 극단적이고 가장 위협적인 상태에서 그리스도는 그가 부서지지 않고 신에 운명지어진 자로서의 부담을 스스로 떠맡으면서 신성神性에로의 구원을 경험한다. 그렇게, 그리고 오직 이러한 방법으로 그의 안에 있는 신상神像, imago dei, 즉 신의 인간화가 실현된다. 주기도문의 일곱 번째 간청, "악에서 우리를 구하소서"는 겟세마네에서의 그리스도의 기도 "할 수만 있다면, 이 잔을 저에게서 거두어주십시오"[72]의 근저에 있는 뜻으로 이해해야 할 것이다. 근본적으로 그것은 인간을 갈등과 악으로 괴롭히지 않게 하려는 신의 의도에 일치하지 않는 듯이 보인다. 그래서 그러한 종류의 소망을 말하는 것이 인간적인 것이기는 하지만 그것을 원칙으로 삼아서는 안 된다. 왜냐하면 그것은 신의 의지를 거스르며, 다만 인간의 유약함과 공포에 근거하고 있기 때문이다. 물론 어떤 의미에서는 후자도 정당하다. 왜냐하면 갈등을 완전하게 하기 위해서는, 종국에 인간이 과중한 부담을 떠맡게 되지는 않을까 하는 의혹과 불확실성이 존재해야만 하기 때문이다.

신상이 모든 인간의 영역을 뚫고 들어가며 인류에 의해 어쩔 수 없이 묘사되기 때문에, 400년 이래 존속해온 교회의 분열이나 오늘날의 정치세계의 양분화는 지배적인 원형의 아직 인식하지 못한 대극성의 표현이라고 생각해볼 수도 있을 것이다.

구속사업에 대한 전통적인 견해는, 이것을 순전히 인간적으로 규정할 것인가, 혹은 신에 의해 의도된 것으로 규정할 것인가 하는 일방적인 관찰 방법에 해당된다. 화해 작업을 신에 대해 인간이 죗값을 치르는 것으로서가 아니고, 오히려 인간에 대한 신의 부당함을 개선하려는 것으로 보는 다른 의견에 대해서는 위에서 간단히 요약 기술하였다. 후자의 견해가 실제적인 권력관계에 더 적합한 듯이 보인다. 양은 늑대가 마시는 물을 흐려놓을 수는 있으나 다른 해를 끼칠 수는 없다. 그래서 인간은 조물주를 실망시킬 수는 있으나, 인간이 그에게 고통스러운 불의를 저지를 수 있다고는 거의 믿을 수 없다. 불의는 무력한 피조물에 대해서 조물주의 권력에만 있다. 그럼으로써 물론 불의가 신격의 탓으로 돌려진다. 그러나 이것은 아들을 고문해서 십자가에서 죽게 하는 것이 오직 아버지의 분노를 진정시키기 위해서 필요하다고 생각할 때 사람들이 신격에 요구하는 것보다 나쁜 것 같지는 않다. 나쁘게 조언받고 사탄에 의해 유혹된 피조물을 관용으로 용서하기보다는 그의 아들을 죽이는 아버지란 도대체 어떤 아버지인가? 이 잔인하고 원초적인 아들의 희생으로 무엇이 설명되는가? 신의 사랑 같은 것? 아니면 화해할 수 없는 그의 성질일까? 우리는 「창세기」 22장[73]과 「출애굽기」 22, 29장에서 야훼가 아들이나 장자의 살해와 같은 수단을, 시험 삼아 또는 자신의 의지를 관철하기 위해 사용하는 경향을 갖고 있다는 것을 안다. 야훼의 전지전능은 그러한 끔찍한 과정을 전혀 필요로 하지 않았고, 게다가 지상에서의 권력자에게 그렇게 함으로써 좋지 못한 예가 주어졌는데도 말이다. 순진한 이성적인 사람이 그러한 질문 앞에서 도망치거나 이 긴급조치를 지성의 희생이라고 미화하는 경향을 나타내는 것은 이해할 만하다. 그가 「시편」 89장을 읽는 것을 좋아하지 않는다면, 다른 말로 회피한다면, 그 일이 거기서 끝나지는 않을 것이다. 한때 덮어두었던 자는 그것을 다시 하게 될 것이며, 그것도 자기인식을 하게 될 때 할 것이다. 그러나 후자는 양심의 탐색이라는 형태로서 기독교의 윤리에 의해 요구된다. 자기인식이 신의 인식에 이르는 길을 마련했다고 주장한 매우 경건한 사람들이 있었다.

XI

신을 최고선이라고 믿는 것은 숙고하는 의식에게는 불가능하다. 그러한 의식은 결코 신의 공포에서 구제된다고 느끼지 않는다. 그래서 당연히 그리스도가 그에게 무엇을 뜻하는가를 스스로 묻게 된다. 이것은 사실 커다란 의문이다. 오늘날 그리스도는 여전히 해석될 수 있는 것인가? 아니면 우리는 역사적 해석으로 만족해야 하는가?

그리스도가 고도의 누미노제를 지닌 모습이라는 한 가지 사실만은 아마도 의심의 여지가 없다. 신이나 신의 아들이라는 해석은 이것과 일치한다. 그리스도 자신의 견해라고 귀착된 옛날의 개념은 그리스도는 신에 의해 위협받는 인간을 구원하기 위해서 세상에 와서 고통받고 죽었다고 주장한다. 그 밖에도 그의 육체의 부활은 모든 신의 아이들이 이러한 미래를 보장받음을 의미한다고 한다.

신의 구조활동이 얼마나 기이하게 나타나는가에 대해 우리는 이미 충분히 지적한 바 있다. 신은 사실 그 자신이 아들의 형상으로 자신에게서 인류를 구원했을 따름이다. 이 생각은 노여움으로 의인義人을 자신의 왕좌 아래에 감추어서 그 의인을 보지 못하는 야훼에 관한 고대 랍비의 의견만큼이나 기이하다. 그것은 마치 하느님 아버지가 아들과는 다른 신인 것과도 같다. 그러나 이것은 결코 의견도 아니다. 그러한 종류의 가정에는 또한 심리학적 필요성이 있는 것도 아니다. 왜냐하면 신적 의식의 틀림없는 무사려성無思慮性으로 그의 독특한 행동을 충분히 설명할 수 있기 때문이다. 그렇기 때문에 하느님에 대한 두려움이 모든 지혜의 시작으로 간주되는 것은 당연하다. 다른 한편, 사람들은 칭송받는 신의 자비나 사랑, 정의를 단순히 비위를 맞추는 것으로 이해해서는 안 되며 진정한 경험으로 인정해야 한다. 왜냐하면 신은 대극의 일치coincidentia oppositorum이기 때문이다. 신에 대한 사랑, 신에 대한 두려움, 둘 모두 옳은 것이다.

사람들이 예측할 수 없이 갑자기 화를 내거나, 부당하고, 잔인하여 신뢰할 수 없기도 하기 때문에 두려워하는 그런 신을 자비를 베푸는 아버지로서 지속적으로 사랑한다는 것은 분화된 의식을 가진 사람에게는 어렵다. 인간이 신의 너무나도 인간적인 모순과 허약함에 대해 높이 평가하지 않는다는 것은 고대 신들의 몰락에서 충분히 증명되고 있다. 그래서 아마도 욥에 대한 야훼의 도덕적 패배가 비밀스러운 결과를 갖게 된 듯하다. 즉 한편으로는 의도적인 것은 아니었으나 인간의 지위 상승, 다른 한편으로 무의식의 동요라는 결과를 가져온 것이다. 첫 번째의 작용은 우선 의식에서 인식되지 않았으나 무의식에 의해서 기명된 단순한 사실로 남아 있다. 그것이 무의식을 불안정하게 한 한

가지 이유이다. 왜냐하면 그럼으로써 무의식이 의식에 대해 더 높아진 잠재적 힘을 얻기 때문이다. 즉 인간은 의식에서보다 무의식에서 더 많은 잠재능력을 갖고 있다. 이러한 상황에서는 무의식에서 의식을 향해 낙차落差가 발달하고 무의식은 꿈이나 환영, 계시의 형태로 의식으로 뚫고 들어온다. 유감스럽게도 「욥기」에 대한 연대는 불확실하다. 이미 설명한 대로 기원전 600~300년의 기간에 속한다. 6세기 전반에 소위 '병적' 특성을 지닌 예언자 에제키엘이 등장한다.[74] 비전문가는 그의 환영을 병적인 특성으로 보지만 정신과 의사로서 나는 그의 환영이나 그 동반 현상이 무작정 병적이라고 평가되어서는 안 된다는 것을 단호히 강조해야만 하겠다. 그 환영은 꿈과 마찬가지로 드물기는 하나 자연적인 사건이며, 그것의 병적 성질이 판명될 때에만 '병적'이라고 말해도 좋을 것이다. 순전히 임상적으로 바라보건대 에제키엘의 환영은 원형적 성질을 갖고 있는 것이지 결코 병적으로 왜곡된 것은 아니다. 그것을 병적으로 볼 이유는 없다.[75] 그것은 당시의 의식으로부터 어느 정도 분리된 무의식이 이미 존재하고 있었다는 한 증후를 이루고 있다. 첫 번째의 커다란 환영은 우리가 오늘날에도 다양하게 자연적 현상으로 관찰하는 바와 같은 두 개의 잘 짜여지고 정돈된 사위일체성Quaternität, 즉 전체성의 관념이다. 그 환영의 정수는 '사람처럼 보이는 모습'으로 묘사된다.[76] 에제키엘은 여기에서 본질적인 무의식의 내용을, 즉 더 높은 인간의 관념을 보았다. 야훼는 그러한 인간 앞에서 도덕적으로 굴복하였고 나중에는 그런 인간이 되고자 했다.

말하자면 동시대에 인도에서 나타난 그와 같은 경향의 증후는 고타마 붓다(기원전 562년 탄생)인데, 그는 최고의 브라만 신들보다도 우위의 권위는 최대한의 의식분화에 있다고 했다. 이러한 전개는 푸루샤-아트만 교설Purusha-Atmanlehre의 논리적 귀결을 나타내며 요가 수행의 내면적 경험에서 유래한다.

에제키엘은 야훼가 인간에게 다가감을 상징 속에서 파악했는데, 욥은 이것을 체험했으나, 아마도 욥의 의식이 야훼의 의식보다도 더 높이 있다는 것, 따라서 신이 인간이 되고자 한다는 것을 욥은 의식하지 못했다. 그 외에도 「에제키엘」에서는 처음으로 '사람의 아들'이라는 칭호가 나타나는데, 야훼는 예언가를 사람의 아들이라 호칭했으며, 이렇게 함으로써 그는 추측건대 그가 옥좌에 있는 '사람'의 아들임을 암시하고 있다. 훨씬 후에 나타나는 그리스도 현시를 앞지르는 선형상화先形像化, Präfiguration인 것이다! 그러므로 하느님 옥좌의 네 치품천사熾品天使, Seraphim〔육익六翼천사.「이사야」6장 2절; 뱀의 몸에 날개를 가진 괴물〕는 당연히 복음서 저자의 표장標章이 되었다. 왜냐하면 공관 4복음서가 옥좌의 네 기둥을 표현하는 것과 마찬가지로 이 네 세라핌은 그리스도의 전일성을 나타내는 사위四位를 이루고 있기 때문이다.

무의식의 동요는 수 세기 동안 지속되었다. 다니엘Daniel(약 기원전 165년)은 짐승 네 마리와 "태곳적부터 계신 이Alten der Tage"에 관한 환영을 보았는데 사람의 아들을 닮은 어떤 사람이 하늘에서 구름을 타고 그를 향해 내려왔다.[77] 여기에서 '사람의 아들'은 더 이상 예언자가 아니며, 이와는 무관한 "태곳적부터 계신 이"의 아들이고, 그에게는 아버지를 다시 젊게 만드는 과제가 주어진다.

기원전 100년경 기술된 「에녹Henoch」은 더 상세하다. 그 책은 우리에게 사람들이 '천사의 추락'이라고 부른 예비적으로 형상화된, 신의 아들들의 인간 세계로의 진출에 관한 많은 시사를 제공한다. 「창세기」에 따르면[78] 야훼는 당시에 그의 영靈이, 지금까지처럼 지상의 인간 속에 영원히 살아서는 안 된다는 결정을 내린 데 비해서 신의 아들들은 (보상적으로!) 아름다운 인간의 딸들과 사랑에 빠졌다. 이런 일은 거인

토스 시대에 일어났다. 「에녹」은 200의 천사들이 인간의 딸들을 아내로 삼기로 서로 공모한 후에 셈야자Semjasa의 인솔하에 지상으로 내려와서 인간의 딸과 3000엘레(1엘레: 약 56~85cm)나 되는 거인을 낳았음을 알고 있다.[79] 천사들 중에서도 특출한 자는 아자젤Asasel이었는데, 그들은 인간에게 학문과 기술을 가르쳤다. 이미 악한 카인이 아벨과 비교해서 진보를 대변한 것과 마찬가지로, 그들은 인간의 의식을 확대하고 발달시킨 특별히 진보적인 요소들이었음을 입증하고 있다. 그렇게 함으로써 인간의 의미를 '거인적인 것'으로 확대시켰는데, 이것은 당시의 문화의식의 팽창을 가리키는 것이다. 그러나 팽창은 늘 무의식의 반격으로 위협받게 되는데, 이 무의식의 반격은 노아의 홍수라는 형태로 나타난다. 그 이전에 거인들은 "인간이 획득한 것들을 부수어버렸고", 그러고는 이것들을 먹어버리기 시작했다. 한편 인간들은 나름대로 동물들을 잡아먹어서 "대지는 이 불의한 자들을 개탄하였다."[80]

신의 아들들의 인간 세계로의 침입은 예사롭지 않은 결과가 되었다. 이로써 야훼가 자신이 인간 세상에 출현하기 전에 취한 예비 조치를 더욱 잘 이해할 수 있게 되었다. 인간은 예부터 신의 위력에 필적하지 못했다. 야훼가 이 일에서 어떻게 행동했는가를 추적하는 것은 무척이나 흥미롭다. 후세의 드라콘Drakon(기원전 621년 아테네의 입법자, 매우 가혹한 법을 만들었다고 한다)의 극히 엄격한 판결이 증명하는 바처럼 200명 이상의 신의 아들들이 인간 세계에서 독자적으로 실험을 하기 위해서 하늘의 궁정을 떠났을 때, 하늘나라의 경영 측면에서는 사소한 사건이 아니었다. 우리는 이 '집단 탈출sortie en masse'의 소문이 즉시 널리 퍼졌을지 모른다고 상상할 것이다(신의 전지함만을 제외하고). 그러나 그런 일은 일어나지 않았다. 거인들이 이미 오래전에 태어났고 이미 인간을 죽이고 잡아먹은 다음에야 비로소 마치 우연처럼 네 대천사는 인간이 슬피 외치는 소리를 들었고, 무엇이 지상에서 일어났는가를 발견했다. 우리는 무엇을 더 의아하게 생각해야 하는지, 즉 천사의 합창단들의 조직이 느슨한 것을 이상하게 여겨야 할지, 아니면 하늘에서의 정보 부족을 의아하게 여겨야 할지 정말 알지 못한다. 어쨌든 이번에는 천사장이 신 앞에 나아가 다음과 같이 말해야 할 필요를 느꼈다. "당신 앞에서는 모든 것이 분명하게 드러나 있습니다. 당신께서는 모든 것을 알고 계십니다. 당신 앞에서는 아무것도 감출 수 없습니다. 아자젤이 무엇을 하였는지, 그가 어떻게 갖가지의 부당한 것들을 지상에서 가르쳤으며, 태초의 천상의 비밀을 폭로하였는지를 당신은 알고 있습니다.… 서약은 당신이 전권을 위임한 셈야자에게 그의 무리들을 지배하도록 가르쳤습니다.… 그러나 당신은 일이 생기기 이전에 이미 모든 것을 알고 있습니다. 당신은 이것을 알고 있으며, 그들이 하는 대로 내버려두며, 우리가 그들에게 그 때문에 무엇을 해야만 하는가를 말씀해주시지 않습니다."[81]

천사가 말한 것이 거짓이었거나, 아니면 야훼가 불가해하게도 그의 전지全知를 가지고도 아무런 결론을 이끌어내지 않았거나, 또는 천사가 야훼로 하여금 자신의 전지에 대한 무지를 다시 한 번 선호했다는 사실을 회상하도록 했음에 틀림없다. 여하튼 그들의 침입은 처음에는 광범위한 복수 행위를 불러일으키지만, 그것은 진정으로 정당한 징벌은 아니었다. 왜냐하면 야훼가 노아와 노아의 일족을 제외하고는 모든 살아 있는 피조물을 익사시켰기 때문이다. 이 간막극은 신의 아들들이 그들의 아버지보다 더 영리하고, 더 진보적이며, 더 의식적임을 증명한다. 야훼의 더 후기의 변환은 그만큼 더 높게 평가될 수 있다. 그의 육화에의 준비는 실제로 그가 경험에서 배웠고, 그 이전보다도 더 의식해서 행동한다는 인상을 준다. 소피아에 대한 재회상再回想은 분명히 이러한 의식의 증가에 기여한다. 이것과 병행해서 형이상학적 구조의 계시 또한 더욱 명시적이다. 「에제키엘」이나 「다니엘」에서는 사위성四位性과 사람의 아들에 대한 암시만이 발견되는 데 비해서 「에녹」은 이러한 관점에서 상세하고 분명한 보고를 제공한다. 지하세계, 일종의 하데스는 네 개의 공간으로 나뉘어 있는데, 이 공간은 죽은 혼령이 최후의 심판에 갈 때까지 머무르는 곳이다. 이 공간의 셋은 어두우며, 한 공간은 밝고 '맑은 샘물'[82]을 갖고 있다. 그것은 정당한 자를 위한 공간이다.

사람들은 이런 종류의 이야기를 함으로써 뚜렷한 심리학적 영역으로, 즉 만다라의 상징으로 들어가게 된다. 1대 3이나 3대 4의 비율이 이 만다라의 상징에 속한다. 「에녹」의 넷으로 나누어진 하데스는 저승의 사위성에 합치하며, 사람들은 늘 이 저승의 사위성을 천상적인 또는 프네우마적인 사위성에 대비되는 것으로 추측할 수 있을 것이다. 전자는 연금술에서는 원소의 사위성에 해당되며, 후자는 넷, 즉 신격神格의 전체성의 측면에 해당된다. 그것은 예를 들어 바르벨로Barbelo, 콜로르바스Kolorbas, 정방형의 메르쿠리우스Mercurius quadratus 또는 네 얼굴을 가진 신들이 암시하는 바와 같다.

실제로 에녹은 신의 네 얼굴을 보았다. 그중 셋은 찬미, 기도와 간청에 몰두하며, 네 번째는 "사탄들을 물리치고 사탄들이 대륙의 거주자를 고발하기 위해 성령들의 주님 앞에 나타나는 것을 허용하지 않았다."[83]

환영은 신상神像의 본질적인 분화를 나타낸다. 즉 신은 네 얼굴, 혹은 얼굴의 네 천사, 바꾸어 말해서 네 실체 또는 방사放射를 갖는다. 이들 중 하나는 다수로 변한 더 고대의 신의 아들인 사탄을, 우리가 위에서 확인한 바에 따라 신으로부터 멀리 있게 하고, 「욥기」의 양식으로 실험을 계속하지 못하도록 하는 일에 골몰하고 있다.[84] 사탄들은 아직도 천상의 영역에 있다. 왜냐하면 사탄의 추락은 아직 일어나지 않았기 때문이다. 위에서 언급한 비율은 여기서는 세 천사는 성스럽거나 유익한 기능을 행하지만 네 번째 천사는 사탄을 막아야 하기 때문에 다툼을 좋아한다는 사실을 통해서 암시된다.

이 사위성은 분명히 프네우마의 성질이다. 그러므로 대부분 날개 달린 존재, 즉 공기 같은 존재로서 상상되는 천사로 표현된다.[85] 이 설명은 천사들이「에제키엘」의 네 세라핌에서 유래한 것이라고 했을 때 특히 개연성이 있다. 사위성이 두 배로 되거나 상하로 분리되는 것은 사탄이 천상의 궁정에서 멀리 떨어져 있는 것과 마찬가지로 이미 일어난 형이상학적 분열을 가리킨다. 그러나 하늘나라에서의 플레로마의 분열은 신의 의지에서 더 깊이 진행하는 분열의 증상을 나타낸다. 즉 아버지는 오로지 비도덕적인 것을 선하게, 무의식적인 것을 의식하게 하는 아들, 신인간神人間이 되고자 한다. 그러나 이 모든 것은 이제 겨우 생겨나는 상태statu nascendi에 있다.

에녹의 무의식은 그것에 의해 강하게 자극되었고 그 내용은 묵시록의 환영에서 드러난다. 게다가 무의식은 그에게 '편력peregrinatio'을, 동서남북으로의 여행을, 지구의 중심으로의 여행을 하게끔 하였다. 그럼으로써 그 자신이 자신의 움직임을 통해서 만다라를 그려냈는데, 이는 연금술 철학자들의 '여행'이나 현대인의 무의식에 상응하는 환상들과 일치한다.

야훼가 에제키엘을 '사람의 아들'이라고 불렀을 때, 이것은 더 이상 막연한 이해할 수 없는 암시가 아니다. 그러나 여기에서 분명해지는 것은 인간 에녹은 신의 계시를 받는 자일 뿐만 아니라 동시에, 마치 그가 적어도 신의 아들 중의 하나인 양 신의 드라마에 함께 말려들어간다는 것이다. 사람들은 이것을, 신이 막 인간이 되려고 하는 것과 같은 정도로, 인간이 플레로마의 사건에 잠기게 되는, 말하자면 그 안에서 세례를 받고 신의 사위성에 참여하게 된다는 것(즉 그리스도와 함께 십자가에 매달리게 된다는 것)이라고밖에는 이해할 수 없을 것이다. 그래서 오늘날에도 성수축성[降福式], benedictio fontis의 의식에서 성직자는 손으로 물을 열십자로 나누고 그것을 조금씩 동서남북으로 향해 붓는다.

사람들이 에녹이 다가올 신의 육화에 대한 매우 특별한 이해를 가지고 있다고 생각할 정도로 에녹은 신의 드라마에 사로잡혔고 영향을 받았다. "태곳적부터 계신 이(고령자)Hochbetagten" 곁에 있는 '사람의 아들'이 천사(즉 신의 아들들 중의 하나)와 같아 보였다. 그는 "정의를 가진 자이며, 그에게는 정의가 깃들어 있다.… 왜냐하면 영靈들의 주님은 그를 선택하였기 때문이다. 그리고 그의 운명은… 정직함을 통해서… 모든 것을 능가했다."[86] 바로 정의가 그렇게 강하게 강조된 것은 우연이 아닐 것이다. 왜냐하면 정의는 야훼가 가지고 있지 않은 특성이기 때문이다. 이러한 사실을 「에녹」의 저자와 같은 사람이 눈치 채지 못한 것은 아니었다. 사람의 아들의 지배하에서는 "정의로운 자의 기원은 들어주게 되고, 정의로운 자의 피는 영들Geister의 주님 앞에서 보복된다".[87] 에녹은 "메마르지 않는 정의의 샘"[88]을 바라본다. 사람의 아들은 "의인義人과 성자聖者에 대한 잣대가 될 것이다. 이 목적을 위해서 세계가 창조되기 이전에 그는 선택되었고, 신 앞에 숨겨져 있었다. 그는 영원토록 신 앞에 있게 될 것이다. 영들의 주님의 지혜는 그를 드러나게 했다. 왜냐하면 그가 의인의 운명을 지키기 때문이다."[89] "왜냐하면 지혜는 물처럼 쏟아 내리기 때문이다.… 왜냐하면 그는 정의의 모든 비밀에 대해 능통하며 불의는 그림자처럼 사라지게 될 것이기 때문이다. 그의 안에는 지혜의 영, 통찰을 주는 영, 교훈과 힘의 영이 거주한다."[90]

사람의 아들의 지배하에서는 "지상은 그 안에 모인 것을 돌려줄 것이며, 세올Scheol(저승) 역시 그가 받은 것을 되돌려줄 것이다. 지옥은[91] 그가 빚지고 있는 것을 돌려줄 것이다. 선택된 자는 그날 나의 옥좌에 앉게 될 것이며 모든 지혜의 비밀은 그의 입을 통해 생각이 나오게 될 것이다."[92]

"모두 하늘에서 천사가 될 것이다."[93] 아자젤과 그의 무리는 화로에 던져질 것이다. 왜냐하면 "그들은 사탄에 종속되어 지상에 사는 자들을 유혹했기 때문이다."[94]

세계 종말의 시기에 사람의 아들은 모든 피조물을 심판한다. "암흑은 없어지고" "빛은 계속 존속할 것이다."[95] 야훼의 두 개의 큰 증거물도 믿어야 된다. 레비아탄Leviathan과 베헤모트Behemoth(海馬)도 잘려져 먹히게 된다. 이 자리에서[96] 모습을 드러낸 천사는 에녹을 '사람의 아들'이란 칭호로 부른다. 이것은 에제키엘과 유사하게 에녹이 신적 신비神秘에 의해 동화되고, 또한 동일한 신비에 관여된다는 표시이다. 이 사실은 그 밖에도 그가 신적 신비의 증인이라는 사실을 암시하고 있다. 에녹은 황홀해져서 하늘에 있는 그의 자리에 앉는다. "하늘 위의 하늘"에서 그는 불이 주위를 흐르며 영원히 잠을 자지 않는 날개 달린 존재가 지키는 크리스탈로 된 신의 집(교회)을 본다.[97] '고령자Betagte'는 사위성(미카엘, 가브리엘, 라파엘, 파누엘)과 함께 나오면서 그에게 다음과 같이 말한다. "너는 정의를 위해 태어난 남자의 아들이다. 정의는 네 위에 거주하며, 고령의 주님의 정의는 너를 떠나지 않으리라."[98]

사람의 아들과 그 의미가 늘 되풀이해서 정의와 결부되는 것은 주목할 만하다. 정의는 중심 주제이며 주된 관심사인 것 같다. 오직 불의의 위험이 닥치거나 불의가 이미 행해지고 있는 곳에서만 그런 종류의 정의의 강조는 의미가 있다. 어느 누구도 아닌 오직 신만이 가치 있는 방법으로 정의를 나누어줄 수 있으며, 바로 그와의 관련하에서 그가 자신의 정의를 잊고 싶어 한다는 두려움이 타당하다. 이 경우에는 그의 의로운 아들이 그의 곁에서 인간을 위해 나타날 것이다. 그래서 "의로운 자는 평화를 갖게 되는"[99] 것이다. 아들의 지배하에 있게 될 정의는 매우 강조되어서 마치 과거 아버지의 지배하에서는 불의가 우세했고, 아들과 더불어 비로소 정의의 시대가 열리는 것 같다는 인상이 생겨난다. 마치 에녹이 이것으로 무의식적으로 욥에게 응답을 준 것과도 같다.

신의 나이를 강조한 것은 논리적으로 아들의 존재와 관련이 있다. 그러나 신이 배후로 물러나고 아들에게 인간 세계의 통치를 점점 더 넘겨준다는 생각을 넌지시 비치고 있는 것이다. 이렇게 함으로써 더 정의로운 질서를 기대하게 된다. 사람들은 어딘가에서 심혼의 상처, 잔인한 불의에 대한 회상이 계속 영향을 끼치며 신에 대한 신뢰관계가 약화됨을 모든 것에서 본다. 신 자신이 아들을 갖고자 하며, 사람들은 아버지를 대치할 아들을 원한다. 우리가 충분히 살펴본 바대로 이 아들은 **무조건** 정의로워야 하며, 이것은 모든 다른 미덕보다도 우선해야만 한다. 신과 인간은 맹목적인 불의에서 벗어나고자 한다.

에녹은 탄생이나 운명적인 예정이 그를 선택한 것이 아닌 것처럼 보임에도 불구하고, 망아경Ekstase에서 자신을 사람의 아들, 또 신의 아들로서 인식했다.[100] 우리가 욥에게서 단지 추측했거나 불가피하다고 추론했던 신적인 고양을 에녹은 체험했다. 욥 자신은 "그러나 나는 안다. 나의 변호인이 살아 있음을…"[101]이라고 고백했을 때, 그와 같은 것을 예감한 것 같다. 이 매우 기이한 말은, 당시의 상황하에서는 다만 온화한 야훼에만 관계될 수 있다. 그리스도를 예견하는 것이라고 본 이 문구에 대한 전통적인 기독교의 해석은, 야훼의 호의적인 측면이 고유의 실체로서 사람의 아들에게서 육화되는 한, 이것이 에녹에게서는 정의의 대변자로서, 그리고 기독교에서는 인간의 정의가 정당함을 증명하는 자로 판명되는 한에서만 정당하다. 게다가 사람의 아들은 선재하고 있었고, 그렇기 때문에 아마도 욥이 그를 증인으로 내세울 수 있었다. 사탄이 고발인, 중상모략하는 자로서의 역할을 하듯이, 신의 다른 아들인 그리스도는 변호인, 옹호자의 역할을 한다.

모순에도 불구하고 사람들이 이 에녹의 구원자적 관념에서 기독교적 가필을 보고자 한 것은 이해할 만하다. 그러나 심리학적 이유에서 이러한 의혹은 내게는 옳지 않은 것처럼 여겨진다. 야훼의 부당성과 비도덕성이 한 경건한 사상가에게 무엇을 뜻하는가에 대해 우리는 해명을 해야만 할 것이다! 그러한 종류의 신에 대한 생각으로 부담을 안고 있는 것이 가장 어려운 것이었다. 후세의 어떤 증언은 「시편」 89장이 너무 어려워서 결코 읽을 수 없었던 한 경건한 현자의 이야기를 우리에게 전하고 있다. 그리스도의 가르침뿐만 아니라 그리스도 이후 오늘날까지의 교의敎義가 하늘에 계신 사랑하는 아버지의 자비와 불안으로부터의 구제, 최고의(오직) 선Summum Bonum과 선의 결손으로서의 악 privatio boni을 강하게 일방적으로 지지하고 있음을 고려해본다면, 이로부터 사람들은 야훼의 모습이 얼마나 모순된 것인지, 그러한 종류의 자가당착이 종교적 의식에는 얼마나 견디기 어려운 것인가를 가늠할 수 있다. 욥의 시대 이후로 이미 늘 이 문제는 있었다.

야훼의 내면적 불안정성은 세계 창조의 전제조건일 뿐만 아니라 플레로마적 드라마의 전제조건이기도 하다. 이 드라마의 비극적 합창이 인류를 만들었다. 피조물과의 대립이 창조주를 변화시켰다. 우리는 구약성서에서 〔기원전〕 6세기부터 점점 더 많이 이런 발달의 흔적이 있음을 보게 된다. 최초의 두 가지 주요점이 있는데, 첫째의 것은 욥의 비극이며 다른 것은 에제키엘의 계시다. 욥은 부당하게 고통을 받은 자이나, 에제키엘은 야훼가 인간화되고 분화됨을 보았다. 사람의 아들이라고 호칭함으로써, 신의 육화와 사위성은 완전한 인간, 즉 영겁으로부터 예정되어 있던 신의 아들에게 신의 변화와 인간화를 통해 생기게 되리라는 것에 대한 소위 플레로마적 모상模像임을 이미 시사하고 있다. 이것은 에녹에게서는 직관적인 선취先取로서 이루어진다. 그는 플레로마에서 망아적으로 사람의 아들이 된다. 그의 마차 위에서의 황홀감은 (엘리야와 마찬가지로) 죽은 자의 부활을 미리 그려내는 것이다. 정의의 지배자로서의 자신의 역할을 수행하기 위해서 신 가까이 도달해야만 하며 선재하는 사람의 아들로서 그는 죽음에 더 이상 굴복하지 않는다. 그러나 그가 보통 인간이어서 원래 죽어야 할 운명인 경우에는, 그에게서와 마찬가지로 다른 세속의 인간에게서도 신의 관조에 부딪히게 되며, 그들은 그들의 구세주를 의식하게 되며 이로써 불멸성을 얻게 될 것이다.

누군가 그 문제를 조금이라도 진지하게 생각한 사람이 있었다면 모든 이런 생각들은 기존의 가정에 입각해서 이미 당시에 인식될 수도 있었을 것이다. 이에 대해서는 어떠한 기독교적인 가필이 필요치 않다. 「에녹」서書는 대규모로 이를 미리 예기하였다. 그러나 모든 것은 아직 땅에 발붙이지 못한 채 단순한 계시로서 공중에 떠 있었다. 이러한 사실에 비추어볼 때 아무리 생각해도 어떻게 기독교가 사람들이 늘 되풀이해서 듣게 되는 것처럼, 절대적으로 새로운 것으로서 세계사에 뚫고 들어왔다고 하는 것인지 우리는 이해할 수 없다. 무엇인가 일찍이 역사적으로 준비되어 있었고, 기존 세계의 관점Anschauung에 의해 유지되고 지지되어 있었다면 기독교야말로 이에 대한 결정적인 예일 것이다.

XII

예수는 처음에는 유대 민족의 종교개혁자, 선하기만 한 신의 예언자로서 등장한다. 그럼으로써 그는 위협받고 있던 종교적 연결을 구해낸다. 이러한 관계에서 사실 그는 구원자σωτήρ임이 드러난다. 그는 인류를 신공동체神共同體의 상실로부터 지키고, 단순히 의식意識과 의식의 '합리성'에 빠져들어가지 않도록 보호한다.

그 위협이란 의식과 무의식 사이의 해리解離 같은 것, 즉 태초로부터 되풀이해서 인간을 위협해온 부자연스러운 병적인 상태, 이른바 '영혼의 상실Seelenverlust'의 상태와 같은 것일 게다. 더 강도 높게, 언제나 되풀이해서 인간은 정신의 비합리적인 소여성所與性과 필요성을 간과하고 모든 것을 의지와 이성으로 지배함으로써 중요한 것을 무시할 그릇된 믿음의 위험에 빠진다. 이러한 현상은 사회주의나 공산주의와 같은 거대한 사회정치적 운동에서 가장 잘 볼 수 있으며, 전자 밑에서는 국가가 고통을 받고 후자 밑에서는 인간이 고통을 받는다.

예수는 보는 바처럼, 기존의 전통을 자신의 개인적인 현실로 바꾸어서 다음과 같이 기쁜 소식을 알렸다. "신은 인류에 호감을 갖고 있다. 신은 사랑하는 아버지이며, 내가 너희들을 사랑하듯이 너희들을 사랑한다. 너희들을 원죄에서 벗어나게 하기 위해 신은 나를 그의 아들로서 너희에게 보냈다." 그는 자신을 신과의 화해를 가져다줄 속죄의 제물로 제공한다. 신과 인간 사이의 진정한 신뢰관계가 바람직할수록 야훼의 피조물에 대한 복수심이나 비타협성은 더욱더 두드러진다. 사람들은 사랑 그 자체인 선한 아버지인 신에게는 이해하며 용서하기를 기대해도 좋을 것이다. 그러나 최고의 선善이 인간 제물을 통해서 그것도 다름 아닌 자기 자신의 아들의 살해를 통해서 은혜를 베푸는 행위를 할

수 있다는 것은 예측 못한 충격이다. 아마도 그리스도는 이 점강법漸降
法, Antiklimax〔강한 표현에서 약한 표현으로 나가는 수사법〕을 간과했다. 그러나
어쨌든 그 후의 모든 세기들은 이 점강법을 아무런 모순 없이 받아들였
다. 사람들이 확실히 알아야 하는 것은 선한 신이 인간 희생을 통해서
만 마음을 진정시킬 수 있을 정도로 비타협적이라는 점이다! 그 사실
은 오늘날 사람들이 더 이상 액면대로 받아들일 수 없는 견디기 어려운
것이다. 왜냐하면 사람들이 여기에서 신의 특성을 조명하고 사랑과 최
고의 선에 대한 소문이 거짓말임을 입증해 보이는 눈부신 빛을 보지 못
한다면, 사람들은 이미 눈이 멀어 있음에 틀림없기 때문이다.

그리스도는 이중적 관점에서 중재자다. 즉 그는 신에 대항해서 인간
을 도우며 사람들이 신에 대해 갖는 불안을 가라앉힌다. 그는 서로 일
치하기 어려운 두 극단, 신과 인간 사이에서 중요한 중간 위치를 차지
한다. 신의 드라마의 초점은 뚜렷하게 중재하는 신인간神人間에게 옮겨
진다. 신인간에게는 인간적인 것도 신적인 것도 모두 있다. 그렇기 때
문에 그는 이미 일찍이 전체성의 상징으로 표시되어왔다. 왜냐하면 신
인간은 모든 것을 포괄하는 것으로서, 그리고 대극을 합치는 것으로서
이해되기 때문이다. 마찬가지로 그에게는 분화된 의식을 시사하는 사
람의 아들의 사위성이 속한다고 생각된다(십자가와 네 형태를 참조하시
오). 그것은 일반적으로 에녹의 본보기와 일치한다. 다만 한 가지 중요
한 차이는 에제키엘과 에녹은 둘 다 '사람의 아들'의 칭호를 지니고 있
지만 보통의 인간인 데 비해서 그리스도는 이미 혈통[102]이나 수태, 출
생을 통하여 고전적 의미에서 영웅이며 반신半神이다. 성령이 동정녀
에게 수태하여 그를 낳았다. 예수는 피조물의 인간이 아니다. 그러므
로 원죄의 경향을 갖지 않는다. 그에게서 악의 감염은 육화의 준비를
통해서 차단되었다. 그리스도는 인간의 면보다는 신의 면에 더 가까이

있다. 그는 전적으로 선한 신의지神意志를 육화하였으므로 정확히 중앙에 위치하고 있지는 않다. 왜냐하면 피조물인 인간의 정수精髓, 즉 원죄는 그에게는 이르지 않는다. 원죄는 원래 사탄을 통해 신의 궁정에서부터 피조물에게 들어오게 되었는데, 이것에 대해 야훼가 대단히 화가 났었기 때문에 그의 노여움을 가라앉히기 위해서 자신의 아들이 희생되어야만 했었다. 기이하게도 야훼는 특히 사탄을 그의 주변에서 멀리 떼어놓지는 않았다. 「에녹」서에서는 특별한 천사장 파누엘이 야훼에게서 사탄의 교사를 멀리 떼어놓는 일을 맡았다. 사탄은 세기의 종말에야 별이 되어[103] 사슬에 묶여 심연 속에 버려지고 제거된다고 한다(「요한묵시록」에서는 그렇지 않아서 사탄은 영원히 그의 본령을 발휘하며 살아남아 있다).

비록 일회적인 그리스도의 희생이 원죄의 저주를 타파하여 신의 노여움을 가라앉혔다고 일반적으로는 가정하고 있지만, 그리스도는 이에 관해서 그래도 다소의 근심을 품었던 것 같다. 만약 양 떼들이 목자를 잃어버리고, 하느님 곁에서 그들의 편을 들어주었던 그 목자가 없음을 알게 된다면 인간들, 특히 그의 제자들에게 어떤 일이 일어나게 될 것인가? 그리스도는 제자들에게 그는 항상 현존해 있을 것이며, 물론 그들 자신 속에 있으리라고 확신시키기는 했다. 그럼에도 이것으로는 충분한 것 같지 않아서 그는 그 밖에도 그 대신 그들에게 조언과 조력을 해주고 영원히 그들 곁에 머물게 될 다른 파라클레토스 παράκλητος(변호인)를 하느님 아버지로부터 보내주겠노라고 약속한다.[104] 따라서 '법적 위치'가 아직 아무런 의혹이 없을 정도로 분명하게 해명된 것은 아니라는 것과 아직도 불확실한 요소가 남아 있다고 추측해볼 수도 있을 것이다.

변호인들을 보내는 일에는 또 다른 측면이 있다. 이 진리와 인식의 영Geist은 그리스도를 낳게 한 성령이다. 그는 육체적·정신적 생산의 영이며, 이제부터는 피조물인 인간 안에 거처를 마련해야만 할 것이다. 성령은 신격神格의 제3의 인격을 나타내기 때문에 그것은 신이 피조물인 인간에게서 만들어짐을 뜻하는 것과 같다. 그것은 인간의 지위의 엄청난 변화를 의미하게 되고 그 변화를 통해서 인간이 어느 의미에서는 아들의 신분, 그리고 신·인간적인 존재로 승격된다. 그럼으로써 우리가 본 대로, '사람의 아들'이란 칭호가 피조물인 인간에게 주어진 「에제키엘」과 「에녹」서에서 신·인간적 존재의 예비 형상화가 충족된다. 이렇게 됨으로써 인간은 그에게 달라붙어 있는 죄에도 불구하고, 중재자의 위치, 즉 신과 피조물이 일치된 자의 위치에 이르게 되었다. "나를 믿는 자는 내가 하는 일을 할 뿐 아니라, 그보다도 더 큰 일도 하게 될 것이다"[105]라고 그리스도가 말했을 때, 그리고 그가 「시편」(82장 6절)을 회상하면서 "내가 말하지 않았느냐. 너희들이 신들이요, 모두가 지극히 높으신 이의 아들들이다"라고 말했고, "성경은 결코 소멸될 수 없다"[106]고 덧붙여 말했을 때, 그리스도는 아마도 이 무한한 가능성을 고려에 둔 듯하다.

성령이 미래에 인간 안에 살게 된다는 것은 전진하는 신의 육화와 같은 의미를 갖는다. 태어난 신의 아들이자 선재한 중개자로서의 그리스도는 첫 아들이며 신적인 본보기인데, 성령의 계속되는 육화가 실제의 인간에게서 그 뒤를 따르게 될 것이다. 그러나 이 인간은 세계의 어둠에 관여하므로, 이제 그리스도의 죽음으로 근심의 원인이 될 수도 있는 중대한 상황이 생겨난다. 신이 인간이 될 때 모든 어둠이나 악은 아주 조심스럽게 밖에 두었다. 「에녹」의 사람의 아들로의 변환은 모두 밝은 곳에서 진행되고, 그리스도에서의 인간화는 더욱더 밝은 곳에서 이루어진다. 신과 인간 사이의 결합이 그리스도의 죽음으로 단절

된다는 것은 결코 있을 법하지 않은 일이다. 오히려 그 반대로 이 관계의 지속성은 늘 되풀이되어 강조되며 보호자를 보냄으로써 더욱 충분히 확인된다. 그러나 이 결합이 밀접하게 형성되면 될수록 악과의 충돌은 더욱 가까워진다. 이미 일찍이 있어온 예감에서, 이제 밝음이 나타난 뒤에는 이에 상응하는 어둠이, 그리스도 후에는 적그리스도가 뒤따르게 되리라는 예상이 전개된다. 우리는 그러한 종류의 견해를 형이상학적 관점에 따라 예상해서는 안 될 것이다. 왜냐하면 형이상학은 악의 힘이 극복되어 있기 때문이며, 사람들은 사랑하는 하느님이 그리스도 안에서 아주 광범위한 구원을 실행하여 인간과의 화해, 인간 사랑을 선언한 후에 앞서 진행된 모든 것을 무시하고 그의 악한 번견番犬을 다시 자신의 아이들을 물어뜯도록 풀어놓을 수 있으리라고는 생각할 수 없기 때문이다. 사탄에게는 왜 이런 맥빠지는 관용을 베풀까? 어디서 인간에 대한 악의 끈질긴 투사가 일어나게 되는가? 그는 왜 인간을 그토록 약하고 쉽게 발작을 일으키고 바보처럼 만들어서 인간들이 그의 나쁜 아들들을 도저히 이겨낼 수 없게 만든 것인가? 왜 악을 뿌리째 뽑을 수 없는 것인가? 선한 신의 의지는 착하고 자비심 많은 아들을 만들었고, 자신에 관해 선한 아버지의 상像을 각인했다. 유감스럽게도 선한 신의 의지는—우리가 말하지 않을 수 없는 것은—다른 목소리를 내는 진리에 대한 지식도 존재했었다는 정황을 또다시 고려하지 않았다. 그가 자신의 행위를 해명하기만 했더라면 그는 그의 인간화人間化에 의해서 어떤 종류의 해리에 빠지게 되었는가를 보았을 것이다. 신의 어둠 덕택에 사탄은 저지른 죄에 대한 벌을 모면하게 되는데, 그렇다면 신의 어둠은 어디로 갔을까? 신은 사탄이 아주 달라졌고 그의 비도덕성이 그로부터 떨어져나갔다고 믿는 것인가? 그의 밝은 아들 자신도 이러한 점에서는 그를 완전히 신뢰하지 않는다. 이제 그는 '진리의 영'을 인간에게 보낸다. 인간은 그 진리의 영의 도움으로, 신이 단지 그의 밝은 면에서만 육화되고, 선善 자체라고 믿을 때, 혹은 최소한 그런 것으로 여겨지기를 바랄 때, 사람들이 무엇을 기대해야만 하는가를 곧 충분히 발견하게 될 것이다. 사람들은 대규모의 에난치오드로미 Enantiodromie[대극으로의 반전]를 각오해야만 한다. 아마도 그것이 우리가 '진리의 영'의 활동의 덕택으로 알고 있는 적그리스도에 대한 기대가 갖는 의미일 것이다.

변호인〔성령〕은 형이상학적으로는 아주 중요하지만 교회 조직에는 매우 바람직하지 못하다. 왜냐하면 그는 심지어 성서의 권위를 내세워서 모든 교회의 통제를 벗어나기 때문이다. 이에 반해서 연속성과 교회의 관심사에서는 그리스도의 구원사업이나 신의 육화의 일회성이 강력히 강조되어야만 했다. 같은 이유로 성령이 지속적으로 인간 안에 거주한다는 것은 가능한 한 무시되고 억제되었다. 사람들은 더 이상 계속되는 개인주의적 탈선을 참을 수 없다. 성령에 의해 빗나간 생각을 갖게 되면 그는 필연적으로 이단자가 되었고, 이단자의 근절과 박해는 완전히 사탄의 취향에 따라서 일어났다. 물론 다른 한편 만약 누구나 보편적인 교리를 개선하기 위해서 그 자신의 성령의 직관을 타인에게 강요하려 했다면, 당시의 기독교는 아마도 가장 짧은 기간 내에 바빌론식의 언어의 혼란으로 몰락했을 것이다. 위협적으로 가까이에 도사리고 있는 숙명이다.

변호인, 즉 '진리의 영'에게는 그리스도가 가르친 것을 기억하고 그것을 분명하게 하기 위해서 성령이 인간 안에 거주하고 활동한다는 과제가 주어진다. 성령의 이러한 활동의 좋은 예가 바울이다. 그는 하느님을 알지 못했고, 주님의 복음을 사도에 의해서가 아니고 계시를 통해서 받았다. 그는 무의식이 불안정해서 계시적인 황홀경을 불러일으킨 그러한 사람들에게 속한다. 성령의 삶은 성령이 활동하고 있고 작용한다는 데 있다. 그 작용은 성령이 존재하고 있음을 증명할 뿐 아니라 그것을 넘어서 이끌어가는 것이다. 그래서 그리스도의 말씀 가운데는 이미 전통적인 '기독교적인 것'을 넘어서는 생각의 징후가 있었다. 예를 들어 성실하지 않은 집사에 관한 비유인데, 그 집사의 도덕성은 『베자 사본』[107]의 로기온Logion(성서에 기록되지 않은 그리스도의 말씀)과 일치하며, 기대와는 다른 윤리적 관점을 노출시키고 있다. 여기에서 도덕의 기준은 의식성意識性, Bewußtheit이지 법이나 관습이 아니다. 사람들은 여기에서, 그리스도가 참을성이 부족하고 변덕스러운 성격의 소유자인 바로 그 베드로를 그의 교회의 반석과 토대로 만들고자 한 특이한 사실을 예로 들 수 있을 것이다. 내게는 이것이 도덕적으로 분화하는 관찰 방법에 악을 포함시키는 것을 암시하는 특성인 것처럼 여겨진다. 예를 들면 악이 이성적인 방법으로 감추어지면 선이고, 행동의 무의식성은 악인 것이다. 우리는 그런 의견이 선 이외에 악도 고려되는 시기를, 혹은 무엇이 악인가를 언제나 정확하게 안다는 식의 의심쩍은 가정하에서 그것을 문턱 아래로 더 이상 억제하지 않는 시기를 이미 내다보고 있었다고 추측해도 좋을 것이다.

적그리스도에의 기대 역시 멀리까지 영향을 미치는 계시나 발견인 것 같다. 악마가 추락이나 추방에도 불구하고 아직은 "이 세계의 주인"이며 모든 것을 둘러싸고 있는 공기 안에 정주하고 있다는 주목할 만한 확증도 마찬가지다. 그의 악행에도 불구하고, 그리고 인류를 위한 신의 구원 작업에도 불구하고 악마는 아직도 상당한 권력의 위치를 점하고 있고, 그 영역에 모든 지상의 피조물이 들어 있다. 그러한 종류의 상황을 우리는 비판적으로 규정할 수밖에 없다. 여하튼 그 상황은 사람들이 복음의 내용에 따라서 이성적으로 기대할 만한 것과 일치하지 않는다. 악은 그가 지배할 날이 오래 남지 않았음에도 불구하고, 결코 사슬에 매여 있지 않다. 신은 여전히 사탄을 억지로 다루기를 주저한다. 신은 자신의 어두운 측면이 악의 천사를 어떻게 돕는지에 대해 아직도 분명히 알지 못한다고 우리는 가정할 수밖에 없다. 인간에게 주거를 정한 '진리의 영'에게 이 일이 물론 오래 숨겨져 있을 수는 없다. 그래서 그는 인간의 무의식을 흔들어서 이미 기독교의 초기Urzeit에 계속된 큰 계시들을 일으켰다. 이 계시들은 그것의 불명확함 때문에 그 후의 시대에 많은 해석과 오해를 불러일으켰다. 그것이 「요한묵시록」이다.

XIII

우리는 「요한묵시록」에서 「요한의 편지」(「요한서」)의 저자보다 더 잘 어울리는 인물을 생각할 수 없을 것이다. 요한은 신은 빛이며 "신 안에 어둠은 전혀 없다"[108]고 고백하고 있다.(누가 어둠 같은 것이 신 안에 있다고 말했던가?) 그래도 우리가 죄를 지으면, 비록 그 때문에 이미 우리의 죄가 사함을 받았음에도 불구하고 우리는 신에게서 후견인을, 즉 속죄의 제물인 그리스도를 필요로 한다는 것을 요한은 알고 있었다.[109](그러면 왜 우리는 법률 고문을 필요로 하는가?) 하느님은 우리에게 커다란 사랑을 선사했다. (하지만 인간의 희생이 대가로 치러져야만 했다.) 그리고 우리는 신의 아이들이다. 신에게서 태어난 자는 죄를 범하지 않는다.[110](누가 죄를 범하지 않는단 말인가?) 신은 사랑의 복음을 설교한다. 신 자신이 사랑이다. 완전한 사랑은 두려움을 몰아낸다. 그러나 그는 거짓된 예언자들과 사교를 부르짖는 자들을 경고해야 하며, 그는 적그리스도의 출현을 예고하는 바로 그 사람이다.[111] 그의 의식의 태도는 정통적이지만 그에게는 악이 느껴진다. 그는 그의 의식적인 계획에는 알려지지 않은 나쁜 꿈들을 쉽게 꿀 수도 있을 것이다. 그는 필요한 자기성찰을 잊은 적이 없는 바울과는 다르게 마치 그가 죄 없는 상태뿐만 아니라 완전한 사랑을 알고 있는 것처럼 말한다. 요한은 너무 확실해서 해리의 위험을 안고 있다. 그러한 상황에서는 무의식에서는 반대 입장이 생겨나고 이것이 언젠가는 계시의 형태로 의식을 뚫고 나올 수 있다. 계시가 생기면, 다소간 주관적인 신화의 형태를 갖게 된다. 왜냐하면 그 가운데서도 그것이 개별적인 의식의 일방성을 보상하기 때문이다. 이것은 그 의식의 상황이 주로 (자신에게 책임이 없는) 무지의 특징을 지니고 있어서 다소 객관적이고 보편타당한 원형적 자료의 형태로 보상된 「에제키엘」이나 「에녹」의 환영과는 다르다.

    우리가 이것을 확인할 수 있는 한, 묵시록은 이러한 조건에 일치한다. 벌써 시작의 환영에서는 **공포심을 불러일으키는 형태**가 나타난다. 그리스도는 '상제上帝, Hochbetagte', 즉 인간과 유사하거나 사람의 아들과 유사한 형태와 융합되어 있다. 그의 입에서는 "날카로운 양날의 검"이 나오는데, 이것은 형제의 사랑을 표명하기 위한 것이기보다는 투쟁과 살육에 더 쓸모가 있어 보인다. 그리스도가 요한에게 "두려워하지 마라"라고 말했기 때문에, 요한이 "죽은 것처럼" 쓰러졌을 때,[112] 그가 사랑에 의해서가 아니라 오히려 **공포**에 압도되었으리라고 우리는 가정해야 할 것이다. (그것이 여기에서 어떻게 모든 두려움을 몰아내는 완전한 사랑과 함께 있겠는가?)

    그리스도는 아시아 지방의 교구에 일곱 개의 서간을 보내도록 그에게 주문했다. 에페수스의 교구에는 속죄하라고 요구했으며, 그렇지 않을 때에는 빛을 빼앗으리라고 위협한다 ("…만일 그렇지 않고 뉘우치지 않으면 내가 가서 너의 촉대燭臺, Leuchter를 그 자리에서 치워버리겠다").[113]

그리스도가 니골라 당Nicolaïten의 소행을 '미워함'을 이 서간에서 또한 알 수 있다.(그것이 어떻게 이웃 사랑과 일치하는가?)

스미르나Smyrna 교회는 좀더 나은 대접을 받는다. 그들의 적이 유대인이라고 자칭하지만, "사탄의 무리"여서 이것이 호의적으로 느껴지는 않는다.

페르가무스Pergamus는 그곳에 이단자가 눈에 띈다고 비난받는다. 그곳에는 또 니골라 당이 있다. 그러니 그 교회는 속죄해야만 하고 "그렇지 않으면 내가 급히 너희들에게 가리라"고 말하게 된다. 이것은 협박이라고 이해할 수밖에 없을 것이다.

티아티라Thyatira 교회는 거짓 예언녀인 이세벨Isebel이 하는 대로 내버려두고 있었다. 그는 "그녀를 고통의 병상에 던질 것이다", 그리고 "그녀의 자녀를 죽게 하리라"고 말한다. 그러나 그의 일을 끝까지 수행하는 자에게는 "여러 민족을 다스릴 권세를 주겠다. 그리고 '그는 쇠지팡이로 질그릇을 부수듯이 그들을 다스릴 것이다'—이것은 마치 내가 내 아버지께로부터 받은 권세로 다스리는 것과 같은 것이다—승리하는 자에게는 샛별을 주겠다"[114]고 한다. 잘 알려져 있다시피 그리스도는 "원수를 사랑하라"고 가르쳤다. 그런데 여기에서 그는 베들레헴식의 유아살해 방식으로 위협한다!

사르데스Sardes 교회의 작업들은 신 앞에서는 완전하지 못했다. 그래서 "회개하라! 그렇지 않으면 그가 도둑처럼 예기치 않은 시간에 그들에게 나타날 것이다"[115]라는 경고를 받는다. 이것은 별로 호의적이랄 수 없는 경고다.

필라델피아Philadelphia에서는 비난받을 것이 아무것도 없었다. 그러나 라오디케이아Laodicea는 미온적인 태도 때문에 그의 입에서 "뱉어" 버릴 것이다. 라오디케이아는 회개해야 할 것이다. 그 설명은 매우 독특하다. "나는 내가 사랑하는 자일수록 책망도 하고 징계도 한다."[116] 누군가가 이러한 '사랑'을 너무 많이 받는 것은 원치 않는다고 한다면 그것도 이해된다.

일곱 교회 중 다섯이 좋지 못한 평가를 받았다. 이 「묵시록」의 '그리스도'는 오히려 철저하게 사랑을 설교하는 주교主敎의 '그림자'를 닮은, 심기가 불편한, 권력을 의식하는 '두목' 같이 행동한다.

내가 말한 것을 확인이나 하듯 「에제키엘」식으로 신의 환영이 이어서 나타난다. 그러나 옥좌에 앉아 있는 자는 인간을 닮지 않고 외관상으로 "벽옥과 홍옥과 같았다".[117] 그의 앞에는 "수정같이 맑은 유리의 바다"가 있었다. 왕좌 주위에는 앞과 뒤, 바깥과 안에 "눈이 가득 박힌" "네 마리의 생물ζῷα, animalia"이 있었다.[118] 「에제키엘」의 상징은 이상한 방식으로 수정되어 있었다. 즉 돌, 유리, 오직 죽은 경직된 것, 무기물의 영역에서 유래하는 물질이 신격의 특징을 묘사하고 있다. 우리는 어쩔 수 없이 신비로운 '인간', '고귀한 인간homo altus'을 '돌 아닌 돌λίθος οὐ λίθος'이라고 부르던 다음 시대의 연금술사의 관심사를 생각하게 되는데, 이 시기에는 무의식의 바다에서 많은 '눈眼'이 빛났던 것이다.[119] 여하튼 여기에는 기독교적 우주 너머에서 예감을 받은 요한의 심리학이 들어와 있다.

그 뒤에 '어린 양'에 의해서 일곱 봉인으로 봉해진 책의 개봉이 뒤따른다. 어린 양은 '상제Hochbetagte'의 인간적 특성을 벗어버리고 순전히 동물 형태이면서도 「묵시록」의 뿔 달린 많은 다른 동물 중의 하나처럼 괴물의 형태로 나타난다. 즉 그 동물은 일곱 개의 눈과 일곱 개의 뿔을 갖고 있어서 어린 양 같다기보다는 숫양 비슷하며 상당히 사악한 모습을 하고 있음에 틀림없다. 비록 그것이 '도살된 것처럼'[120] 묘사되고 있지만 나중에는 결코 순결한 제물로 행동하는 것이 아니고 활기차게 행동한다. 네 개의 첫 봉인에서부터 네 명의 재앙을 가져오는 기사騎士가 나온다. 다섯 번째의 봉인에서는 순교자의 복수의 울부짖음을 듣는다. ("거룩하시고 진실하신 주님, 우리가 얼마나 더 오래 기다려야 땅 위에 사는 자들을 심판하시고 또 우리가 흘린 피의 원수를 갚아 주시겠습니까?…")[121] 여섯 번째 봉인은 우주의 재앙을 가져온다. 그리고 모든 것은 "어린 양의 '분노' 앞에서 몸을 숨긴다. 그러자 그의 큰 진노의 날이 왔다.…"[122]

사람들은 아무런 저항도 없이 도살장으로 끌려가는 부드러운 어린 양을 다시는 볼 수 없고 마침내 분노를 터뜨릴 수 있는 싸움질하고 화를 잘 내는 숫양을 볼 뿐이다. 나는 우선 그 안에서 형이상학적 비밀보다는 오랫동안 쌓여 있던 부정적 감정의 분출을 본다. 이 부정적 감정은 완전함의 상태를 지향하는 사람에게서 흔히 관찰된다. 우리는 그것을 동료 기독교인들에게 설교한 것을 자신에게서도 역시 모범적으로 진실되게 행하고자 모든 노력을 경주했던「요한행전」의 저자에게서 당연히 생각할 수 있을 것이다. 그는 이 목적을 위해서 모든 부정적인 느낌을 차단해야만 했고, 자기성찰이 없었던 덕분에 그 부정적인 느낌을 잊을 수가 있었다. 그러한 느낌은 의식의 시계에서 사라진다. 그러나 의식의 표면 아래에서는 더욱 증대해져서, 서서히 언젠가는 계시적인 방법으로 의식 위로 뚫고 나올 팽창된 증오와 복수심을 만들어낸다. 이것으로부터 기독교의 복종, 인내, 이웃과 적에 대한 사랑, 하늘에 계신 사랑하는 아버지, 인간을 구제하는 하느님의 아들, 구세주에 관한 모든 관념을 조롱하는 끔찍한 그림이 나온다. 공상적인 공포의 상像으로 다 표현할 수 없는 증오와 분노, 복수, 맹목적인 파괴욕의 광란의 축제가 분출하고, 사람들이 아직까지도 원래의 순결 상태와 사랑의 공동체의 상태가 되도록 신과 함께 구제하고자 노력했던 세계를 피와 불로 흘러넘치게 한다.

일곱 번째 봉인의 개봉은 물론 새로운 불행의 홍수를 가져온다. 이것은 요한의 경건하지 못한 환상을 다 비워버리도록 위협한다. 요한은 계속 '예언'을 할 수 있기 위해서, 마치 원기를 보강하려는 듯이 작은 두루마리를 삼켜야만 한다.

일곱 번째 천사가 나팔을 불었을 때, 예루살렘이 파괴된 후에 하늘에는 태양의 여인이 달을 밟고 별이 열두 개 달린 월계관을 머리에 쓰고 나타났다.[123] 그 여자는 해산의 고통을 겪고 있었고, 그녀 앞에는 그녀의 아이를 삼켜버리려는 붉은 용이 있었다.

이 환영은 계열에서 벗어난다. 사람들은 지금까지의 상像에서는 환영이 추후에 다시 정리되고 윤색 및 개정되었다는 인상에서 벗어나기 어려운 반면에 이 일곱째 환영에서는 그것이 원래대로이며 교육적 목적을 위한 것이 아니라는 느낌을 갖는다. 환영은 하늘에 있는 사원寺院이 열리고 언약궤가 보이는 것으로 시작된다.[124] 이것은 아마도 소피아에 상응하는 하늘의 신부新婦 예루살렘의 하강에 대한 서막일 것이다. 왜냐하면 여기에서는 한 편의 천상의 신성혼神聖婚, Hierosgamos이 문제가 되기 때문이다. 이 신성혼의 결실은 신의 아이이다. 용에 의해 추적당하는 레토Leto의 아들, 아폴론의 운명과 같은 것이 아기를 위협한다. 여기에서 우리는 잠시 어머니의 형상을 살펴보아야 할 것이다. 그녀는 "태양으로 옷을 입은 여인"이다. 사람들은 여신도 아니고 무염시태된 영원한 처녀가 아닌 '여자', 여인 그 자체의 단순한 확인에 주목할 것이다. 물론 우주적 태초 인간에 비길 수 있는 세계혼anima mundi의 표지로서 그녀에게 주어진 우주적 자연적인 속성들을 제외하고는, 그녀를 온전한 여성성에서 벗어나게 할 어떠한 조치도 결코 없었다. 그녀는 태초의 남성의 짝인 태초의 여성이며, 여기에는 이교도인 레토의 주제가 매우 적합하다. 왜냐하면 그리스 신화에서는 모권적母權的인 것과 가

부장적인 것이 등가적으로 섞여 있기 때문이다. 위에는 별, 아래에는 달, 가운데에는 태양, 일출의 호루스Horus와 일몰의 오시리스Osiris, 모성적인 밤이 주위를 둘러싸고 있는 위의 하늘, 아래의 하늘οὐρανὸς ἄνω, οὐρανὸς κάτω[125]—이 상징은 '여자Weib'의 모든 비밀을 드러낸다. 그녀는 자신의 어둠 속에 '남성적' 의식의 태양을 포함하고 있는데, 이 태양은 어린아이로서 무의식의 밤바다에서 솟아오르고 노인으로서 그곳으로 가라앉는다. 그녀는 어둠을 밝음에 덧붙이고, 대극의 신성혼을 의미하며 자연을 영靈과 화해시킨다.

천상의 결혼에서 생겨난 아들은 필연적으로 대극의 결합complexio oppositorum, 즉 융합의 상징이자 삶의 전체성이다. 요한의 무의식이 그리스 신화에서 차용하여 독특한 종말론적 체험을 묘사한다는 데는 분명히 이유가 없지 않다. 즉 그것을 전혀 다른 상황에서 이미 오래전에 생긴 그리스도 사내아이의 탄생과 혼동해서는 안 된다. 새로 태어난 사내아이는 명백히 '분노한' 어린 양, 다시 말해 묵시록의 그리스도를 본보기로 해서, 그것의 복사본, 즉 "쇠지팡이로 모든 나라를 다스릴"[126] 분으로서의 특징을 지닌다. 그러니까 그는 지배적인 증오와 복수 감정에 동화되므로 그가 마치 쓸데없이 먼 훗날에도 심판을 계속하리라는 인상을 준다. 이런 해석은 잘 맞지 않는다. 새로 태어난 아이가 스스로 행동할 기회를 가지지 않는데도 어린 양에게 이 과제가 이미 맡겨지고 계시의 과정에서 그 과제를 완수하기 때문이다. 그는 결코 뒤에 다시 나타나지 않는다. 그렇기 때문에 나는 그의 복수하는 아들로서의 특징은, 그것이 해석하려는 가필이 아니라면, 「묵시록」의 저자에게는 잘 알려진 상투어이며, 동시에 그는 그에게 자명한 해석을 거침없이 붓끝에 옮겨 쓴 것이라고 가정하고 싶다. 비록 해석이 전적으로 무의미할지라도 이 촌극(막간극)Intermezzo이 당시의 상황에서는 거의 달리 해석될 수 없었을 것이므로 이 가능성은 어떤 것보다도 유력하다. 내가 위에서 지적한 대로 태양의 여인 에피소드는 환영의 흐름 속에서는 낯선 것[異物]이다. 그러므로 「묵시록」의 저자는, 그리고 「묵시록」의 저자가 아니라면 당황한 필경사는, 이미 이 명백한 그리스도와 대등한 인물을 어떻게 해서든 해석할 필요를 느꼈거나, 전체 문맥에 맞출 필요를 느꼈다고 추측하는 것은 빗나간 추측이 아닐 것이다. 그런 일은 쇠지팡이를 들고 있는 잘 알려져 있는 목자의 상像으로 쉽게 일어날 수 있었다. 이 연상의 그 밖의 다른 목적을 나는 찾아낼 수 없을 것 같다.

사내아이는 그의 명백한 아버지인 신에게로 옮겨졌고, 어머니는 광야에 숨겨지게 되는데 이것으로 암시되고 있는 것은 당분간은 부정 기간 동안 잠복해 있을 형상일 것이며, 이것의 후기의 영향은 아직 보류되고 있음을 암시하는 것 같다. 하갈Hagar의 이야기가 여기에서 미리 형성된 것일지 모른다. 그리스도의 탄생 전설과 이 이야기의 상대적 유사성은 새로운 탄생이 그 이야기와 유사한 사건을 묘사하고, 추측건대 이전에 서술한 형이상학적 영광 속에서의 어린 양의 착좌와 같은 양식으로 나타남을 의미할 것이다. 그런데 여기서 이 행위는 벌써 오래전에, 즉 승천의 시대에 일어났을 것이다. 마찬가지의 방식으로 묘사하고 있는 것은 용, 즉 악마가 어떻게 지상에 내던져졌는가 하는 것이다.[127] 그런데 그리스도는 이미 오래전에 사탄의 추락을 알아챘었다. 그리스도의 삶에 특징적인 사건의 이러한 주목할 만한 반복이나 중복은 제2의, 종말기의 구세주를 기대한다는 추측을 낳게 한다. 이 경우에 그리스도 자신의 재림이 중요하지 않을 수도 있다. 왜냐하면 그는 "하늘의 구름 속에서" 올 것이지 두 번 태어나지는 않을 것이기 때문이다. 게다가 태양과 달의 합슴에서 나오기 때문이다. 「묵시록」 1장이나 19장 11절의 내용은 오히려 종말 시대의 신의 공현Epiphanie에 상응한다. 요한이 탄생을 기술할 때 아폴론-레토 신화를 이용한다는 사실은 환영에서 문제되는 것이 기독교의 전통에 반해서 무의식의 산물이라는 사실을 가리키는 것일지 모른다.[128] 그러나 무의식에는 의식에서 버려진 모든 것이 존재한다. 그리고 의식이 기독교적일수록, 무의식은 더욱 이교적으로 행동한다. 만약 버려진 이교異敎 속에 아직도 삶에 중요한 가치가 들어 있다면, 다시 말해서 만약 아기를 (자주 일어나듯이) 목욕탕 물과 함께 버리는 일이 생긴다면(교각살우橋角殺牛—선을 모조리 제거해버린다면) 말이다. 무의식은 의식처럼 객체를 분리하고 분화시키지 않는다. 무의식은 추상적으로 생각하지 않고 주체를 도외시하거나 하지 않는다. 종교적 망아경이나 환상의 능력을 가진 사람은 항상 이 과정에 관여되고 포함된다. 이 경우에는 그것이 요한 자신인데, 그의 무의식적 인격은 그리스도와 거의 비슷하게 동일시되고 있다. 즉 그는 그리스도와 비슷하게 태어나고, 그에게는 비슷한 운명이 주어진다. 요한은 신의 아들의 원형에 감명받았고, 무의식에서 그것의 작용을 본다. 다른 말로 하면, 신이 (부분적으로 이교적인) 무의식에서 어떻게 다시 태어나는가를 보았는데, '신의 아이'는 그리스도와 같은 어떤 것의 상징이기 때문에 요한의 자기自己, Selbst와 구분될 수 없다. 물론 요한의 의식은 그리스도를 상징으로 파악하기에는 거리가 멀다. 신앙심 깊은 기독교인에게 그리스도는 모든 것을 나타내지만 상징만은 아니다. 즉 인식될 수 없는 어떤 것, 아직 인식되지 않은 어떤 것에 대한 표현이다. 그러나 그것은 당연히 상징이다. 만약 그리스도가 신앙심 깊은 사람들의 무의식에 살아서 작용을 한 어떤 것을 동시에 표현하지 않았다면, 그리스도는 그의 신자들에게 깊은 인상을 주지 못했을 것이다. 만약 기독교의 관념세계에 유사한 정신적 준비 태세가 마련되지 않았더라면, 고대 그리스 로마에서 기독교가 그렇게 놀랄 만큼 빠르게 확산되지는 않았을 것이다. 이러한 사실은 그리스도를 믿는 자는 그리스도 안에 들어 있을 뿐 아니라, 믿는 자 안에 그리스도가 신을 닮은 완전한 인간, 제2의 아담으로서 살고 있다는 진술을 가능케 한다. 이 문제는 심리학적으로 인도인의 관점에서 인간의 자아의식에 대한 푸루샤-아트만Purusha-Ātman의 관계를 나타내는 것과 똑같은 관계이다. 그것은 정신의 전체성, 즉 의식과 무의식으로 이루어진 '완전한τέλειος' 인간, 다시 말해 전체적인 인간의 상위에 있는 것, 자아 위에 있는 것이다. 자아는 오직 의식과 의식의 내용을 대변할 뿐 여러 관점에서 무의식에 의존하며 매우 자주 결정적으로 무의식의 영향을 받음에도 불구하고 그 무의식을 알지 못한다. 그리스도와 인간의 관계에서 반영되는 것은 자기의 자아에 대한 관계이다. 그렇기 때문에 인도와 기독교의 어떤 관觀 사이에 간과할 수 없는 유사성이 나오며, 이것이 인도의 영향이 기독교에 미쳤을 것이라는 추측을 하게 한 것이다.

요한에게 지금까지 잠재해 있던 이와 일치하는 비슷한 내용들이 환영의 형태로 의식을 뚫고 나온다. 이 무의식의 의식으로의 침입이 믿을 만한 일이라는 것을 사람들은 당시의 기독교인으로서는 도저히 상상할 수 없는, 심지어 점성학의 영향을 받은 듯한 이교의 신화 자료를 이용한 점으로 미루어 확인된다. "그리고 대지가 여성을 도왔다"[129]는 철저하게 '이교적'인 지적도 이것으로 설명될 수 있을 것이다. 당시의 의식이 예외 없이 기독교적 관념으로 채워졌다면, 그 이전이나 동시대의 이교적 내용들은 바로 의식의 문턱 아래에 놓여 있게 되는바, 성 페르페투아S. Perpetua[130]의 경우에도 그 예를 볼 수 있다. 유대인 기독교도에게—아마도 「묵시록」의 저자였을 것이다—요한이 몇 번 인용한 우주적 소피아는 아직도 본보기로서 고려되고 있다. 소피아는 분명 신적인 아이의 어머니[131]라고 할 수 있다. 왜냐하면 그녀는 하늘에 있는 여성, 즉 여신이며 신의 동반자이기도 하기 때문이다. 소피아는 높이 승격된 마리아와 마찬가지로 이 정의에 일치한다. 요한의 환영이 현대인의 꿈이었더라면 사람들은 신적인 아들의 탄생을 자기의 의식화라고 주저하지 않고 해석했을 것이다. 요한의 경우에서는 의식세계에서의 신앙 태도가 그리스도 상을 무의식 자료에 받아들이는 데에 영향을 주었고, 신적인 동정녀-어머니의 원형과 그녀의 아들-연인의 탄생의 원형을 활성화하였으며 기독교적인 의식과 대결하게 하였다. 그렇게 함으로써 요한은 개인적으로 신적인 사건에 관여하게 된다.

부정적인 느낌으로 어두워진 그의 그리스도 상은 물론 구세주와는 더 이상 아무 관계가 없는 잔혹한 복수자가 되어버렸다. 결국 이 그리스도 형상이 빛의 빛lumen de lumine으로서 '어떤 암흑'도 자신 안에 갖고 있지 않는 신적인 구제자보다는 그것을 보상하는 그림자를 갖고 있는 인간 요한의 측면이 아닌지 우리는 잘 알 수가 없다. 이미 '분노하는' 어린 양¥이 갖고 있는 기괴한 모순만으로도 이러한 의심을 할 법한 일이다. 우리는 그것을 마음대로 방향을 바꾸어볼 수 있을 것이다. 즉 사랑의 복음에서 본다면 복수자와 심판관은 **음산한 형상**이고, 또 그런 채로 머물러 있다. 새로 태어난 사내아이를 복수자 모습에 동화시킴으로써 타무즈Tammuz나 아도니스Adonis, 발더Balder의 형상에서 우리가 만나게 되는 귀엽고 사랑스러운 소년 신으로서의 신화적 특성을 퇴색케 하고자 요한이 마음을 움직인 이유가 여기에 있다고 추측해도 좋을 것이다. 신성한 소년의 매혹적인 봄기운이 도는 아름다움은 고대 그리스 로마의 귀중한 가치를 나타내는데, 기독교, 특히 묵시론자의 음산한 세계에서는 겨울의 죽음의 정적 후에 대지를 푸르게 하고 꽃피우며, 인간의 마음을 즐겁게 하고 사랑하며 인자한 신을 믿게 하는 형용할 수 없는 봄날의 장관이 아쉽게도 결여되어 있다.

전체성으로서의 자기自己는 정의에 따르면 항상 대극의 결합이며, 의식이 빛의 성질Lichtnatur을 주장하고 그래서 도덕적 권위를 요구하면 할수록 자기의 출현방식은 더 어둡고 위협적인 것이 된다. 우리가 이와 같은 것을 요한에게서 가정해도 좋을 것이다. 그것은 그가 그의 무리의 목자였으며, 게다가 인간이어서 오류를 범할 수 있기 때문이다. 「묵시록」이 말하자면 요한의 개인적인 일이어서 개인적 원한의 분출에 불과하다면 분노에 찬 어린 양의 형상은 그 원한에 완전히 부응할 것이다. 이와 같은 상황 아래서 새로 태어난 사내아이는 눈에 띌 만큼 긍정적인 측면을 보여야 할 것이다. 왜냐하면 그 아이는 그의 모든 상징적 성질에 따라서, 억눌린 열정의 분출이 가져온 참을 수 없는 황폐화를 보상하기 때문이다. 그 아이는 대극의 융합coniunctio oppositorum, 태양이 가득한 낮의 세계와 달밤의 세계의 융합에서 나온 아이가 아니었던가. 그는 사랑이 가득한 요한과 복수심에 불타는 요한 사이를 중재하는 중재자이며, 그럼으로써 자비롭게 조정하는 구세주일 수 있었을 것이다. 그러나 요한은 이 긍정적인 측면을 간과했음에 틀림없다. 그렇지 않다면 그는 아이를 복수하는 그리스도와 같은 선상에서 파악하지 않았을 것이다.

    그러나 요한의 문제는 개인적 문제가 아니다. 개인의 무의식이나 변덕스러운 감정 분출의 문제가 아니고 더 광범위하고 더 포괄적인 깊은 곳에서 나오는, 즉 집단적 무의식에서 나오는 환영의 문제이다. 요한의 문제점은 너무 많이 보편적, 원형적 형식으로 나타나므로 그것을 단순히 개인적 상황으로 환원시킬 수는 없을 것이다. 단순히 개인적 상황으로 환원하는 것은 너무도 단순하며 실제적으로나 이론적으로도 옳지 않을 듯하다. 그리스도 교도로서 요한은 보편적, 원형적 사건에 사로잡혔다. 그렇기 때문에 무엇보다 우선해서 이 현상에서부터 설명되어야 한다. 물론 그는 분명히 자신의 개인 심리를 갖고 있으며, 요한 편지의 저자와 묵시론자를 동일한 인물로 간주해도 된다면, 그의 개인 심리에 대해 몇 가지를 일별해볼 수도 있다. 그리스도 모방imitatio Christi이 무의식에 상응하는 그림자를 만들어냈다는 사실에 대해 우리는 충분한 증거를 가지고 있다. 요한이 환영을 갖고 있었다는 사실이 이미 의식과 무의식 사이에 상당한 대극 긴장이 있다는 증거이다. 그가 편지를 쓴 사람과 동일하다면, 묵시록을 작성할 때에 그는 아마도 최고령의 나이에 있었을 것이다. 죽음에 직면한confinio mortis, 길고 많은 풍부했던 삶의 황혼에는 흔히 시야가 무한히 먼 곳을 향해 열리는 법이다. 그런 사람은 일상적인 흥미나 개인적 관계의 변화에 더 이상 관심을 갖고 살지 않으며 넓은 시공을 바라보고 세기를 거듭하면서 일어나는 관념의 움직임 속에서 산다. 요한의 눈은 기독교의 아이온Äon의 먼 훗날의 미래와 그의 기독교 신앙이 균형을 유지하고 있는 힘의 어두운 심연을 꿰뚫는다. 그에게서 갑자기 분출된 것은 시대의 폭풍이고, 엄청난 에난치오드로미[반작용]에 대한 예감이다. 그는 이 에난치오드로미를 암흑을 결정적으로 없애는 것이라고밖에는 이해할 수 없다. 그런데 그 암흑은 그리스도에게서 나타난 빛을 이해하지 못했다. 파괴와 복수의 힘이 바로 그 암흑임을 보지 못했다. 그 암흑에서 인간이 된 신이 분리되어 나온 것을 몰랐다. 그렇기 때문에 그는 또한 해와 달의 아이가 무엇을 뜻하는지도 이해할 수 없었고, 그것을 또 다른 복수의 형태로만 파악할 수 있었다. 그의 계시에서 뚫고 나온 열정은 고령의 나이 든 사람의 무기력이나 명증성明證性의 흔적을 볼 수 없다. 왜냐하면 그것은 개인적인 복수심을 훨씬 넘어서는 것이기 때문이다. 그것은, 육신을 뚫고 들어가 다시금 무한한 신격에 대한 인간의 두려움을 요구하는 신의 영Geist Gottes 자신이다.

XIV

부정적 감정의 분출은 끝이 없는 듯이 보이며, 나쁜 사건들은 계속해서 일어난다. 심연의 산물로서 뿔 달린(천부적 힘을 가진) 괴물이 바다에서 나온다. 이러한 암흑과 파괴의 우세한 힘에 직면해서 두려워진 인간의 의식이 의지할 구원의 산, 휴식과 안전한 곳을 고대하며 바라는 것은 이해할 만하다. 요한은 적절하게도 시온 산 위의 어린 양에 대한 환영을 엮어낸다(14장). 여기에는 14만 4천 명의 선택받은 자와 구조된 자들이 어린 양 주위에 모여 있다.[132] 그들은 "여자들과 더불어 몸을 더럽힌 일이 없는" 순결한 사람들παρϑένοι, 숫총각들이다.[133] 그들은 어려서 죽은 신의 아들의 뒤를 따르면서 결코 온전한 인간이 되어본 적이 없고, 인간 운명에의 참여를 자발적으로 포기함으로써 지상에서의 존재를 계속하는 것을 거부한 자들이다.[134] 모든 사람들이 이런 입장에 귀의한다면, 피조물인 인간은 수십 년 이내에 멸절될 것이다. 그러나 미리 운명이 예정되어 있는 자는 비교적 소수였다. 요한은 더 상위의 권위와 일치되어 운명예정설을 믿었다. 그것은 순전한 비관주의다.

"생성된 모든 것은
멸망할 가치가 있기 때문이다."
라고 메피스토는 말했다.

경고하는 천사들은 그래도 조금은 위로가 되는 미래의 희망을 즉시 또 한 번 차단한다. 첫 번째 천사는 '**영원한 복음**'을 선포하는데, 그 복음의 핵심은 "신을 두려워하라!"는 내용이다. 사랑하는 신에 대해서는 더 이상 말하고 있지 않다. 오직 무서운 것만이 무서워할 대상이다.[135]

사람의 아들은 손에 날카로운 낫을 들고 있고, 그를 도와주는 천사도 또한 낫을 들고 있다.[136] 그러나 포도의 수확은 미증유의 대량학살로 이루어져 있다. 즉 "…포도 압착기는 성 밖에 있었는데(그 속에 인간이 밟혀 부서졌고), 그 포도 압착기에서 피가 흘러나와, 그 피가 말고삐의 높이까지 닿고, 거의 천육백 스타디온Stadion이나 퍼져 흘렀다."[137]

하늘의 성전으로부터 분노의 대접을 가지고 일곱 천사가 나오는데 이들은 그것을 세계에 쏟아붓는다.[138] 주요 부분은 큰 도성 바빌론의 파괴이며, 이 도시는 천상의 예루살렘에 대한 반대극에 해당된다. 바빌론은 태양 여인인 소피아에 대한 지상의 대비다. 물론 도덕적으로는 반대의 특성을 지니고 있다. 만약에 선택받은 사람들이 위대한 어머니인 소피아에 경의를 표해서 '동정녀'로 변신한다면 무의식에서는 그에 대한 보상으로서 끔찍한 음란한 환상이 생겨날 것이다. 그러므로 바빌론의 파괴는 음란의 근절뿐만 아니라 다음의 「요한묵시록」 제18장 22절에서 알 수 있듯이 삶의 욕망의 제거를 뜻하기도 한다. "수금 타는 사람들과 노래 부르는 사람들과 피리 부는 사람들과 나팔 부는 사람들의 음악이 다시는 네 안에서 들리지 않을 것이며, 그 어떤 기술자들도 네 안에서 발견될 수 없을 것이며… 다시는 네 안에 등불도 비추지 않을 것이며, 신랑과 신부의 음성도 다시는 네 안에서 들리지 않을 것이다…."

우리는 현재 기독교의 물고기자리의 아이온의 종말기에 살고 있기 때문에, 우리들의 현대 기술이 이루어놓은 불행한 운명을 회상해보지 않을 수 없다.

예루살렘이나 바빌론 같은 상징은 물론 항상 중첩되어 정해진다. 즉 그것은 여러 가지 측면의 의미들을 갖고 있어서 여러 방향으로 해석될 수 있다. 나는 심리학적 측면에만 한정해서 살펴보는 것이지 당시의 시대사와 어떤 관계가 있는가를 판단하고자 하지는 않겠다.

모든 아름다움과 삶의 기쁨의 몰락, 일찍이 무절제한 창조주의 손에서 나온 모든 피조물의 말할 수 없는 고통은 감수성이 예민한 사람에게 아주 깊은 우울을 마련하게 되었을 것이다. 그러나 요한은 다음과 같이 기술하고 있다. "하늘과 성도들과 예언자들이여, 기뻐하십시오. 하느님께서 여러분을 위하여 그 도시를 심판해주셨습니다."[139] 복수심과 파괴욕이 얼마나 멀리 미치며, '육체의 가시'가 무엇인지를 여기에서 알 수 있다.

천사 군단의 지도자인 그리스도는 "전능하신 하느님의 분노의 포도 압착기를"[140] 밟는 분이기도 하다. 그의 옷은 "피에 젖어"[141] 있다. 그는 "백마"[142]를 타고 입에서 나오는 예리한 칼로 짐승과 "거짓된 예언자들"을 죽인다. 이는 추측건대 그리스도나 요한의 어두운 반영이거나 상응, 즉 그림자일 것이다. 사탄은 천 년 동안 지하에 감금되고, 그만큼 오랫동안 그리스도가 지배하게 된다. "그 후에 그(사탄)는 잠시 풀려나와야 한다."[143] 천 년은 점성술적으로 물고기 아이온의 전반부에 해당된다. 이 시기 이후에 사탄의 석방에 대해서 우리는 정말 다른 이유를 생각해낼 수 없는데, 그것은 기독교의 아이온의 에난치오드로미, 즉 적그리스도에 해당된다. 적그리스도의 출현은 점성술의 입장에서는 예언될 수 있던 것이다. 악마는 자세히 언급되지는 않았지만 일정 기간이 지난 후에 결국은 불의 바다에 영원히 내던져질 것이며(그러나 「에녹」서에서처럼 완전히 전멸되지는 않고), 모든 원래의 창조물은 사라진다.[144]

이제 예고된 신성혼, 어린 양의 "그의 신부"와의 결혼이 이루어질 수 있다.[145] "신부는 하늘에서 내려온 새로운 예루살렘이다."[146] "그 빛은 지극히 귀한 보석과 같았고, 수정처럼 맑은 벽옥과도 같았다."[147] 그

도시는 네모반듯했고, 황금 유리로 이루어졌으며, 그 거리도 마찬가지로 황금 유리로 되어 있었다. 하느님 자신과 어린 양이 바로 그 도시의 성전이며, 끊임없는 빛의 원천이다. 그 도시에는 밤이 없었고, 더러운 것은 도시 안으로 들어올 수도 없었다.[148] (이러한 반복된 확신은 아직 완전히 평온에 이르지 못한 의심을 가라앉혀준다!) 생명수의 샘이 하느님과 어린 양의 옥좌로부터 흐르고, 그 곁에는 생명의 나무가 있는데, 이는 낙원과 플레로마의 선재先在를 가리킨다.[149]

잘 알려져 있는 바대로 교회와 그리스도의 관계를 암시하는 이 마지막 환영은 '융합하는 상징'의 의미를 갖고 있으며, 따라서 완전성 Vollkommenheit과 전체성Ganzheit을 나타낸다. 그러므로 도시에서는 사각형, 낙원에서는 네 개의 강, 그리스도 곁에서는 넷의 복음자, 하느님 곁에서는 넷의 생명체로서 사위성을 나타내는 것이다. 원圓이 하늘의 둥근 모양과 모든 것을 둘러싸는 프네우마적인〔기적氣的인〕신격神格을 의미하는 반면에 사각형은 지상과 관계된다.[150] 하늘은 남성적이나 땅은 여성적이다. 그러므로 하느님은 하늘에서 군림하고 있고, 지혜는 지상에서 군림한다. 지혜는 예수의 시라크Jesus Sirach(경외서 중의 하나)에서 "나는 그가 나처럼 사랑했던 도시에서 살았으며, 예루살렘에서 내 권력을 행사했노라"라고 했다. 지혜는 "고귀한 사랑의 어머니"이다.[151] 요한이 예루살렘을 신부로서 묘사했다면, 그는 아마도 예수의 시라크 경외서에 따른 것이었을 것이다. 도시는 이미 예전에 하느님 곁에 있었고, 종말에는 성스러운 혼인을 통해서 다시 하느님과 결합된 소피아다. 소피아는 여성적인 존재로서 대지와 일치한다. 어느 교부敎父가 말했듯이 이 대지에서 그리스도가 생겨났다.[152] 그러므로 「에제키엘」에서 나타난 신의 발현의 사위성, 즉 넷의 살아 있는 생물과 일치한다. 소피아가 신의 자기성찰을 의미하는 것과 같이, 네 치품

천사는 네 가지 기능적인 측면을 갖고 있는 신의 의식意識을 나타낸다. 네 바퀴에 가득 박혀 있는 인식하는 많은 눈[153]이 이 신의 의식을 가리킨다. 그것은 무의식의 빛의 사분적 합성을 나타내며 철학자의 돌lapis philosophorum의 4운율시Tetramerie에 상응한다. 이것은 천상의 도시에 대한 묘사를 연상케 한다. 모든 것은 보석이나 수정, 유리로 번득인다. 위에서 설명한 「에제키엘」의 신 환영에 아주 일치한다. 신성혼神聖婚이 야훼와 소피아를 하나가 되게 하여(카발라Kabbala = 셰키나Schechinah에서) 플레로마적인 태초의 상태를 다시 만들어내는 것과 마찬가지로, 신과 도시에 대한 유비적인 묘사는 그들의 공통적인 성질을 가리킨다. 즉 그들은 원래는 하나이며, 양성兩性의 원초적 존재, 최고의 보편성의 원형이다.

이러한 결말은 명백히 존재의 엄청난 갈등에 대한 최후의 해결을 의미함에 틀림이 없을 것이다. 그러나 이 해결은 대극의 타협에 있는 것이 아니고, 대극의 최종적인 분해에 있다. 여기에서 그것에 운명지어진 인간은 그들이 신의 밝은 프네우마적인 면과 동일화함으로써 스스로 구원될 수 있다. 이것에 대한 필수·필요조건은 생식과 성생활을 거부하는 것인 듯하다.

XV

「묵시록」은 한편으로는 무척 개인적이기도 하지만, 다른 한편으로는 또한 매우 원형적이고 보편적이어서 우리는 두 가지 면을 다 고려해야 할 것이다. 현대인의 관심은 물론 무엇보다 앞서 요한이라는 인물로 향할 것이다. 이미 시사한 바처럼 편지의 저자인 요한이 「묵시록」의 저자와 동일한 인물일 가능성이 없지 않다. 심리학적 소견은 이러한 가정을 지지한다. '계시'가 어떤 초기 기독교인에 의하여 체험되었고, 추측건대 그 기독교인은 그 공동체의 권위자로서 모범적인 삶을 영위하였고, 올바른 신앙과 순종, 인내, 헌신, 사심 없는 사랑, 모든 세속적 욕망의 포기라는 기독교의 덕목을 공동체에 보여주어야 했다. 이것은 가장 훌륭한 사람일지라도 지속적으로는 감당할 수 없다. 화를 잘 내거나 언짢은 기분, 감정 폭발 따위는 만성적으로 고결한 사람들에게서 나타나는 전형적인 증상들이다.[154] 요한의 기독교적 입장에 관해서는 다음과 같은 그 자신의 말이 가장 잘 밝혀주고 있다. "사랑하는 여러분께 당부합니다. 우리는 서로 사랑합시다. 사랑은 하느님께로부터 오는 것입니다. 사랑하는 사람은 누구나 하느님께로부터 났으며 하느님을 압니다. 사랑하지 않는 사람은 하느님을 알지 못합니다. 하느님은 사랑이시기 때문입니다.… 내가 말하는 사랑은 하느님에 대한 우리의 사랑이 아니라 우리에 대한 하느님의 사랑입니다. 하느님께서는 당신의 아들을 보내셔서 우리의 죄를 용서해주시려고 제물로 삼으시기까지 하셨습니다. 사랑하는 여러분, 하느님께서 이렇게까지 우리를 사랑해주셨으니 우리도 서로를 사랑해야 합니다.… 우리는 하느님께서 우리에게 베푸시는 사랑을 알고 또 믿습니다. 하느님은 사랑이십니다. 사랑 안에 있는 사람은 하느님 안에 있으며, 하느님께서는 그 사람 안에 계십니다.… 사랑에는 두려움이 없습니다.… 그러나 두려움을 품는 사람은 아직 사랑을 완성하지 못한 사람입니다.… 하느님을 사랑한다고 하면서 자기의 형제를 미워하는 사람은 거짓말쟁이입니다.… 하느님을 사랑하는 사람은 자기의 형제도 사랑해야 한다는 이 계명을, 우리는 그리스도에게서 받았습니다."[155]

그러나 누가 니골라 당을 증오하는가? 누가 복수심에 가득 차서 이

세벨을 심지어 병상에 내던지고 그녀의 자녀들은 죽게 하려고 했는 가? 누가 피비린내 나는 환상에 여념이 없는가? 그러나 심리학적으로 엄밀하게 본다면, 그러한 환상을 생각해내는 것은 요한의 의식이 아니다. 그 환상이 강력한 '계시'로서 그에게 닥쳐온 것이다. 그것은 기대하지도 바라지도 않은, 이미 암시된 바처럼 격렬하게 모든 것을 넘어서는 강도로 그를 덮치는데, 이런 현상은 다소 일방적인 의식태도에 대한 보상으로 통상적으로 예상할 수 있을 법한 일이다.

나는 신앙심이 깊은 기독교인들의 보상적인 내용이 들어 있는 많은 꿈을 보아왔다. 그들은 자신의 진정한 심혼의 특성을 잘못 알고 있었으며, 마치 자기가 그 진실에 일치하는 것과는 다른 상태에 있다고 착각하고 있었다. 그러나 나는 조금이라도 요한의 계시의 잔혹한 대극성과 비교될 수 있을 만한 것을 보지 못했다. 중한 정신병의 경우라야만 그러한 잔인한 대극성을 볼 수 있을 것이다. 그러나 요한에게 그런 종류의 진단을 내릴 만한 근거는 없다. 게다가 「묵시록」은 혼란스럽지도 않으며, 아주 일관성이 있고, 매우 주관적이지도 기괴하지도 않다. 「묵시록」의 정감은 대상을 고려해보건대 적절하다. 그 저자가 균형을 잃은 정신병질자일 필요는 없다. 그가 그 밖의 점에서는 올바른 정신을 갖고 있는 열정적으로 종교적인 인간이라는 것이면 족하다. 그러나 그가 신과 깊은 관계를 갖고 있음에 틀림이 없고, 그것이 그를 모든 개인적인 것을 훨씬 넘어서는 침입에 노출시키게 한다. 진정한 종교적 인간에게는 비통상적인 의식 확대의 가능성이 주어져서 그는 그러한 위험을 각오해야 한다.

「묵시록」 환영들의 목적은 평범한 요한이 자신의 밝은 성질 밑에 얼마나 많은 그림자를 감추고 있는가를 알도록 하는 데 있는 것이 아니고, 예언자에게 신의 무한성에 대해 눈을 뜨게 해주는 데 있다. 왜냐하면 사랑하는 자는 하느님을 인식할 것이기 때문이다. 요한이 신을 사랑했고, 또한 이웃을 사랑하는 데 최선을 다했기 때문에 그에게 '영지靈知, Gnosis', 즉 신인식이 생겼으리라고 말할 수 있다. 그리고 그가 욥과 마찬가지로 야훼의 거친 가공함을 보았기 때문에 그의 사랑의 복음을 일방적으로 체험했고, 공포의 복음으로 보충했다. 즉 신은 사랑받을 수 있으며 공포의 대상일 수 있다.

이렇게 해서 예언자의 시야는 기독교의 아이온의 전반부를 훨씬 넘어서서 확대된다. 즉 요한은 적그리스도 시대가 끝난 천 년 후에 그리스도가 무조건적으로 승리자가 아니라는 것에 대한 분명한 징후가 시작되리라는 것을 예감한다. 요한은 연금술사들과 야코프 뵈메Jakob Böhme를 예견한다. 아마도 그는 연금술사인 마이스터 에크하르트Meister Eckhart나 안겔루스 질레지우스Angelus Silesius가 예감했던 인간 안에서의 신의 탄생의 가능성을 미리 선취함으로써 신의 드라마에 그가 개인적으로 포함됨을 느낀다. 그는 그로써 극적인 에난치오드로미와 어두운 종말을 포함하고 있는 전체의 물고기 아이온Fischäon의 프로그램 윤곽을 그려냈다. 우리는 아직 이 물고기 아이온의 종말을 체험하지 않았으며, 인류는 그 종말의 진실된, 과장이 없는 묵시록적 가능성에 대해 전율한다. 무시무시한 네 명의 기사騎士, 울려대는 나팔소리의 진동, 쏟아붓는 분노의 폭발은 이미 혹은 아직도 기다리고 있다. 즉 원자폭탄은 다모클레스Damokles의 칼처럼 우리 머리 위에 매달려 있고, 그 뒤에는 묵시록의 전율을 훨씬 능가할 수도 있는 비교할 수 없을 정도의 공포스러운 화학 공중전의 가능성이 기다리고 있다. Luciferi vires accendit Aquarius acres──수병좌水甁座는 악마의 거친 힘에 불을 붙인다. 요한이 최소한 기독교 아이온의 종말에 우리들의 세계를 위협할 가능성이 있음을 제대로 예견했다고 누가 감히 주장하지 않을 수 있을까? 그는 또한 신적인 플레로마 속에 악마가 고통을 받게 될 불이 영원히 존재함을 알고 있다. 신은 가공스러운 이중적인 면을 갖고 있다. 즉 은총의 바다는 끓어오르는 불바다에 부딪히고, 사랑의 빛은 어둡게 타오르는 열기 위에 비춘다. 이것에 대해서 그것은 타오르나 밝게 비추지는 않는다ardet non lucet고 말한다. 그것은 사람이 신을 사랑할 수 있으며, 신을 두려워해야만 한다는 영원한(일시적인 것과는 달리) 복음인 것이다.

XVI

합당하게도 신약성서의 끝부분에 자리하고 있는 「묵시록」은 이것을 넘어서 모든 묵시록적인 경악을 수반하면서 손에 잡힐 듯 가까이 있는 미래를 가늠한다. 헤로스트라토스Herostratos 같은 공명심에서 사려 깊지 못한 순간의 결정[156]이 세계 재앙을 불러일으키기에 충분하다. 우리의 운명이 매달려 있는 끈은 가늘어졌다. 자연이 아니라 '인류의 창조 정신'이 언제든 스스로를 처형할 수 있는 운명의 밧줄을 묶었다. 이것은 다만 요한이 '하느님의 분노'에 대해 말한 것과는 다른 화법façon de parler일 뿐이다.

우리는 유감스럽게도 요한이 (내가 추측한 대로 그가 편지의 저자와 동일한 경우에) 어떻게 하느님의 이중적인 태도에 대면하였는가를 생생하게 그려낼 수단을 갖고 있지 못하다. 대극이 그의 이목을 끌지 못했을 가능성이 있을 뿐 아니라 그것은 거의 확실하다. 누미노제의 대상에 대하여 사람들이 얼마나 논쟁을 적게 하는지, 하더라도 그 논쟁이 왜 그렇게 힘든지 참으로 놀랄 일이다. 대상이 지닌 누미노제(신성성

神聖性)는 그것을 사유적으로 다루는 것을 어렵게 만든다. 언제나 정감이 함께 고려되기 때문이다. 사람들은 편을 들거나 반대하고 여기에서 '절대적 객관성'이란 다른 어느 곳에서보다 더 이루어지기 어렵다. 사람들이 긍정적인 종교적 확신을 갖고 있다면, 즉 '믿는다면' 의심을 매우 불쾌히 여기고 그런 의혹을 두려워하기도 한다. 그런 까닭에 차라리 신앙의 대상을 분석하지 않으려 한다. 사람들이 종교적 관점을 갖고 있지 않을 경우, 여기서 오는 결핍감을 기꺼이 인정하려 하지 않고 자신이 계몽되어 있음을 주장하거나, 최소한 자기의 불가지론의 고상한 공명정대함을 넌지시 드러낸다. 이러한 관점에서는 종교적 대상의 신성성Numinosität을 거의 시인할 수 없다. 그런데 바로 그 신성성에 의해서 비판적 사고는 적지 않게 방해를 받는다. 왜냐하면 불쾌하게도 불가지론이나 계몽주의에 대한 신앙이 흔들릴 가능성이 생길 수 있기 때문이다. 이 두 종류의 사람은 그것이 무엇인지 알지는 못하지만 그들의 논거가 불충분함을 느낀다. 계몽적 해석은 부적절한 합리주의적인 진리의 개념을 가지고 대상을 다루며 동정녀의 출산이나 신의 아들 개념, 사자死者의 부활, 화체化體, Transsubstantiation〔빵과 포도주의 모든 실체가 각각 그리스도의 살과 피로 변하는 것〕등과 같은 주장이 무의미하다고 지적한다. 불가지론不可知論은 자기가 신인식神認識이나 그 외의 다른 형이상학적 인식을 소유하고 있지 않다고 주장하면서, 사람들이 형이상학적 확신을 결코 소유한 적이 없고, 그것에 사로잡혀 있다는 사실을 간과하고 있다. 양자 모두 논란할 수 없는 최고의 재판관을 나타내는 이성理性에 사로잡혀 있다. 그러나 누가 '이성'인가? 왜 이성이 최고여야 하는가? 무엇이 존재한다는 것이 이성적 판단보다 뛰어난 심급審級, Instanz을 의미하는 것이 아닌가? 이에 대해서는 정신사精神史가 그렇게 많은 예들을 보여주고 있지 않은가? 불행하게도 '신앙'의 옹호자들 역시 그 역逆의 방향에서 그저 똑같은 무가치한 논거를 다룬다. 사람들이 누미노제 때문에 매우 감정적으로 주장하고 논쟁하는 형이상학적 진술이 있다는 사실은 의심할 바 없다. 이 사실은 확실한 경험적 토대를 이루고 있고, 이 경험적 토대에서 우리는 출발해야만 한다. 그것은 정신적 현상으로서 객관적으로 실재한다. 이 확인에는 물론 모든 것, 과거에 누미노스(신성)였고 아직도 그러한 대립되는 주장 또한 포함된다. 사람들은 모든 종류의 종교적 진술의 총체를 고려할 필요가 있다.

XVII

이제 우리는「묵시록」의 내용을 통해서 노출된 역설적인 신 개념을 논란하는 문제로 다시 돌아가자! 엄격한 개신교는 야훼와는 달리 선善의 화신과 일치하는 신 개념을 근본적인 가르침의 내용으로 해왔기 때문에 이 문제를 논쟁할 필요가 없다. 물론 편지의 요한이 계시와 대면할 수 있었거나 대면해야 했더라면 문제는 달랐을 것이다. 후세의 사람들에게「묵시록」의 어두운 내용은 이런 관계에서는 쉽게 간과될 수밖에 없었을 것이다. 왜냐하면 기독교 특유의 노력의 대가를 경솔하게 위험에 빠뜨려서는 안 되기 때문이다. 그러나 오늘날의 사람들에게 사정은 물론 다르다. 우리들은 너무나 터무니없고 충격적인 일들을 체험해서 그러한 것이 선한 신의 관념과 어떻게든 일치될 수 있는 것인지의 여부가 초미의 문제가 되었다. 여기서 문제는 더 이상 신학적-전문과학적 문제가 아니고 보편적 인간의 종교적인 악몽이고, 이것의 치료에는 신학적으로 비전문가인 내가 한 마디 거들 수 있거나, 또는 아마도 거들어야 할 것 같다.

사람들이 전통을 비판적인 상식kritische commonsense으로 바라볼 때, 그들이 어떤 불가피한 결론에 이르지 않을 수 없는지를 나는 앞에서 설명했다. 사람들이 그토록 역설적인 신 개념에 직면하면서 동시에 종교적인 인간으로서 문제의 전체 영향력을 평가한다면 우리는 우리가 확신에 찬 기독교도라고 가정하는 묵시론자가 처한 상황에 있게 된다. 그가 편지의 요한과 동일인이라면 이때 아주 극명한 모순이 드러난다. 이 사람은 신과 어떠한 관계에 있을까? 그는 어떻게 신격의 본질에 있는 감당하기 어려운 모순을 견디어낼까? 우리는 비록 그의 의식의 결정에 관해서 아무것도 아는 바가 없지만, 우리는 아기를 낳는 태양 여인의 환영에서 실마리를 찾을 수 있다고 믿는다.

신의 모순은 또한 인간을 대극으로 찢어놓고 겉보기에 해결될 수 없어 보이는 갈등에 놓이게 한다. 그러한 상태에서는 어떤 일이 일어나는가? 우리는 여기에서 심리학으로 하여금 발언하게 해야 한다. 왜냐하면 심리학은 어려운 갈등 상태의 경험에서 수집한 모든 관찰과 지식의 총화를 나타내기 때문이다. 예를 들면 아무도 그것을 어떻게 해결해야 할지 모르는 의무의 알력이 있다. 의식이 알고 있는 것은 다만 '제3자는 존재하지 않는다tertium non datur'는 것이다! 그러므로 의사는 환자에게, 무의식이 꿈을 만들어서 불합리하기 때문에 예측하지도 예기하지도 못한 제3의 것을 해결책으로 제안하지 않는지 기다려보도록 권한다. 경험이 보여주듯이, 꿈에서는 실제로 **융합**하는 성질의 상징이 나타난다. 이 중에는 영웅 아이의 주제나 원의 사각화Quadratur des Zirkels(원적법圓積法) 주제, 즉 대극의 합일슴—이 가장 흔한 것에 속한다. 특별히 의학의 경험을 가까이 할 수 없는 사람은 민담, 특히 연금술에서 그것의 객관적인 가르침(시청각 수업)을 얻어올 수 있다. 연금술 철학의 원래의 대상은 대극의 융합coniunctio oppositorum이다. 그것은 그들의 '아이'를 돌(예를 들면 석류석)이라 부르기도 하고 다른 한편으로는 작은 인간homunculus──혹은 지혜의 아들filius sapientiae, 심지어는 고귀한 인간homo altus이라 부르기도 한다. 바로 이 형태를 우리는 「묵시록」에서 태양 여인의 아들로서 만난다. 이 태양 여인 아들의 탄생의 역사는 그리스도 탄생의 역사를 바꾸어 말한 것이다. 즉 연금술사들이 여러 가지의 변형된 형태로 되풀이했던 다른 말로 바꾸어 한 표현Paraphrase이며, 연금술사들은 그들의 '돌'을 그리스도와 동일한 것으로 생각한다. (이것은 하나의 예외를 제외하곤 「묵시록」과는 아무 관계가 없다.) 이 주제는 연금술과 아무 관계 없이 현대인의 꿈에서 일치하는 형태와 상황으로 다시금 나타난다. 이 경우에 중요한 것은 밝음과 어둠의 합성이며, 연금술사들처럼 그것은 마치 어떤 문제가 「묵시록」을 통해서 미래에 제시되었는지를 예감한 것 같다. 이 문제는 연금술사들이 거의 1700여 년 동안 고심해왔던 문제이며, 또한 현대의 인간을 괴롭히고 있는 문제이기도 하다. 현대인은 연금술사보다 어떤 면에서는 더 많이 알고 있으나 어떤 다른 면에서는 더 잘 모르고 있기도 하다. 현대인은 연금술사처럼 이 문제를 더 이상 물질에 미루지는 않는다. 이와는 달리 현대인에게는 심리학적인 것이 더 긴요해졌다. 따라서 이러한 일에서는 신학자보다 심리학적인 의사가 발언할 기회를 갖는다. 신학자는 고풍스러운 비유적 언어에 매달리고 있다. 의사는 신경증 치료의 문제를 통해서, 흔히는 자기 자신의 의지에 반해서 종교적 문제를 더 정밀하게 보지 않으면 안 된다. 우리의 실제적인 삶에서 무한히 중요한 윤리적 행동을 결정하는 '상위표상들Obervorstellungen'의 성질에 대해 스스로에게 설명을 하고자 하기까지 나 자신이 아무 이유도 없이 76세까지 나이를 먹은 것은 아니다. 상위표상은 결국에는 크든 작든 간에 우리 실존의 행幸과 불행不幸이 달려 있는 도덕적 결정을 정해주는 원리이다. 모든 이러한 주특성主特性들Dominanten은 긍정적 또는 부정적인 신神 개념에서 정점에 달한다.[157]

「묵시록」의 저자 요한이 처음으로 (아마도 무의식적으로) 기독교가 직접 이끌어낸 갈등을 경험한 이래로 인류는 "신이 인간이 되고자 했고, 되려고 한다"는 부담을 안게 되었다. 그렇기 때문에 요한은 아마도 환영에서, 대극의 융합으로 특징된 어머니 소피아의 두 번째 아들의 탄생, 다시 말해 신의 탄생을 체험했는데, 신의 탄생은 지혜의 아들을, 즉 개성화 과정의 정수를 앞질러 취하고 있는 것이다. 그것은 오랫동안 충분히 살았으므로 먼 미래를 바라볼 수 있었던 초기 기독교도 안에서 일어나는 기독교의 작용이다. 대극의 중재는 이미 그리스도의 숙명의 상징성 가운데서, 즉 그리스도가 하나는 낙원으로, 다른 하나는 지옥으로 간 두 강도 사이에서 십자가에 매달려 처형된 장면에서 암시되고 있다.

기독교에서 보여주는 대극은 별 도리 없이 신과 인간 사이에 있어야만 했고, 인간은 어두운 면에 동화되어야 하는 위험에 처했다. 이것과 태어날 때부터 정해져 있다는 하느님의 암시는 요한에게 강한 영향을 주었다. 즉 오래전부터 예정된 소수만이 구원되는 반면에 대다수의 인류는 종말의 재앙에서 멸망한다. 기독교 개념에서의 신과 인간과의 대극은 그 초기 이래로 야훼적인 유산일 것인바, 이 시대에서 형이상학적 문제는 오로지 야훼와 그의 민족 간의 관계에 있었다. 욥의 신인식Gnosis에도 불구하고 사람들이 야훼의 이율배반을 신격 자체로 감히 옮겨놓기에는 야훼에 대한 두려움이 너무 컸다. 그러나 신과 인간 사이의 대극을 그대로 놔둔다면, 사람들은—싫든 좋든 간에—결국 '모든 선은 신으로부터 모든 악은 인간으로부터omne bonum a Deo, omne malum ab homine'라는 기독교적 결론에 이르게 된다. 그럼으로써 인간은 불합리하게도 그들의 창조주에 대해 대립관계에 놓이게 되고 바로 우주적이고 데몬적인 크기의 악이 인간에게 씌워진다. 만약 사람들이 인간을 선한 신의 대극으로 내세운다면, 요한의 엑스터시에서 터져나온 끔찍한 파괴의지가 무엇을 뜻하는가에 대한 실마리를 제공한다. 즉 사람들은 인간에게 어두운 신의 측면을 부과시키는 것이다. 그것은 욥에 있어서는 아직 올바른 자리에 있다. 그러나 두 경우에서 모두 인간은 악과 동일시되는데, 그 결과 한번은 선에 맞서려 하고, 다른 한번은 하늘에 계신 그의 아버지처럼 완전하고자 노력한다.

인간이 되려는 야훼의 결심은, 인간이 어떤 종류의 신상神像과 대면하고 있는지를 의식할 때 생겨야 할 그런 발전의 상징이다.[158] 신은 인간의 무의식에서부터 작용하며, 의식이 그 영향 아래 있는 끊임없는 대극적인 영향을 조화시키고 일치시키도록 인간에게 강요한다.

무의식은 물론 두 가지 모두, 즉 분리하기도 하고 통합하기도 한다. 그러므로 인간은 그가 통합을 시도할 때, 항상 형이상학적인 변호자의 도움을 기대할 수 있다. 이미 욥은 이를 분명하게 인식하였다. 무의식은 의식으로 흘러들어 빛에 이르고자 하는 동시에 이를 방해한다. 무의식은 차라리 무의식적인 상태로 남아 있고자 하기 때문이다. 다시 말해서 신은 인간이 되고자 하나 완전히 그런 것도 아니다. 신의 성질 속에 도사린 갈등이 너무 커서 인간화Menschwerdung는 어두운 측면의 분노에 대해서 속죄하는 자기희생을 통해서만 얻어질 수 있다.

신은 우선 선을 육화했으며 그럼으로써 우리가 추측해도 되는 것처럼, 나중에 다른 면을 동화하기 위한 가장 저항력 있는 토대를 만들었다. 변호인(성령을 뜻하기도 한다)의 약속으로 미루어볼 때 우리는 신이 완전히 인간이 되고자 한다는 것, 다시 말해서 자기 자신의 어두운 피조물에서―원죄에서 자유롭지 못한 인간에게서―다시 태어나고자 한다는 추론을 내릴 수 있다. 「묵시록」의 저자는 성령이 계속 작용하여 인간화가 진행된 증거들을 우리에게 남기고 있다. 그는 분노와 복수의 어두운 신, 즉 불타는 바람ventus urens이 그 속으로 뚫고 들어오는, 그는 피조물인 인간이다(이 요한은 아마도 총애받는 젊은이였으며, 고령에 미래의 발전에 대한 예감이 그에게 다가왔다). 이 혼란스러운 침입은 그의 마음속에서 신적인 소년, 미래의 구원자의 상을 만들어낸다. 이 소년이나 구원자는 모든 남성 속에 그 모상이 있는 신적인 배우자에게서 태어났다. 이 아이의 상은 마이스터 에크하르트가 그의 환영에서 바라본 그 상이다. 그는 신이 자신의 신격만으로는 결코 성스러운 것이 아니며, 인간의 심혼에서 태어나야만 한다는 것을 아는 사람이었다. 그리스도 안에서의 육화는 성령을 통해서 계속해서 피조물로 옮겨지게 될 본보기Vorbild이다.

우리들의 품행이 초기 기독교도인 요한의 품행과는 비교할 수조차 없는 것이기 때문에, 우리에게서는 악 이외에도 온갖 선이, 특히 사랑의 관점에서 침입해 들어올 수 있다. 그렇기 때문에 우리에게서는 요한의 경우에서처럼, 그런 순수한 파괴의지를 기대할 수는 없다. 내 경험으로는 어떤 심한 정신병이나 범죄적 빙의를 제외하고는 그러한 종류의 것을 결코 관찰한 적이 없다. 종교개혁에서의 정신의 분화 덕분에, 특히 과학(원래는 추락한 천사가 가르쳐주었던)의 발달로 인해서 우리는 이미 상당히 어둠과 섞여 있으며, 초기(혹은 그 후의) 기독교 성자聖者의 순수성과 나란히 놓고 보기에는 별로 유리하지 못한 상황에 있다. 물론 우리들의 상대적인 어둠은 우리에게는 아무 도움도 되지 않는다. 그 상대적인 어둠은 악한 힘의 충격을 경감시키기는 하나 다른 한편으로는 우리를 그 힘에 쉽게 걸려들게 만들고 상대적으로 저항할 수 없게 만든다. 그러므로 우리는 더 많은 빛, 선, 그리고 도덕적인 힘을 필요로 하며, 비위생적인 검은색을 될 수 있는 대로 씻어내야만 한다. 그렇지 않으면 우리가 몰락하는 일 없이 그 또한 역시 인간이 되고자 하는 어두운 신을 받아들이지도 견디어내지도 못할 것이다. 그것을 위해서는 모든 기독교적 덕목을 필요로 하는데, 이러한 덕목뿐 아니라 (왜냐하면 그 문제는 도덕적인 것만이 아니기 때문에) 욥이 이미 추구했던 **지혜**를 필요로 한다. 그러나 지혜는 당시에 야훼에게서는 숨겨져 있었거나 아직 그것을 다시 회상하지 못했다. '미지의' 아버지에 의해 수태되고 사피엔치아(지혜)에 의해 태어난 자가 저 더 고귀하고 온전한 vollständige(τέλειος) 인간이다. 그는 영원한 소년 puer aeternus의 형상을 한 우리의 의식을 초월하는 전체성─희게도 검게도 변화될 수 있는 모습 vultu mutabilis albus et ater[159]을 나타낸다. 파우스트는 악마를 다만 밖에서만 바라보던 그의 과장된 일방성에서 벗어나 이 사내아이로 변신했어야 했다. 그리스도는 이런 변화를 형상적으로 드러내어 "너희가 어린 아이처럼 되지 않으면…"이라고 말했는데, 이 아이들에게는 대극이 가까이에 함께 있다. 즉 소년은 성년 남자의 성숙에서 태어난 사내아이이며, 사람들이 계속 그 상태에 그렇게 머물고 싶어 하는 무의식적 아이는 아니다. 위에서 설명한 바대로 그리스도는 또한 악의 도덕 원리를 예견해서 암시하고 있다.

「묵시록」의 환영의 흐름 속에서 태양의 여인은 자기의 아이와 함께, 흐름에 속하지 않은 것처럼 낯설고 갑작스럽게 느닷없이 출현한다. 그것은 다른 미래의 세계에 속한다. 그러므로 그 아이는 유대인의 메시아처럼 당분간은 신에게서 멀리 떨어져 있고, 그의 어머니는 오랫동안 사막에서 숨어 지내야만 한다. 그러나 신은 그녀를 사막에서 먹여 살린다.[160] 바로 당면한 문제가 아직은 결코 대극의 합일을 뜻하는 것이 아니라, 오히려 빛과 선善의 육화, 세속욕의 억제, 그리고 세계 종말의 공포, 즉 분노하고 복수하는 신의 공현을 예고해주는 천 년 후에 일어나게 될 적그리스도의 강림을 감안할 때, 하느님 나라civitas Dei를 강하고 굳건하게 하는 것이 더 중요한 문제이다. 악마적인 숫양으로 변한 어린 양≠이 새로운 복음, 영원한 복음Evangelium Aeternum을 열어주는데, 이 복음은 신에 대한 사랑을 넘어서 신에 대한 경외의 내용을 포함한다. 이러한 이유에서 「묵시록」은 고전적 개성화 과정과 마찬가지로 신성결혼, 즉 아들이 어머니 신부와 결혼하는 상징으로 끝을 맺는다. 그러나 이 결혼은 "순수하지 않은 것은 아무것도" 들어올 수 없는, 황폐화된 세계 저편에 있는 하늘에서 거행된다. 빛은 빛으로 모여든다. 그것이 신이 피조물인 인간으로 육화할 수 있기 전에 이루어져야 되는 기독교 아이온의 프로그램이다. 세계 종말에야 비로소 태양 여인에 관한 환영은 이루어질 것이다. 모든 합리주의자들이 놀라게도 교황은 이러한 진리를 인정하고, 분명히 성령의 작용에 감화되어서 성모 마리아 승천Assumptio Mariae의 도그마를 반포하였다. 마리아는 신부新婦로서의 태양과, 소피아로서의 신격神格과 하늘의 신방에서 결합한다.[161]

이 도그마는 모든 관점에서 볼 때 시대에 알맞은 것이다. 첫 번째로 그것은 요한의 환영[162]을 형상적인 방법으로 이행하고 있으며, 두 번째로는 어린 양의 세계 종말의 결혼을 넌지시 비추고 있으며, 세 번째로는 소피아에 대한 구약성서의 회상을 되풀이해주고 있다. 이 세 관계는 신의 인간화를 예언하는 것이다. 두 번째와 세 번째의 것은 그리스도의 육화[163]를, 그러나 첫 번째 것은 피조물의 인간 속에서의 육화를 예언하는 것이다.

XVIII

 엄청난 파괴의 힘이 손에 주어졌을 때, 그 힘을 쓰고 싶은 의지에 저항하고, 그 의지를 사랑과 지혜의 정신으로 억제할 수 있는가 하는 문제는 이제 인간에게 달려 있다. 그러나 자신의 힘만으로는 그렇게 할 능력이 거의 없을 것이다. 그러기 위해서는 인간은 하늘에 있는 '변호인', 바로 신에 마음이 사로잡힌, 지금까지의 조각난 인간을 '치유'하고 전체로 만들게 한 사내아이를 필요로 한다. 인간의 전체, 즉 자기自己,Selbst 자체가 무엇을 의미하든 간에 경험적으로 볼 때 그것은 무의식에서 자발적으로 만들어진 삶의 목표를 나타내는 상이며, 이는 의식의 소망이나 두려움과는 관계없는 것이다. 그것은 전체 인간의 목표, 즉 자신의 의지에 따르든 의지에 반하든 간에 전체성Ganzheit과 개성Individualität의 실현을 나타낸다. 이 과정의 원동력은 본능이다. 본능은 그 주체가 찬성하든 안 하든 간에, 무엇이 일어나는지를 그가 의식하든 못하든 간에, 개별적인 삶에 귀속하고 그 안에 들어오는 모든 것에 대해서 배려한다. 물론 주관적으로는 사람들이 무엇을 하고 사는지를 아는가, 무엇을 하는지를 이해하는가, 그리고 그들이 의도했거나 행한 것에 대해 책임 있게 설명하는가 못하는가에 따라서 커다란 차이가 있다. 의식하고 있거나 의식하고 있지 못함의 차이를 그리스도는 한마디로 명확하게 다음과 같이 표현한다. "네가 무엇을 하는지를 알고 있다면 너는 복을 받은 것이며, 그러나 네가 무엇을 하는지를 알지 못한다면 너는 저주받게 되고 범법자가 된다."[164] 무의식성은 자연과 운명의 심판대 앞에서 결코 사죄가 통하지 않는다. 그 반대로 그들에게는 큰 징벌이 있게 된다. 그래서 모든 무의식적 성질은 사실 자신이 매우 저항하는 의식의 빛을 그리워한다.

감추어져 있는 것이나 숨어 있는 것을 의식화意識化함은 확실히 우리로 하여금 해결될 수 없는 갈등과 대립하게 만든다. 최소한 의식에는 그렇게 보인다. 그러나 무의식으로부터 꿈에 나타난 상징들은 대극들과의 직면을 제시하며, 그 목표의 상들Bilder은 대극들의 성공적인 합일을 나타낸다. 여기에서 우리는 우리의 무의식적 본성의 측면으로부터 경험적으로 확인될 수 있는 도움을 받는다. 이러한 무의식의 시사를 이해하는 것이 의식의 과제다. 그러나 이러한 것이 일어나지 않을 때라도, 개성화 과정은 그럼에도 계속된다. 다만 우리가 그 과정의 희생물이 되어 저 운명적으로 피할 수 없는, 우리가 만약 숙명의 길의 누미나numina(수호신)를 이해하도록 제때에 노력과 인내를 기울였다면 올바른 발걸음으로 도달할 수 있었을 목표로 끌려가게 될 것이다. 이제 문제는 추락한 천사가 던져준 초인간적 힘에 필적하기 위해서 인간이 더 높은 도덕적 단계, 즉 더 높은 의식의 수준에 오를 수 있는지에 달려 있다. 그러나 인간은 **자기 자신의 본성**에 대해서 더 잘 알지 못한다면 더 앞으로 나갈 수 없다. 유감스럽게도 이 점에서 끔찍한 무지와, 자기 자신의 본질에 대한 지식을 증대시키는 작업에 대한 결코 적지 않은 혐오가 이 세상을 지배하고 있다. 그래도 전혀 예상 밖의 사람들 사이에 오늘날 심리학적 관점에서 무엇인가 인간에게 일어나야만 **한다**sollte는 통찰을 더 이상 숨기고 있을 수 없는 사람들이 있다. 유감스럽게도 '해야만 한다'라는 단어는 사람들이 무엇을 하는지 알지 못하고 목표에 도달하는 길을 알지 못함을 드러내는 말이다. 사람들은 우리의 간청을 들어주는 신의 과분한 은총을 염치없이 바랄 수는 있을 것이다. 그러나 우리의 간청에 귀를 기울이지 **않는** 신은 또한 인간이 되고자 하며, 게다가 신은 성령을 통해서 신의 어두운 면을 지니고 있는 피조물인 인간을 선택했다. 즉 원죄가 더럽힌 인간을, 추락한 천사가 신의 학문과 기술을 가르쳐준 인간을 선택했다. 계속 진행하는 육화의 탄생지로 죄 지은 인간이 적합하며 그래서 선택되었다. 선택된 자는 자신을 세계에 드러내지 않고 삶에서 지불할 공물貢物을 거절하는, 죄 없는 자가 아니다. 왜냐하면 이러한 사람 속에서는 어두운 신이 머물 장소를 찾지 못할 것이기 때문이다.

「묵시록」이래로 신이 사랑의 대상일 뿐 아니라 두려움의 대상일 수 있다는 것을 우리는 다시금 알게 된다. 신은 선과 악으로 우리를 채운다. 그렇지 않다면 그가 두려워할 대상일 수 없을 것이다. 그리고 신이 인간이 되고자 하기 때문에, 그의 모순의 통합이 인간 안에서 일어나야만 한다. 그것은 인간에게 새로운 책임을 의미한다. 인간은 이제 자신을 더 이상 하찮은 것이라든가 사소한 것이라든가 따위로 핑계를 댈 수는 없다. 왜냐하면 어두운 신은 그에게 원자폭탄과 화학전쟁 물질을 손에 쥐여주었고, 더불어 주위의 인간에게「묵시록」의 분노를 쏟아부을 권력을 주었기 때문이다. 그가 소위 신의 권력을 손에 넣었기 때문에, 그는 더 이상 장님일 수 없고 무의식 상태에 머물러 있을 수 없다. 그는 신의 성질을 알아야만 하고 형이상학에서 진행되고 있는 것에 대해서 알아야만 한다. 그럼으로써 스스로를 이해하고 그것을 통해 신을 인식할 것이다.

XIX

새로운 도그마의 포고는 심리학적 배경을 연구하도록 하는 계기를 줄 수 있었을 것이다. 선언에 즈음해서 가톨릭이나 개신교 측에서 발간된 많은 논문 중에서, 내가 아는 한, 분명히 강력한 주제, 즉 대중적 움직임이나 그 움직임의 정신적 욕구를 어떻게 해서든지 타당성 있게 강조한 것이 하나도 없었다는 것은 흥미로운 일이다. 사람들은 본질적으로 생생한 종교적 현상과는 전혀 관계가 없는, 교육받아온 교리적 역사적 고찰에 만족했다. 그러나 최근 수십 년 동안에 계속된 성모 마리아의 출현을 주의 깊게 추적해서 그것의 심리학적 의미를 이해한 사람은 그런 행위에서 무엇이 있었는가를 알 수 있었다. 즉 환영을 본 사람들이 몇 차례나 아이들이었다는 사실은 우리에게 깊이 생각할 거리를 주었다. 왜냐하면 그러한 경우에 있어서는 항상 집단적 무의식이 작용하고 있기 때문이다. 교황 자신도 새 교리의 선포에 즈음해서 몇 차례 신의 어머니에 관한 환영을 보았다고 한다. 사람들은 이미 상당히 오래전부터, 깊은 소망이 대중 사이에서 진행되었고, 대원자代願者와 중재자Mediatrix가 마침내 성스러운 삼위일체에서 자리를 찾게 되며 "천상의 여왕과 신부로서 하늘의 궁전에" 받아들여지게 됨을 알 수 있었다. 신의 어머니가 그곳에 머문다는 것은 천 년 이전부터 이미 확실하다고 여겨졌고, 소피아가 세계 창조 이전에 이미 신의 곁에 있었다는 것을 우리는 구약성서를 통해서 알고 있다. 신이 인간의 어머니를 통해 인간이 되고자 함은 고대 이집트의 왕의 신학Königstheologie에서 우리가 이미 알고 있는 바이며, 본래 신의 존재는 남성적인 것과 여성적인 것을 모두 갖고 있다는 것은 이미 선사시대에도 알고 있는 것이다. 그러나 마리아 승천이 장엄하게 공포되고 재발견된 시간에 비로소 그러한 종류의 진리가 발생하는 것이다. 1950년에 천상의 신부가 신랑과 결합되는 것은 우리 시대에 심리학적으로 의미가 크다. 이 사건의 해석에는 물론 교황 대칙서를 논쟁에 끌어들이는 것뿐만 아니라 「묵시록」에서 어린 양 결혼과 구약성서의 소피아에 대한 기록에서 예시된 형상도 고려된다. 탈라무스Thalamus에서의 혼례적인 합일은 신성혼

Hierosgamos을 의미하며, 이것은 다시금 육화의 전 단계, 즉 고대로부터 태양과 달의 아들filius solis et lunae, 지혜의 아들filius sapientiae, 그리고 그리스도와 상응하는 것으로 여겨졌던 구세주 탄생의 전 단계를 이룬다. 신의 어머니를 승격시키고자 하는 갈망이 민족 사이에 제기되면, 이 경향은 궁극적으로 구세주, 평화 정착자, "적들 사이에 평화를 가져다주는 중재자mediator pacem facients inter inimicos"[165]가 탄생하기를 바라는 소망을 뜻한다. 그가 이미 플레로마에서 태어났을지라도 그의 탄생은 인간이 그의 탄생을 인지하고 인식하고 설명할 그 시기에 이루어질 수 있는 것이다.

교황이 새로운 교리의 중대한 장엄 선언declaratio solemnis을 결심하도록 한 대중적 움직임의 주제와 내용은 새로운 신 탄생에 있는 것이 아니라 계속 진행되고 있는 그리스도와 더불어 시작했던 신의 육화에 있다. 사람들은 역사적-비판적 논거를 가지고 그 도그마를 공정하게 다루지 못했다. 사람들은 한탄스럽게도 표적을 제대로 맞추지 못했다. 더욱이 사실에 입각하지 않은 두려움 같은 것을 가지고 있어서 영국의 대주교는 이에 대해 다음과 같이 표현하였다. 즉 첫째로 천 년 이상 있어온 가톨릭의 개념이 도그마의 선언을 통해서 원칙적으로는 아무것도 변한 것이 없다는 것이고, 두 번째로는 신이 영원히 인간이 되고자 하며, 그래서 성령을 통해서 계속 육화한다는 사실에 대한 오해는 매우 우려할 만하며, 이 사실에 대한 오해는 그러한 설명에서 드러난 개신교의 관점이, 시대의 징후를 이해하지 못하고 계속 진행되고 있는 성령의 작용을 주목하지 않기 때문에 후퇴하고 있다고 말할 수밖에 없다. 개신교의 관점은 분명히 개인이나 대중의 심혼에 있는 강력한 원형적 전개와의 접속을 잃어버렸고, 진정한 묵시록적 세계 상황을 보상하도록 정해진 상징들과의 관계[166]를 상실했다. 그것은 합리주의적인 역사주의에 빠져서 드러나지 않은 채 심혼에 작용하는 성령에 대한 이해를 상실한 듯이 보인다. 그래서 그것은 이어지는 신의 드라마의 계시를 이해할 수도 없고 인정할 수도 없다.

이러한 상황은 신학에 문외한인 나로 하여금 그러한 어두운 것들에 대한 나의 견해를 묘사하는 글을 쓰도록 계기를 마련해주었다. 나의 이런 시도는 내가 오랜 삶의 여정에서 거두어들인 심리학적 경험으로 뒷받침되고 있다. 나는 심혼Seele을 결코 과소평가하지 않는다. 그리고 무엇보다도 정신적 사건이 공허하고 모호한 설명을 통해서 해결되리라고는 상상조차 하지 않는다. 심리만능주의Psychologismus는 아직 원시적인 마술적 사고思考를 나타내는데, 사람들은 이 마술적 사고로서 정신의 사실성을 주술적으로 제거할 수 있기를 바란다. 다음의 『파우스트』에서의 항문환상주의자Proktophantasmisten〔어린이의 항문, 배설에 연관된 여러 환상과 관계됨〕의 방법 같은 것으로….

"너희들은 아직도 그곳에 있구나.
안돼, 그건 들어줄 수 없어.
당장 꺼져! 우리들이 계몽된 말로 해명하지 않았느냐."

만약 사람들이 나를 이러한 유아적 관점과 동일시한다면, 그것은 잘못이다. 그런데 사람들은 내가 신을 믿는지 아닌지를 자주 물었다. 그래서 나는 사람들이 나를 내가 느끼는 것보다 훨씬 더 일반적인 '심리만능주의자'로 여길지 모른다는 우려를 조금은 가지고 있다. 사람들이 대부분 간과하거나 이해할 수 없는 것은 내가 정신을 진실되다고 간주하는 경우이다. 사람들은 물리적 사실들만을 믿고 있어서 우라늄 자체이거나 또는 최소한 실험도구가 폭탄을 조립했다는 결론을 내려야만 한다. 그것은 비현실적인 정신이 이에 책임이 있다는 가정과 마찬가지로 불합리한 것이다. 신은 명백하게 정신적이며 비신체적인 사실이다. 다시 말해서 신이라는 사실은 정신적으로만 확인될 수 있지 신체적으로 확인될 수는 없다. 마찬가지로 이 사람들 머리에는 아직 종교심리학이 두 개의 뚜렷이 구분되는 영역으로, 즉 첫째는 종교적 인간의 심리학, 둘째는 종교나 종교적 내용에 대한 심리학의 두 영역으로 나누어진다는 생각이 들어가지 않았다.

나로 하여금 종교적 문제의 토론에 참여하게 하고, 특히 성모승천 도그마에 대한 가부可否에 끼어들 용기를 준 것은 주로 후자의 영역에 관한 경험들이었다. 곁들여 말하자면 성모승천 도그마는 종교개혁 이래 가장 중요한 종교적 사건이라고 나는 생각한다. 그것은 비심리학적인 이성적인 사람에게는 걸림돌petra scandali(장해물)이다. 성모 마리아가 육체적으로 하늘에서 받아들여진다는 말처럼, 그렇게 확인되지 않은 주장을 어떻게 믿을 만하다고 할 수 있을까? 그러나 교황의 논증 방법은 심리학적인 오성悟性, Verstand으로는 전적으로 납득이 간다. 왜냐하면 그것은 첫째로 필수불가결한 예정 형상화에 근거하고, 둘째로는 천년 이상 된 말씀의 전통에 근거하고 있기 때문이다. 그러므로 정신적 현상의 존재에 대한 증거 자료는 충분하고도 남음이 있다. 모든 종교적 주장들이 육체적으로는 불가능한 것들이기 때문에 육체적으로 불가능한 사실을 주장하는 것이 문제가 되지는 않는다. 그 주장들이 그렇지 않다면, 언급한 바대로, 자연과학에서 다루어져야 했을 것이다. 그러나 그것은 모두 **심혼의 실재**Wirklichkeit der Seele에 해당하며 육체의 실재에 해당되는 것은 아니다. 그러나 특수하게 개신교의 관점을 병들게 하는 것은 신을 낳은 여인Deipara의 신성神性에의 무한한 접근이며, 이로 인해 위태롭게 된 그리스도의 절대 우위다. 개신교의 찬미가학

Hymnologie이 '천상의 신랑'에 대한 암시로 가득 차 있는데, 그가 갑자기 동등한 위치에 있는 신부를 가져본 적이 없다고 하는 데 대해선 아무런 설명도 없이 개신교는 그리스도의 절대 우위를 신봉해왔다. 아니면, 사람들이 심리만능주의적 방식으로 '신랑'을 혹시 단순한 은유로만 이해한 것일까?

교황의 도그마 선포의 논리적 귀결을 지나치게 평가할 것은 아니며, 그것은 개신교의 관점에다가 여성의 형이상학적 전형을 알지 못하는 단순한 남성 종교라는 오명을 씌운다. 이는 이 편견이 큰 불이익을 안겨준 미트라 신앙의 경우와 유사하다. 개신교는 분명히 여성이 동등한 권리가 있음을 가리키는 시대의 증후에 충분히 주의를 기울이지 않았다. 즉 평등권은 '신적神的' 여성, 그리스도의 신부의 형태로서 형이상학적 보장을 요구한다. 사람들이 그리스도라는 인물을 기구機構, Organisation로 대치할 수 없는 것과 마찬가지로 신부 역시 교회로 대치할 수 없다. 여성적인 것은 남성적인 것과 마찬가지로 똑같이 사람다운 대변자를 요구한다.

마리아 승천의 교의敎義(도그마)화로써 마리아는 하늘의 여성 지배자(달 아래의 영공의 군주인 사탄과는 달리)와 그리스도에 대한 중재녀로서 왕이나 중재자와 기능적으로 동등한 가치가 있음에도 불구하고, 교의적 견해에 따르면 마리아는 물론 여신의 위치에 이르지는 못했다. 여하튼 그녀의 지위는 원형의 요구를 충족시키기에 충분하다. 새로운 교의(도그마)는 위협적으로 긴장된 대극 간의 균형과 평화를 향한, 심혼을 가장 깊숙이 움직이게 하는 갈망을 성취하려는 새로운 희망을 의미한다. 모두가 이 긴장에 관여하고 있으며, 각자가 개별적인 형태의 불안에서 그것을 경험하는데, 합리적인 수단으로 그 불안을 제거할 가능성을 알지 못할수록 이것은 더욱더 커진다. 그렇기 때문에 집단적 무의식의 심층에서, 그리고 동시에 대중 사이에서 신적 관여의 희망과 기대가 제기된다면, 그것은 놀라운 일이 아니다. 교황의 선포가 이러한 갈망에 위로를 주는 표현을 한 것이다. 개신교의 관점이 어떻게 그것을 간과할 수 있었을까? 이 무지無知는 교의적 상징이나 성서해석학의 비유가 개신교의 합리주의에서는 그 의미를 상실했다는 사실로서 설명할 수밖에 없다. 이것은 또한 가톨릭교회 내에 있는 새로운 교의의 반대론자, 즉 지금까지의 교리를 교의(도그마)화하는 데 반대하는 사람들에게도 어느 정도는 해당된다. 물론 어떤 합리주의는 가톨릭의 입장보다 개신교에 더 적합하다. 가톨릭의 입장은 비판적인 반대나 이해의 어려움에는 신경을 쓰지 않고, 원형적 상징이 세속적으로 전개되는 과정을 용인하며, 원래의 형태로서 그것을 계속 이어간다. 이 점에서 가톨릭교회는 그 모성적 특성을 증명한다. 교회는 그의 모체에서 성장하는 나무를 그것 고유의 법칙에 따라서 발전시키기 때문이다. 이와는 반대로 부성적父性的 영靈에 의무를 지우고 있는 개신교는 처음에 세속적인 시대정신과의 대결에서부터 형성되었을 뿐 아니라 그때그때의 영적인 시대 사조와의 토론을 지속해간다. 즉 프네우마는 그 원래의 바람의 성질에 따라서 유연하고, 항상 활기에 찬 강물 속에 있으며, 때로는 물에, 때로는 불에 비교될 수 있다. 만약 그것이 시대정신에 너무 압도되면, 그것은 원래의 터에서 멀어지고, 그뿐만 아니라 길을 잃고 사라져버릴 수도 있다. 개신교의 정신은 자신의 과제를 충족시키기 위해서 몹시 초조하고 때론 불편하고 심지어 전통에 세속적인 견해를 뒤집는 확실한 영향력을 확보해주기 위해서 공격적일 수밖에 없다. 개신교의 정신이 이러한 대결에서 받는 충격은 전통을 변화시키며 동시에 활성화시킨다. 완만하고 세속적인 과정에 있는 전통은 이 장해 없이는 결국 완전히 경직되어 영향력을 잃게 될 것이다. 그러나 그리스도의 세계가 두 개의 분리된 진영—좀더 적절하게 말하자면—마음이 맞지 않는 남매의 쌍으로 이루어져 있다는 사실을 개신교가 잊어버리고, 자신의 존재를 방어하는 것 이외에 또한 가톨릭의 존재 이유를 인식해야 함을 생각하지 않는다면, 개신교는 가톨릭적 기독교에서 있어온 어떤 발전에 대한 단순한 비판과 반대만으로는 곤궁한 삶을 얻을 뿐이다. 신학적인 이유로 누나와의 삶의 끈을 끊으려 하는 남자 형제를 우리는 비인간적이라고 부를 것이다—기독교도적 정신은 말할 것도 없고—그 역도 마찬가지다. 단순한 부정적 비판은 건설적이지 못하다. 그것이 창조적인 정도만큼만 정당하다. 그래서 만약 개신교가 예를 들어, 새로운 교의에 의해서 충격을 받은 것은 괴롭게도 두 남매 사이의 틈새를 비추었기 때문만이 아니라, 기독교 내부에서 이미 오래 존재해온 토대에서 하나의 발전이 생겨났기 때문이기도 하다는 것이다. 그것이 기독교를 지금까지의 경우보다 훨씬 더 세속적 오성의 영역에 열중하게 만든 것이라는 점을 개신교가 인정한다면 내게는 그것이 유익한 생각처럼 보인다. 개신교는 그의 존재가 얼마나 가톨릭교회의 덕을 보고 있는지 알고 있다—혹은 알고 있을지 모른다. 개신교도가 더 이상 비판할 수도 항의할 수도 없다면, 그는 적든 많든 얼마나 소유할 수 있겠는가? 새로운 교의를 의미하는 지적 파렴치Skandalon에 직면하여 개신교는 그의 기독교적 책임(내가 내 형제의 보호자여야 하는가?)을 생각해내야만 하며, 아주 진지하게 크든 작든 간에 어떠한 근거가 새로운 교의를 선언하는 데 결정적이었는가를 탐구하여야 한다. 사람들은 이때에 하찮은 의혹을 조심해야 할 것이고, 교황의 자의恣意보다 더 많은 것, 더 의미 있는 것이 그 배후에 숨어 있다는 생각을 해야 할 것이다. 만약 개신교가 새로운 교의를 통해서 세속적인 시대정신 앞에서 그에게 새로운 책임이 주어진다는 것을 이해한다면 그것은 바람직스러운 일일 것이다. 왜냐하면 개신교는 그에게 문제가 되는 누이를 세계 앞에서 단순히 웃음거리로 삼을 수는 없기 때문이다. 그는 비록 그의 누이가 마음에 들지 않을지라도, 자기 존중을 상실하지 않으려면 그녀에게 공정해야만 한다. 그렇게 하려면 예를 들어 개신교는 이 좋은 기회에 새로운 교의와 모든 교의적 주장들이 그들의 글자 그대로의 구체주의를 넘어 무엇을 의미하는가 하는 물음을 적어도 한 번쯤은 제기해야 할 것이다. 개신교가 자의적이고 오락가락하는 교의론이나, 느슨하고 분열을 통해 갈라진 교회 제도를 가지고서는 시대정신에 마주하여 경직되고 친근해지기 어려운 상태에 머물러 있을 수만은 없기 때문에, 그리고 그 외에도 영Geist에 대한 그의 책무에 따라서 사랑하는 신神보다는 오히려 세계와 그들의 사고에 대면하도록 지시받았기 때문에, 개신교는 하늘의 신부 방으로 신의 어머니가 진입하는 것과 관련하여 기독교 전통의 새로운 해석이라는 위대한 과제로 다가가게 될 조짐을 보인다.

통찰에 대한 그림자만을 갖고 있는 자일지라도 어느 누구도 의심할 수 없는, 심혼에 아주 깊숙이 닻을 내리고 있는 진리의 문제라면, 이 과제는 해결할 수 있는 것이어야 한다. 그러기 위해서는 정신의 자유를 필요로 하는데, 이것은 우리가 이미 아는 바와 같이 개신교에서만 보장되어 있다. 마리아의 승천은 역사적 합리주의적 태도에 대해서는 얼굴에 일격을 가한 것과 같으며, 사람들이 이성理性과 역사의 논증을 완강히 고집한다면 어느 때나 그런 의미로 남아 있게 될 것이다. 그래서 심리학적 이해를 필요로 하는 사례가 여기에 있는 것이다. 왜냐하면 밖에 드러난 신화소神話素는 너무도 명백하여 그것의 상징적인 성질이나 해석 가능성을 잘못 판단(오인)하려면 일부러 장님 노릇을 해야 할 정도이기 때문이다.

마리아 승천의 교리화를 통해서 플레로마Pleroma[충족Erfüllung]에서의 신성혼이 암시된다. 그리고 이미 말한 대로, 이것은 그 나름대로 미래에 신적인 아이가 탄생하리라는 것을 의미한다. 신의 아이는 신적인 육화의 경향에 일치해서, 경험적인 인간을 탄생의 장소로 선택할 것이다. 이 형이상학적 과정은 무의식의 심리학에서 **개성화 과정**으로 알려져 있다. 개성화 과정이 일반적으로 무의식적으로 진행하는 범위 안에서, 이미 행해왔던 바대로, 그것은 떡갈나무 열매가 떡갈나무로, 암송아지가 암소로, 아이가 성인으로 되는 것 이상을 의미하지는 않을 것이다. 그러나 개성화 과정이 의식화되려면, 이를 위해서 의식은 무의식과 직면하여야 하며 대극 사이의 균형이 이루어져야만 한다. 논리적으로는 이것이 불가능하기 때문에, 사람들은 대극의 불합리한 결합을 가능케 하는 상징들Symbole에 의지한다. 상징은 무의식에서 자연발생적으로 생겨나며, 의식에 의해 확충된다. 이 과정의 중심 상징은 자기, 즉 한편으로 의식적인 것, 다른 한편으로는 무의식의 내용으로 구성된 인간의 전체성을 묘사한다. 자기는 온전한 인간τέλειος ἄνθρωπος이며, 그것의 상징들은 신적인 어린이나 그 동의어들이다. 여기에서 윤곽만 요약해 그려진 과정은 현대인에게서 항상 관찰될 수 있으며, 또한 사람들은 그것에 관해서 중세기의 연금술 철학의 기록에서도 볼 수 있으며, 사람들이 무의식의 심리학과 연금술을 둘 다 알고 있다면 그 상징의 일치에 놀라게 될 것이다.

자연적·무의식적으로 경과하는 개성화 과정과 의식화된 개성화 과정의 차이는 엄청나다. 전자의 경우에서는 의식은 전혀 개입하지 않아서 종말은 시초나 마찬가지로 어두운 채 머물러 있다. 후자의 경우에서는 이와는 달리 많은 어두운 것이 밝혀져서 한편으로 인격을 두루 밝히고, 다른 한편으로 의식은 어쩔 수 없이 통찰을 얻고 그 크기가 확대된다. 의식과 무의식의 대결은 어둠을 향해 비치는 빛이 어둠에 의해 파악될 뿐만 아니라, 어둠을 파악한다는 것에 대해 배려해야만 한다. 태양과 달의 아이는 상징이자, 대극 융합의 가능성이다. 그것은 과정의 알파요, 오메가이며, 중재자Intermedius이다. 연금술사들은 "그는 무수한 이름을 가졌다Habet mille nomina"라고 말하는데, 이로써 이들은 개성화 과정이 인과적으로 유래하는 것과 그것이 목표로 하는 것이 이름이 없으며 형용키 어려운 것이라고 암시하고 있다.

우리는 신격神格이 우리에게 영향을 주는 것을 오직 정신Psyche을 수단으로 해서 확인할 수 있다. 이때 우리는 이 작용이 신에게서 오는지 무의식에서 오는지 구별할 수 없다. 다시 말해서 신격과 무의식이 두 개의 다른 크기를 가진 것인지를 결말 지을 수 없다. 둘 다 초월적 내용에 대한 경계 개념이다. 그러나 경험적으로는 풍부한 개연성으로서, 꿈 등에서 자연발생적으로 드러나는 전체성Ganzheit의 원형이 무의식에 나타난다는 것, 그리고 다른 원형을 이 중심에 연관시키는 의식의 의지와는 무관한 경향이 있다는 것을 확인할 수 있다. 그렇기 때문에 전체성의 원형 자체가 어떤 중심 위치를 가지고 있어서, 그것을 신상神像에 가깝게 할 가능성이 없지 않다. 이 유사성은 특히 원형이 이미 예부터 신격을 특징짓고 상징화한다는 사실을 통해서도 뒷받침된다.

이러한 사실들은 신의 개념과 무의식이 구별될 수 없다고 우리가 위에서 기술한 문장에 어느 정도의 제한을 둘 수 있게 한다. 즉 신격은 정확히 말해서 단순히 무의식과 일치하는 것은 아니며, 무의식의 어느 특수한 내용, 즉 자기원형과 일치하는 것이다. 자기원형은 우리가 경험적으로 신상과 구별할 수 없는 것이다. 그런데 물론 사람들은 임의적으로 이 두 개의 크기가 다르다고 주장할 수 있다. 그러나 그것은 우리에게 아무런 도움이 되지 못한다. 오히려 그것은 인간과 신을 구분하는 데에서만 도움이 될 뿐인데, 이를 통해서는 신의 인간화가 방해된다. 신앙이 인간에게 신의 무한성과 도달될 수 없는 성질을 확실히 알리고 명심하게 한다면 물론 그것은 분명히 옳다. 그러나 신앙은 또한 신이 시간적으로 공간적으로 가까이 있음을 가르치고 있다. 그리고 경험적으로 존재해야 할 바로 이 인접성Nähe이야말로 아무 의미가 없는 것이 아닌 것이다. 나는 나에게 작용하는 것만을 진실wirklich이라고 인식한다. 내게 작용하지 않는 것은 존재하지 않는 것과 같다. 종교적 욕구는 전체성을 요구하며, 따라서 무의식에서 제공된, 의식과는 무관한, 심혼의 깊은 본성에서 솟아오르는 전체성의 상을 취한다.

XX

독자들은 이제 앞 장章에서 묘사된 상징적 크기의 발전이 인간 의식의 분화과정에 상응한다는 것을 아마도 분명히 알게 되었을 것이다. 그러나 원형에서는 처음에 제시한 바처럼, 표상의 단순한 객체뿐만 아니라 자율적인 요인들, 즉 생생히 살아 있는 주체와도 관련되기 때문에, 의식의 분화는 초월적으로 조건 지어진 역동Dynamismen의 편에서의 개입 효과라고 이해될 수 있다. 이 경우에 본질적인 변환을 이루게 하는 것은 원형들일 것이다.

그러나 우리의 경험으로는 사람들이 인간의 밖에서 내관적內觀的, introspektiv으로 관찰할 수 있는 정신적 상태가 존재하지 않기 때문에, 원형의 행동은 그것을 관찰하는 의식의 영향 없이는 전혀 규명될 수 없다. 그래서 이 과정이 의식에서 시작하는지 혹은 원형에서 시작하는지 여부의 질문은 결코 대답할 수 없는 것이다. 그렇지 않다면 사람들이 경험에는 맞지 않게 원형에서 자율성을 빼앗든지, 아니면 의식을 단순한 기계로 만들어버릴 것이다. 그러나 만약 사람들이 원형에 특정한 정도의 독립성을 인정하고, 그 정도에 해당하는 창조적 자유를 의식에 인정해준다면, 사람들은 심리적 경험에 가장 잘 일치된 상태에 있게 된다. 그로부터 물론 비교적 자율적인 두 요인 사이에서의 상호작용이 생겨난다. 그 상호작용은 우리에게 강요하기를 경과를 기술하거나 설명하는 데 있어서 때론 이런 요소를, 때론 다른 요소를 행동하는 주체로서 나타나게 한다. 뿐만 아니라 신이 인간이 되는 그때에도 그렇게 나타나게 한다.

지금까지의 기독교적 해결은 오직 하나의 신인Gottmenschen, 그리스도를 인정함으로써 이와 같은 어려움을 벗어났다. 인간 안에 제3의 신적인 인물, 즉 성령이 깃들어 있음으로써 다수의 그리스도화 Christifikation가 생겨난다. 그러면 이 다수 전체가 신인인지의 문제가 일어난다. 그러나 평범한 원죄에서 자유롭지 못한 인간이 곧 굴복하게 될 어쩔 수 없는 팽창을 제외하면, 이러한 종류의 변환은 참을 수 없는 충돌에 이르게 할 것이다. 이 경우에 우리는 아마도 바울과 그의 의식의 분열을 회상해보는 편이 나을 것이다. 즉 그는 한편으로는 신에 의해 직접 소명되고 깨우친 사도로서, 다른 한편으로는 '육체 속의 가시'를 뽑지 못하며, 그를 괴롭힌 사탄 천사를 떼어놓을 수 없는 죄 지은 인간으로서 느낀다. 다시 말해서 깨우친 사람조차도 그가 있는 그대로의 한계에 머물러 있고, 그가 마주하고 있는 큰 세계에 비해 제약된 자아 이상일 수 없다. 그 세계는 그의 마음속에 살고 있으며 그의 형상은 인식할 수 있는 한계를 갖지 않는, 지구의 바닥처럼 깊고 하늘처럼 넓게 그를 둘러싸고 있는 것이다.

후기[167]

나의 책 『욥에의 응답』이 어떻게 생기게 되었는지 알려 달라는 여러분의 간청은 내게는 어려운 과제이다. 왜냐하면 이 책의 역사를 몇 마디로 간추리기는 어렵기 때문이다. 나는 여러 해 전부터 책에서 다루어진 중심 문제에 몰두해왔으며, 생각의 흐름은 다양한 원천을 통해 제공되었다. 결국—충분히 숙고한 후에 비로소—이 생각을 글로써 표현할 시기가 된 것 같다고 여기게 되었다.

이 책을 쓰게 된 직접적인 동기를 준 것은 아마도 나의 책 『아이온 Aion』에서 언급한 어떤 의문들, 특히 상징적 형상으로서의 그리스도에 관한 문제와 물고기의 수대기호獸帶記號에 대한 전통적인 상징성에 따라 표현된 것처럼, 그리스도-적그리스도의 대립의 문제일 것이다.

이런 문제들과 구원설의 토론에 관련해서 나는 "선善의 결여privatio boni[단지 선이 결여된 악]" 관념을 비판했다. 왜냐하면 그것은 심리학적 인식과는 맞지 않기 때문이다. 심리학적 경험은 우리가 '선'이라고 부르는 모든 것에 같은 정도의 실질적인 '악惡', 또는 '해악害惡'이 마주하고 있음을 보여주고 있다. 악이 존재하지 않는다면, 존재하는 모든 것은 어쩔 수 없이 선이어야만 할 것이다. 도그마에 따르면 선이나 악

모두 인간 안에 그 원천을 갖고 있을 수 없다. 왜냐하면 '악'은 신의 아들 중의 하나로서 인간에 앞서서 있었기 때문이다. '선의 결여'의 관념은 마니Mani교 후에 비로소 교회에서 역할을 하기 시작했다. 로마의 클레멘스Clemens〔교황 클레멘스 1세〕는 이교도 앞에서 신은 세상을 오른손과 왼손으로 다스린다고 가르쳤다. 오른손은 그리스도를, 왼손은 사탄을 뜻했다. 클레멘스의 견해는 분명히 유일신론적이다. 왜냐하면 그는 대극을 하나의 신에서 융합했기 때문이다. 그러나 후에 기독교는 이원론적이 되었는데, 대극 중에서 사탄으로 의인화된 부분이 분리되어 사탄이 영원한 영겁의 벌의 상태에 머물러 있기 때문이다. 그것이 제일 중요하며 기독교의 구원설의 출발점을 이룬다. 기독교가 유일신교의 종교이기를 주장한다면, 하나의 신 안에 포함된 대극에 대한 가정은 불가피하다. 이렇게 해서 중대한 종교적 문제인 욥의 문제가 제기된다. 욥의 시대 이래로 수백 년에 걸쳐 가장 최근의, 예를 들어 마리아 승천과 같은 상징적인 사건들에 이르기까지 이 문제의 역사적 발전을 보여주고자 하는 것이 내 책의 목적이다.

   이 외에도 나는 중세기의 자연철학―심리학에 가장 중요한―에 대한 연구를 통해서 고대 철학자들이 어떠한 신상神像을 가졌었나 하는 의문에 답을 찾고자 하기에 이르렀다. 아니, 오히려 그들의 신상을 보충했던 상징들을 어떻게 이해해야 할 것인지 하는 물음에 대한 대답이었다. 모든 것은 대극의 결합을 가리켰으며, 욥의 이야기에 대한 회상이 다시 내 안에서 고개를 들었다. 즉 신에 반해서 신의 도움을 기대했던 욥이었다. 이 고도로 기이한 사실은 신 안에 내포되어 있는 대극이라는 유사한 개념을 전제로 한다.

   다른 한편 내가 『아이온』에서 이것을 행했을 때, 나는 전 세계―환자뿐만 아니라―에서 각종 질문을 받았는데, 이것이 계기가 되어 좀

더 상세하고 더 온전한 대답을 만들어내게 되었다. 여러 해 동안 나는 망설였는데 그 이유는 이 행동의 결과와 기대되는 항의에 대해서 분명히 알고 있었기 때문이었다. 그러나 이 문제의 절박함과 중요성이 나를 사로잡아서 나는 그것에서부터 벗어날 수 없었다. 그래서 이 모든 문제를 받아들여야 함을 알았고 이것을 행하였다. 그럼으로써 나는 주관적 감정에 수반된 개인적 경험을 기술하였다. 내가 '영원한 진리'를 반포하고자 의도한 듯한 인상을 피하고자 했기 때문에 의도적으로 이 형식을 선택했다. 이 책은 독자들의 사려 깊은 마음을 만나기를 바라고 기대하며 던지는 한 사람의 물음의 소리일 뿐이다.

번역: 한오수

주석

심리학과 종교

머리말

1 테리 강좌Terry Lectures는 1937년 예일대학에서 실시되었으며, 1940년 영어에서 독일어로 번역되어 취리히 라쉬 출판사에서 『융 전집』 제11권으로 출간되었다.

I. 무의식의 자율성

2 Rudolf Otto, *Das Heilige*, Breslau 1917, Neuauflage München 1936.
3 도움을 주는 은총gratia adiuvans과 성화聖化하는 은총gratia sanctificans은 행하여진 소행에 의한 성사聖事, sacramentum ex opere operato의 작용들이다. 성사聖事가 효력을 나타내는 것은 그것이 직접 그리스도 자신에 의해 마련된 제도이기 때문이다. 교회에는 의례Ritus를 은총과 결합하여 성사의 행위actus sacramentalis로써 은총이 현존하고 작용을 일으키게 하는, 즉 사적事蹟과 성사res et sacramentum를 하나로 결합할 능력이 없다. 그러므로 사제에 의해서 실시된 전례는 기계인causa instrumentalis이 아니고 단지 봉사인奉仕因, causa ministerialis이다.
4 "그러나 우리가 사실을 존중했다고 해서 우리 안의 모든 종교성이 효력을 잃은 것은 아니다. 사실을 존중하는 그 자체가 거의 종교적이다. 우리의 과학적

열정은 경건하다." William James, *Pragmatism*, London/New York, 1911, p.14f.

5 Cicero, *De Inventione Rhetorica*, II, p.147: "종교는 어떤 보다 높은 성질[사람들이 신적이라고 부르는]에 대해 보살핌과 거룩한 경외심을 나타내는 것이다." Cicero, *Pro Caelio*, 55: "종교적으로 맹세의 신의로 증언한다." (라틴어 원문은 그때마다『전집』을 보라.)

6 Heinrich Scholz, *Die Religionsphilosophie des Als-ob*, Leipzig, 1921에도 비슷한 관점이 있다. 또한 H. R. Pearcy, *A Vindication of Paul*, New York, 1936을 보라.

7 Jung, *Diagnostische Assoziationsstudien*, 1910/11,『전집』2권.

8 *Das Gilgamesch-Epos*, Albert Schott(역), Stuttgart, 1934.

9 J. G. Frazer, *Taboo and the Perils of the Soul*, London, 1911, p. 30ff.; A. E. Crawley, *The Idea of the Soul*, London, 1909, p. 82ff.; L. Lévy-Bruhl, *La Mentalité Primitive*, Paris, 1922.

10 G. M. Fenn, *Running Amok*, London, 1901.

11 M. Ninck, *Wodan und germanischer Schicksalsglaube*, Jena, 1935.

12 L. Lévy-Bruhl, *Les fonctions mentales dans les sociétés inférieures*, 2. Aufl, Paris, 1912. 그리고 *La Mentalité Primitive*, chap. III 'Les Rêves'.

13 Fr. Häussermann, *Wortempfang und Symbol in der alttestamentlichen Prophetie*, Gießen, 1932.

14 Benedictus Pererius, *De Magia. De Observatione Somniorum et de Divinatione Astrologica, libri tres*, Köln, 1598, p. 147. (이곳과 이후 인용의 라틴어 원문은『전집』을 보라.)

15 앞의 책, p. 142.

16 앞의 책, p. 145.

17 앞의 책, p. 126ff.

18 앞의 책, p. 129.

19 앞의 책, p. 130.

20 앞의 책, p. 131f.

21 *Dialogorum Libri* IV, cap. 48; in Pererius, 앞의 책, p. 132. 또한 J.-P. Migne, *Patrologiae cursus completus, latina*, T. 77, col. 412와 비교하라.

22 E. A. Wallis Budge, *The Book of Paradise*, London, 1904, I, p. 37ff. 참조.

23 앞의 책, pp. 33f.와 47.

24 Pererius, 앞의 책.

25　Caspar Peucer, *Commentarius de Praecipuis Generibus Divinationum*, Wittenberg, 1560, p. 270. (라틴어 원문은 『전집』을 보라.)
26　앞의 책.
27　Pererius, 앞의 책, p. 143.
28　앞의 책, p. 146;「고린도전서」, 2장 11절 참조.
29　Jung, *Traumsymbole des Individuationsprozesses*, in *Psychologie und Alchemie*, 1952.『기본 저작집』제5권, 제2부를 보라. 이곳에 열거된 꿈은 그곳에서는 다른 관점에서 고찰된다. 꿈은 많은 측면을 가지고 있으므로 그것은 여러 측면에서 관찰될 수 있다.
30　Freud, *Traumdeutung*, 1900, Wien 1925. 질버러(Herbert Silberer, *Der Traum*, Stuttgart, 1919)는 보다 조심스럽고 보다 균형 잡힌 관점을 묘사한다. 프로이트와 내 고유의 견해 사이의 차이에 관해서 나는 독자에게 이 주제에 관한 나의 짧막한 논고 "Der Gegensatz Freud-Jung", *Seelenprobleme der Gegenwart*, 『전집』 4를 제시한다. 그 밖의 자료는 *Über die Psychologie des Unbewußten*, 1960, p. 91ff., 『전집』 7, Paragr. 121ff.; W. M. Kranefeldt, *Die Psychoanalyse*, 1930; Gerhard Adler, *Entdeckung der Seele*, Zürich, 1934; Toni Wolff, *Einführung in die Grundlagen der Komplexen Psychologie*, in *Studien zu C. G. Jungs Psychologie*, Zürich, 1959.
31　시인들, 예언자들, 광폭한 열광자들의 신인 오딘Odin, 그리고 현자인 미미르Mimir의 디오니소스Dionysos와 실레노스Silenos와의 관계를 비교하라. 오딘이라는 단어는 갈리아어의 οὔατεις, 아일랜드 말의 faith, 라틴어의 vates와 어근語根 결합을 가지고 있다. μάντις(예언자, 점술가)와 μαίνομαι(격분하다, 광란하다, 미치게 하다)처럼. Martin Ninck, *Wodan und germanischer Schicksalsglaube*, Jena, 1935, p. 30ff.
32　*Über das Unbewußte*, 1918, 『전집』 10.
33　나의 다음 논문을 참조. "Wotan", *Aufsätze zur Zeitgeschichte*, 1946, 『전집』 10. 니체의 저술 속에 있는 보탄Wotan의 유례는 1863~64년의 시 속에서 발견된다. *Dem Unbekannten Gott*, in Elisabeth Förster-Nietzsche, *Der werdende Nietzsche*, München, 1924, p. 239. *Also sprach Zarathustra*, pp. 366, 143 und 200; *Nietzsches Werke*, Leipzig, 1901, Bd. VI. 1859년의 보탄 꿈 in E. Förster-Nietzsche, 앞의 책, p. 84ff.
34　*Die Beziehungen zwischen dem Ich und dem Unbewußten*, 1950, 『기본 저작집』 제3권의 "아니마와 아니무스". *Psychologische Typen*, 정의Definitionen의 'Seele'와 'Seelenbild' 항목(『전집』 6). "Über die Archetypen des kollektiven

Unbewußten", "Über den Archtypus mit besonderer Berücksichtigung des Animabegriffes", in *Von den Wurzeln des Bewußsteins*, 1954, 『기본 저작집』 제2권 참조.

35 "Über den Archetypus mit besonderer Berücksichtigung des Animabegriffes",『전집』 9/1,『기본 저작집』 제2권.

36 Edward Maitland, *Anna Kingsford, Her Life, Letters, Diary and Work*, London, 1896, I, p. 129ff.

37 *Corpus Hermeticum*, Lib. I (ed. W. Scott, *Hermetica*, I, p. 118: ὁ δὲ νοῦς ὁ πρῶτος ἀρρενόθηλυς ὤν[왜냐하면 첫째 이성은 양성체였다])에 있는, 신격의 양성체적 성질에 관한 표명은 아마 플라톤의『향연*Symposion*』XIV에서 끌어온 것 같다. 양성체에 관한 중세 후기의 기술이 '포이만드레스Poimandres'에서 나온 것인지는 불확실하다(*Corpus Hermeticum*, Lib. I). 이 형상은 서방에서는 『포이만더*Poimander*』가 1471년 마르실리우스 피키누스Marsilius Ficinus에 의해 인쇄되기 전까지는 알려지지 않았기 때문이다. 어쨌든 그 당시 그리스어를 할 줄 아는 소수의 학자들 중 한 사람이 이 관념을 그 당시에 있었던 그리스어 고사본Codices Graeci에서 챙겼을 가능성이 있다. 예를 들면『라우렌티아누스 고사본*Codex Laurentianus*』 71, 33,『파리 그리스 고사본*Parisinus Graecus*』 1220,『바티칸 소장 그리스어 고사본*Vaticanus Graecus*』 237과 951에서 주워 모았을 가능성인데, 이 문헌은 모두 14세기에 나온 것이다. 더 오래된 필사본은 없다. 마르실리우스 피키누스에 의한 최초의 라틴어 번역은 대단한 영향력을 가지고 있었다. 이 시기 이전에는 1417년의『뮌헨 왕립도서관 소장 고사본 *Codex Germanicus Monacentis*』 598의 양성체 상징이 있다. 양성체 상징은 11~12세기에 아랍어나 시리아어에서 번역된 원고에서 나왔을 가능성이 큰 것으로 보인다. 아랍 전통에 크게 영향받은 고대 라틴어 문서인 「아비켄나(아비센나, 이븐 시나) 소논문Tractatulus Avicennae」에서 "영액靈液, Elixir은 자기 스스로 잉태하게 하는 호색적인 뱀이다"라는 말이 발견된다. *Artis Auriferae*(造金術), 1593, I, p. 406. 물론 그것은 위僞-아비켄나Pseudo Avicenna이고 진정한 이븐 시나Ibn Sina(970~1037)의 것이 아니지만 이것은 중세 연금술 문헌의 아랍-라틴 전거典據에 속한다. 우리는 같은 구절을「로지누스가 사라탄탐에게Rosinus ad Sarratantam」(*Artis Auriferae*, I, p. 303)라는 논문에서 발견한다. "영액 그 자신이 증식하는 뱀이며, 또한 스스로 수태하는 뱀인 것이다Et ipsum est serpens seipsum luxurians, seipsum impraegnans" 등. '로지누스Rosinus'란 3세기 그리스의 신플라톤 철학자인 '초시모스Zosimos'의 이름이 아랍-라틴어의 영향으로 파손된 것이다. 그의 논고「사라탄탐에게Ad Sarratantam」는 동일한 문헌 장르에

속한다. 그리고 이 원전의 역사가 아직 전적으로 불분명하기 때문에 현재로서는 아무도 누가 누구의 것을 복사했는지 말할 수 없다. 아랍 기원의 라틴어 원전인 *Turba Philosophorum*, Sermo LXV도 같은 암시를 주고 있다: "조립된 것은 스스로를 생산한다." J. Ruska, *Turba Philosophorum*, Berlin, 1931, p. 165. 내가 찾아낼 수 있는 한, 처음으로 양성체를 확실히 언급한 원전은 *Liber de Arte Chimica incerti autoris*, 16세기(in *Artis Auriferae*, I, p. 575ff.)이다. 이 원전 p. 610에 이르기를, "그러나 이 메르쿠리우스는 모든 금속들로 이루어지며 [그리고 금속들이며] 남성과 여성과 바로 육체와 심혼의 융합에서 나온 자웅동체의 존재이다."(라틴어 원문은 『전집』을 보라.) 후기의 문헌에서 나는 다만 Hieronymus Reusner, *Pandora*, 1588; *Splendor Solis*, in *Aureum Vellus*, 1598; Michael Majer, *Symbola aureae mensae*, 1617; 그리고 *Atlanta Fugiens*, 1618; J. D. Mylius, *Philosophia Reformata*, 1622를 언급한다.

38 『헤르메스의 황금 논설*Tractatus Aureus Hermetis*』은 아랍 기원이며, 『헤르메스교(연금술) 문헌 집성*Corpus Hermeticum*』에 속하지 않는다. 그것의 역사는 알려져 있지 않다(처음으로 *Ars Chemica*, 1566에 인쇄됨). Dominicus Gnosius는 이 원전에 관해 다음 문헌 속에서 논평을 가하였다. *Hermetis Trismegisti Tractatus vere Aureus de Lapidis Philosophici Secreto*, 1610. 그는 말한다 (p. 101). "태양 속에서 변환하는 육체에 항상 그림자가 따르듯⋯ 우리의 아담적인 양성체는, 만약 그 또한 남자의 모습으로 나타난다면, 언제나 그의 육체 속에 숨어 있는 에바, 즉 그의 부인을 거느리고 다닌다."(라틴어 원문은 『전집』을 보라.) 이 논평은 원전과 함께 다음 문헌에 재현되고 있다: J. J. Mangetus, *Bibliotheca chemica curiosa*, 1702, I, p. 401ff.

39 두 형상의 기술은 *Die Beziehungen zwischen dem Ich und dem Unbewußten*, 1950, 『기본 저작집』 3, "아니마와 아니무스". 또한 *Psychologische Typen*(『전집』 6), 정의의 'Seele' 항목을 보라. Emma Jung, *Ein Beitrag zum Problem des Animus*, in *Wirklichkeit der Seele*, Zürich, 1947과 비교하라.

40 아니마와 아니무스는 부정적인 형태로만 나타나는 것이 아니다. 그들은 때때로 심지어 통찰의 근원이며 사자使者(ἄγγελοι)와 비법秘法을 전수하는 자들 Mystagogen로 나타난다.

41 (*Psychologie und Alchemie*, 1952, 『기본 저작집』 5, 「만다라의 상징성Die Mandalasymbolik」, 16과 18번 꿈과 비교하라.)

II. 도그마와 자연적 상징

42 (『심리학과 연금술』, 1952, 『기본 저작집』 제5권, pp. 145ff. 〔한국어판, 171쪽 이하〕와 비교.)

43 (『기본 저작집』 제5권, p. 205〔한국어판, 249쪽〕와 비교하라.)

44 사적인 미사에서 주교 한 사람은 초 네 개를 사용할 수 있다. 마찬가지로 장엄한 미사에는 이러한 일정한 형식들이 있다. 예컨대 교성곡 미사Missa cantata에서는 초 네 개, 이보다 더 높은 형식의 미사에서는 초 여섯 개 내지 일곱 개를 사용한다.

45 Origenes, *In Jeremiam homilia*, XX, 3. in J.-P. Migne, *Patrologiae, graeca*, T. 13, col. 532. (라틴어 원문은 『전집』을 보라.)

46 Irenaeus, *Adversus haereses*, I, 29, 2. in E. Klebba, *Des heiligen Irenaeus fünf Bücher gegen die Häresien*, 1912, p. 82.

47 E. Zeller, *Die Philosophie der Griechen*(2. Aufl. 1856~1868)을 보라. 그 안에 모든 전거가 수집되어 있다. "4는 영원한 자연의 샘이고 뿌리다."(I, p. 291) 플라톤에 의하면 육체는 4로부터 나왔다. 신플라톤파 철학자들에 따르면 피타고라스 자신은 심혼을 정사각형Quadrat으로 표시하였다고 한다(Zeller, III, II, p. 120).

48 기독교 성화상학聖畵像學, Ikonologie에서 '4'는 주로 하나의 장미, 십자가 또는 하나의 멜로테지아Melothesia〔신체의 여러 부위를 천체天體나 징표의 영향에 따라 지정한 것〕속에 배치된 네 명의 복음자와 그들의 상징의 형태로 나타나거나 또는 예컨대 헤라트Herrad von Landsberg의 『환락의 뜰Hortus Deliciarum』과 신비적 사변의 저술들 속에서 볼 수 있는 네 개의 형태를 갖고 있는 것Tetramorphus으로 나타난다. 나는 다음 몇 가지 문헌만을 언급하겠다: 1. Jakob Boehme, *Vierzig Fragen von der Seele*. 2. Hildegard von Bingen, *Codex Luccensis*, fol. 372, 그리고 *Codex Heidelbergensis*, *Scivias*, *Darstellungen des mystischen Universums*; Ch. Singer, *Studies in the History and Method of Science*. 3. *Codex Palatinus Latinus* 1993, Vatikan에 있는 Opicinus de Canistris의 주목할 만한 그림들. R. Salomon, *Opicinus de Canistris, Weltbild und Bekenntnisse eines avignonesischen Klerikers des 14. Jahrhunderts*. 4. Heinrich Khunrat, *Von hylealischen, das ist primaterialischen catholicschen, oder allgemeinem natürlichen Chaos*, 1597, p. 204와 p. 281. 그는 이곳에서 "보편적인 모나스Monas catholica(單子)"는 "제4위의 것Quaternarium"의 회전으로 생긴다고 말한다. 모나스Monas는 그리스도의 상이며 비유라고 해

석된다. 그 밖의 자료는 H. Khunrat, *Amphitheatrum Sapientiae Aeternae*, 1604. 5. 십자에 관한 명상("십자는 네 가지 종류의 나무로 만들어진다고 한 다de quatour… generibus arborum facta fuisse refertur crux."). Bernardus, *Vitis Mystica*. cap. XLVI, in Migne, *Patrologiae, latina*, T. 184, col. 732 참조. W. Meyer, *Die Geschichte des Kreuzholzes vor Christus*, 1881, p. 7. 사위일체성 Quaternität에 관해서는 또한 Dunbar, *Symbolism in Medieval Thought and its Consummation in the Divine Comedy*, New Haven, 1929 참조.

49 이시도루스Isidorus, 발렌티누스Valentinus, 마르쿠스Marcus와 세쿤두스 Secundus의 체계를 참조하라. 극도로 교훈적인 사례는 모노게네스Monogenēs 의 상징학인데 『브루키아누스 사본*Codex Brucianus*』(Bruce Ms. 96, Bodleian Library, Oxford, in C. A. Baynes, *A Coptic Gnostic Treatise*, 1933, pp. 59와 70ff.)에 있다.

50 네 개의 뿌리에 관한 신비주의적 사변을 참조할 것. 엠페도클레스Empedokles 의 리조마타ῥιζώματα = 4원소와 4성질(습, 건, 온, 냉). 이것은 연금술 철학자의 특유한 것들이다. Petrus Bonus, *Pretiosa Margarita Novella*, 1546에 있는 묘사. "Artis metallicae schema", 이것은 사중체Quaternatio를 바탕으로 하고 있다(Joannes Augustinus Pantheus, *Ars Transmutationis Metallicae*, 1519, p. 5).; Raymundus Lullius, *Theorica et Practica*(*Theatrum Chemicum*, IV, 1613, p. 174)의 "제 원소의 4중체quaternatio elementorum"(그리고 화학적 과정에 관하여).; 4원소의 상징은 M. Majer, *Scrutinium Chymicum*, 1687. 같은 저자가 흥미로운 논고를 기술하였다: *De Circulo Pysico Quadrato*(물리학의 4각의 원), 1616. 비슷한 상징학은 Mylius, *Philosophia Reformata*, 1622. 연금술적 구원의 묘사들은 Reusners, *Pandora*, 1588에서, 그리고 *Codex Germanicus Monacensis*, 598에서 복음자의 상징과 함께 Tetras(사중체)의 형태로: in 『기본 저작집』 6, 그림 231, 232.; '4'의 상징성에 관하여는 『기본 저작집』 5, '만다라의 상징성'의 주석 156 있는 단락 이하(한국어판, 277쪽 이하). H. Kükelhaus, *Urzahl und Gebärde*, Berlin, 1934. 동양의 유례는 H. Zimmer, *Kunstform und Yoga im indischen Kultbild*, Berlin, 1926; Richard Wilhelm und C. G. Jung, *Das Geheimnis der goldenen Blüte*, 1957, Olten, 1971(『전집』 13). 십자의 상징성에 관한 문헌도 마찬가지로 이 관련에 속한다.

51 이 문장은 아마 건방지게 들릴 것이다. 우선 이렇게 유일한 일회적인 꿈으로 그 이상의 결론을 내려서는 안 된다는 사실을 내가 잊은 것이 아닌가 생각한다면 말이다. 그러나 나의 추론은 이 꿈 하나만을 근거로 내린 것이 아니고, 내가 다른 곳에서 이미 제시한 이와 비슷한 많은 경험에 근거를 두고 내린 것이다.

52 나는 독자에게 Claudius Popelin, *Le Songe de Poliphile ou Hypnérotomachie de frère Francesco Colonna*, Paris, 1883을 제시한다. 이 책은 15세기의 한 가톨릭 성직자에 의해 기술되었을 것으로 추측된다. 그것은 '아니마-소설'의 훌륭한 예이다. L. Fierz-David, *Der Liebestraum des Poliphilo*, Zürich, 1947 참조.

53 성직자의 가운은 장식일 뿐 아니라 축성하는 사제를 보호하는 것이기도 하다. "신에 대한 공포"는 결코 근거 없는 은유가 아니다. 왜냐하면 그 뒤에 그에 해당되는 현상학이 있기 때문이다. 이에 대하여는 「출애굽기」, 20장 18절 이하 참조.

54 특별한 종류의 인식으로서의 창세기는 '그노시스설Gnostizismus'과 혼동되어서는 안 된다.

55 *Psychologische Typen*, Definitionen. 'Bild' 항목을 보라(『전집』 6). "Theoretische Überlegungen zum Wesen des Psychischen", *Von den Wurzeln des Bewußtseins*, 1954, 『기본 저작집』 2권, p. 42ff.〔한국어판, 57쪽 이하〕.

56 '원형Archetypus'이라는 표현은 키케로Cicero, 플리니우스Plinius 그리고 그 밖의 사람들에 의하여 사용되었다. 그것의 명백한 철학적 개념은 *Corpus Hermeticum*, Lib. I에 보인다(W. Scott, *Hermetica*, I, 116, 8. a: 너는 너의 마음 안에서 무한과 태초 이전의 단서인 원형을 알고 있다Εἶδες ἐν τῷ νῷ τὸ ἀρχέτυπον εἶδος, τὸ προάρχον τῆς ἀρχῆς, τὸ ἀπέραντον.).

57 Adolf Bastian, *Das Beständige in den Menschenrassen*, 1863, p. 75; *Die Vorstellungen von der Seele*, 1874; *Der Völkergedanke im Aufbau einer Wissenschaft vom Menschen*, 1881; *Ethnische Elementargedanken in der Lehre vom Menschen*, 1895.

58 Nietzsche, *Menschliches, Allzumenschliches*, I, 12와 13: "수면과 꿈에서 우리는 예전의 인류의 과제를 다시 한 번 경험한다.… 내 말은, 지금 인간이 꿈에서 추론하는 것처럼 인류는 수천 년 동안 각성 시에도 추론해왔다는 것이다. 설명이 필요한 어떤 것을 설명하기 위하여 그에게는 정신에 떠오르는 최초의 원인causa으로 충분했으며 그것이 진리라고 인정되었다.… 꿈속에서 인류의 이 태곳적 부분이 우리 안에서 계속 작동된다. 왜냐하면 그것은 보다 높은 이성이 발전해왔고 모든 인간 속에서 아직 발전되고 있는 토대이기 때문이다: 꿈은 멀리 있는 인간 문화의 상태를 우리에게 다시 되돌려준다. 그리고 그것을 더 잘 이해할 수 있는 수단을 건네준다."

59 Hubert et Mauss, *Mélanges d'histoire des religions*, Paris, 1909, p. XXIX.

(프랑스어 원문은 『전집』을 보라.)
60 L. Lévy-Bruhl, *Les fonctions mentales dans les sociétés inférieures*, Paris, 1912.
61 테트락티스의 심리학에 관해서는 *Das Geheimnis der goldenen Blüte*, 1957, p. 21ff., Olten, 1971(『전집』 13); *Die Beziehungen zwischen dem Ich und dem Unbewußten*, 1950, 『기본 저작집』 제3권, 「마나-인격Die Mana-Persönlichkeit」; Hauer, *Symbole und Erfahrung des Selbstes in der indoarischen Mystik*, Zürich, 1934를 보라.
62 꿈들의 계열은 *Psychologie und Alchemie*, 1952; 『기본 저작집』 제5권, 「최초의 꿈Die Initialträume」에 발견된다.
63 이 문제의 탁월한 묘사는 Michael Maier, *De Circulo Physico Quadrato*, 1616에 있다.
64 M. Baumgartner, *Die Philosophie des Alanus de Insulis*, Münster, 1896, II, p. 118 참조. (라틴어 원문은 『전집』을 보라.)
65 R. W. Emerson, *Essays*, Boston/New York, 1903, I, p. 301ff.
66 Plato, *Timaeus*, 7; J. C. Steebus, *Coelum Sephiroticum*, 1679, p. 15. (라틴어 원문은 『전집』을 보라.)
67 Steebus, 앞의 책, p. 19. (라틴어 원문은 『전집』을 보라.) M. Maier(*De Circulo Physico Quadrato*, p. 27)는 말하기를, "원은 영원성, 또는 나눌 수 없는 점點의 상징이다." '둥근 원소'에 관해서는 *Turba Philosophorum*, Sermo XLI(ed. Julius Ruska, p. 148) 참조. 여기에 "둥근 것은 광석을 넷으로 변하게 하는 것이다"라는 말이 있다. Ruska는 그리스 출전出典에는 비슷한 상징을 찾을 수 없다고 말한다. 그것은 꼭 맞는 말이 아니다. 왜냐하면 στοιχεῖον στρογγύλον(구체球體의 원소)이 초시모스Zosimos의 페리 오르가논περὶ ὀργάνων(여러 기관器官에 관하여)에서 발견되기 때문이다(Marcellin Berthelot, *Collection des Anciens Alchimistes Grecs*, 1887, III, XLIX, 1). 아마 같은 상징성이 초시모스의 포이에마ποίημα에도(앞의 책, III, V까지) 페리에코니스메논περιηκονισμένον의 형상으로 나타날 것이다. 그것을 베르틀로는 '원형체圓形體, objet circulaire'라고 해석한다(그러나 이 번역의 타당성에 대해서는 정당한 의문이 있다). 초시모스의 소위 오메가-원소Omega-Element[최후의 원소]가 차라리 그 유래라고 해야 옳을 것이다. 그는 그것을 '둥근'이라고 불렀다(앞의 책, III, XLIX, 1). 물질 속에 있는 창조적 점點의 관념은 Michael Sendivogius, *Novum Lumen Chymicum*, in *Musaeum Hermeticum*, 1678, p. 559에 언급되어 있다. "그러니까 모든 육체에는 중심 또는 장소, 혹은 씨앗 또는 배아점胚芽點이 있다." 이 점은 '신神에

게서 나온 점'이라고 부르고 있다. 앞의 책, p. 59 참조. 이것은 '만물의 묘상苗床, Panspermia'의 이론인데, 이에 관해 키르헤Athanasius Kircher, S. J.(*Mundus Subterraneus*, 1678, II, p. 347)는 말한다. "그렇게 또한 거룩한 모세의 계시에서… 나오기를, 신은 창조의 시초에 우리가 그것을 적절하게도 혼돈적인 것이라고 부르는 일종의 물질을 무無에서 만드셨으며… 그 속에 만물이… 마치 만물의 씨앗nallheit 속에 함께 섞여서 숨어 있듯이… 마치 신이 성령의 알을 품음으로써 이미 수태되었고 뒤에 모든 것을… 이 앞에 있는 물질에서 끌어낸 것처럼… 그러나 그는 이 혼돈스러운 물질을 즉시 제거하지 않고 세계의 시작처럼 세계의 종말까지 계속 존재하여 오늘날까지 만물의 씨앗 전체로 가득 차기를 원했다.…"(라틴어 원문은 『전집』을 보라.) 이 관념은 그노시스 체계의 '신격의 하강' 또는 '추락'에 귀착된다(F. W. Bussell, *Religious Thought and Heresy in the Middle Ages*, London, 1918, p. 554ff. 참조). Reitzenstein, *Poimandres*, Leipzig, 1904, p. 50; G. R. S. Mead, *Pistis Sophia*, London, 1921, p. 36ff.; Mead, *Fragments of a Faith Forgotten*, London, 1906, p. 470.

68 "바닷속에 비늘도 가시도 없는 한 둥근 물고기가 있다. 그는 자신 속에 지방을 지니고 있다."[= 근본 뿌리 습기 = 물질 속에 폐쇄된 세계혼anima mundi](라틴어 원문은 『전집』을 보라.): Allegoriae super Turbam, in *Artis Auriferae*, 1593, I, p. 141.

69 *Timaeus*, 7.

70 주석 67을 보라.

71 "왜냐하면 하늘이 우리가 보는 대로… 형상과 운동에서 둥근 것처럼 황금도 그렇다."(라틴어 원문은 『전집』을 보라.) M. Majer〔=Michael Maier〕, *De Circulo*, p. 39.

72 *Rosarium Philosophorum*(in *Artis Auriferae*, 1593, II, p. 261). 논고는 Petrus Toletanus가 쓴 것인데, 그는 13세기 중엽에 톨레도Toledo에 살았다. 그는 유명한 의사이며 철학자인 Arnaldus de Villanova의 형이거나 손위 동시대인이었을 것이라 한다. 1550년 초판에 기초한 『장미원』의 현재 형태는 하나의 편집물이며 아마도 15세기에서 더 이상 거슬러 올라가지 않을 것이다. 물론 어떤 부분은 13세기 초에 생긴 것일 수도 있다.

73 *Symposion*, XIV.

74 Petrus Bonus in Janus Lacinius, *Pretiosa Margarita Novella*, 1546. 그리스도의 비유는 "Die Lapis-Christus-Parallele", in *Psychologie und Alchemie*, 1952, 『기본 저작집』 6을 보라.

75 Beati Thomae de Aquino, *Aurora sive Aurea Hora*. 완전한 원전은 1625년에

인쇄된 희귀본에 있다: *Harmoniae Imperscrutabilis Chymico-Philosophicae sive Philosophorum Anti-quorum Consentientium Decas* I. 이 논고의 흥미 있는 부분은 첫 부분 *Tractatus Parabolarum*이다. 그 이유는 1572년과 1593년에 인쇄된 것 속에 있는 그 논고의 신성모독적 성격이다. *Artis Auriferae*에서는 탈락됨. 취리히 중앙도서관의 *Codex Rhenovacensis*에는 *Tractatus Parabolarum*의 대략 네 개의 장이 없다. *Codex Parisinus*, 파리 국립도서관Bibliothèque Nationale의 고사본古寫本 중 '라틴문집Fond Latin' 14006에는 *Tractatus Parabolarum*의 완전한 원문이 들어 있다.

76　D. Gnosius의 *Tractatus Aureus Hermetis*에 대한 논평 속에 훌륭한 예가 들어 있다. (*Theatrum Chemicum*, 1613, IV, p. 672ff., 그리고 J. J. Mangetus, *Bibliotheca Chemica Curiosa*, 1702, I, p. 400ff.에 재현됨.)

77　*Aurea Hora*, 주석 34. (라틴어 원문은 『전집』을 보라.) 초시모스(Berthelot, *Alchimistes Grecs*, III, XLXI, 4~5)는 한 연금술 문헌을 인용하면서 말하기를 ὁ θεοῦ υἱὸς παντογενόμενος(모든 것이 된 신의 아들)는 Adam 또는 Thot라 한다. 그는 4원소와 4방향에서 생겨난다고 한다. *Psychologie und Alchemie*, 1952, 『기본 저작집』6, 「5. 라피스-그리스도-유례Die Lapis-Christus-Parallele」, B절의 e항.

78　*Aurea Hora*, 주석 34. 라틴어 원문은 제III장 주석 73을 보라.

79　*Psychologie und Alchemie*, 『기본 저작집』6, 「2. 연금술 작업의 정신적 특성」, A절 참조.

80　(Horaz, *Epistulae*, I, X, 24. 라틴어 원문은 『전집』을 보라.)

81　Charlotte A. Baynes, *A Coptic Gnostic Treatise*, Cambridge, 1933, pp. 22, 89, 94.

82　『현자의 장미원』은 첫 객관적 시도의 하나로서 중세의 사위일체성에 관한 상당히 포괄적인 묘사를 제시하고 있다.

83　(H. Diels, *Die Fragmente der Vorsokratiker*, Berlin, 1951, p. 311, Frgm. 6: "왜냐하면 만물의 네 근력筋力(ῥιζώματα)은 먼저 듣는다…"와 비교.)

84　예컨대 *Annual Reports of the Smithsonian Institution*, Bereau of Ethnology, Washington(1887 und 1892)의 5와 8을 비교하라.

85　로데시아에 있는 구석기 시대(?)의 '태양의 바퀴'와 비교.

86　("Kommentar zu Das Geheimnis der goldenen Blüte", 1929, Neuauflage, 1957, 『전집』13.)

87　Georg Koepgen, *Die Gnosis des Christentums*, Salzburg, 1939, pp. 189, 190.

88　앞의 책, p. 185ff.

89 도르네우스는 하느님이 두 번째 창조의 날에, 위의 물과 아랫물을 갈라놓았을 때, 바로 binarius(둘이라는 수)를 만드셨고 그런 까닭에 그는 창조의 둘째 날 저녁에는 다른 날에는 모두 했던 "그것이 보기에 참 좋았다"라는 말을 하지 않았다고 생각한다. 둘이라는 수의 독립은 '혼란, 분열, 그리고 싸움'의 근원이라는 것이다. binarius에서 "그 네 가지 모양의 자손sua proles quaternaria"이 나온다. 둘이라는 수는 여성적이므로 그것은 또한 이브Eva를 의미한다고 한다. 이에 반해서 셋이라는 수는 아담에 해당된다는 것이다. "그래서 마귀는 제일 먼저 이브를 유혹했다고 한다. 온갖 꾀를 다 가지고 있는 마귀는 아담에게는 단일성의 각인이 있음을 알고 있었다. 그래서 그는 처음에 그에게 접근하지 않았다. 왜냐하면 그런 시도로 무엇을 얻어낼 수 있으리라 믿지 않았기 때문이다. 그런데 동시에 그는 또한 삼위성의 단일성에서 자연적인 둘이 분리되듯이 이브가 그녀의 남편으로부터 분리되어 나온 것도 알고 있었다. 그래서 하나의 둘이라는 수의 다른 둘이라는 수와의 어떤 유사성의 지지를 받아… 그는 여성에게 공격을 행하였다. 모든 짝수는 여성적이며, 그것의 시작은 둘이고 이브 또한 이 첫 [짝]수에 속하는 것이다."(라틴어 원문은 『전집』을 보라.) Dorneus, 「자연에 반하는 어둠 및 생명의 짧음에 관하여De Tenebris contra Naturam et Vita Brevi」, in *Theatrum Chemicum*. 1602, I, p. 527. 이 논고와 다음의 「정신과 육체 사이의 결투에 관하여De Duello animi cum Corpore」(앞의 책, p. 535ff.)에서 모든 여기에 언급된 것이 발견된다. 독자들은 도르네우스가 뛰어난 재간으로 둘이라는 수binarius를 마귀와 여자 사이의 은밀한 친족관계라고 폭로한 점에 주목했을 것이다. 그는 3위성과 4위성 사이, 영靈, Geist으로서의 신神과 엠페도클레스적 자연 사이의 분열을 제시하였고, 그로써 연금술적 투사의 목숨을 끊은—물론 무의식적으로—최초의 사람이다. 이에 상응하게 그는 또한 4인것quaternarius을 '교도들의 의술의 기초infidelium medicinae fundamentum'라고 불렀다. '이단, 불신자不信者, infideles'가 아랍인이나 고대 이교도를 말하는지는 불확실하다. 어쨌든 도르네우스는 사자성四者性, Vierheit에서 여성의 성질과 결합된 반신적反神的인 것을 예감했다. 이와 관련해서 나는 '대지의 동정녀virgo terra'에 관한 아래의 여러 설명을 제시한다.

90 나는 그리스도가 인간적인 성질을 갖고 있다는 도그마에 관해서는 여기서 거론하지 않겠다.

91 여기서 말하는 동일시Identifikation는 개별적 인간 생활의 그리스도 삶과의 동화, 개체의 교회 신비체로의 흡수에 관한 가톨릭교회의 이해와는 아무 상관이 없다. 그것은 오히려 이 견해의 반대다.

92 주로 연금술의 전설들(교훈적 이야기들)이 들어 있는 저술들에 주의를 환기시

킨다. 좋은 예는 상징적인 Peregrinatio(편력, 성지순례)가 들어 있는 M. Maier, *Symbola aureae mensae*, 1617, p. 569ff.

93 내가 아는 한, 연금술 문헌에는 교회의 박해에 관한 어떤 호소도 들어 있지 않다. 저자들은 보통 Magisterium〔연금술의 용어로, 물질 속에 있는 가장 귀중한 성분〕이 지니고 있는 엄청난 비밀을 비밀유지의 근거라고 넌지시 암시하고 있다.

94 *Psychologie und Alchemie*, 『기본 저작집』 6, 그림 232(H. Reusner, *Pandora*, 1588에서. 마리아 승천의 형태로 나타난 육체의 영광) 참조. 아우구스티누스는 또한 성처녀를 대지로 상징화하였다: "진리는 대지에서 생겨났다. 왜냐하면 그리스도는 성처녀로부터 탄생하였기 때문이다." Sermones 189, II; in Migne, *Patrologiae, latina*, T. 38, col. 1006. 이와 똑같은 말을 테르툴리아누스도 했다: "저 성처녀인 대지는 아직 적셔지지 않았고 또한 홍수로 수태되지 않았다." 앞의 책, T. 2, col. 635. (라틴어 원문은 『전집』을 보라.)

95 "두 가지 것들로 이루어지며", 즉 남성적 및 여성적 성질을 자신 속에 융합하는 돌(현자의 돌Lapis Philosophorum). (*Psycologie und Alchemie*, 1952, 『기본 저작집』 6, 그림 125 참조.)

III. 자연적 상징의 역사와 심리학

96 *Wandlungen und Symbole der Libido*, 1912. 개정판 *Symbole der Wandlung*, 1952, 『기본 저작집』 7과 8.

97 '우로보로스οὐροβόρος(꼬리를 무는 자)'라는 오래된 상징의 반복.

98 동양의 유례는 중국 연금술서 *Das Geheimnis der goldenen Blüte*, '빛의 회전回光', Wilhelm과 Jung에 의해 발간, Olten, 1971; 『전집』 13 참조.

99 '검은 새'는 까만 독수리가 황금 가락지를 물어 나르던 앞의 환상과 관계된다. (이 전체 환상은 다음 책에서 토의되었다, *Psychologie und Alchemie*〔『기본 저작집』 5, '우주 시계의 환상'〕.)

100 잘 알려진 '자락소인형刺絡小人形, Aderlaßmännchen〔옛날에 침놓는 자리와 날짜를 적어놓은 인형. 옛 달력에 함께 끼어 있었다고 한다〕'들은 멜로테지아들Melothesiae〔신체의 여러 부위를 천체나 징표의 영향에 따라 지정한 것〕이다.

101 Wallis Budge, *Osiris and the Egyptian Resurrection*, I, p. 3; *The Egyptian Book of the Dead*(facsimile), London, 1899, Pl. 5. 7세기(Gellone)의 원고에는 복음자들이 사람의 머리가 아니고 상징적인 동물의 머리로 표현되어 있다.

102 한 가지 예는 *Das Geheimnis der goldenen Blüte*(『전집』13)에 있다.
103 Kazi Dawa-Samdup, *Shrī chakrasambhāra Tantra*, ed. Artur Avalon, London, 1919.
104 Abbé Joseph Delacotte, *Guillaume de Digulleville, Trois Romans- Poèmes du XIVe Siècle*, Paris, 1932.
105 성령은 초록草綠, viriditas의 원조이다. 아래를 보라.
106 Plato, *Timaeus*.
107 게라르두스 도르네우스Gerardus Dorneus에서는 마찬가지로 서로 교차하며 방해하는 원의 형상들이 발견된다: 즉 한편으로는 삼위일체의 원圓 체계이며, 다른 한편으로는 다른 고유의 체계를 향한 마귀의 시도이다. 그는 말한다. "더 나아가 주목할 것은, 중심은 하나이며 그 원의 변두리는 셋이라는 사실이며, 모든 (그것들과) 중심 사이에 침입하는 것과 포괄적인 단일성 영역에 들어가는 것은 둘이라고 볼 수 있다. 그것이 다른 원이든… 그 밖의 어떤 (기하학적) 형상이든 간에…" 마귀는 그러니까 원 같은 것을 제조하였고 그로써 한 원의 체계를 그려내려고 시도했으나 (어떤 특정한 이유 때문에) 실패했다고 그는 말한다. 왜냐하면 그는 결국 다만 "네 개의 뿔을 가진 이중 뱀의 형상을 만들어냈을 뿐이며, 그래서 자기 자신 안에서 분열된, 단일 격투의 왕국 Einheitskampfdomäne(monoma chinae regnum)"(라틴어 원문은『전집』을 보라.)을 출현시켰을 뿐이기 때문이다. 본인 자신이 이미 둘인(이중적인)binarius in persona 마귀로서는 전혀 달리 무엇을 생산해낼 수 없었던 것이다(*De Duello*, in *Theatrum Chemicum*, 1602, I. p. 547). 마귀는 모방하는 자ἀντίμιμος로서 이미 초시모스의 연금술에 나타난다(Berthelot, *Alchimistes Grecs*, III, XLIX, 9). 이에 대하여는 다음을 참조: C. Schmidt, *Pistis Sophia*, 1925의 여러 곳.
108 3과 4의 특이한 만남은 난로 속의 세 남자로 비유된 마리아를 말한다. 이때 네 번째 남자가 나타나는데 그것이 그리스도라고 되어 있다. Wernher vom Niederrhein에서. Salzer, *Die Sinnbilder und Beiworte Mariens*, Linz, 1886, p. 21f.
109 R. Eisler, *Weltenmantel und Himmelszelt*, München, 1910, I, p. 85ff.
110 Salzer, 앞의 책, p. 66f.
111 Zeller, *Die Philosophie der Griechen*, Tübingen und Leipzig, 1868, III, II, p. 120 참조. Archytas에 의하면 심혼은 원 또는 구球이다.
112 신에의 기구祈求는 「도마행전Thomasakten」을 보라(Mead, Fragments of a Faith Forgotten, London, 1931, p. 422). 그 밖에 '상지上智의 옥좌玉座, sedes sapientiae(로렌조의 연도連禱, Lauretanische Litanei)'와 마리아 축제 시의 잠언들

에서 뽑은 독서(「잠언」, 8 : 22~35)와 비교할 것.
113 그노시스파 사람들에서는 사위일체성Quaternität이 단연코 여성적 성격을 띤다: Irenaeus, *Adversus Haereses*, I, cap. XI; Klebba 역본, 1912, p. 35.
114 Koepgen, *Die Gnosis des Christentums*, Salzburg, 1939, p. 194.
115 *Psychologische Typen*, Definitionen(정의), 'Seele'와 'Seelenbild' 참조;『전집』6. 또한 *Aion*, 1951, p. 25ff.,『전집』9, II, Paragr. 19 참조.
116 그 특수한 경우가 이른바 '열등 기능'이다. *Psychologische Typen*, 정의. 또한 *Aion*, p. 22ff., 앞의 책, Paragr. 13ff.
117 일반적으로 그의 다음 저서로 알려짐: *Das Naturgesetz in der Geisteswelt*, 1889. 그 인용문은 한 작은 문헌에서 나온 것이다: *Das Beste in der Welt*.
118 Irenaeus, *Adversus Haereses*, I, XXV, 4.; Klebba, 1912, p. 76를 보라. 마찬가지로 Mead, *Fragments*, p. 231. 비슷한 사상체계는 다음 문헌에서 볼 수 있다: Carl Schmidt, *Pistis Sophia*, Leipzig, 1925, p. 215.
119 Preuschen, *Antilegomena*, Gießen, 1901, p. 44와 p. 139.
120 티베트 불교에서 4색은 심리학적 성질과 결합되어 있다(지혜의 네 형식). 나의 다음 문헌에 대한 논평 참조: Evans-Wentz, *Das tibetanische Totenbuch*, Olten, 1971과『전집』11.
121 *Psychologische Typen*, Definitionen, 'Symbol';『전집』6.
122 십자가는 또한 하늘과 지옥 사이의 경계석境界石의 의미를 가지고 있다. 그것은 우주의 한가운데에 세워져서 모든 방향으로 뻗치기 때문이다(J. Kroll, *Gott und Hölle*, Leipzig, 1932, pp. 18, 3 참조). 티베트 만다라도 이와 비슷하게 우주의 중간 위치를 뜻한다. 그것은 흔히 지옥 위에 놓여 있는 지상 왕국에서 정확하게 중앙으로 하늘을 향해 돌출하고 있다(인도 산치의 반원구상의 탑과 비교될 수 있다). 그와 같은 것을 나는 여러 번 개인적인 만다라에서 발견했다. 그것들은 위는 밝고 밑은 어두운 세계를 대변하거나 이 밝고 어두운 두 세계들 속으로 돌출突出하고 있다. 야코프 뵈메Jakob Böhme(*40 Fragen von der Seele*)의 '거꾸로 된 눈' 또는 '현자의 거울' 속에 비슷한 시도가 있다.
123 (다음 문헌에 있는 그림들 참조. Jung, "Über Mandalasymbolik", in *Gestaltungen des Unbewußten*, 1950,『전집』9/I und *Mandala*, Olten, 1977.)
124 '적극적 명상Aktive Imagination'은 내가 진술한 무의식적 내용의 의식화 방법에 관계되는 하나의 기술적 용어terminus technicus이다. (『자아와 무의식의 관계Die Beziehungen zwischen dem Ich und dem Unbewußten』, 1950,『기본 저작집』제3권, pp. 105ff.〔한국어판, 138쪽 이하 '인격의 중심점' 개념〕. *Zum psychlologischen Aspekt der Kore-Figur*, in Jung und Kerényi, *Einführung in das Wesen der*

Mythologie, 1951, 『전집』 9/I, 색인을 보라; *Mysterium Coniunctionis*, 1956, 『전집』 14/II, 색인을 보라. 그리고 위에 인용한 곳.)

125 만다라의 심리학에 관해서는 나의 논평 참조: *Das Geheimnis der goldenen Blüte*, 1957, p. 21ff.; Olten, 1971, 『전집』 13. (또한 *Gestaltungen des Unbewußten*, 1950, 『전집』 9/I에 있는 "Über Mandalasymbolik"를 보라.)

126 *Psychologische Typen*, Definitionen(정의) '자기Selbst', 『전집』 6. (또한 『자아와 무의식의 관계』, 1950, 『기본 저작집』 제3권, p. 60f.〔한국어판, 79쪽 이하 '무의식 과정'〕; *Aion*, 1951, p. 44ff., 『전집』 9/II, Paragr. 43ff.)

127 J. W. Hauer, *Symbole und Erfahrung des Selbstes in der indo-arischen Mystik*, Zürich, 1934.

128 '신의 상대성'의 개념에 관해서는 *Psychologische Typen*, 1950, p. 322ff., 『전집』 6, Paragr. 456ff.를 보라.

129 이 사실의 밑바닥에는 애니미즘설이 있다.

130 '팽창Inflation' 개념에 관해서는 다음 문헌 참조. 『자아와 무의식의 관계』 1950, 『기본 저작집』 제3권, p. 60f.〔한국어판, 79쪽 이하 '무의식 과정'〕.

131 Plutarch, *De defectu oraculorum*, 17.

132 Mangetus, *Bibliotheca Chemica Curiosa*, 1702, I, p. 408에 게재되어 있다. (라틴어 원문은 『전집』을 보라.)

133 *Theatrum Chemicum*, 1661, VI, p. 431. (라틴어 원문은 『전집』을 보라.)

134 비슷한 공식은 이냐시오 성인의 *Exercitia spiritualia*의 "Fundamentum" 참조.

135 *Corpus Hermeticum*, Lib. IV, 4.

136 (merc.) tous aëreus et spiritualis(전적으로 대기와 같고 영적인). Theobaldus van Hoghelande, *Theatrum Chemicum*, 1602, I, p. 183.

137 Berthelot, *Alchimistes Grecs*, III, VI, 5.

138 Mylius, *Philosophia Reformata*, 1622, p. 42. Hildegard, *Hymnus*, in Daniel, *Thesaurus*, 1856, V, pp. 201~202. [라틴어 원문은 『전집』을 보라.] Dorneus, *Congeries*, in *Theatrum Chemicum*, 1602, I, p. 584. *Truba Philosophorum*, in *Artis Auriferae*, 1593, I, p. 89.

139 본래 플라톤의 표상.

140 Mylius, *Philosophia Reformata*, p. 8. (라틴어 원문은 『전집』을 보라.)

141 Gregorius, *Expositiones in Librum primum Regum*, in Migne, *Patrologiae cursus completus, latina*, T. 79, col. 23.

142 바르벨리오트들Barbelioten의 체계에서 바르벨로Barbelo〔지혜를 의미하는 기독

교 그노시스의 이름)나 에노이아Ennoia는 세계혼anima mundi의 역할을 한다. 부세트Wilhelm Bousset는 바르벨로Barbelo라는 이름을 부패한 처녀παρϑένος라고 간주하였다. Barbelo는 또한 "넷 속에 신이 있다" 또는 "신은 넷이다"라고 번역된다.

143 이 생각은 "anima in compedibus", 묶여 있는 또는 감금된 심혼의 개념으로 설명되었다(Dorneus, *Speculativa Philosophia*, in *Theatrum Chemicum*, 1602, I, pp. 272, 298; *De Spagirico Artificio*, in 앞의 책, pp. 457, 497). 나는 지금껏 중세의 자연철학이 어떻게든 이단적인 전통에 의식적으로 의지했다는 증거를 찾지 못했다. 그러나 둘 사이의 유사성은 놀랄 만하다. 첫 세기(Berthelot, *Alchimistes Grecs*, IV, XX, 8)의 코마리오스Komarios의 원전에는 벌써 "하데스(저승)에 묶여 있는 자"가 출현한다. 암흑 속의 불꽃과 물질 속에 감금되고 붙잡혀 있는 영靈, Geist은 다음 문헌과 비교: Leisegang, *Gnosis*, 1924, pp. 154f. 와 233. 비슷한 모티프는 인간이나 모든 것들 속에 발견되고 'anima'와 동질同質의 것인 '숨겨진 자연natura abscondita'의 개념이다. 그리하여 도르네우스(*De Spagirico Artificio*, p. 457)는 말한다: "인간의 육체에는 일종의 천상적 실체가 감추어져 있고, 그 성질은 극소수의 사람에게 알려져 있을 뿐이다." 같은 저자가 그의 *Speculativa Philosophia*에서 다음과 같이 말한다(p. 298): "자연의 사물들 속에는 일종의 진실이 있다. 그것은 외부적인 눈으로는 볼 수 없고 오직 영에 의해서만 지각될 수 있다. 철학자들은 이런 경험들을 하였고 자신들의 힘이 그렇게 크고, 기적을 가져왔다는 사실을 알게 되었다."(라틴어 원문은 『전집』을 보라.) '숨어 있는 성질의 개념은 이미 Pseudo-Demokritos에 나타난다(Berthelot, 앞의 책, II, III, 6).

144 전형적인 예는 아리슬레우스의 환상Die visio Arislei(*Artis Auriferae*, 1593, I, p. 146ff.). 마찬가지로 초시모스의 꿈들(Berthelot, *Alchimistes Grecs*, III, I-VI; Jung, *Die Visionen des Zosimos*, 1954, 『기본 저작집』 9). 꿈에서의 Magisterium 의 계시는 Sendivogius, *Parabola*(Mangetus, *Bibliotheca Chemica Curiosa*, 1702, II, p. 475) 참조.

145 *Artis Auriferae*, I, p. 151.

146 Berthelot, *La Chimie au Moyen-Age*, 1893, III, p. 50.

147 *Rosinus ad Sarratantam*, in *Artis Auriferae*, I, p. 311. (라틴어 원문은 『전집』을 보라.)

148 *Aureum Vellus*, 1598, p. 5.

149 마찬가지로 *Rosarium Philosophorum*, p. 292에는 연금술 작업을 할 수 있는 자만이 자기 자신을 꿰뚫어볼 수 있다고 했다(in *Artis Auriferae*, II, p. 292).

150 *Speculativa Philosophia*, in *Theatrum Chemicum*, 1602, I, p. 267.
151 이것은 Olympiodor(Berthelot, *Alchimistes Grecs*, II, IV, 43)에서.
152 『연금술에서 본 구원의 관념 *Erlösungsvorstellungen in der Alchemie*』(『기본 저작집』 6).
153 Mylius(*Philosophia Reformata*, p. 106)는 말한다. 돌의 남성적 및 여성적 요소들은 먼저 죽임을 당해야 할 것이라고. — "그로써 그들은 새로운 불멸의 부활 속에 다시 삶을 얻고 그 뒤에 불사不死의 몸이 된다." 돌은 또한 영광체 corpus glorificatum(구원받은 영광스러운 육체)로서 미래의 부활의 몸과 비교된다. *Aurea hora*(또는 *Aurora consurgens*)는 말한다: "심판의 날에 정화되는 몸과 비슷하게"라고. in *Artis Auriferae*, I, p. 201. Hoghelande, *Theatrum Chemicum*, 1602, I, p. 189와 비교. *Consilium Conjugii*, in *Ars Chemica*, 1566, p. 128; *Aurea Hora*, in *Artis Auriferae*, I, p. 195; Djâbir, *Le Livre de la Miséricorde*, in Berthelot, *La Chimie au Moyen-Age*, III, p. 188; *Le Livre d'Ostanès*, in Berthelot, 앞의 책, p. 117; Komarios, in Berthelot, 앞의 책, III, VIII, 2와 III, 2; *Turba Philosophorum*, ed. Ruska, p. 139; M. Mayer, *Symbola Aureae Mensae*, 1617, p. 599; *Rosarium philosophorum*, 1550, fol. 2a, IV. 그림들.
154 *Aphorismi Basiliani*, in *Theatrum Chemicum*, 1613, IV, p. 368. Hoghelande, 앞의 책, 1602, I, p. 178. Dorneus, *Congeries*, in *Theatrum Chemicum*, I, p. 585, 그리고 많은 그 밖의 구절들.
155 *Philosophia Reformata*, 1622, p. 21.
156 Koepgen(*Die Gnosis des Christentums*)은 그노시스의 '원형적圓形的' 사고에 관해 매우 적절하게 말하고 있다. 이것은 전체적(상징적으로, 둥근) 사고에 대한 다른 표현이다.
157 Berthelot, *Alchimistes Grecs*, IV, XX. F. Sherwood Taylor, *A Survey of Greek Alchemy*, in *The Journal of Hellenic Studies*, L, p. 109ff., 아마도 기원 1세기의 가장 오랜 그리스 원전. 또한 J. Hammer-Jensen, *Die älteste Alchymie*, Kopenhagen, 1921을 보라.
158 Berthelot, *Alchimistes Grecs*, III, Iff.
159 Scott, *Hermetica*, Oxford, 1924.
160 *Psychologie und Alchemie*, 1952, p. 395ff., 『기본 저작집』 6, 3장 'A. 방법 Die Methode' 참조.
161 Berthelot, *Alchimistes Grecs*, II, If.
162 앞의 책, III, VI 참조.

163 In *Coelum Sephiroticum*, 1679, p. 26. (라틴어 원문은 『전집』을 보라.)
164 (앞의 책. 라틴어 원문은 『전집』을 보라.)
165 앞의 책, p. 33. (라틴어 원문은 『전집』을 보라.)
166 앞의 책, p. 38. (라틴어 원문은 『전집』을 보라.)
167 *Kitab al' ilm al muktasab*, ed. E. J. Holmyard, Paris, 1923.
168 M. Maier, *Symbola aureae mensae*, p. 592 참조.
169 Scott, *Hermetica*, I, p. 149ff.
170 Zeller, *Die Philosophie der Griechen*, III, II, p. 158 참조.
171 Petrus Bonus, *Pretiosa Margarita*, 1546.
172 In *Theatrum Chemicum*, VI, p. 431. (라틴어 원문은 『전집』을 보라.)
173 *Arca Arcani*, in *Theatrum Chemicum*, VI, p. 314. (라틴어 원문은 『전집』을 보라.)
174 *Elucidarius artis transmutatoriae*, in *Theatrum Chemicum*, VI, p. 228f. (라틴어 원문은 『전집』을 보라.)
175 *La Vertu et la propriété de la Quinte Essence*, 1581, p. 18.
176 M. Majer, *De Circulo*, 1616, p. 15를 보라.
177 Bernardus Sylvestris, *De Mundi universitate sive Megacosmus et Microcosmus*, Barach und Wrobel(편), Innsbruck, 1876.
178 "원질료, 즉 물질의 혼재Primae materiae, id est hyles, confusio." 앞의 책, pp. 5, 18.
179 앞의 책, pp. 7, 18~19. (라틴어 원문은 『전집』을 보라.)
180 앞의 책, pp. 56, 10.
181 앞의 책.
182 M. Maier, *Symbola aureae mensae*, 1617, p. 380; *Visio Arislei*, in *Artis Auriferae*, 1593, I, p. 146ff.와 비교하라.
183 예를 들면, 메르쿠리우스(수성水星) 혹성의 영靈은 위僞-데모크리토스에게 여러 가지 비밀을 폭로한다(Berthelot, *Alchimistes Grecs*, I, Introduction, p. 236).
184 Djabir는 *Livre de la Miséricorde*에서 현자의 돌은 소우주에 해당된다고 하였다(Berthelot, *La Chimie au Moyen-Age*, III, p. 179).
185 연금술사들이 그 교부신학 문헌의 비유적 양식의 영향을 받지 않았다고 가정하기는 어렵다. 그들은 심지어 몇몇 교부敎父들이 왕자의 기술(= 연금술)의 대표자이기를 요구한다. 예를 들면 알베르투스 마그누스Albertus Magnus, 토마스 아퀴나스Thomas von Aquin와 알랭 드 릴Alanus de Insulis(Alain de Lille) 등이다. *Aurora Consurgens* 같은 원전은 성서의 비유적 해석으로 채워져 있다. 심지어 그것이 토마스 아퀴나스의 글이라고까지 간주되고 있다(그 이

후에 출간된 폰 프란츠 박사의 연구를 참조하라. Dr. M.-L. von Franz, *Aurora Consurgens*, in Jung, *Mysterium Coniunctionis*, III, 1957, 『전집』 14/III). 그래도 물은 성령의 비유allegoria spiritus sancti로 사용되었다: "성령의 은혜는 하나의 살아 있는 물이다."(Rupert, Abt von Deutz, in Migne, *Patrologiae, latina*, T. 169, col. 353) "성령의 흐르는 물."(Bruno, Bischof von Würzburg, in Migne, 앞의 책, T. 142, col. 293) "물은 성령의 유입이다."(Garnerius von St. Victor, in Migne, 앞의 책, T. 193, col. 279) "물은 또한 하나의 그리스도의 인간성의 비유 allegoria humanitatis Christi."(Gaudentius, in Migne, 앞의 책, T. 20, col. 983) 아주 흔하게 물은 게데온의 이슬ros Gedeonis로 나타난다. 이슬은 마찬가지로 그리스도의 비유이다: "이슬을 불 속에서 보았다."(Romanus, *De Theophania*, in Pitra, *Analecta sacra*, 1876, I, p. 21) "이제 기데온Gideon의 이슬이 땅 위에 흘렀다."(Romanus, *De Nativitate*, 앞의 책, p. 237) "연금술사들은 영원한 물aqua permanens이 육체Körper를 영Geist으로 변화시키고 불멸의 성질을 부여하는 능력을 가지고 있다고 생각했다."(*Turba Philosophorum*, ed. Ruska, 1931, p. 197) 물은 또한 산酸, acetum(식초酢)이라고 불렸다. 그로써 "신은 작업을 완수하며 그로써 육체는 영들을 받아들이며 스스로 영적인 것이 된다."(앞의 책, p. 126) 그 밖의 다른 이름은 "spiritus sanguis(영혈靈血, Geistblut)"(앞의 책, p. 129). *Turba Philosophorum*은 12세기 초기의 라틴어 논고인데, 본래 9세기와 10세기에 편찬된 아랍어 원전에서 번역된 것이다(Ruska). 그 내용들은 특히 헬레니즘 시기의 전거에서 나온 것들이다. 영혈spiritualis sanguis에 있는 기독교적 암시는 비잔틴의 영향에서 유래할지 모른다. 영원한 물aqua pernanens은 수은 argentum vivum(Hg)이다. "우리의 수은은 우리의 가장 맑은 물이다."(*Rosarium Philosophorum*, in *Artis Auriferae*, II, p. 213) 물은 또한 '불'이라고 명명된다 (Ignis, 앞의 책, p. 218). 육체는 물과 불로써 변한다. 그것은 세례와 영적 변환이라는 기독교적 관념의 완벽한 유례이다. (라틴어 원문은 『전집』을 보라.)

186 『로마 가톨릭 미사경본*Missale Romanum*』. 이 의식은 오래된 것이다. 그리고 "소금과 물을 위한 작은(혹은 큰) 축성식benedictio minor(혹은 major) salis et aquae"으로서 8세기경부터 알려져 있다.

187 *Isis, die Prophetin, zu ihrem Sohn Horos*(Berthelot, *Alchimistes Grecs*, I, XIII)에서 천사 Isis는 투명한 물, 즉 비밀arcanum로 채워진 한 작은 그릇을 가져온다. 이것은 Hermes의 크라터Kratēr의 분명한 유례類例(*Corpus Hermeticum*, Lib. I)이고 초시모스(Berthelot, 앞의 책, III, LI, 8)에 있는 것과도 유사한 사례인데, 이 경우 그릇 속의 내용은 누스Nous이다. 위-데모크리토스의 φυσικὰ καὶ μυστικά(Berthelot, 앞의 책, II, I, 63)의 글에서는 신적神的인 물이 언급되

고 있는데, 그 물은 '숨어 있는 성질'을 표층으로 올림으로써 변환을 일으킨다는 것이다. Komarios의 논고에서 우리는 새로운 봄을 이끌어오는 여러 가지 경이로운 물들을 만나게 된다(Berthelot, 앞의 책, IV, XX, 9, 혹은 번역 p. 281).

188 Gnosius(in *Hermetis Trismegisti tractatus vere Aureus* etc., cum Scholiis Dominici Gnosii, 1610, pp. 44, 101)는 "우리의 아담적인 헤르마프로디투스(양성체)Hermaphroditus noster Adamicus"에 관해 말한다. 그는 그곳에서 원 속의 사위일체Quaternität를 다루고 있다. 중심은 "적들 사이에 평화를 마련해주는 중계자", 분명히 융합의 상징이다(앞의 책, p. 93f. 참조). 또한 *Psychologische Typen*, 정의, 'Symbol' 항목. 양성체Hermaphrodit는 "스스로 잉태하는 뱀 serpens se ipsum impraegnans"에서 유래한다(*Artis Auriferae*, I, p. 303 참조). 그것은 바로 메르쿠리우스, 아니마 문디Anima mundi(세계혼) 그것이다(M. Majer, *Symbola Aureae Mensae*, p. 43과 Berthelot, *Alchimistes Grecs*, I, 87). 우로보로스Ouroboros는 양성체적 상징이다. 양성체는 레비스Rebis라고도 불렸다("둘에서 만들어진 것"). 그는 흔히 신격화되어 표현된다(예: *Rosarium Philosophorum*, in *Artis Auriferae*, II, pp. 291과 359; 그와 동일한 것이 Reusner, *Pandora*, 1588, p. 253에도 있다).

189 *Aurora Consurgens*(제I부)는 세니오르Senior를 인용한다: "결코 죽지 않는 하나인 것이 있다. 왜냐하면 육체가 죽은 자가 최후의 부활 시에 정화될 때, 그것이 끊임없는 증가를 고집하므로… 그때 두 번째 아담이 첫째 아담과 그의 아들들에게 말하리라: 오너라, 그대들 나의 아버지의 축복받은 자들아.…"(라틴어 원문은 『전집』을 보라.)

190 예를 들면 Alphidius(아마도 12세기에 속하는): "새로운 빛은 이들로부터 생겨난다. 그것은 전 세계의 어떤 빛과도 같지 않다."(라틴어 원문은 『전집』을 보라.) *Rosarium Philosophorum*, in *Artis Auriferae*, II, p. 248(같은 말이 Hermes, *Tractatus Aureus*에도).

191 *Das Geheimnis der goldenen Blüte*, 1957, Olten, 1971(『전집』 13) 참조.

192 *Psychologie und Alchemie*, II부 *Traumsymbole des Individuationsprozesses*, 『기본 저작집』 5 참조.

193 A. E. Waite, *The Secret Tradition in Alchemy*, London, 1926 참조.

미사에서의 변환의 상징

두 개의 강연은 1941년 에라노스학회Eranos-Tagung에서 이루어졌다. 『에라노스 연감Eranos-Jahrbuch』(1940/41)에 처음 발표되었으며, 수정 확장본의 출간은 Von den Wurzeln des Bewußtseins, 1954, 『전집』 11.

I. 서론

1   미사의 주요 상징에 관한 다음의 기술과 연구는 원래 취리히의 심리학 클럽에서 했던 두 차례 강연의 대상이었다. 이것은 신학석사요, 취리히의 가톨릭 사제인 갈루스 유드Gallus Jud 박사가 같은 학회에서 가졌던 '미사 알레고리의 역사적 발전과 제의적 구조'에 관한 두 번의 특강에 대해 주석적 보완으로 의도된 것이다. 이 글 1장과 2장[여기서는 2장과 3장]의 교열과 수정을 도와준 그에게 특별한 감사를 드린다.
2   다음 인용들은 칼 폰 바이츠제커Carl von Weizsäcker가 번역한 『신약성경Das Neue Testament』(1888)에서 온 것이다. 다른 곳에서는 '루터 성경'과 '취리히 성경'도 인용된다.
3   「요한복음」, 13 : 2.
4   「요한복음」, 15 : 1, 4, 5.
5   이는 정신Geist에 대한 교회의 공식적인 견해와는 상관이 없다.
6   Ernst Käsemann, 『몸과 그리스도의 몸Leib und Leib Christi』, Tübingen, 1933, p. 120.
7   유드 박사는 나에게 「말라기」 1장 10절과 11절 역시 주목할 만한 부분이라고 친절히 알려주었다. "너희 가운데 누구라도 성전 문을 닫아걸어서 너희가 내 제단에 헛되이 불을 피우지 못하게 하였으면 좋겠다.… 내 이름이 민족 가운데서 드높기에, 곳곳에서 내 이름에 향과 정결한 제물이 바쳐진다Quis est in vobis qui claudat ostia et incendat altare meum gratuito?... et in omni loco sacrificatur et offertur nomini meo oblatio munda."
8   사제는 이러한 제물을 바치는 데 있어 주인이 아니다. "오히려 제물의 봉헌을 하게끔 하는 것은 성화聖化하는 은총이다. 왜냐하면 바로 그 성화 속에 봉헌이 있기 때문이다. 그러나 매번 성스러운 행위를 수행하는 사람은 이러한 은총의 종이다. 그렇기 때문에 제물과 제물의 봉헌은 언제나 주인을 만족시키는 것이다. 종이 그릇된 자라 해도 제물과 봉헌에 있어 변하는 것은 아무것도 없다. 사

제는 단지 종일 뿐이며, 그가 종인 것도 자신의 뜻이 아니라 은총으로 인한 것이다." Joseph Kramp, 『로마 미사 전례의 제사관祭祀觀Die Opferan-schauungen der römischen Meßliturgie』, Regensburg, 1924, p. 148.
9 즉 미사를 준비하는 행위들을 수행하지 않았기 때문에.
10 앞의 책, p. 17.

II. 변환의식의 개별 단계

11 다음의 기술에 있어 내가 사용한 책은, J. Brinktrine, 『성미사Die heilige Messe』, II. Auflage, Paderborn, 1934.
12 로마의 제의에서 그러하다. 그리스와 통합 교회 의식에서는 두 가지 형태로 성찬식이 이루어진다.
13 이보 카르노텐시스Yvo Carnotensis(샤르트르의 주교, 1116년 사망)의 해석임.
14 성 치프리아누스St. Cyprian는 체칠리우스Caecilius에게 보낸 편지에서 이러한 이단적 관습에 반대하고 있다. in Migne, Patrologiae, latina, T. 4, col. 372ff.
15 ([『구약성경』의] 예시豫示에서 암벽의 물은 그리스도[의 옆구리 상처]에서 흘러나온 피를 의미했다.) '그림자umbra'는 『구약성경』에 나오는 예시와 관련이 있다: "율법(『구약성경』)에서는 그림자[예시Präfiguration]요, 복음서에서는 표상이며, 천국에서는 진리니라." 암브로시우스Ambrosius의 인용은 성찬식과 관련되는 것이 아니라 초기 기독교에서의 일반적인 물의 상징과 관련됨을 잘 이해해야 한다. 다음의 「요한복음」 인용도 마찬가지이다. 아우구스티누스Augustin도 이렇게 말한다. "거기서 그리스도는 암벽이었으며, 우리에게 그리스도는 신의 제단 위에 놓인 것이다." in Tactatus in Joannem, XLV, cap. 9.
16 Hennecke, 『신약외전Neutestamentliche Apokryphen』, Tübingen, 1924, p. 579f.
17 Berthelot, Collection des Anciens Alchimistes Grecs, 1887, III, LI, 8.
18 Corpus Hermeticum, Lib. IV, 4. in W. Scott, Hermetica, I, p. 151.
19 H. Strack und P. Billerbeck, 『탈무드와 미드라쉬에 의거한 신약 성경 주해Kommentar zum Neuen Testament aus Talmud und Midrasch』, München, 1924, II, p. 492.
20 2세기 그노시즘의 가요 모음집. 송시 VI. in Hennecke, 앞의 책, p. 441.
21 우도르 테이온ὕδωρ θεῖον(신적인 물), 초기 연금술의 영원한 물Aqua permanens, 또한 Komarios의 논문, in Berthelot, 앞의 책, IV, XX 참조.
22 나의 견해이며, 교회의 해석은 아니다. 교회의 해석은 이 행위에서 헌신만을

본다.
23 모즈아라비아적이란 아라비아어 musta'rib에서 나온 말로 아라비아화化되었다는 뜻. 모즈아라비아의 제의는 서고트족 스페인의 제의 형식을 말한다.
24 불교에서는 정확하게 오른쪽으로 원을 그리는 것에 유의한다.
25 분향焚香은 축일 대미사 때에만 시행된다.
26 라틴어 원문은 『전집』을 볼 것.
27 라틴어 원문은 『전집』을 볼 것.
28 교회의 관습에 따르면 이 말들은 신성하기 때문에 속세의 언어로 번역되어선 안 된다. 미사 경본조차도 이러한 현명한 규정에 대해 죄를 범하고 있지만, 그러나 나는 번역하지 않고 라틴어 텍스트로 끝내고자 한다.
29 라틴어 원문은 『전집』을 볼 것.
30 정확한 원문은 이렇다. "…haec verba virtutem consecrativam sunt consecuta a quocumque sacerdote dicantur, ac si Christus ea praesentialiter proferret."(…이 문구는 어떤 사제가 말하든지 간에, 그리스도에 의해 현재 표현된 것과 같다.) in Brinktrine, 『성 미사Die heilige Messe』, Paderborn, 1934, p. 192.
31 H. Klug in 『신학과 신앙Theologie und Glaube』, 1926, XVIII, p. 335f.; in Brinktrine, 앞의 책에서 인용.
32 Sessio XXII. H. Denzinger, 『편람Enchiridion』, 1921, p. 312. (라틴어 원문은 『전집』을 보라.)
33 "미사는 근본적으로 희생의 행위이다. 확실한 관점에서 그리스도는 사제에 의해 도살되어 죽기 때문이다."(라틴어 원문은 『전집』을 보라.) A. Hauck, Realenzyklopädie, XII, p. 693 참조. '희생mactatio'에 대한 물음은 이미 카바실라스Kabasilas von Thessalonike에 의해 제기되었다. Migne, Patrologiae, graeca, T. 150, col. 363ff. 희생의 도구로서 초시모스 환상에서도 검이 나온다. 이 책 3장의 '2. 초시모스의 환상' 참조.
34 Kramp, 『로마 미사 전례의 희생관Die Opferanschauungen der römischen Meßliturgie』, p. 56.
35 Brinktrine, 앞의 책, p. 200ff. 〔그 뜻이 독일어 인용문과 같기 때문에 『가톨릭 기도서』, '미사통상문', 한국천주교 중앙협의회, 2006, p. 202에 따름.〕
36 Eusebius, Praeparatio evangelica, I, cap. IX/X; in Migne, Patrologiae, graeca, T. 21.
37 지딕Sidik은 페니키아의 신의 이름이다.
38 레너드 울리Leonard Woolley 경卿은 우르의 발굴에 대해 보고하는 그의 저서

『아브라함, 최근의 발견과 히브리의 기원Abraham, Recent Discoveries and Hebrew Origins』에서 이 사실을 매우 흥미롭게 해명했다.
39 Kramp, 앞의 책, p. 98.
40 Brinktrine, 앞의 책, p. 237.
41 *Opuscula et Textus*, ed. Rücker, 1933, fasc. II.; in Brinktrine, 앞의 책, p. 240 재인용. (라틴어 원문은『전집』을 보라.)
42 라틴어 원문은『전집』을 볼 것.
43 이러한 통일성은 레비-브륄이 원시심리학의 특징으로 부각시켰고, 최근에 민족학자들의 짧은 안목으로 인해 논란이 되었던 '신비적 관여participation mystique'의 좋은 예이기도 하다. 따라서 통일성의 사고는 '원시적'인 것으로 설명되어서는 안 되며, 오히려 '신비적 관여'는 상징의 일반적 특징을 갖는다는 점이 제시되어야 한다. 즉 상징은 항상 무의식적인 것을 함께 포함하고, 따라서 인간도 포괄한다. 그런 사실은 상징의 신성한 힘Numinosität 속에서 표현된다.
44 Kramp, 앞의 책, p. 55.
45 단어 '피 흘리는blutig'은 다음 문장에서 말하듯 상징적으로 이해되어야 한다.

III. 변환 신비의 유례

46 『수사修士 베르나르디노 데 사하군의 역사집에서 뽑은 몇 개의 장들Einige Kapitel aus dem Geschichtswerk des Fray Bernardino de Sahagun』. 젤러Ed. Seler가 아즈텍어로 된 책을 독일어로 옮겼고, 젤러-작스C. Seler-Sachs가 발간했다. Stuttgart, 1927, p. 259ff.
47 F. Cumont, *Textes et Monuments*, 1899, I, p. 182.
48 이에 대해서는 프레이저James George Frazer가 편찬한 저서 중 다음 부분을 참조하라. *The Golden Bough*의 'III부. The Dying God', London, 1911. 물고기를 먹는 성찬식에 대해서는 나의 저서『아이온Aion』에 실린 자세한 내용을 참조하라. *Aion*, I부, VIII장,『전집』9/II.
49 Berthelot, *Alchimistes Grecs*, III, I, 2, 3; III, V; III, VI.
50 보다 자세한 것은 나의 글「초시모스의 환상Die Visionen des Zosimos」(『기본 저작집』9)을 참조하라. 그곳에서 독일어로 번역된 초시모스의 글을 볼 수 있다.
51 Berthelot, 앞의 책, III, LI, 8. 그리고 위의 책, pp. 116f. 참조.
52 *Psychologie und Alchemie*, 1952, p. 340ff.(『기본 저작집』6, 2. A) 참조. 나는

이 책에 몇 가지 예들을 들어놓았다.

53 올림피오도르Olympiodor는 특히 납이 이러한 작용을 일으킨다고 보았다. Berthelot, *Alchimistes Grecs*, II, IV, 43.

54 「초시모스의 환상」(『기본 저작집』 9) 참조.

55 즉 '호문쿨루스Homunculus(ἀνθρωπάριον)'로 변한다.

56 해체의 모티프는 재탄생 상징의 보다 폭넓은 연관관계에 속한다. 그 때문에 해체의 모티프는 분해되었다가 새롭게 거듭나는 샤먼들이나 혹은 병을 치료하는 메디신맨들의 입문 체험에서도 중요한 역할을 한다(M. Eliade, *Le Chamanisme*, 1951, p. 47 이하에 자세한 예들이 소개되어 있다).

57 보다 자세한 것은 「초시모스의 환상」(『기본 저작집』 9)에 실려 있다.

58 프레이저가 편찬한 다음 책을 참조하라. *The Golden Bough*의 'IV부. Adonis, Attis, Osiris', London, 1907, pp. 242ff. 및 405. 그리고 본인의 저서 『변환의 상징*Symbole der Wandlung*』, 1952, 『기본 저작집』 8, 「이중의 어머니Die zweifache Mutter」, 주석 179번 있는 곳 이하〔한국어판 325쪽 이하〕를 참조하라. 또한 콜린 켐벨Colin Campbell의 『왕의 기적적인 탄생*The Miraculous Birth of King Amon-Hotep*』, III, London, 1912, p. 142도 참조하라(여기서는 저승세계의 지배자인 오시리스 앞에 죽은 센 네젬Sen-nezem을 바치는 것을 다루고 있다). "이 장면에서 신은 보통 숭배의 대상으로 묘사된다. 장대에 매달린 그의 앞뒤에는 죽은 황소의 피가 흥건한 가죽이 걸려 있고, 그 밑에는 떨어지는 피를 받는 항아리가 놓여 있다. 이 황소는 소생 중이던 오시리스의 영혼을 죽이기 위해 도살된 것이다."

59 젤러Seler가 묘사한 다음 부분을 참조하라. Hastings 편찬, 『종교와 윤리학 백과사전*Encyclopaedia of Religion and Ethics*』, VIII, pp. 615f., 487ff.

60 L. 프로베니우스L. Frobenius 편찬, 『태양신의 시대*Das Zeitalter des Sonnengottes*』, Berlin, 1904, p. 30.

61 이발사들은 상업이 융성했던 고대 이집트에서 비교적 부유한 사람들이었다(Erman의 『고대 이집트인들과 그들의 생활*Ägypten und ägyptisches Leben in Altertum*』, Tübingen, 1885, p. 411을 참조하라).

62 1459년에 집필된 것으로 기록되어 있는 『화학적 결혼*Chymische Hochzeit*』은 슈트라스부르크에서 1616년에 발간되었다. 이 책은 요한 발렌틴 안드레에Johann Valentin Andreae에 의해 쓰어졌고, 크리스티안 로젠크로이츠Christian Rosencreutz라는 저자명으로 출판되었다. 『기본 저작집』 3권에 수록된 『전이의 심리학*Die Psychologie der Übertragung*』도 참조하라.

63 안드레에는 박식한 연금술사였다. 따라서 그가 초시모스의 글들이 전해져 내

려오는 『마르키아누스 문서*Codex Marcianus*』의 사본을 보았을 가능성을 배제할 수 없다. 『마르키아누스 문서』의 필사본들은 고타, 라이프치히, 뮌헨과 바이마르에 있다. 내가 아는 바로는 인쇄본으로는 16세기 이탈리아의 희귀본뿐이다.

64 '사람의 머리깎기'와 '새의 털 뽑기'가 여기에 해당한다. 새의 털 뽑기에 관해서는 후대에 나온 주술적 제의문들에 언급되어 있다. 이집트의 저승세계의 심판에서 나타나는 '가발의 변환'도 유사한 모티프라 지적할 수 있을 것이다. 이에 대해서는 센 네젬Sen-nezem 묘의 묘사를 참조하라(Campbell, *The Miraculous Birth*, London, 1912, p. 143). 죽은 자가 오시리스 앞으로 인도될 때, 그의 가발은 검은색이다. 바로 그 직후에 그의 가발은 (아니Ani의 파피루스 (사자의 서Book of the Dead라고도 한다. 고대 이집트에서 미라와 함께 매장한 사후세계의 안내서라고 할 수 있는 두루마리다)에 나타난 희생제의에서는) 곧 하얀색으로 변한다.

65 이에 대해서는 다음을 참조하라. Plutarch, Quaestiones Convivales IV, 5와 Diogenes Laertius, II, §112(Reitzenstein, *Poimandres*, Leipzig, 1904, p. 75f.와 p. 112). *Ghâya al-hakîm*이라 불리는 Maslama Al-Madjriti에 삽입된 텍스트에서 토성을 불러내는 기도의 실행을 위해 다음과 같은 규정이 주어진다: "유대인들의 풍습처럼 옷을 입고 오너라. 왜냐하면 토성은 그들의 보호자이기 때문이다Arrive vêtu à la manière des Juifs, car il est leur patron." in Dozy et De Goeje, 『하란인들의 종교 연구를 위한 새로운 문헌*Nouveaux documents pour l'étude de la religion des Haraniens*』1883, p. 350.

66 Origenes, 『켈수스 반박*Contra Celsum*』, VI, 31. Mead, 『신앙의 지혜*Pistis Sophia*』, cap. 31. Bousset, 『그노시스의 주요 문제들*Hauptprobleme der Gnosis*』, Göttingen, 1907, p. 351ff. 그리고 Roscher, *Lexikon*의 'Kronos' 항목, II, Sp. 1496 참조. 용(χρόνος)과 크로노스는 자주 혼용해서 쓰인다.

67 E. v. Lippmann, 『연금술의 생성과 확산*Entstehung und Ausbreitung der Alchemie*』, Berlin, 1931, II, p. 229.

68 이에 대해서는 *Aion*에 실린 나의 자세한 설명을 보라. *Aion*, 1951, p. 114ff. 『전집』 9, II, Paragr. 128ff.

69 『전집』 14/III. (라틴어 원문은 『전집』을 보라.)

70 로이스너Reusner의 『판도라*Pandora*』(1588)에 실린 삽화와 베로알드 드 베르빌Beroalde de Verville의 『폴리필레*Poliphile*』(1600)의 권두화卷頭畵 들은 대부분 서로의 몸을 뜯어먹고 있는 두 마리의 사자로 묘사된다. 우로보로스Ouroboros 도 서로 상대방을 집어삼키는 두 마리의 용으로 종종 묘사된다(『화학의 정원

Viridarium Chymicum』, 1624).

71 *Rosarium Philosophorum*, in *Artis Auriferae*, 1593, II, p. 206 참조. (라틴어 원문은『전집』을 보라.)
72 Euripides, Kreterfragment, in Dietrich, *Eine Mithrasliturgie*, 1910, p. 105 참조. "내가 이다산(크레타에서 가장 높은 산(2,456m)의 옛 이름. 이곳에는 제우스가 자라난 동굴과 제우스의 성소가 있다)의 제우스의 비의들을 알게 되어 방랑하는 목동인 자그레우스의 생육生肉을 먹은 이래로 성스러운 생활을 하면서.…" (그리스어 원문은『전집』을 보라.)
73 (Berthelot, 앞의 책, III, I, 2 참조.)
74 "그곳에는 천상의 물도, 아니 보다 정확히 말해 연금술사들의 신적인 물… 프노이마(프네우마)도 있었다.… 그것은 자연의 에테르에서 나오는 것이고 자연의 제5원소이다." Hermolaus Barbarus, *Corollarium in Dioscoridem*.; M. Majer, *Symbola Aureae Mensae*, 1617, p. 174에서 인용.
"그러나 연금술에서 정신Geist이라는 표현은 바로 물을 나타내는 것에 다름없다." Theobaldus de Hoghelande, in *Theatrum Chemicum*, 1602, I, p. 196. '물'은 "드러나게 한 영spiritus extrahendus이거나" "… (물질의) 배 속에 숨어 있는 영靈, Geist이다. 물이 생성되고, 그리고 또 영적 성질의 영靈이 없는 육체가 생긴다." Mylius, *Philosophia Reformata*, 1622, p. 150. 우리는 이러한 인용문에서 '물'과 '영'이 연금술사들의 정신 속에서 얼마나 긴밀하게 서로 결부되어 있는가를 명확하게 확인할 수 있다.
"그러나 빛나는 천상의 물, 즉 우리의 광석, 그리고 우리의 은, 우리의 투명한 물질, 그리고 우리의 모든 말들. 이 모든 것들은 하나의 동일한 것이다. 이를테면 신이 호감을 갖는 사람에게 준 지혜이다." *Consilium Conjugii*, in *Ars Chemica*, 1566, p. 120. (라틴어 원문은『전집』을 보라.)
75 Berthelot, *La Chimie au Moyen-Age*, 1893, III, p. 53.
76 라틴어 원문은『전집』을 보라.
77 Mylius, 앞의 책, pp. 121, 123. '물 = 피 = 불'의 동일시에 대해서는 다음을 참조하라. George Ripley, *Opera Omnia Chemica*, 1649, pp. 162, 197, 295, 427.
78 Ripley, 앞의 책, p. 62; *Rosarium Philosophrum*, p. 264.
79 Mylius, 앞의 책, p. 42.
80 Henricus Khunrath, *Von Hylealischen... Chaos*, 1957, p. 274f.
81 Berthelot, *Alchimistes Grecs*, I, XIII.
82 앞의 책, III, LI, 8, 그리고 *Hermetica*, IV, 4(W. Scott 편찬, I, p. 151).
83 Berthelot, 앞의 책, III, VI; W. Scott, *Hermetica*, p. 108 참조.

84 *Theatrum Chemicum*, 1622, V, p. 155. 후대의 저자로 슈테부스Steebus를 들 수 있다. *Coelum Sephiroticum*, 1679. "보다 심오한 모든 이해의 시조始祖… 모든 영적인 힘은 하늘에 있는 메르쿠어에게서 나온다." 점성술에 관해서는 다음을 참조하라. Bouché-Leclercq, *L'Astrologie Grecque*, 1899, pp. 312, 321ff. (라틴어 원문은 『전집』을 보라.)
85 *Aurora Consurgens*.; Mylius의 앞의 책, 533쪽에서 메르쿠어는 생명을 주는 자이다.
86 *Lexicon Alchemiae*, 1612.
87 *Symbola Aureae Mensae*, 1617, p. 592.
88 앞의 책, p. 600.
89 Ripley, *Opera* 서문. 그리고 Khunrath, *Von Hylealischen... Chaos*. 플루타르크의 글에서 메르쿠리우스는 세계영世界靈의 역할을 한다.
90 Dorneus, in *Theatrum Chemicum*, 1602, I, p. 589.
91 "Der Geist Mercurius", in *Symbolik des Geistes*, 『전집』 13 참조.
92 *Splendor Solis*에 실린 삽화. in *Aureum Vellus*, 1598.
93 Khunrath, *Von Hylealischen... Chaos*, 1597 참조. 그리고 *Amphitheatrum Sapientiae Aeternae*, 1604.
94 Gerardus Dorneus, *Speculativa Philosophia*, in *Theatrum Chemicum*, 1602, I, p. 284ff. (라틴어 원문은 『전집』을 보라.) 또한 바로 다음 장과 *Der philosophische Baum*, 『전집』 13도 참조하라.
95 도르네우스의 글도 이와 같은 입장이다(앞의 책, p. 288): "칼은 강 언덕 너머 한 나무에 매달려 있었다(gladium) arbori supra fluminis ripam suspensum fuisse."
96 도르네우스는 몇 쪽 뒤에서 이렇게 말한다. "형제들이여, 아는가? 지금까지 언급했고, 앞으로도 언급할 것들 모두를 연금술의 작업과 관련시킬 수 있다는 것을." (라틴어 원문은 『전집』을 보라.)
97 Leisegang, *Die Gnosis*, Leipzig, 1924, p. 171f.
98 본문 이하의 글에 대해서는 다음을 참조하라. Hipppolytus, *Elenchos*, Ed. P. Wendland, 1916, Bd. III, VI, 4ff.
99 「창세기」, 3 : 24 참조.
100 Leisegang, 앞의 책, p. 80.
101 그 때문에 우로보로스를 헤르마프로디토스Hermaphroditus(헤르메스와 아프로디테가 합성된 이름. 그리스 신화에 남녀 양성을 지닌 인물로 등장한다)라고 부른다.
102 『전갈Skorpion』이라는 책에서 우로보로스는 스스로를 죽이는 자로 묘사된다.
103 나는 에피파니우스Epiphanius의 『파나리움Panarium』을 읽었다고 진술한 연금

술 저자를 단 한 명 발견했다. 에피파니우스는 책을 읽으면서 이단 종교들에 대해 솔직히 거부감을 느꼈다고 말하고 있다. 물론 이와 관련된 문제에서 연금술사들이 침묵하는 것은 의아한 일이 아니다. 왜냐하면 이단 종교에 대해 조금만 관심을 보여도 생명이 위태로웠기 때문이다. 예를 들어 지기스문트 폰 제온Sigismund von Seon 대수도원장은 파라켈수스의 스승이라고 자칭했던 트리테미우스 폰 스판하임Trithemius von Spanheim이 죽은 후 90년이나 지나고 나서야 트리테미우스를 변론하는 글을 쓸 수 있었다. 그는 그 글에서 트리테미우스가 이교도라는 비난을 말끔히 씻어주려는 시도를 했다. *Trithemius sui-ipsius Vindex*, 1616 참조.

104 *Ars Chemica*, 1566, p. 259. 망제Jean-Jacques Manget가 편찬한 다음 책에 실려 있다. *Bibliotheca Chemica Curiosa*, 1702, II, p. 235f. (라틴어 원문은 『전집』을 보라.)

105 아마도 '미크레리스Micreris'는 타락한 '메르쿠리우스Mercurius'인 것 같다. 논고는 *Theatrum Chemicum*, 1622, V, p. 101ff.에 실려 있다.

106 앞의 책, p. 103. (라틴어 원문은 『전집』을 보라.)

107 앞의 책, p. 68. (라틴어 원문은 『전집』을 보라.)

108 *Artis Auriferae*, 1953, I, p. 139ff.

109 앞의 책, p. 151.

110 앞의 책, p. 140.

111 앞의 책.

112 앞의 책, p. 139.

113 앞의 책, p. 151.

114 앞의 책. (라틴어 원문은 『전집』을 보라.)

115 *Papyri Graecae Magicae*. Karl Preisendanz에 의해 번역되고 발행되었다. 전 3권, 1928년과 1931년.

116 In *Theatrum Chemicum*, 1622, V, p. 153.

117 앞의 책, p. 151. (라틴어 원문은 『전집』을 보라.) 앞의 책, pp. 127, 128, 130, 149 등에서도 이러한 문제가 다루어진다.

118 Dozy Et De Goeje, *Nouveaux Documents pour l'étude de la religion des Harraniens*, 1883, p. 365.

119 Berthelot, *Alchimistes Grecs*, III, XXIX, 4, 또한 I, III, 1과 III, II, 1.

120 Thorndike, *A History of Magic and Experimental Science*, I, p. 705.

121 *The Jewish Encyclopedia*, 1906, VII s. v. 'Teraphim'.

122 Micha Josef Bin Gorion, *Die Sagen der Juden*, Berlin, 1935, p. 325. 친절하게

도 샤르프Rivkah Schärf Kluger 박사는 나로 하여금 이러한 전승에 주목하게 만들었다.
123 연금술의 '백화albedo'와 위에서 언급한 '흰 인간homo albus'을 참조하라. [이 책 189쪽.]
124 Hastings, *Encyclopaedia of Religion and Ethics*, VI, 535f.
125 Aelian, *Varia Historia*, XII, 8.
126 R. B. Onians, *The Origins of European Thought*, Cambridge, 1951, p. 101ff.
127 『심리학과 연금술*Psychologie und Alchemie*』, 1952, p. 538ff., 『기본 저작집』 6, 5. B. f.
128 이에 대해서는 『역경*I Ging*』(Richard Wilhelm 발행, Jena, 1924 또는 P. H. Offermann 발행, Olten, 1975)의 고전적 예를 참조하라.
129 '신비적' 또는 무의식적 동일시는 투사가 이루어지는 모든 경우에 나타난다. 투사된 내용이 근본적으로 낯선 객체 속에서 주체와 객체 간의 표면상의 친근성을 만들어내면서 그러한 동일시가 나타나게 되는 것이다.

IV. 미사의 심리학

130 「요한복음」, 6 : 44, "나를 보내신 아버지께서 이끌어주시지 않으면 아무도 내게 올 수 없다"와 일치한다. (라틴어 원문은 『전집』을 보라.)
131 "그리고 신의 아들은 죽었다. 이 말이 믿을 만한 까닭은 그것이 불합리하기 때문이다. 그리고 묻힌 그가 부활했다. 이 말은 확실하다. 왜냐하면 그것은 불가능하기 때문이다." 『그리스도의 몸에 대해서*De Carne Christi*』 5. (라틴어 원문은 『전집』을 보라.)
132 이러한 테르툴리아누스Tertullian의 논점이 모험이고 위험하다는 사실은 분명하다. 하지만 이 주장의 심리적인 정당성에 대한 반대 이유도 또한 없다.
133 「요한복음」, 10 : 30; 『루터 성경』, 14 : 9.
134 Kramp, *Die Opferan-schauungen der römischen Meßliturgie*, Regensburg, 1924, p. 54f.
135 이러한 결론의 정당성은 다음과 같은 사실, 즉 모든 상징은 정신과 관련해서 객관적이고도 주관적인 기원을 갖고 있다는 것, 그러므로 이들은 '객관적 단계' 혹은 '주관적 단계'에서 해석될 수 있다는 사실에 근거하고 있다. 이러한 사실은 또한 실질적인 꿈의 해석에도 중요한 의미를 지닌다. 다음을 참조하라. 『심리학적 유형들*Psychologische Typen*』, 정의; 『전집』 6.

136 그 밖의 자료로 다음을 참조하라. Eisler, 『오르페우스-어부 *Orpheus-the Fisher*』 London, 1921, p. 280ff.
137 마찬가지로 사냥에서 사냥 그 자체보다 더 중요한 것은 바로 '통과의례'였다. 왜냐하면 사냥의 성공 여부는 이 의식에 달려 있기 때문이다.
138 이에 대해서는 다음을 참조하라. 『심리학적 유형들』, 정의, '상징'; 『전집』 6.
139 Leisegang, 『성령 *Der heilige Geist*』, Leipzig, 1919, p. 248ff. 참조.
140 Lévy-Bruhl, *Les Fonctions mentales dans les sociétés inférieures*, Paris, 1912.
141 "우리의 몸 밖에서 사물의 가장 깊은 곳까지 상상하는 우리의 마음(아니마)…" Michael Sendivogius, 「유황에 대해서 De Sulphure」(16세기), in *Museum Hermeticum*, 1678, p. 617. (라틴어 원문은 『전집』을 보라.)
142 이것과 유사한 것이 바로 봉헌물을 소각하거나 물속에 혹은 땅속에 묻어버림으로써 완전히 없애버리는 것이다.
143 만일 인간의 가장 깊은 곳에 자리 잡고 있는 것이 한편으로는 집단적인 가치규범이며, 다른 한편으로는 자연적인 충동뿐이라면, 모든 도덕적인 규범의 파괴는 단지 본능적 존재의 반항에 불과한 것일 게다. 그렇다면 가치 있고 의미 있는 혁신은 불가능할 것이다. 왜냐하면 본능이라는 것은 인간과 동물의 가장 오래되고 가장 보수적인 것이기 때문이다. 집단적 가치규범이 아니면 자연적 충동뿐이라는 이와 같은 견해는 창조적인 충동의 존재를 간과하고 있다. 이것은 본능과 같은 태도를 취할 수도 있지만, 반면에 자연에서는 거의 찾아볼 수 없는 거의 예외 없이 호모 사피엔스 종에 국한된 충동이다.
144 이미 언급된 예수의 말씀을 참조하라. "네가 하는 일이 무엇인지 알고 있다면 너는 축복받을 것이다. 그러나 네가 무엇을 하는지 알지 못한다면 너는 저주받을 것이며 율법을 위반한 자이다."
145 오해를 피하기 위해서 강조하는데, 여기서 내가 말하는 것은 다만 개인적인 체험이지 결코 미사에서 느끼는 확실한 믿음을 기반으로 하는 미사의 비의秘儀를 말하는 것이 아니다.
146 이에 대해서는 『심리학적 유형들』, 『전집』 6, Paragr. 315ff.에 나오는 '합일의 상징들'의 의미를 참조하시오.
147 인도 철학에는 다음과 같이 병행을 이루는 두 개념, 즉 프라자파티prajâpati〔브라흐만 및 힌두교에서의 세계창조자〕와 푸루샤 나라야나Purusha Nârâyana〔푸루샤는 상키야 철학에서 진아眞我, 혼을 의미, 나라야나는 만물을 만들고 그 속에 편재하는 힌두교의 주신主神 비슈누의 다른 이름, 큰 힘을 가진 신(금강역사)이라는 뜻도 있다〕의 유례類例가 있는데 전자가 후자에게 희생을 요구한다. 그

러나 이 둘은 기본적으로 같다. 희생의 요구에 대해서는 「사타파나-브라마나 Satapatha-Brâhmana」, in 『동방의 성서Sacred Books of the East』, Vol. XLIV, 1900, p. 172f.; '푸루샤의 희생', in 『리그베다Rigveda』, X, 90.; A. Hillebrandt, 『리그베다의 노래Lieder der Rigveda』 Göttigen/Leipzig, 1913, p. 130f. 참조.

148 이러한 모순을 피할 수 없는 이유는 자기Selbst의 개념이 오직 이율배반적인 판단만을 허용하기 때문이다. 정의에 의하면 자기의 본체는 의식된 인격보다 더 광범위하다. 따라서 후자, 즉 의식된 인격은 자기를 포괄하는 판단을 내릴 수가 없다. 즉 자기에 대한 모든 판단과 언급은 불완전한 것이고, 그러므로 이것은 조건적인 부정에 의해서 (지양止揚할 것이 아니라) 보완되어야 한다. 즉 만약 내가 "자기는 존재한다"라고 한다면, 나는 "그리고 그것은 마치 존재하지 않는 것처럼 존재한다"라고 보완해야 한다. 판단의 완벽성을 위해서라면 순서가 도치될 수도 있을 것이다: "자기는 존재하지 않는다. 그러나 동시에 마치 있는 것처럼 보이기도 한다." 그러나 자기의 개념이 칸트의 '물 자체'와 같은 철학적인 것이 아니고 일정한 유보에 의해서만 존재를 상정할 수 있는 심리학적 경험에 의한 개념임을 생각하면, 위의 도치에 의한 판단은 필요 없는 사족에 불과한 것이다.

149 자기Selbst가 나Ich에게 자기성찰을 하게 하는 한 그렇다. 자기의 경험에 대해서는 다음을 참조하라. 『심리학과 연금술Psychologie und Alchemie』, 1952; 『기본저작집』 5, 「최초의 꿈」과 「만다라의 상징성」의 'B. 꿈에 나타난 만다라'.

150 내가 이에 상응하는 심적 과정을 위해서 '자기'라는 비역사적인 용어를 사용하는 것은 나름대로의 이유가 있는데, 그것은 부당한 간섭을 피하고 경험심리학 영역에 국한한다는 것을 용어를 통해서 나타내기 위한 것이다.

151 J. Firmicus Maternus, 『통속적 신앙의 오류에 대해서De errore profanarum religionum』, 7, 8. (그리스어 원문은 『전집』을 보라.)

152 Hippolytus, Elenchos, VIII, 15.

153 자기에게 도움을 주는 또 다른 사실은, 여기서는 아주 간단하게 설명하는 바이지만, 무의식이 일정 조건하에서만 시간과 공간의 제약을 받는다는 사실이다. 결코 드물지 않게 일어나는 이른바 텔레파시 현상이 증명하듯이 우리 정신에게 시간과 공간은 단지 상대적인 제약일 뿐이다. 이러한 사실을 증명한 것은 라인Joseph Banks Rhine의 실험이다. 이에 대해서는 Jung, 「비인과적인 관련 원리로서의 동시성Synchronizität als ein Prinzip akausaler Zusammenhänge」, 『전집』 8을 참조하라.

154 '지옥'은 문맥상 낯설게 보일 수도 있다. 하지만 독자에게 권하거니와 제임스 조이스James Joyce의 『율리시스Ulysses』나 제임스 호그James Hogg의 『사면된

죄인의 기록과 고백*The Private Memoirs and Confessions of a Justified Sinner*』을 자세하게 읽어보기 바란다.
155 이 희생을 유대적인 신심이 어떻게 받아들이는지를 다음의 『탈무드』 전설이 잘 보여준다: "아브라함이 외치기를, 맹세하건대 당신이 내 말을 듣기 전에는 결코 제단에 오르지 않겠나이다. 당신이 내 아들인 이삭을 제물로 바치라고 명령했을 때, 당신은 '이삭이 자라면 네 씨라 이를 것이니라'는 말씀을 거역했나이다. 하지만 나는 침묵했나이다. 만일 언젠가 나의 자손이 당신을 거역하게 되어서 당신이 그들을 벌하려고 하면, 부디 당신 자신도 실수가 없지 않다는 것을 기억하고 그들을 용서해주기를 바라나이다." 이에 대해서 주님은 대답하셨다. "자, 그렇다면 네 뒤의 숲속에 뿔이 달린 한 마리 숫양이 있는데, 그것을 이삭 대신에 제물로 바치거라. 그리고 언젠가 너의 자손들이 죄를 지어서 내가 새해 초에 심판대에 앉게 되면, 그들은 이 숫양의 뿔로 만든 피리를 불어서 내가 너의 말을 기억해내고 그들을 용서하도록 하라." Fromer und Schnitzer, *Legenden aus dem Talmud*, Berlin, 1922, p. 34f. 친절하게 이 구절을 알려준 예비 철학박사인 임호프Imhof에게 감사한다.
156 「이사야」, 53:5, "그를 찌른 것은 우리의 반역죄요, 그를 으스러뜨린 것은 우리의 악행이었다." (취리히 성서. 라틴어 원문은 『전집』을 보라.)
157 (이 책의 「욥에의 응답」을 참고하라.)
158 Caussinus, *De Symbolica Aegyptiorum Sapientia. Polyhistor Symbolicus, electorum symbolorum et parabolarum historicarum stromata*, 1623, p. 348. 다음 책도 참조하라. Philippus Picinellus, 『세계의 상징*Mundus Symbolicus*』, 1681, I, p. 419. (라틴어 원문은 『전집』을 보라.)
159 M. Eliade, 『샤머니즘*Le Chamanisme*』, Paris, 1951, p. 39.
160 이에 대해서는 특히 다음을 참조하라. Gerardus Dorneus, 「철학 탐구De Speculativa Philosophis」, in 『화학의 무대*Theatrum Chemicum*』, 1602, I, p. 276f.
161 이에 대해서는 본인의 상세한 글을 참조하라. *Aion*, 1부, V장; 『전집』 9/II.
162 「요한행전Acta Joannis」은 2세기에 속하는 것이 거의 확실시된다. 아마도 2세기 전반부에 속할 것이다(Th. Zahn, *Acta Joannis*, Erlangen, 1880). 텍스트와 관련해서는 다음을 참조하라. E. Hennecke, *Neutestament-liche Apokryphen*, Tübingen, 1924, p. 186ff.
163 「요한복음」, 15:5.
164 이와 유사한 것으로 모든 인간이 각각 햇살이라는 관념이 있다. 이 이미지는 스페인의 시인인 호르헤 기옌Jorge Guillén의 글(『찬송가*Lobgesang*』 선집, E. R. Curtius 번역, Zürich, 1952)과 기원후 2세기의 그노시스설의 글에서 나타난다.

기옌은 다음과 같이 말했다.
"어디로, 어디로 헤매는가?
내 중심은 여기 이 점이거늘…"
(…)
"무한 속으로 오르면서:
그저 한 햇살만 더."

165 이에 대해서는 나의 상세한 글을 참조하라. *Aion*, I, 4장(『전집』 9/II)과 『심리학과 시문학*Psychologie und Dichtung*』(『전집』 15)을 참조하라.

166 그것의 현현Epiphanien이 그리도 다양한 모습을 띠는 것은 아마도 이 형상이 보편성을 지닌 까닭일지 모른다. 이는 『요한서』에 잘 드러난다. 드루시아나Drusiana는 주님을 한번은 요한의 모습으로, 다른 한번은 소년의 모습으로 본다(Hennecke, 앞의 책, p. 185). 야코부스Jacobus는 주님을 어린이로 보고, 요한은 주님을 성인으로 본다. 또 요한은 주님을 작고 볼품없는 남자로 보았다가는 곧 하늘까지 이르는 형상으로 보기도 하고(앞의 책, p. 185), 주님의 몸을 물질적으로 구체적으로 느꼈다가는 또 비물질적으로, 즉 실체 없이 느끼기도 한다(앞의 책, p. 186).

167 「메르쿠리우스의 영Der Geist Mercurius」, Kap. 9, 『전집』 13.

168 "haec meditare"(ταῦτα μελέτα). 「디모데전서」 4장 15절에서는 "무엇에 대해서 생각하다, 무엇을 배려한다"라는 뜻을 갖는다.

169 *Acta Apostolorum Apocrypha*, Lipsius와 Bonnet(편), Leipzig, 1898, Vol. I, p. 197.

170 E. Hennecke, *Neutestamentlische Apokryphen*, Tübingen, 1924, p. 248.

171 ἐν ὑπερουρανίῳ τόπῳ.

172 이에 대해서는 *Aion*, 『전집』 9/II를 참조하라.

173 E. Hennecke, 앞의 책, p. 248.

174 Ἀνάγγη βιάβα는 불확실하다.

175 나는 기본적으로 E. Hennecke의 번역을 따랐다. *Neutestamentliche Apokryphen*, Tübingen, 1924, p. 186ff.

176 *Aion*, 『전집』 9/II 참조.

177 에제키엘의 환상에서 이미 암시되는 사위四位는 주로 그리스도 탄생 이전에 나온 「에녹서Liber Henoch」에 직접적으로 언급된다(이 책에 실린 「욥에의 응답」 347쪽 이하를 참조하라). 스바니야 예언서에는 그리스도가 비둘기로 만들어진 왕관을 쓴 모습으로 나온다(Stern, *Die koptische Aopkalypse des Sophonias*, 1886, p. 24). 이에 대해서는 놀라에 있는 성 펠릭스의 제단화를 참조하라. 제단

화는 비둘기에 둘러싸인 십자가를 표현하고 있다(Wickhoff, *Das Apsismosaik in der Basilica des Hl. Felix zu Nola*, 1889, p. 158ff.; Rossi, *Musaici Cristiani delle Chiese di Roma anteriori al secolo*, XV, Abb. XXIX).

178 이는 형태가 불분명한 사람들의 무리로서 표현된다.
179 이를테면 신들린 말과 방언Glossolalie(설화舌話)을 생각할 수 있다.
180 *Actus Vercellenses*, in E. Hennecke, 앞의 책, p. 247f.
181 Hennecke, 앞의 책, p. 188.
182 「창세기」, 3 : 5.
183 팽창의 가능성은 "너희들이 신들이다"라는 그리스도의 말을 통해서 아주 구체화되었다.
184 W. Pauli, 「케플러의 자연과학적 이론 형성에 있어서 원형적 표상들이 끼친 영향Der Einfluß archetypischer Vorstellungen auf die Bildung naturwissenschaftlicher Theorien bei Kepler」, in *Naturerklärung und Psyche*, Zürich, 1952 참조.
185 이에 대해서는 고대 이집트 기록에 나타난 의식의 발전에 대한 주목할 만한 기술을 참조하라. H. Jacobson이 새롭게 번역하고 주석을 단 판본의 제목은 다음과 같다. *Das Gespräch eines Lebensmüden mit seinem Ba*, Zürich, 1952.
186 이 인식은 그리스도의 신성 포기를 다룬 구절Kenosisstelle(「빌립보서」, 2 : 5 이하)에도 포함되어 있을 수 있다. "여러분은 그리스도 예수께서 지니셨던 마음을 여러분의 마음으로 간직하십시오. 그리스도 예수는 하느님과 본질이 같은 분이셨지만 굳이 하느님과 동등한 존재가 되려 하지 않으시고 오히려 당신의 것을 다 내어놓고(어의적으로 다 '비우시고entleerte, ἐκένωσεν, exinanivit'를 의미한다), 종의 신분을 취하셔서 우리와 똑같은 인간이 되었습니다."
187 이에 대해서는 엘리아데M. Eliade의 포괄적인 서술을 참조하라. 『샤머니즘*Le Chamanisme*』, Paris, 1951.
188 나는 포르트만Adolf Portmann 교수가 1952년에 한 다음 강연을 제시하고자 한다. 「에너지 변환에 나타난 상들의 의미Die Bedeutung der Bilder in der lebendigen Energiewandlung」, Eranostagung, 1952.
189 (Erich Neumann, 『의식의 기원사*Ursprungsgeschichte des Bewußtseins*』, Zürich, 1949, p. 259ff. 참조.)
190 이에 대해서는 다음을 참조하라. *Aion*, 1951, p. 237ff., 『전집』 9/II, Paragr. 249ff.

욥에의 응답

"Antwort auf Hiob", 취리히, 1952; 1961년에 보충됨; 『전집』 제11권.

1 Cap. V, in Migne, *Patrologiae, latina*, T. l, col. 615f. (라틴어 원문은 『전집』을 보라.)
2 「욥기」, 39:34f.
3 앞의 책, 9:2~32.
4 앞의 책, 10:7.
5 앞의 책, 13:3.
6 앞의 책, 13:15.
7 앞의 책, 13:25.
8 앞의 책, 19:6.
9 앞의 책, 27:2와 5~6.
10 앞의 책, 34:12.
11 앞의 책, 34:18f.
12 앞의 책, 16:19~21.
13 앞의 책, 19:25.
14 「시편」, 89:34~36[새 셈법으로].
15 앞의 책, 89:47~48과 50.
16 혹은 심지어 '축복된다'. 이것은 정말 액운이다.
17 「즈가리야Sacharja」, 4:10. 또 「지혜서Weisheit」 1:10을 보라: "주님의 귀는 예민하셔서 모든 것을 다 들으시므로 불평을 속삭이기만 해도 그 귀에 다 들린다."
18 「시편」 89편은 다윗에게 바쳐진, 망명 중에 창작된 교구가敎區歌라고 생각된다.
19 사탄은 아마도 신의 눈 가운데 하나일 것이다. 그 눈은 "땅을 여기저기 두루 돌아다닌다"(「욥기」, 1:7). 페르시아의 전승傳承에서는 아리만Ahriman〔페르시아의 악의 신〕이 아후라마즈다Ahuramazda의 회의懷疑에서 나온다.
20 「욥기」, 38:2.
21 앞의 책, 38:3.
22 앞의 책, 40:3f.
23 앞의 책, 40:7~9.
24 여기에서는 카발라Kabbala〔유대 신비주의〕 관념이 암시된다. 이 '그릇Qliphoth'

[히브리어로는 켈리포트kelipoth]은 신의 창조적 힘의 계시에서의 열(10) 단계인, 세피로트sefiroth에 대한 열 개의 반대 극을 이룬다. 악하고 어두운 힘을 나타내는 그릇은 원래 세피로트의 빛과 섞여 있다. 소하르Sohar는 악을 세피로트의 삶의 과정의 산물이라고 기술한다. 그래서 세피로트는 그릇의 나쁜 혼합물로부터 깨끗이 씻겨져야만 했다. 그릇을 박멸하는 것은 카발라의 책에―특히 루리아Isaac Luria(1534~1572)와 그의 학파에 의해서―기술되어 있는 것처럼, "그릇을 깨부수는 것"에서 시작한다. 그것을 통해서 악의 힘은 자기 고유의 실제적인 존재를 갖춘다. G. Scholem, *Die jüdische Mystik in ihren Hauptströmungen*, 1957, Zürich, p. 293 참조.

25 「욥기」, 42 : 2.
26 앞의 책, 42 : 3~6.
27 앞의 책, 41 : 25.
28 「에제키엘」, 1 : 25f.
29 「욥기」, 9 : 32. 우주의 창조자creator mundi가 의식적 존재라는 순진한 가정은 중대한 편견이라고 볼 수 있다. 그것이 후에 전혀 믿을 수 없는 논리적 오류를 가져왔기 때문이다. 그러니까 사람들이 선한 신의 의식성은 악한 행동을 할 수 없다는 가정을 하지 않는다면, 예를 들어 선의 결핍privatio boni[악을 (단지) 선의 결여로 보는 것]이라는 무의미는 결코 필요치 않을 것이다. 이와는 달리 신의 무의식성이나 무성찰성은 신의 행동이 도덕적 판단으로부터 면제되며, 자비와 공포 사이에서 어떤 갈등도 생기게 하지 않는다는 견해를 가능케 한다.
30 「욥기」, 42 : 7.
31 *Das Wandlungssymbol in der Messe*, 이 책의 pp. 136ff.[이 책 181쪽 이하] 참조. *Aion*, 1951, pp. 114ff., 『전집』 9/II.
32 「잠언」, 8 : 22~31.
33 시라크의 아들, 예수의 지혜서, 24 : 3~18.
34 「사무엘하」, 5 : 23f.
35 「아가」, 4 : 8.
36 앞의 책, 4 : 13~14.
37 앞의 책, 5 : 5.
38 「솔로몬의 지혜」, 1 : 6(LXX: Φιλάνθρωπον πνεῦμα σοφία. 또한 7 : 23).
39 앞의 책, 7 : 22(LXX: πάντων τεχνίτις).
40 앞의 책, 7 : 22~26.
41 앞의 책, 8 : 3.
42 앞의 책, 8 : 6.

43 앞의 책, 9:10, 그리고 17.
44 앞의 책, 6:18, 그리고 8:13.
45 앞의 책, 1:15.
46 앞의 책, 2:10~19.
47 「욥기」, 2:3.
48 「전도서」, 9:16.
49 (아마도 아담 이전의 시기에 유인원類人猿으로부터 유래한, 인류의 신과 닮지 않은 부분에 관한 것은, pp. 213f.(이 책 287쪽 이하)를 보라.)
50 이 견해는 필론(필로 유대우스Philo Judaeus)에게서 발견된다.
51 『티베트 사자死者의 서書』의 바르도 퇴돌Bardo Thödol에 관한 나의 논평(『전집』 11) 참조.
52 충직하지 못한 청지기와 비유된 프로니모스φρονίμως와 비교하라(「누가복음」, 16:8).
53 「욥기」, 28:12. "그러나 지혜는 어디에서 찾을 수 있으리오?" 이 부분이 나중에 가필한 것인지 아닌지는 여기에서는 중요하지 않다.
54 「요한복음」, 1:3. "모든 것은 말씀을 통하여 생겨났고, 이 말씀 없이 생겨나는 것은 하나도 없다."
55 「잠언」, 8:29~30.
56 「욥기」, 40:10과 14.
57 기독교의 전승에도 다음과 같은 견해가 있다: 즉 악마는 아주 오래전에 이미 인간이 되고자 하는 신의 의도를 알고 있었고, 그래서 그리스인들에게 디오니소스 신화를 불어넣어주었고 그럼으로써 그들이 실제로 기쁜 소식을 접했을 때, "그래, 우리는 그것을 벌써 오래전부터 알고 있었지"라고 말할 수 있었다는 것이다. 후에 스페인의 정복자들이 유카탄에서 마야의 십자가를 발견했을 때 스페인의 주교들은 똑같은 논거를 다시 사용했다.
58 「요한복음」, 14:6.
59 「마가복음」, 3:21.
60 「누가복음」, 10:18.
61 「요한묵시록」, 7:4.
62 앞의 책, 19:20.
63 「요한복음」, 14:12.
64 앞의 책, 10:34.
65 「로마서」, 8:17.
66 「요한복음」, 14:16f.

67 앞의 책, 14 : 26, 그리고 16 : 13.
68 「사도행전」, 14 : 11.
69 "Mancipem quendam divinitatis, qui ex hominibus deos fecerit"(Tertullian), *Apologeticus adversus gentes*, in Migne, *Patrologiae, latina*, I, col. 386.
70 「요한1서」, 4 : 1.
71 「고린도1서」, 2 : 10.
72 「마태복음」, 26 : 39.
73 아브라함과 이삭.
74 그의 소명의 환영은 기원전 592년에 해당된다.
75 환영이 병적이라고 가정하는 것은 바로 그렇기 때문에 아주 잘못된 것이다. 사실 정상인에게서 흔히 일어나는 현상은 아니지만 그렇다고 아주 드물게 일어나는 현상도 아니다.
76 「에제키엘」, 1 : 26.
77 「다니엘」, 7 : 13.
78 「창세기」, 6 : 3f.
79 「에녹」, 7 : 2(「에녹」에서의 인용구는 다음에서 유래한다. *Die Apokryphen und Pseudepigraphen des Alten Testament*, Kautzsch에 의해 번역 및 출간, Tübingen, 1900, 개정판 1921).
80 앞의 책, 7 : 3~6.
81 앞의 책, 9 : 5~11.
82 앞의 책, 22 : 1~9.
83 앞의 책, 40 : 7.
84 87장 이하와 유사하다. "하얀 사람을 닮은 존재" 네 개 중에서 셋은 에녹을 안내한다. 그러나 하나는 별 하나를 사슬에 묶어서 심연에 던진다.
85 셋은 동물의 얼굴을, 하나는 인간의 얼굴을 하고 있다.
86 「에녹」, 46 : 1~3.
87 앞의 책, 47 : 4.
88 앞의 책, 48 : 1.
89 앞의 책, 48 : 4와 6~7.
90 앞의 책, 49 : 1~3.
91 세올Scheol의 동의어.
92 「에녹」, 51 : 1과 3.
93 앞의 책, 51 : 4.
94 앞의 책, 54 : 6. 우리는 여기에서 200천사의 탈출이 사탄의 장난이었음을 알게

된다.
95 「에녹」, 58 : 6.
96 앞의 책, 60 : 10.
97 앞의 책, 71 : 5~7.
98 앞의 책, 71 : 14.
99 앞의 책, 71 : 17.
100 「에녹」의 저자는 그의 이야기의 주인공으로 에녹을 골랐다. 그는 "신과 함께 방랑한" 야레드Jared의 아들, "아담의 일곱 번째 아들"이며, 그는 죽는 대신에 단순히 사라진, 즉 신에 의해 멀리 치워진 자이다("… 그리고 그는 갑자기 사라졌다. 하느님께서 그를 데려가신 것이다." 「창세기」, 5 : 24).
101 「욥기」, 19 : 25.
102 무염시태immaculata conceptio의 결과로 마리아는 다른 세속의 인간들과 구분되는데, 이것은 마리아 승천으로 더욱 강화된다.
103 추측건대 '샛별Morgenstern'(이에 대하여는 「묵시록」 2 : 28과 22 : 16을 비교하라)로서 그것은 심리적 내용을 함축하고 있는 금성이며, 화를 가져오는 두 유성, 즉 토성과 화성 중의 하나가 아니다.
104 「요한복음」, 14 : 16.
105 앞의 책, 14 : 12.
106 앞의 책, 10 : 35.
107 「누가복음」(6 : 4)에서 묵시론적 삽입문("인간아, 네가 행한 것을 알면, 너는 축복받고, 네가 행한 것을 알지 못하면 너는 저주받고 법을 어긴 자이니라"), *Codex Bezae Cantabrigiensis*, F. H. Scrivener 엮음, 1864.
108 「요한1서」, 1 : 5.
109 앞의 책, 2 : 1~2.
110 앞의 책, 3 : 9.
111 앞의 책, 2 : 18f.와 4 : 3.
112 「묵시록」, 1 : 16~17.
113 앞의 책, 2 : 5.
114 앞의 책, 2 : 20~28.
115 앞의 책, 3 : 3.
116 앞의 책, 3 : 19.
117 앞의 책, 4 : 3.
118 앞의 책, 4 : 6.
119 이는 원형의 '광명성光明性, Luminosität'에 대한 하나의 시사이다. (*Theoretische*

Überlegungen zum Wesen des Psychischen,『기본 저작집』제2권과 비교할 것.)
120 「묵시록」,5 : 6.
121 앞의 책,6 : 10.
122 앞의 책,6 : 16~17.
123 앞의 책,12 : 1.
124 앞의 책,11 : 19. 계약의 궤arca foederis[Bundeslade]는 마리아의 비유다.
125 루스카Ruska, *Tabula Smaragdina*, Heidelberg, 1926. 더 나아가서는 『전이의 심리학*Die Psychologie der Übertragung*』,『기본 저작집』제3권, p. 148f.〔한국어판 194쪽 이하.〕
126 「묵시록」,12 : 5와 2 : 27.
127 앞의 책,12 : 9.
128 사람들은 요한이 레토 신화를 알고 있었고, 그래서 그가 이것을 의식하고 있었을 가능성이 있다고 생각할 수도 있을 것이다. 그러나 무의식적으로, 그리고 예기치 않게, 그의 무의식이 이러한 이교도적 신화를 제2의 구세주 탄생을 특징짓게 하는 데 이용했을 가능성이 있을 듯하다.
129 「묵시록」,12 : 16.
130 융의 저서, *Aion*에 있는 M.-L. v. Franz의 *Die Passio Perpetuae*를 참조할 것.
131 아들은 중세기 연금술의 지혜의 아들filius sapientia에 해당될 것이다.
132 특이하게도 여기에는 「묵시록」(7 : 9)에서 언급된 "모든 나라와 민족과 백성에서 나온 아무도 그 수효를 셀 수 없을 만큼 많은 사람이 모인 군중, 옥좌와 어린 양 앞에 서 있는 대중"에 관해서는 더 이상 설명이 없다.
133 「묵시록」,14 : 4. "그들은 동정을 지킨 사람으로서 여자와 더불어 몸을 더럽힌 일이 없습니다."
134 그들은 원래 태모太母의 제식祭式에 속한다. 왜냐하면 그들이 동일한 것의 거세된 갈로이Galloi에 상응하기 때문이다. 이에 대하여 「마태복음」(19 : 12)의 기이한 부분을 참조할 것. 여기에선 "하늘나라를 위해서" 스스로 거세한 남자에 관해 언급하고 있다. 마치 키벨레Kybele〔고대 프리지아의 생산의 여신〕의 사제들이 그녀의 아들 신, 아티스를 계승함에 있어 스스로 거세한 것처럼….
135 「묵시록」(19 : 5)을 참조하라.
136 앞의 책,14 : 14와 17. 이 유사한 형상에서 요한 자신을 추측할 수도 있을 것이다.
137 앞의 책,14 : 20.
138 앞의 책,15 : 6~7과 16 : 1ff.
139 앞의 책,18 : 20.

140 앞의 책, 19 : 15.
141 앞의 책, 19 : 13.
142 앞의 책, 19 : 11. 여기에서는 마찬가지로 기독교 아이온의 후반부에 관한 점성술적 사변思辨이 문제가 될 수 있을 것이다. 즉 수옹좌水甕座, Aquarius의 Paranatellon으로서의 페가수스좌Pegasus.
143 앞의 책, 20 : 3.
144 앞의 책, 20 : 10과 21 : 1.
145 앞의 책, 19 : 7.
146 앞의 책, 21 : 2.
147 앞의 책, 21 : 11.
148 앞의 책, 21 : 16~27.
149 앞의 책, 22 : 1~2.
150 중국에서는 하늘은 둥글고, 땅은 네모다(天圓地方).
151 「경외성서」, 24 : 11과 18.
152 *Tertullian, Adversus Judaeos*, XIII, in Migne, *Patrologiae, latina,* II, col. 635. "저 동정녀의, 아직 비에 젖지 않고, 홍수에 수태되지 않은 땅, 이것에서 태초에 인간이 만들어졌고, 이제는 그리스도가 동정녀에서 태어나서 육肉이 되었다."(라틴어 원문은 『전집』을 보라.) 『심리학과 종교*Psychologie und Religion*』, 『기본 저작집』 4권, p. 66f.(이 책 85쪽 이하) 참조. 또한 「심리학적 유형Psychologische Typen」, 1950, p. 311, 『전집』 6, Paragr. 443을 보라.
153 「에제키엘」, 1 : 18.
154 그리스도가 사도 요한에게 '천둥의 아들'이란 별명을 준 것은 무리가 아니다(「마가복음」, 3 : 17).
155 「요한1서」, 4 : 7~21.
156 헤로스트라토스Herostrates는 기원전 365년에 자신의 이름을 영원히 남기고자 에페수스에 있는 아르테미스 신전을 파괴했다.
157 심리학적으로는 신의 개념 아래 궁극적인 어떤 것, 첫 번째의 것 혹은 최후의 것, 가장 상위의 것 혹은 가장 하위의 것에 관한 모든 관념이 속한다. 그때마다의 명칭은 중요하지 않다.
158 모든 것을 포괄하는 전체성의 개념으로서의 신神 개념은 역시 무의식을 포함한다. 그러니까 의식과는 달리, 의식의 의도나 의지를 흔히 어긋나게 하는 객체적 정신을 포함한다. 예를 들자면, 기도는 무의식의 잠재능력을 강화시킨다. 그러므로 흔히 예기치 않은 기도의 효과가 나타난다.
159 Horaz, *Epistulae*, II, 2.

160 위를 참조하라.
161 교황령 "Munificentissimus Deus", in *Acta Apostolicae Sedis*, Commentarium officiale, 1950, §21: "하느님이 천상의 거실에서 살도록 약속했던 신부에게 어울린다." Johannes Damascenus, *Encomium in Dormitionem* 등, Hom. II, 14(Migne, *Patrologiae, graeca*, T. 96, col. 742를 비교). §26: 「아가」의 신부와 비교. §29: "…그래서 동정녀 어머니가 이날 하늘에 있는 신부의 방에 받아들여졌을 때, 동시에 그가 거룩하게 했던 언약궤가 솟아오른다."(라틴어 원문은 『전집』을 보라.) Antonius von Padua, *Sermones Dominicales* 등, 1895.
162 교황령 Constitutio Apostolica, §27: "그 밖에도 스콜라의 학자들은 동정녀와 신의 산모의 승천이, 구약의 여러 형상으로 암시되어 있을 뿐 아니라 사도 요한이 파트모스 섬에서 보았던 태양의 옷을 입은 여인에서도 암시되어 있음을 보았다."(라틴어 원문은 『전집』을 보라.)
163 어린 양의 결혼은 성모 마리아의 수태고지와 그림자 annunciatio et obumbratio Mariae를 반복한다.
164 「누가복음」, 6:4(『베자 사본』)를 보라.
165 (라틴어 원문은 『전집』을 보라.)
166 심리학적 상징성에 대한 교황의 거부는, 교황에게는 우선적으로 형이상학적 사건의 사실성을 강조하는 것이 중요하다는 점에서 설명될 수 있을 것이다. 즉 일반적으로 우세한 정신 Psyche의 저평가로 인해서 적절한 심리적 이해를 위한 모든 시도는 처음부터 심리주의란 의심을 받게 된다. 물리학에서 빛을 설명하고자 시도하면, 아무도 빛이 더 이상 없으리라고 기대하지는 않는다. 그러나 사람들이 심리학에 관해서는, 심리학이 설명하는 모든 것은 그로써 남김없이 밝혀졌다고 믿는다. 물론 나도 어떤 해당되는 동료 단체에 나의 특이한 관점이 알려지리라고 기대할 수는 없다.
167 목회심리학 Pastoral Psychology에 보낸 편지에서(Great Neck, N. Y.), VI, 60 (1956년 1월).

C. G. 융 연보

1875. 7. 26.
칼 구스타프 융Carl Gustav Jung이 스위스 동북부 투르가우Thurgau주 보덴호수 가의 케스빌Keßwil 마을에서 목사인 아버지 요한 파울 아킬레스 융 Johann Paul Achilles Jung(1842~1896)과 어머니 에밀리에 프라이스베르크 Emilie Preiswerk(1848~1923) 사이에서 출생.

1876(생후 6개월)
가족이 라인폭포Rheinfall 상류의 라우펜Laufen으로 이사.

1879(4세)
바젤Basel 근처의 클라인휘닝겐Kleinhüningen으로 이사.

1884(9세)
여동생 게르트루트 융Gertrud Jung(1884~1935) 출생.

1886(11세)
바젤에서 김나지움(대학예비교)에 입학.

1895~1900(20~25세)
바젤대학에서 자연과학 수학 후 의학 전공.

1896(21세)
아버지 사망.

1898년(23세)

학위 예비연구 시작.

1900(25세)

의사 국가시험에 합격하고, 정신의학을 전공하기로 결심. 12월 10일 "부르크횔츨리Burghölzli"라고 불리는 현 취리히 주립정신병원 및 취리히대학 의학부 정신과의 오이겐 블로일러Eugen Bleuler 주임교수 밑에 차석 조수로 들어감.

1902(27세)

부르크횔츨리에서 수석 조수가 되고, 학위논문 "소위 심령 현상의 심리와 병리에 대하여Zur Psychologie und Pathologie sogenannter okkulter Phänomene" 발표. (전집 1)

1902~1903(27~28세)

겨울 학기에 파리Paris 살페트리에르Salpêtrière 정신병원의 피에르 자네 Pierre Janet와 이론 정신병리학을 연구.

1903(28세)

스위스 북부 샤프하우젠Schaffhausen의 기업인의 딸 엠마 라우셴바흐 Emma Rauschenbach(1882~1955)와 결혼. 슬하에 다섯 자녀: 아가테 니후스Agathe Niehus, 그레트 바우만Gret Baumann, 프란츠 융Franz Jung, 마리안네 니후스Marianne Niehus, 헬레네 회르니Helene Hoerni를 둠.

1903~1905(28~30세)

취리히대학 의학부 정신과에서 견습의사Volontärarzt로 근무.
"진단적(정상 및 병적) 단어연상에 관한 실험적 연구Diagnostische Assoziationsstudien"(1906, 1909)(Studies in Word-Association, 1918)를 함. (전집 2)
이미 1900년에 접했던 프로이트Freud의 "꿈의 해석Traumdeutung"을 다시 읽고, 자신이 수행한 단어 연상실험의 결과와 프로이트의 이론에 관련이 있음을 발견함.

1905~1909(30~34세)

취리히대학 의학부의 정신과 강사Dozent, 취리히대학 정신과 상급의사 Oberarzt로 1913년까지 전임교수직(사강사Privatdozent) 유지. 정신신경증과 심리학 강의. 외래의 최면요법 담당.

조발성 치매Dementia Praecox(정신분열증/조현병)에 관한 연구를 시작.

1906(31세)

논문 "진단적 연상실험에 관한 연구Diagnostische Assoziationsstudien"를 프로이트에게 보냄으로써 4월 그와 서신 왕래가 시작되고, 프로이트를 개인적으로 알지 못했으나 뮌헨München의 한 학회에서 그의 이론을 옹호함.

1907(32세)

3월 비엔나Vienna에서 프로이트를 처음으로 만남.
"조발성치매의 심리에 관한 연구Über die Psychologie der Dementia Praecox" 발표. (전집 3)

1908(33세)

잘츠부르크에서 개최된 제1회 국제정신분석학대회에 참석.
취리히 근교 퀴스나흐트Küsnacht시에 자택 신축.

1909(34세)

신화를 심층적으로 연구하기 시작.
퀴스나흐트에서의 개업에 따른 격무로 인해 대학병원 진료를 그만둠.
미국 클라크대학Clark University, Worcester의 초청을 받아 단어연상 연구에 관한 강의를 하고, 명예 법학박사 학위를 받음. 함께 초청을 받은 프로이트와 동행함.

1909~1913(34~38세)

블로일러와 프로이트가 발행한 "정신분석 및 정신병리학 연구 연감 Jahrbuch für psychoanalytische und psychopathologische Forschungen"(Leibzig/Wien)의 편집인이 되어 1913년까지 계속함.

1910(35세)

　뉘른베르크Nürnberg에서 개최된 제2차 국제정신분석학대회에 참석.
　새로 결성된 국제정신분석협회의 회장직 수행(1914년, 39세까지).

1911(36세)

　바이마르Weimar에서 개최된 제3차 국제정신분석학대회에 참석.

1911~1913(36~38세)

　프로이트와 점차 거리를 둠.

1912(37세)

　뉴욕의 포덤대학Fordham University에서 "정신분석학 이론The Theory of Psychoanalysis" 강의. (전집 4)
　"심리학의 새로운 길Neue Bahnen der Psychologie(New Paths in Psychology)" 발표. 후에 개정증보하여 "무의식의 심리학On the Psychology of the Unconscious". (전집 7)
　"리비도의 변환과 상징Wandlungen und Symbole der Libido" 발간. 후에 "변환의 상징Symbole der Wandlungen"이라는 이름으로 개정하여 1952년 출간. (전집 5, 기본 저작집 7, 8)

1913(38세)

　뮌헨에서 개최된 제4차 국제정신분석학대회에 참석.
　프로이트와의 정신분석학 운동을 결별하고, 자신의 심리학을 '분석심리학Analytische Psychologie'이라 명명함(한때 '콤플렉스 심리학'이라고도 함).
　취리히대학 교수직 사임.

1913~1919(38~44세)

　'철저한 내향기'에 자기 자신의 무의식과 그 자신의 신화적 체험을 관조.
　이탈리아 라벤나Ravenna 여행.

1914(39세)

　7월 스코틀랜드 아버딘Aberdeen시 영국협회British Association에서 강연.

국제정신분석협회의 회장직 사임.

1916(41세)

"죽음에 관한 일곱 가지 설법Septem Sermones ad Mortuos" 발표(자전적 체험기 "C. G. 융의 회상, 꿈, 그리고 사상Erinnerungen, Träume, Gedanken von C. G. Jung"에 수록).

"초월적 기능Die transzendente Funktion"이라는 논문에서 '적극적 명상aktive Imagination'에 대해 처음 기술.(전집 8, 기본 저작집 2)

'개인적 무의식', '집단적 무의식', '아니마Anima', '아니무스Animus', '자기Selbst', '개성화Individuation' 등의 개념을 그의 논문 "무의식의 구조Die Struktur des Unbewußten"에서 처음 사용(전집 7의 부록에 수록). 후에 "자아와 무의식의 관계Die Beziehungen zwischen dem Ich und dem Unbewußten"라는 제목의 논문으로 수정 보충됨.(전집 7, 기본 저작집 3)

파리에서 자아와 무의식의 관계에 관한 강연을 함.

취리히 심리학클럽Psychologischer Club, Zürich 설립.

1917(42세)

"무의식의 과정에 관한 심리학Die Psychologie der unbewußten Prozesse" 발표. 후에 수정 보충하여 "무의식의 심리학에 관하여Über die Psyhcologie des Unbewußten"로 출간.(전집 7)

1918~1919(43~44세)

대위로서 샤토-데Château-d'OEX의 영국군 수용소 의무실장으로 군 복무.

"본능과 무의식Instinkt und Unbewußtes"(전집 8)에서 '원형Archetypus'이라는 용어를 전까지 사용하던 '집단적 무의식의 지배적인 것(주상主想)Dominanten des kollektiven Unbewußten'과 부르크하르트Jakob Burckhardt의 '원상原像, Urbilder' 개념 대신에 처음으로 사용.

만다라 연구.

1918~1926(43~51세)

신지학Gnosis의 문헌을 연구하기 시작.

1920(45세)

북아프리카 튀니지와 알제리를 여행.

1921(46세)

"심리학적 유형Psychologische Typen" 발표. (전집 6, 기본 저작집 1)

1922(47세)

장크트갈렌Sankt Gallen주 볼링겐Bollingen에 취리히 호수를 끼고 있는 토지를 구입하여 '탑Turm'으로 불리는 별장을 짓기 시작.

1923(48세)

볼링겐에 첫 번째 탑을 세움.
모친 사망.
리하르트 빌헬름Richard Wilhelm이 취리히 심리학클럽에서 "역경" 강독.

1924~1926(49~51세)

미국 애리조나Arizona와 뉴멕시코New Mexico의 푸에블로Pueblo 인디언족 답사.

1925~1926(50~51세)

케냐Kenya와 우간다Uganda를 탐사함. 영국령 동아프리카 원주민, 특히 엘곤Elgon산의 마사이족을 탐사.

1925(50세)

런던에서 열린 웸블리Wembley 세계 박람회 방문.
취리히 심리학클럽에서 처음으로 영어 세미나를 주재함.

1928(53세)

"자아와 무의식의 관계Die Beziehungen zwischen dem Ich und dem Unbewußten"(전집 7, 기본 저작집 3), "심혼의 에너지론Über die Energetik der Seele"(전집 8) 발표.
빌헬름과 중국의 도교경전 "태을금화종지太乙金華宗旨, Das Geheimnis der

Goldenen Blüte"를 공동으로 연구하기 시작했고, 1929년 같은 제목으로 출간(융의 저술 부분은 "유럽 평론Europäischer Kommentar"으로 전집 13에 수록). 이 연구를 통하여 처음으로 연금술을 접함.

1928~1930(53~55세)
취리히 심리학클럽에서 영어 세미나 "꿈의 해석Interpretation of Dreams" 주재.

1930(55세)
크레츠머Ernst Kretschmer 교수가 회장직을 맡고 있던 '정신치료 범 의학회Allgemeine Ärztliche Gesellschaft für Psychotherapie' 부회장에 선출.

1930~1934(55~59세)
취리히 심리학클럽에서 영어 세미나 "환영幻影의 해석Interpretation of Visions" 주재.

1931(56세)
"현대의 심혼적 문제Seelenproblem der Gegenwart"(전집 4, 6, 8, 10, 15, 16, 17에 에세이로 수록).

1932(57세)
신문에 발표한 "피카소론"으로 취리히시로부터 문학상 수상.

1933(58세)
취리히 스위스 연방공과대학에서 처음으로 "현대심리학" 강의.
스위스 남부 아스코나Ascona시에서 열린 제1회 에라노스 학술회의에 참가(1933~1952)하고, 그의 첫 강연으로 "개성화 과정의 경험에 관하여Zur Empirie des Individuationsprozesses"를 발표. (전집 8)
이집트Egypt와 팔레스타인Palestine 크루즈 여행.

1934(59세)
국제 정신치료 범 의학회Internationale Allgemeine Ärztliche Gesellschaft für

Psychotherapie(International General Medical Society for Psychotherapy)를 창설하고 회장에 피선.

에라노스 학술회의에서 두 번째 강연으로 "집단적 무의식의 원형Die Archetypen des kollektiven Unbewußten"을 발표. (전집 9/1, 기본 저작집 2)

연금술을 체계적으로 연구하기 시작.

"심혼의 실재Wirklichkeit der Seele"(전집 8, 10, 15, 16에 에세이로 수록).

1934~1939(59~64세)

취리히 심리학클럽에서 영어 세미나 "니체의 차라투스트라의 심리학적 측면Psychological Aspects of Nietzsche's Zarathustra" 주재.

"정신치료 및 인접분야 중앙학술지Zentralblatt für Psychotherapie und ihre Grenzgebiete"(Leipzig) 발행인에 취임하여 1939년까지 역임.

1935(60세)

국제 정신치료 범 의학회의 회장에 피선.

스위스 연방공과대학의 명예교수로 위촉되고, "현대심리학Moderne Psychologie"을 강의.

에라노스 학술회의에서 "꿈에 나타난 개성화 과정의 상징Traumsymbole des Individuationsprozesses" 강연. 후에 보완되어 전집 12 "심리학과 연금술Psychologie und Alchemie"의 제2장으로 수록. (기본 저작집 5)

런던의 의학심리학 연구소Institute of Medical Psychology에서 "분석심리학의 기초 개념들에 관한 강의(타비스톡 강좌Tavistock Lectures)"를 행함. 1968년에 비로소 "분석심리학: 이론과 실제Analytical Psychology: Its Theory and Practice"로 출간. (전집 18)

"티베트 사자의 서書"에 대한 심리학적 논평.

1936(61세)

미국 하버드대학에서 "인간행동의 심리적 결정인자" 강의. 명예박사학위를 받음.

에라노스 학술회의에서 "연금술에서 본 구원의 관념Erlösungsvorstellungen in der Alchemie" 강연. 후에 전집 12 "심리학과 연금술"의 제3장에 수록.

"보탄Wotan" 발표. (전집 10, 기본 저작집 6)

1937(62세)
미국 예일대학에서 "심리학과 종교Psychology and Religion"를 강의(테리 Terry 강좌)하고, 1940년 독일어로 발표. (전집 11)
에라노스 학술회의에서 "초시모스의 환영The Visions of Zosimos" 발표. (전집 13)

1938(63세)
인도 주재 영국 총독부 초청으로 콜카타대학 25주년 축하 행사에 참석. 콜카타대학, 알라하바드Allahabad와 바라나시Varanasi의 힌두대학에서 명예박사학위를 받음.
그 밖에 우스터Worcester 소재 클라크대학, 뉴욕의 포덤대학, 옥스퍼드대학, 스위스 연방공과대학 ETH에서 명예박사학위 받음.
에라노스 학술회의에서 "모성원형의 심리학적 측면Psychologische Aspekte des Mutter-Archetypus" 강연. (전집 9/1, 기본 저작집 2)
영국 옥스퍼드에서 열린 국제 정신치료 의학대회International Medical Congress for Psychotherapy에 참석.
런던 왕립의학원Royal Society of Medicine의 명예회원으로 위촉됨.

1939(64세)
에라노스 학술회의에서 "재탄생에 관하여Über Wiedergeburt" 강연. (전집 9/1)

1940(65세)
에라노스 학술회의에서 "삼위일체 도그마의 심리학적 해석 시론Versuch einer psychologischen Deutung des Trinitätsdogmas" 발표. (전집 11)

1941(66세)
케레니Karl Kerényi 교수와 공저로 "신화학 입문Einführung in das Wesen der Mythologie(Essays on a Science of Mythology)" 출간(융의 저술 부분은 전집 9/1에 수록, 기본 저작집 2)
에라노스 학술회의에서 "미사에 나타난 변환의 상징Das Wandlungssymbol in der Messe" 강연. (전집 11, 기본 저작집 4)

1942(67세)

"파라켈수스Paracelsus" 발표. (전집 13과 15에 나뉘어 수록, 기본 저작집 9)
스위스 연방공과대학 교수직 사임.
에라노스 학술회의에서 "메르쿠리우스 영Der Geist Mercurius" 강연. (전집 13)

1943(68세)

"무의식의 심리학에 관하여Über die Psychologie des Unbewußten" 발표. (전집 7)
스위스 학술원Schweizerische Akademie der Wissenschaften 명예회원이 됨.

1944(69세)

바젤대학의 의학심리학과(정신과) 주임교수로 부임했으나, 건강상의 이유로 같은 해에 사임.
"심리학과 연금술" 발표. (전집 12, 기본 저작집 6)

1945(70세)

제네바대학에서 70회 생일 기념으로 명예박사학위 수여.
에라노스 학술회의에서 "정신의 심리학에 관하여Zur Psychologie des Geistes" 강연. (전집 9/1에 "민담에 나타난 정신의 현상에 관하여Zur Phänomenologie des Geistes im Märchen"라는 제목으로 수록, 기본 저작집 2)
스위스 임상심리학회Schweizerische Gesellschaft fur praktische Psychologie 설립, 회장 취임.

1946(71세)

"심리학과 교육Psychologie und Erziehung"(전집 17에 나뉘어 수록), "시대적 사건에 관한 논술Aufsätze zur Zeitgeschichte"(전집 10과 16에 나뉘어 수록), "전이의 심리학Die Psychologie der Übertragung"(전집 16 수록) 발표. (기본 저작집 3)
에라노스 학술회의에서 "심리학의 정신Der Geist der Psychologie" 강연. 이를 보충하여 "정신의 본질에 관한 이론적 고찰Theoretische Überlegungen zum Wesen des Psychischen"로 발표. (전집 8, 기본 저작집 2)

1948(73세)
    취리히 C. G. 융 연구소C. G. Jung-Institut, Zürich 설립.
    "정신의 상징론Symbolik des Geistes" 발표. (전집 9/1, 11, 13에 나뉘어 수록)

1950(75세)
    "무의식의 형상들Gestaltungen des Unbewußten" 발표. (전집 9/1, 15에 나뉘어 수록)

1951(76세)
    "아이온Aion" 발표. (전집 9/2)
    에라노스 학술회의에서 "동시성에 관하여Über Synchronizität" 강연. (기본 저작집 2)

1952(77세)
    파울리Wolfgang Pauli와의 공저인 "자연 해석과 정신Naturerklärung und Psyche"에 "비인과론적 관련 원리로서의 동시성Synchronizität als ein Prinzip akausaler Zusammenhänge"이라는 제목으로 발표. (전집 8)
    "변환의 상징Symbole der Wandlung(Symbols of Transformation)" 출간. (전집 5, 기본 저작집 7, 8)
    "욥에의 응답Antwort auf Hiob" 발표. (전집 11, 기본 저작집 4)
    중병에서 회복.

1953(78세)
    영문판 "전집"(R. F. C. Hull 번역)이 뉴욕에서 볼링겐 시리즈Bollingen Series로 간행되기 시작.

1954(79세)
    "의식의 뿌리Von den Wurzeln des Bewußtseins" 발표. (전집 8, 9/1, 11, 13에 나뉘어 수록).

1955(80세)
    스위스 연방공과대학으로부터 80세 생일 축하로 명예 자연과학 박사학위 수여받음.
11월 27일 부인 사망.

1955~1956(80~81세)
"융합의 비의Mysterium Coniunctionis"를 2권으로 발표. 연금술의 심리학적 의의에 관한 최종 저술. (전집 14)

1957(82세)
"현재와 미래Gegenwart und Zukunft(The Undiscovered Self [Present and Future])" 발표. (전집 10)
자전적 체험기 "칼 융, 회상, 꿈, 그리고 사상Erinnerungen, Träume, Gedanken von C. G. Jung"을 편자인 야페A. Jaffé 여사에게 구술하기 시작. 융 서거 후 1962년에 출판됨.
프리먼John Freeman과 BBC TV 인터뷰.

1958(83세)
"현대의 신화Ein moderner Mythus(Flying Saucers: A Modern Myth)" 발표. (전집 10)

1960(85세)
독일어판 "전집"이 제16권 "정신치료의 실제Praxis der Psychotherapie" (기본 저작집 1 참조)를 필두로 출판되기 시작함.
85회 생일 기념으로 퀴스나흐트시로부터 명예시민권을 받음.

1961(86세)
사망 10일 전 그의 마지막 저술 "무의식에의 접근Approaching the Unconscious" 탈고. 1964년에 "인간과 상징Man and His Symbols"에 수록.

1961년 6월 6일(86세)
퀴스나흐트시의 자택에서 짧은 와병 후에 영면.
6월 9일 퀴스나흐트에서 영결식 및 장례.

참고 문헌

이부영(2011), 분석심리학: C. G. Jung의 인간심성론, 제3판, 일조각, 서울, pp. 16~40.
이철(1986), 심성연구 1: Carl Gustav Jung 연보, 서울, pp. 91~99.
Jaffé, A. (1977), C. G. Jung: Bild und Wort, Princeton University Press.
Jaffé, A. (1979), C. G. Jung: Word and Image, Princeton University Press.
Jaffé, A. (hrsg.)(1962), Erinnerungen, Träume, Gedanken von C. G. Jung, Rascher Verlag, Zürich.
Jaffé, A. (hrsg.), C. G. Jung Briefe, Bd. 1, Zeittafel, Walter-Verlag, Olten u. Freiburg im Breisgau: 15~18.
Von Franz, M.-L. (2007), Sein Mythos in unserer Zeit, Verlag Stiftung für Jung'sche Psychologie, pp. 265~267. [이부영 번역(2007), C. G. 융: 우리 시대 그의 신화, 한국융연구원, pp. 309~311.]

역편자: 이 철李哲

찾아보기(인명)

괴테Goethe, Johann Wolfgang von 95
그라세우스Grasseus, Johannes 133
기욤 드 디귈빌Guillaume de
　Digulleville 92~98, 138
기욤 드 샹포Guillaume de Champeaux
　134
도르네우스Dorneus, Gerardus 83, 96,
　127, 185, 186, 188, 264, 427,
　429, 432, 444
드러먼드Drummond, Henry 102
라이프니츠Leibniz, Gottfried 199
람프레히트Lamprecht, Karl 287
레비-브륄Lévy-Bruhl, Lucien 73,
　212, 216, 440
레시우스Lessius, S. J., Leonhard 160
로지누스Rosinus 419, → 초시모스
루페시사Rupescissa, Johannes de 134,
　135
마우루스Maurus, Rabanus 186
메이틀랜드Maitland, Edward 46
모노이무스Monoimus 224
모스Mauss, Marcel 73
마이어Majer, Michael 184
밀리우스Mylius 124, 125, 128
바스티안Bastian, Adolf 73
바실리데스Basilides 242
반 데어 포스트Van der Post, Laurens
　194, 196
발렌티누스Valentinus 242, 422
베르틀로Berthelot, M. 175, 424
보누스Bonus, Petrus 77
뵈메Böhme, Jakob 387, 430
빌헬름Wilhelm, Richard 136
세니오르Senior 77, 436
셸링Schelling, Friedrich Wilhelm
　Joseph von 199
소크라테스Sokrates 95
쇼Shaw, Bernard 40, 54
쇼이히처Scheuchzer, Johann Jakob
　315
쇼펜하우어Schopenhauer, Arthur 114
슈테부스Steebus, J. Ch. 132
스코투스Scotus, Duns 160
시몬 마구스Simon Magus 187, 188
실베스트리스Silvestris, Bernardus
　134
아불 카심Abu'l-Qasim Muhammad
　133
아우구스티누스Augustinus 75, 428
아타나시우스Athanasius 33
아풀레이우스Apulejus 81
암브로시우스St. Ambrosius 153, 438
에크하르트Eckhart, Meister 387, 395
엠페도클레스Empedokles 76, 79,

422, 427
오르텔리우스Orthelius 123, 133
오리게네스Origenes 54
오스타네스Ostanes 124, 183, 189
오토Otto, Rudolf 15
요안니스Joannes Damascenus 160
위베르Hubert, Henri 73
이냐시오 폰 로욜라Ignatius von Loyola 217
이레네우스Irenaeus 104, 105
제임스James, William 16
질레지우스Silesius, Angelus 387
초시모스Zosimos von Panopolis 124, 126, 130, 131, 145, 175~178, 180~184, 188, 192, 197, 198, 225~229, 232, 234, 235, 241, 419, 424, 426, 429, 432, 435, 439~441, 468
카루스Carus, C. G. 114, 199
카르포크라테스Karpokrates 104, 105
카바실라스Kabasilas, Nicolaus 161
카우시누스Caussinus, Nicolaus 231
칸트Kant, Immanuel 199, 448
쾹겐Koepgen, Georg 99, 100, 426, 430, 433
크람프Kramp, J. 149, 161, 207
크리소스토모스Chrysostomos, St., Johannes 155, 159, 182, 226
크리스토포루스Christophorus von Paris 133

키케로Cicero 423
테르툴리아누스Tertullian 205, 272, 341, 428, 446
테오도루스Theodorus von Mopsueste 167
테오프라스투스Theophrastus 224
트리스모신Trismosin, Salomon 126
페레리우스Pererius, S. J., Benedictus 31, 33, 34
포이만드레스Poimandres 154, 419
포이커Peucer, Caspar 34
폰 하르트만Von Hartmann, Eduard 114, 199
프로이트Freud, Sigmund 43, 101, 215, 216, 218, 220, 418
플라톤Platon 75, 77, 90, 132, 419
플리니우스Plinius 423
피키누스Ficinus, Marsilius 419
피타고라스Pythagoras 55, 74, 90, 98, 334, 421
필로 폰 비블로스Philo von Biblos 163
헤라클레이토스Heracleitos 54, 124
헤로도토스Herodotos 179
헤르메스 트리스메기스토스Hermes Trismegistos 135, 184, 223, 241
호노리우스Honorius von Autun 186
히폴리투스Hippolytus 154, 167, 187, 188, 254

찾아보기(주제어)

ㄱ
가족 314, 323
가톨릭교회 15, 17, 37, 41, 44, 54,
　63, 136, 228, 340, 406, 407, 427
각인들Prägungen 73
감정적 주관성 275
강박관념 24, 37
개별적 인간 107, 113, 224
개별적인 변환 107
개성Individualität 216, 398
　―화 223, 225, 262
　―화 과정Individuationsprozeß
　216, 235, 265, 393, 397, 399,
　409, 410
　―화 과정의 누미노제 경험 263
개신교 17, 36, 44, 45, 63, 67~69,
　137, 340, 390, 400, 402~408
　―의 상대주의 37
개인 14, 52, 240, 263, 275, 402
　―의 삶 120
　―적 경험 37, 72, 415
개체 14, 15, 25, 72, 103, 106, 113,
　212, 240, 259, 335
객체 15, 217, 244, 273, 274, 284,
　375, 411
　―의 전체성 59
　―적 정신objektive Psyche 67, 257

갱신更新 52, 160, 193
거룩한 도시 97
거룩한 변화 146, 149, 158~161,
　167, 168
거룩함 102
검劍 241, 368, 439
검은 영spiritus niger 181
게르만 28, 45
　―인 67, 68
　―종족 67
격정Animosität 46
견디는 자patiens 217
결혼 61, 259, 287, 316, 318, 373,
　382, 397, 459
겸손 141
경고하는 꿈들 50
경험 13, 16, 17, 26
　―론 12, 13, 114
　―론자 12, 85
계단 177
계시revelatio 31, 33~36, 99, 100,
　125, 249, 303, 328, 331, 340,
　349, 354, 359, 366~368, 385,
　386
고대 영웅 신화 180
고백성사 63~65, 70
고통 102, 110, 166

곡물의 영spirit of the corn 210
곰 74, 100
공감 48, 61, 277
공기 19, 38, 86, 132, 354, 366
공포심 368
과거 22, 24, 31, 32, 36, 52, 66, 69, 75, 83, 103, 130, 138, 149, 156, 247, 284, 286, 299, 303, 313, 319, 329, 336, 337, 357, 390
과학기술 발전 68
과학자 16, 52, 74
관觀 376
광물계 132
교부教父 17, 105, 358, 383, 405
—신학 434
교양 있는 사람 102, 107
교의教義 132, 203, 240
교회 36, 41, 42, 44, 63, 67, 79, 82, 84, 85, 92, 96, 119, 125, 203, 211, 254, 261, 356, 369, 406
—밖에서의 성령강림 35
—의 꿈 47, 50~52, 55, 60
—의 신비체Corpus Mysticum 96, 159, 168, 203, 427
구球 74, 76, 92, 93, 424, 429
구마술Apotropäismus 156
구세주 54, 123, 133, 185, 240, 272, 280, 331, 359, 371, 374, 377, 378, 402, 457
구약성서 54, 80, 231, 242, 276, 306, 307, 320, 322, 358, 397, 401
구원 35, 67, 85, 153, 155, 162, 230, 236, 240, 241, 252, 260, 296, 313, 319~321, 324, 333, 337, 343, 345, 347, 348, 364, 384, 393
—사업 97, 365
구원예정설 333
구원자Salvator 123, 133, 185, 280, 331, 360, 395
국가 노예 68
국가 이념의 비대 113
국가들 68
굴 132
권력 충동 64
권력욕 27, 203
귀령 16, 22
—들 114
—의 집 29
그노시스Gnosis 55, 66, 99, 126, 130, 132, 136, 142, 175, 231, 249, 254, 256, 261
—설Gnostizismus 104, 131, 186, 207, 243, 250, 254, 256, 258~260, 423, 449
—철학 55
그리스 연금술사 131, 175
그리스 정교 54, 161
그리스도 16, 34, 54, 66, 77, 83, 91, 96, 97, 99, 107, 108, 119~125, 133, 146, 148, 149, 151~153,

155, 156, 159~170, 180,
182, 183, 185, 188, 207, 209,
211, 212, 223, 226, 231, 235,
236, 238, 240~249, 251, 252,
254, 259~262, 269, 270, 307,
321, 322, 324, 332~342, 344,
345, 347, 350, 355, 357, 358,
361~370, 373~379, 382, 393,
396~398, 402, 404, 412~414
—모방imitatio Christi 235, 261,
339, 379
—의 성격 333
—의 성육신成肉身 235
—의 탄생 323, 327, 331, 374,
392
그림자 103, 104, 106, 112, 114,
153, 297, 355, 370, 377, 379,
382, 386, 408, 420, 438, 459
근대인의 정신 52
근원적 액체humidum radicale 186
금기 29
—구역 29
금속들 420
금속영靈 178, 179
급전急轉, Peripetie 120, 330
기氣 303, 306, 313
기도 70, 107, 146, 155, 157~159,
162~165, 167, 170, 339, 345,
353
기독교 17, 28, 36, 44, 130, 131,
138, 142, 145, 147, 172, 174,

185, 198, 206~208, 231,
234, 235, 242, 249, 250, 254,
259, 260, 264, 340, 341, 347,
357~359, 365, 367, 390, 391,
393, 407, 414
—선교사 115
—성화상학聖畵像學, Ikonologie
421
—신비가들 80
—인 34, 121, 155, 182, 345,
371, 375, 376, 385, 386, 395
—제식祭式, Kult 108
—의 도덕 344
—의 물고기자리 381
—의 아이온Äon 379, 382, 387,
397
—의 역사 37
—적 의식意識 48, 377
기본적 관념들 73
기적Wunder 204, 205, 209
길가메시 27
꽃 74, 91, 106, 108, 109, 263
꿀 167, 190, 197
꿈 30, 31, 39, 40, 43, 44, 49, 50, 56,
67, 73, 107, 423
—사고思考 50
—과 그 기능 31
—은 하나의 자연적 사건 43
—의 계시 31
—의 계열 39, 50, 52, 55, 72
—의 신적인 성질 32

—의 심리학 43
　—의 현상학 43

ㄴ

나Ich 59, 110, 212, 220, 448
나무들 79, 306
나병 151, 153
나일강 124, 183
난쟁이 95, 234
남성 사회 316
남신 138
낫 381
내성內省 250
네 개 53, 54, 73, 88, 90, 94, 95, 353, 371, 383, 421, 422, 426
　—의 눈 74, 100
　—의 문 79, 91
　—의 빛 55
　—의 뿔이 달린 이중 뱀binarius quadricornutus 83, 96, 429
네 방위점 97
네 번째 83, 86, 95, 96, 100, 353, 354, 429
　—측면 84
넷 79, 83
노아 287, 338, 351, 352
노예 68, 230, 288, 293, 298
노인 53, 55, 223, 373
녹색 94, 95, 100, 124
뇌 20, 119, 139, 141, 197
누가복음 104, 105, 121, 146, 237

누멘Numen 210, 211, 306
누미노제 30, 75, 82, 84, 250, 263, 291, 347, 388, 390
　—의 경험 84
누미노줌 15, 16, 49
누스Nous 123, 124, 132, 133, 153, 154, 183, 184, 186, 207, 241, 242, 246, 313, 323, 435
능동인能動因, causa efficiens 203
니르드반드바[無諍]nirdvandva 251

ㄷ

다윗 193, 282, 283, 287, 298, 307, 452
대극 사이의 균형 409
대극 사이의 화해 104
대극성 281, 292, 344~346, 386
대극의 반전Enantiodromie 260, 321
대극의 일치coincidentia oppositorum 348
대극의 합일unio oppositorum 220, 391, 396
대도시인의 신경증 115
대비對比, Kontrast 92
대우주의 아들Filius Macrocosmi 185
대인homo maximus 240
대중 44, 45, 248~250, 253, 294, 401, 402, 406
　—집회 107
대지 86, 96, 97, 99, 107, 108, 124, 132, 305, 351, 376, 377, 383,

428
—와의 유대 106
대천사 164, 351
대학 61
데몬 22, 114, 127, 176, 210, 262
데미우르고스Demiurg 76, 77, 104, 131, 285
데이프논deipnon 147, 148
데자뷔déjà vu 329
도그마 17, 36, 51, 63, 66, 67, 72, 82, 83, 86, 87, 96, 99, 121, 142, 222, 229, 234, 251, 321, 340, 397, 400, 404~406, 413, 427
도그마의 선언 402
도덕 103
—률 216, 218, 219
—적 소질 102
—적 황폐 19
도케티즘Doketismus 247, 248
독사 189
독수리 79, 256, 428
독일 45
—인 45
—인의 꿈 45
동굴 100, 113, 245, 248, 443
동물계 132
동양철학 111
동정녀 269, 320, 321, 331, 341, 361, 377, 381, 389, 427, 458, 459
동화 과정 13

두 번째 아담Adam secundus 77, 136, 436
두개頭蓋 숭배 193, 196
두개비의頭蓋秘儀 196
둥근 것rotundum(das Runde) 76, 97, 124, 129, 134, 190, 424
둥근 물고기 76, 425
등변 십자가 108
디오니소스 45, 115, 182, 209, 211, 224, 307, 418
—적 체험 45

ㄹ
라피스Lapis 77, 123, 125, 126, 133
레토Leto 372, 457
렐리게레religere 15
렐리기오religio 16, 62
로고스 187, 237, 241, 242, 246, 249, 250, 257, 304, 306, 313, 322, 323, 340
—의 육화肉化 148, 168
로마 시대 49, 69, 104, 131, 138
로마의 평화Pax Romana 67
로마제국Imperium Romanum 67
루치퍼Lucifer 315, 328
르네상스 69
르상티망Ressentiment 116, 117

ㅁ
마가복음 146
마귀 32~35, 63, 70, 82~84, 123,

140, 246, 257, 277, 427, 429
마나Mana 210, 274
마녀 22
마니Mani 17
　─교 136, 207, 224, 414
마리아 96, 97, 156, 225, 320~323,
　　332, 377, 397, 404, 405, 457,
　　459
　　─승천 397, 401, 405, 408, 409,
　　414, 428, 456
　　─승천의 교의화 405
　　─의 품 97
마야 307, 454
마태복음 104, 105, 146, 237
만다라 80, 91, 97, 98, 100,
　　107~110, 122, 125, 128~130,
　　138~140, 239, 243, 250, 251,
　　353, 354, 430
　　─안에 사로잡힌 자 128
만병통치약Medicina catholica 132,
　　136, 186
만찬 160, 178
말씀Logos 223, 237, 249
망아적 현상 55
맥박 89, 94, 98
머리 191~193, 197
메디신맨 30, 263, 441
메르쿠리우스Mercurius 124,
　　133~135, 183~185, 223, 240,
　　241, 243, 353, 420, 434, 436,
　　444

　　─의 뱀 186, 188
메르쿠어 뱀 132
멕시코 172, 179
모나데Monade(단자單子) 78, 79
모상母床, matrix(자궁) 86, 97
모세 180, 299, 425
모이라(운명의 여신) 302
모태母胎, Matrix 86
마호메트 17, 334
모험Risiko 38, 62, 67~69, 308
목소리 19, 29~31, 33, 42, 53,
　　55~62, 65, 101, 177, 185, 246,
　　247, 250, 256, 277, 364
몸 70, 86, 122, 147
몸체corpus 184~186
몽점夢占, Oneiromantik 84
무無, Nichts 323, 325, 425
　　─로부터의 창조creatio ex nihilo
　　329
무덤 167, 202
무리Masse 25, 70
무시간성無時間性 122
무신론 37, 111, 115
무염시태 66, 320, 372
무의식 12, 13, 23~25, 27, 28, 30,
　　37, 40, 45~48, 51, 55~58, 61,
　　67~71, 73~75, 78, 80, 82~86,
　　101, 113, 114, 121, 122, 129,
　　138, 141, 156, 197~199,
　　215~218, 221, 227, 229, 234,
　　239, 240, 251, 255~258, 261,

273, 297, 327, 335, 348~351,
354, 368, 375~379, 381, 391,
394, 398~400, 409~411
──성 114, 214, 223, 299, 343,
345, 398
──의 세계 창조의 원리 114
──의 문턱 71
──의 자율성 12, 114
──의 창조 86
──적 조건 138
무정부주의 118
무지개 287
무질서 250, 271
묵시록의 환영 354
묵시록적 사건 339
문명국가 106
문화의 산물 208
문화인 199
문화활동 208~210
물 86, 135, 136, 152~156,
182~184, 435
물질Materie 76, 78, 97, 131~134
미르라 307
미묘체微妙體, subtle body 38, 134,
157
미사 36, 145~150, 155, 158~161,
168~171, 174, 198~206,
225~230, 235, 263
──의 기원 145, 147
──의 이중적인 측면 206
미지의 것 59, 111, 212

미지의 여인 45, 46, 50, 60
미트라교Mithraism 174
미트라스Mithras 17
민족들 68, 119, 152, 261, 286

ㅂ

바람 72, 279, 395, 406
바르도Bardo 314, 323
박애주의 317, 319, 327, 332
발 189, 230
발더Balder 377
배 79
백인의 정신 68
백화白化, dealbatio 79
뱀 88, 109, 132, 179, 180, 184, 237,
256, 272, 312~314, 316, 319,
419, 429
번갯불 336
벌 102, 230, 232, 233, 281, 337,
342, 364
범주catégories 73
베르제르커Berserker 28
변덕 102, 146, 323
변성變成, Transmutation 341
변신Metamorphose 81, 178
변호인Parakleten 99, 318, 340, 357,
358, 365, 394, 398
변환 51, 145, 169, 174, 183, 186,
187, 352, 363, 412
──의식 151, 200, 215
별 88, 93, 108, 109, 128, 137, 297,

373
보석 108, 382, 384
보증Consignatio 33, 165, 166, 168
보탄 45, 418
보편성 134, 384, 450
복수 27, 230, 342, 352, 371,373, 378, 379, 395, 397
복수의 어두운 신 395
복음서 63, 79, 119, 237~239, 319, 333, 350, 438
복음자들 428
볼셰비즘 이념 25
봉헌 15, 148, 149, 151, 157, 162, 164, 168, 178, 181, 190, 202, 209, 219, 437
부분-인격 23
부족장 191, 194~196
부활 96, 121, 122, 127, 138, 153, 162, 163, 166~168, 170, 174, 179, 192, 199, 202, 222, 227, 246, 320, 347, 359, 389, 433, 436, 446
　—한 신 121
분노 70, 185, 186, 188, 207, 224, 246, 276, 281, 286, 291, 337, 338, 342, 346, 371, 378, 381, 382, 387, 388, 394, 397, 400
　—발작 281, 314, 338
분리separatio 189, 234, 241
분별능력 71
분할divisio 79, 234

분해solutio 134, 234
불 53, 54, 62, 178, 183, 184, 187~189
　—의 상징 54
　—타는 산 53, 54
　—타는 촛불 54, 73
불교 17, 91, 207, 430, 439
불꽃 79, 125, 127, 147, 187, 206, 432
불안 19, 31, 51, 63, 69, 70, 106, 126, 294, 295, 300, 303, 358, 361, 405
불완전체corpus imperfectum 151, 153, 160
붉은색 94, 187
붓다 17, 91, 334, 349
비개인적 세력 71
비교종교사 170
비도덕적amoralisch 102, 276, 302, 354
비밀 204
비약祕藥, Arcanum 124
비유Allegorie 77, 81, 189, 210, 435
비의祕儀, Mysterium 32, 77, 94, 109, 121, 145, 148, 149, 180, 204, 228, 238, 248, 263~265
비판적 이성 272
비합리적 전체성 66
빙의 24, 26, 114, 117, 335, 395
빛 137, 207, 236, 244, 253, 289, 341, 356, 361, 383, 397, 410

—의 빛lumen de lumine 377
—의 십자가 248, 250
—의 인간Lichtmensch 207
—의 흐름 132

ㅅ

4 54, 55, 77, 95, 97, 98, 165, 166,
421, 422
4각의 원circulus quadratus 87
사고思考 50, 118, 141, 149, 317,
403
사람의 아들 185, 202, 223, 235,
240, 350, 353~359, 361, 363,
368, 381
사랑 31, 61, 97, 123, 125, 137, 141,
142, 157, 169, 185, 186, 205,
224, 251, 286, 301, 305, 306,
320, 333, 338, 348, 350, 360,
367~371, 385, 398, 400
—의 신 232, 337
사로잡힌(빙의된) 26, 128, 207
사목司牧 63
4복음서 79, 350
사실 13, 14, 16
—들Tatsachen 13, 14, 17
4원소 76, 78, 107, 422, 426
사위일체성Quaternität 55, 75,
79~87, 98, 248, 349, 422, 430
사유작업 238
사자死者의 부활 389
사자성四者性 상징Vierheits-Symbol

74, 96, 427
사제 36, 42, 44, 64, 126, 151,
152, 156, 157, 159~161,
164, 166~168, 172, 177, 178,
180~182, 199, 203, 211, 226,
235, 263, 416, 437
사탄 82, 246, 288, 289, 291, 293,
294, 296, 299, 309~315, 318,
320, 322, 324, 326~330, 335,
336, 338, 339, 343, 344, 346,
353, 354, 362, 364, 382, 414
삶 69, 72, 118~120, 208, 210, 246,
275, 301, 331, 335, 373, 382,
385, 392, 398, 403, 433
—의 입김 210
—의 혼 210
3 83
삼위일체성Trinität 74, 82, 86, 95,
98
3중의 리듬 98
상像 21, 33, 41, 49, 53, 66, 73, 75,
88, 90, 101, 110, 118, 128, 137,
218, 222, 229, 276, 285, 291,
329, 331, 364, 371, 372, 374
상像들Bilder 33, 73, 222, 256
—의 세계 271
상상 19, 21, 22, 38, 46, 70, 85, 87,
113, 128, 139, 206, 222, 225,
271, 272, 286, 287, 297, 299,
301, 303, 351, 354, 403, 447
자연의— 86

―된 사실 21
―력 171, 185
―의 병malade imaginaire 19
상징 86, 87, 90, 91, 94, 99,
    107~109, 121, 122, 124, 129,
    139, 141, 149, 150, 167, 170,
    171, 188, 207, 208, 210, 212,
    213, 217, 239, 243, 248~251,
    299, 313, 373, 409, 410, 440
새로 태어난 아이 179, 331, 373
색채 모티프 94
샘 30, 154, 383, 421
    ―의 축성benedictio fontis 136
생각Gedanken 66
생명 54, 98, 121, 145, 153, 162,
    188, 334
    ―수Aqua Vitae 183, 383
    ―의 나무 187, 383
생식의 상징 241
샤머니즘 232, 262
샤먼 234, 263
샤크티Shakti 91, 125
선교사 115
선민選民의식 287
선善의 결여privatio boni 413
선입견 38, 80, 108, 171
선전 107
선형상화先形像化, Präfiguration 325, 330, 350
설명할 수 없는 전체성 111
성령 94, 99, 132, 133, 156, 241,
    307, 308, 332, 340, 341, 344,
    363, 365, 366, 395, 399, 402,
    403, 412, 435
    ―의 물 124
    ―의 비둘기 99
    ―의 상징 99
성모 마리아 승천Assumptio Mariae
    397, 409
성배 152, 156, 164, 209, 243
성사聖事 15, 16, 263, 416
성상聖像 68, 73, 108
성서 34, 36, 273, 274, 288, 310,
    313, 330, 365
성소聖所 177
성수聖水 135
성욕설 65
성찬식 151~153, 155, 169, 222,
    243, 438, 440
성찰[內省]Introspektion 28
성처녀 86, 428
성체 거양 151, 161
성화체聖化體, Corpus glorificationis
    153, 169
세계 종말 338, 356, 396, 397
세계(의) 창조자auctor rerum 181,
    224, 231, 232, 302, 447
세계대전 45, 68
세례洗禮의 물 136
셋 74, 83, 94, 100, 353, 427, 429
소년 194, 195, 396
소우주 129, 134, 135, 197, 217,

255, 434
　　—의 관념 127
　　—의 아들Filius Microcosmi 185
소피아Sophia 186, 303, 304, 307,
　　309, 310, 313, 316~320, 323,
　　326, 327, 329, 332, 352, 372,
　　376, 381, 383, 384, 397, 401
손 189, 230
솔로몬 303
수난 168, 201
수도승 33
수면과 꿈 423
수성水星, Mercur 137, 434
수정水晶 96, 224, 384
순례 92, 165
숨겨진 자연natura abscondita 186,
　　432
숫양 370, 371, 397, 449
스키타이족 179
시간 323
　　—과 공간 118, 149, 255, 314,
　　448
시계 74, 88~91
시바Shiva 91, 125
시샘 84, 282
시현示顯 32, 34, 78, 82, 84
식물계 132
신 109, 115~118, 209, 271
　　—으로부터 보내온 꿈 32
　　—을 닮은 자Gottebenbildliche
　　287

　　—의 개념 232, 410, 458
　　—의 계시 100, 354
　　—의 내기 290, 300
　　—의 목소리 30, 31
　　—의 몸 172, 173
　　—의 변환 169, 181, 186, 235,
　　324
　　—의 불꽃scintilla 125, 206
　　—의 어머니Mater Dei 86, 99,
　　320, 332, 401, 402, 408
　　—의 이마고Imago Dei 341
　　—의 전능 300
　　—의 전체성 206
　　—의 죽음 120~122, 173, 199
　　—의 처형 230
　　—의 화신化身, Inkarnation 201
　　—적神的 체험 49
　　—적인 누스Nous 123
　　—적인 부부 46
　　—적인 성질 32, 127, 136
　　—적인 쌍雙Syzygie 46
신神 체험 277
신격神格 54, 75~77, 80~82, 91, 97,
　　98, 107, 108, 110, 129, 155,
　　160, 202, 203, 207, 220, 222,
　　229, 230, 274, 277, 302, 344,
　　346, 353, 363, 370, 379, 383,
　　391, 393, 397, 410
　　—의 양성성兩性性 46
　　—화 형식Apotheosenform 127
신경-정신질환 18

신경증 19~21, 26, 38, 39, 48, 52, 62, 64, 65, 101~103, 115, 140, 141
　―적인 해리 사태 130
신공동체神共同體 360
신들 22, 27, 28, 45, 111~117, 147, 170, 174, 179, 209, 232, 283, 299, 303, 321, 331, 340, 341
신모神母 319
신부新婦로서의(신부인) 교회 96
신비의 장미rosa mystica 99
신비적 관여participation mystique 440
신비주의적 사변 442
신비체corpus mysticum 96, 159, 168
신비한 부조리들mystischen Absurditäten 52
신상神像 274, 322, 345, 346, 353, 394, 410, 414
신성성(누미노제)Numinosität 250, 274, 388, 389
신성한 원형numinosen Archetypen 272
신성혼神聖婚, Hierosgamos 318, 372, 373, 382, 384, 401, 409
신심信心 121, 205, 449
신앙 32~34, 64, 138, 145, 205, 271, 340, 385, 389, 411
　―고백Glaubensbekenntnis 16~18, 67
신-인神人, Gott-Mensch 66, 319, 354, 361
신인식神認識 281, 387, 389
신자 63, 64, 168, 340, 375
신체적인 존재 21
신탁 192, 197, 307
신플라톤 학파 104
실용심리학 13
실존주의 257
심리만능주의(화)Psychologisierung 115, 264, 273, 403
심리학적 경험 59, 403, 413, 448
심리학적 존재 14
심리학적 진실 66, 217
심적心的 사실 270, 272
심적 진리 269
심판 302, 353, 356, 371, 373, 382, 442
심혼Seele 19, 22, 32, 33, 53, 60, 61, 67, 85, 98, 100, 104, 108, 109, 113, 114, 117, 118, 129, 133, 142, 164, 170, 197, 198, 213, 235, 251, 270, 272, 273, 275, 357, 386, 395, 403, 405, 408, 411
십자가 66, 85, 90, 99, 107, 109, 151, 161, 169, 174, 180, 206, 229, 230, 236, 245~260, 333, 345, 346, 355, 361, 393, 421, 430
싸움 110, 213, 251, 427

ㅇ

아니마Anima 46, 47, 60, 61, 86, 101, 125, 184, 186
— 문디anima mundi(세계혼) 90, 124, 436
아니무스Animus 46, 47, 186
아담의 타락 185
아도니스Adonis 137, 138, 307, 377
아들 78, 79, 94, 99, 148, 163, 179, 183, 185, 187, 188, 194, 202, 221, 223, 227, 229, 230, 240, 241, 246, 288, 291, 298, 300, 311, 315, 320~323, 326, 328~330, 341~343, 346, 350, 354~364, 373
아르키메데스의 점 22, 72, 201, 245
아름다움 72, 113, 140, 204, 205, 377, 382
아모크 질주Amoklaufen 28
아버지 83, 94, 99, 148, 158, 162, 163, 187, 188, 202, 206, 221, 223, 227, 230, 237, 244, 246, 260, 293, 311, 317, 320, 322, 328, 330, 334, 336~338, 340, 342, 346, 348, 350, 352, 354, 357, 358, 360, 364, 369, 374, 396, 436, 446
아벨 162, 163, 311, 314, 322, 323, 330, 336, 351
아브라함 162, 163, 219, 220, 229, 449

아이 304, 311, 321, 331, 337, 378, 396, 410
— 는 대극의 융합coniunctio oppositorum 378
아트만Ātman 250, 376
아티스Attis 17, 138, 179, 307, 457
아포카타스타시스Apokatastasis 225
아폴론 372, 375
악惡 413
악령 25, 227
악마Dämon 32, 140, 246, 254, 262, 313, 338, 366, 374, 382, 387, 388, 396
— 의 두목Beelzebub 257
안트로포스Anthropos(ἄνϑρωπος: 인간, 인류) 78, 79, 207, 240, 243, 248, 260, 286
알력 219, 344, 391
알로에 307
앎Wissen 59
암 19, 22~24, 37, 38
— 공포 증례 26
— 공상 22
— 관념 22, 23, 27
야훼 82, 162, 163, 219, 231, 276, 278 이후
— 의 말 278, 302
— 의 분열된 행동 301
— 의 완벽주의 322
얀트라Yantra 91, 107
양성체 46, 76, 86, 125, 136, 184,

311, 419, 420, 436
—적 성질 76
양심 70, 209, 288, 347
—의 가책 71
어린양 161, 370~374, 377~383,
  397, 401, 457, 459
어린이 88, 90, 335, 396, 403, 409,
  450
어머니 132, 148, 187~189, 195,
  244, 306, 320, 323, 331, 332,
  372, 374, 383, 396, 397, 401
—여신 306
억압 23, 68, 101, 102, 107, 219,
  259, 344
—된 그림자 106
억제 23, 31, 101~103, 117, 131,
  140, 300, 336, 365, 366, 396,
  398
에너지 67, 109
에녹 350~363
여덟 74, 243
—숫자 236
여성 46, 47, 60, 86, 125, 137, 243,
  316, 319, 321, 372, 376, 405,
  420, 427
—의 상像 46, 53, 60, 61, 101
여신 108, 138, 179, 306, 321, 332,
  372, 377, 405
여왕 96, 98, 319, 320, 401
여인 45~48, 50, 60, 96, 320, 323,
  372, 374, 381, 391, 392, 396,

397, 404, 459
역설逆說, Paradox 238
연금술 84, 131, 136, 138, 176, 182,
  188, 223, 228, 243, 264, 409
—그릇 Vas Hermeticum 126
연꽃 91, 97
연상검사 23, 38, 39
열등감 19
열등성 103
열등한 남성 47
열등한 여성의 성격 47
열등한 의식성意識性 327
영靈, Geist 32, 33, 52, 116,
  123~125, 131, 132, 134, 139,
  153, 199, 209, 242, 313, 363,
  379, 408, 427, 432, 435
—과 육肉 48
영 pneuma 124, 154, 156
영구운동 Perpetuum mobile 88, 98
영성 Geistigkeit 48, 147, 217, 256
영속적이며 신적인 물 aqua permanens
  und divina 186
영액靈液 136, 419
영웅 180, 331, 334, 361, 391
—적 삶의 원형 120
영원한 복음 Evangelium Aeternum
  380, 397
영원한 불멸의 물 155
영원한 소년 puer aeternus 396
영적 pneumatisch 126, 152, 157, 179,
  228

—생활 35
—인 피spritualis sanguis 124, 183
영혼의 상실Seelenverlust 360
영혼의 위험perils of the soul 24, 28
영화靈化, Vergeistigung 44, 99, 151, 156, 157, 159, 169, 181
예루살렘 79, 245, 261, 305, 306, 372, 381~383
예수 92, 119, 123, 133, 146, 148, 155, 158, 165, 201, 202, 206, 219, 220, 229, 246, 249, 304, 334, 360, 361, 447, 451
예언자 80, 263, 272, 325, 350, 360, 386, 387
—에제키엘 349
예의범절 29
오딘Odin 45, 418
오르페우스 197
오성Verstand 21, 274, 303, 313, 404
오시리스 190, 192, 307, 373, 441, 442
온전성Vollständigkeit 316, 321
완전 타자他者 206
완전성Vollkommenheit 90, 107, 118, 315, 316, 321, 383
완전체完全體, corpus perfectum 153, 160
왕 96, 170, 184, 229, 230, 279, 331, 405
외아들 55, 78, 163, 220
요한복음 146, 153, 155, 180, 206, 237, 238, 260, 306, 323, 341
요한주의자들 239
용龍 180, 181, 227, 241
우로보로스οὐροβόρος 182, 188, 428, 436, 442, 444
우주 59, 90, 118, 128, 174, 187, 244, 246, 250, 255, 261, 281, 371, 430
—시계 74, 89, 90, 97, 98, 100, 108, 109, 129, 138
—의식All-Bewußtsein 91
—의 내적 상像 128
—의 창조자creator mundi 453
우파니샤드의 철학 111
운명 29, 178, 191, 199, 233, 303, 331, 332, 334~336, 345, 355, 359, 375, 380, 388
움직임 53, 90, 252, 354, 401
원圓 87, 91, 94, 128, 383
—의 4각화Quadratur des Zirkels (구적법) 75, 123
원만성Vollständigkeit 107
원소 78, 86, 96, 123, 132, 133
—분리separatio elementorum 185
원숭이 51
원시 종족 171, 233, 257
원자Atom 79, 263
—폭탄 387, 400
원죄 203, 288, 311, 312, 314, 320, 321, 341~343, 360~362, 394, 399, 412

원질료prima materia 76, 86, 132,
　　134, 152, 182, 311, 323, 434
원초적 80, 134, 148, 260, 262, 263
　　—인간Urmensch 79, 207, 223,
　　　225, 235, 241, 253, 286
　　—혼돈Ur-Chaos 76
원형 73, 81, 92, 120, 122, 139, 225,
　　239, 250, 335, 410~412, 423
원형의 삶 120
유기체 52, 59, 324
유대교 147
유럽 국가 106
유물론적 관념 19
유아적 성욕 64
유전된 선험성 139
유전된 성질 139
유향 159, 226
유형Typus 120
육체 46, 96, 97, 139, 147, 177, 182,
　　185, 207, 224~226, 241, 424
　　—속에 숨어 있는 에바 420
　　—의 감옥 104
육화肉化 148, 166, 168, 239, 321,
　　324, 336, 339~341, 344, 352,
　　365, 397, 402
윤리적 결단 105, 116
윤무輪舞 236~239, 243, 245
율동 89, 94
율법 308, 438, 447
융합conjunctio 76, 91, 97, 98, 368,
　　373, 378, 414

　　—하는 성질의 상징 391
은총 160, 163, 203, 225, 226, 246,
　　251, 388, 399, 416, 437, 438
은하수 85
은혜의 물 186
의례儀禮, Liturgie 36
의무의 알력 344, 391
의미Sinn 270
의식 23, 28, 110, 315, 347, 409
　　—의 경계 113
　　—의 문턱 25, 60, 248, 376
　　—화 218, 222~225, 234, 245,
　　　297
의학 20, 391
이교異敎 17, 36, 44, 45, 66, 115,
　　136, 375, 376
　　—적 경향 45
이념 150, 229, 259, 260
이니시에이션initiation(成人儀) 80
이단異端 44, 83, 427
이발사 179, 180, 441
이브 311, 313, 314, 316, 318, 427
이성 419
이스라엘과의 결혼 316
이슬람교 17
　　—당 41
이원성Dualität 98
이율배반Antinomie 218, 281, 393
이집트 80, 130, 196, 264, 299, 319,
　　325, 330, 441, 442
이콘Ikon 54

인간 113
　—의식의 분화 411
　—인격의 총체 58
　—의 쌍 319
　—의 이성 24, 26
　—의 전체성 110, 111, 216
　—의 하늘le ciel humain 134, 135
　—이 되려는 야훼의 결심 394
　—화人間化, Menschwerdung 319, 364, 394
인격 58, 216
　—분해 128
인과성 217
인류 31, 46, 54, 66, 288, 319, 387, 393
인식할 수 없는 것 238, 244, 256, 271
일곱 번째 힘 187
일방성 65, 368, 396
일회적 72, 120, 323, 339, 362
입김 19, 210, 307, 332
입무入巫
　—과정Initiation 232, 233
　—후보자 233
입문식 179, 180, 196

ㅈ

자극Impuls 117
자기Selbst 59, 103, 111, 115, 128, 129, 217~225, 228, 235, 239, 244, 254, 260, 375, 398, 448
　—자신 18, 19, 22, 55, 101, 105, 110, 112, 155, 176, 182, 207, 214, 222, 224, 253, 257, 280, 284, 295, 301, 310, 314, 315, 319, 323, 399
　—비판 71
　—인식Selbsterkenntnis 234
　—지양Selbstaufhebung 215
　—의 인간화 과정 222
　—의 통합 222
자아Ego 23, 58, 110, 119, 213, 215~219, 221, 239, 245, 261, 262, 376
　—중심Ego-Zentrum 59
자연 27, 102, 116, 272
　—과학의 관점 14
　—과학적 입장 13
　—신학Theologia naturalis 34, 81
　—의 대극적인 세력들의 상호작용 198
　—의 변환과정 98
　—의 산물Naturprodukt 34, 43, 108, 228
　—의 소리 84, 85
　—의 중심인 혼anima media natura 75, 124, 125
　—적인 빛 33
　—적인 상징 84, 121, 122, 251
　—철학자들 75, 86, 125, 126
자유의지 82, 109, 116, 169, 226, 273

자율적 요인 270
작용Wirkung 204
    ——인作用因, causa efficiens 160
    ——하는 자agens 203, 217
작은 세계mundus minor 127
장미 49, 97, 108, 305, 421
재세례파再洗禮派, Anabaptisten 34
재탄생 52, 136, 138, 193, 196, 441
적그리스도 339, 364~367, 382, 397
적극적 명상 109, 430
적색 94, 95, 100
적화赤化, rubefactio 79
전례典禮 146, 157
전지성全知性 285, 288, 292~294, 314, 320, 329
전지자全知者 285
전체성Ganzheit 59, 166, 383, 398, 410
전체적 433
전체주의적 요구 113
전통적 만다라 107
점點 76, 424
점성술 91, 92, 184, 339, 382, 444
점성학 217, 376
정동Emotion 29, 103
정신Geist 22, 33, 49, 57, 66, 116, 235, 270, 443
    ——구조 101, 102
    ——사精神史 170, 171, 389
    ——위생의 방법 63

    ——의 산물 228
    ——적 기능 38, 67
    ——적 위기 63
정신Psyche 14, 19~22, 28, 38, 57, 59, 72
    ——병리학 분야 43
    ——병원 70
    ——치료(요법)Psychotherapie 87
    ——적psychisch 212, 228, 265
    ——적 발전 130
    ——적 성질Psychische Natur 58, 274
정의正義 278
정통신학Schultheologie 32
정화 55, 157, 243
    ——의 의식 55
제4위의 것Quaternarium 55
제5본질 135
제례祭禮, Kult, 제의祭儀 36, 55
조물주 14, 285, 292, 302, 311, 312, 315, 346
존재 이유raison d'être 217, 407
종교Religion 15, 16, 53, 62, 109
    ——개혁자 334, 360
    ——의 개념 15
    ——적 감상感傷 49
    ——적 감정 41, 45
    ——적 경험 17, 18, 36, 63, 71, 82, 85, 140, 141
    ——적 기능 13
    ——적 내용 271, 404

—적 상징 86
　　—적 상징성 13, 100
　　—적 의미 86
　　—적 인류homo religiosus 18
　　—적 진술 270, 271, 390
종말론 331~334
종파宗派, Konfession 16~18, 61, 62
좌익 107
죄 61, 67, 70, 104, 149, 159, 215, 219
죄인 96, 102, 231~233, 264, 290, 292, 308, 320, 337, 363, 364, 367, 368, 385, 400, 412, 439
주술 22
　　—사 194~196
　　—적 절차 194
주신제酒神祭 182
주의主義 118
주제Motiven 73
주체 72
죽음 104, 121, 141, 151, 154, 162, 165, 166, 201, 226, 230, 263, 279, 308, 359, 377, 379
중개자仲介者, mediator 184, 185, 240, 363
중금속 234
중세 55, 79, 84, 90, 127, 129, 131, 147, 180, 239, 419, 426, 432
　　—기독교 철학 100
　　—심리학 97
　　—정신 98

중심 75, 91, 108, 109, 123~125, 128, 129, 236, 239, 243, 245, 250, 255, 261, 354, 409, 410, 424, 429, 436, 450
중앙Mitte 128, 239, 251
중재자 123, 320, 361, 363, 378, 401, 402, 410
증오 31, 70, 224, 371, 373
지구 80, 97, 208, 257, 354, 412
지능 39, 103, 312
지상적인 부분 123, 133
지상천국 68
지성Intellekt 113, 259
지옥 68, 69, 165, 174, 225, 318, 336, 345, 356, 448
지하계의 세력 68
지혜Sophia 186
　　—의 원천 186
직관Intuition 59, 60
직접적인 삶 72
직접적인 종교적 경험 63, 71
진리veritas 241
질서 122, 250, 263, 281, 282, 324
　　—의 요소들Ordnungsfaktor 260, 263
질투 276, 289, 339
집단 살인자 71
집단적 종교적 감정 45

ㅊ
차라투스트라 17, 115

착상着想, Einfall 60, 80
창세기 84, 132, 135, 242, 310, 318, 325, 346, 350, 423
창조력 276
창조적 자율성 114
창조주 76, 286, 313, 319, 329, 343, 358, 394
—의 양성兩性체적 특성 46
처벌 230~233
천국Paradiso 54, 92, 133, 243, 345, 438
천사 93, 94, 306, 354~356, 380, 384
천상적인 부분 123, 133
천성 246
철학Philosophia 131, 186
—과 종교 263
—적 알 184
—적 인간homo philosophicus 77
—적 호기심 87
청색 89, 90, 95, 96, 100, 135
—빛 100
—의 원 90, 93, 98
—의 원의 환상 134
체면 105, 296
초록색 100
초시모스 환상 145, 176, 197, 198, 225, 234, 235, 439
초월적 216
초의식超意識 203
촛불 53, 54, 73, 193

최고의 선善Summun Bonum 337, 360
최종질료最終質料, ultima materia 182
최후의 만찬 201, 209, 238
치유의 측면 233

ㅋ

카발라Kabbala 384, 452
카비렌Kabiren 95, 98, 192
카인 287, 311, 322, 351
코끼리 14
코레Kore 121
콤플렉스 23, 39, 116
키벨레Kybele 17, 457

ㅌ

탈령화脫靈化, Entseelung 199
탈무드 43, 449
탈신화화脫神話化 334
탐욕 97, 103
탕녀蕩女 152
태도Einstellungen 219
태양 74, 80, 93, 108, 109, 135, 181, 226, 321, 372~374, 378, 381, 391, 392, 397
—과 달의 아들filius solis et lunae 402
태초의 여성 372
테메노스 128
통계적 범죄자 101, 102
통일체 157, 159, 168, 223, 225
통찰 26, 59, 105, 217, 254, 264,

276, 284, 292, 399, 408, 420
퇴행 129, 130
투사 46, 70, 75, 77, 78, 111, 112,
　　114, 128, 129, 190, 198, 199,
　　213, 218~220, 295, 298, 300,
　　309, 364, 446
투입投入, Introjektion 128
트릭스터Trickster 312, 315
특별한 섭리providentia specialis 287
특수한 태도Einstellung 16, 17

ㅍ

파괴 26, 65, 69, 103, 115, 118, 165,
　　213, 300, 338, 379~381, 398
　　──의지 276, 395
팽창Inflation 115, 128, 253, 254,
　　261, 351, 431, 451
평화 67, 110, 123, 140, 186, 357,
　　402, 405, 436
포도나무 146, 209, 238, 239, 307
포도주 42, 49, 108, 149, 152,
　　153, 155, 156, 158, 159, 163,
　　166~168, 202, 207~211, 214,
　　227
　　──와 물을 혼합Commixtio 152,
　　161
폭력 107, 246, 277, 280, 294, 330
표상들Anschauungen 121, 125, 127,
　　271, 274
표징Zeichen 210, 252
푸루샤 240, 447

푸루샤-아트만Purusha-Ātman 349,
　　376
프네우마(프노이마)Pneuma 134,
　　147, 169, 181, 182, 184, 187,
　　188, 198, 211, 226, 227, 235,
　　246, 303, 313, 354, 406
플레로마Pleroma 314, 315, 318,
　　326, 354, 355, 359, 383, 388,
　　402, 409
　　──적 과정 323
　　──적 존재 323

ㅎ

하느님 나라civitas Dei 397
하늘의 여왕Regina coeli 96, 319,
　　320
하늘의 왕 95
하층 인구 106
학문 61, 181, 192, 201, 351
한 쌍의 신 138
합리적 의식 52
합리주의적 48, 61, 259, 334, 402,
　　408
　　──인 진리 389
합성 76, 79, 223, 251, 335, 384,
　　392
해체解體 173, 178, 232~234, 441
행동의 동기 71
행성영行星靈 178
헤르메스Hermes 17, 135, 184, 341
　　──철학 46, 130

현대 심리학 113, 199, 332
현대의 경험 127
현대의 과학자 74
현대인 66, 69, 78, 80, 81, 84, 86,
　　113, 128, 141, 254, 282, 354,
　　377, 384, 392, 409
　　──의 정신 자세 85
현대적 만다라 109, 128, 129
현상 81, 117, 120, 130, 206, 245,
　　252, 258, 273, 314
　　──학적 관점 14, 145
　　──학적 입장 12
현자賢者 55, 77, 124, 358
현존재Dasein 66
형식Formen 270
형이상학적 대상 271
형이상학적 진리 139
형제 188, 244, 314, 323, 342, 368,
　　385
호문쿨루스Homunculus 180, 234,
　　235, 241, 441
혼란 63, 232, 315, 338, 427
　　──된 덩어리massa confusa 133,
　　134
혼합Commixtio 152, 153, 165, 167,
　　168
화염검 186~189
화학적 결혼Chymische Hochzeit 180,
　　441
확충amplificatio 176, 409
환상幻像, Visionen 33, 89, 97, 108,
　　109, 228, 229
환자 18~23, 26~28, 37~39, 45~54,
　　56, 61~65, 71, 74, 79, 85,
　　88~90, 94, 97, 100, 103, 107,
　　108, 110, 129, 135, 138, 391,
　　414
황금 76, 92, 94, 95, 134~136, 425
　　──가락지 428
　　──빛 94
　　──색 89, 90, 94, 95, 135
　　──의 하늘 92, 95, 98
황도대 91, 93, 94, 243
황색 100
황소 174, 179, 441
황홀상태Trancezustand 29, 66
황화黃化, citrinitas 79
회전 88~90
　　──운동 91
휘발성 86, 133, 157, 209
흑화黑化, nigredo 79
흙 194, 282, 296
희망 31, 48, 49, 52, 76, 85, 291,
　　292, 297, 306, 316, 380, 405,
　　406
희생(론) 30, 67, 106, 110, 146,
　　149, 160, 161, 163, 170, 174,
　　178, 183, 188, 199, 212~215,
　　220~223, 226, 227, 229, 257,
　　263, 298
흰 비둘기 123, 133
히브리서 147, 148, 160, 163, 185

융 기본 저작집 총 목차

제1권 정신 요법의 기본 문제

실제 정신치료의 기본 원칙
정신치료의 목표
정신치료와 세계관
정신치료의 현재
정신치료의 기본 문제
제반응의 치료적 가치
꿈 분석의 실용성
꿈의 심리학에 관한 일반적 관점
꿈의 특성에 관하여
콤플렉스 학설의 개요
심리학적 유형에 관한 개설
정신분열증

―

제2권 원형과 무의식

정신의 본질에 관한 이론적 고찰
집단적 무의식의 원형에 관하여
집단적 무의식의 개념
아니마 개념을 중심으로 본 원형에 대하여
모성 원형의 심리학적 측면
어린이 원형의 심리학에 대하여
민담에 나타난 정신 현상에 관하여
초월적 기능
동시성에 관하여

제3권 인격과 전이

자아와 무의식의 관계
제1부 의식에 대한 무의식의 작용
개인적 무의식과 집단적 무의식
무의식의 동화에 뒤따르는 현상들
집단정신의 한 단면으로서의 페르조나
집단정신으로부터 개성을 해방하기 위한 여러 가지 시도
제2부 개성화
무의식의 기능
아니마와 아니무스
자아와 무의식의 형상들 사이를 구분하는 기법
마나-인격
전이의 심리학
연금술서 『현자의 장미원』의 일련의 그림들

―

제4권 인간의 상과 신의 상

심리학과 종교
무의식의 자율성
도그마와 자연적 상징
자연적 상징의 역사와 심리학
미사에서의 변환의 상징
서론
변환의식의 개별 단계
변환 신비의 유례
미사의 심리학
욥에의 응답

제5권 꿈에 나타난 개성화 과정의 상징

연금술의 종교 심리학적 문제 서론
꿈에 나타난 개성화 과정의 상징
서론
최초의 꿈
만다라의 상징성

제6권 연금술에서 본 구원의 관념

연금술의 기본 개념
연금술 작업의 정신적 특성
작업
원질료
라피스-그리스도-유례
종교사적 틀에서 본 연금술의 상징

제7권 상징과 리비도

사고의 두 가지 양식에 관하여
과거사
창조주의 찬가
나방의 노래
리비도의 개념에 대하여
리비도의 변환
부록: 프랭크 밀러의 원문

제8권 영웅과 어머니 원형

영웅의 기원
어머니와 재탄생의 상징들
어머니로부터 해방되기 위한 투쟁
이중의 어머니
희생
부록: 프랭크 밀러의 원문

제9권 인간과 문화

인격의 형성
유럽의 여성
심리학적 관계로서의 결혼
생의 전환기
심혼과 죽음
심리학적 관점에서 본 양심
분석심리학에서의 선과 악
심리학과 시문학
꿈꾸는 세계 인도
인도가 우리에게 가르쳐줄 수 있는 것
동양적 명상의 심리학에 관하여
『역경』서문
초시모스의 환상
의사로서의 파라켈수스
지그문트 프로이트

번역위원 소개

이부영 李符永

서울대 의대 및 동 대학원을 졸업했다. 의학박사, 신경정신과 전문의, 융학파 분석가, 국제분석심리학회(IAAP) 정회원, 서울대 의대 명예교수이다. 스위스 취리히 C.G. 융 연구소를 수료하고(1966), 동 연구소 강사를 역임했다(1966~1967, 1972). 독일, 스위스의 여러 정신병원에서 근무했다. 서울대 의대 교수(1969~1997), 미국 하와이 동서센터 연구원(1971~1972, '문화와 정신건강' 연구), 서울대 의대 정신과 주임교수 및 서울대병원 신경정신과 과장 등을 역임했다. 뉴욕 유니온 신학대학원 '종교와 정신의학' 강좌 석좌교수(1996)를 지냈고, 한국분석심리학회, 한국융분석가협회(KAJA) 창립회장 및 각종 국내외 학회 회장 및 임원을 역임했다. 서울대 정년퇴임(1997) 뒤 한국융연구원을 설립, 현재 동 연구원 원장으로 후진을 양성하고 있다. 한국융연구원 C. G. 융 저작 번역위원회 대표로 이 기본 저작집의 일부 번역과 전체 감수를 맡고 있다.

주요 저서로는 『분석심리학 — C. G. Jung의 인간심성론』(1978), 개정증보판(1998), 제3판(2011), 『한국민담의 심층분석』(1995), 분석심리학의 탐구 3부작: ① 그림자(1999); ② 아니마와 아니무스(2001); ③ 자기와 자기실현(2002), 『한국의 샤머니즘과 분석심리학』(2012), 『노자와 융』(2012); 『괴테와 융, 파우스트의 분석심리학적 이해』(2020), 『동양의학 연구』(2021), 역서로는 융의 『현대의 신화』(1981), 『인간과 상징』(공역, 1995), 야훼(엮음)의 『C. G. 융의 회상, 꿈, 그리고 사상』(1989), 마리 루이제 폰 프란츠, 『C. G. 융 우리시대 그의 신화』(2016)를 위시해 폰 프란츠의 『민담의 심리학적 해석』(2018), 『민담 속의 그림자와 악』(공역, 2021) 등이 있다.

분석심리학, 문화정신의학, 정신병리학, 정신의학사 관련 논문 220여 편이 있다.

한오수韓五洙

서울대 의대 및 동 대학원을 졸업했으며 의학박사이다. 서울대 의대 부속병원에서 수련, 신경정신과 전문의이다. 취리히 C. G. 융 연구소에서 수학했고(1978~1984), 독일 리피쉐 신경정신과 병원에서 근무했다(1982~1984). 국제분석심리학회(IAAP) 정회원이며, 한국정신병리·진단분류학회장, 울산의대 서울중앙병원 정신과 과장, 정신과학교실 주임교수 등을 역임했다. 현재 울산의대 명예교수이다. 한국분석심리학회, 임상예술학회 회장을 역임했으며, 현재 한국융연구원 상임고문으로 있다.

K. 슈나이더, 『임상정신병리학』(공역, 1996), 마리안느 쉬스, 『사랑에 대하여 — 사랑에 대한 칼 융의 아포리즘』(2007), 마리-루이제 폰 프란츠, 『꿈과 죽음』(2017) 등의 역서가 있고, 한국융연구원 M.-L. 폰 프란츠 저작번역위원회 위원장을 맡고 있다.

이한우李翰雨

성균관대학교 문학박사. 독일 뮌헨 대학과 라이프치히 대학에서 수학했으며, 현재 성균관대학교 강사로 있다. 연구논문으로 「요한네스 보브로브스키의 시에 나타난 '희망' 연구」 등이 있으며, 역서로는 『수도원의 탄생』, 『헤르만 헤세—모든 시작은 신비롭다』, 『교황의 연인』, 『옛날 이집트 사람들은 무슨 일을 했을까』, 『알고 싶어요 인디언』, 『알고 싶어요 개』, 『엄마 왜 들쥐가 새 집에 살아요』 등이 있다.

오윤희吳允熙

성균관대학교 독어독문학과를 졸업(1982년)했다. 독일 만하임 대학교에서 독문학과 철학(제2전공)을 수학, 1990년 석사학위, 1995년 박사학위 취득 후 귀국해 현재 원광대학교 인문학 연구소 전임 연구원 및 성균관대, 숭실대, 중앙대, 강원대 강사로 있다. 연구 논문으로 「하인리히 만의 초기 작품에 나타나는 이방적 요소 연구」, 「비극의 탄생에 나타나는 세계의 미학적 정당화」, 「자연주의 세계관과 예술법칙, 그리고 이에 대한 비판」, 「독 소설 연구의 동향과 전망」 등이 있으며, 역서로는 『니체, 그의 생애와 사상의 전기』(2003, 2021), 『시간의 이빨』(2005) 등이 있다.

감수(라틴어, 그리스어): 변규용 卞圭龍

연세대학교 상경대학 경제학과를 졸업(1951)하고 서울대학교 대학원에서 철학연구(1960), 프랑스 툴루즈대학, 파리 가톨릭대학, 파리 제10대학에서 각각 철학박사(1970), 신학박사(1973), 파리 제1대학 법과대학 경제학 박사과정 수료(1974), 문학박사(1980) 학위를 취득했고 파리 제10대학 비교사상연구소 촉탁교수(1971~78), CNRS(프랑스 국립과학연구소) 연구원(1973~77)을 역임했다. 귀국 후 한국교원대학교 인문학부 교수(1984~97), 서강대학교 국제대학원 교수(1997~2000)를 지냈다. 저서 및 역서로는 TAO ET LOGOS(전 3권, 1970, Toulouse) PERE ET FILS(전 3권, 1973, Paris) 등이 있고, Hermeneutique du Tao(전 2권, Paris), Les cent fleurs du Tao(1991, Paris)등이 있고, 주요 역서로서는 『Herakleitos 단편집』(희랍어),『希拉立德之海光鱗片』(중국어역, Paris, 1973),『孝經』(불어역 UNESCO, 1976),『道德經』(불어역, Paris, 1980), C. Lévi-Strauss의『강의록』(정신문화연구원, 1984), J. Mesnard의『파스칼』(한국학술진흥연구원, 1997) 등이 있다.

프랑스학술원 학술공로 훈장 (1984), 대한민국 국가유공자 서훈 (2008).

연보 편자: 이철 李哲

서울의대 및 서울대 대학원 졸업, 의학박사(1967~1982). 서울의대부속병원 신경정신과 수련(1974~1978), 신경정신과 전문의(1978). 스위스 취리히 C. G. 융연구소 수학(1982~1985). 울산의대 정신의학 교수, 명예교수(1989~). 한국분석심리학회장(1995~1997), 한국융연구원 평의원, 감사 역임. 서울아산병원 교육부원장(1996~2002), 울산대학교 총장(2011~2015), 국립정신건강센터장(2016~2019). 논문「한국 대학생에 대한 연상검사의 예비적 연구」(1976) 등, 정신의학분야 논문 다수. 번역서로 이부영, 우종인, 이철 공역, 『WHO(1992) ICD-10 정신 및 행태장애 — 임상기술과 진단지침』(1994)이 있다.

융 기본 저작집 4
인간의 상과 신의 상

1판 1쇄 인쇄	2001년 7월 10일
개정판 1쇄 발행	2024년 9월 20일

지은이	C. G. 융
옮긴이	한국융연구원 C. G. 융 저작 번역위원회
펴낸이	임양묵
펴낸곳	솔출판사

편집	윤정빈 임윤영
경영관리	박현주

주소	서울시 마포구 와우산로29가길 80(서교동)
전화	02-332-1526
팩스	02-332-1529
블로그	blog.naver.com/sol_book
이메일	solbook@solbook.co.kr
출판등록	1990년 9월 15일 제10-420호

ⓒ 솔출판사, 2002

ISBN	979-11-6020-196-3 (94180)
ISBN	979-11-6020-192-5 (세트)

· 잘못된 책은 구입한 곳에서 바꿔드립니다.
· 책값은 뒤표지에 표시되어 있습니다.